La soumission des banques au droit de la concurrence

Antonin Pitras

Avant-propos de David Bosco
Préface de Catherine Prieto

Concurrences, 2022

ISBN 979-10-94201-63-3

Ouvrages Concurrences

La version électronique de ces ouvrages est disponible sur le site concurrences.com.

Mélanges

Laurence Idot Liber Amicorum, Vol. I & II, *Christophe Lemaire, Francesco Martucci (eds.), 2022*

Eleanor M. Fox – Antitrust Ambassador to the World, *2022*

Frédéric Jenny – Standing Up for Convergence and Relevance in Antitrust, Vol. I & II

Herbert Hovenkamp – The Dean of American Antitrust Law, *2021*

Albert A. Foer – A Consumer Voice in the Antitrust Arena, *2020*

Richard Whish – Taking Competition Law Outside the Box, *2020*

Wang Xiaoye – The Pioneer of Competition Law in China, *Adrian Emch, Wendy Ng (eds.), 2019*

Douglas H. Ginsburg – An Antitrust Professor on the Bench, Vol. I & II, *2018 & 2021*

Ian S. Forrester – A Scot Without Borders, Vol. I & II, *Assimakis Komninos et al. (eds.), 2015*

William E. Kovacic: An Antitrust Tribute, Vol. I & II, *Nicolas Charbit et al. (eds.), 2013 & 2014*

Thèses

Bargaining Power, Competition and Innovation, *Morgane Guignard, Forthcoming 2023*

Abuse of Platform Power: Leveraging Conduct in Digital Markets under EU Competition law and Beyond, *Friso Bostoen, Forthcoming 2023*

Reform of Chinese State-owned enterprises: What China Can Learn From the Practice of Competitive Neutrality Policy in Australia, *Xue Ba, Forthcoming 2023*

La soumission des banques au droit de la concurrence, *Antonin Pitras, 2022*

L'entreprise contrevenante en droit des pratiques anticoncurrentielles, *Etienne Thomas, 2021*

Droit de la commande publique et droit de l'Union européenne : Étude sur une dynamique commune, *Vincent Bridoux, 2021*

Competition and Regulation in Network Industries: Essays in Industrial Organization, *Jean-Marc Zogheib, 2021*

La faute lucrative en droit de la concurrence, *Godefroy de Moncuit de Boiscuillé, 2020*

The Role of Media Pluralism in the Enforcement of EU Competition Law, *Konstantina Bania, 2019*

Les accords de report d'entrée (Pay-for-delay), *Walid Chaiehloudj, 2019*

Buyer Power in EU Competition Law, *Ignacio Herrera Anchustegui, 2017*

Google, la presse et les journalistes, *Guillaume Sire, 2015*

L'Union européenne et le droit international des subventions, *Loïc Wagner, 2015*

Pratiques

Dictionnaire de droit de la concurrence, *Muriel Chagny, Emmanuel Combe (eds.), 2022*

Grands arrêts du droit de la concurrence – Pratiques anticoncurrentielles, Nouvelle édition, *Laurence Idot (ed.), 2022*

Grands arrêts du droit de la concurrence – Concentrations, Nouvelle édition, *Laurence Idot (ed.), 2022*

Grands arrêts du droit de la concurrence – Aides d'État, Nouvelle édition, *Laurence Idot (ed.), 2022*

Grands arrêts du droit de la concurrence – Régulations, *Francesco Martucci (ed.), 2019*

Grands arrêts du droit de la concurrence – Distribution & Pratiques commerciales déloyales, *Nicolas Ferrier & Frédéric Buy (ed.), 2019*

Les inspections de concurrence des autorités françaises, *Nathalie Jalabert-Doury, 2ème édition, 2021*

La réparation des préjudices causés par les pratiques anticoncurrentielles, *Rafael Amaro, Jean-François Laborde, 2ème édition, 2020*

Global Dictionary of Competition Law, *D. Healey, W. Kovacic, P. Trevisan, R. Whish (eds.), 2022*

Rulemaking Authority of the US Federal Trade Commission, *D. Crane (ed.), 022 Perspectives on Antitrust Compliance, A. Riley, A. Stephan, A. Tubbs (dir.) (2022)*

Antitrust in the Pharmaceutical Sector, *M. Cowie, G. Gordon M. Thill-Tayara, 2022*

Competition Law Treatment of Joint Ventures, *B Bleicher, N. Campbell, A. Hamilton, N. Hukkinen, P. Khan, (eds.), 2022*

State Aid & National Enforcement, *J. Derenne, D. Jouve, C. Lemaire, F. Martucci (eds.), 2022*

Information Exchange and Related Risks: A Practical Guide, *Z. Marosi & M. Soares (dir.), 2022 (in collaboration with the IBA)*

Competition Case Law Digest – 5th Edition, *F. Jenny, N. Charbit (dir.), 2022*

Competition Law, Climate Change & Environmental Sustainability, *Simon Holmes, Dirk Middelschulte, Martijn Snoep (eds.), 2021*

Merger Control in Latin America: A Jurisdictional Guide, *Paulo Burnier da Silveira & Pamela Sittenfeld (ed.), 2020*

Competition Inspections under EU Law – A Practitioner's Guide, *Nathalie Jalabert-Doury, 2020*

Gun Jumping in Merger Control, A Jurisdictional Guide, *Catriona Hatton, Yves Comtois, Andrea Hamilton (eds.), 2019*

Choice – A New Standard for Competition Analysis?, *Paul Nihoul et al., 2016*

Ouvrages généraux

Chroniques (décalées) d'un économiste, *Emmanuel Combe, 2022*

Women & Antitrust – Voices from the Field, Vol. I & II, *Evelina Kurgonaite & Kristina Nordlander (eds.), 2020*

Petit manuel (irrévérencieux) d'économie, *Emmanuel Combe, 2018*

A quoi sert la concurrence ?, *Martine Behar-Touchais et al. (ed.), 2014*

Colloques

Antitrust in Emerging and Developing Countries, Vol I & II, *Eleanor Fox, Harry First (eds.), 2015 & 2016*

Global Antitrust Law – Current Issues in Antitrust Law and Economics, *Douglas Ginsburg, Joshua Wright (eds.), 2015*

Competition Law on the Global Stage: David Gerber's Global Competition Law in Perspective, *David Gerber, 2014*

AVERTISSEMENTS

Cet ouvrage est tiré d'une thèse de doctorat dirigée par Mme Catherine Prieto (Professeure à l'Université Paris I) et soutenue en 2021 à l'Université Paris I, sous le titre original « Les activités bancaires saisies par le droit de la concurrence. Essai sur les relations entre droit de la concurrence et régulation bancaire », devant un jury composé de M. David Bosco (Professeur à l'Université d'Aix-Marseille), Mme Emmanuelle Claudel (Professeure à l'Université Paris II), M. Georges Decocq (Professeur à l'Université Paris IX Dauphine) et Mme Anne-Claire Rouaud (Professeure à l'Université Paris I).

L'ouvrage original a été remanié afin que son appareil scientifique soit autant que possible actualisé.

L'auteur déclare par ailleurs qu'il n'y a pas de conflit d'intérêts associé à cette publication. Les opinions émises dans cet ouvrage sont propres à leur auteur. L'Université Paris I ne leur apporte ni approbation ni improbation. L'ouvrage a remporté le prix de thèse Concurrences 2021.

SOMMAIRE

Avant-propos III
Préface V
Remerciements VII
Table des abréviations VIII

Introduction 1
§ 1. Les activités bancaires, à la fois soumises aux règles du droit de la concurrence et de la régulation bancaire 6
§ 2. Dialectique entre droit de la concurrence et régulation bancaire 27

Partie I - L'applicabilité justifiée du droit de la concurrence aux activités bancaires 33

Titre I - Une convergence entre les objectifs du droit de la concurrence et de la régulation bancaire 35
Chapitre I : Des objectifs poursuivis par la régulation bancaire 37
Chapitre II : Des objectifs poursuivis par le droit de la concurrence 75

Titre II - Une convergence légitimant l'applicabilité du droit de la concurrence aux activités bancaires 105
Chapitre I : L'applicabilité du droit de la concurrence aux activités bancaires par principe 107
Chapitre II : L'inapplicabilité du droit de la concurrence aux activités bancaires par exception 151

Partie II - L'application opportune du droit de la concurrence aux activités bancaires 215

Titre I - Le droit de la concurrence, source d'inspiration de la régulation bancaire 219
Chapitre I : La régulation bancaire inspirée de la mise en œuvre du droit des pratiques anticoncurrentielles 221
Chapitre II : La régulation bancaire inspirée des consultations et enquêtes sectorielles menées par les autorités de concurrence 285

Titre II - Le droit de la concurrence, garant des impératifs de régulation bancaire 335
Chapitre I : La mise en œuvre du contrôle des aides d'état supplétive de la régulation bancaire 337
Chapitre II : La mise en œuvre du contrôle des concentrations, auxiliaire de la régulation bancaire 375

Conclusion générale 403
§ 1. Absence de contradiction entre le droit de la concurrence et les objectifs de régulation bancaire 404
§ 2. Contribution du droit de la concurrence à l'accomplissement des objectifs de régulation bancaire 407
Annexes 415
Bibliographie 425
Index terminologique 489
Index de la jurisprudence et de la pratique décisionnelle 495
Table des matières 515

AVANT-PROPOS

Dans quelle mesure les banques doivent-elles être soumises au droit de la concurrence ? Pour répondre pertinemment à la question que pose la belle thèse d'Antonin Pitras, il est utile de se demander quel est l'état de la concurrence dans le secteur bancaire, et quel rôle le droit de la concurrence pourrait y jouer.

L'histoire contemporaine décrit des aller-retours réguliers entre encadrement administratif et libéralisation du secteur bancaire. En France, la libéralisation des années 1980 avait succédé à une phase de réglementation intense dont l'origine se trouvait évidemment dans la succession des deux traumatismes que représentèrent la crise de 1929 et la seconde guerre mondiale. Comme tous les secteurs soumis à ce mouvement salutaire de libéralisation – et ils furent nombreux – le secteur bancaire dut se transformer, et le droit de la concurrence a alors joué un rôle en quelque sorte libérateur du processus de concurrence, puisque telle est sa mission fondamentale. La concurrence y était grippée, il fallait ouvrir le secteur à la modernité. Mais Antonin Pitras montre dans sa thèse combien cette ambition venait heurter le monde de la banque : celui-ci aspire à la stabilité du système, lorsque le processus de concurrence est au contraire un outil de création d'instabilité. Il était, en outre, difficile de concevoir l'application du droit de la concurrence pour une autre raison qui tient à une certaine concurrence réglementaire. Le développement de la « régulation bancaire », en suite de la crise financière de la fin des années 2000, est intervenu au moment même où le droit de la concurrence montait en puissance. Et voici le propos fondamental de la thèse de M. Pitras : convaincre que régulation bancaire et droit de la concurrence vont dans le même sens, et qu'une application des règles de concurrence peut être un instrument efficace de régulation du secteur. Encore fallait-il le voir en action. Le contentieux antitrust en matière bancaire n'a, par exemple, pas été très abondant depuis la crise de 2008, ce qui peut être le signe de la bonne santé du processus concurrentiel. La thèse ne pouvait cependant pas ignorer le contentieux qui a concerné les commissions interbancaires, et lui consacre de larges et utiles développements. Le droit de la concurrence a-t-il ici fait la preuve de son efficacité ? Perdu dans l'improbable concept de « restriction par l'objet », il a plutôt donné le sentiment de chercher sa voie. Avec M. Pitras, on peut plutôt louer les efforts des autorités de concurrence dans le développement d'une meilleure compréhension des marchés bancaires, traditionnels et émergents. C'est peut-être dans l'*advocacy* que l'autorité de concurrence a joué le rôle le plus précieux.

Parler du droit de la concurrence en matière bancaire, c'est, disions-nous, parler de la concurrence elle-même. Or, qui ne voit les profondes évolutions du tissu économique bancaire ? Développement des fintechs et du *shadow banking*, des services de paiement opérés par les grandes plateformes numériques, émergence des néo-banques…, la digitalisation de l'activité bancaire est un tournant majeur. Antonin Pitras ne l'ignore pas, et décrit en particulier les enjeux que la technologie de la *blockchain* recèle pour le secteur. Quel rôle le droit de la concurrence doit-il jouer dans ces évolutions ? N'est-il pas précisément la cause d'une certaine fragilité des banques, soumises à des injonctions d'ouverture, alors que se profile une disruption possiblement mortifère pour leur modèle de développement (*"Banking is necessary, banks are not"*, disait Bill Gates voici quelques années...) ? Cela n'est pas sûr car le droit de la concurrence lui-même se transforme. Traditionnellement libérateur de la concurrence, le voilà qui se fait protecteur des acteurs européens dans la concurrence internationale. Les banques en profiteront-elles ? La lecture du *Digital Markets Act* pourrait le laisser croire, qui pousse les plateformes numériques à ouvrir leurs écosystèmes à des systèmes de paiement tiers (art. 5 point 7 du règlement sur les marchés contestables et équitables dans le secteur numérique). Singulier renversement de perspective, par lequel ce seront les banques elles-mêmes qui revendiqueront l'ouverture à la concurrence ! Et une démonstration de la justesse de l'intuition de M. Pitras que le droit de la concurrence peut être utilement appliqué à ce secteur en mouvement.

David BOSCO
Professeur, Aix-Marseille Université
Directeur du Centre de droit économique

PRÉFACE

Chaque secteur de la vie économique est tenté de revendiquer une spécificité pour échapper au droit de la concurrence. Pour les activités bancaires, l'argumentation a longtemps prévalu. La spécificité était telle que, au regard des enjeux, seule la régulation bancaire semblait apte à l'appréhender. Le rôle d'intermédiation essentiel pour la vie économique, l'impératif de stabilité financière, les risques de crise systémique étaient les motifs traditionnellement avancés. Dès lors, l'application des règles de concurrence ne pouvait qu'être mal ressentie. Elles restent encore considérées comme un péril, ce qui explique la persistance d'une approche dérogatoire à certains égards et les résistances manifestées. L'applicabilité demeure un sujet de débat.

C'est dire l'intérêt du parti défendu par Antonin Pitras : les règles de concurrence ne viennent pas heurter les objectifs de la régulation bancaire, mais les servent. Sa démonstration ne cherche pas à dégager les moyens d'une articulation plus ou moins heureuse entre deux corps de règles, mais à plaider l'intégration des impératifs de la régulation bancaire dans les grilles d'analyse des règles de concurrence. Trop longtemps, le droit de la concurrence a subi des critiques convenues selon lesquelles ses règles étaient d'application mécanique et aveugle. Or, il n'est pas une fin en soi, mais un instrument au service des politiques sectorielles.

Pour autant, cela veut-il dire que l'applicabilité du droit de la concurrence se justifie au regard de la souplesse d'application de ses règles ? En d'autres termes, l'applicabilité serait admise seulement parce que l'analyse concurrentielle s'effacerait devant des exigences supérieures à la concurrence. Ce ne serait pas servir correctement l'efficacité économique. Plutôt que le laxisme, Antonin Pitras défend l'idée d'une véritable intégration des objectifs de la régulation sectorielle dans l'analyse concurrentielle. Elle devrait nourrir la vision des besoins de la clientèle de services bancaires et la prévention des risques systémiques. La plasticité de la politique de concurrence réside dans sa manière d'appréhender les besoins économiques déclinés par les autres politiques à travers les paramètres de concurrence que sont les prix, la qualité, la diversité et l'innovation. Il ne s'agit plus alors d'infléchir l'application des règles de concurrence mais de faire une analyse correcte des marchés bancaires pour leur bon fonctionnement. On ne saurait donc parler d'effacement des règles de la concurrence. En outre, une application défensive sera tout aussi nécessaire. L'application des règles de concurrence présente les avantages d'une vision décapante. C'est d'ailleurs en cela qu'elle dérange les situations de rente ou de collusion contre le bien-être. Elle peut débusquer des comportements ou des restructurations faussement bénéfiques pour la vie économique. Qu'il s'agisse de la prohibition des ententes et des abus de position dominante, du contrôle des concentrations ou des aides d'État, les règles de concurrence apportent une transparence qui permet de mieux apprécier ce qui nuit aux marchés.

Cependant, les règles de concurrence présentent un inconvénient indéniable. Leur application est lente, difficile et coûteuse. C'est la raison pour laquelle, après avoir débusqué une dérive, il est nécessaire de ne plus s'en tenir à une analyse au cas par cas pour multiplier les sanctions ou assurer la prévention. La régulation bancaire doit prendre le relais. L'application du droit de la concurrence devient ainsi une source d'inspiration pour renforcer et perfectionner la régulation bancaire. Antonin Pitras identifie une judicieuse complémentarité entre la politique de concurrence et l'encadrement des activités bancaires.

Le propos vaut d'ailleurs pour d'autres secteurs économiques. La régulation du secteur du numérique postérieure à des sanctions emblématiques en apporte une illustration d'actualité. Le mérite d'Antonin Pitras est d'en avoir fait la démonstration pour les activités bancaires et d'avoir battu en brèche cette tendance à se mettre hors de portée des règles de concurrence.

Catherine PRIETO
Université Paris I Panthéon-Sorbonne

REMERCIEMENTS

Je remercie tout d'abord chaleureusement Madame la Professeure Catherine Prieto, ma directrice de thèse, d'avoir accepté de diriger mes recherches. Je la remercie encore pour sa bienveillance, sa disponibilité et ses éclairages. Je la remercie de m'avoir guidé dans cet exercice qui ne m'est, grâce à elle, jamais apparu comme une œuvre solitaire mais comme un véritable travail d'équipe.

Je tiens ensuite à remercier Mesdames les Professeures Emmanuelle Claudel et Anne-Claire Rouaud, ainsi que Messieurs les Professeurs David Bosco et Georges Decocq d'avoir accepté de composer le jury de thèse, de lire mes travaux et de m'exprimer leurs remarques.

Je remercie du fond du cœur Laura pour son indéfectible soutien moral.

Je remercie également ma famille, tout particulièrement mes parents et ma sœur, de m'avoir accompagné durant ces cinq années, ainsi que l'ensemble de mes amis pour leur relecture et leurs précieux conseils.

Qu'ils veuillent bien trouver ici l'expression de ma sincère reconnaissance.

TABLE DES ABRÉVIATIONS

ABE	Autorité bancaire européenne
ACAM	Autorité de contrôle des assurances et des mutuelles
ACPR	Autorité de contrôle prudentiel et de résolution
Adde	ajouter
AEAPP	Autorité européenne des assurances et des pensions professionnelles
AEMF	Autorité européenne des marchés financiers
AES	Autorités européennes de surveillance
AFECEI	Association Française des Établissements de Crédit et des Entreprises d'Investissement
aff.	affaire
AJ Contrat	L'Actualité juridique : Contrat
AJ Pénal	L'Actualité juridique : Pénal
AJDA	L'Actualité juridique : Droit administratif
al.	alinéa
AMF	Autorité des marchés financiers
AMU	Acte pour le marché unique
ARCEP	Autorité de régulation des communications électroniques et des Postes
art.	article
ass. plén.	Assemblée plénière
assoc.	association
Aut. conc.	Autorité de la concurrence
av. gén.	Avocat général
BCE	Banque centrale européenne
BCN	banque centrale nationale
BJB	Bulletin Joly Bourse
BJS	Bulletin Joly Sociétés
BOCCRF	Bulletin officiel de la concurrence, de la consommation et de la répression des fraudes
BRDA	Bulletin rapide de droit des affaires
BRRD	*Bank Recovery and Resolution Directive*
Bull. civ.	Bulletin des arrêts de la Cour de cassation (chambres civiles)
C. assur.	Code des assurances
C. civ.	Code civil
C. com.	Code de commerce
c.	contre
C. énergie	Code de l'énergie
C. mon. fin.	Code monétaire et financier
C. pén.	Code pénal
CA	cour d'appel
Cah. dr. entr.	Cahiers de droit de l'entreprise
C. cass.	Cour de cassation
CCC	Contrats Concurrence Consommation
CCE	Communication Commerce électronique
CCSF	Comité consultatif du secteur financier

CDGF	Conseil de discipline de la gestion financière
CE	Conseil d'État
CEA	Comité des entreprises d'assurance
CECEI	Comité des établissements de crédit et des entreprises d'investissement
CEDH	Cour européenne des droits de l'homme
CEIC	commission d'échange image-chèque
CERS	Conseil européen du risque systémique
CESDH	Convention de sauvegarde des droits de l'homme et des libertés fondamentales
ch.	chambre
chr.	chronique
CJA	Code de justice administrative
CJA	Code de justice administrative
CJCE	Cour de justice des Communautés européennes
CJUE	Cour de justice de l'Union européenne
CMF	Conseil des marchés financiers
CMI	commissions multilatérales d'interchange
COB	Commission des opérations de bourse
coll.	collection
comm.	commentaire
Comm. CE	Commission des Communautés européennes
Comm. eur.	Commission européenne
comp.	comparer
Concurrences	Revue Concurrences
Cons. conc.	Conseil de la concurrence
cons.	considérant
Cons. const.	Conseil constitutionnel
CPC	Code de procédure civile
CPCE	Code des postes et des communications électroniques
CRD	*Capital Requirements Directive*
CRE	Commission de régulation de l'énergie
CRR	*Capital Requirements Regulation*
CRU	Conseil de résolution unique
CSA	Conseil supérieur de l'audiovisuel
D.	Recueil Dalloz
DDHC	Déclaration des droits de l'homme et du citoyen
Def.	Répertoire Defrénois
DG concurrence	direction générale de la concurrence
DG Fisma	Direction générale de la stabilité financière et des marchés des capitaux
DGCCRF	Direction générale de la Concurrence, de la Consommation et de la Répression des fraudes
dir.	direction
doss.	dossier
DSP	directive service de paiement
éd.	édition
Euribor	Euro interbank offered rate
et al.	*et alii*
fasc.	fascicule
FRU	Fonds de résolution unique

Gaz. Pal.	Gazette du Palais
GIE	groupement d'intérêt économique
HCSF	Haut Conseil de stabilité financière
HHI	*Herfindahl-Hirschman index*
HACR	*Honour All Cards Rule*
ibid.	*ibidem*
ICN	*International Competition Network*
IPCH	indice des prix à la consommation harmonisé
JCP	Juris-Classeur périodique (la Semaine Juridique)
JCP E	Juris-Classeur périodique, édition entreprise
JCP G	Juris-Classeur périodique, édition générale
JOCE	Journal officiel des Communautés européennes
JORF	Journal officiel de la République française
JOUE	Journal officiel de l'Union européenne
KYC	*Know your customer*
LEDC	L'essentiel Droit des contrats
Libor	London inter-bank offered rate
LPA	Les Petites Affiches
MES	Mécanisme européen de stabilité
Min. éco.	ministre de l'Économie
MRU	mécanisme de résolution unique
MSU	mécanisme de surveillance unique
n°	numéro
obs.	observation
OCDE	Organisation de coopération et de développement économiques
OFT	Office of Fair Trading
op. cit.	*opere citato*
p.	page
PASF	Plan d'action pour les services financiers
PDG	président directeur général
préc.	précité
PSIC	prestataire de services d'information sur les comptes
PSIP	prestataire de services d'initiation de paiement
pt.	point
QPC	question prioritaire de constitutionnalité
RB	Revue Banque
RD bancaire et fin.	Revue de droit bancaire et financier
RDC	Revue des contrats
rép. min.	réponse ministérielle
Rev. Conc. consom.	Revue de la concurrence et de la consommation
RFDA	Revue française de droit administratif
RIDE	Revue internationale de droit économique
RJ com.	Revue de jurisprudence commerciale
RJDA	Revue de jurisprudence de droit des affaires
RLC	Revue Lamy de la concurrence
RLDA	Revue Lamy droit des affaires
RTD civ.	Revue trimestrielle de droit civil
RTD com.	Revue trimestrielle de droit commercial

RTD eur.	Revue trimestrielle de droit européen
RTDF	Revue trimestrielle de droit financier
s.	suivants
S.	Recueil Sirey
SEBC	Système européen de banques centrales
SEPA	*Single Euro Payments Area*
SESF	Système européen de surveillance financière
SGD	système de garantie des dépôts
SSRN	Social Science Research Network
t.	tome
T. com	tribunal de commerce
TCE	traité instituant la Communauté européenne
TCEE	traité instituant la Communauté économique européenne
TFUE	traité sur le fonctionnement de l'Union européenne
TGI	tribunal de grande instance
th.	thèse
TIP	titre interbancaire de paiement
TPICE	Tribunal de première instance des Communautés européennes
trad.	traduction
Trib. UE	Tribunal de l'Union européenne
TUE	traité sur l'Union européenne
UE	Union européenne
V.	voir
Vo	*verbo*
vol.	volume

INTRODUCTION

> *« Les établissements de crédit peuvent-ils être traités, au regard du droit de la concurrence, comme n'importe quelle autre entreprise ? »*[1]

1. **Les activités bancaires, point de rencontre du droit de la concurrence et de la régulation bancaire.** Si l'on peut désormais affirmer sans réserve que le secteur bancaire « n'est plus une *terra incognita* du droit de la concurrence »[2], tel n'a cependant pas toujours été le cas. L'appréhension des activités bancaires par le droit de la concurrence s'est révélée délicate. Celles-ci se singularisent en effet par la place centrale qu'elles occupent au sein de l'économie[3]. Pour s'en convaincre, songeons au rôle d'intermédiation joué par les établissements de crédit ainsi qu'à leur contribution en matière de création monétaire. Songeons également aux risques de crise systémique touchant par contagion différentes institutions bancaires et aux conséquences qu'elles sont susceptibles d'engendrer sur l'économie réelle. Au plan juridique, les spécificités inhérentes à ce type d'activités ont conduit à l'élaboration de divers dispositifs de régulation bancaire.

2. Cette situation rend l'application du droit de la concurrence aux activités bancaires malaisée. Nombre d'auteurs[4] se sont ainsi penchés sur la manière dont le droit de la concurrence pouvait et/ou devait tenir compte de la place si

---

1 Bl. Sousi-roubi, *Droit bancaire européen*, Dalloz, coll. Précis droit privé, 1995, pt. 765, p. 375.

2 Ph.-E. Partsch, « Financial services and competition law : An overview of EU and national case law », *e-Competitions Financial services*, 20 février 2020, art. n° 92135, p. 1 : « The banking and financial sector is no longer terra incognita for competition law enforcement » (traduction libre).

3 Pour un exposé des spécificités attachées aux activités bancaires et la place centrale qu'elles occupent au sein de l'économie, V. *infra* n° 22 s.

4 V. à titre d'exemple : I. Kokkoris, « The special nature of banks and its challenges for competition policy » *in* F.-C. Laprévote, J. Gray et F. De Cecco (dir.), *Research Handbook on State Aid in the Banking Sector*, Edward Elgar, coll. Research Handbooks in Financial Law series, 2017, p. 3 ; M. Behar-Touchais, « Instrument de paiement et concurrence – À propos des commissions multilatérales d'interchange », *in Mélanges en l'honneur du Professeur Paul Le Cannu*, Dalloz, LGDJ, IRJS, coll. Les Mélanges, 2014, p. 443 ; J. Philippe, « La prise en compte de la nature biface des marchés dans le droit de la concurrence » *in Les marchés » biface »*, Séminaire Philippe Nasse, Paris, 13 décembre 2012, *RLC* 2013/35, p. 171 ; J.-M. Cot, « La banque doit-elle faire l'objet d'un traitement atypique en droit de la concurrence ? », *in Le secteur bancaire,* Les actes des ateliers de la concurrence de la DGCCRF du 20 octobre 2009, p. 14 ; D. Schkolnic, *Le contrôle des concentrations bancaires*, thèse de doctorat en Droit, Université Paris XIII, 2009 ; G. Parléani, « Le règlement 139/2004 et les concentrations bancaires », *RD bancaire et fin.* n° 2, 2004, 103, p. 129 ; Gr. Damy, *Les aspects juridiques des fusions et acquisitions bancaires nationales et européennes*, LexisNexis, coll. Fédération Nationale pour le Droit de l'Entreprise, Bibliothèque de droit de l'entreprise, 2005 ; M. Meddeb, *L'application du droit communautaire de la concurrence au secteur bancaire*, thèse de doctorat en Droit, Université Toulouse I, 2003 ; J.-Fr. Bellis, « La banque et le droit communautaire de la concurrence », *in Mélanges Jean Pardon*, Bruylant, Bruxelles 1996, p. 1.

particulière des activités bancaires au sein de l'économie. Le débat portait alors sur le degré de spécialisation adéquat des règles de concurrence et se résumait en ces termes : au regard des spécificités propres aux activités bancaires, l'élaboration d'un régime dérogatoire ne serait-elle pas préférable à l'application pure et simple du droit commun de la concurrence ? D'autres auteurs[5] sont partis du constat que les normes de régulation bancaire tendaient à régir des situations également appréhendées par le droit de la concurrence – aides financières apportées par les autorités publiques aux établissements défaillants, concentrations entre opérateurs du secteur bancaire, comportements abusifs – et se sont intéressés à l'articulation du droit de la concurrence et de la régulation bancaire. Il s'agissait alors d'étudier la place respective de ces deux corps de règles au sein de l'ordonnancement juridique. À la réflexion, les deux approches se croisent. En ce qu'elles font l'objet d'une régulation *ad hoc*, les activités bancaires présentent des spécificités d'ordre non seulement économique, mais également de nature juridique. S'interroger sur la prise en compte de ces spécificités par le droit de la concurrence soulève ainsi nécessairement la question du rapport entre les règles de régulation bancaire et celles du droit de la concurrence.

3. Dès lors, entreprendre une réflexion sur l'application du droit de la concurrence aux activités bancaires conduit inévitablement à étudier les interactions entre deux branches juridiques, à la croisée desquelles se situent les activités bancaires : le droit de la concurrence et la régulation bancaire. L'essor de ce type d'étude va de pair avec l'inflation juridique et la multiplication des droits. Les nouvelles disciplines doivent en effet trouver leur place au sein des blocs normatifs existants. Le droit de la concurrence, dont l'émergence demeure relativement récente, n'a pas échappé à la règle. Plusieurs études ont été ainsi consacrées aux rapports qu'il entretient avec le droit des contrats[6], le droit de la consommation[7], le droit social[8], le droit de la commande publique[9],

---

[5] V. en particulier : Fr. JENNY, « La crise économique et financière, la régulation et la concurrence », *Concurrences* n° 2-2009, mai 2009, art. n° 25873, p. 59 ; E. COHEN, « Risque systémique et droit de la concurrence », *Concurrences* n° 1-2009, février 2009, art. n° 23269, p. 1 ; R. AHREND, J. ARNOLD et F. MURTIN, *Prudential Regulation and Competition in Financial Markets*, Éditions de l'OCDE, Economics Department Working Paper n° 735, ECO/WKP(2009)76 ; S. KERJEAN, *The legal implications of the prudential supervisory assessment of bank mergers and acquisitions under EU law*, ECB, Legal working papers series, n° 6, juin 2008 ; P. IBÁÑEZ COLOMO, D. BERLIN, J.-L. COLSON *et al.*, « L'application des règles en matière d'aides d'État au secteur bancaire et financier », *Concurrences* n° 1-2007, février 2007, art. n° 13174, p. 68 ; M. DIETSCH, « La place de la concurrence dans l'organisation et le fonctionnement du secteur bancaire », *in Droit, économie, justice et secteur bancaire*, actes du colloque organisé par M.-A. Frison-Roche dans le cadre du cycle de conférences de la Chaire Régulation de l'IEP de Paris (Science Po), à la Cour de cassation (Paris), le 4 avril 2005 ; OCDE, *Enhancing the role of competition in the regulation of banks*, Policy roundtables, DAFFE/CLP(1998)16, 11 septembre 1998.

[6] E. CLAUDEL, *Ententes anticoncurrentielles et droit des contrats*, thèse de doctorat en droit, Université Paris X, 1994.

[7] M.-S. PAYET, *Droit de la concurrence et droit de la consommation*, Dalloz, coll. Nouvelle Bibliothèque de Thèses, Vol. 7, 2001.

[8] L. DRIGUEZ, *Droit social et droit de la concurrence*, Bruylant, coll. FEDUCI, 2006.

[9] V. BRIDOUX, *Droit de la commande publique et droit de la concurrence de l'Union européenne. Étude d'une dynamique commune*, Concurrences, 2021.

le droit de la propriété intellectuelle[10], le droit de l'énergie[11], le droit des obligations[12].

4. Or les travaux s'intéressant à l'appréhension des activités bancaires par le droit de la concurrence et à ses interactions avec la régulation bancaire sont parcellaires : ils ne portent à chaque fois que sur certaines règles du droit de la concurrence en particulier, relatives aux pratiques anticoncurrentielles[13], concentrations[14], aides d'État[15]. Les rares études élargies à l'ensemble des règles de concurrence sont néanmoins restreintes au droit de l'Union, à l'exclusion donc du droit français[16]. Notre réflexion s'inscrit dans une démarche globale, à l'échelle de la branche juridique constituée par le droit de la concurrence, français comme de l'Union, dans sa totalité[17]. Une place égale étant réservée aux droits français et de l'Union au sein de cette étude, l'expression « droit de la concurrence » employée sans plus de précisions, renverra tacitement aux droits de la concurrence français *et* de l'Union[18].

5. Afin d'étudier la capacité du droit de la concurrence à appréhender pleinement toute la spécificité des activités bancaires, nous serons amenés à réfléchir sur les relations qu'il entretient avec la régulation bancaire française et européenne[19]. Ce faisant, il ne s'agira pas seulement d'analyser les convergences et les oppositions mais aussi d'envisager les apports réciproques entre ces deux branches juridiques.

6. **Le droit bancaire et le droit de la concurrence, relevant tous deux du droit économique.** Cet exercice pourrait se révéler d'autant plus ardu que le droit de la concurrence[20] et le droit bancaire[21] relèvent, l'un comme l'autre, du droit

---

10 J. Gstalter, *Droit de la concurrence et droits de propriété intellectuelle*, Bruylant, coll. Competition Law, 2012.

11 Chr. Lemaire, *Énergie et concurrence : recherches sur les mutations juridiques induites par la libéralisation des secteurs de l'électricité et du gaz naturel*, Presses universitaires d'Aix-Marseille, 2009.

12 M. Chagny, *Droit de la concurrence et droit commun des obligations*, Dalloz, coll. Nouvelle Bibliothèque de Thèses, Vol. 32, 2004.

13 M. Behar-Touchais, « Instrument de paiement et concurrence – À propos des commissions multilatérales d'interchange », art. préc. ; P-Y. Bérard, « Les moyens de paiement à l'épreuve du droit de la concurrence », *in Droit bancaire et financier*, Revue Banque édition, coll. Mélanges AEDBF France, vol. VI, 2013, p. 111.

14 D. Schkolnic, *op. cit.* ; S. Kerjean, rapport préc. ; Gr. Damy, *op. cit.* ; G. Parléani, « Le règlement 139/2004 et les concentrations bancaires », art. préc.

15 F.-C. Laprévote, J. Gray et F. De Cecco (dir.), *Research Handbook on State Aid in the Banking Sector*, Edward Elgar, coll. Research Handbooks in Financial Law series, 2017 ; E. Cohen, art. préc. ; R. Ahrend, J. Arnold et F. Murtin, rapport préc. ; P. Ibáñez Colomo, D. Berlin, J.-L. Colson *et al.*, art. préc.

16 M. Kneepkens, *Competition Law and Public Interests : Principles for resolving conflicts and an application to the banking sector*, Eleven International Publishing, 2019 ; Fr. Gué, *L'influence du droit de la concurrence sur le droit et l'économie bancaire, thèse de doctorat en Droit*, Université Paris XII, 2013 ; M. Meddeb, *L'application du droit communautaire de la concurrence au secteur bancaire*, thèse de doctorat en Droit, Université Toulouse I, 2003 ; J.-Fr. Bellis, « La banque et le droit communautaire de la concurrence », *in Mélanges Jean Pardon*, Bruylant, Bruxelles 1996, p. 1.

17 Sur la définition précise du *droit de la concurrence* au sens de cette étude, V. *infra* n° 43 s.

18 Il en va de même d'autres expressions génériques telles que « le juge », « la jurisprudence », « la pratique décisionnelle », « les autorités de concurrence », « la régulation bancaire », « les autorités de régulation » etc., exprimant leurs dimensions tout à la fois européenne et française.

19 Sur la définition précise des activités bancaires et de la régulation bancaire au sens de cette étude, V. *infra* n° 15.

20 A.-L. Sibony, *Le juge et le raisonnement économique en droit de la concurrence*, LGDJ, coll. Droit et Économie, 2008, pt. 2, p. 1.

21 M. Grégoire, « Libres marchés et droit masqué. Pourquoi des instruments juridiques non contraignants en matière bancaire et financière ? », *RD bancaire et fin.* n° 1, janvier 2012, dossier 2, p. 1.

économique[22]. Chacune de ces deux branches juridiques s'intéresse en effet aux relations économiques. La recherche en droit de la concurrence et en droit bancaire se prête dès lors tout particulièrement à des éclairages venus d'une autre discipline : la Science économique.

7. La Science économique apparaît à ce titre, comme une science auxiliaire du Droit en ce qu'elle permet au juriste de mieux comprendre les faits économiques[23]. Ainsi le droit de la concurrence peut-il y puiser un éclairage précieux quant à la nocivité de certaines pratiques ou l'impact concurrentiel du rapprochement d'entreprises[24]. De même, la Science économique peut opportunément assister le juriste dans sa compréhension, par exemple, de phénomènes tels que ceux du *marché* ou de la *monnaie* auxquels s'intéresse de près le droit bancaire[25].

8. Telle place sera par conséquent réservée à la Science économique au sein de cette étude : les travaux issus de la Science économique pourront être mobilisés en tant qu'ils nous apparaitront utiles afin d'appréhender au mieux les mécanismes propres aux activités bancaires et la nocivité de certains comportements[26].

9. Mais le Droit et l'Économie peuvent encore entretenir des relations d'une tout autre nature. En effet, non contente d'éclairer le juriste, l'Économie peut revêtir une dimension plus normative, au point de chercher à s'imposer au Droit : la norme juridique doit alors se borner à traduire fidèlement la norme économique. À ce titre, droit de la concurrence et droit bancaire poursuivent indéniablement des objectifs d'ordre économique, en particulier l'efficacité économique[27]. Pour autant, le Droit ne doit pas être réduit à l'état de « serviteur

---

22 Les contours exacts du droit économique ont été débattus et le sont encore. Gérard Farjat n'écrivait-il d'ailleurs pas lui-même que « le droit économique vit sans définition » (G. Farjat, « La notion de droit économique », *Arch. phil. droit* 1992, p. 27). Certains identifient le droit économique à un droit de l'entreprise (Cl. Champaud, « Contribution à la définition du droit économique », *D.* 1967, Chr. XXIV, p. 215). D'autres y voient essentiellement un droit de l'intervention de l'État (F.-Ch. Jeantet, « Aspects du droit économique », *in Dix ans de conférences d'agrégation. Études de droit commercial offertes à Joseph Hamel*, Dalloz, 1961, p. 33). Mais le droit économique semble se singulariser avant tout par son objet : *l'économie*, ou plus spécifiquement *les rapports économiques*. En ce sens, le droit économique renvoie à l'ensemble des règles de droit permettant d'appréhender les phénomènes économiques et de régir les rapports économiques, que lesdites règles procèdent d'une intervention étatique ou relèvent de l'initiative privée (G. Farjat, art. préc. ; J.-B. Racine, « Introduction », *in* J.-B. Racine (dir.), *Le droit économique au XXI*^e^ *siècle, Notions et enjeux*, LGDJ, coll. Droit et économie, 2020, p. 9 à 11).

23 Fr. Terré et N. Molfessis, *Introduction générale au droit*, Dalloz, coll. Précis, 12e éd., 2020, n° 43.

24 A.-L. Sibony, *Le juge et le raisonnement économique en droit de la concurrence*, *op. cit.*

25 B. Remy, « Efficacité économique et droit bancaire », *in* S. Bollée, Y.-M. Laithier et C. Pérès (dir.), *L'efficacité économique en droit*, Economica, coll. Études Juridiques, 2010, p. 90.

26 En ce sens, cette étude ne relève pas d'une « analyse économique du droit ». Telle approche apparue aux États-Unis dans les années 1960 sous l'appellation *law and economics*, a pour ambition d'appliquer les instruments de l'analyse économique à différents domaines juridiques. Ses principaux promoteurs sont Ronald Coase (« The Problem of Social Cost », *Journal of Law and Economics* vol. 3, 1960, p. 1), Richard Posner (*Economic analysis of law,* Wolters Kluwer Law & Business, coll. Aspen casebook series, 9e éd., 2014), George Stigler (« The Theory of Economic Regulation », *Bell Journal of Economics and Management Science* 1971, vol. 2, issue 1, p. 3).

27 V. *infra* n° 83 s. et 228 s.

de l'économie »[28]. Tel n'est pas le cas du droit de la concurrence, ni du droit bancaire, également guidés par des objectifs de nature *a priori* non économique, tels que la protection des *clients* (ou des *consommateurs* selon la terminologie communément privilégiée par l'une ou l'autre de ces deux branches juridiques)[29].

10. **Une étude critique et prospective.** Cette étude comporte donc une dimension pluridisciplinaire non négligeable, mais constitue avant tout un exercice de recherche juridique. En ce sens, la thèse entend décrire les règles de droit et l'application qui en est faite par le juge – éventuellement éclairées à la lumière des analyses doctrinales[30].

11. L'on ne saurait toutefois se contenter d'une démarche strictement descriptive. « Une recherche juridique purement scientifique, ne s'accompagnant pas d'une part de recherche critique, serait une bien triste recherche juridique »[31]. Dès lors, il s'est agi dans une démarche critique et prospective, de recenser les difficultés soulevées lors de la mise en œuvre des règles de concurrence à l'égard des activités bancaires ; d'analyser les solutions retenues en droit positif pour les résoudre ; de vérifier l'opportunité de ces règles en considération des objectifs qu'elles entendent servir et de leur adaptation aux faits ; puis, le cas échéant, de proposer un ajustement desdites règles peut-être plus à même de répondre à ces difficultés.

12. À cet égard, le titre du présent ouvrage, « la soumission des banques au droit de la concurrence », doit se comprendre dans une perspective *de lege lata*, mais également *de lege ferenda* : les activités bancaires ne sont en effet soumises, au moment de l'écriture de ces lignes, qu'à une partie seulement (certes substantielle) du droit commun de la concurrence français et de l'Union européenne. Or cet ouvrage milite notamment pour une soumission pleine et entière des banques à certaines règles de concurrence qui leur sont inapplicables à ce jour, dès lors que lesdites règles se révèlent tout à fait adaptées aux spécificités du secteur bancaire. Mais vérifier la capacité du droit de la concurrence à appréhender toute la spécificité des activités bancaires revient aussi et surtout à évaluer son adéquation aux impératifs de régulation bancaire. Dans cette perspective, il s'agit de bien cerner les logiques propres à chacune de ces deux branches juridiques (§ 1) avant de pouvoir s'intéresser à la confrontation du droit de la concurrence et de la régulation bancaire (§ 2).

---

28 J.-B. Racine et F. Siiriainen, « Retour sur l'analyse substantielle en droit économique », *RIDE* 2007/3, t. XXI, 3, p. 261. V. également : A. Jacquemin, « Le droit économique, serviteur de l'économie ? », *RTD* Com., 1972, p. 283. Certains ne sont pas du même avis. Ainsi de Fernand-Charles Jeantet pour qui le droit économique n'est qu'une « technique subordonnée, un instrument de réalisation du but économique » (« Aspects du droit économique », art. préc., p. 36) ou de Claude Champaud, considérant que « l'esprit du droit économique est guidé par l'idée que cette science est la servante de l'économie et non sa maîtresse » (« Contribution à la définition du droit économique », art. préc., p. 24).

29 V. *infra* n° 111 s. et 203 s.

30 La doctrine juridique s'entend ici de toute la production littéraire, critique et scientifique issue de l'activité cognitive des juristes (S. Cinamonti, *V°* « Doctrine juridique », *in* A.-J. Arnaud (dir.), *Dictionnaire encyclopédique de théorie et de sociologie du droit,* LGDJ, coll. Anthologie du droit, 2018, p. 186).

31 B. Barraud, *La recherche juridique – Sciences et pensées du droit,* L'Harmattan, coll. Logiques juridiques, 2016, p. 317.

§ 1. Les activités bancaires, à la fois soumises aux règles du droit de la concurrence et de la régulation bancaire

13. **Les activités bancaires, à la croisée du droit de la concurrence et de la régulation bancaire.** Les activités bancaires sont soumises à deux blocs normatifs poursuivant des logiques *a priori* bien distinctes : la régulation bancaire, d'une part (A), le droit de la concurrence, d'autre part (B).

A. Les activités bancaires, objets d'une régulation sectorielle

14. **Identification, spécificités et régulation des activités bancaires.** L'identification des activités bancaires révèle l'existence d'un grand nombre de spécificités (1). Ces singularités ont conduit à l'élaboration d'un corps de règles spécifiquement destiné à régir les banques et leurs opérations : le droit bancaire. Cette branche de droit spécial se compose ainsi des « règles définissant le statut des entreprises se livrant au commerce de l'argent et de dispositions applicables à leur activité »[32]. Les formes du droit bancaire, en partie élaboré et mis en œuvre par des autorités administratives *ad hoc*, ainsi que sa dimension téléologique, orientée vers l'efficacité et la stabilité financière, lui confèrent une nature régulatrice. Du droit bancaire procède une véritable *régulation bancaire* (2).

1. Identification des activités bancaires

15. **Notion d'activité bancaire au sens de cette étude.** *Les activités bancaires* – expression générique plutôt que véritable notion juridique – regroupent différents types de services s'inscrivant de près ou de loin dans le « commerce de l'argent »[33]. Au sens de cette étude, les activités bancaires comprennent essentiellement la réception des fonds remboursables du public, les opérations de crédit et les services (bancaires) de paiement. Ces activités correspondent ainsi aux « opérations de banque » mentionnées à l'article L 311-1 du Code monétaire et financier, également visées à l'annexe I de la directive 2013/36[34], en tant qu'activités bénéficiant de la reconnaissance mutuelle. S'y adjoignent leurs opérations connexes énumérées à l'article L 311-2 du Code monétaire et financier ainsi qu'à l'annexe I de la directive 2013/36, à l'exclusion de celles qui peuvent constituer des services d'investissement[35] au sens de l'article L 321-1 du même Code et de

---

[32] Chr. Gavalda et J. Stoufflet, *Droit bancaire*, LexisNexis, coll. Manuels, 9e éd., 2015, p. 1.

[33] Th. Bonneau, *Droit bancaire*, L.G.D.J, coll. Précis Domat, 13e éd., 2019, pt. 1, p. 13 ; Chr. Gavalda et J. Stoufflet, *op. cit.*, p. 1.

[34] Directive 2013/36/UE du Parlement européen et du Conseil du 26 juin 2013 concernant l'accès à l'activité des établissements de crédit et la surveillance prudentielle des établissements de crédit et des entreprises d'investissement, *JOUE* n° L 176/338, du 27 juin 2013, p. 338.

[35] À savoir, « le placement, la souscription, l'achat, la gestion, la garde et la vente de valeurs mobilières et de tout produit financier » (C. mon. fin., art. L 311-2, I, sous 3°) ou « [les t]ransactions, pour le compte propre ou pour le compte des clients, sur tout élément suivant : a) les instruments du marché monétaire (chèques,

la directive 2014/65[36], rattachables à la catégorie distincte des activités financières plutôt qu'à celle des activités bancaires[37]. Somme toute, les *activités bancaires* renvoient au sens de cette étude, à l'ensemble des services visés aux articles L 311-1 et L 311-2 du Code monétaire et financier ainsi qu'à l'annexe I de la directive 2013/36, à l'exception de ceux susceptibles de constituer des services d'investissement.

16. **Exclusion des activités financières et assurantielles.** Les activités bancaires sont également parfois rapprochées des activités financières et assurantielles ; leur étude conjointe est fréquemment admise[38]. La raison principale de ce rapprochement tient à l'interpénétration croissante de ces secteurs : celle-ci se conçoit essentiellement à travers la multiplication des conglomérats, caractérisés par la cohabitation au sein d'un même groupe de plusieurs entités, chacune active sur l'un des trois segments d'activités[39]. Les opérateurs s'orientent en effet, vers une diversification de leurs offres en proposant des services auparavant réservés à d'autres secteurs. L'apparition en pratique d'expressions telles que la « bancassurance » ou « l'assurfinance »[40] révèle toute la portée du phénomène.

17. Cela étant, le rapprochement ainsi opéré entre les activités bancaires, financières et assurantielles ne repose pas tant sur une intimité de leurs mécanismes que sur l'identité des acteurs susceptibles de les exercer. Les points de contact existant entre chacun de ces secteurs sont finalement d'ordre personnel plus que matériel. À la vérité, les activités bancaires diffèrent profondément des activités financières et assurantielles. Les activités financières[41] se rattachent essentiellement aux services d'investissement, portant directement ou indirectement sur des instruments

---

effets, certificats de dépôts, etc.) ; b) les marchés des changes ; c) les instruments financiers à terme et options ; d) les instruments sur devises ou sur taux d'intérêt ; e) les valeurs mobilières. » ainsi que [les p]articipation aux émissions de titres et prestations de services y afférents. » (Directive 2013/36/UE préc., annexe I, pt. 7 et 8).

36 Directive 2014/65/UE du Parlement européen et du Conseil du 15 mai 2014 concernant les marchés d'instruments financiers et modifiant la directive 2002/92/CE et la directive 2011/61/UE, *JOUE* n° L 173 du 12 juin 2014, p. 349, Annexe I.

37 V. *infra* n° 16 s.

38 P.-H. Cassou, « Objectifs et principes de la réglementation financière européenne », *in Rapport moral sur l'argent dans le monde*, Association d'économie financière, 2014, p. 75. V. déjà : F. Lohéac, « À propos du Marché unique de l'assurance et de quelques questions connexes », *RMCUE*, novembre 1992, n° 362, p. 781.

39 Gr. Damy, op. cit., p. 14 ; Fl. Ladouce, Les entreprises industrielles et commerciales exerçant une activité bancaire. Contribution à l'étude juridique des entreprises pluriactives, thèse de doctorat en Droit, Université de Nice, 2003, spéc. n° 271, p. 178 ; B. Marois, « L'avenir du secteur bancaire européen », Banque magazine, 1999, n° 608, p. 60. Le législateur de l'UE a également su en apprécier les spécificités (directive 2002/87/CE du Parlement européen et du Conseil du 16 décembre 2002 relative à la surveillance complémentaire des établissements de crédit, des entreprises d'assurance et des entreprises d'investissement appartenant à un conglomérat financier, et modifiant les directives 73/239/CEE, 79/267/CEE, 92/49/CEE, 92/96/CEE, 93/6/CEE et 93/22/CEE du Conseil et les directives 98/78/CE et 2000/12/CE du Parlement européen et du Conseil, JOUE n° L35 du 11 février 2003, p. 1).

40 La « bancassurance » et « l'assurfinance » sont des néologismes apparus dans le langage pratique. Ils désignent respectivement la prestation de services d'assurance par les banques et l'offre de services bancaires par les compagnies d'assurance (Ph. Trainar, « Les assurances et les banques : fin de partie ? », *Revue d'économie financière*, 2005, n° 78, p. 4).

41 Les expressions « activités financières » ou « activités de marchés (financiers) » sont généralement préférées à l'expression « activités boursières », plus désuète, bien que désignant sensiblement le même objet (A. Couret, H. Le Nabasque, M.-L., Coquelet *et al.*, *Droit financier*, Dalloz, éd. Précis, 3e éd., 2019, p. 1 et 2).

financiers[42]. Ce segment d'activité fait l'objet d'une branche de droit spécial : le droit financier[43]. Quant à l'activité d'assurance, elle peut se définir comme « l'opération par laquelle une partie, l'assuré, se fait promettre, moyennant une rémunération, la prime ou cotisation, pour lui ou pour un tiers, en cas de réalisation d'un risque, une prestation par une autre partie, l'assureur, qui, prenant en charge un ensemble de risques, les compense conformément aux lois de la statistique »[44]. La diversité des services assurantiels et les nombreuses autres spécificités du secteur ont de même conduit à l'élaboration d'un droit spécial[45] afin d'en régir le fonctionnement[46]. Si bien qu'il ne nous semble pas opportun d'inclure les activités financières et assurantielles dans le champ de notre réflexion. Certains éléments relatifs à ces dernières pourront néanmoins être envisagés dans une optique purement comparative.

18. Afin de prévenir tout risque de confusion, une précision supplémentaire s'impose. Les expressions « services financiers » ou « secteur financier » sont parfois employées dans un sens plus global, incluant non seulement les services d'investissement, mais aussi les opérations bancaires et assurantielles. Tel peut être le fait du législateur de l'UE[47] ou, dans une moindre mesure, des autorités de concurrence[48]. Au sein de cette étude, les expressions « activités financières »

---

42 Notamment régis en droit de l'Union par la directive 2014/65/UE précitée et en droit français par les articles L 321-1 s. du Code monétaire et financier.

43 Th. Bonneau, P. Pailler, A.-Cl. Rouaud *et al.*, *Droit financier*, LGDJ, coll. Précis Domat, 2e éd., 2019 ; A.-D. Merville, *Droit financier*, Gualino, coll. Master, 4e éd., 2018 ; A. Couret, H. Le Nabasque, M.-L., Coquelet *et al.*, *op. cit.* ; J.-P. Valette, *Régulation financière internationale, européenne et française*, Ellipses 2020 ; J.-P. Bornet et H. De Vauplane, *Droit des marchés financiers*, LexisNexis, coll. Traités, 3e éd., 2001.

44 G. Cornu [dir.], *Vocabulaire juridique de l'Association Henri Capitant*, *op. cit.*, Vº « Assurance », p. 96.

45 Codifié en France à droit constant au sein du Code des assurances. En droit de l'Union, V. parmi les principales directives régissant la matière : Première directive 73/239/CEE du Conseil, du 24 juillet 1973, portant coordination des dispositions législatives, réglementaires et administratives concernant l'accès à l'activité de l'assurance directe autre que l'assurance sur la vie, et son exercice, *JOCE* nº L228/3, du 16 août 1973, p. 3 ; directive 2009/138/CE du Parlement européen et du Conseil du 25 novembre 2009 sur l'accès aux activités de l'assurance et de la réassurance et leur exercice (solvabilité II), *JOUE* nº L 335/1, du 17 décembre 2009, p. 1 ; directive (UE) 2016/97 du Parlement européen et du Conseil du 20 janvier 2016 sur la distribution d'assurances (refonte), *JOUE* nº L 26 du 2 février 2016, p. 19.

46 B. Beignier et S. Ben Hadj Yahia, *Droit des assurances*, LGDJ, coll. Précis Domat, 3e éd., 2018 ; M. Chagny et L. Perdrix, *Droit des assurances*, LGDJ, Manuels, Droit privé, 4e éd., 2018 ; Y. Lambert-Faivre et L. Leveneur, *Droit des assurances*, Dalloz, coll. Précis, 14e éd., 2017.

47 À titre d'exemple, l'article 2, b) de la directive 2002/65/CE (du Parlement européen et du Conseil du 23 septembre 2002 concernant la commercialisation à distance de services financiers auprès des consommateurs, et modifiant les directives 90/619/CEE du Conseil, 97/7/CE et 98/27/CE, *JOCE* nº L 271/16, du 9 octobre 2002, p. 16) précise que les services financiers s'entendent de « tout service ayant trait à la banque, au crédit, à l'assurance, aux retraites individuelles, aux investissements et aux paiements ».

48 Dans les rapports annuels des autorités, les éléments relatifs aux activités bancaires, boursières et assurantielles sont communément regroupés au sein d'une rubrique générale intitulée « secteur financier » ou « services financiers » (V. à titre d'exemple en ce qui concerne les rapports de la Commission européenne : Comm. eur., *Rapport sur la politique de concurrence 2016*, COM(2017) 285 final, p. 14 à 16 ; *Rapport sur la politique de concurrence 2010*, COM(2011) 328 final, p. 28 à 30 ; *Rapport sur la politique de concurrence 2009*, COM(2010) 282 final, p. 34 à 36 ; de même en ce qui concerne les rapports d'activité de l'Autorité de la concurrence : Aut. conc., *Rapport annuel 2012*, p. 45 à 47 ; *Rapport annuel 2010*, p. 41 à 43). Pour autant, ce rapprochement doit être nuancé : au stade de la délimitation des marchés pertinents, une étanchéité demeure entre les segments de services bancaires, des opérations sur marchés financiers et des activités d'assurance (Comm. CE, décision du 6 août 2007, *Barclays / ABN AMRO*, aff. M.4692, *JOCE* nº C245, 19 octobre 2007, p. 6 ; Comm. CE,

ou « services financiers » ne désigneront, sauf précision contraire, que les services d'investissement, à l'exclusion des opérations bancaires et assurantielles.

19. **Le monopole des établissements de crédit.** Les activités bancaires sont juridiquement réservées aux établissements de crédit. Il est ainsi fait interdiction à toute autre personne d'en entreprendre l'exercice[49]. Cette situation est communément désignée sous l'expression « monopole bancaire ». D'origine doctrinale, celle-ci n'est pas employée dans les textes et se trouve dépourvue de toute valeur juridique[50]. Que l'on ne s'y trompe pas, le « monopole » bancaire ne saurait être entendu au sens économique du terme : le marché bancaire n'appartient pas à un seul et unique opérateur[51]. Son accès est en revanche, strictement limité aux personnes titulaires d'un agrément administratif[52].

20. La notion d'établissement de crédit est d'ailleurs elle-même relativement inclusive et renvoie à une pluralité d'acteurs aux statuts variés : si l'*établissement de crédit* se définit traditionnellement par le cumul d'activités tenant à la réception de fonds du public *et* d'octroi des crédits[53], le règlement 2019/2033[54] – applicable à partir du 26 juin 2021[55] – vient toutefois d'étendre la notion aux entreprises exerçant certains services d'investissement[56].

21. En droit français, les établissements de crédit peuvent eu surplus être agréés en diverses qualités[57]. Parmi ces différents statuts, seul celui de « banque » permet d'exercer sans réserve, l'ensemble des opérations visées à l'article L 311-2 du Code monétaire et financier. Au sens juridique strict, la banque ne constitue donc qu'une catégorie d'établissement de crédit parmi d'autres. Par habitude et *brevitatis causa*, l'on continue pourtant de recourir au terme de « banque » pour désigner les

---

décision du 24 juin 1998, *Fortis AG / Generale Bank*, aff. M.1172, *JOCE* n° C253, 12 août 1998, p. 3 ; Comm. CE, décision du 13 décembre 2000, *Fortis / ASR*, aff. M.2225, *JOCE* n° C54, 21 février 2001, p. 9 ; Aut. conc., décision n° 16-DCC-151 du 14 octobre 2016 *relative à la fusion de la société Rothschild & Co SCA et la Compagnie Financière Martin Maurel SA* ; décision n° 15-DCC-105 du 12 août 2015 *relative à la prise de contrôle conjoint de la société Primonial Holding par les sociétés Crédit Mutuel Arkéa, Primonial Management, Blackfin et Latour Capital* ; décision n° 09-DCC-16 du 22 juin 2009 *relative à la fusion entre les groupes Caisse d'Épargne et Banque Populaire*).

49 En réalité, le droit de l'Union interdit seulement l'activité de réception de fonds du public aux personnes qui ne sont pas des établissements de crédit (directive 2013/36/UE préc., art. 9). Le droit français étend également cette interdiction aux opérations de crédit et aux services bancaires de paiement (C. mon. fin., art. L 511-5).

50 J. Stoufflet, « Organisation et statut bancaire », *in Encyclopédie du JurisClasseur : Banque – Crédit – Bourse*, LexisNexis, 2019, synthèse, pt. 6.

51 Bien au contraire. Sur la structure des marchés bancaires français et européens, V. *infra* n° 1148.

52 Directive 2013/36/UE préc., art. 8 § 1 ; C. mon. fin., art. L 511-9. Sur les conditions d'octroi de l'agrément, V. *infra* n° 1157.

53 Règlement (UE) n° 575/2013 du Parlement européen et du Conseil du 26 juin 2013 concernant les exigences prudentielles applicables aux établissements de crédit et aux entreprises d'investissement et modifiant le règlement (UE) n° 648/2012, *JOUE* n° L 176/1 du 27 juin 2013, p. 1, art. 4 § 1, sous 1 ; C. mon. fin., art. L 511-1.

54 Règlement (UE) 2019/2033 du Parlement Européen et du Conseil du 27 novembre 2019 concernant les exigences prudentielles applicables aux entreprises d'investissement et modifiant les règlements (UE) n° 1093/2010, (UE) n° 575/2013, (UE) n° 600/2014 et (UE) n° 806/2014, *JOUE* n° L 314 du 5 décembre 2019, p. 1.

55 *Ibid.*, art. 66 § 2.

56 À savoir, la négociation pour compte propre et la prise ferme d'instruments financiers et/ou placement d'instruments financiers avec engagement ferme, visées à l'annexe I, section A, sous 3° et 6° de la directive 2014/65/UE précitée, lorsque les actifs de l'entreprise dépassent certains seuils (*ibid.*, art. 62, sous 3°).

57 « Les établissements de crédit sont agréés en qualité de banque, de banque mutualiste ou coopérative, d'établissement de crédit spécialisé ou de caisse de crédit municipal » (C. mon. fin., art. L 511-9).

établissements de crédit dans leur ensemble[58]. Sauf précision contraire, c'est en ce dernier sens que sera employé le vocable de « banque » au sein de cette étude. Les autres types d'établissements de crédit – banques mutualistes ou coopératives, établissements de crédit spécialisé, caisses de crédit municipal –, ne peuvent accomplir des opérations de banque que dans la limite de leurs statuts propres[59]. Le monopole bancaire n'est cependant pas absolu. Depuis la libéralisation, les atteintes à son endroit se multiplient[60].

22. **Les mécanismes de l'intermédiation bancaire.** Le secteur bancaire présente de nombreuses spécificités, dont il est possible d'exposer les principaux caractères[61]. De manière générale, ce secteur se singularise par la place centrale qu'il occupe dans l'économie[62]. Le mécanisme d'intermédiation bancaire joue à cet égard, un rôle déterminant : les banques recueillent l'épargne pour ensuite la redistribuer par la voie du crédit. Elles constituent le lien entre les déposants et les emprunteurs, et participent ainsi de l'orientation économique[63]. Ce statut d'intermédiaire s'observe au surplus, en matière de paiements : en considération du fait que la majorité des transactions s'opère par le biais de la monnaie scripturale[64] et de ce que les banques représentent les principaux prestataires de services de paiement[65], celles-ci apparaissent comme les intermédiaires quasi incontournables des échanges économiques. L'ampleur de ce lien entre le secteur bancaire et la vie des affaires s'apprécie d'autant plus au regard de l'obligation faite aux commerçants de se faire ouvrir un compte en banque ou dans un bureau de chèques postaux[66].

23. **Contribution à la création monétaire.** Toute la singularité des activités bancaires se mesure en outre, à l'aune du rôle joué par les banques en matière de création monétaire. En effet, alors que la création de la monnaie fiduciaire est généralement réservée aux banques centrales[67], la quasi-totalité de la monnaie

---

[58] R. Bonhomme, *Instruments de crédit et de paiement. Introduction au droit bancaire*, LGDJ, coll. Manuels, 12e éd., 2017, p. 17 ; S. Neuville, *Droit de la banque et des marchés financiers*, Presses universitaires de France, Paris, 2005, p. 11. Tel est au demeurant, la pratique de la Commission européenne (V. communication du 30 juillet 2013, concernant l'application, à partir du 1er août 2013, des règles en matière d'aides d'État aux aides accordées aux banques dans le contexte de la crise financière, *JOUE* n° C 216/1 du 30 juillet 2013, p. 1, pt. 25).

[59] V. Th. Bonneau, *Droit bancaire*, *op. cit.*, p. 135.

[60] V. *infra* n° 35 s.

[61] V. I. Kokkoris, art. préc., p. 3 à 19.

[62] M. Contamine-Raynaud et J.-L. Rives-Lange, *Droit bancaire*, Dalloz, Précis, 6e éd., 1995, p. 6.

[63] « En drainant l'argent des ménages vers les entreprises les plus prometteuses, c'est-à-dire en sélectionnant les entreprises qui doivent bénéficier des prêts, le secteur financier participe donc à une allocation et réallocation des fonds disponibles vers les entreprises qui feront le meilleur usage de ces fonds. La finance est par conséquent un facteur essentiel de la croissance économique. » (J. Tirole, *Économie du bien commun*, P.U.F., 2016, p. 390). V. également : Gr. Damy, « Application du droit de la concurrence aux banques. – Cas particulier des concentrations en droit français et communautaire », *in Encyclopédie du JurisClasseur : Concurrence – consommation*, LexisNexis, 2011, Fasc. 130, n° 2.

[64] On estime aujourd'hui que la monnaie scripturale représente 90 % de la monnaie en circulation dans le monde contre 10 % de monnaie fiduciaire. Cet écart est d'environ 95 % contre 5 % en France (M. Collet, *Finances publiques*, L.G.D.J, coll. Précis Domat, Public 5e éd., 2020, p. 125).

[65] V. Th. Bonneau, *Droit bancaire*, *op. cit.*, p. 91 à 103.

[66] C. com., art. L 123-24. Pareille contrainte s'impose en outre aux salariés pour le paiement d'un salaire mensuel d'un montant supérieur à 1500 euros, obligatoirement payé par chèque barré ou par virement sur un compte bancaire ou postal (C. trav., art. L 3241-1, al. 4).

[67] La monnaie fiduciaire, dont la valeur nominale excède la valeur intrinsèque, regroupe les pièces de monnaie et les billets de banque. En France, la fabrication des pièces est une mission confiée à la Monnaie de

scripturale est aujourd'hui créée par les banques privées *via* l'octroi de crédits : lorsqu'une banque accorde un prêt à une entreprise ou un particulier, sans pour autant puiser dans ses réserves, elle inscrit simplement dans son bilan une créance d'un montant correspondant à celui du prêt tout en augmentant d'autant le compte de dépôt de l'emprunteur. La monnaie ainsi créée et mise à la disposition de ce dernier sera finalement détruite à mesure du remboursement de l'emprunt[68].

24. Ce type de création monétaire connaît toutefois certaines limites[69]. Tout d'abord, les banques ne doivent pouvoir accorder du crédit qu'à la condition de disposer d'une trésorerie suffisante, permettant de faire face aux règlements à destination des autres établissements ainsi qu'à l'ensemble des retraits en argent liquide requis par sa clientèle. Par ailleurs, les banques ne peuvent accorder du crédit que dans le respect des exigences prudentielles relatives aux ratios de fonds propres et des niveaux de réserves obligatoires imposées par les banques centrales. Afin de maintenir leur situation en équilibre, les établissements de crédit sont donc eux-mêmes contraints d'emprunter sur le marché interbancaire, auprès d'autres établissements privés ou bien directement auprès des banques centrales[70]. Dans cette dernière hypothèse, le refinancement est accordé moyennant un taux d'intérêt directeur fixé par les banques centrales. L'on comprend que ce taux de refinancement constitue un véritable outil de politique monétaire : en le modulant à la hausse (ou à la baisse) la banque centrale augmente (ou diminue) le coût de refinancement des établissements de crédit et par ricochet, durcit (ou facilite) les conditions d'octroi du crédit aux agents non bancaires, influant ainsi sur la création monétaire[71].

25. **Le spectre de l'instabilité.** Le secteur bancaire présente enfin la spécificité d'être particulièrement vulnérable à l'instabilité[72] : les banques sont individuellement exposées à différents types de risques susceptibles de toucher l'ensemble du secteur par l'effet de contagion. En ce domaine, les opérateurs se trouvent donc soumis à deux séries de risques respectivement d'ordre individuel et systémique[73].

26. Au plan individuel, les risques portent tant sur le passif que sur l'actif des banques[74]. En ce qui concerne le passif, la principale menace est celle d'un retrait massif de la part des déposants, engendrant une crise de liquidité. Ce phénomène survient lorsque les clients perdent confiance en la solvabilité de leur banque, anticipent

---

Paris (C. mon. fin., art. L 121-2 et L 121-3) tandis que l'émission des billets est réservée à la Banque de France, sous le contrôle de la Banque centrale européenne (C. mon. fin., art. L 141-5).

68 P. Narassiguin, *Monnaie – Banques et banques centrales dans la zone euro*, De Boeck Supérieur, coll. Questions d'économie et de gestion, 2004, p. 55 à 68.

69 B. Moschetto et J. Roussillon, *La banque et ses fonctions*, PUF, coll. Que sais-je ?, 2003, p. 62 à 64.

70 P. Gaudron et S. Lecarpentier-Moyal, *Économie monétaire et financière*, Economica, 6e éd., 2011, p. 177 à 196.

71 L'article 12.1 du protocole n° 4 sur les statuts du système européen de banques centrales et de la Banque centrale européenne habilite le Système européen de banques centrales (SEBC) à fixer les taux directeurs (V. Fr. Martucci, « Système européen de banques centrales. – Banque centrale européenne et Eurosystème. – Pouvoirs », *in Encyclopédie du JurisClasseur : Europe Traité,* LexisNexis, 2017, Fasc. 244, spéc. n° 35 et 42).

72 I. Kokkoris, art. préc., p. 4 à 10.

73 Chr. de Boissieu, « L'articulation entre régulation et crise dans le secteur bancaire et financier » *in* M.-A. Frison-Roche (dir.), *Droit et économie de la régulation. 3*, Presses de Sciences Po (P.F.N.S.P.), 2005, p. 17 à 27.

74 P.-A. Chiappori et M.-O. Yanelle, « Le risque bancaire : un aperçu théorique », *Revue d'économie financière* n° 37, 1996, p. 97 à 111.

une crise et décident de retirer leurs fonds indépendamment de leurs besoins de consommation. Ces retraits de panique sont aléatoires et reposent essentiellement sur des prédictions autoréalisatrices[75].

27. En ce qui concerne l'actif, l'on distingue habituellement trois types de risques généraux[76]. Le premier risque dit *de crédit* (ou *de défaut*) est celui d'une défaillance massive des emprunteurs dans leur obligation de remboursement des prêts consentis. Le deuxième, appelé *risque de taux*, tient aux variations des taux d'intérêt : en cas de forte hausse de ces derniers, une banque peut se trouver en difficulté si elle possède plus de dettes que de créances corrélées à ces taux[77]. Le *risque de marché* correspond enfin au risque de perte pouvant résulter des fluctuations de prix des instruments financiers composant le portefeuille de la banque.

28. Ces dangers sont exacerbés par l'existence de nombreuses incitations pour les banques à entreprendre des activités risquées. Les banques sont en effet sujettes à différentes formes d'aléa moral[78]. Une mauvaise allocation des ressources[79] est tout d'abord facilement dissimulable par les banques, en raison de l'opacité et de la durée généralement longue des échéances de leurs actifs[80]. La dispersion des dettes bancaires parmi de nombreux déposants, limite ensuite la capacité de ces derniers à imposer aux banques une discipline de marché effective[81]. L'incitation au risque peut enfin reposer sur la croyance, fondée ou non, que les banques seront sauvées de leur éventuelle faillite par les pouvoirs publics.

29. Cette dernière idée repose sur le fait que certains établissements financiers jugés « trop gros pour faire faillite »[82], doivent être renfloués afin d'éviter les effets de contagion engendrés par leur perte. Il s'agit ici de prévenir le risque systémique.

---

75 D. W. Diamond et p. H. Dybvig, « Bank Runs, Deposit Insurance and Liquidity », *Journal of Political Economy*, 1983, n° 91, p. 401 à 419. Mais les retraits massifs ne sont pas nécessairement liés à la panique. Ils peuvent être également de type structurel et résulter au contraire, de la réaction d'agents mieux informés, présentant un degré de rationalité supérieur. Les retraits structurels interviennent alors en conséquence de la médiocrité des résultats d'une banque : informés de la faiblesse avérée de ses performances, les déposants retirent leurs fonds par anticipation des difficultés financières (F. Allen et D. Gale, « Optimal Financial Crises », *Journal of Finance*, 1998, n° 47, p. 1245 à 1284 ; G. Gorton, « Banking panics and business cycles », *Documents économiques d'Oxford*, 1988, n° 40, p. 751 à 781).

76 Chr. Bordes, « Les banques et le filet de sécurité contre le risque systémique », *in* M.-A. Frison-Roche (dir.), *Les banques entre droit et économie*, LGDJ, coll. Droit et Économie, 2006, p. 180.

77 Le risque de taux est donc lié à la fois à l'actif et au passif de la banque.

78 Dans la théorie économique, l'aléa moral désigne une situation dans laquelle le comportement d'un agent peut ne pas être observable par son cocontractant, alors que ce dernier se trouve affecté par ledit comportement. Tirant avantage de cette asymétrie d'information, l'agent est incité à augmenter sa prise de risque par rapport à une situation dans laquelle il devrait en supporter les conséquences négatives (J. Tirole, *op. cit.*, p. 158 s.).

79 Par exemple, *via* l'attribution de prêts à des emprunteurs peu fiables ou par la souscription de titres de créance risqués.

80 OCDE, *Concurrence et marchés financiers – Messages clés,* DAF/COMP (2009) 11, 2009, p. 22.

81 M. J. Flannery et S. Nikolova, « Market Discipline of U.S. Financial Firms : Recent Evidence and Research Issues » *in* C. Borio, W. C. Hunter, G. G. Kaufman *et al.*, *Market Discipline across Countries and Industries*, MIT Press, 2004, p. 87 à 100. D'autant que les dépôts font eux-mêmes bien souvent l'objet de garanties (Chr. de Boissieu, « L'articulation entre régulation et crise dans le secteur bancaire et financier » art. préc., p. 20).

82 *Too big to fail*, selon la traduction anglaise. V. G.-J. Koopman, « Stability and competition in EU banking during the financial crisis : the role of State aid control », *Competition Policy International,* décembre 2011, vol. 7, p. 10, n° 2 ; S. Moenninghoff et A. Wieandt, « Too big to fail ?! Leçons de la crise financière », *Revue d'économie financière*, 2011/1 n° 101, p. 231 à 260 ; P. Ibáñez Colomo, D. Berlin, J.-L. Colson *et al.*, art. préc., p. 16.

Celui-ci correspond de manière générale à « un évènement soudain et généralement inattendu [qui] secoue les marchés financiers et les empêche d'acheminer efficacement le flux de capitaux là où les opportunités d'investissement sont les meilleures »[83]. La menace accède ainsi à une dimension systémique lorsqu'elle frappe l'ensemble du système financier et touche par suite, le secteur réel de l'économie[84].

30. Ce type de risque existe à mesure de l'interconnexion entre les différents établissements financiers. La propagation des difficultés financières peut résulter de liens directs entre la banque défaillante et d'autres institutions, dès lors que celles-ci ne seront pas désintéressées des nombreuses créances détenues sur celle-là[85]. Mais la contagion peut également suivre une voie indirecte, liée à l'interdépendance des portefeuilles. En ce cas, la revente massive et à prix bradés de certains actifs par la banque en difficulté peut entraîner corrélativement une chute de valeur des actifs détenus par d'autres établissements et provoquer leur propre faillite[86]. En somme, le secteur bancaire se singularise par de très nombreuses spécificités, justifiant l'élaboration d'une régulation *ad hoc*, permettant d'en régir le fonctionnement.

2. Régulation des activités bancaires

31. **Développement des activités bancaires en l'absence de toute réglementation spécifique.** Le droit bancaire est d'apparition récente. Mis à part quelques inflexions des règles civiles et commerciales traditionnelles, les activités bancaires ont échappé pendant des siècles à toute réglementation spécifique[87]. L'activité bancaire quant à elle, est pourtant une pratique très ancienne : certaines institutions, telles que le prêt à la grosse aventure, remontent à l'Antiquité[88]. Les activités bancaires n'ont depuis lors, cessé de se développer. Le Moyen-Âge a certes connu un déclin relatif du crédit en raison des interdits religieux[89] ; mais l'époque médiévale est aussi et surtout marquée par l'apparition de nombreuses techniques cambiaires, en particulier la lettre de change, accompagnant l'internationalisation du commerce[90].

32. Pour autant, c'est à la Renaissance que les banques ont connu leur véritable essor, notamment grâce à l'assouplissement de la prohibition du prêt à intérêt porté par la Réforme. Au XVIIe siècle, la circulation monétaire s'accélère avec l'apparition

---

83 Fr. S. Mishkin, « Systemic risk and the international lender of last resort », *in Tenth Annual International Banking Conference*, Federal Reserve Bank of Chicago, Chicago, 28 Septembre 2007, *BIS Review*, 109/2007 (traduction libre).

84 Chr. Bordes, « Les banques et le filet de sécurité contre le risque systémique », art. préc., p. 185.

85 S. Brusco et F. Castiglionesi, « Liquidity Coinsurance, Moral Hazard and Financial Contagion », *Journal of Finance*, 2007, n° 62, p. 2275 à 2302.

86 R. Lagunoff et S. Schreft, « A Model of Financial Fragility », *Journal of Economic Theory,* 2001, n° 99, p. 220 à 264.

87 S. Piedelièvre et E. Putman, *Droit bancaire*, Economica, coll. Corpus, 2011, p. 5 à 7.

88 J. Rivoire, *Histoire de la banque,* Presses universitaires de France, coll. Que sais-je ?, 1984, p. 6 s.

89 Le prêt à intérêt fut prohibé par le Premier concile de Nicée en 325 et le Quatrième concile de Latran en 1215 ; le Concile de Trêve (1227) avait ensuite interdit la rémunération des dépôts (S. Piedelièvre et E. Putman, *Droit bancaire*, Economica, coll. Corpus, 2011, p. 6).

90 V. Thomas, « Effets de commerce. – Lettre de change et billet à ordre. – Warrant », *in Encyclopédie du JurisClasseur : Droit international,* LexisNexis, 2002, Fasc. 566-20, n° 1.

des billets ; la Banque de France, chargée de leur émission[91], est créée le 18 janvier 1800[92]. Le XIXe siècle est une période de croissance et de stabilité bancaire, la monnaie fiduciaire mais aussi scripturale se développe, avec la progression du chèque[93].

33. **Période de dirigisme étatique en France.** Au XXe siècle, la singularité des activités bancaires a progressivement fait naître le besoin de mettre sur pied un véritable corps de règles pour en régir le fonctionnement. L'on doit ainsi à la crise de 1929 la prise de conscience par les États occidentaux de la nécessité de contrôler la profession bancaire avec plus de rigueur[94]. Dans les années 1930, s'ouvre dès lors en France une période d'interventionnisme étatique menant au dirigisme. Plusieurs banques frappées par la crise sont ainsi renflouées par l'État[95] ; la Banque de France est réformée et se trouve désormais dirigée par un conseil général désigné par décret[96].

34. Mais l'encadrement des banques intervient véritablement à l'occasion des lois du 13 et 14 juin 1941[97] : les banquiers sont alors soumis au contrôle d'organismes professionnels[98], chargés d'édicter une réglementation assortie de peines disciplinaires. Les activités bancaires ont depuis lors, rapidement quitté le champ du droit commun. Au sortir de la seconde guerre mondiale, la reconstruction du pays justifie la nationalisation du crédit afin d'offrir à l'État un moyen d'orienter l'économie vers les activités essentielles. La loi du 2 décembre 1945[99] nationalise ainsi la Banque de France et les quatre principales banques commerciales de l'époque[100], tout en instituant le système de séparation bancaire[101]. Durant plusieurs décennies, le secteur fut ainsi régi par ces différents principes.

---

91 En avril 1803 (loi du 24 Germinal an XI).

92 Arrêté des Consuls de la République du 28 Nivôse an VIII.

93 P. Baubeau, « Fragments d'une histoire monétaire : réalités et faux-semblants des particularismes français », *Annales des mines – Réalités industrielles* 2017/4, novembre 2017, p. 19 et 20.

94 J.-Ph. Kovar et J. Lasserre Capdeville, *Droit de la régulation bancaire*, Revue Banque, coll. Droit, 2012, p. 13.

95 S. Piedelièvre et E. Putman, *op. cit.*, p. 8.

96 Loi du 24 juillet 1936 tendant à modifier et à compléter les lois et statuts qui régissent la Banque de France, *JORF* du 25 juillet 1936, p. 7810.

97 Loi nº 2-532 du 13 juin 1941, relative à la réglementation et à l'organisation de la profession bancaire, *JORF* du 6 juillet 1941, p. 2830 ; loi nº 2-253 du 14 juin 1941, relative à la règlementation et organisation des professions se rattachant à la profession de banquier et qui accomplissent à titre principal, accessoire ou occasionnel des opérations de banque prévues à l'article 27 de la loi du 13 juin 1941, *JORF* du 6 juillet 1941, p. 2834.

98 L'Association professionnelle des banques, la Commission de contrôle des banques et le Comité permanent d'organisation professionnel des banques. Ce dernier est notamment compétent pour délivrer les autorisations d'ouverture de nouveaux guichets.

99 Loi nº45-15 du 2 décembre 1945 relative à la nationalisation de la Banque de France et des grandes banques et à l'organisation du crédit, *JORF* du 3 décembre 1945, p. 8001.

100 Le Crédit lyonnais, la Société générale, la Banque nationale pour le commerce et l'industrie et le Comptoir d'escompte de Paris.

101 Le texte divise le secteur bancaire en trois catégories d'établissements. La première comprend les banques de dépôts à vue, exclues de fait du financement de l'économie dès lors qu'elles n'ont pas le droit d'octroyer des crédits à plus de deux ans et ne peuvent détenir plus de 10 % du capital d'une entreprise. Au sein de la deuxième catégorie, les banques d'affaires peuvent consentir des crédits sans limitation de durée et investir librement dans les entreprises. La troisième catégorie est celle des banques de crédit à moyen et long termes, autorisées à consentir des crédits de plus de deux ans, à condition de détenir des ressources d'une durée au moins équivalente (J.-M. Thiveaud, « Les évolutions du système bancaire français de l'entre-deux-guerres à

35. **Libéralisation des activités bancaires.** L'approche dirigiste, mue par la recherche de stabilité, et l'impératif de reconstruction, ont cependant eu pour effet secondaire d'entraver la concurrence entre les banques. Un mouvement inverse de libéralisation des activités bancaires s'est alors amorcé dans les années 1980 en France, comme à l'échelle européenne sous l'impulsion du droit communautaire. Considéré comme une véritable révolution[102], ce mouvement fut entrepris en contemplation d'un renforcement de la concurrence sur les marchés bancaires[103]. En France, la plupart des barrières ont donc été progressivement abolies, suivant une logique générale de déréglementation, *i.e.* d'atténuation – sinon de suppression – de l'interventionnisme étatique[104]. Malgré les nationalisations de 1982[105], la loi de privatisation de 1986[106] et le retrait partiel de l'État qui l'accompagne constituent le symbole de ce mouvement. Plus concrètement, celui-ci est marqué par de nombreuses mesures visant à réduire les contraintes commerciales : la suppression du principe d'autorisation préalable à l'ouverture des guichets[107] et l'abandon de l'encadrement du crédit[108] en sont les exemples les plus topiques.

36. **Désintermédiation bancaire.** La libéralisation se caractérise également par un phénomène de désintermédiation bancaire[109], entraînant pour les établissements de crédit, une pression concurrentielle supplémentaire. La multiplication des sources de financement alternatives au crédit bancaire a en effet permis aux entreprises de se financer autrement que par l'intermédiaire des banques. L'apparition des billets de trésorerie en tant que titres de créances négociables[110] et la simplification de leurs conditions d'émission[111] ont notamment permis d'ouvrir le marché monétaire aux agents non bancaires, et d'offrir aux entreprises une source de financement concurrente à celle des banques. Plus récemment, le cercle des prêteurs non bancaires s'est encore élargi avec l'apparition du financement participatif[112]. Les établissements de crédit conservent donc leur rôle d'intermédiaire, mais n'ont désormais plus l'apanage du financement.

---

nos jours : Spécialisation, déspécialisation, concentration, concurrence », *Revue d'économie financière* n° 39, 1997, p. 45 à 46).

102 Ce phénomène est décrit par Henri Bourguinat comme la « révolution des trois D » : déréglementation, désintermédiation, décloisonnement (H. BOURGUINAT, *Les vertiges de la finance internationale*, Economica, 1987).

103 Th. BONNEAU, *Droit bancaire*, *op. cit.*, pt. 20, p. 29 ; M. CONTAMINE-RAYNAUD et J.-L. RIVES-LANGE, *op. cit.*, p. 14.

104 Sur la notion de déréglementation, V. J.-Ph. COLSON et P. IDOUX, *Droit public économique*, L.G.D.J, coll. Manuels, 9e éd., 2018, p. 197 à 235.

105 J.-M. THIVEAUD, « Les évolutions du système bancaire français de l'entre-deux-guerres à nos jours : Spécialisation, déspécialisation, concentration, concurrence », art. préc., p. 55.

106 Loi n° 86-912 du 6 août 1986 relative aux modalités d'application des privatisations décidées par la loi 86793 du 02-07-1986 autorisant le Gouvernement à prendre diverses mesures d'ordre économique et social, *JORF* du 7 août 1986, p. 9695.

107 Conseil national du crédit, décision de caractère général n° 67-03, du 10 janvier 1967. Cette mesure s'inscrit dans le cadre des réformes dites « Debré-Haberer » de 1966-1967.

108 Cet abandon fut progressif, V. J.-Ph. KOVAR et J. LASSERRE CAPDEVILLE, *op. cit.*, p. 16.

109 V. Th. BONNEAU, *Droit bancaire*, *op. cit.*, pt. 21, p. 29 à 31.

110 Loi n° 85-1321 du 14 décembre 1985 modifiant diverses dispositions du droit des valeurs mobilières, des titres de créances négociables, des sociétés et des opérations de bourse, *JORF* du 15 décembre 1985, p. 14598.

111 Loi n° 91-716 du 26 juillet 1991 portant diverses dispositions d'ordre économique et financier, *JORF* n°174 du 27 juillet 1991, p. 9955.

112 V. *infra* n° 166 s.

37. Les limites au monopole ne concernent pas uniquement l'activité de prêteur. Elles se généralisent à toutes les opérations de banque et connexes. Certaines catégories de prestataires sont ainsi autorisées à exercer tout ou partie desdites opérations, en échappant totalement au régime des établissements de crédit[113]. Désormais, la seule prestation des services de paiement ou d'émission et gestion de monnaie électronique ne requiert en outre, que l'obtention d'un agrément en qualité respectivement d'établissement de paiement[114] ou de monnaie électronique[115]. Plus fondamentalement, les atteintes au monopole se multiplient à mesure des évolutions technologiques[116] : l'apparition de l'informatique au cours de la seconde moitié du xxe siècle a certes amélioré la technique bancaire et permis le développement de nouveaux services[117] ; elle a aussi favorisé l'émergence de nouveaux prestataires. Très récemment, les nouvelles technologies de l'information et de la communication, communément désignées sous l'expression *fintechs*[118], ont ainsi conduit à l'apparition des prestataires de services d'initiation de paiement (PSIP) et de services d'information sur les comptes (PSIC)[119].

38. **Décloisonnement des marchés bancaires à l'échelle européenne**[120]**.** La concurrence s'est encore trouvée renforcée en raison du décloisonnement des marchés bancaires nationaux. Ce décloisonnement s'inscrit dans le projet de création d'un marché unique, se manifestant par l'abolition des obstacles frontaliers. Les prestataires de services bancaires bénéficient donc des différentes libertés de circulation protégées par le traité FUE ; à ce titre, ils jouissent tout particulièrement des principes de liberté d'établissement, de libre prestation de service et de libre circulation des capitaux. Le décloisonnement se caractérise aussi par l'entreprise d'harmonisation des régimes nationaux portée par le législateur de l'Union dans l'ensemble des domaines d'activité bancaire, y compris en matière de surveillance prudentielle[121], sans pour autant parvenir à éviter la crise financière de 2008.

---

113 Le Trésor public, la Banque de France, La Poste, l'institut d'émission des départements d'outre-mer, l'institut d'émission d'outre-mer et la Caisse des dépôts et consignations (C. mon. fin., art. L 518-1).

114 Directive (UE) 2015/2366 du Parlement européen et du Conseil du 25 novembre 2015 concernant les services de paiement dans le marché intérieur, modifiant les directives 2002/65/CE, 2009/110/CE et 2013/36/UE et le règlement (UE) n° 1093/2010, et abrogeant la directive 2007/64/CE, *JOUE* n° L337 du 23 décembre 2015, p. 35, art. 5 ; C. mon. fin., art. L 522-6.

115 Directive 2009/110/CE du Parlement européen et du Conseil du 16 septembre 2009 concernant l'accès à l'activité des établissements de monnaie électronique et son exercice ainsi que la surveillance prudentielle de ces établissements, modifiant les directives 2005/60/CE et 2006/48/CE et abrogeant la directive 2000/46/CE, *JOUE* n° L267 du 10 octobre 2009, p. 7, titre II ; C. mon. fin., art. L 526-7.

116 D. Legeais, « Les métamorphoses du droit bancaire contemporain », *in* P. Pailler, A.-Cl. Rouaud et M. Roussille (dir.), *Autour du droit bancaire et financier et au-delà, Mélanges en l'honneur de Jean-Jacques Daigre*, Joly éditions, 2017, p. 435.

117 La « banque libre-service » par le biais des automates (A. Gawel, « L'agence du futur : le libre-service bancaire en toute sécurité », *Bancatique*, septembre 1991, 472, n° 74), la « banque à domicile » (G. Gasperment, « Banque à domicile : la dimension utilisateur », *Banque*, octobre 1993, 44, n° 541), et le développement des terminaux de paiement par carte chez les commerçants en sont les principales illustrations.

118 V. *infra* n° 911 s.

119 V. *infra* n° 154 s.

120 Pour plus de détails sur la création du marché bancaire unique, V. *infra* n° 129 s.

121 Directive 2006/48/CE du Parlement européen et du Conseil du 14 juin 2006 concernant l'accès à l'activité des établissements de crédit et son exercice (refonte), *JOUE n°* L 177/1 du 30 juin 2006, p. 1 ; directive 2006/49/CE du Parlement européen et du Conseil du 14 juin 2006 sur l'adéquation des fonds propres des entreprises d'investissement et des établissements de crédit (refonte), *JOUE* n° L 177/201 du 30 juin 2006, p. 201.

39. **Conséquences juridiques tirées de la crise financière de 2008.** La crise de 2008 a révélé avec cruauté toutes les insuffisances du système européen de régulation bancaire. Le législateur de l'UE, suivi par son homologue français, n'a depuis lors eu de cesse de combler ces lacunes et d'en réparer les conséquences[122]. Le premier axe de cette réaction a été de resserrer la discipline à tous les niveaux du secteur bancaire afin d'en renforcer la stabilité : les accords de Bâle III ont été adoptés en décembre 2010 et repris par le paquet dit « CRD IV » en juin 2013[123]. Le droit français s'y est conformé à la faveur de la loi de séparation et de régulation des activités bancaires[124].

40. S'en est par ailleurs ensuivi, un véritable bouleversement institutionnel. En France, la régulation bancaire a été confiée à l'Autorité de contrôle prudentiel et de résolution (ACPR)[125], issue de la fusion des quatre anciennes autorités de contrôle des secteurs bancaire et assurantiel[126]. Au niveau européen, c'est au contraire une logique d'éclatement institutionnel qui a prévalu. Une partie de la régulation microprudentielle s'est ainsi trouvée transférée à trois nouvelles autorités européennes de surveillance (AES) : l'Autorité bancaire européenne (ABE)[127], l'Autorité européenne des marchés financiers (AEMF)[128] ainsi que l'Autorité européenne des assurances et des pensions professionnelles (AEAPP)[129]. Ces dernières sont chargées d'assister la Commission européenne[130] dans son office réglementaire. Elles disposent à ce titre, d'un pouvoir de consultation et d'élaboration des normes techniques d'exécution et

---

122 Pour une description des origines de la crise et des réformes juridiques qui se sont ensuivies, V. M. Sève, *La régulation financière face à la crise*, Bruylant, coll. Droit et économie, 2013.

123 Celui-ci est composé du règlement (UE) n° 575/2013 précité et de la directive 2013/36/UE précitée.

124 Loi n° 2013-672 du 26 juillet 2013 de séparation et de régulation des activités bancaires, *JORF* n° 0173 du 27 juillet 2013 page 12530 ; complétée par l'ordonnance n° 2014-158 du 20 février 2014 portant diverses dispositions d'adaptation de la législation au droit de l'Union européenne en matière financière, *JORF* n° 0044 du 21 février 2014 p. 3022.

125 Ordonnance n° 2010-76 du 21 janvier 2010 portant fusion des autorités d'agrément et de contrôle de la banque et de l'assurance, *JORF* n° 0018 du 22 janvier 2010, p. 1392.

126 À savoir, la Commission bancaire, l'Autorité de contrôle des assurances et des mutuelles (ACAM), le Comité des entreprises d'assurance (CEA) ainsi que le Comité des établissements de crédit et des entreprises d'investissement (CECEI). Dans le même esprit, le législateur avait en 2003, confié la régulation financière à une autorité unique – l'Autorité des marchés financiers (AMF) – qui s'était ainsi substituée au Conseil des marchés financiers (CMF), à la Commission des opérations de bourse (COB) et au Conseil de discipline de la gestion financière (CDGF) : loi n° 2003-706 du 1er août 2003 de sécurité financière, *JORF* n° 177 du 2 août 2003, p. 13220.

127 Règlement (UE) n° 1093/2010 du Parlement européen et du Conseil du 24 novembre 2010 instituant une Autorité européenne de surveillance (Autorité bancaire européenne), modifiant la décision n° 716/2009/CE et abrogeant la décision 2009/78/CE de la Commission, *JOUE* n° L 331/84 du 15 décembre 2010, p. 12.

128 Règlement (UE) n° 1095/2010 du Parlement européen et du Conseil du 24 novembre 2010 instituant une Autorité européenne de surveillance (Autorité européenne des marchés financiers), modifiant la décision n° 716/2009/CE et abrogeant la décision 2009/77/CE de la Commission, *JOUE* n° L 331/84 du 15 décembre 2010, p. 84.

129 Règlement (UE) n° 1094/2010 du Parlement européen et du Conseil du 24 novembre 2010 instituant une Autorité européenne de surveillance (Autorité européenne des assurances et des pensions professionnelles), modifiant la décision n° 716/2009/CE et abrogeant la décision 2009/79/CE de la Commission, *JOUE* n° L 331/84 du 15 décembre 2010, p. 48.

130 La Commission dispose en son sein d'une direction générale dédiée à la régulation bancaire : la direction de la stabilité financière, des services financiers et de l'union des marchés des capitaux (en anglais, *Directorate-General for Financial Stability, Financial Services and Capital Markets Union* [DG FISMA]).

de réglementation. La régulation macroprudentielle a quant à elle, été confiée au Conseil européen du risque systémique (CERS)[131]. Cet organisme, non doté de la personnalité juridique et adossé à la BCE, doit ainsi contribuer à la « prévention ou à l'atténuation des risques systémiques pour la stabilité financière de l'Union »[132]. Dans cette perspective, il est chargé de rassembler des informations, d'identifier et classer les risques par degré de priorité, d'émettre des alertes, ou encore de formuler des recommandations, précisant les mesures correctives à prendre pour faire face aux risques identifiés[133]. Ces différents dispositifs de régulation coexistent enfin, non sans difficulté, avec les mécanismes de l'Union bancaire. Chargée d'améliorer les conditions de marché et de restaurer la confiance[134], celle-ci a été bâtie en 2013 autour des mécanismes de surveillance et de résolution uniques (MSU et MRU)[135]. L'ensemble de ces dispositifs de droit bancaire français et européen participent de ce qu'il est convenu d'appeler la *régulation bancaire*.

41. **Du droit bancaire à la régulation bancaire.** D'étymologie latine[136], la régulation est une notion initialement connue des sciences naturelles et techniques[137] mais ayant plus récemment gagné le champ de l'économie politique[138]. Par suite, la régulation a progressivement conquis la sphère juridique, au sein

---

131 Cette répartition n'est toutefois pas absolue (Th. Bonneau, *Régulation bancaire et financière européenne et internationale*, Bruylant, coll. Droit de l'Union européenne, 5e éd., 2020, p. 99). Sur la distinction entre régulation micro et macroprudentielle, V. J. Caruana et B. H. Cohen, « Cinq questions et six réponses sur la politique macroprudentielle », *Rev. de la stabilité financière* n° 18, avril 2014, p. 15 s., spéc. p. 16 et 17.

132 Règlement (UE) n° 1092/2010 du Parlement européen et du Conseil du 24 novembre 2010 relatif à la surveillance macroprudentielle du système financier dans l'Union européenne et instituant un Comité européen du risque systémique, *JOUE* n° L 331 du 15 décembre 2010, p. 1, art. 3 § 1.

133 Règlement (UE) n° 1092/2010 préc., art. 3. Le Conseil n'est en revanche, investi d'aucune prérogative règlementaire.

134 E. Wymeersch, « The single supervisory mechanism or "SSM", part one of the banking Union », *Law working paper*, n° 240/2014, février 2014, spec. n° 23.

135 V. *infra* n° 1077 et 1155.

136 La régulation tire en effet ses racines du mot latin *regalis*, signifiant « qui est propre au roi » et dont se trouve également issu le mot « régalien » (Cl. Champaud, « Régulation et droit économique », *RIDE*, 2002/1, t. XVI, 1, p. 35).

137 En la matière, la régulation est indissociable de la notion d'équilibre, vers lequel doit être ramené un système soumis à des forces contradictoires. Il en est par exemple ainsi de la régulation du mécanisme d'une horloge ou du système de circulation sanguine (J.-Ph. Colson et P. Idoux, *Droit public économique*, *op. cit*, p. 436). En bref, « pour les scientifiques la régulation désigne un seul et même phénomène, à savoir celui d'un processus de rétablissement d'un équilibre à l'intérieur d'un système qui, même lorsqu'il repose sur une contradiction et/ou la compétition de forces antagonistes, doit être ramené à un état de fonctionnement "régulier", c'est-à-dire conforme aux règles qui lui permettent de remplir sa fonction et d'éviter ainsi la destruction du système par l'effet d'un dérèglement progressif. » (Cl. Champaud, « Régulation et droit économique », art. préc., p. 38).

138 Au sens économique du terme, la régulation désigne une forme particulière d'intervention des autorités publiques. Elle constitue un dépassement de l'opposition traditionnelle existant non pas entre l'État et le marché, mais entre d'une part, un modèle interventionniste d'économie administrée, laissant à l'État le soin de diriger l'économie et d'autre part, un modèle libéral conduisant plutôt à penser l'État comme un simple garant des libertés (J.-M. Sauvé, « Séance d'ouverture », *in Corriger, équilibrer, orienter : une vision renouvelée de la régulation économique – Hommage à Marie-Dominique Hagelsteen, un colloque organisé par le Conseil d'État et l'Autorité de la concurrence le 24 septembre 2013 à l'École nationale d'administration*, La documentation française, coll. Droits et Débats, 2014, p. 8). La régulation économique relève ainsi d'une troisième voie sociétale (J. Tirole, *op. cit.*, p. 467 ; J.-M. Sauvé, « Allocation d'ouverture », *in Le droit de la régulation économique*, Colloque ACA-Europe, 17 juin 2015 ; Cl. Champaud, « Régulation et droit économique », art. préc.).

même de laquelle, elle souffre d'une grande polysémie[139]. Cette situation – due à la diversité des « phénomènes de régulation »[140] – ne fait pour autant pas obstacle à l'émergence d'une véritable notion juridique[141], dont il est possible d'esquisser les principaux traits. Ainsi la régulation peut-elle être tout d'abord appréhendée sous l'angle de son objet et des finalités guidant son action. La régulation s'analyse alors comme une fonction de la puissance publique visant à préserver le bon fonctionnement du marché tout en rééquilibrant les forces en présence[142]. Plus avant, il est possible de distinguer au sein de cette finalité générale différentes composantes, tournées vers la promotion de l'efficacité économique[143], la correction des défaillances de marché, ainsi que la conciliation d'intérêts contradictoires, comme peuvent l'être le principe de compétition économique et les services publics[144]. À cette approche matérielle peut venir s'adjoindre une identification des formes de la régulation[145], et en particulier deux d'entre elles : à savoir d'une part, la présence d'un « régulateur », doté d'une expertise technique particulière, fin connaisseur du « terrain »[146], entretenant des relations de concertation privilégiées avec les opérateurs[147] et, d'autre part, l'usage d'une normativité originale, conjuguant souplesse[148] et fermeté, suivant tantôt la voie de la pédagogie, tantôt

---

139 M.-A. Frison-Roche, « Les différentes définitions de la régulation », *LPA*, 10 juillet 1998, n° 82, p. 5.

140 G. Timsit, « La régulation. La notion et le phénomène », *Revue française d'administration publique* 2004/1 (n° 109), p. 5.

141 R. Rambaud, *L'institution juridique de régulation – Recherches sur les rapports entre droit administratif et théorie économique*, L'Harmattan, coll. Logiques Juridiques, Les Cahiers du CeFap, 2012 ; G. Timsit, « La régulation. La notion et le phénomène », art. préc. *Contra* : A. Sée, *La régulation du marché en droit administratif – Étude critique*, Mare & Martin, coll. Bibliothèque des thèses, 2017, pour qui la régulation est une notion purement doctrinale et non point une notion de droit positif, dès lors qu'elle ne désigne pas un objet de droit spécifique et n'emporte donc pas l'application d'un régime juridique propre.

142 S. Nicinski, *Droit public des affaires*, L.G.D.J, coll. Précis Domat, 7e éd. 2019, p. 24.

143 R. Rambaud, *op. cit.*, p. 748, n° 1717.

144 J.-M. Sauvé, « Séance d'ouverture », art. préc., p. 8.

145 G. Marcou, « La notion juridique de régulation », *AJDA* 2006, p. 347 ; Y. Gaudemet, « La concurrence des modes et des niveaux de régulation – Introduction », *Revue française d'administration publique* 2004/1, n° 109, p. 13.

146 Y. Gaudemet, *Droit administratif*, L.G.D.J, coll. Manuels, 23e éd., 2020, p. 386.

147 À l'échelle nationale, le régulateur se singularise aussi par l'autonomie – organique et/ou fonctionnelle – dont il peut généralement jouir vis-à-vis de l'État. En France, cette autonomie se retrouve dans le statut d'autorité administrative indépendante (AAI), fréquemment attribué aux différents organismes de régulation (*ibid.*). Combinée à ses compétences techniques, l'indépendance du régulateur obéit à une logique d'efficacité (D. Briand-Meledo, « Autorités sectorielles et autorités de concurrence : acteurs de la régulation », *RIDE*, 2007/3, t. XXI, 3, p. 345) et de légitimité (J.-M. Sauvé, « Séance d'ouverture », art. préc., p. 8).

148 Le « droit souple » » – plus souvent désigné sous l'expression anglaise *soft law* – est une « expression nouvelle employée pour désigner un ensemble disparate de dispositifs d'origines diverses (directives, circulaires, recommandations, déclarations, résolutions, guides de déontologie, code de conduite…) qui ont en commun de ne pas avoir de valeur normative impérative, n'étant créateur ni de droits ni d'obligations, mais qui n'en exercent pas moins une influence régulatrice sur les comportements en cause. » (S. Guinchard et Th. Debard, *Lexique des termes juridiques 2019-2020*, Dalloz, 27e éd., 2019, p. 414, *V°* « Droit souple »). Il est indubitable que le droit souple est un instrument privilégié de la régulation. D'aucuns ont même cru pouvoir assimiler l'action régulatrice à l'usage du droit souple, qualifiant ainsi l'acte de régulation comme étant de nature essentiellement « invitative » (L. Calandri, *Recherche sur la notion de régulation en droit administratif français*, LGDJ, Bibliothèque de droit public, n° 259, 2009). *Contra* : A. Sée, « Actualité de la régulation économique » *in Journée des docteurs en droit public économique – Seconde édition*, Colloque organisé à la Faculté de droit de Grenoble par le GRDPE le 8 février 2013, *Revue générale du droit*, 2014, pour qui le droit

celle d'une réglementation impérative et sanctionnée[149]. L'on recense de très nombreux dispositifs de régulation, généralement distingués selon leur nature transversale[150] ou sectorielle[151].

42. La « régulation bancaire » se rattache à la seconde catégorie. D'apparition récente, l'expression est employée tant par la doctrine[152] que par le législateur[153]. Elle exprime toute la dimension régulatrice des règles de droit bancaire : celles-ci régulent tout à la fois les acteurs et les activités[154]. Elles régulent les acteurs en ce qu'elles fixent les conditions auxquelles les prestataires peuvent accéder au marché ; cette approche se manifestant par l'obligation d'obtenir un agrément auprès de l'autorité régulatrice. Elles régulent les activités en établissant la liste des opérations pouvant être effectuées par les différents prestataires, ainsi que leurs modalités d'exercice. La régulation bancaire se caractérise en outre par la poursuite d'objectifs propres[155] : elle s'intéresse principalement à l'efficacité et à la stabilité du système bancaire. Ainsi se préoccupe-t-elle au plus haut point de la prévention – éventuellement la gestion – des crises systémiques. Dans cette perspective, à la *supervision* (ou surveillance) des établissements pourra éventuellement venir s'adjoindre une logique de *résolution*. Formellement, la régulation bancaire se caractérise par la présence d'autorités *ad hoc*, qui jouissent de prérogatives étendues

---

souple s'observe aussi bien en dehors de la régulation et ne constitue d'ailleurs qu'un aspect parmi d'autres de l'action régulatrice.

149 M.-A. Frison-Roche, « Ambition et efficacité de la régulation économique », *RD bancaire et fin.* n° 6, novembre 2010, étude 34.

150 L'archétype en est le droit de la concurrence. En ce sens, celui-ci est compris comme un mode de régulation à part entière (J.-Ph. Colson et P. Idoux, *Droit public économique*, *op. cit.*, p. 476 ; M. Maggiolino, « The Regulatory Breakthrough of Competition Law : Definitions and Worries », *in* J. Drexl et F. di Porto (dir.), *Competition Law as Regulation*, Edward Elgar, ASCOLA Competition Law series, 2015 ; Th. Dahan, « De la régulation concurrentielle (I) », Septembre 2009, *Concurrences* n° 3-2009, art. n° 26547). Une approche contraire a pu un temps, être soutenue avec vigueur : selon ses adeptes, la fonction de régulation se limitait à l'ouverture des marchés anciennement monopolistiques à la concurrence. Cette intervention *ex ante* devait ensuite céder la place à une application *ex post* du droit de la concurrence, afin de préserver une situation concurrentielle nouvellement acquise (V. par exemple, Y. Gaudemet, « La concurrence des modes et des niveaux de régulation – Introduction », art. préc., p. 14).

151 À l'exemple du secteur des communications électroniques (directive 2014/53/UE du Parlement européen et du Conseil du 16 avril 2014 relative à l'harmonisation des législations des États membres concernant la mise à disposition sur le marché d'équipements radioélectriques et abrogeant la directive 1999/5/CE, *JOUE* n° L 153 du 22 mai 2014, p. 62 ; en droit français : Code des postes et des communications électroniques) ou du secteur de l'énergie (directive 2009/72/CE du Parlement Européen et du Conseil du 13 juillet 2009 concernant des règles communes pour le marché intérieur de l'électricité et abrogeant la directive 2003/54/CE, *JOUE* n° L 211, du 14 août 2009, p. 55 ; directive 2009/73/CE du Parlement Européen et du Conseil du 13 juillet 2009 concernant des règles communes pour le marché intérieur du gaz naturel et abrogeant la directive 2003/55/CE, *JOUE* n° L 211, du 14 août 2009, p. 94 ; et en droit français : Code de l'énergie).

152 Th. Bonneau, *Régulation bancaire et financière européenne et internationale*, *op. cit.* ; S. Adalid, « Conflits d'objectifs et régulation bancaire », *in* Eckert G. et Kovar J.-Ph. (dir.), *Les objectifs de la régulation économique et financière*, L'Harmattan, coll. Logiques Juridiques, 2017, p. 189 ; J.-Ph. Kovar et J. Lasserre Capdeville, *Droit de la régulation bancaire*, Revue Banque, coll. Droit, 2012 ; P.-H. Cassou, « Quel champ pour la régulation bancaire et financière ? », *Revue d'économie financière* n° 101, 2011, p. 19 ; M.-A. Frison-Roche, « Régulation bancaire, régulation financière », *in Études de droit privé, Mélanges offerts à Paul Didier*, Economica, Paris, 2009, p. 173.

153 Loi n° 2010-1249 du 22 octobre 2010 de régulation bancaire et financière, *JORF* n° 0247 du 23 octobre 2010, p. 1

154 Th. Bonneau, *Droit bancaire*, *op. cit.*, pt. 2, p. 13.

155 Sur les objectifs de la régulation bancaire, V. *infra* n° 77 s.

associant à l'édiction de normes souples[156] ou contraignantes[157], la possibilité de réprimer les comportements abusifs[158]. Si la spécificité des activités bancaires justifie ainsi leur soumission à un régime de régulation sectorielle, elle ne saurait pour autant pas légitimer leur exclusion du domaine des règles de concurrence.

B. Les activités bancaires soumises aux lois de la concurrence

43. **Notions de « concurrence » et « droit de la concurrence » au sens large.** La *concurrence* évoque avant tout l'idée de *rivalité*. Le Littré définit ainsi la concurrence au sens commercial du terme, comme une « rivalité entre marchands ». Pour pertinente qu'elle soit, cette définition occulte cependant l'*objet* de la lutte entre les concurrents. Le *Vocabulaire juridique de l'Association Henri Capitant* franchit un pas supplémentaire et identifie ainsi la concurrence à « l'offre, par plusieurs entreprises distinctes et rivales, de produits ou de services qui tendent à satisfaire des besoins équivalents avec, pour les entreprises, une chance réciproque de gagner ou de perdre les faveurs de la clientèle. »[159] En ce sens, la concurrence est une *compétition* au cours de laquelle s'affrontent plusieurs candidats pour l'obtention d'un gain[160]. Partant, le droit de la concurrence – *competition law* en anglais – peut lui-même être compris *lato sensu*, comme « l'ensemble des règles juridiques destinées à ordonner une compétition économique fondée sur les échanges de biens et de services »[161].

44. **Histoire du droit français de la concurrence.** La répression des comportements anticoncurrentiels n'est pas une préoccupation nouvelle. Durant l'Antiquité, la lutte contre les accaparements constituait déjà un souci majeur du réformateur Solon[162]. La traque des accapareurs s'est poursuivie au Moyen-âge puis à la Renaissance. Ainsi

---

156 L'ABE peut émettre des orientations et des recommandations non contraignantes (règlement [UE] n° 1093/2010 pré., art. 8 § 1, sous a]). En vertu de l'article L 612-29-1 al. 2 du Code monétaire et financier, l'ACPR peut quant à elle, constater l'existence de bonnes pratiques professionnelles ou formuler des recommandations définissant des règles de bonne pratique professionnelle en matière de commercialisation et de protection de la clientèle. Ces recommandations sont néanmoins susceptibles de recours en annulation lorsqu'elles revêtent le caractère de dispositions générales, perdant ainsi de leur souplesse (CE, 20 juin 2016, *Fédération française des sociétés d'assurances*, n° 384297). *Adde*, CE, ass., 21 mars 2016, *Société Fairvesta*, n° 368082 et *Société Numéricable*, n° 390023, note O. Billard, et G. Fabre, *Concurrences*, n° 2-2016, mai 2016, art. n° 89461, p. 143, en ce qui concerne, respectivement, les communiqués de presse de l'AMF et les prises de position de l'Autorité de la concurrence.

157 L'ABE dispose d'un pouvoir de consultation et d'élaboration des normes techniques d'exécution et de réglementation (V. *supra* n° 40).

158 L'ABE a la possibilité d'adresser aux autorités nationales une recommandation précisant les mesures à adopter pour se conformer au droit de l'Union (art. 17, 3° du règlement [UE] n° 1093/2010). À défaut de coopération des autorités nationales, l'ABE peut adopter une décision individuelle à l'encontre d'un ou de plusieurs opérateurs les contraignant à respecter les dispositions d'un texte directement applicable, par le biais notamment d'une injonction de cessation des pratiques (art. 17, 6° du règlement [UE] n° 1093/2010). L'ACPR dispose également d'un pouvoir de sanction (C. mon. fin., art. L 612-38).

159 G. Cornu (dir.), Vocabulaire juridique de l'Association Henri Capitant, op. cit., V° « Concurrence », p. 225.

160 V. Cl. Lucas de Leyssac et G. Parleani, *Droit du marché*, PUF, coll. Themis Droit, 2002, p. 9.

161 Cl. Champaud, « Caractères du droit de la concurrence », *in Encyclopédie du JurisClasseur : Concurrence – consommation,* LexisNexis, 1991, Fasc. 30, p. 6, n° 4.

162 C. Prieto et D. Bosco, *Droit européen de la concurrence. Ententes et abus de position dominante*, Bruylant, coll. Droit de l'Union européenne, 2013, p. 18.

François Ier prohibait-il notamment les monopoles privés[163] tandis que Louis XIV interdisait les ententes secrètes[164]. À la même période, Jean Domat réalisait dans *Le Droit Public*[165] une rationalisation des règles françaises de concurrence suivant une approche tout à la fois analytique et synthétique. Reconnaissant le mécanisme fondamental de la loi de l'offre et de la demande, il distinguait ainsi les cas de cherté fortuite et non fortuite. De manière alors fort originale, Jean Domat recommandait pour les premiers de ne pas empêcher l'augmentation des prix, mais prônait pour les seconds, une répression des accaparements par voie de monopole ou de coalition. En leur temps, ses travaux n'ont certainement pas eu le rayonnement qu'ils méritaient[166]. Quoi qu'il en soit, ils n'ont pu empêcher la consolidation des guildes marchandes héritées du Moyen-Âge. *De jure*, l'économie de l'Ancien Régime était ainsi structurée autour de corporations marchandes jouissant de monopoles publics pour l'exercice de leurs activités respectives, et au sein desquelles régnait un strict régime d'égalité entre les membres de la jurande[167].

45. La situation évolue avec la Révolution française : le principe de liberté du commerce et de l'industrie est posé, implicitement du moins, avec le décret d'Allarde[168], complété par la loi Le Chapelier[169] interdisant les corporations. À ces textes s'adjoint l'article 419 du Code pénal de 1810 sanctionnant le délit de coalition. Bien que la doctrine semblât déceler en cet article la prohibition d'un délit individuel en sus d'une infraction collective, la jurisprudence s'est toutefois désintéressée du monopole pour se consacrer, partiellement du reste, au délit de coalition[170]. Mais de fait, ce dispositif n'a pas permis de conjurer la cartellisation de l'économie française survenue au cours de la révolution industrielle, du fait notamment de la crise de surproduction qu'elle avait générée. La situation empire sous Vichy, les cartels devenant même un mode de gouvernement économique. Au lendemain de la seconde guerre mondiale, la France entre dans une phase d'économie administrée laissant peu de place à la concurrence : l'ordonnance du 30 juin 1945[171] offre au Gouvernement le pouvoir de réglementer les prix par voie d'arrêtés. Ce texte ne marque pourtant pas une rupture totale avec le régime de l'économie de marché. L'ordonnance de 1945 s'est ainsi périodiquement enrichie de règles visant à préserver la concurrence[172].

---

163 V. en particulier l'édit royal de Paris du 20 juin 1539 touchant la traite des blés, vins et autres vivres.

164 V. à titre d'exemple : l'ordonnance du 13 août 1699 relative au commerce du grain.

165 Publié à titre posthume en 1697 en complément des Lois Civiles dans leur ordre naturel. V. P. Legendre, « Domat, théoricien de l'État gendarme », *in Études à la mémoire d'Émile Giraud*, Annales de la faculté de droit et des sciences économiques de Lille, 1966, p. 247 à 258.

166 C. Prieto et D. Bosco, *op. cit.*, n° 40.

167 M. Malaurie-Vignal, *Droit de la concurrence interne et européen*, Sirey, coll. Sirey Université, 8e éd., 2019, p. 1.

168 Le décret du 2 mars 1791 portant suppression de tous les droits d'aides, de toutes les maîtrises et jurances et établissement des patentes (*Rec. Duvergier*, p. 281), s'accompagne de la loi du 17 mars 1791 portant suspension de tous les droits d'aides, de toutes les maîtrises et jurandes et établissement des droits de patente.

169 Décret du 14 juin 1791 relatif aux assemblées d'ouvriers et artisans de même état et profession, dit « Loi Le Chapelier », *Rec. Duvergier* p. 25.

170 H. Babled, De la cura annonae chez les romains. Les syndicats de producteurs et détenteurs de marchandises du double point de vue économique et pénal, thèse de doctorat en Droit, Université de Paris, 1892.

171 Ordonnance n° 45-1483 du 30 juin 1945 relative aux prix, *JORF* du 8 juillet 1945, p. 4150.

172 Le décret-loi du 9 août 1953 (décret-loi n° 53-705 portant réforme du registre du commerce, *JORF* du 10 août 1953, p. 7047) consacre le principe de prohibition des ententes et confie leur répression à la Commission technique

46. Mais la rupture intervient véritablement à la faveur de l'ordonnance du 1er décembre 1986 relative à la liberté des prix et de la concurrence[173]. L'ordonnance de 1945 est abrogée, la liberté des prix est proclamée et la répression des pratiques anticoncurrentielles est confiée à une autorité administrative indépendante – le Conseil de la concurrence. Le contrôle des concentrations relevant alors toujours de l'office du ministre de l'Économie, sera finalement transféré à l'Autorité de la concurrence nouvellement instituée par la loi de modernisation de l'économie[174] en remplacement du Conseil de la concurrence.

47. **Panorama des règles françaises de concurrence.** L'office de l'Autorité de la concurrence comporte une dimension tout à la fois préventive et répressive. Le contrôle des concentrations[175] est ainsi d'une nature prophylactique : il tend à protéger *ex ante* la structure du marché en vérifiant que le rapprochement d'entreprises n'est pas porteur d'une entrave significative à la concurrence[176]. La traque des pratiques anticoncurrentielles vise en revanche à réprimer *ex post* un comportement restrictif, constitutif d'une entente[177], d'un abus de position dominante ou de dépendance économique[178]. Mais l'Autorité de la concurrence est uniquement chargée de la mise en œuvre dans la sphère publique du droit des pratiques anticoncurrentielles. Celle-ci s'attache essentiellement à la « défense du processus concurrentiel au nom de l'ordre public économique pour la préservation de l'intérêt général »[179]. Quant à la mise en œuvre dans la sphère privée, elle ressortit exclusivement au juge[180], à ce titre chargé de « la défense d'un intérêt privé floué par la violation de l'ordre public »[181] et de la réparation du préjudice subi[182]. Le juge est encore seul compétent pour appliquer les règles portant prohibition des pratiques de concurrence déloyale[183] et restrictives de

des ententes. La loi de finance du 2 juillet 1963 (loi de finances n° 63-628 rectificative pour 1963 portant maintien de la stabilité économique et financière, *JORF* du 3 juillet 1963, p. 5915) ajoute l'interdiction des abus de position dominante et remplace la précédente autorité par la Commission technique des ententes et des abus de position dominante. La loi du 19 juillet 1977 (loi n° 77-806 sur le contrôle de la concentration économique, la répression des ententes illicites et des abus de position dominante, *JORF* du 20 juillet 1977, p. 3833) substitue à cette dernière la Commission de la concurrence et instaure une procédure de contrôle des concentrations.

173 Ordonnance n° 86-1243 du 1er décembre 1986 relative à la liberté des prix et de la concurrence, *JORF du* 9 décembre 1986, p. 14773. Les dispositions de ce texte ont depuis été incorporées dans le Code de commerce par l'ordonnance n° 2000-912 du 18 septembre 2000 (relative à la partie législative du Code de commerce, *JORF* n° 0219, 21 septembre 2000, p. 14783), pour en former le livre IV, intitulé « De la liberté des prix et de la concurrence ».

174 Loi du 4 août 2008 n° 2008-776, *JORF* n° 181, 5 août 2008, p. 12471.

175 C. com., art. L 430-1 à L 430-10.

176 Aut. conc., Lignes directrices relatives au contrôle des concentrations, 2020, pt. 2.

177 C. com., art. L 420-1.

178 C. com., art. L 420-2.

179 C. Prieto, « Mise en œuvre des articles 101 et 102 TFUE dans la sphère publique. – Compétences et procédures », *in Encyclopédie du JurisClasseur : Europe Traité,* LexisNexis, 2020, Fasc. 1445, pt. 1.

180 Cette compétence spéciale a été confiée à un nombre limité de juridictions commerciales et civiles (C. com., art. L 420-7).

181 C. Prieto, « Mise en œuvre des articles 101 et 102 TFUE dans la sphère publique. – Compétences et procédures », fasc. préc., pt. 1.

182 Les différences substantielles entre la mise en œuvre dans les sphères publique et privée sont relatives. La divergence est avant tout d'ordre procédural (C. Prieto et D. Bosco, *op. cit.,* pt. 1401, p. 1059 et 1060).

183 À défaut de texte général, la jurisprudence française fonde traditionnellement l'action en concurrence déloyale sur les articles 1240 et 1241 (anc. 1382 et 1383) du Code civil. Ainsi la déloyauté est-elle une faute obligeant son auteur à réparation (Cass. com., 18 avril 1958, n° 58-04997, obs. F. Derrida, *D.* 1959, jurispr. p. 87).

concurrence[184]. En toute hypothèse, le droit français de la concurrence ne saurait être envisagé séparément du droit de la concurrence de l'Union, avec lequel il entretient des liens étroits.

48. **Droit de la concurrence de l'Union européenne.** Le droit de la concurrence de l'Union plonge une partie de ses racines intellectuelles dans l'ordolibéralisme allemand[185], à la recherche d'une troisième voie entre le laissez-faire et le planisme. Pour ses promoteurs, Walter Eucken et Franz Böhm en tête, la liberté économique devait faire l'objet d'un encadrement juridique pour la protéger de ses propres excès. La solution réside alors dans la théorie de l'État de droit à travers la notion fondamentale de constitution économique, entendue comme une armature de principes de droit privé capable de soumettre les opérateurs à un ordre rendant superflu tout interventionnisme dans la sphère économique. Dans cet esprit, le marché est institué par le droit et le mécanisme de concurrence devient lui-même une construction juridique plutôt qu'un mécanisme de régulation naturelle[186].

49. Dès les prémices de la construction européenne, le droit de la concurrence figurait ainsi parmi les actions de la Communauté. Dans le traité de Rome, adopté en 1957, cette dernière s'était ainsi fixée pour mission d'établir « un régime assurant que la concurrence n'est pas faussée dans le marché commun »[187]. Ce régime met en musique *ab initio*, une véritable *politique* de concurrence[188]. Il comprend depuis l'origine, un mécanisme de prohibition des ententes et des abus de position dominante[189] ainsi qu'un mécanisme de contrôle des aides d'État[190]. Il a par ailleurs été complété par un dispositif de contrôle des concentrations à la faveur du règlement n° 4064/89[191].

50. En tant qu'autorité administrative responsable de l'orientation et de la mise en œuvre de la politique européenne de concurrence, la Commission – et plus spécifiquement, en son sein, la direction générale de la concurrence[192] – veille

---

184 Le droit des pratiques restrictives de concurrence a été conçu pour préserver l'équilibre dans les relations commerciales, spécifiquement entre fabricants et distributeurs (C. com., art. L 442-1 à L 442-10).

185 C. Prieto et D. Bosco, *op. cit.*, p. 131, n° 134.

186 *Ibid.*, p. 89 à 99.

187 Article 3, f) du traité instituant la Communauté économique européenne (TCEE), également appelé « traité de Rome », signé le 25 mars 1957 dans cette même ville.

188 Comm. CE, *First Report on Competition Policy (*1971), avril 1972.

189 Le principe de prohibition des ententes et des abus de position dominante existait déjà dans le traité CECA. Il n'avait pourtant pas fait l'objet d'une application effective (B. Leucht et K. Seidel, « Du traité de Paris au règlement 17/1962 : rupture et continuités dans la politique européenne de concurrence, 1950-1962 », *in La Politique de la concurrence communautaire, Origines et développements (années 1930-années 1990)*, Histoire, économie & société 2008/1, p. 35 à 46). Ces interdictions sont aujourd'hui prévues par les articles 101 et 102 du TFUE.

190 Aujourd'hui régi par les articles 107 à 109 du TFUE.

191 Règlement (CEE) n° 4064/89 du Conseil, du 21 décembre 1989, relatif au contrôle des opérations de concentration entre entreprises, *JOCE* n° L395 du 30 décembre 1989, p. 1. Un mécanisme de contrôle des concentrations était prévu par le traité CECA mais avait été abandonné par le traité de Rome. Il prend aujourd'hui sa source dans le règlement (CE) n° 139/2004 du Conseil du 20 janvier 2004 relatif au contrôle des concentrations entre entreprises (« le règlement CE sur les concentrations »), *JOUE* n° L 024 du 29 janvier 2004, p. 1.

192 Souvent désignée par son sigle « DG concurrence ». Pour une description des différents acteurs jouant un rôle en matière de droit de la concurrence au sein de la Commission, V. C. Prieto et D. Bosco, *op. cit.*, p. 1154 à 1155.

à l'application du droit de la concurrence de l'UE[193]. Mais elle est pour ce faire, assistée des autorités nationales de concurrence (ANC)[194]. Afin de faire face aux défis induits par l'élargissement de l'UE et le phénomène de globalisation économique[195], le règlement nº 1/2003[196] – récemment complété par la directive (UE) 2019/1[197] – a ainsi été l'instrument d'un mouvement de déconcentration[198] dans l'application du droit de la concurrence : le texte a proclamé la compétence des ANC pour appliquer les articles 81 et 82 du traité (devenus 101 et 102 TFUE)[199] et instauré le Réseau européen de la concurrence (REC)[200].

51. **Domaine de l'étude étendu à l'ensemble des règles françaises et européennes de concurrence.** Les différences entre les droits de la concurrence français et de l'Union ne sont pas inexistantes, mais demeurent marginales et relatives. Certes, le droit français ne comporte pas, à l'évidence, de dispositif propre au contrôle des aides d'État. Mais si la Commission européenne est seule compétente pour effectuer le contrôle de compatibilité de l'aide[201], les juridictions nationales sont compétentes pour contrôler le respect de l'obligation de notification préalable[202]. Inversement, bien qu'il soit dépourvu de dispositions similaires aux règles françaises prohibant les pratiques de concurrence déloyale et restrictives

---

193 Règlement (CE) nº 1/2003 du Conseil du 16 décembre 2002 relatif à la mise en œuvre des règles de concurrence prévues aux articles 81 et 82 du traité, *JOCE* nº L1, du 4 janvier 2003, p. 1, art. 4 ; règlement (CE) sur les concentrations, préc., art. 21 ; art. 108 TFUE.

194 Le droit de la concurrence de l'UE, comme toute autre branche du droit de l'Union, est applicable dans chacun des États membres de l'Union européenne. Par son effet direct (CJCE, 5 février 1963, *Van Gend en Loos*, aff. 26-62, ECLI : EU : C : 1963:1) et sa primauté (CJCE, 15 juillet 1964, *Costa c. E.N.E.L.*, aff. 6/64, ECLI : EU : C : 1964:66), il « couronne la hiérarchie des textes normatifs de chacun » des États membres (G. Isaac, « L'effet direct et la primauté du droit communautaire », *in l'influence du droit communautaire sur le droit des affaires en France dans la perspective de 1992*, Colloque Association Droit et commerce, Deauville 13 et 14 juin 1987, *RJC* novembre 1987 nº spéc., p. 15 s.).

195 C. Prieto, « Mise en œuvre des articles 101 et 102 TFUE », *in Encyclopédie du JurisClasseur : Europe (Traité)*, LexisNexis, 2017, Synthèse 160, nº 1.

196 Règlement (CE) nº 1/2003 préc.

197 Directive (UE) 2019/1 du 11 décembre 2018 visant à doter les autorités de concurrence des États membres des moyens de mettre en œuvre plus efficacement les règles de concurrence et à garantir le bon fonctionnement du marché intérieur, *JOUE* nº L 11/3 du 14 janvier 2019, p. 3. Le texte a notablement rehaussé le standard des moyens et outils dont les ANC doivent être dotées par les droits nationaux (V. sur son incidence en droit français : E. Claudel, « Quelles nouveautés procédurales à la suite de la directive ECN+ ? Le droit français à repenser à la suite de l'invalidation partielle de la loi Pacte », *CCC* nº 7, juillet 2019, dossier 9).

198 L'idée de « déconcentration » doit être préférée à celle de « décentralisation », dans la mesure où le règlement nº 1/2003 étend le champ de compétence des ANC sans pour autant réduire – bien au contraire – celui de la Commission européenne (L. Idot, « Le règlement nº 1/2003 : vers une fédéralisation, une communautarisation ou une renationalisation du droit de la concurrence ? », *in Études en l'honneur de J.-Cl. Gautron, Les dynamiques du droit européen en début de siècle* : Paris, Pedone, 2004, p. 11).

199 Règlement nº 1/2003 préc., art. 5.

200 *Ibid.*, consid. 15 à 18. Le REC trouve par ailleurs une enceinte au sein du comité consultatif visé par l'article 14 du même règlement. Il représente une structure permettant aux membres des autorités de se rencontrer périodiquement mais aussi et surtout un véritable réseau d'échanges institutionnels entre les ANC, formalisant ainsi leur collaboration à l'échelle de l'UE (C. Prieto et D. Bosco, *op. cit.*, p. 1139 à 1140).

201 CJCE, 1er juillet 1996, *Syndicat français de l'Express international (SFEI) et al. c. La Poste et al.*, aff. C-39/94, ECLI : EU : C : 1996:285.

202 CJCE, 21 octobre 2003, *Belgische Staat c. Eugène van Calster et Felix Cleeren* et *Openbaar Slachthuis NV*, aff. jointes C-261/01 et C-262/01, ECLI : EU : C : 1996:285.

de concurrence, le droit de l'UE s'intéresse manifestement à la loyauté de la concurrence[203] ainsi qu'aux relations verticales[204] – entre fournisseurs et distributeurs notamment. D'autant qu'en dépit de ces divergences, les droits de la concurrence français et de l'Union partagent un esprit similaire ; ce qui n'est pas étonnant tant celui-là s'inspire et dépend de celui-ci[205]. Aussi, il apparaît tout à fait légitime et cohérent d'entreprendre l'étude conjointe des droits de la concurrence français et de l'Union.

52. Pour autant, quoique son domaine s'étende par principe à l'ensemble des règles françaises et européennes de concurrence, cette étude réservera de fait une place prépondérante à certaines d'entre elles. En effet, notre approche se concentre sur les relations qu'entretient la régulation bancaire avec le droit de la concurrence, et la capacité de ce dernier à appréhender toute la singularité des activités bancaires. Peu de développements seront ainsi consacrés à certaines règles de concurrence, dont l'application aux activités bancaires ne soulève aucune difficulté particulière en comparaison de leur application aux autres activités économiques. Il en est ainsi des règles relatives à la concurrence déloyale[206]. De même en ce qui concerne les dispositions réprimant l'abus de position dominante, qui n'ont, à notre connaissance, jamais fait l'objet de la moindre application aux activités bancaires[207]. Il en va pareillement ainsi des règles afférentes aux pratiques restrictives de concurrence, inapplicables aux établissements de crédit – ce qui ne nous empêchera pas d'en faire la critique[208]. Au surplus, les développements relatifs aux éléments de fond seront prédominants, dès lors que la mise en œuvre procédurale du droit de la concurrence rencontre peu de difficultés particulières en présence d'activités bancaires.

53. **Appréhension des activités bancaires par le droit de la concurrence**. Le droit de la concurrence est un droit transversal. Sa portée doit ainsi s'étendre, sauf exception, à l'ensemble des secteurs économiques. *A priori*, rien ne devrait donc permettre aux activités bancaires d'y échapper, dès lors qu'elles constituent une forme d'activité économique[209]. Mais ainsi que nous l'avons

---

203 La « loyauté de la concurrence » figure dans le préambule du traité FUE. Le juge de l'Union sanctionne d'ailleurs sur le fondement de l'article 102 TFUE des pratiques abusives « atypiques », non visées par les orientations sur les abus d'éviction caractérisées par la déloyauté du comportement entrepris à l'égard d'un concurrent. Ainsi de l'exercice abusif de procédures (CJUE, 6 décembre 2012, *AstraZeneca c. Commission eur.*, aff. C-457-10, ECLI : EU : C : 2012:770, pt. 111). V. C. Prieto, « Abus de position dominante », *in Encyclopédie du JurisClasseur : Europe (Traité)*, LexisNexis, 2018, Synthèse 150, n° 46 à 51.

204 Un règlement d'exemption leur est d'ailleurs consacré (règlement [UE] n° 330/2010 de la Commission du 20 avril 2010 concernant l'application de l'article 101, paragraphe 3, du traité sur le fonctionnement de l'Union européenne à des catégories d'accords verticaux et de pratiques concertées, *JOUE* n° L 102, du 23 avril 2010, p. 1).

205 A. Decocq et G. Decocq, *Droit de la concurrence : droit interne et droit de l'Union européenne*, LGDJ, coll. Manuels, 8e éd., 2018, p. 23.

206 V. à titre d'exemple : Cass. com., 31 mars 2015, n° 14-12.391, pour la condamnation d'une banque en réparation du préjudice causé par un acte de parasitisme.

207 V. toutefois, pour une analyse prospective de leur application sur les marchés de la *blockchain* : *infra* n° 965 s.

208 V. *infra* n° 394 s.

209 Sur le champ d'application du droit de la concurrence, V. C. Prieto, « Droit européen de la concurrence : champ d'application », *in Encyclopédie du JurisClasseur : Europe Traité*, LexisNexis, 2014, Fasc. 1400.

exposé *supra*, les activités bancaires ne sont pas seulement saisies par les règles du droit de la concurrence. En raison de leurs spécificités, elles sont également soumises à différents dispositifs de régulation sectorielle. Or des voix se sont élevées pour remettre en cause l'opportunité d'une pleine application des règles de concurrence aux activités bancaires, en tirant argument de ce qu'une telle application constituerait un obstacle aux objectifs de régulation bancaire[210]. Telle revendication n'est pas pour surprendre. La plupart des autres secteurs économiques font également l'objet d'une régulation sectorielle et ont tiré argument de cette situation pour échapper à l'application des règles de concurrence ou prétendre à un traitement dérogatoire[211]. Néanmoins, ce type de requête n'est que difficilement recevable en considération des nombreux cas d'exceptions dont est pourvu le droit de la concurrence et de sa capacité d'adaptation aux spécificités des divers secteurs auxquels il peut s'intéresser.

54. Cela étant, ainsi que l'affirme Laurence Idot, « on ne saurait nier qu'en ce domaine [celui du secteur bancaire] cette revendication à l'autonomie s'appuie sur des arguments solides, qu'il s'agisse du caractère stratégique du secteur et des risques systémiques qui sont associés à son fonctionnement, ou encore des caractéristiques des marchés, dont certains, comme en matière de moyens de paiement, sont des marchés bi-faces. »[212] Le droit de la concurrence est-il en mesure de s'adapter à ces spécificités ? La préservation d'une concurrence interbancaire n'est-elle pas susceptible de s'opposer aux impératifs propres à la régulation sectorielle ? La nature des relations entre le droit de la concurrence et la régulation bancaire est très incertaine.

§ 2. Dialectique entre droit de la concurrence et régulation bancaire

55. **Dépassement des tensions éventuelles pour une relation de complémentarité.** Historiquement, les rapports qu'entretient le droit de la concurrence avec le secteur et la régulation bancaires sont inconstants. Si leur relation a pu un temps connaître l'harmonie, la crise financière de 2008 a ravivé les incertitudes quant à la capacité du droit de la concurrence à tenir compte des impératifs de régulation bancaire (A). Devant ce doute, il convient de recenser les points de convergence ou de divergence entre le droit de la concurrence et la régulation bancaire, d'analyser la capacité de celui-là à tenir compte des objectifs propres à celle-ci et de dépasser les tensions éventuelles, afin d'envisager les conditions d'une relation non pas contradictoire mais complémentaire (B).

---

210 V. *infra* n° 289 s.

211 L. Idot, « Propos introductifs : la distinction droit public-droit privé a-t-elle une pertinence en droit de la concurrence ? », *in Les dimensions de la sphère publique en droit de la concurrence*, Colloque Université de Caen Basse-Normandie, CRDFED et CRDP, 3 octobre 2014, *RJCom* n° 6, novembre-décembre 2014, p. 443, n° 37.

212 L. Idot, « Conclusions », *in Banque, Finance et Concurrence*, Colloque organisé par les revues Concurrences et RTDF, Paris, 30 novembre 2006, *Concurrences* n° 1-2007, février 2007, art. n° 40175, p. 6 n° 10.

A. Droit de la concurrence et régulation bancaire : chronique d'une relation erratique

56. **Le temps de la suspicion (1951 – 1981).** Les relations qu'entretiennent la politique de concurrence et la régulation bancaire ont connu un mouvement de balancier[213], oscillant entre le rejet et l'harmonie. Durant les trente premières années qui ont suivi l'apparition des règles de concurrence en droit de l'Union[214], ces dernières ont été considérées avec suspicion, en particulier par les opérateurs du secteur bancaire, qui voyaient d'un très mauvais œil l'application du droit de la concurrence à leurs activités[215]. L'argument général[216] reposait sur l'existence des spécificités propres aux activités bancaires, devant les faire échapper aux lois de la concurrence. Il était ainsi soutenu que les banques contribuaient à différents services d'intérêt économique général (SIEG), notamment liés à la circulation de la monnaie, et que certains accords bancaires sur les taux d'intérêt pouvaient participer de la politique monétaire[217]. Le droit de la concurrence était également présenté comme un facteur d'instabilité en ce qu'une situation (trop) concurrentielle pouvait inciter les banques à entreprendre des opérations risquées[218].

57. En conséquence, les activités bancaires ont joui pendant plusieurs décennies d'un régime dérogatoire de fait, les faisant échapper totalement ou partiellement aux règles de concurrence, dans la plupart des États membres ainsi qu'en droit de l'UE[219]. Seules les règles propres à la régulation bancaire leur étaient applicables. Certes, dans les rapports sur la politique de concurrence pour l'année 1972[220] et 1978[221], la Commission européenne affirmait que les banques ne sauraient échapper aux règles de concurrence. Pour autant, ces affirmations de principe ne s'accompagnaient d'absolument aucune pratique décisionnelle. Il faut attendre 1981 pour que la Cour de justice prononce enfin la pleine applicabilité du droit de la concurrence aux activités bancaires.

58. **Le temps de l'harmonie (1981 – 2008).** En l'absence d'application concrète des règles de concurrence, certains[222] se sont interrogés sur une éventuelle complaisance des autorités à l'égard du secteur bancaire. En toute hypothèse, il était permis de douter de l'applicabilité des règles de concurrence, ainsi que l'atteste une question préjudicielle posée en ce sens à la Cour de justice, dans le cadre de

---

213 Fr. Martucci, note sous Comm. eur., avril 2015, Commission Staff Working Document : *European Financial Stability and Integration Review*, SWD(2015) 98 final, *Concurrences* n° 3-2015, art. n° 85239, p. 176.

214 Le traité CECA de 1951 comportait déjà un droit de la concurrence (V. *supra* n° 49).

215 V. N. Éréséo, « Banque et concurrence : deux années particulièrement mouvementées », *LPA* n° 225, 2012, p. 25 ; J.-Ph. Gunther, « Ententes et accords interbancaire », *RLC* 2006/7, n° 536, p. 2.

216 Pour une discussion approfondie des différents arguments relatifs à l'applicabilité du droit de la concurrence, V. *infra* n° 289 s.

217 Sur cette discussion, V. J.-M. Cot, « La banque doit-elle faire l'objet d'un traitement atypique en droit de la concurrence ? », *in Le secteur bancaire,* Les actes des ateliers de la concurrence de la DGCCRF du 20 octobre 2009, p. 15.

218 V. sur cette question : OCDE, *Concurrence et marchés financiers – Messages clés*, rapport préc., p. 29.

219 V. Comm. CE, Rapport sur la politique de concurrence 1978, p. 34.

220 Comm. CE, Rapport sur la politique de concurrence 1972, p. 58.

221 Comm. CE, Rapport sur la politique de concurrence 1978, p. 34.

222 J.-Fr. Bellis, « La banque et le droit communautaire de la concurrence », *in Mélanges Jean Pardon*, Bruylant, Bruxelles 1996, p. 1.

l'affaire *Züchner*. Le juge de la concurrence saisit cette opportunité pour affirmer avec force la soumission des activités bancaires au droit de la concurrence[223] ; les arguments allant en sens contraire sont balayés. Depuis lors, la Commission assure la pleine application du droit de la concurrence aux activités bancaires.

59. S'ouvre alors une période plus harmonieuse entre la politique de concurrence et la régulation bancaire. Historiquement, l'affirmation de l'applicabilité du droit de la concurrence aux activités bancaires intervient au cours de leur libéralisation. En effet, la régulation bancaire s'attachait précisément à intensifier la concurrence *via* la construction d'un marché bancaire unique. Émerge donc une véritable relation de complémentarité : l'application des règles de concurrence empêche la réapparition des barrières précédemment abolies et préserve une situation concurrentielle instaurée – du moins renforcée – par la régulation bancaire[224]. Néanmoins, la crise de 2008 remettra une fois de plus en doute l'opportunité d'une pleine application des règles de concurrence aux activités bancaires.

60. **Le temps du doute (depuis 2008).** La crise a relancé le débat relatif à l'incompatibilité entre le droit de la concurrence et la régulation bancaire. Réapparaissent les discours tenant les excès de la concurrence pour responsables de la crise[225]. Ces positions ne sont pas unanimes. Ce sont plus souvent les carences de la régulation qui sont pointées du doigt[226] : après tout, n'est-ce pas l'objet de la régulation que de discipliner le marché et de limiter la prise de risques ? Des assurances-dépôts et des exigences en capital mieux adaptées aux risques auraient peut-être permis de prévenir la crise financière, à tout le moins d'en limiter les conséquences, y compris dans un contexte concurrentiel[227].

61. Mais de fait, les travaux économiques s'intéressant au lien entre la concurrence et la stabilité bancaire sont plus incertains que jamais[228]. En définitive, une question générale demeure : l'application du droit de la concurrence aux activités bancaires est-elle opportune au regard de leurs spécificités ? En réalité, cette interrogation se dédouble en fonction du contexte dans lequel s'inscrit l'application de ces règles : en dehors de toute crise avérée ou à l'occasion d'une phase critique[229]. S'interroger sur la nécessité d'un régime dérogatoire en l'absence de crise se rattache à une logique préventive et renvoie à la question du rôle – positif ou négatif – joué par le droit de la concurrence dans la *survenance* de la crise ; s'interroger sur une adaptation du droit commun de la concurrence à l'occasion d'une phase critique revient cette fois-ci à questionner son éventuelle contribution dans la *gestion* de la crise.

---

223 CJCE, 14 juillet 1981, *Gerhard Züchner c. Bayerische Vereinsbank AG*, aff. 172/80, ECLI : EU : C : 1981:178.

224 V. *infra* n° 143 s.

225 E. Carletti et X. Vives, « Regulation and Competition Policy in the Banking Sector », *in Competition Policy in Europe, Fifty Years of the Treaty of Rome*, Oxford University Press, 2009, p. 10 ; Ph. Marini, *Rapport d'information sur la crise financière et la régulation des marchés*, Doc. Sénat n° 59, session ordinaire de 2009-2010, octobre 2009, p. 21 à 23.

226 Fr. Jenny, « La crise économique et financière, la régulation et la concurrence », *Concurrences* n° 2-2009, mai 2009, art. n° 25873, p. 59.

227 OCDE, *Competition, Concentration and Stability in the Banking Sector*, Policy Roundtables, DAF/COMP(2010)9, 3 septembre 2010, p. 12 et p. 18.

228 V. *infra* n° 257 s.

229 OCDE, *Concurrence et marchés financiers – Messages clés,* rapport préc., p. 19.

B. Droit de la concurrence et régulation bancaire : recherche sur les conditions d'une relation symbiotique

62. **Position du problème : conciliation ou complémentarité ?** Il résulte de ce qui précède, que les activités bancaires sont soumises à deux corps de règles : celles de la régulation bancaire en raison de leurs spécificités ; celles du droit de la concurrence à l'instar de toutes autres activités économiques. Les activités bancaires constituent donc le point de rencontre de ces deux branches juridiques. L'interaction se manifeste lorsque deux règles, chacune issue de l'une de ces deux branches, sont susceptibles de régir une seule et même situation. Or le droit de la concurrence et la régulation bancaire poursuivent des logiques *a priori* distinctes : le premier s'efforce de préserver la concurrence, quand la seconde s'intéresse principalement à la stabilité du système. Pour autant, l'interférence entre l'un et l'autre n'aboutira pas nécessairement à une incompatibilité. La confrontation des deux approches pourra tout autant révéler des points de convergence ou de divergence.

63. Un lieu de convergence sera notamment observé autour de la prohibition de certaines pratiques déterminées. Tel est le cas de la fixation par des prestataires de services de paiement d'une commission d'interchange trop élevée : tant le droit de la concurrence[230] que la régulation bancaire[231] sont alors susceptibles de s'en saisir et de procéder à son éventuelle répression.

64. Mais il se peut au contraire, qu'appliquées à une situation déterminée, les règles du droit de la concurrence ou de la régulation bancaire aboutissent à des solutions divergentes. À titre d'exemple, imaginons une concentration bancaire[232] autorisée sans réserve par les autorités de concurrence mais jugée problématique au titre du contrôle prudentiel, dès lors que l'entité nouvelle ne respecterait plus les exigences propres à son importance systémique[233]. La réciproque est pareillement envisageable : une concentration peut être jugée porteuse d'un

---

230 Parmi les nombreuses jurisprudences et décisions sur ce thème, V. à titre d'exemple : CJUE, 11 septembre 2014, *MasterCard et al. c. Commission CE*, aff. C-382/12P, ECLI : EU : C : 2014:2201, note M. Debroux, *Concurrences* n° 4-2014, décembre 2014, Chroniques, p. 118 ; G. Decocq, *CCC* n° 11, novembre 2014, comm. 251 ; L. Idot, *Europe* n° 11, novembre 2014, comm. 465 ; Aut. conc., décision n° 13-D-17 du 20 septembre 2013 *relative à des pratiques de MasterCard relevées dans le secteur des cartes de paiement*, note Chr. Lemaire, *Concurrences* n° 4-2013, décembre 2013, art. n° 59379, p. 149 ; P. Le More, *Lexbase Hebdo édition affaires* n° 352, 26 septembre 2013, p. 1.

231 Règlement (UE) n° 2015/751 du Parlement européen et du Conseil du 29 avril 2015 relatif aux commissions d'interchange pour les opérations de paiement liées à une carte, *JOUE* n° L 123 du 19 mai 2015, p. 1 ; C. mon. fin., art. L 361-1.

232 L'expression « concentration (ou rapprochement) bancaire », employée par la doctrine (D. Schkolnic, *Le contrôle des concentrations bancaires*, thèse de doctorat en Droit, Université Paris XIII, 2009 ; Gr. Damy, « Application du droit de la concurrence aux banques. – Cas particulier des concentrations en droit français et communautaire », fasc. préc., pt. 24 ; Bl. Roubi-Sousi, *Droit bancaire européen,* Dalloz, coll. Précis droit privé, 1995, pt. 770, p. 379), est dépourvue de valeur juridique. Au sein de cette étude, nous nous y référons par commodité pour désigner les opérations auxquelles une banque au moins est partie. L'expression recouvre donc les concentrations entre deux banques, ou entre une banque et une entreprise n'exerçant pas d'activité bancaire.

233 Sur cette question, V. S. Kerjean, The legal implications of the prudential supervisory assessment of bank mergers and acquisitions under EU law, ECB, Legal working papers series n° 6, juin 2008.

risque concurrentiel mais ne présenter aucune difficulté, voire être considérée comme opportune[234], aux yeux des autorités de contrôle prudentiel. Dans une veine similaire, selon qu'ils sont appréhendés par les autorités de concurrence ou de régulation bancaire, les soutiens financiers accordés par les États aux banques pourront soulever des préoccupations concurrentielles au regard de la prohibition des aides d'État[235] tout en étant jugés nécessaires à la mise en œuvre d'un plan de résolution bancaire[236].

65. Les points de contact entre ces deux corps de règles sont dès lors multiples. Il s'agit donc de bien comprendre les logiques respectives du droit de la concurrence et de la régulation bancaire afin de faire émerger des lieux de convergence ou de divergence et mesurer leur degré de compatibilité. Somme toute, existe-t-il une convergence des deux logiques aboutissant à leur complémentarité ? Au contraire, l'un n'est-il pas susceptible de constituer un obstacle pour l'autre, avec en conséquence une nécessaire conciliation des deux approches ? Dans ce dernier cas de figure, les diverses exceptions prévues par le droit de la concurrence, permettant de légitimer une restriction au nom d'intérêts supérieurs, offrent-elles aux autorités les moyens suffisants de s'adapter aux impératifs de la régulation bancaire ?

66. **Enjeux : articulation des règles et dialogue institutionnel.** Ces questions ne sont pas dépourvues d'enjeux : les réponses que nos recherches pourront apporter auront des conséquences sur l'articulation de ces deux corps de règles. En cas de divergence entre la logique concurrentielle d'une part, et la logique prudentielle ou résolutoire d'autre part, un terrain de conciliation devra être trouvé. Une évaluation de l'efficacité des mécanismes conçus pour le dénouement de ces situations sera dès lors nécessaire. Il s'agira plus généralement d'analyser la capacité du droit de la concurrence à tenir compte des objectifs de la régulation bancaire dans son raisonnement, et de les insérer dans sa logique propre.

67. Les situations de convergence seront certes, moins problématiques. Elles n'en susciteront pas moins quelques difficultés. En particulier, lorsqu'une pratique est susceptible de constituer une infraction à la fois au regard des règles de concurrence et de régulation bancaire, il peut ne pas être souhaitable que les mêmes faits soient successivement sanctionnés pour chacun des deux chefs. Des ajustements procéduraux ou institutionnels pourraient alors s'avérer nécessaires.

68. Les conditions de la complémentarité comme de la conciliation reposent sur un dialogue des autorités. Cet échange devrait ainsi permettre aux autorités de concurrence de contribuer à l'élaboration d'une régulation bancaire respectueuse de l'impératif concurrentiel et réciproquement, d'envisager une application des règles de concurrence conforme aux objectifs de régulation bancaire.

---

234 Car permettant le sauvetage d'une banque en difficulté. V. par exemple au Royaume-Uni, la concentration entre Lloyds et HBOS (UK Office of Fair Trading [OFT], 31 octobre 2008, *Lloyds/HBOS*, ME/3862/08).

235 Art. 107 TFUE.

236 Directive 2014/59/UE du Parlement européen et du Conseil du 15 mai 2014 établissant un cadre pour le redressement et la résolution des établissements de crédit et des entreprises d'investissement et modifiant la directive 82/891/CEE du Conseil ainsi que les directives du Parlement européen et du Conseil 2001/24/CE, 2002/47/CE, 2004/25/CE, 2005/56/CE, 2007/36/CE, 2011/35/UE, 2012/30/UE et 2013/36/UE et les règlements du Parlement européen et du Conseil (UE) n° 1093/2010 et (UE) n° 648/2012, *JOUE* n° L 173 du 12 juin 2014, p. 190, art. 56 § 1.

69. **Plan.** Les activités bancaires se distinguent ainsi des autres activités de marché par un certain nombre de spécificités d'ordre économique, tenant en particulier à leur fonction d'intermédiation ainsi qu'à l'interconnexion des établissements, faisant planer sur le secteur un risque d'instabilité systémique. Ces spécificités se sont traduites juridiquement par l'élaboration d'un corps de règles spéciales : celles de la régulation bancaire guidée par divers objectifs, notablement l'efficacité et la stabilité du marché.

70. Les banquiers ont tiré argument de la singularité des activités bancaires pour échapper au domaine des règles de concurrence, présentées comme un obstacle à l'accomplissement des objectifs de régulation bancaire. Pourtant, le droit de la concurrence n'est pas insensible à la singularité tant économique que juridique des activités bancaires : le droit de la concurrence a pris toute la mesure de leur spécificité et s'est imprégné des objectifs propres à la régulation bancaire. Une convergence d'objectifs en résulte. L'*applicabilité* des règles de concurrence aux activités bancaires s'en trouve pleinement justifiée (Partie I).

71. La mise en œuvre des règles de concurrence ne saurait donc constituer un obstacle à la réalisation des objectifs de régulation bancaire. Bien au contraire, l'*application* du droit de la concurrence aux activités bancaires se révèle des plus opportunes : elle contribue au perfectionnement de la régulation bancaire ainsi qu'à l'accomplissement de ses objectifs, sans jamais s'opposer à leur réalisation (Partie II).

PARTIE I

L'APPLICABILITÉ JUSTIFIÉE DU DROIT DE LA CONCURRENCE AUX ACTIVITÉS BANCAIRES

72. **Applicabilité des règles de concurrence justifiée par une convergence d'objectifs.** Les objectifs respectifs du droit de la concurrence et de la régulation bancaire ne sont pas en divergence comme certains ont pu l'affirmer, mais en total convergence. La singularité des activités bancaires et les objectifs propres à la régulation sectorielle ne sont en effet pas étrangers au droit de la concurrence. Ce dernier s'est imprégné des impératifs de la régulation bancaire, pour mieux les respecter (Titre I).

73. Est donc irrecevable, tout argument fondé sur une incompatibilité d'objectifs ou plus généralement sur la spécificité des activités bancaires, visant à faire échapper celles-ci au champ d'application des règles de concurrence. L'applicabilité du droit de la concurrence aux activités bancaires est parfaitement justifiée (Titre II).

TITRE I

UNE CONVERGENCE ENTRE LES OBJECTIFS DU DROIT DE LA CONCURRENCE ET DE LA RÉGULATION BANCAIRE

74. **Des objectifs similaires.** Le droit de la concurrence et la régulation bancaire poursuivent des objectifs similaires. Cette situation n'est pas contingente. Elle s'inscrit dans une logique de soutien du droit de la concurrence à la régulation bancaire. Dans cette perspective, celui-là épouse les objectifs de celle-ci afin de contribuer à leur réalisation.

75. Certains objectifs propres à la régulation bancaire, tel le maintien de la confiance et de la stabilité au sein du système, sont *a priori* étrangers au droit de la concurrence ; ce qui supposera de sa part, un véritable travail d'assimilation. D'autres en revanche, tels que l'intégration du marché bancaire unique et le renforcement de son efficacité économique, ne représentent qu'une déclinaison sectorielle d'objectifs poursuivis de manière générale et transversale par les autorités de concurrence.

76. En toute hypothèse, suivant la logique propre à la régulation bancaire, autant que celle du droit de la concurrence, le maintien de la concurrence ne constitue pas une fin en soi, mais un moyen de contribuer à la réalisation de ces objectifs jugés prioritaires. L'étude comparée des objectifs de la régulation bancaire (Chapitre I) et du droit de la concurrence (Chapitre II), permettra de mettre en lumière cette convergence générale.

Chapitre I
Des objectifs poursuivis par la régulation bancaire

Section 1 Des objectifs prioritaires

§ 1. Des objectifs poursuivis par la régulation bancaire française et européenne

A. La préservation d'un marché bancaire efficace et stable

1. La préservation de l'efficacité

2. La préservation de la stabilité

a. La stabilité financière, un objectif majeur de la régulation bancaire

b. La stabilité financière, un objectif en interaction avec d'autres impératifs

i. Interactions entre la stabilité financière et la stabilité monétaire

ii. Interactions entre la stabilité financière et l'efficacité économique

B. La protection d'une clientèle en confiance

1. La préservation des intérêts de la clientèle

2. La préservation de la confiance

§ 2. Un objectif propre à la régulation bancaire européenne

A. Intégration globale

B. Intégration sectorielle

Section 2 Un objectif subsidiaire

§ 1. La concurrence, un objectif poursuivi par la régulation bancaire

A. Une concurrence intensifiée par la transparence de l'information et l'abolition des barrières comportementales

1. L'intensification de la concurrence par une transparence de l'information accrue

2. L'intensification de la concurrence par l'abolition des barrières comportementales

B. Une concurrence intensifiée par l'approfondissement du marché unique

§ 2. La concurrence, un instrument au service de la régulation bancaire

A. La concurrence, un moyen en vue de la réalisation d'objectifs prioritaires

B. La concurrence restreinte en considération d'objectifs prioritaires

77. **Hiérarchie d'objectifs.** La régulation bancaire est guidée par différents objectifs, à la lumière desquels se comprennent et s'interprètent l'ensemble des règles qui la composent. Ces objectifs sont variés. Leur identification peut être opérée à la lecture des textes, de la jurisprudence et de la pratique décisionnelle des autorités de régulation. Toutefois, leur agencement et l'importance respectivement accordée à chacun d'entre eux ne ressortent pas avec évidence d'une analyse du droit positif. La doctrine juridique est elle-même peu diserte sur cette question. Des études ont été consacrées à certains objectifs en particulier – ainsi par exemple, de la protection de la clientèle[237] ou de l'efficacité économique[238]. Mais peu d'auteurs se sont intéressés à l'articulation des différents objectifs de régulation bancaire[239], souvent mêlés d'ailleurs, à ceux de la régulation des activités financières et assurantielles[240]. Un objectif de régulation bancaire est en outre particulièrement délaissé en doctrine : celui du maintien de la concurrence. Ce chapitre se propose ainsi de recenser l'ensemble des objectifs de régulation bancaire et d'envisager leur articulation. Cet exposé est un préalable indispensable avant d'envisager la réception desdits objectifs par le droit de la concurrence.

78. Parmi les différents objectifs de régulation bancaire, réside une certaine forme de hiérarchie. Le maintien de la concurrence est l'une de ses préoccupations : la concurrence entre établissements jouissant du monopole est intensifiée par l'arrivée de nouveaux prestataires, autorisés à pénétrer divers segments de marché, tout en échappant au régime des établissements de crédit. La concurrence n'est toutefois qu'un objectif subsidiaire de la régulation bancaire (Section 2). Sa préservation n'est recherchée qu'en ce qu'elle est susceptible de contribuer à l'accomplissement d'objectifs jugés prioritaires, tels que la préservation des intérêts de la clientèle, le maintien de la stabilité financière, ou encore la promotion de l'efficacité économique (Section 1).

Section 1
Des objectifs prioritaires

79. **Différences et points communs entre les objectifs du droit français et du droit de l'UE.** La régulation bancaire, française comme européenne, consacre la majeure partie de ses efforts à l'accomplissement d'objectifs prédominants, à savoir la préservation de la stabilité financière, la promotion de l'efficacité économique, ainsi que la protection de la clientèle ou encore le maintien de la confiance (§ 1). La régulation bancaire européenne se distingue par

---

237 Br. Zabala, « La protection de la clientèle par les organismes de régulation financière », *in* A. Delion et L. Vidal (dir.), *Les réformes des régulations financières, Annales de la régulation*, vol. 3, 2013, p. 101.

238 B. Remy, « Efficacité économique et droit bancaire », *in* S. Bollée, Y.-M. Laithier et C. Pérès (dir.), *L'efficacité économique en droit*, Economica, coll. Études Juridiques, 2010, p. 89.

239 S. Adalid, « Conflits d'objectifs et régulation bancaire », *in* G. Eckert et J.-Ph. Kovar (dir.), *Les objectifs de la régulation économique et financière*, L'Harmattan, coll. Logiques Juridiques, 2017, p. 189.

240 P.-H. Cassou, « Objectifs et principes de la réglementation financière européenne », art. préc., p. 85.

la poursuite d'un objectif cardinal supplémentaire : l'instauration d'un marché bancaire unique. Son intégration s'est intensifiée au cours de la dernière décennie. Elle repose sur les principes de libre circulation et sur un certain degré d'harmonisation des régimes nationaux, permettant de soumettre les prestataires à des conditions d'exercice équivalentes quel que soit leur pays de résidence (§ 2).

§ 1. Des objectifs poursuivis par la régulation bancaire française et européenne

80. **Articulation des objectifs.** Non pas poursuivis isolément les uns des autres, les objectifs de régulation bancaire sont interconnectés. En ce sens, la stabilité financière constitue une condition de l'efficacité du marché (A). Ces impératifs ne sauraient non plus être envisagés séparément d'une figure centrale de la régulation bancaire : le client, dont la confiance à l'égard du banquier constitue le ciment d'un système bancaire efficace (B).

A. La préservation d'un marché bancaire efficace et stable

81. **La stabilité, condition de l'efficacité.** Comme la plupart des dispositifs de régulation[241], la régulation bancaire est notamment guidée par un souci d'efficacité économique (1). Toutefois, le marché bancaire présente un certain nombre de défaillances, par définition nuisibles à l'efficacité. Il existe notamment différentes formes d'asymétrie d'information entre la banque et son client au détriment tantôt de l'un, tantôt de l'autre. Le banquier ne peut en effet pas connaître avec certitude la capacité de remboursement de l'emprunteur, dont la défaillance éventuelle risque de mettre en péril l'établissement prêteur. À l'inverse, le déposant ne peut évaluer que difficilement la santé financière de sa banque, dont la faillite conduirait à le priver des fonds déposés[242].

82. Par ailleurs, l'interconnexion entre plusieurs banques risque d'induire une externalité négative lorsque les difficultés de l'une d'entre elles se propagent aux autres par contagion[243]. La régulation prudentielle s'efforce de maintenir la stabilité du système en réduisant les risques associés à ces défaillances. Si bien que la préservation de la stabilité financière ne saurait être pensée comme un obstacle à l'efficacité, mais plutôt comme une condition de son accomplissement (2).

---

[241] Pour un auteur, la fonction de régulation économique se caractériserait en partie, par la quête d'efficacité (R. Rambaud, *op. cit.*, p. 748, n° 1717).

[242] J. Tirole, *op. cit.*, p. 212 ; P. Cartwright, *Banks, Consumers and Regulation*, Hart Publishing, Oxford, 2004, p. 18.

[243] D. Thesmar et S. Baudry, « Comment limiter le risque bancaire systémique en Europe ? », *Regards croisés sur l'économie*, n° 11, 2012/1, p. 176 ; P. Cartwright, *op. cit.*, p. 18.

1. La préservation de l'efficacité

83. **Efficacité des règles de régulation bancaire, efficacité du système bancaire.** À l'instar de nombreuses autres branches juridiques[244], la régulation bancaire s'intéresse à l'efficacité, voire à l'efficience[245] de ses propres règles[246]. Celle-ci se mesure au regard de leur capacité à atteindre l'objectif poursuivi. Cela n'a rien d'illégitime. Le maintien d'un dispositif normatif n'apparaît opportun que dans la mesure où il permet d'accomplir une finalité souhaitée ; et si possible au moindre coût.

84. Outre l'efficacité de ses règles, la régulation bancaire s'efforce de promouvoir l'efficacité économique du système bancaire[247]. Son attention porte donc non seulement sur la capacité des normes à remplir leur office, mais aussi sur la faculté du système bancaire à produire un certain nombre de bienfaits. Les références à l'efficacité économique abondent dans les textes de droit de l'Union. Telle est en effet l'une des principales missions confiées à l'ABE[248]. Le CERS semble s'y intéresser tout autant[249]. Cet objectif général d'efficacité du système se décline alors en des objectifs spécifiques d'*efficacité des moyens de paiement*[250], ou encore d'*efficacité des réseaux de cartes bancaires*[251].

85. Le droit bancaire français manifeste également son attachement à « l'efficacité économique ». Il s'agit ainsi par exemple, de l'un des objectifs explicitement

---

244 S. Bollée, Y.-M. Laithier et C. Pérès (dir.), *L'efficacité économique en droit*, Economica, coll. Études Juridiques, 2010.

245 L'*efficacité* est usuellement distinguée des notions voisines d'*effectivité* et d'*efficience*. L'*efficacité* se définit de manière générale comme la capacité à atteindre le résultat souhaité. L'*effectivité* désigne en revanche, la qualité de ce qui produit des effets, sans considération des fins poursuivies. Ainsi, une règle imposant le port de la ceinture de sécurité peut par exemple, être jugée effective si les automobilistes attachent réellement leurs ceintures ; mais elle peut aussi être jugée inefficace au regard d'un objectif de réduction du nombre d'accidentés de la route, dès lors que ce nombre ne diminue pas malgré l'existence de cette règle. L'*efficience*, quant à elle, s'intéresse à l'adéquation des moyens employés pour parvenir à la réalisation d'une fin. Un moyen est donc jugé efficient lorsqu'il permet d'atteindre une finalité au moindre coût (sur ces distinctions, V. G. Decocq, « Les enseignements tirés du droit de la concurrence », *in L'effectivité du droit de la consommation*, actes du colloque organisé par le Centre Jean Bodin à l'Université d'Angers le 26 mars 2015, *RDLA* n° 105, juin 2015, p. 67 ; Ph. Conte, « "Effectivité", "inefficacité", "sous-effectivité", "surefficacité"... : variations pour un droit pénal », *in Le droit privé français à la fin du XXe siècle, Études offertes à Pierre Catala,* Litec, coll. Mélanges, 2001, p. 128 ; M.-A. Frison-Roche, « L'efficacité des décisions en matière de concurrence : notions, critères, typologie », *LPA* n° 259, 28 décembre 2000, p. 4).

246 Th. Bonneau, *Régulation bancaire et financière européenne et internationale*, *op. cit.*, pt. 209 s. ; Th. Bonneau, « Efficacité et avenir de la régulation financière », *RD bancaire et fin.* n° 6, novembre 2010, étude n° 35, p. 67.

247 I. Kokkoris, art. préc., p. 5 ; B. Remy, « Efficacité économique et droit bancaire », art. préc., p. 89 ; Fr. Jenny, « La crise économique et financière, la régulation et la concurrence », *Concurrences* n° 2-2009, mai 2009, art. n° 25873, p. 60.

248 « L'Autorité a pour objectif de protéger l'intérêt public en contribuant à la stabilité et à l'efficacité à court, moyen et long terme du système financier » (règlement [UE] n° 1093/2010 du Parlement européen et du Conseil du 24 novembre 2010 instituant une Autorité européenne de surveillance [Autorité bancaire européenne], modifiant la décision n° 716/2009/CE et abrogeant la décision 2009/78/CE de la Commission, *JOUE* n° L 331/84 du 15 décembre 2010, p. 12, art. 1 § 5).

249 V. not. CERS, recommandation du 7 décembre 2017 *sur le risque de liquidité et d'effet de levier dans les fonds d'investissement,* CERS/2017/6, *JOUE* n° C151/1 du 30 avril 2018, p. 1, cons. 1.

250 Directive 2007/64/CE préc., art. 52 § 3.

251 Comm. CE, communication du 31 janvier 2007, Enquête par secteur menée en vertu de l'article 17 du règlement (CE) n° 1/2003 sur la banque de détail, rapport final, COM(2007) 33 final, pt. 16.

affichés de la loi du 26 juillet 2013 de séparation et de régulation des activités bancaires[252]. Au sein du Code monétaire et financier, le développement de « moyens de paiement efficaces » est encore présenté comme « une nécessité »[253].

86. **Trois formes d'efficacité économique.** Ces considérations appellent toutefois quelques précisions terminologiques tant la notion d'efficacité a fait l'objet de discussions dans la littérature économique. Schématiquement, la théorie économique distingue en effet trois formes d'efficacité[254] : allocative, productive et dynamique.

87. L'*efficacité allocative* correspond à une répartition des ressources entre agents jugée optimale, étant entendu que les critères de l'optimalité sont eux-mêmes débattus[255].

88. L'*efficacité productive* quant à elle, consiste en substance à produire au moindre coût et donc à éviter tout gaspillage. Cette forme d'efficacité est ainsi satisfaite lorsqu'il est impossible de produire une quantité identique avec une combinaison de facteurs de production moins coûteuse, ou de produire davantage avec la même combinaison productive[256].

89. L'*efficacité dynamique* se caractérise enfin par sa dimension temporelle : ce type d'efficacité conduit les entreprises à une adaptation non pas ponctuelle mais continue de leurs méthodes de production, améliorant leur performance générale sur la durée, et augmentant ainsi leur capacité d'innovation[257].

90. **Contribution de la régulation bancaire à l'efficacité allocative.** La régulation bancaire s'efforce de contribuer à l'accomplissement de ces trois formes d'efficacité ; en premier lieu, de l'efficacité allocative. À ce titre, elle vise notamment à ce que les banques puissent accomplir pleinement leur rôle d'intermédiation bancaire. Ces dernières constituent en effet, le lien entre les déposants et les

---

252 Assemblée nationale, XIVe législature, session ordinaire de 2012-2013, Première séance du mardi 12 février 2013 : compte rendu intégral, présentation du projet de loi de séparation et régulation des activités bancaires par le ministre de l'Économie Pierre Moscovici.

253 C. mon. fin., art. L 112-12. V. également l'article L 312-23 du même Code.

254 Sur ce point V. A. Portuese, *Le Principe d'efficience économique dans la jurisprudence européenne*, Publibook, coll. Droit & sciences politiques. Droit international, 2014, p. 27 à 32 ; C. Pérès, « Rapport introductif » *in* S. Bollée, Y.-M. Laithier et C. Pérès (dir.), *L'efficacité économique en droit*, Economica, coll. Études Juridiques, 2010, p. 8 à 10 ; A.-L. Sibony, *Le juge et le raisonnement économique en droit de la concurrence*, *op. cit.*, p. 88 à 92.

255 Un critère bien connu est celui dit *de Pareto*, du nom de l'économiste Vilfredo Pareto qui en est à l'origine. Selon ce critère, une allocation des ressources est jugée optimale lorsqu'il est impossible d'envisager une répartition alternative améliorant le bien-être d'un individu sans détériorer celui d'un autre. Ce critère est donc un critère d'unanimité, car une répartition des ressources alternative ne peut être jugée meilleure qu'une autre que s'il existe dans la nouvelle répartition au moins un gagnant (dont le bien-être est augmenté), mais aucun perdant. En d'autres termes, l'existence d'un perdant rend la nouvelle répartition systématiquement Pareto inefficace, y compris s'il existe simultanément un ou plusieurs gagnants. C'est bien là toute la limite du critère de Pareto que les économistes Nicholas Kaldor et John Hicks ont tenté de dépasser avec l'élaboration d'un nouveau critère éponyme. Selon le test *Kaldor-Hicks*, une nouvelle répartition des ressources est préférable si les gagnants de ce changement sont en mesure de dédommager les perdants tout en conservant un gain net. Ainsi, une réallocation des ressources est jugée meilleure si après compensation, la situation d'au moins un individu est améliorée tout en laissant inchangée celle des autres, générant ainsi un gain de bien-être global (Sur ces critères, V. par exemple, A. Ogus et M. Faure, *Économie du droit : le cas français*, Éd. Panthéon-Assas, 2002, p. 37 à 39).

256 D. Carlton et J. Perloff, *Économie industrielle*, trad. F. Mazerolle, De Boeck, 1998, p. 117.

257 OCDE, *Dynamic Efficiencies in Merger Analysis*, Policy roundtables, DAF/COMP(2007)41, 15 mai 2008, p. 45.

emprunteurs, en recueillant l'épargne pour la redistribuer ensuite par la voie du crédit[258]. « [É]tant donné le rôle clé que les services financiers jouent dans l'allocation efficace des ressources dans l'économie de l'UE, il est crucial d'aboutir à des configurations qui génèrent une plus grande efficience. »[259] Dans une recommandation du 21 septembre 2011, le CERS fait ainsi clairement le lien entre l'octroi de crédits bancaires et l'allocation des ressources en mettant en garde contre les risques de formation d'une nouvelle bulle immobilière générée par un assouplissement des conditions d'emprunt et menaçant d'altérer la répartition des ressources[260]. Lors de l'adoption de la loi du 1er juillet 2010 portant réforme du crédit à la consommation[261], le législateur français cherchait de même, à assurer les conditions « d'une distribution efficace » du crédit[262]. Un auteur voit par ailleurs en l'efficacité allocative, l'un des fondements mêmes de la responsabilité du banquier pour rupture ou soutien abusif de crédits[263].

91. **Contribution de la régulation bancaire à l'efficacité productive.** La régulation bancaire promeut également l'efficacité productive. À cette fin, le législateur européen cherche en particulier à limiter la multiplication des coûts de production des services bancaires induits par la fragmentation des régimes européens : *via* l'harmonisation des règles, il entend ainsi permettre aux prestataires de réaliser des économies d'échelle[264]. L'introduction de conditions de prestation identiques au sein de chaque État membre réduit ainsi le coût unitaire des prestations à l'échelle européenne. Le principe du passeport unique s'inscrit tout à fait dans cette logique : il permet aux prestataires d'économiser les coûts induits par l'obtention d'un agrément distinct dans chacun des États[265].

92. **Contribution de la régulation bancaire à l'efficacité dynamique.** La régulation bancaire se soucie enfin de l'efficacité dynamique du marché bancaire et s'applique à maintenir un environnement propice à l'innovation. Pour ce faire, il s'agit notamment de garantir l'existence d'un cadre réglementaire offrant à la fois suffisamment de souplesse et de sécurité juridique pour ne pas gêner l'essor de l'innovation technologique[266]. Telle a notamment été l'une des motivations

---

258 V. *supra* n° 22.

259 Comm. CE, communication du 11 mai 1999, sur la mise en œuvre du cadre d'action pour les services financiers : plan d'action, COM(1999) 232 final, p. 8. V. également, Comm. CE, Livre blanc sur la politique des services financiers 2005-2010, 1er décembre 2005, COM(2005) 629 final, p. 5.

260 « La baisse des taux d'intérêt et l'assouplissement des conditions de crédit influencent fortement les prix des actifs, et tout particulièrement ceux de l'immobilier. Dès lors, l'allocation des ressources risque d'être altérée et des bulles de prix d'actifs sont susceptibles de se former. » (CERS, recommandation du 21 septembre 2011, *concernant les prêts en devises*, CERS/2011/1, *JOUE* n° C342/1 du 22 novembre 2011, p. 19).

261 Loi n° 2010-737, *JORF* n° 0151 du 2 juillet 2010.

262 Sénat, session ordinaire de 2008-2009, séance du mardi 16 juin 2009 : compte rendu intégral, présentation du projet de loi par la ministre de l'Économie Mme Christine Lagarde, p. 6016.

263 Br. Deffains, « La responsabilité du banquier : une lecture économique », *in* M.-A. Frison-Roche (dir.), *Les banques entre droit et économie*, LGDJ, coll. Droit et Économie, 2006, spéc. p. 99.

264 Cette démarche est explicite et récurrente en ce qui concerne les services de paiement : règlement (UE) règlement (UE) n° 2015/751 préc., cons. 11 ; Comm. eur., Livre vert – Vers un marché européen intégré des paiements par carte, par internet et par téléphone mobile, 11 janvier 2012, COM(2011) 941 final, p. 3 et 7.

265 Sur le passeport unique, V. *infra* n° 134.

266 Directive 2000/46/CE du Parlement européen et du Conseil du 18 septembre 2000 concernant l'accès à l'activité des établissements de monnaie électronique et son exercice ainsi que la surveillance prudentielle de ces établissements, *JOCE* n° L275 du 27 octobre 2000, p. 39. Sur cette question, V. M.-A. Frison-Roche, « Le couple

de l'adoption récente du règlement (UE) du 7 octobre 2020, visant à harmoniser le régime du financement participatif : cette activité innovante souffrait en effet d'un vide juridique au sein de certains États, autant que d'une fragmentation des régimes nationaux, induisant une forte insécurité juridique[267]. Dans une perspective d'innovation, l'ABE dispose en son sein d'un comité de l'innovation financière, chargé d'émettre des avis présentés par l'Autorité au Parlement, au Conseil et à la Commission[268]. L'ACPR est pareillement dotée d'un pôle « FinTech et Innovation ».

93. L'efficacité économique constitue donc un objectif cardinal de la régulation bancaire. Mais elle ne saurait être détachée d'un autre objectif fondamental de la régulation bancaire, avec lequel elle entretient d'étroites relations : la stabilité financière.

2. La préservation de la stabilité

94. **La stabilité financière, un objectif majeur en relation avec d'autres impératifs.** Le maintien de la stabilité financière – parfois rapproché de l'impératif de sécurité[269] – est un objectif prépondérant de la régulation bancaire (a). Sa préservation dépend de nombreux facteurs tels que la stabilité monétaire, avec laquelle elle ne doit pas être confondue. Pour cette raison, la régulation bancaire ne peut donc se désintéresser totalement de la stabilité monétaire, alors même que la préservation de cette dernière relève plutôt par principe, de l'office des autorités monétaires. La stabilité financière ne saurait non plus être envisagée séparément de l'objectif d'efficacité économique décrit *supra*, dont elle constitue une condition d'existence (b).

a. La stabilité financière, un objectif majeur de la régulation bancaire

95. **La régulation bancaire à la poursuite de la stabilité financière.** Le secteur bancaire est particulièrement propice à l'instabilité. Les banques sont en effet soumises à des risques multiples, susceptibles d'engendrer des crises individuelles. Par l'effet de contagion, ces dernières peuvent accéder à une dimension systémique[270]. L'impact sur l'économie réelle risque alors d'être dévastateur, ainsi que l'a montré la crise de 2008[271]. Entre autres conséquences néfastes, la disruption des mécanismes d'intermédiation bancaire risque en effet d'induire un effondrement de la production et partant, une contraction de l'emploi[272].

---

ex ante-ex post, justification d'un droit propre et spécifique de la régulation », *in* M.-A. Frison-Roche (dir.), *Droit et économie de la régulation. 4*, Presses de Sciences Po, 2006, p. 41 à 42.

267 Règlement (UE) n° 2020/1503 du Parlement européen et du Conseil du 7 octobre 2020 relatif aux prestataires européens de services de financement participatif pour les entrepreneurs, et modifiant le règlement (UE) 2017/1129 et la directive (UE) 2019/1937 JOUE n° L 347, du 20 octobre 2020, p. 1. Pour plus de détail sur le financement participatif, V. *infra* n° 166 s.

268 Règlement (UE) n° 1093/2010 préc., art. 9 § 4.

269 Th. Bonneau, *Régulation bancaire et financière européenne et internationale*, *op. cit.* pt. 117, p. 215.

270 V. *supra* n° 25 s.

271 De manière générale, V. J. E. Stiglitz, *Le triomphe de la cupidité*, Les liens qui libèrent, 2010 ; P. Krugman, *Pourquoi les crises reviennent toujours*, Seuil, coll. H.C. Essais, 2000.

272 Sur les conséquences de la crise sur l'emploi, V. les différentes éditions des *Perspectives de l'emploi de l'OCDE* depuis 2009, en particulier celles de 2009 et 2010.

96. Les autorités de régulation bancaire sont dès lors notamment en charge de la prévention – éventuellement de la gestion – des crises systémiques. En d'autres termes, la stabilité financière constitue l'un des principaux objectifs de la régulation bancaire[273]. Bien que les droits français[274] et de l'UE[275] n'aient pas attendu la crise des *subprimes* pour s'en saisir, cet évènement a révélé toutes les lacunes de la régulation bancaire en ce domaine et contraint les législateurs à s'y intéresser de plus près. Ainsi la stabilité financière est-elle par exemple, l'un des principaux objectifs ayant guidé l'adoption en France, de la loi du 26 juillet 2013 de séparation et de régulation des activités bancaires[276]. De même en droit de l'Union, la stabilité financière est désormais présentée dans les textes comme « essentielle »[277], voire comme une « nécessité absolue »[278]. En tout état de cause, la stabilité financière figure au premier rang des missions expressément confiées aux autorités de régulation bancaire françaises[279] et européennes[280].

97. **Identification de la stabilité financière.** S'il n'existe pas de définition communément admise de la stabilité financière[281], celle-ci est généralement entendue de manière négative comme un état du secteur bancaire et financier exempt, ou du moins capable de faire face, à des perturbations systémiques[282]. Telle est notamment l'approche retenue par la BCE, cette dernière voyant en la stabilité financière, « une situation dans laquelle le système financier – qui englobe les intermédiaires,

---

273 V. en doctrine : S. Adalid, « Conflits d'objectifs et régulation bancaire », *in* G. Eckert et J.-Ph. Kovar (dir.), *Les objectifs de la régulation économique et financière*, L'Harmattan, coll. Logiques Juridiques, 2017, p. 198 à 200 ; A.-C. Muller, « La sécurisation du système bancaire et financier », *RD bancaire et fin.* n° 6, novembre 2014, dossier 46 ; P.-H. Cassou, « Objectifs et principes de la réglementation financière européenne », art. préc., p. 75 ; Th. Bonneau, « Efficacité et avenir de la régulation financière », art. préc., spéc. n° 5 ; Chr. Bordes, « Les banques et le filet de sécurité contre le risque systémique », *in* M.-A. Frison-Roche (dir.), *Les banques entre droit et économie*, LGDJ, coll. Droit et Économie, 2006, p. 180.

274 V. en particulier, la loi n° 99-532 du 25 juin 1999 relative à l'épargne et à la sécurité financière, *JORF* n° 148 du 29 juin 1999, dont les travaux préparatoires révèlent que la stabilité financière était un objectif central du texte (Assemblée nationale, 2e séance du 1er juin 1999 : compte rendu intégral, intervention du député M. Jean-Pierre Balligand, p. 5199).

275 V. déjà : directive 92/30/CEE du Conseil, du 6 avril 1992, sur la surveillance des établissements de crédit sur une base consolidée, *JOCE* n° L 110 du 28 avril 1992, p. 52 ; Comm. CE, communication du 11 mai 1999, sur la mise en œuvre du cadre d'action pour les services financiers : plan d'action, COM(1999) 232 final ; Comm. CE, Livre blanc sur la politique des services financiers 2005-2010, 1er décembre 2005, COM(2005) 629 final.

276 Loi n° 2013-672, *JORF* n° 0173 du 27 juillet 2013. Les références à la « stabilité financière » sont omniprésentes dans le texte de la loi.

277 Règlement (UE) n° 1024/2013 du Conseil du 15 octobre 2013 confiant à la Banque centrale européenne des missions spécifiques ayant trait aux politiques en matière de surveillance prudentielle des établissements de crédit, *JOUE* n° L 287/63 du 29 octobre 2013, p. 63, cons. 2.

278 Règlement (UE) n° 806/2014 du Parlement européen et du Conseil du 15 juillet 2014 établissant des règles et une procédure uniforme pour la résolution des établissements de crédit et de certaines entreprises d'investissement dans le cadre d'un mécanisme de résolution unique et d'un Fonds de résolution bancaire unique, et modifiant le règlement (UE) n° 1093/2010, *JOUE* n° L 225 du 30 juillet 2014, p. 1, cons. 46.

279 Ainsi de l'ACPR (C. mon. fin., art. L 612-1, I) et du Haut Conseil de stabilité financière (C. mon. fin., art. L 631-2-1).

280 Protocole n° 4 sur les statuts du Système européen de banques centrales et de la Banque centrale européenne annexé aux traités UE et FUE, art. 25.1 ; règlement (UE) n° 1092/2010 préc., art. 3 § 1 ; règlement (UE) n° 1093/2010 préc., art. 1 § 5 et 2 § 1.

281 BCE, « La stabilité et la surveillance financière », *Bull. mensuel*, n° spéc., 10ème anniversaire de la BCE, mai 2008, p. 125.

282 A. Beitone, A. Cazorla, et E. Hemdane, *Dictionnaire de science économique*, Armand Colin, coll. Dictionnaire, 6e éd., 2019, p. 576, *v°* stabilité financière.

les marchés et les infrastructures de marché – est capable de résister aux chocs et de résorber les déséquilibres financiers »[283]. Telle est encore l'approche de Jean-Claude Trichet, exposée en avant-propos du premier numéro de la revue de la stabilité financière de la Banque de France, et dont le mérite est d'inclure dans sa définition, une illustration des chocs susceptibles de déstabiliser le système[284]. En ce sens, protéger la stabilité financière revient non seulement à prévenir l'apparition de telles perturbations, mais également à s'assurer qu'à l'occasion de leur survenance éventuelle, les opérateurs soient capables d'y résister. Suivant cette logique, la régulation bancaire comporte tout à la fois des mécanismes de surveillance et des dispositifs de résolution[285].

98. Pour autant, la stabilité financière dépend également de certains facteurs échappant au moins partiellement à l'emprise des autorités de régulation bancaire. Ainsi notamment de la stabilité monétaire.

b. La stabilité financière, un objectif en interaction avec d'autres impératifs

99. **État de dépendance.** La stabilité financière ne peut être envisagée de manière autonome. Elle interagit avec d'autres impératifs, au premier rang desquels figurent la stabilité monétaire et l'efficacité économique. La stabilité financière dépend ainsi pour partie de la première (i), et la seconde dépend pour partie de la stabilité financière (ii).

i. Interactions entre la stabilité financière et la stabilité monétaire[286]

100. **Identification de la stabilité monétaire.** En dépit de l'étroite relation qu'elles entretiennent entre elles, *stabilité financière* et *stabilité monétaire* sont deux notions à ne pas confondre. La seconde, encore appelée *stabilité des prix*, renvoie de manière générale au maintien relatif dans le temps de la valeur d'une monnaie par rapport à la valeur des biens de consommation. Il s'agit en d'autres mots, d'un état

---

283 BCE, « La stabilité et la surveillance financière », art. préc., p. 123.

284 « La stabilité financière est elle-même complexe. L'une de ses définitions possibles pourrait être la situation dans laquelle les différentes composantes du système financier – marchés de capitaux, infrastructures de paiements, de règlement-livraison de titres négociables, de compensation, institutions financières – fonctionnent sans heurt et sans discontinuité tout en marquant, chacune, une bonne résistance à des chocs potentiels. Mais il est plus aisé, et peut-être aussi plus naturel, de définir la stabilité financière *a contrario* comme l'état du système financier lorsque n'y apparaissent pas de perturbations systémiques : constitution de bulles financières ou implosion de telles bulles, volatilité excessive des prix d'actifs, diminution anormale de la liquidité sur certains segments de marché, interruptions dans le fonctionnement des systèmes de paiement, emballements ou rationnements excessifs du crédit, défaillances d'institutions financières etc. Tous ces phénomènes peuvent introduire des dysfonctionnements graves dans l'allocation de cette ressource rare qu'est le capital et perturbent la constellation des signaux sur lesquels les agents économiques fondent leurs décisions : prix faussés, évaluations des profitabilités erronées, distributions des risques déformées, primes de risques insuffisantes ou excessives, etc. » (J.-Cl. TRICHET, « Avant-propos », *Revue de la stabilité financière*, n° 1, novembre 2002, p. 5).

285 V. *supra* n° 39 s. et pour une description détaillée de ces mécanismes : Th. BONNEAU, *Régulation bancaire et financière européenne et internationale*, *op. cit.*, p. 139 s.

286 A.-M. RIEU-FOUCAULT, « Politique monétaire et stabilité financière », *EconomiX Working Papers* 2018-13 ; A. FOUEJIEU AZANGUE, *Financial Stability and Inflation Stabilization*, thèse de doctorat en Sciences économiques, Université d'Orléans, 2015 ; E. LE HÉRON, « Politique monétaire versus stabilisation financière à la BCE », *L'Économie politique* n° 66, 2015/2, p. 56 à 69 ; L. CLERC et R. RAYMOND, « Les banques centrales et la stabilité financière : nouveau rôle, nouveau mandat, nouveaux défis ? », *Revue d'économie financière* n° 113, 2014/1, p. 193 à 214.

d'équilibre entre l'inflation et la déflation[287]. La stabilité des prix est aujourd'hui l'une des finalités principales de la politique monétaire dont sont généralement en charge les banques centrales[288].

101. À l'échelle de l'Union, la politique monétaire est ainsi confiée au Système européen des banques centrales (SEBC), dont « l'objectif principal [est] de maintenir la stabilité des prix »[289]. Selon l'approche de la BCE, cet objectif correspond en réalité à une situation d'inflation modérée, définie comme « une progression de l'indice des prix à la consommation harmonisé (IPCH) inférieure à 2 % par an pour la zone euro »[290]. Le 8 mai 2003, la stratégie a été révisée pour viser une progression de l'IPCH proche de 2 % à moyen terme[291].

102. **Controverse quant à la nature de la relation entre stabilité financière et stabilité des prix.** Les interactions entre la stabilité monétaire et la stabilité financière sont nombreuses. Néanmoins, la nature de ce lien demeure controversée. La stabilité monétaire est traditionnellement considérée comme bénéfique à la stabilité financière : une inflation trop forte pourrait en effet encourager l'investissement spéculatif et la prise de risques excessive, contribuant ainsi à déstabiliser le marché ; suivant cette logique, la modération de l'inflation consoliderait *a contrario* la stabilité du système[292]. Toutefois, cette idée a été remise en cause, notamment au lendemain de la crise des *subprimes*, survenue dans un contexte de stabilité monétaire. Certains considèrent ainsi que la faiblesse des taux d'intérêt caractéristique d'une situation de stabilité monétaire pourrait également, en favorisant l'octroi de crédits, générer l'apparition de bulles spéculatives[293].

103. Réciproquement, la stabilité financière est communément perçue comme une condition d'efficacité de la politique monétaire[294] : à défaut de stabilité financière, la distribution de crédits risque de s'amoindrir, limitant ainsi le financement des dépenses des ménages, et entraînant la déflation par l'effet d'une baisse de la demande[295]. Pour autant, la logique prudentielle peut, à certains égards, également entrer en conflit avec celle de la politique monétaire. Tel pourrait être le cas

---

287 P. Krugman et R. Wells, *Macroéconomie*, trad. L. Baechler, De Boeck supérieur, coll. Ouvertures économiques, 3e éd., 2016, p. 300.

288 A. Beitone, A. Cazorla et E. Hemdane, *Dictionnaire de science économique*, préc., p. 30 *v°* Banque centrale.

289 Art. 127 § 1, 219 § 2 et 282 § 2 TFUE ; Protocole n° 4 sur les statuts du Système européen de banques centrales et de la Banque centrale européenne annexé aux traités UE et FUE, art. 2. Plus généralement, la stabilité des prix est inscrite parmi les objectifs de l'Union (art. 3 § 3 TUE). V. Fr. Martucci, « Système européen de banques centrales. – Banque centrale européenne et Eurosystème. – Pouvoirs », *in Encyclopédie du JurisClasseur : Europe Traité,* LexisNexis, 2017, Fasc. 244, spéc. n° 5.

290 BCE, Communiqué de presse, « Une stratégie de politique monétaire générale pour le SEBC axée sur la stabilité », 15 octobre 1998 ; BCE, *La politique monétaire de la BCE 2001*, p. 38 et 143.

291 BCE, Communiqué de presse, « La stratégie de politique monétaire de la BCE », 8 mai 2003. V. Fr. Martucci, « Système européen de banques centrales. – Banque centrale européenne et Eurosystème. – Pouvoirs », fasc. préc., n° 5.

292 A. Schwartz, « Why financial stability depends on price stability ? », *Economic Affairs* n° 4, vol. 15, 1995.

293 J. B. Taylor, « The Financial Crisis and the Policy Responses : An Empirical Analysis of What Went Wrong », *Rock Center for Corporate Governance,* Working Paper n° 30, jan. 2009. V. déja : W. R. White, « Is price stability enough ? », *BIS Working Papers*, n° 205, avril 2006.

294 P.-H. Cassou, « Objectifs et principes de la réglementation financière européenne », art. préc., p. 78.

295 Banque de France, *De la crise financière à la crise économique*, Documents et débats n° 3, janvier 2010, p. 15.

dans l'hypothèse d'un choc d'offre positif[296] généré par un progrès technologique. L'octroi de crédit est alors stimulé – en raison par exemple, d'une hausse des anticipations de profits futurs. Or dans cette situation, les autorités monétaires pourraient vouloir baisser les taux d'intérêt en réaction à la désinflation, alors que l'autorité prudentielle chercherait au contraire, à contenir les offres de crédit par le biais d'un durcissement des conditions de leur octroi[297].

104. **Intérêt subsidiaire de la régulation bancaire pour la stabilité monétaire.** En toute hypothèse, stabilité financière et stabilité monétaire sont unies par des liens profonds. Il est dès lors concevable que la régulation bancaire s'intéresse à la stabilité des prix. Cela est particulièrement manifeste en droit de l'Union. La prise en compte des impératifs de politique monétaire peut ainsi constituer une justification supplémentaire à l'introduction de certains dispositifs de régulation bancaire : entre autres raisons, l'instauration du MRU se trouvait par exemple justifiée, en raison de ce qu'un traitement coordonné des défaillances bancaires, favoriserait la transmission efficace d'une politique monétaire commune[298]. Certains textes organisent également la coopération entre les régulateurs bancaires et les autorités monétaires. La directive « CRD IV » prévoit ainsi la possibilité pour les premiers de transmettre aux secondes des informations concernant des aspects monétaires ou prudentiels[299]. Le règlement « CRR » inclut quant à lui expressément la stabilité des prix, parmi les éléments dont l'ABE doit faire rapport à la Commission européenne[300].

105. Il est pareillement concevable que les autorités en charge de la politique monétaire se préoccupent de la stabilité financière. En vertu de l'article 127 § 5 du TFUE, « Le SEBC contribue à la bonne conduite des politiques menées par les autorités compétentes en ce qui concerne le contrôle prudentiel des établissements de crédit et la stabilité du système financier. » Ce rôle du SEBC est manifestement subsidiaire par rapport à ses « missions fondamentales » énumérées au § 2. Il est par ailleurs notable que cette disposition figure dans le chapitre 2, du Titre VIII de la troisième Partie du traité, relatif à « la politique monétaire » de l'Union. C'est donc bien en tant qu'autorité monétaire que le SEBC peut accessoirement s'intéresser à la stabilité financière. Ce rôle ne se confond donc pas avec celui de la BCE, agissant en tant que véritable autorité de contrôle prudentiel. La Banque de France veille pareillement à la « stabilité du système financier »[301].

---

296 Variation importante et imprévue des conditions de production permettant d'augmenter les quantités produites et conduisant à une hausse des prix (A. Beitone, A. Cazorla et E. Hemdane, *Dictionnaire de science économique*, *op. cit.*, p. 65).

297 J. Boeckx, P. Ilbas, M. Kasongo Kashama *et al.*, « Interactions entre la politique monétaire et la politique macroprudentielle », *BNB Revue économique*, septembre 2015, p. 15 et 16.

298 V. les « Justifications de la proposition » [p. 94 à 95] dans la fiche financière législative annexée à la proposition du règlement [UE] n° 806/2014 préc.

299 Directive 2013/36/UE du Parlement européen et du Conseil du 26 juin 2013 concernant l'accès à l'activité des établissements de crédit et la surveillance prudentielle des établissements de crédit et des entreprises d'investissement, modifiant la directive 2002/87/CE et abrogeant les directives 2006/48/CE et 2006/49/CE, *JOUE* n° L176 du 27 juin 2013, p. 338, art. 58 § 1, sous a).

300 Règlement (UE) n° 575/2013 du Parlement européen et du Conseil du 26 juin 2013 concernant les exigences prudentielles applicables aux établissements de crédit et aux entreprises d'investissement et modifiant le règlement (UE) n° 648/2012, *JOUE* n° L176 du 27 juin 2013, p. 1, art. 509 § 4 et § 5 sous b).

301 C. mon. fin., art. L 141-5-1.

106. Dans les deux cas, ces autorités ne portent toutefois qu'un intérêt subsidiaire à l'égard d'objectifs ne relevant *a priori* pas de leur compétence, mais risquant d'interagir avec leurs principaux objectifs respectifs. La régulation bancaire poursuit donc par priorité un objectif de stabilité financière, et ne s'intéresse à la stabilité des prix qu'en ce qu'elle est susceptible d'interagir avec la stabilité financière. En dépit des controverses, les interactions entre la stabilité financière et l'efficacité économique se révèlent plus harmonieuses.

ii. Interactions entre la stabilité financière et l'efficacité économique

107. **Relations divergentes ?** D'aucuns[302] perçoivent la relation entre ces deux objectifs comme étant d'une nature essentiellement conflictuelle, impliquant une conciliation, sinon un arbitrage, entre l'un et l'autre. La régulation bancaire serait ainsi déchirée entre la stabilité et l'efficacité ; un choix perpétuel devrait être opéré entre la première, mue par l'impératif de sécurité et la seconde, portée par la fluidité des capitaux et l'imagination des banquiers. Il est certes indubitable que les normes prudentielles sont génératrices de coûts pour les banquiers, en ce qu'elles tendent à discipliner leurs comportements : un effort supplémentaire leur est imposé afin que soient distribués des crédits de qualité. La régulation prudentielle est encore susceptible de restreindre la concurrence interbancaire[303], et de priver ainsi le marché des gains d'efficacité qu'une concurrence accrue pourrait générer. En ce sens, les liens qu'entretiennent l'efficacité et la stabilité peuvent donc être de nature conflictuelle.

108. **Relations convergentes.** Bien que non dépourvue d'une certaine pertinence, cette vision des choses n'est pourtant que partielle car elle occulte un autre aspect de cette relation. Si à court terme, stabilité et efficacité peuvent apparaître divergentes, à plus long terme, ces deux objectifs entrent en totale convergence. Cette convergence tient à ce que la stabilité et l'efficacité ne sont en fait, pas situées sur le même plan : la première constitue en réalité, une condition préalable de la seconde[304]. La faillite d'une banque peut en effet, avoir des répercussions sur d'autres établissements, sur le système financier dans son ensemble, et même toucher l'économie réelle, générant ainsi une forte externalité négative[305]. Plus concrètement, l'instabilité plonge les banques dans une atonie qui contrarie l'efficacité économique : à défaut de stabilité du système, les établissements de crédit

---

302 Pr. GAI, S. KAPADIA, St MILLARD *et al.*, « Financial Innovation, Macroeconomic Stability and Systemic Crises », *Bank of England Working Paper* n° 340, février 2008 ; M.-A. FRISON-ROCHE, « La convergence du droit et de l'économie sur le secteur bancaire », *in* M.-A. Frison-Roche (dir.), *Les banques entre droit et économie*, LGDJ, coll. Droit et Économie, 2006, spéc. n° 49.

303 V. *infra* n° 178 s.

304 De cet avis : Th. BECK, E. CARLETTI et I. GOLSTEIN, « Financial Regulation in Europe : Foundations and Challenges », *in* L. Matyas, R. Blundell, E. Cantillon, *et al.* (dir.), *Economics without Borders : Economic Research for European Policy Challenges*, Cambridge University Press, 2017 ; OCDE, *10 ans après la crise financière : la coopération entre les autorités de règlementation et celles de la concurrence dans le secteur financier*, note de référence, DAF/COMP/WP2(2017)8, novembre 2017, p. 11 ; B. REMY, « Efficacité économique et droit bancaire », art. préc., spéc. n° 12 ; Chr. BORDES, « Les banques et le filet de sécurité contre le risque systémique », art. préc., p. 184 ; J.-Cl. TRICHET, « Avant-propos », *Revue de la stabilité financière*, n° 1, novembre 2002, p. 5.

305 P. CARTWRIGHT, *Banks, Consumers and Regulation*, Hart Publishing, Oxford, 2004, p. 5.

prêtent moins, les crises de confiance réciproques entre les banques et leurs clients empêchent la circulation des capitaux et nuit à l'économie.

109. Les autorités de régulation doivent évidemment prendre garde à ce que les normes prudentielles n'imposent pas de contraintes injustifiées aux opérateurs. Leur préoccupation ne doit pour autant « pas être de savoir [si elles doivent] préférer la stabilité à l'efficacité mais bien plutôt de rechercher la stabilité afin d'assurer l'efficacité du système bancaire. »[306] Il ne s'agit donc pas de trouver un équilibre, mais de préserver la stabilité du système, comme condition de son efficacité. Telle semble être en tout cas l'approche de la DG FISMA :

> Le bon fonctionnement d'un système financier sain suppose la présence *d'établissements financiers sûrs, stables et résilients,* qui sont régulés, gérés et supervisés avec prudence et responsabilité. *Ce n'est que dans ces conditions que le système financier peut contribuer de manière efficace et efficiente* à la croissance et profiter aux citoyens européens, aux entreprises et à la société dans son ensemble.[307]

110. Si l'efficacité et la stabilité peuvent à première vue sembler en contradiction, ces deux objectifs se révèlent donc être complémentaires dès lors que la stabilité est pensée comme une condition de l'efficacité. En tout état de cause, la préservation de la stabilité et de l'efficacité économique contribue à l'accomplissement d'un autre objectif fondamental de la régulation bancaire, à savoir la promotion des intérêts de la clientèle.

B. La protection d'une clientèle en confiance

111. **Prépondérance des intérêts de la clientèle.** Encore que la régulation bancaire ne se désintéresse pas totalement des intérêts du banquier, ses efforts seront prioritairement tournés vers la protection de la clientèle (1). La confiance de cette dernière à l'endroit des banques demeure indispensable au fonctionnement efficace du marché, et sera donc vigoureusement recherchée par la régulation bancaire (2).

1. La préservation des intérêts de la clientèle

112. **Notion de *clientèle* en droit bancaire.** Toute une série de règles de régulation bancaire sont spécifiquement dédiées à la protection de la clientèle[308]. La notion de *client* s'apparente ici à celle d'*utilisateur* d'un service bancaire, *i.e.* toute personne physique ou morale qui utilise ledit service à des fins professionnelles ou non professionnelles. Le client sera donc tantôt *déposant*, *emprunteur*, *payeur* etc.

---

306 B. Remy, « Efficacité économique et droit bancaire », art. préc., p. 97.

307 Comm. eur., DG FISMA, *Strategic Plan 2016-2020,* 12 avril 2016, p. 9 : « A healthy and well-functioning financial system requires *safe, stable and resilient financial institutions* that are carefully and responsibly regulated, managed and supervised. *Only under thes[e] conditions can the financial system effectively and efficiently contribute* to growth and benefit EU citizens, companies and society as a whole. » Mis en italique par nos soins. Traduction libre.

308 Pour une présentation d'ensemble V. Th. Bonneau, *Régulation bancaire et financière européenne et internationale, op. cit.,* p. 858 à 899 ; Br. Zabala, « La protection de la clientèle par les organismes de régulation financière », *in* A. Delion et L. Vidal (dir.), *Les réformes des régulations financières, Annales de la régulation,* vol. 3, 2013, p. 101.

Le client ou utilisateur se définit ainsi uniquement par la position qu'il occupe dans la transaction, à savoir celle d'acheteur, par opposition au prestataire, lequel est un vendeur de biens ou de services. *Stricto sensu*, la notion de *client* ne se confond donc pas avec celle, plus restreinte, de *consommateur*, désignant au sens du droit de la consommation « toute personne physique qui agit à des fins qui n'entrent pas dans le cadre de son activité commerciale, industrielle, artisanale, libérale ou agricole »[309].

113. **Protection des payeurs, emprunteurs et déposants.** La protection de la clientèle est un objectif central de la régulation bancaire, explicitement assigné à l'ABE[310], de même qu'à l'ACPR[311]. Il se décline quel que soit le service offert aux clients : les textes de régulation bancaire européenne et française s'efforcent ainsi de protéger les intérêts des utilisateurs de services de paiement[312], des emprunteurs[313], des déposants – il est notamment fait obligation aux banques d'adhérer à un système de garantie des dépôts[314].

114. **L'intérêt des clients exprimé à travers le prix, la qualité et l'innovation des services.** La préservation des intérêts de la clientèle revêt plusieurs dimensions. Le prix et la qualité des services constituent à cet égard, une préoccupation centrale de la régulation bancaire[315]. Toutefois, l'intérêt de la clientèle ne se réduit pas à ces considérations. Sont pareillement pris en compte des critères tenant à la capacité des clients à comparer et choisir parmi différents services[316], mais aussi à

---

309 C. conso., art. préliminaire. L'article 2 du règlement [UE] n° 2015/751 précité fait aussi bien le distinguo entre les notions de « consommateur » et d'« utilisateur de services de paiement ». En doctrine, V. également : P. Cartwright, *Banks, Consumers and Regulation*, Hart Publishing, Oxford, 2004, p. 3. Le droit de la concurrence retient en revanche, une acception plus large de la notion de consommateur, équivalente à celle de « client » en droit bancaire (V. *infra* n° 206).

310 Règlement (UE) n° 1093/2010, préc., art. 1 § 5, sous f).

311 Celle-ci veille à « la protection des clients, assurés, adhérents et bénéficiaires des personnes soumises à son contrôle. » (C. mon. fin., art. L 612-1, I, al. 1er).

312 Directive (UE) 2015/2366 préc. ; directive (UE) 2014/92 du Parlement européen et du Conseil du 23 juillet 2014 sur la comparabilité des frais liés aux comptes de paiement, le changement de compte de paiement et l'accès à un compte de paiement assorti de prestations de base, *JOUE* n° L 257 du 28 août 2014, p. 214 ; en droit français, V. notamment C. mon. fin., art. L 133-15 à L 133-17.

313 Directive 2014/17/UE du Parlement européen et du Conseil du 4 février 2014 sur les contrats de crédit aux consommateurs relatifs aux biens immobiliers à usage résidentiel et modifiant les directives 2008/48/CE et 2013/36/UE et le règlement (UE) n° 1093/2010, *JOUE* n° L60 du 28 février 2014, p. 34 ; directive 2008/48/CE, préc. ; en droit français, V. tout particulièrement les dispositions relatives aux crédits : C. mon. fin., art. L 313-1 à L 313-51.

314 Directive 2014/49/UE du Parlement européen et du conseil du 16 avril 2014 relative aux systèmes de garantie des dépôts, *JOUE* n° L173/149 du 12 juin 2014, p. 149, transposée en droit français par l'ordonnance n° 2015-1024 du 20 août 2015 portant diverses dispositions d'adaptation de la législation au droit de l'Union européenne en matière financière, *JORF* n° 192 du 21 août 2015 p. 14652. V. C. mon. fin., art. L 312-4 à L 312-18.

315 Ces préoccupations sont récurrentes dans les textes de droit de l'Union : V. règlement (CE) n° 2560/2001 du Parlement européen et du Conseil du 19 décembre 2001 concernant les paiements transfrontaliers en euros, *JOCE* n° L 344 du 28 décembre 2001 p. 13, cons. 1 ; règlement (UE) n° 260/2012 du Parlement européen et du Conseil du 14 mars 2012 établissant des exigences techniques et commerciales pour les virements et les prélèvements en euros et modifiant le règlement (CE) n° 924/2009, *JOUE* n° L94 du 30 mars 2012, p. 22, cons. 1 ; Comm. eur., DG FISMA, *Strategic Plan 2016-2020*, 12 avril 2016, p. 8. En droit français, cette préoccupation pour le prix se manifeste notamment à travers la stricte régulation des taux d'intérêt (C. mon. fin., art. L 313-2 à L 313-5-2).

316 Comm. CE, communication du 11 mai 1999, sur la mise en œuvre du cadre d'action pour les services financiers : plan d'action, COM(1999) 232 final, p. 8 et 9. Les travaux parlementaires relatifs à la loi n° 2010-737 du 1er juillet 2010

profiter d'une production innovante[317]. Dans cette perspective, l'information, voire le conseil ou la mise en garde de la clientèle seront déterminants[318].

115. Notons que si la protection des clients fait l'objet d'une attention toute particulière, la régulation bancaire ne se désintéresse pour autant pas des prestataires ; elle promeut ainsi des dispositifs confortant à la fois l'intérêt des banques et celui de leur clientèle. Les textes de droit de l'Union sont à cet égard éloquents : il s'agit en effet tantôt de « progresser vers la mise en place d'un marché de détail réellement intégré *respectant les intérêts des consommateurs et des prestataires* »[319], d'assurer « le développement de marchés financiers régulés, stables et globalement concurrentiels *dans l'intérêt des entreprises et des consommateurs* »[320], d'instaurer des systèmes de paiement interopérables, « de sorte que *tous les utilisateurs de services de paiement et tous les prestataires* de services de paiement puissent bénéficier des avantages de paiements de détail et en euros transparents dans toute l'Union »[321]. Le maintien de la confiance des banques entre-elles ou à l'égard de leurs clients est certainement d'ailleurs un objectif de régulation bancaire tout aussi primordial que le maintien de la confiance de ceux-ci envers celles-là.

2. La préservation de la confiance

116. **Le maintien de la confiance, un objectif assigné aux autorités de régulation bancaire.** La confiance, qui se comprend comme *l'espérance ferme, l'assurance de celui qui se fie à quelqu'un ou quelque chose*[322], est un objectif capital de la régulation bancaire. Elle constitue ainsi l'une des principales missions du Système européen de surveillance financière (SESF)[323], lequel comprend le CERS, les trois AES et leur comité mixte, ainsi que l'ensemble des autorités de supervision nationales[324]. L'ACPR s'en soucie d'ailleurs elle-même très explicitement. Ainsi l'Autorité peut-elle décider de retirer l'agrément d'un établissement de paiement[325] ou de monnaie électronique[326], lorsque l'établissement représente une menace pour la confiance dans le système de paiement.

117. **L'idée de confiance imprégnée dans la terminologie bancaire.** La terminologie employée tant dans la pratique bancaire que par les autorités de régulation, exprime

---

portant réforme du crédit à la consommation (*JORF* n° 0151 du 2 juillet 2010), révèlent en outre, toute l'attention accordée par le législateur français à la liberté de choix réservée à la clientèle (Ph. Dominati, Rapport n° 447 [2008-2009], fait au nom de la commission sénatoriale spéciale crédit à la consommation, annexe au procès-verbal de la séance du 2 juin 2009 au Sénat, p. 111 et 112).

317 V. *supra* n° 92.

318 À ce sujet, V. *infra* n° 859 s.

319 Comm. CE, communication du 11 mai 1999, sur la mise en œuvre du cadre d'action pour les services financiers : plan d'action, préc., p. 9, souligné par nos soins.

320 Comm. eur., DG FISMA, *Strategic Plan 2016-2020,* préc. p. 3, traduction libre, souligné par nos soins.

321 Règlement (UE) n° 260/2012, préc., cons. 10, mis en italique par nos soins.

322 A. Rey (dir.), *Le Petit Robert de la langue française*, Grand format, 2017, p. 505.

323 « L'objectif premier du SESF consiste à veiller à ce que les règles applicables au secteur financier soient mises en œuvre de façon adéquate, de manière à préserver la stabilité financière et à *garantir la confiance* dans le système financier dans son ensemble et une protection suffisante des consommateurs de services financiers. » (Règlement [UE] n° 1093/2010 préc., art. 2 § 1, mis en italique par nos soins).

324 Règlement (UE) n° 1093/2010 préc., art. 2 § 2.

325 C. mon. fin., art. L 522-11, I, sous d).

326 C. mon. fin., art. L 526-15, 4°.

elle-même ce besoin constant de confiance[327] : les expressions françaises telles que la *monnaie fiduciaire*[328] et le *crédit*, de même que les vocables anglais *trust* ou *creditworthy*, en sont la parfaite illustration. La confiance est ancrée tellement profondément dans la chose bancaire, son importance pour le bon fonctionnement des différents domaines d'activité bancaire est telle, qu'elle s'est ainsi imprégnée dans le vocabulaire général de la matière. Et c'est précisément ce caractère diffus, incontournable, qui distingue certainement la confiance des autres objectifs étudiés *supra*.

118. **La confiance, une condition du maintien de la stabilité et de l'efficacité.** La confiance intéresse chaque pan de la régulation bancaire ; en la matière, elle est omniprésente[329]. La confiance s'articule ainsi avec les autres objectifs de régulation bancaire, en particulier l'efficacité et la stabilité financière, dont la promotion contribue au renforcement de la confiance générale. Mais inversement, cette dernière constitue aussi une condition du maintien de la stabilité et de l'efficacité[330].

119. En effet, la confiance doit être vérifiée entre chaque acteur du système bancaire. Il est tout d'abord crucial que les clients aient confiance en leur banque. Ainsi le bon fonctionnement des systèmes de paiements scripturaux repose-t-il en grande partie sur la confiance des utilisateurs quant à la bonne exécution des paiements par leurs prestataires. Les législateurs européen[331] et français[332] l'ont bien compris.

120. Il est de même fondamental que les déposants soient confiants en la solidité de leurs banques[333]. Cette confiance leur permet ainsi de prêter plus qu'elles n'ont reçu. La perte de confiance d'un trop grand nombre de déposants à l'égard d'une banque risque *a contrario*, d'entraîner une demande massive de retraits et de provoquer sa faillite ; ce qui peut ensuite induire un déficit de confiance à l'égard du système dans son ensemble et se traduire par une crise systémique[334].

121. À cet égard, la confiance unissant les banques entre elles est tout aussi fondamentale : elle leur permet de se financer sur le marché interbancaire et de

---

[327] P.-H. Cassou, « Objectifs et principes de la réglementation financière européenne », art. préc., p. 79.

[328] Issue du latin *fiducia*, la confiance.

[329] Notons que la confiance revêt un statut comparable en droit des marchés financiers : ainsi que l'affirme la Cour de justice, « leur bon fonctionnement est dans une large mesure tributaire de la confiance qu'ils inspirent aux investisseurs » (CJCE, 10 mai 1995, *Alpine Investments BV c. Minister van Financiën*, aff. C-384/93, ECLI : EU : C : 1995:126, pt. 42).

[330] M.-A. Frison-Roche, « *Compliance* et confiance », *in* P. Pailler, A.-Cl. Rouaud et M. Roussille (dir.), *Autour du droit bancaire et financier et au-delà, Mélanges en l'honneur de Jean-Jacques Daigre*, Joly éditions, 2017, p. 280 ; P.-H. Cassou, « Objectifs et principes de la réglementation financière européenne », art. préc., p.79 ; P. Cartwright, *Banks, Consumers and Regulation*, Hart Publishing, Oxford, 2004, p. 31.

[331] « Le fonctionnement harmonieux et efficient du système de paiement dépend de la confiance que peut avoir l'utilisateur dans le fait que le prestataire de services de paiement va exécuter l'opération de paiement correctement et dans le délai convenu. » (directive 2007/64/CE, préc., cons. 46 ; cette formule est reprise mot pour mot par la directive [UE] 2015/2366 préc. au considérant 85). V. également : règlement (UE) n° 260/2012 préc., cons. 13.

[332] Raison pour laquelle l'agrément d'un établissement de paiement (C. mon. fin., art. L 522-11, I, sous d]) ou de monnaie électronique (C. mon. fin., art. L 526-15, 4°) pourra lui être retiré dès lors qu'il représente une menace pour la confiance dans le système de paiement.

[333] En ce sens, le Code monétaire et financier (art. L 613-55, I, sous 1°) associe explicitement l'objectif de maintien de la confiance aux instruments de renflouement interne mis en œuvre dans le cadre d'une procédure de résolution bancaire. Sur le nécessaire maintien de la confiance aux fins de préservation de la stabilité en droit de l'UE, V. notamment les développements du CERS dans sa recommandation du 20 décembre 2012, *sur le financement des établissements de crédit*, (CERS/2012/2, *JOUE* n° C119/1, du 24 avril 2013, p. 1, cons. 3).

[334] Th. Bonneau, *Régulation bancaire et financière européenne et internationale, op. cit.* pt. 114, p. 214 ; D. Legeais, « Les métamorphoses du droit bancaire contemporain », art. préc., p. 433.

respecter ainsi leurs obligations prudentielles[335]. Mais il est également essentiel que la banque ait confiance en l'emprunteur et croie en sa capacité de remboursement, à défaut de quoi, la banque ne lui accordera pas son *crédit*[336]. À ces divers impératifs intéressant tant le droit français que le droit de l'Union, s'ajoute un objectif propre à ce dernier : l'instauration d'un marché bancaire unique.

§ 2. Un objectif propre à la régulation bancaire européenne

122. **Déclinaison sectorielle d'une ambition globale.** L'instauration d'un marché bancaire unique (B) constitue la déclinaison au secteur bancaire de l'une des ambitions originelles de l'Union, visant à créer un marché unique des biens et services en son sein (A).

A. Intégration globale

123. **Du marché commun au marché intérieur.** L'instauration d'un marché commun est l'un des objectifs originels du droit de l'Union européenne. Forts d'une expérience acquise avec le marché commun du charbon et de l'acier, les rédacteurs du traité de Rome avaient entendu déployer l'intégration économique afin d'établir un marché commun généralisé[337]. Celui-ci était ainsi visé à l'article 2 du traité CEE, et présenté comme une condition de l'accomplissement des missions poursuivies par la Communauté, à savoir un « développement harmonieux des activités économiques dans l'ensemble de la Communauté, une expansion continue et équilibrée, une stabilité accrue, un relèvement accéléré du niveau de vie, et des relations plus étroites entre les États qu'elle réunit. »

124. Mais le *marché commun* n'est pas une réalité immuable et définitivement consolidée depuis l'adoption du traité de Rome ; il s'est inséré dans un long processus, le destinant à devenir un *marché unique*, puis à constituer *in fine*, un véritable *marché intérieur*. La Cour de justice consacrait très explicitement cette vision à l'occasion de l'affaire *Schul*[338], ouvrant ainsi la voie d'un glissement du marché commun vers le marché intérieur :

> La notion de marché commun telle que la Cour l'a dégagée dans une jurisprudence constante, vise à l'élimination de toutes les entraves aux échanges intracommunautaires en vue de la fusion des marchés nationaux dans un marché unique réalisant des conditions aussi proches que possible de celles d'un véritable marché intérieur.

---

335 Chr. Noyer, « Régulation et confiance », *Revue d'économie financière* nº 100, 2010, p. 112.

336 *Ibid.*

337 Gr. Godiveau et St. Leclerc, Droit du marché intérieur de l'Union européenne – Les libertés de circulation et de concurrence, Gualino, coll. Master, 2016, p. 15.

338 CJCE, 5 mai 1982, Gaston Schul Douane Expediteur BV c. Inspecteur des droits d'importation et des accises, de Roosendaal, aff. 15/81, ECLI : EU : C : 1982:135, pt. 33.

125. Ce mouvement s'est traduit dans les textes : l'expression « marché intérieur » introduite par l'Acte unique européen, a cohabité avec l'expression « marché commun » au sein du traité CEE[339] avant de la remplacer totalement à la faveur du traité de Lisbonne. Désormais, l'article 3 (ex-article 2) du TUE relatif aux finalités de l'UE, stipule que « l'Union établit un marché intérieur »[340] ; mais il n'est plus fait mention du « marché commun ».

126. **Abolition des frontières.** À ce glissement textuel correspond un approfondissement concret du marché, sans pour autant qu'il ne soit pleinement intégré à ce jour. Son objet est de parvenir à « un espace sans frontières intérieures »[341] au sein de l'UE. Pour ce faire, le Livre blanc sur l'achèvement du marché intérieur[342] proposait 279 mesures destinées à éliminer trois types de frontières d'ordre respectivement physique, technique et fiscal. Les premières ont été rapidement et globalement abolies – symbole en est la suppression des postes de douane aux frontières intérieures, à la fin de l'année 1992[343]. En ce qui concerne le deuxième type de barrières – liées aux différences de normes relatives aux produits et services entre les différents États membres[344] –, leur suppression s'est faite, dans la droite lignée de l'arrêt *Cassis de Dijon*[345], par le biais du principe de reconnaissance mutuelle plutôt que par voie d'harmonisation. En vertu de ce principe, un État membre ne peut ainsi interdire la vente sur son territoire, d'un produit fabriqué et commercialisé dans un autre État membre selon des prescriptions techniques ou qualitatives différentes de celles imposées à ses propres produits, que sous des conditions très strictes, mettant en cause des exigences impératives d'intérêt général. Le même principe est également applicable en matière de services : un État membre ne saurait s'opposer à la prestation sur son territoire d'un service fourni par un prestataire établi dans un autre État membre que dans des conditions limitatives mettant en cause la protection de raisons impérieuses d'intérêt général, comme la protection des consommateurs[346].

127. Les barrières fiscales sont en revanche, plus tenaces. L'harmonisation totale n'est certes pas nécessaire[347], mais le degré de fragmentation des systèmes fiscaux domestiques demeure extrêmement préoccupant, en ce qu'il risque de priver

---

339 Respectivement à l'article 8 A et à l'article 2 du traité.

340 Ainsi consacrée par le traité, l'expression « marché intérieur » est désormais seule dotée d'une portée juridique. Il est toutefois notable que l'expression « marché unique » demeure d'un usage courant, en particulier dans la terminologie de la Commission européenne (V. Comm. eur., communication du 13 avril 2011 – l'Acte pour le marché unique. Douze leviers pour stimuler la croissance et renforcer la confiance, « Ensemble pour une nouvelle croissance », COM(2011) 206 final. V. également sur ce point : N. de Grove-Valdeyron, *Droit du marché intérieur européen*, LGDJ, coll. Systèmes, 5e éd., 2017, p. 13).

341 Art. 26 § 2 TFUE.

342 Comm. CE, Livre blanc sur l'achèvement du marché intérieur, 14 juin 1985, COM(85) 310 final.

343 Gr. Godiveau et St. Leclerc, *op. cit.*, p. 17.

344 Livre blanc sur l'achèvement du marché intérieur, préc., p. 16.

345 CJCE, 20 février 1979, *Rewe-Zentral AG c. Bundesmonopolverwaltung für Branntwein*, aff. 120/78, ECLI : EU : C : 1979:42.

346 Règlement (CE) n° 764/2008 du Parlement européen et du Conseil du 9 juillet 2008 établissant les procédures relatives à l'application de certaines règles techniques nationales à des produits commercialisés légalement dans un autre État membre et abrogeant la décision n° 3052/95/CE, *JOUE* n° L 218/21 du 13 août 2008, p. 21.

347 Comm. CE, communication du 23 mai 2001 – Politique fiscale de l'Union européenne. Priorités pour les prochaines années, COM(2001) 260 final, *JOCE* n° C 284/6 du 10 octobre 2001, p. 6, § 2.4.

les citoyens européens de tirer tous les avantages du marché intérieur. Dans sa communication « Lever les obstacles fiscaux transfrontaliers pour les citoyens de l'Union européenne », la Commission expose les principaux problèmes liés à cet état de fragmentation – discrimination, double imposition, information sur les dispositions fiscales étrangères difficilement accessibles – et envisage les solutions permettant d'y remédier[348].

128. Car seule une abolition totale des barrières pourra permettre l'accomplissement des quatre libertés de circulation présidant au bon fonctionnement du marché intérieur, à savoir celles des marchandises[349], des personnes[350], des services[351] ainsi que des capitaux et des paiements[352]. Or un grand nombre de faiblesses mises en exergue par le rapport Monti du 9 mai 2010[353] ont conduit la Commission européenne à envisager une nouvelle stratégie « Europe 2020 » dans laquelle un marché intérieur approfondi doit occuper une place centrale afin de favoriser la compétitivité et stimuler la croissance[354]. Dans la foulée, la Commission européenne a publié l'Acte pour le marché unique I (AMU I) où sont définis « douze leviers pour stimuler la croissance et renforcer la confiance »[355]. Cet acte a lui-même été renforcé un an plus tard, par l'AMU II[356]. À cet égard, il est notable que les moyens d'action identifiés pour approfondir le marché intérieur comportent une dimension sectorielle très marquée. En effet, la Commission entend concentrer ses efforts sur l'intégration de secteurs jugés prioritaires dont le niveau de fragmentation demeure préoccupant. Il en va tout particulièrement ainsi des *marchés uniques de l'énergie et des transports*[357]. Il en va de même des services postaux[358]. L'approfondissement du marché unique des services bancaires s'avère tout aussi prioritaire aux yeux des institutions européennes.

---

348 Comm. eur., communication du 20 décembre 2010 – Lever les obstacles fiscaux transfrontaliers pour les citoyens de l'Union européenne, COM(2010) 769 final.

349 Prévue par les articles 28 à 37 du TFUE, la libre circulation des marchandises repose essentiellement sur la suppression des droits de douane, des restrictions quantitatives aux échanges et des mesures d'effet équivalent.

350 Cette liberté comporte deux volets. Le premier, relatif à la libre circulation des travailleurs, garantit à ces derniers d'exercer une activité professionnelle dans un autre État membre que son État d'origine et d'être traités sur un pied d'égalité avec les ressortissants de cet État (articles 45 à 48 TFUE). Le second volet renvoie au principe de libre établissement, garantissant à tout intéressé le droit de s'installer durablement dans un autre État membre que l'État d'origine, afin d'y exercer une activité économique (articles 49 à 55 TFUE).

351 Les articles 56 à 62 du TFUE garantissent le droit à tout prestataire établi dans un État membre, la possibilité d'offrir ses services à des destinataires situés dans un autre État membre, sans discrimination à raison de sa nationalité.

352 Ce principe vise à préserver une circulation transfrontalière des capitaux et des paiements sans entrave (articles 63 à 66 TFUE).

353 M. Monti, Une nouvelle stratégie pour le marché unique au service de l'économie et de la société européennes, Rapport au Président de la Commission européenne José Manuel Barroso, 9 mai 2010.

354 Comm. eur., communication du 3 mars 2010 – Europe 2020 : Une stratégie pour une croissance intelligente, durable et inclusive, COM(2010) 2020 final.

355 Comm. eur., communication du 13 avril 2011 – l'Acte pour le marché unique. Douze leviers pour stimuler la croissance et renforcer la confiance, « Ensemble pour une nouvelle croissance », COM(2011) 206 final.

356 Comm. eur., communication du 3 octobre 2012 – l'Acte pour le marché unique II. « Ensemble pour une nouvelle croissance », COM(2012) 573 final.

357 *Ibid.*, p. 6 à 10.

358 Directive 2008/6/CE du Parlement européen et du Conseil du 20 février 2008 modifiant la directive 97/67/CE en ce qui concerne l'achèvement du marché intérieur des services postaux de la Communauté, *JOUE n°* L 52/3 du 27 février 2008, p. 3.

B. Intégration sectorielle

129. **La création d'un marché bancaire unique, objectif cardinal de la régulation bancaire européenne.** La Commission européenne s'est engagée dans l'instauration d'un véritable « marché unique des services bancaires »[359], indifféremment désigné sous l'expression « marché bancaire unique »[360] et intégré dans le projet plus vaste de « marché financier unique »[361]. Il constitue ainsi l'une des déclinaisons sectorielles du marché intérieur. Cet objectif demeure absolument central dans les dispositifs de régulation bancaire européenne[362] ; à tel point d'ailleurs que l'office de la régulation bancaire européenne a pu être périodiquement confié à la direction générale du marché intérieur, sans qu'il n'existe de portefeuille exclusivement dédié à la régulation bancaire[363].

130. Mais le marché des services bancaires ne saurait être considéré comme unique à moins d'être pleinement intégré, *i.e.* dans un état où les opérateurs qui l'occupent disposent d'une égalité d'accès auxdits services, sont soumis à des règles similaires lorsqu'ils décident de les exploiter et font l'objet d'une égalité de traitement dès qu'ils interviennent sur le marché[364]. La logique sous-jacente à cette quête d'intégration est d'une part, de permettre aux banques d'opérer en bénéficiant véritablement de la dimension européenne du marché et des économies d'échelle et, d'autre part, de permettre à leurs clients d'en tirer également profit, eu égard à la taille et l'efficience du marché, à l'intensification de la concurrence interbancaire, ainsi qu'aux nouvelles possibilités de financement et d'investissement[365].

---

359 Comm. CE, 5 novembre 2003, Proposition de directive du Parlement européen et du Conseil modifiant les directives 73/239/CEE, 85/611/CEE, 91/675/CEE, 93/6/CEE et 94/19/CE du Conseil ainsi que les directives 2000/12/CE, 2002/83/CE et 2002/87/CE du Parlement européen et du Conseil, afin d'organiser selon une nouvelle structure les comités compétents en matière de services financiers, COM/2003/0659 final – COD 2003/0263, p. 3 ; Comm. eur., 23 novembre 2011, Proposition de directive du Parlement européen et du Conseil modifiant la directive 2013/36/UE en ce qui concerne les entités exemptées, les compagnies financières holding, les compagnies financières holding mixtes, la rémunération, les mesures et pouvoirs de surveillance et les mesures de conservation des fonds propres, COM(2016) 854 final – COD 2016/0364, p. 5 ; Comm. CE, communication du 31 janvier 2007 – Enquête par secteur menée en vertu de l'article 17 du règlement (CE) n° 1/2003 sur la banque de détail, COM(2007) 33 final, § 54, p. 13.

360 V. notamment : Comm. CE, 22 décembre 1999, Rapport de la Commission au Conseil et au Parlement européen sur l'application de la clause d'interdiction d'exportation (article 4, paragraphe 1) de la directive relative aux systèmes de garantie des dépôts (94/19/CE), COM(1999) 722 final, p. 7.

361 V. Comm. CE, communication du 11 mai 1999 – Mise en œuvre du cadre d'action pour les services financiers : plan d'action, COM(1999) 232 final. Pour rappel, la Commission européenne confère une acception extensive à la notion de *services financiers*, regroupant, sous cette expression, des services à la fois bancaires, boursiers et assurantiels. V. *supra* n° 7.

362 Comm. CE, Livre blanc sur la politique des services financiers 2005-2010, 1er décembre 2005, COM(2005) 629 final.

363 La consultation des organigrammes et des annuaires interinstitutionnels de l'Union européenne révèlent ainsi que de 1993 à 2014, il n'existait pas de direction générale (DG) *exclusivement* chargée de la régulation bancaire, cette dernière relevant des compétences de la direction en charge de la politique du marché intérieur, successivement nommée *DG marché intérieur et services financiers* (1993-1999), *DG marché intérieur* (1999-2004), puis *DG du marché intérieur et des services – DG MARKT* (2004-2014). Ce n'est qu'en 2014 que la régulation bancaire s'autonomise et relève d'une direction générale dédiée : la *DG de la stabilité financière, des services financiers et de l'union des marchés des capitaux* (DG FISMA).

364 BCE, « Contribution de la BCE et de l'Eurosystème à l'intégration financière européenne », *Bull. mensuel*, mai 2006, p. 65.

365 D. Servais (dir.), *Intégration des marchés financiers*, Éditions de l'Université de Bruxelles I.E.E., coll. Commentaire J. Mégret, 3e éd., 2007, p. 9.

131. **Application des libertés de circulation aux activités bancaires.** Comme à tout autre type d'activité économique, les règles garantissant les libertés de circulation sont applicables aux activités bancaires et concourent à l'intégration du marché bancaire unique[366]. Certains principes de libre circulation intéressent d'ailleurs tout particulièrement les activités bancaires[367].

132. Ainsi le principe du passeport unique, instauré à la fin des années 1980[368], n'est-il qu'une application spécifique aux activités bancaires, des libertés d'établissement et de prestation de service. Il offre à chacune des banques agréées par l'un des États membres, la possibilité d'implanter librement des filiales ou des succursales dans un autre État de l'Union. Il permet également à toute banque établie dans l'un des États membres d'accomplir des prestations de service sur le territoire d'autres États, aux mêmes conditions que leurs ressortissants et sans avoir à y être établie.

133. De même, les activités bancaires sont évidemment intéressées au premier chef par la libre circulation des capitaux en ce qu'elle postule que tout résident européen a le droit de placer son épargne ou d'emprunter auprès d'une banque, aux mêmes conditions dans tous les États membres[369].

134. **Harmonisation des régimes domestiques.** L'instauration d'un marché bancaire véritablement unique repose également sur un certain degré d'harmonisation des législations nationales. Cette harmonisation doit non seulement permettre de limiter les perturbations aux courants d'échanges – renforçant ainsi les principes de libre circulation –, mais aussi assurer que les banques soient soumises à des conditions d'exercice équivalentes quel que soit le pays dans lequel les services sont offerts.

135. Le rapport Segré de 1966[370] a posé les bases intellectuelles de cette entreprise d'harmonisation. Mais celle-ci n'a commencé à se concrétiser qu'à partir des années 1970. L'accent a d'abord été mis sur le dégagement de concepts et de régimes communs pour les établissements de crédit européens[371] ; avant que l'intégration du marché ne s'accélère à partir de la seconde moitié des années 1980 dans le contexte de relance du projet européen[372]. L'approche par « l'harmonisation minimale », promue par le

---

366 V. les conclusions très pédagogiques sur ce point de l'avocat général Léger dans une affaire *Allemagne c. Parlement européen* (Av. gén. Ph. Léger, 10 décembre 1996, concl. précédant CJCE, 13 mai 1997, *République fédérale d'Allemagne c. Parlement eur. et Conseil de l'UE*, aff. C-233/94, ECLI : EU : C : 1997:231, spéc. n° 40).

367 J. Pardon, « Liberté d'établissement et libre prestation de services dans le domaine bancaire », *Rev. dr. Bancaire et bourse*, novembre/décembre 1991, p. 219.

368 Deuxième directive 89/646/CEE du Conseil, du 15 décembre 1989, visant à la coordination des dispositions législatives, réglementaires et administratives concernant l'accès à l'activité des établissements de crédit et son exercice, et modifiant la directive 77/780/CEE, *JOCE* n° L386, 30 décembre 1989, p. 1.

369 À ce sujet, V. Th. Bonneau, *Droit bancaire*, *op. cit.*, p. 32.

370 Cl. Segré (dir.), *Le développement d'un marché européen des capitaux,* Rapport d'un groupe d'experts constitué par la Commission de la CEE, Bruxelles, novembre 1966.

371 Directive 73/183/CEE du Conseil, du 28 juin 1973, concernant la suppression des restrictions à la liberté d'établissement et à la libre prestation de services en matière d'activités non salariées des banques et autres établissements financiers, *JOCE* n° L194 du 16 juillet 1973 p. 1 ; suivie de la première directive 77/780/CEE du Conseil, du 12 décembre 1977, visant à la coordination des dispositions législatives, réglementaires et administratives concernant l'accès à l'activité des établissements de crédit et son exercice, *JOCE* n° L322 du 17 décembre 1977, p. 30. Ces textes sont parfaitement topiques de ce que l'instauration d'un marché bancaire unique repose sur deux éléments interdépendants que sont les libertés de circulation et l'harmonisation des régimes nationaux.

372 V. Ph.-E. Partsch, Droit bancaire et financier européen. t. I : Cadre général – Les établissements de crédit, Larcier, coll. Europe(s), 2e éd., 2016, p. 46.

Livre blanc de 1985[373], a notamment permis la mise en place du passeport unique, en faisant émerger les critères communs d'un « contrôle par l'État membre d'origine »[374].

136. Fin des années 1990 – début des années 2000, l'intégration du marché s'est encore intensifiée : l'introduction de l'euro en 1999 – troisième et dernière phase de l'Union économique et monétaire – a en effet supprimé tout risque de change[375]. Au même moment, le Plan d'action pour les services financiers (PASF)[376] prônait une intégration plus poussée de l'ensemble du secteur et en particulier des activités de gros. Cela fut chose faite dans la foulée, par la voie cette fois-ci de l'harmonisation maximale[377]. Après avoir mis l'accent sur les marchés de gros, la Commission européenne a concentré ses efforts sur l'intégration des activités de détail[378].

137. **Le projet SEPA.** Le projet de création d'un espace unique des paiements en euro – plus généralement désigné sous son sigle anglais *SEPA* pour *Single Euro Payments Area* – est emblématique de ce mouvement. Le projet SEPA répondait au constat d'infrastructures de paiement inadaptées au marché unique et ne permettant pas de « gérer les paiements transfrontaliers de façon aussi efficace que les paiements nationaux »[379]. Il a ainsi été pensé comme un espace[380] au sein duquel des paiements peuvent être effectués à des conditions identiques, peu important qu'ils soient domestiques ou transfrontières, et sans considération de localisation[381]. Par la voie de l'intégration, le SEPA doit s'accompagner d'un renforcement de la concurrence et partant, d'une stimulation de l'innovation, de la baisse des prix ainsi que d'un accroissement de sécurité, au profit des consommateurs[382].

138. Ce projet de création d'un espace unique des paiements en euros a pris corps par l'effet des directives dites DSP I[383] et DSP II[384]. Ces dernières ont instauré un cadre

---

373 Comm. CE, Livre blanc sur l'achèvement du marché intérieur, 14 juin 1985, COM(85) 310 final.

374 *Home country control*, selon la traduction anglaise. En vertu de ce principe, les banques souhaitant s'établir ou offrir une prestation de service dans un autre État membre ne sont contrôlées que par leur État d'origine (deuxième directive 89/646/CEE préc.).

375 Th. Bonneau, Droit bancaire, op. cit., p. 34.

376 Comm. CE, communication du 11 mai 1999, sur la mise en œuvre du cadre d'action pour les services financiers : plan d'action, COM(1999) 232 final.

377 Directive 2001/34/CE du Parlement Européen et du Conseil du 28 mai 2001 concernant l'admission de valeurs mobilières à la cote officielle et l'information à publier sur ces valeurs, *JOCE* n° L 184 du 6 juillet 2001, p. 1 ; directive 2003/71/CE du Parlement européen et du Conseil du 4 novembre 2003 concernant le prospectus à publier en cas d'offre au public de valeurs mobilières ou en vue de l'admission de valeurs mobilières à la négociation, et modifiant la directive 2001/34/CE, *JOUE* n° L 345 du 31 décembre 2003, p. 64.

378 Comm. CE, Livre blanc sur la politique des services financiers 2005-2010, 1er décembre 2005, COM(2005) 629 final.

379 Comm. eur., Proposition de Directive du Parlement européen et du Conseil concernant les services de paiement dans le marché intérieur, COM/2005/0603 final – COD 2005/0245, p. 3.

380 Dont font partie les 31 États membres de l'Espace économique européen ainsi que la Suisse, Andorre, Monaco, Saint-Martin et le Vatican.

381 V. règlement (UE) n° 260/2012 préc., cons. 1 ; BCE, *L'espace unique de paiement en euros (SEPA). Un marché intégré des paiements de détail*, 2009, p. 7.

382 Comm. eur., Livre vert – Vers un marché européen intégré des paiements par carte, par internet et par téléphone mobile, 11 janvier 2012, COM(2011) 941 final, p. 3.

383 Directive 2007/64/CE du Parlement européen et du Conseil du 13 novembre 2007 concernant les services de paiement dans le marché intérieur, modifiant les directives 97/7/CE, 2002/65/CE, 2005/60/CE ainsi que 2006/48/CE et abrogeant la directive 97/5/CE, *JOUE* n° L319 du 5 décembre 2007, p. 1.

384 Directive (UE) 2015/2366 du Parlement européen et du Conseil du 25 novembre 2015 concernant les services de paiement dans le marché intérieur, modifiant les directives 2002/65/CE, 2009/110/CE et 2013/36/UE et le règlement (UE) n° 1093/2010, et abrogeant la directive 2007/64/CE, *JOUE* n° L337 du 23 décembre 2015, p. 35.

législatif commun pour les services de paiement, en définissant les conditions générales de leur fonctionnement tout en fixant les règles du contrôle des prestataires. Le dispositif est complété par les règlements n° 924/2009 et n° 260/2012 précités, prévoyant la migration des systèmes nationaux de prélèvements et de virements vers les systèmes paneuropéens SEPA.

139. **Intensification – excessive ? – du processus d'intégration.** La crise de 2008 a cependant marqué le point de départ d'une intensification dans l'effort d'intégration, touchant non seulement les régimes prudentiels, mais plus généralement l'ensemble des domaines de régulation bancaire, au risque d'aboutir à certains excès. Substantiellement, l'intensification se manifeste en un dépassement de la simple harmonisation des régimes, par l'instauration d'une véritable centralisation des procédures, comme ce peut être le cas des dispositifs de supervision et de résolution[385]. Formellement, ce phénomène se traduit par un recours de plus en plus fréquent aux règlements, par préférence aux directives : depuis la crise, sous couvert de la nécessité de préserver l'égalité des chances (*level playing field*) et de l'urgence de parfaire le cadre juridique européen, la Commission a davantage recours à l'article 114 du TFUE, ouvrant le choix du règlement, nonobstant sa subsidiarité par rapport à l'article 53 du TFUE[386]. Ce changement de méthode n'est au demeurant pas réservé au secteur bancaire et semble toucher l'ensemble des domaines d'intervention du droit de l'UE[387].

140. De surcroît, l'intégration du marché bancaire s'avère être, paradoxalement, l'œuvre d'une pluralité d'acteurs, à l'origine d'un processus de création normative relativement fragmenté. En effet, l'une des réactions européennes à la crise de 2008 a été de multiplier les organes de régulation[388]. À ce jour, outre les institutions ayant une compétence transversale – Parlement, Conseil, Commission –, de nombreuses entités *ad hoc* sont ainsi chargées de tout ou partie de la régulation bancaire européenne : les trois autorités européennes de surveillance, le CERS, ainsi que les organes composant l'Union bancaire – BCE, CRU, FRU. Si bien qu'une pluralité d'acteurs sont donc investis du pouvoir d'émettre dans le domaine bancaire et financier des normes juridiques de natures et d'effets différents. Il n'est dès lors pas à exclure qu'un certain type d'opérations ou d'opérateurs fasse l'objet d'initiatives juridiques portées par différents organes de régulation[389]. À défaut de coordination, un risque d'incohérence est à craindre. En toute hypothèse, une inflation normative semble inévitable ; d'autant que chacune de ces entités pourrait être tentée de démontrer son utilité par le biais d'une production substantielle de normes. « Ce n'est pas simplement une usine à gaz qui a été créée mais une usine à créer des usines à gaz »[390].

---

385 V. *infra* n° 892 et 1155.

386 Ph.-E. Partsch, Droit bancaire et financier européen. t. I : Cadre général – Les établissements de crédit, préc., p. 92 à 93.

387 La consultation des outils statistiques sur les actes législatifs européens révèle une bascule au cours des années qui ont suivi la crise de 2008 en ce qui concerne les actes adoptés par la procédure ordinaire (faisant intervenir le Parlement et le Conseil) : alors que dans la période antérieure, le recours aux directives semblait équilibré voire privilégié par rapport aux règlements, la période postérieure se caractérise au contraire, par un usage des règlements prépondérant. V. https://eur-lex.europa.eu/statistics/2018/legislative-acts-statistics.html

388 V. *supra* n° 40.

389 Ph.-E. Partsch, Droit bancaire et financier européen, op. cit., p. 94.

390 *Ibid.*, p. 96 ; V. également : Th. Bonneau, *Régulation bancaire et financière européenne et internationale*, *op. cit.*, p. 17 ; H. Vauplane (de), « Changer les paradigmes de la régulation financière », *in Rapport moral sur*

141. **Conclusion de la Section 1.** La régulation bancaire, française comme européenne, est mue par plusieurs objectifs fondamentaux. Ces derniers ne sont pas poursuivis isolément les uns des autres. Ils sont interdépendants et s'articulent pour former un cercle vertueux. La stabilité financière est une condition de l'efficacité économique du marché bancaire ; leur promotion participe de la préservation des intérêts des clients et entretient la confiance de ces derniers à l'égard des banques ; cette confiance est elle-même indispensable à la stabilité et au fonctionnement efficace du système.

142. La régulation bancaire européenne se distingue par un objectif assigné en propre : l'instauration – puis l'approfondissement et la protection – d'un marché bancaire unique. Cet objectif historique de la régulation bancaire européenne demeure plus que jamais l'une de ses principales ambitions ; au risque d'ailleurs de pécher par excès, dans sa quête d'intégration à outrance. Mais cet effort se comprend en considération de ce que l'intégration porte en elle-même les autres objectifs de régulation bancaire : l'harmonisation des régimes nationaux permet aux institutions européennes de façonner le marché bancaire unique à leur guise, en lui insufflant toutes les qualités désirées. Il s'agit ainsi d'instaurer dans l'ensemble des États membres, un cadre juridique commun, porteur d'efficacité et de stabilité au profit de la clientèle et des prestataires[391]. L'intégration des marchés constitue également un facteur de concurrence, objectif subsidiaire de la régulation bancaire.

Section 2
Un objectif subsidiaire

143. **La concurrence, objectif secondaire de la régulation bancaire.** La régulation bancaire s'efforce de préserver la concurrence, nonobstant une réticence traditionnelle à son égard (§ 1). Si la concurrence se révèle être un objectif de la régulation bancaire, celle-ci n'en fait pour autant pas une fin en soi. La concurrence est en effet perçue par la régulation bancaire comme un moyen de réaliser ses principaux objectifs que sont l'efficacité, la stabilité du marché et la promotion des intérêts de la clientèle. En conséquence, la régulation bancaire n'hésitera pas à restreindre la concurrence lorsque certains impératifs prioritaires le nécessitent (§ 2).

§ 1. La concurrence, un objectif poursuivi par la régulation bancaire

144. **Désintérêt traditionnel de la régulation bancaire à l'égard de la concurrence.** Les banquiers sont traditionnellement méfiants à l'égard de la concurrence[392], considérée comme facteur d'instabilité, car incitant les banques à entreprendre

l'argent dans le monde, Association d'économie financière, 2014, p. 25 s., spéc. p. 25 ; Th. Bonneau, « Crise financière – Remède ou cancer ? », *RD bancaire et fin.* n° 3, mai 2013, repère 3.

391 P.-H. Cassou, « Quel champ pour la régulation bancaire et financière ? », art. préc., p. 20 à 21.

392 Fr. Jenny, « La crise économique et financière, la régulation et la concurrence », *Concurrences* n° 2-2009, mai 2009, art. n° 25873, p. 3, spec. n° 7.

des activités risquées[393]. Les autorités législatives et exécutives, françaises comme européennes, n'ont pas toujours été insensibles à l'argument. Aussi, jusqu'à leur libéralisation amorcée à la fin des années 1970, les activités bancaires ont échappé à l'application des règles de concurrence[394], et la régulation bancaire elle-même ne s'est guère préoccupée d'instaurer une situation concurrentielle entre les établissements de crédit.

145. La situation n'est certes aujourd'hui plus la même qu'hier. Mais c'est encore peu dire que la concurrence n'est pas le sujet central de la régulation bancaire. C'est peut-être d'ailleurs même ce qui distingue la régulation bancaire des autres formes de régulation sectorielle, dont l'objet serait d'assurer l'équilibre entre le maintien d'une concurrence effective et la préservation de services d'intérêt général au sein de secteurs anciennement monopolistiques[395]. À n'en pas douter, la régulation bancaire se soucie de la stabilité, de l'efficacité, de la confiance et de la protection des clients, bien plus qu'elle ne se préoccupe de la concurrence.

146. **Intérêt croissant de la régulation bancaire pour la concurrence.** La priorité accordée à d'autres impératifs ne signifie pour autant pas que la régulation bancaire se désintéresse totalement de la concurrence. En effet, la régulation bancaire a progressivement fait montre d'un intérêt croissant pour la concurrence. Il est notable que cette préoccupation se manifeste avec une acuité toute particulière depuis la crise financière de 2008. Alors que des voix se sont élevées pour mettre en cause les excès de la concurrence dans la survenance de la crise[396], cet évènement a été l'occasion pour la régulation bancaire de réitérer son attachement à la concurrence. Nombre de textes de droit français[397] et de l'Union[398] ont ainsi rappelé la nécessité de limiter les distorsions concurrentielles, y compris en période de crise.

---

393 Sur ce débat V. *infra* n° 257 s.

394 V. *infra* n° 298 s.

395 Fr. Martucci, « La Commission européenne publie un document de travail sur les interactions entre régulation bancaire et financière », *Concurrences* n° 3-2015, art. n° 85239, p. 175 ; Th. Bonneau, « Efficacité et avenir de la régulation financière », *RD bancaire et fin.* n° 6, novembre 2010, étude n° 35, p. 67.

396 E. Carletti et X. Vives, art. préc., p. 10 ; Ph. Marini, *Rapport d'information sur la crise financière et la régulation des marchés*, Doc. Sénat n° 59, session ordinaire de 2009-2010, octobre 2009, p. 21 à 23.

397 V. en particulier les travaux parlementaires précédant l'adoption de la loi n° 2010-737 du 1er juillet 2010 portant réforme du crédit à la consommation, *JORF* n° 0151 du 2 juillet 2010 (Ph. Dominati, Rapport n° 447 [2008-2009], fait au nom de la commission sénatoriale spéciale crédit à la consommation, annexe au procès-verbal de la séance du 2 juin 2009 au Sénat, spéc. p. 111 et 112), de la loi n° 2010-1249 du 22 octobre 2010 de régulation bancaire et financière, *JORF* n° 0247 du 23 octobre 2010 (J. Chartier, Rapport n° 2550 du 25 mai 2010, fait au nom de la commission des finances, de l'économie générale et du contrôle budgétaire, spéc. p. 80), et de la loi n° 2013-672 du 26 juillet 2013 de séparation et de régulation des activités bancaires, *JORF* n° 0173 du 27 juillet 2013 (K. Berger, Rapport n° 707 du 7 février 2013, fait au nom de la commission des finances, de l'économie générale et du contrôle budgétaire, spéc. p. 231 et 232).

398 Directive 2009/14/CE, préc., cons. 3 ; directive 2009/110/CE du Parlement européen et du Conseil du 16 septembre 2009 concernant l'accès à l'activité des établissements de monnaie électronique et son exercice ainsi que la surveillance prudentielle de ces établissements, modifiant les directives 2005/60/CE et 2006/48/CE et abrogeant la directive 2000/46/CE, *JOUE* n° L267 du 10 octobre 2009, p. 7, cons. 110 ; directive 2009/111/CE du Parlement européen et du Conseil du 16 septembre 2009 modifiant les directives 2006/48/CE, 2006/49/CE et 2007/64/CE en ce qui concerne les banques affiliées à des institutions centrales, certains éléments des fonds propres, les grands risques, les dispositions en matière de surveillance et la gestion des crises, *JOUE* n° L302 du 17 novembre 2009, p. 97, cons. 2 ; directive 2010/76/UE du Parlement européen et du Conseil du 24 novembre 2010 modifiant les directives 2006/48/CE et 2006/49/CE en ce qui concerne les exigences de fonds propres pour le portefeuille de négociation et pour les retitrisations, et la surveillance prudentielle des politiques de rémunération *JOUE*

147. Les différentes autorités de régulation bancaire poursuivent elles-mêmes un objectif de concurrence, notamment celles qui ont été créées en réaction à la crise. L'ABE est ainsi chargée par son règlement institutif de « favoriser des conditions de concurrence égales »[399] et doit en toute hypothèse, « tenir dûment compte de la répercussion de ses activités sur la concurrence »[400]. Dans son plan stratégique pour 2020, la DG FISMA a de même affirmé sa volonté de renforcer la concurrence, en particulier entre les agences de notation[401]. À plusieurs reprises, le CERS a pareillement manifesté son attachement à l'impératif concurrentiel[402]. L'ACPR s'en préoccupe également, en particulier dans le cadre des procédures de résolution bancaire[403]. Son ancêtre, le Comité des établissements de crédit et des entreprises d'investissement (CECEI) se souciait lui-même du maintien de la concurrence, au point d'avoir un temps revendiqué sa compétence pour assurer le contrôle concurrentiel des concentrations bancaires[404].

148. La régulation bancaire française et européenne contribue à l'intensification de la concurrence de deux manières principales : d'une part, en renforçant la transparence de l'information, d'autre part, en contrecarrant les barrières comportementales (A). À l'échelle européenne, l'harmonisation des régimes domestiques constitue un facteur de concurrence interbancaire supplémentaire (B).

A. Une concurrence intensifiée par la transparence de l'information et l'abolition des barrières comportementales

149. **Contribution de la régulation bancaire à l'intensification de la concurrence.** Nombre de dispositifs de régulation bancaire contribuent à augmenter la transparence de l'information, condition fondamentale d'une saine concurrence (1). D'autres ont également pour effet de contrecarrer d'éventuelles barrières comportementales à l'entrée des marchés. Il en est ainsi de l'obligation faite aux gestionnaires de comptes bancaires de rendre accessibles les comptes de leurs clients aux prestataires de services d'initiation de paiement et de services d'information sur les comptes (2).

---

n° L329 du 14 décembre 2010, p. 3, cons. 15, 23 et 37 ; directive 2013/36/UE, préc., cons. 12 ; règlement (UE) n° 575/2013, préc., cons. 11, 12 et 33 ; règlement (UE) n° 2015/751, préc., cons. 13 et 16 (sur l'objectif de concurrence spécifiquement porté par le règlement 2015/751, V. A.-Cl. Rouaud, « La nouvelle règlementation européenne relative aux systèmes de cartes de paiement et aux commissions interbancaires », *RISF* n° 2015/4, p. 69).

399 Règlement (UE) n° 1093/2010, préc., art. 1 § 5 sous d).

400 *Ibid.*, cons. 13.

401 Comm. eur., DG FISMA, *Strategic Plan 2016-2020*, préc., p. 8.

402 CERS, recommandation du 11 décembre 2015, *sur la reconnaissance et la fixation des taux de coussin contracyclique applicables aux expositions à des pays tiers*, CERS/2015/1, *JOUE* n° C97/1 du 12 mars 2016, p. 1, cons. 9 ; recommandation du 15 décembre 2015, *sur l'évaluation des effets transfrontaliers et la réciprocité volontaire des mesures de politique macroprudentielle*, CERS/2015/2, *JOUE* n° C9791 du 12 mars 2016, p. 1, cons. 3.

403 C. mon. fin., art. L 613-53, I.

404 V. *infra* n° 413.

1. L'intensification de la concurrence par une transparence de l'information accrue

150. **Une transparence accrue au profit des prestataires.** Le législateur de l'Union s'efforce d'augmenter la transparence de l'information au profit des banques. La directive 2008/48 concernant les contrats de crédit aux consommateurs, transposée en droit français à la faveur de la loi n° 2010-737 du 1er juillet 2010 portant réforme du crédit à la consommation[405], garantit ainsi aux prêteurs un accès non discriminatoire aux bases de données privées ou publiques concernant les clients d'un État membre dans lequel les établissements de crédit ne sont pas établis, afin de pouvoir évaluer leur solvabilité[406]. Cette mesure est explicitement fondée sur la nécessité de ne pas créer de distorsion concurrentielle entre les prêteurs[407].

151. **Une transparence accrue au profit de la clientèle.** La régulation bancaire fait peser sur les banquiers de multiples obligations d'information, de conseil et de mise en garde au profit de la clientèle. Ces obligations ont notamment pour objet d'éclairer les clients sur les risques encourus et d'assurer l'adéquation du service proposé avec leurs besoins et capacités financières[408].

152. Mais le renforcement de l'information des clients est aussi parfois destiné à intensifier la concurrence interbancaire. À titre d'exemple, les DSP I et II ont accentué les obligations d'information des prestataires de services de paiement à l'égard des utilisateurs, dans le but explicite de permettre à ces derniers d'agir de manière éclairée et de faire jouer la concurrence entre les différents prestataires : « [l]a présente directive devrait préciser les obligations incombant aux prestataires de services de paiement en ce qui concerne les informations à fournir aux utilisateurs de services de paiement, lesquels, *pour pouvoir faire un choix éclairé et faire jouer la concurrence* dans toute l'Union européenne, devraient recevoir des informations claires, d'un niveau partout égal et élevé. »[409]

153. Dans la même veine, la loi n° 2010-737 du 1er juillet 2010 précitée impose au prêteur, préalablement à la fourniture d'un crédit à la consommation, de transmettre à l'emprunteur une fiche comportant « les informations nécessaires à la comparaison de différentes offres et [lui] permettant d'appréhender clairement l'étendue de son engagement. »[410] Les travaux parlementaires précédant son adoption révèlent la volonté du législateur d'accroître par ce biais, la concurrence interbancaire[411].

---

405 *JORF* n° 0151 du 2 juillet 2010, p. 1.

406 Directive 2008/48/CE du Parlement européen et du Conseil du 23 avril 2008 concernant les contrats de crédit aux consommateurs, *JOUE* n° L133 du 22 mai 2008, p. 66, art. 9.

407 « Afin de ne pas créer de distorsion de concurrence entre les prêteurs, il convient de veiller à ce que ceux-ci aient accès aux bases de données privées ou publiques concernant les consommateurs d'un État membre dans lequel ils ne sont pas établis dans des conditions non discriminatoires par rapport à celles prévues pour les prêteurs de cet État membre. » (Directive 2008/48/CE, préc., cons. 28).

408 À ce sujet, V. *infra* n° 859 s.

409 Directive 2007/64/CE, préc., cons. 21, mis en italique par nos soins. Cette approche se retrouve en des termes quasiment identiques dans la directive (UE) 2015/2366, préc. (cons. 54).

410 C. conso., art. L 311-6, I.

411 « L'information est standardisée et donc les offres deviennent comparables, au plus grand bénéfice du consommateur qui pourra ainsi mettre en concurrence les établissements de crédit. » (Ph. Dominati, Rapport n° 447 [2008-2009] préc., p. 185).

En outre, la régulation bancaire contribue à l'intensification de la concurrence en contrecarrant les barrières comportementales.

2. L'intensification de la concurrence par l'abolition des barrières comportementales

154. **Consécration des services d'initiation de paiement et d'information sur les comptes.** La régulation bancaire contribue à l'abolition des barrières comportementales à l'entrée des marchés. Le régime réservé aux nouveaux *services d'initiation de paiement* et *d'information sur les comptes* en constitue la plus topique des illustrations. Ces deux types de services ont récemment fait leur apparition dans le domaine des paiements. La DSP II, transposée en droit français par l'ordonnance n° 2017-1252 du 9 août 2017[412], consacre leur existence en tant que services de paiement, et introduit deux nouveaux statuts de prestataires correspondants, à savoir celui de « prestataire de services d'initiation de paiement »[413] (PSIP) et celui de « prestataire de services d'information sur les comptes »[414] (PSIC).

155. Les services d'initiation « consistent à initier un ordre de paiement à la demande de l'utilisateur de services de paiement concernant un compte de paiement détenu auprès d'un autre prestataire de services de paiement »[415]. Sans jamais détenir les fonds transférés, ils établissent une passerelle logicielle entre les gestionnaires de comptes du payeur et du bénéficiaire, en vue d'initier un virement par internet. Ces services permettent donc d'assurer au bénéficiaire qu'un paiement a bien été initié ; ce qui dans le cadre du commerce électronique, conduit à inciter le commerçant à livrer les biens ou fournir les services sans retard injustifié, et favorise ainsi l'accélération des échanges. Pour le payeur, ce type de service représente un moyen rapide et à faible coût de réaliser des achats en ligne, même s'il ne dispose pas d'une carte de paiement[416].

156. Les services d'information sur les comptes consistent « à fournir des informations consolidées concernant un ou plusieurs comptes de paiement détenus par l'utilisateur de services de paiement soit auprès d'un autre prestataire de services de paiement, soit auprès de plus d'un prestataire de services de paiement »[417]. Les titulaires disposent par ce biais d'informations agrégées relatives à leurs comptes, qu'ils détiennent éventuellement auprès de différents prestataires de services de paiement. Ils sont donc en mesure d'avoir immédiatement une vue d'ensemble de leur situation financière globale[418].

---

412 Ordonnance n° 2017-1252 du 9 août 2017 portant transposition de la directive 2015/2366 du Parlement européen et du Conseil du 25 novembre 2015 concernant les services de paiement dans le marché intérieur, *JORF* n° 0186 du 10 août 2017, p. 1.

413 Directive (UE) 2015/2366 préc., art. 4, sous 18). En tant qu'ils doivent être agréés comme établissements de crédit ou de paiement, le droit français les désigne par périphrase sous l'expression « prestataires de services de paiement fournissant un service d'initiation de paiement » (C. mon. fin., art. L 133-40).

414 Directive (UE) 2015/2366 préc., art. 4, sous 19) ; C. mon. fin., art. L 522-1, II.

415 Directive (UE) 2015/2366 préc., art. 4, sous 15).

416 Sh. Mills et F. Falconi, « Data and competitive dynamics in UK financial services », *in Banking and big data*, On-Topic, *Concurrences* n° 4-2019, pt. 12 p. 27.

417 Directive (UE) 2015/2366 préc., art. 4, sous 16).

418 Sh. Mills et F. Falconi, art. préc., pt. 10 et 11, p. 27.

157. **Risque d'un refus d'accès aux informations sur les comptes.** Afin de pouvoir fournir des services d'information et d'initiation de paiement, il est indispensable pour leurs prestataires d'accéder aux données relatives aux comptes des utilisateurs. Or ces informations sont détenues par les gestionnaires de comptes. Il est donc à craindre que ces derniers cherchent à entraver l'accès de nouveaux acteurs aux marchés des services d'initiation et d'information sur les comptes, en refusant de leur fournir ces informations[419].

158. Tel comportement pourrait constituer une pratique anticoncurrentielle[420]. Un abus de position dominante au sens des articles 102 TFUE et L 420-2 du Code de commerce serait parfaitement envisageable, sous l'angle d'un refus de contracter[421] ou d'un ciseau tarifaire[422]. Une entente prohibée par les articles 101 TFUE et L 420-1 du Code de commerce est encore concevable, dès lors que par ce refus, les gestionnaires de compte chercheraient de concert à ériger une barrière artificielle et se réserver le marché.

159. Dans le cadre d'enquêtes sectorielles consacrées aux *fintechs*, plusieurs autorités nationales de concurrence ont bien identifié ce risque. Tel est notamment le cas de l'autorité française[423]. Tel est encore le cas des autorités néerlandaise[424], espagnole[425] et portugaise[426].

160. La DG concurrence a quant à elle annoncé fin 2017, l'ouverture d'une enquête à l'encontre de plusieurs banques polonaises et néerlandaises. Il est reproché à ces dernières d'avoir empêché certaines entreprises n'appartenant pas à des groupes bancaires, d'accéder à des informations relatives aux comptes de leurs clients. Ces

---

419 A. Fraile Carmona, A. González-Quel Lombardo, R. Rivera Pastor, *et al.*, *Competition issues in the Area of Financial Technology (FinTech)*, Parlement européen, IP/A/ECON/2017-20, PE 619.027, 2018, p. 47.

420 I. Vandenborre, St. D. Levi et C. Janssens, « Fintech and access to data », *in Banking and big data*, On-Topic, *Concurrences* n° 4-2019, pt. 9, p. 38.

421 Le droit de la concurrence appréhende notamment au prisme de la doctrine dite « des infrastructures essentielles », la situation d'un opérateur ayant la maîtrise d'une infrastructure, corporelle ou incorporelle, dont l'accès est incontournable pour l'exercice d'une activité en aval. Le refus d'accès, opposé à une entreprise souhaitant pénétrer le marché aval, est abusif à condition qu'il porte sur un bien ou service indispensable (i), et entraîne une élimination radicale de la concurrence sur un marché dérivé (ii), sans justification objective (iii). V. en droit de l'UE : CJCE, 26 novembre 1998, *Oscar Bronner GmbH & Co. KG c. Mediaprint Zeitungs et al.*, aff. C-7/97, ECLI : EU : C : 1998:569, pt. 41 ; et pour une application dans le domaine des activités financières : TPICE, 9 septembre 2009, *Clearstream Banking AG et al. c. Commission*, aff. T-301/04, ECLI : EU : T : 2009:317, pt. 147, note G. Decocq, *CCC* n° 11, novembre 2009, comm. 270 ; L. Idot, *RTD eur.* 2010, p. 647. En droit français : Aut. conc., décision n° 14-D-06 du 8 juillet 2014 *relative à des pratiques mises en œuvre par la société Cegedim dans le secteur des bases de données d'informations médicales*, pt. 165 à 191.

422 Cette pratique, sanctionnée tant par le juge de l'UE (CJUE, 17 février 2011, *Konkurrensverket c. TeliaSonera Sverige AB*, aff. C-52/09, ECLI : EU : C : 2011:83) que par le juge français (Cass. com., 3 mars 2009, n° 08-14435), consiste pour une entreprise verticalement intégrée à fixer en amont un prix qui, comparé à celui qu'elle fixe en aval, comprime la marge des concurrents, de sorte qu'ils ne peuvent plus exercer une concurrence effective en aval. En d'autres termes, l'accès au service est ouvert en amont, mais à des conditions rendant impossible l'offre de services compétitifs en aval.

423 Aut. conc., avis n° 21-A-05 du 29 avril 2021 portant sur le secteur des nouvelles technologies appliquées aux activités de paiement pt. 320 à 336.

424 ACM, *Fintechs in the payment system – The risk of foreclosure*, 19 décembre 2017, p. 3 et 4.

425 CNMC, *Market Study on the impact on competition of technological innovation in the financial sector (FINTECH)*, E/CNMC/001/18, 13 septembre 2018, p. 47.

426 ADC, *Technological Innovation and Competition in the Financial Sector in Portugal, Issues Paper*, avril 2018, p. 18.

pratiques auraient visé à exclure ces entreprises de certains segments de marché relatifs aux services de paiement. Elles pourraient, selon la Commission, constituer des pratiques anticoncurrentielles prohibées aux articles 101 et/ou 102 TFUE[427].

161. **Obligation d'ouvrir l'accès aux comptes des clients imposée par la DSP II.** Pour réprimer ce type de comportements par la mise en œuvre des règles de concurrence, encore faut-il que leurs conditions d'application soient réunies. Or la caractérisation d'un abus requiert au préalable, d'identifier une position dominante ; ce qui est loin d'être acquis au regard de la structure des marchés bancaires[428]. Quant à la qualification d'entente, elle suppose d'établir la présence d'une pluralité d'auteurs ayant agi en collusion. À défaut, tout refus imposé par un gestionnaire de comptes individuel ne jouissant pas d'une position dominante, ne saurait être sanctionné au titre de la prohibition des pratiques anticoncurrentielles.

162. Ces difficultés peuvent être dépassées à la faveur de la DSP II. Celle-ci comporte en effet, des dispositions faisant obligation aux gestionnaires de rendre accessibles les comptes de leurs clients aux PSIP[429] et PSIC[430] qui en font la demande. Le refus d'accès n'est légitime qu'en cas de « raisons objectivement motivées et documentées liées à un accès non autorisé ou frauduleux au compte de paiement de la part [du] prestataire de services d'information sur les comptes ou [du] prestataire de services d'initiation de paiement, y compris l'initiation non autorisée ou frauduleuse d'une opération de paiement. »[431] De la sorte, la régulation bancaire contribue à l'abolition des obstacles comportementaux à l'entrée du marché des services d'initiation de paiement et d'information sur les comptes. Au surplus, l'harmonisation des régimes nationaux participe d'une intensification de la concurrence en homogénéisant les conditions de prestation de service, quel que soit l'État d'origine du prestataire.

B. Une concurrence intensifiée par l'approfondissement du marché unique

163. **Interdiction d'imposer des frais supplémentaires pour l'usage d'un instrument de paiement donné**[432]. L'épanouissement d'une saine concurrence suppose que les entreprises soient soumises à des conditions de prestation identiques : les règles du jeu doivent être les mêmes pour tous. Dans cette perspective, la régulation bancaire s'efforce de garantir des modalités de prestation homogènes entre chaque opérateur, afin qu'aucun des différents produits substituables sur le marché ne soit indûment discriminé. En ce sens, les DSP I et II ont notamment prévu la possibilité pour les États membres d'interdire l'application de frais supplémentaires par les commerçants à leurs clients selon l'instrument de paiement utilisé.

---

427 Comm. eur., Communiqué de presse : « Antitrust : Commission confirms unannounced inspections concerning access to bank account information by competing services », 6 octobre 2017, MEMO/17/3761.
428 V. *infra* n° 1148.
429 Directive (UE) 2015/2366 préc., art. 66 ; C. mon. fin., art. L 133-40.
430 Directive (UE) 2015/2366 préc., art. 67 ; C. mon. fin., art. L 133-41.
431 Directive (UE) 2015/2366 préc., art. 68 § 5 ; C. mon. fin., art. L 133-17-1 al. 1.
432 Pour une discussion critique de ce dispositif, V. *infra* n° 787 s.

Cette mesure vise explicitement à préserver la concurrence entre les différents types d'instruments de paiement, en s'opposant à ce que l'un d'entre eux soit discriminé défavorablement et perde des utilisateurs au profit d'autres instruments non surfacturés[433]. Symbole de ce que les règles fixées par la DSP II portent en elles l'objectif concurrentiel, le législateur de l'UE exhortait les États membres, la Commission, la BCE et l'ABE, à veiller à la préservation de la concurrence sur le marché bancaire dans l'attente de la transposition du texte[434]. Le droit français retient cette prohibition de principe, et ne permet d'y déroger que dans des conditions définies par décret pris après avis de l'Autorité de la concurrence, « compte tenu de la nécessité d'encourager la concurrence et de favoriser l'utilisation de moyens de paiement efficaces. »[435]

164. **La concurrence, corollaire de l'intégration du marché.** Dans le même esprit, la régulation bancaire européenne contribue aussi et surtout à instaurer des conditions de prestation identiques entre prestataires, quel que soit leur État d'origine, par la voie de l'harmonisation des régimes domestiques. Il s'agit là d'un facteur concurrentiel primordial. La concurrence n'acquiert d'ailleurs une véritable importance qu'à compter de la libéralisation[436], dont elle est l'une des motivations principales[437]. À l'échelle européenne, le renforcement de la concurrence est alors étroitement associé à l'effort de décloisonnement des marchés nationaux, devant aboutir à l'instauration du marché bancaire unique[438].

---

433 Directive 2007/64/CE, préc., art. 52 § 3 ; directive (UE) 2015/2366, préc., art 62 § 5.

434 « Dans l'attente de l'application desdites règles, […] il convient que les États membres, la Commission, la Banque centrale européenne (BCE) et l'Autorité européenne de surveillance (Autorité bancaire européenne) instituée par le règlement (UE) n° 1093/2010 du Parlement européen et du Conseil (1) (ABE) veillent à ce qu'une concurrence équitable existe sur ce marché et fassent obstacle à toute discrimination injustifiable à l'encontre d'un acteur déjà en place sur le marché. » (Directive [UE] 2015/2366, préc., cons. 33).

435 C. mon. fin., art. L 112-12.

436 Sur la libéralisation bancaire, V. *supra* n° 35.

437 Th. Bonneau, *Droit bancaire*, *op. cit.*, pt. 20, p. 29 ; M. Contamine-Raynaud et J.-L. Rives-Lange, *op. cit.*, p. 14.

438 « Considérant que des exigences financières équivalentes requises des établissements de crédit seront nécessaires pour assurer […] des conditions de concurrence équitables entre les établissements d'une même catégorie » (première directive 77/780/CEE, préc., cons. 12). Des considérations du même ordre se retrouvent dans plusieurs autres textes. V. à titre d'exemple : directive 83/350/CEE du Conseil du 13 juin 1983 relative à la surveillance des établissements de crédit sur une base consolidée, *JOCE* n° L193 du 18 juillet 1983 p. 18, cons. 2 ; directive 87/102/CEE du Conseil du 22 décembre 1986 relative au rapprochement des dispositions législatives, réglementaires et administratives des États membres en matière de crédit à la consommation, *JOCE* n° L042 du 12 février 1987 p. 48, cons. 2 ; directive 89/647/CEE du Conseil, du 18 décembre 1989, relative à un ratio de solvabilité des établissements de crédit, *JOCE* n° L386 du 30 décembre 1989, p. 14, cons. 7 ; directive 92/121/CEE du Conseil, du 21 décembre 1992, relative à la surveillance et au contrôle des grands risques des établissements de crédit, *JOCE* n° L29 du 5 février 1993, p. 1, cons. 6 ; directive 93/6/CEE du Conseil, du 15 mars 1993, sur l'adéquation des fonds propres des entreprises d'investissement et des établissements de crédit, *JOCE* n° L141 du 11 juin 1993, p. 1, cons. 9 et 10 ; directive 94/19/CE, préc., cons. 12 ; directive 2000/12/CE, préc., cons. 8 ; directive 2006/49/CE du Parlement européen et du Conseil du 14 juin 2006 sur l'adéquation des fonds propres des entreprises d'investissement et des établissements de crédit (refonte), *JOUE* n° L177 du 30 juin 2006, p. 201, cons. 12 ; directive 2008/48/CE du Parlement européen et du Conseil du 23 avril 2008 concernant les contrats de crédit aux consommateurs et abrogeant la directive 87/102/CEE du Conseil, *JOUE* n° L133 du 22 mai 2008, p. 66, cons. 4. V. également : Comm. eur., Livre vert sur les services financiers de détail. De meilleurs produits, un plus large choix et davantage d'opportunités pour les consommateurs et les entreprises, 10 décembre 2015, COM(2015) 630 final (A.-Cl., Rouaud, « Le livre vert sur les services financiers de détail », *RISF* n° 2016/2, p. 62).

165. **La concurrence ancrée dans les principes de libre circulation.** La logique concurrentielle est profondément ancrée dans les principes de libre circulation présidant au fonctionnement du marché bancaire unique, ainsi que l'a rappelé la Cour de justice des Communautés européennes dans l'arrêt *CaixaBank France :* sur question préjudicielle posée par le Conseil d'État, les juges communautaires estiment que l'interdiction faite aux établissements de crédit installés en France de rémunérer les comptes de dépôts à vue prive les filiales de sociétés étrangères de concurrencer efficacement les banques françaises sur le marché des dépôts, et porte ainsi atteinte à leur liberté d'établissement : « en effet, ladite interdiction gêne les établissements de crédit, filiales de sociétés étrangères, dans la collecte de capitaux auprès du public en les privant de la possibilité de livrer, par une rémunération des comptes de dépôts à vue, une concurrence plus efficace aux établissements de crédit traditionnellement implantés dans l'État membre d'établissement, dotés d'un réseau d'agences entendu et disposant, partant, de plus grandes facilités que lesdites filiales pour recueillir des capitaux auprès du public »[439].

166. **Exemple de l'intégration du marché des services de financement participatif.** *Lato sensu*, le financement participatif (*crowdfunding* en anglais) désigne un mode de financement par un grand nombre de personnes. Plus spécifiquement, cette technique emprunte des voies alternatives aux canaux de financement traditionnels : plutôt que de passer par l'intermédiaire d'un établissement de crédit, le porteur de projet est ainsi mis en relation avec une multitude d'investisseurs potentiels par le biais d'une plateforme numérique. Le projet est alors financé grâce à plusieurs contributions, généralement de petit montant, et prenant la forme de dons, de prêts, ou de prises de participation au capital[440]. Le financement participatif facilite ainsi l'accès au financement à faible coût pour les PME et les personnes à bas revenu, qui rencontrent généralement des difficultés pour emprunter auprès des établissements de crédit[441].

167. Face au phénomène, de nombreux États avaient progressivement adopté des dispositifs juridiques destinés à régir l'activité des plateformes de financement participatif. Tel était notamment le cas en droit français[442]. Or au sein de l'UE, les approches nationales étaient très hétérogènes quant aux conditions d'exploitation des plateformes. Certains États avaient fait le choix de rattacher ces nouveaux prestataires à des régimes préexistants, alors que d'autres avaient élaboré des statuts spécifiques. Cette fragmentation induisait une distorsion de concurrence

---

439 CJCE, 5 octobre 2004, *CaixaBank France c. Ministère de l'Économie, des Finances et de l'Industrie*, aff. C-442/02, ECLI : EU : C : 2004:586, pt. 13.

440 Comm. eur., communication du 27 mars 2014, Libérer le potentiel du financement participatif dans l'Union européenne, COM(2014) 172 final, p. 2 à 4.

441 A. Fraile Carmona, A. González-Quel Lombardo, R. Rivera Pastor, *et al.*, rapport préc., p. 55.

442 Un régime avait été institué par l'ordonnance n° 2014-559 du 30 mai 2014 relative au financement participatif (*JORF* n° 0125 du 31 mai 2014, p. 9075), complétée par le décret n° 2014-1053 du 16 septembre 2014 relatif au financement participatif (*JORF* n° 0215 du 17 septembre 2014, p. 15228). Deux nouveaux statuts avaient été institués : celui de *conseiller en investissements participatifs* (CIP) et celui d'*intermédiaire en financement participatif* (IFP), dont les titulaires devaient être immatriculés en tant que tels auprès de l'ORIAS, et placés, respectivement, sous le contrôle de l'AMF (C. mon. fin., art. L 621-9, II, sous 10° bis]) et de l'ACPR (C. mon. fin., art. L 612-2, II, sous 4°]).

entre les entreprises, ainsi soumises à des conditions de prestation différentes selon le pays au sein duquel elles exerçaient[443].

168. C'est en grande partie pour cette raison que le Parlement européen et le Conseil ont récemment adopté un règlement destiné à encadrer l'activité des plateformes de financement participatif à l'échelle européenne[444]. L'objectif de concurrence ressortait explicitement de la proposition de règlement élaborée par la Commission européenne[445]. Le règlement crée ainsi un statut unique de prestataire de services de financement participatif[446], dont l'activité est soumise à l'obtention d'un agrément, délivré par l'autorité compétente de l'État membre dans lequel il est établi – en France, l'AMF[447] – qui en informe l'AEMF[448]. L'agrément permet aux prestataires de fournir lesdits services sous passeport unique, dans l'ensemble des États membres[449]. L'uniformisation des modalités d'exercice devrait ainsi permettre de lisser les conditions de concurrence entre les prestataires européens, indépendamment de leur État d'origine.

169. **Conditions d'accès au marché européen pour les établissements issus des pays tiers.** Dans un souci de concurrence parmi d'autres, le droit de l'Union régit l'activité des entreprises originaires d'un pays tiers (non membre de l'UE) sur le territoire de l'Union[450]. Cette question a connu une acuité particulière à l'occasion du retrait du Royaume-Uni de l'UE[451]. La pénétration du marché bancaire européen par des

---

443 A. Fraile Carmona, A. González-Quel Lombardo, R. Rivera Pastor, *et al.*, rapport préc., p. 55.

444 Règlement (UE) n° 2020/1503 du Parlement européen et du Conseil du 7 octobre 2020 relatif aux prestataires européens de services de financement participatif pour les entrepreneurs, et modifiant le règlement (UE) 2017/1129 et la directive (UE) 2019/1937 JOUE n° L 347, du 20 octobre 2020, p. 1. En droit français, l'ordonnance n° 2021-1735 du 22 décembre 2021 modernisant le cadre relatif au financement participatif (*JORF* n° 0298 du 23 décembre 2021) tire les conséquences de ce règlement en adaptant le cadre français du financement participatif. Le régime français des CIP sera supprimé, et le régime des IFP ne perdurera que pour les activités portant sur des prêts sans intérêts à titre gratuit et des dons (C. mon. Fin., art. L 548-1 s.). L'ancien régime français va toutefois perdurer et cohabiter avec le régime européen pendant une période transitoire de 12 mois à compter de l'entrée en application du règlement, le 10 novembre 2021, soit jusqu'au 10 novembre 2022 (règlement [UE] n° 2020/1503 préc., cons. 76.

445 Comm. eur., Proposition de règlement du Parlement européen et du Conseil du 8 mars 2018, relatif aux prestataires européens de services de financement participatif pour les entreprises, COM(2018) 113 final, spéc. p. 4, 5 et 7.

446 Règlement (UE) n° 2020/1503 préc., art. 3.

447 C. mon. Fin., art. L 547-1.

448 Règlement (UE) n° 2020/1503 préc., art. 12 § 9.

449 *Ibid.*, art. 12 § 13.

450 V. en doctrine : Bl. Sousi, « Être ou ne pas être un établissement relevant d'un pays tiers à l'Union européenne », *in* P. Pailler, A.-Cl. Rouaud et M. Roussille (dir.), *Autour du droit bancaire et financier et au-delà, Mélanges en l'honneur de Jean-Jacques Daigre*, Joly éditions, 2017, p. 779 ; D. Robine, « Succursales en France d'établissements de crédit ayant leur siège dans un État tiers », *RD bancaire et fin.* n° 5, septembre 2015, comm. 169 ; Th. Bonneau, « La réforme 2015 du régime applicable aux succursales d'établissements de crédit non européens », *JCP E* n° 24, 11 juin 2015, 1284 ; J. Lasserre Capdeville, « Renforcement de l'encadrement légal des succursales d'établissements de crédit de pays tiers », *JCP E* n° 22, 1er juin 2015, 620 ; Th. Bonneau, « Extraterritorialité, ouverture des marchés et démocratie », *RD bancaire et fin.* n° 1, janvier 2015, repère 1. Sur cette question en droit financier : A.-Cl. Rouaud, « The provision of investment services in the EU by third-country firms under MiFID II and the PACTE Law », Colloque : German-French Symposium on Company Law and Capital Markets Law, *RTDF* n° 3, 2019, p. 24 ; P.-B. Griffin, *L'application du principe de la reconnaissance mutuelle en droit financier européen*, ANRT coll. Thèse à la carte, 2003.

451 Th. Bonneau, A. Gaudemet, M. Lehmann *et al.*, « Services financiers : les législateurs nationaux face au Brexit. Allemagne, France et Luxembourg. », *RD bancaire et fin.* n° 5, septembre 2019, dossier 42 ; E. Wymeersch,

prestataires issus de pays tiers ne saurait être inconditionnelle : n'étant pas soumis aux mêmes règles harmonisées que les États membres, il est incertain que le droit des pays tiers garantisse un niveau de protection des clients comparable à celui du droit de l'UE. Un accès trop accommodant au marché intérieur risquerait en outre, de favoriser la délocalisation des établissements européens vers des pays tiers dotés d'une réglementation prudentielle plus laxiste, ce qui pourrait accroître le risque d'instabilité financière au sein du marché européen. Il s'agit enfin d'éviter les distorsions concurrentielles au profit des opérateurs issus de pays tiers, bénéficiant de conditions d'accès au marché plus favorables que les entreprises européennes[452].

170. Aussi, la directive 2013/36/UE précitée soumet les succursales d'établissements de crédit ayant leur administration centrale dans un pays tiers à l'obtention d'un agrément auprès des autorités bancaires nationales de l'État membre sur le territoire duquel elles souhaitent exercer une activité[453]. Le texte fait interdiction aux États membres d'appliquer aux succursales d'établissements ayant leur administration centrale dans un pays tiers des dispositions conduisant à un traitement plus favorable que celui réservé aux succursales d'établissements ayant leur administration centrale dans l'Union[454]. La succursale ainsi agréée d'un établissement ayant son administration centrale dans un pays tiers ne bénéficie pas du passeport unique[455], mais l'Union européenne peut toujours conclure un accord avec un pays tiers afin de convenir de dispositions leur accordant le même traitement sur l'ensemble du territoire de l'UE[456].

171. Cet objectif de concurrence n'est cependant qu'accessoire aux yeux de la régulation bancaire. Elle ne semble en effet s'y intéresser que dans la mesure où la concurrence est susceptible de concourir à ses principaux objectifs.

§ 2. La concurrence, un instrument au service de la régulation bancaire

172. **Instrumentalisation de la concurrence par la régulation bancaire.** La concurrence est une préoccupation certaine de la régulation bancaire. Aux yeux de cette dernière, la concurrence n'est pourtant pas une fin en soi, bien au contraire. Elle n'est qu'un moyen d'accomplir certains de ses principaux objectifs, tels que la stabilité et l'efficacité, au profit *in fine* de la clientèle (A). Par conséquent,

---

« Third-country equivalence and access to the EU financial markets including in case of Brexit », *Journal of Financial Regulation* 2018, p. 209 ; M. LEHMANN et D. ZETZSCHE, *How Does It Feel to Be a Third Country ? The Consequences of Brexit for Financial Market Law*, CIGI & BIICL, Brexit : The International Legal Implications, paper n° 14, 2018 ; Ph.-E. PARTSCH et J. ZEAITER, « Opérateurs bancaires et financiers face au Brexit », *in* Ch. Bahurel, E. Bernard, M. Ho-Dac (dir.), *Le Brexit – Enjeux régionaux, nationaux et internationaux d'un retrait annoncé,* Bruylant, 2017, p. 307.

452 M. LEHMANN, « Le législateur allemand face au Brexit », *RD bancaire et fin.* n° 5, septembre 2019, dossier 45, pt. 5.

453 Directive 2013/36/UE préc., art. 47 § 2. En droit français, l'ACPR est compétente pour délivrer l'agrément (C. mon. fin., art. L 511-10, I, al. 1er, tel que modifié par l'ordonnance n° 2015-558 du 21 mai 2015 relative aux succursales établies sur le territoire français d'établissements de crédit ayant leur siège social dans un État qui n'est pas membre de l'Union européenne ni partie à l'accord sur l'Espace économique européen, *JORF* n° 0117 du 22 mai 2015, p. 8).

454 Directive 2013/36/UE préc., art. 47 § 1.

455 *Ibid.*, cons. 23 ; C. mon. fin., art. L 511-21.

456 Directive 2013/36/UE préc., art. 47 § 3.

la régulation bancaire n'hésitera pas à restreindre la concurrence lorsque la préservation d'impératifs prioritaires le justifie. Non pas que la concurrence puisse alors constituer un obstacle à leur réalisation, mais en certaines circonstances, une restriction concurrentielle peut apparaître comme l'accessoire acceptable d'un dispositif visant par priorité, l'accomplissement d'objectifs supérieurs (B).

A. La concurrence, un moyen en vue de la réalisation d'objectifs prioritaires

173. **La concurrence, un facteur de stabilité financière.** Les textes et la jurisprudence sont peu diserts en ce qui concerne l'articulation des objectifs de concurrence et de stabilité. Tout au plus pouvons-nous évoquer la recommandation du CERS n° 2015/2 dans laquelle l'existence d'une situation concurrentielle est explicitement présentée comme un facteur de stabilité[457] : le Conseil considère en effet, que les disparités entre les différents régimes prudentiels nationaux sont susceptibles de générer des distorsions de concurrence dans la mesure où un prestataire établi dans un État membre peut fournir des services directement ou par l'intermédiaire d'une succursale dans un autre État, sans avoir à respecter les exigences prudentielles posées par l'État d'accueil, y compris lorsqu'elles sont plus strictes que celles en vigueur dans son État d'origine. Le Conseil met en garde contre le risque qu'un tel avantage concurrentiel pour le prestataire étranger par rapport aux prestataires nationaux puisse l'inciter à entreprendre des activités plus risquées et accroître ainsi le risque d'instabilité :

> Dans la mesure où ces prestataires de services financiers bénéficient d'un avantage concurrentiel sur les prestataires de services financiers nationaux […], ils pourraient être incités à accroître leur exposition aux risques macroprudentiels correspondants dans l'État membre qui active les mesures, faisant ainsi encourir un risque accru à l'État membre d'origine.[458]

174. **La concurrence, un facteur d'efficacité économique.** La concurrence est aussi et surtout pensée comme un moyen de parvenir à l'efficacité économique du marché[459]. Selon les textes du droit de l'UE, d'une concurrence interbancaire renforcée doit en effet résulter un choix accru, une baisse des prix, ainsi qu'une amélioration de la qualité des services, au bénéfice des utilisateurs[460]. De manière plus générale, le TFUE lui-même voit en la concurrence un instrument d'efficacité économique. Le traité appelle ainsi le SEBC[461], les États membres et l'Union[462] à agir conformément « au principe d'une économie de marché ouverte où la

---

457 Ce point de vue semble partagé par les autorités de concurrence. La littérature économique demeure néanmoins partagée sur cette question (V. *infra* n° 257 s.).

458 CERS, recommandation du 15 décembre 2015, *sur l'évaluation des effets transfrontaliers et la réciprocité volontaire des mesures de politique macroprudentielle,* CERS/2015/2, *JOUE* n° C97 1 du 12 mars 2016, p. 1, cons. 4.

459 La majorité des économistes sont de cet avis ; ainsi que les autorités de concurrence (V. *infra* n° 229 s.).

460 Directive 97/5/CE du Parlement européen et du Conseil du 27 janvier 1997 concernant les virements transfrontaliers, *JOCE* n° L43 du 14 février 1997, p. 25, cons. 2 ; directive 2007/64/CE, préc., cons. 4.

461 Art. 127 TFUE ; Protocole n° 4 sur les statuts du Système européen de banques centrales et de la Banque centrale européenne annexé aux traités UE et FUE, art. 2.

462 Art. 120 TFUE.

concurrence est libre, en favorisant une allocation efficace des ressources ». Les textes de droit bancaire français sont moins loquaces sur ce point, mais associent manifestement la concurrence à l'efficacité[463].

175. **La concurrence, favorable aux intérêts de la clientèle.** Finalement, la concurrence est perçue comme favorable aux intérêts des clients ; tel que cela ressort notamment de la proposition de règlement sur les commissions d'interchange :

> la présente proposition vise donc à [...] garantir une véritable intégration et une concurrence réelle et d'améliorer ainsi le bien-être économique de toutes les parties prenantes, et en particulier des consommateurs.[464]

176. Il est d'ailleurs notable que ce texte de droit bancaire recourt à la terminologie propre au droit de la concurrence : plutôt que de se référer aux *intérêts de la clientèle*, la proposition évoque le *bien-être économique des consommateurs,* expression caractéristique du discours des autorités et juges de la concurrence[465]. Cela ne doit pas étonner. La proposition a été principalement conçue par la DG du marché intérieur et des services – anciennement en charge de la régulation bancaire européenne, avant la création de la DG FISMA en 2014 – avec l'appui de la DG concurrence[466].

177. La régulation bancaire ne semble ainsi s'intéresser à la concurrence que dans la mesure où celle-ci participe de la réalisation de ses principaux objectifs. N'y voyant pas une fin en soi, la régulation bancaire peut en conséquence restreindre la concurrence lorsque la préservation d'impératifs prioritaires le justifie.

B. La concurrence restreinte en considération d'objectifs prioritaires

178. **Limitation de la concurrence interbancaire, dans une perspective d'efficacité.** Le principe d'instrumentalisation de la concurrence a pour corollaire que la régulation bancaire n'hésitera pas à restreindre la concurrence lorsqu'elle l'estime nécessaire au regard de ses objectifs prioritaires. De nombreux dispositifs de régulation bancaire sont ainsi susceptibles d'induire des effets restrictifs de concurrence.

179. Pour rappel, le secteur bancaire a connu en Europe pendant près de cinquante ans, un interventionnisme étatique très marqué, qui s'est estompé avec la libéralisation des années 1980[467]. En France notamment, suite à la crise de 1929 et plus encore au lendemain de la seconde guerre mondiale, l'État a en effet investi le secteur bancaire, si stratégique économiquement, afin de reconstruire le pays. De nombreuses mesures – contrôle de l'ouverture des guichets, système de séparation

---

463 L'article L 112-12, al. 2 du Code monétaire et financier envisage ainsi la possibilité pour les commerçants d'appliquer des frais supplémentaires lors de l'utilisation d'un instrument de paiement donné, « compte tenu de la nécessité d'encourager la concurrence et de favoriser l'utilisation de moyens de paiement efficaces ».

464 Comm. eur., Proposition de règlement du Parlement européen et du Conseil du 24 juillet 2013, relatif aux commissions d'interchange pour les opérations de paiement liées à une carte, COM(2013) 550 final, exposé des motifs, p. 7.

465 V. *infra* n° 203 s.

466 Tel que cela ressort des éléments de procédure relatifs à l'adoption du texte détaillés sur le site internet Eur-lex : https://eur-lex.europa.eu/legal-content/EN/HIS/?uri=celex:52013PC0550.

467 Sur l'interventionnisme étatique et la libéralisation, V. *supra* n° 33 s.

bancaire, encadrement et nationalisation partielle du crédit – ont alors été instaurées pour permettre à l'État, dans une logique sous-jacente d'efficacité économique, de contrôler le crédit et de l'orienter vers les activités jugées essentielles. De telles mesures restreignaient l'accès ainsi que l'exercice de la profession bancaire et limitaient d'autant la concurrence.

180. **Limitation de la concurrence interbancaire, dans une perspective de stabilité.** Bien qu'ils aient été en grande partie levés au cours de la libéralisation, certains obstacles concurrentiels trouvent aujourd'hui encore leur source dans certains dispositifs de régulation bancaire[468]. Ces entraves sont désormais justifiées dans une large mesure au regard de l'impératif de stabilité financière.

181. Il en va ainsi du système d'agrément bancaire conditionnant l'accès à la profession à des exigences relativement contraignantes et faisant ainsi l'effet d'une barrière à l'entrée du marché[469]. De même, les soutiens publics accordés aux banques d'importance systémique à l'occasion de plans de résolution peuvent leur conférer un avantage concurrentiel vis-à-vis d'établissements de plus petite envergure, y compris avant toute défaillance sous forme de garantie implicite[470].

182. De telles distorsions concurrentielles sont malheureuses, mais acceptables car nécessaires, dans la perspective d'un accomplissement d'objectifs jugés prioritaires.

183. **Conclusion de la Section 2.** Sans pour autant constituer un objectif majeur de la régulation bancaire, la concurrence suscite manifestement l'intérêt de cette dernière. La régulation bancaire française et européenne peut ainsi recourir à divers expédients pour intensifier la concurrence, en visant notamment à accroître la transparence de l'information, ou à contrecarrer les barrières comportementales. Par le biais de l'harmonisation des régimes domestiques, la régulation bancaire européenne cherche encore à soumettre les prestataires à des conditions d'exercice équivalentes, quel que soit leur pays de résidence, et introduire ainsi les conditions d'une situation véritablement concurrentielle au sein du marché bancaire unique.

184. Néanmoins, la régulation bancaire ne cherche à préserver la concurrence que dans la mesure où elle peut constituer un moyen de parvenir à l'efficacité et à la stabilité du marché, au profit tout particulièrement de la clientèle. En conséquence, la régulation bancaire peut restreindre la concurrence dès lors que l'accomplissement de ses objectifs prioritaires l'impose.

185. Cette démarche n'est en rien contradictoire : par principe, la concurrence est considérée comme un instrument de l'accomplissement des principaux objectifs de régulation bancaire, ce qui justifie un renforcement de la concurrence interbancaire. Par exception toutefois, certains dispositifs de régulation bancaire – tel un système

---

[468] Pour une vue d'ensemble, V. OCDE, Competition and regulation in retail banking, *OECD journal : competition law and policy*, vol. 11/3, 2011, p. 101.

[469] OCDE, *10 ans après la crise financière : la coopération entre les autorités de règlementation et celles de la concurrence dans le secteur financier,* note de référence, DAF/COMP/WP2(2017)8, novembre 2017, p. 19 à 20 ; OCDE, *Réglementation prudentielle et concurrence dans le secteur bancaire, Réformes économiques : Objectif croissance*, Éditions de l'OCDE, 3 mai 2010, p. 210.

[470] OCDE, *Exit strategies, Policy Roundtables*, DAF/COMP(2010)32, 30 novembre 2010, p. 155 ; OCDE, *Enhancing the role of competition in the regulation of banks*, Policy roundtables, DAFFE/CLP(1998)16, 11 septembre 1998, p. 17 à 18. Sur l'articulation du contrôle des aides d'État avec les procédures de résolution, V. *infra* n° 1084 s.

d'agrément des établissements – auront pour effet secondaire de limiter la concurrence. Cette restriction ne constituera pourtant que l'accessoire acceptable, quoique regrettable, de dispositifs plus généralement destinés à l'accomplissement d'objectifs supérieurs.

186. **Conclusion du Chapitre I.** La régulation bancaire est guidée par plusieurs objectifs, à chacun desquels elle n'accorde pas un statut identique. Son action se polarise ainsi autour de plusieurs objectifs majeurs, à savoir, la préservation de la stabilité financière et de l'efficacité économique, la protection de la clientèle, ainsi que le maintien de la confiance ; auxquels s'adjoint la création d'un marché bancaire unique, objectif historique et propre à la régulation bancaire européenne.

187. Ces objectifs sont en interaction les uns avec les autres. Ils sont liés par une relation d'interdépendance. L'efficacité économique du marché bancaire dépend ainsi du maintien de la stabilité financière ; la promotion de l'une et l'autre contribue en toute hypothèse, à la préservation des intérêts de la clientèle, essentiellement appréciables sur le terrain économique ; la confiance des clients à l'égard des banques s'en trouve alors confortée, ce qui se révèle indispensable à l'entretien d'un système bancaire stable et efficace. L'intégration du marché bancaire unique porte en elle-même l'ensemble de ces objectifs : l'harmonisation des régimes nationaux permet à la régulation bancaire européenne d'instaurer un cadre juridique commun à l'échelle de l'Union, porteur d'efficacité et de stabilité au profit de la clientèle et des prestataires.

188. Quant à la concurrence, elle ne constitue qu'un objectif subsidiaire de la régulation bancaire, qui ne s'y intéresse qu'en ce qu'elle est susceptible de contribuer à l'accomplissement des autres objectifs. Il ne s'agit pour autant pas d'en déduire que la relation entre la concurrence et les autres objectifs serait nécessairement à sens unique : l'accomplissement de ces derniers peut tout à fait induire une intensification de la concurrence interbancaire. Ainsi de l'approfondissement du marché unique, homogénéisant les conditions de prestation de service, ou de la protection des clients à travers les obligations d'information pesant sur les banquiers, facilitant la discrimination entre les différentes offres en présence. Néanmoins, la subsidiarité de l'objectif concurrentiel a pour corollaire que la régulation bancaire n'hésitera pas à restreindre la concurrence en cas de nécessité justifiée par l'accomplissement d'objectifs prioritaires. Une logique tout à fait comparable est observable à l'étude du droit de la concurrence.

Chapitre II
Des objectifs poursuivis par le droit de la concurrence

Section 1 Le droit de la concurrence, un moyen au service du bien-être du consommateur

§ 1. L'instrumentalisation du droit de la concurrence

§ 2. Le bien-être du consommateur, finalité du droit de la concurrence

Section 2 Le droit de la concurrence, un moyen au soutien des objectifs de régulation bancaire

§ 1. Des objectifs de régulation bancaire partagés par le droit de la concurrence

A. La préservation de l'efficacité du marché bancaire

1. Objectif général d'efficacité économique

2. Objectif spécifique d'efficacité du marché bancaire

B. La préservation d'un marché bancaire unique

1. Objectif général de protection du marché unique

2. Objectif spécifique de protection du marché bancaire unique

§ 2. Des objectifs de régulation bancaire assimilés par le droit de la concurrence

A. Le maintien de la confiance

B. Le maintien de la stabilité

1. Ambivalence du point de vue économique quant au rapport entre stabilité et concurrence

2. Ambivalence de l'approche de la Commission européenne quant au rapport entre stabilité et concurrence

189. **Le droit de la concurrence imprégné des objectifs de régulation bancaire.** Les objectifs du droit de la concurrence sont variés et débattus[471]. Toutefois, l'un d'entre eux jouit manifestement d'une place centrale : le bien-être des consommateurs, et plus largement en ce qui concerne le droit de l'UE, le bien-être dans l'Union. Les textes et la jurisprudence présentent les règles françaises et européennes de concurrence comme un moyen d'atteindre cette finalité (Section 1). Pour y parvenir, celles-ci ne sont pas enfermées dans une application étanche et insensible aux préoccupations des régulations sectorielles. Le droit de la concurrence se positionne au contraire à leur service, et à celui tout particulièrement de la régulation bancaire. Dans cette perspective, le droit de la concurrence s'imprègne des objectifs de régulation bancaire afin de les respecter (Section 2).

Section 1
Le droit de la concurrence, un moyen au service du bien-être du consommateur

190. **Libre jeu de la concurrence, loyauté de la concurrence.** Le droit de la concurrence protège la concurrence. Cette hypothèse tautologique ne prête pas à débat. La terminologie employée par les textes et la jurisprudence soulève en revanche de nombreuses questions quant au degré ainsi qu'à la dimension exacte de la concurrence protégée. La « liberté » de la concurrence est fréquemment prônée par le droit français[472] et de l'Union[473]. L'expression est pourtant trompeuse[474]. La concurrence ainsi protégée n'est jamais totalement libre car nombre de pratiques et d'opérations restrictives pourront être tolérées dès lors qu'elles s'accompagnent d'effets bénéfiques. Peut-être s'agit-il plus vraisemblablement d'assurer une concurrence « praticable »[475]. Il est encore abondamment fait référence au « jeu de la concurrence »[476] sans que cette expression soit pourvue d'un « sens particulier ou d'une force normative quelconque »[477]. La concurrence peut alors se comprendre comme

---

[471] E. Claudel, « Droit de la concurrence », titre 53 *in* D. Fenouillet (dir.), *Droit de la consommation. Droit interne et européen,* Dalloz, coll. Dalloz Action, 2020, p. 1426 s. ; J.-Chr. Roda, « Réflexions sur les objectifs du droit français de la concurrence », *D.* 2018, p. 1504 ; M. Behar-Touchais, N. Charbit et R. Amaro (dir.), *À quoi sert la concurrence ?*, Concurrences, 2014 ; L. Donnedieu de Vabres-Tranié et Chr. Montet, « Un droit de la concurrence : pour quoi faire ? », *CCC* n° 12, décembre 2006, étude 22.

[472] Cette expression figure dans le livre IV du Code de commerceet se retrouve notamment aux articles L 410-3, L 420-1 et L 461-1 du même Code.

[473] La politique économique des États membres et de l'Union est conduite « conformément au respect du principe d'une économie de marché ouverte où la concurrence est libre » (art. 119 § 1 TFUE).

[474] J.-Chr. Roda, « Réflexions sur les objectifs du droit français de la concurrence », art. préc., p. 1504, pt. 8 ; Cl.-L. de Leyssac et G. Parléani, *Droit du marché*, PUF, Thémis, 2002, p. 19.

[475] CJCE, 11 décembre 2008, *Kanal 5 Ltd et al. c. STIM*, aff. C 52/07, ECLI : EU : C : 2008:703, pt. 27 ; CJUE, 14 février 1978, *United Brands Company et United Brands Continentaal BV c. Commission CE*, aff. 27/76, ECLI : ECLI : EU : C : 1978:22, pt. 249 ; Cons. conc., avis n° 94-A-24 du 20 septembre 1994 *relatif au projet d'acquisition de la société Cedest par la société Holdercim (secteur du béton prêt à l'emploi), p. 5.*

[476] Art. 101 § 1 TFUE ; C. com., art. L 410-2, al. 1er, L 410-3, L 420-1, L 461-1.

[477] G. Decocq, « Le jeu de la concurrence », *CCC* n° 5, mai 2013, repère 5.

un mécanisme dont il conviendrait d'assurer le bon fonctionnement[478]. Il est aussi parfois question de protéger non pas la concurrence en tant que telle, mais la « loyauté » de son exercice[479]. Les comportements déloyaux n'ont ainsi pas pour effet d'entraver les mécanismes concurrentiels, mais sont prohibés en tant qu'ils s'opposent à une pratique *fair-play* du jeu de la concurrence.

191. Ces questions peuvent être laissées ouvertes pour les besoins de cette étude. Car en toute hypothèse, les droits français et de l'Union n'accordent qu'une valeur instrumentale à la concurrence : son maintien n'est pas une fin en soi mais un moyen de parvenir à l'accomplissement d'objectifs supérieurs (§ 1), au premier rang desquels figure le bien-être du consommateur, ou plus largement en droit de l'UE, le bien-être dans l'Union (§ 2).

§ 1. L'instrumentalisation du droit de la concurrence

192. **Théorie doctrinale de la concurrence-moyen.** La doctrine considère traditionnellement que les droits de la concurrence français[480] et de l'Union[481] n'accordent qu'une valeur instrumentale à la concurrence. Celle-ci n'est en effet pas perçue ni protégée comme une fin en soi, mais comme un moyen de parvenir à l'accomplissement d'objectifs prioritaires.

193. Cette analyse doctrinale prend notamment racine dans les travaux de Pierre Bonassies[482]. D'après ce dernier, selon que les pouvoirs publics apprécient les bienfaits de la concurrence pour eux-mêmes ou qu'ils n'y voient qu'un moyen parmi d'autres d'accéder à une finalité supérieure, le droit de la concurrence pourra se voir attribuer un office différent. Au prisme du premier modèle dit de

---

[478] *Ibid.*

[479] Il est notable que la « loyauté de la concurrence » figure dans le préambule du traité FUE. Nombre de comportements déloyaux sont réprimés en tant qu'abus de position dominante : dénigrement d'un concurrent (Aut. conc., décision n° 13-D-11 14 mai 2013 *relative à des pratiques mises en œuvre dans le secteur pharmaceutique*, pt. 347 à 352) ; désorganisation de l'entreprise concurrente (Aut. conc., décision n° 14-D-02, du 20 février 2014 *relative à des pratiques mises en œuvre dans le secteur de la presse d'information sportive*) ; exercice abusif de procédure (CJUE, 6 décembre 2012, *AstraZeneca c. Commission eur.*, aff. C-457-10, ECLI : EU : C : 2012:770, pt. 111). En droit français, ce type de comportement peut encore engager la responsabilité de son auteur sur le fondement de l'article 1240 du Code civil en tant qu'acte de « concurrence déloyale » (Cass. com., 18 avril 1958, n° 58-04997, obs. F. Derrida *D.* 1959, jurispr. p. 87).

[480] D. Barthe, « Faits justificatifs des pratiques anticoncurrentielles (C. com., art. L 420-4) », *in Encyclopédie du JurisClasseur : Concurrence – Consommation,* LexisNexis, 2014, Fasc. 320, pt. 18 ; St. Martin, « Contrôle des concentrations : la fin d'une exception française », *JCP E* n° 5, 29 janvier 2009, 1117, pt. 3 ; Chr. Vilmart, « Naissance de l'Autorité de la concurrence : une réforme fondamentale mais inachevée », *JCP E* n° 4, 22 janvier 2009, 1077, pt. 81.

[481] Fr. Moreau, « Restrictions horizontales de concurrence », *in Rép. eur. Dalloz,* 2020, pt. 125 ; C. Plaidy, « Internationalisation du droit de la concurrence », *in Encyclopédie du JurisClasseur : Concurrence – Consommation,* LexisNexis, 2016, Fasc. 52, pt. 67 ; C. Prieto et D. Bosco, *op. cit.*, p. 159 à 160, spec. n° 169 ; M. Malaurie-Vignal, « Le bien-être du consommateur », *CCC* n° 6, juin 2013, repère 6 ; V. Michel, « Actes annexés aux traités », *in Encyclopédie du JurisClasseur : Europe Traité,* LexisNexis, 2010, Fasc. 150, pt. 43 ; R. Kovar et S. Poillot-Peruzzetto, « Politique de concurrence », *in Rép. eur. Dalloz,* 2005, pt. 29 ; M. Chagny, *Droit de la concurrence et droit commun des obligations*, th. préc., p. 71.

[482] P. Bonassies, « Les fondements du droit communautaire de la concurrence : la théorie de la concurrence-moyen » *in Études dédiées à Alex Weill*, Dalloz et Litec, 1983, p. 51.

« concurrence condition », la concurrence est perçue comme la « condition indispensable de toute économie équilibrée [et par suite] du progrès économique. »[483] Les règles de concurrence visent alors à l'entretien d'une situation concurrentielle maximale, *via* l'élimination systématique de tout comportement restrictif d'importance significative.

194. La seconde approche, dite de « concurrence-moyen » est plus nuancée. Elle conduit à penser la concurrence comme un instrument certes privilégié, mais non nécessairement indispensable à la réalisation d'objectifs jugés prioritaires. En ce sens, un comportement anticoncurrentiel ne saurait être automatiquement frappé d'interdiction dès lors qu'il contribue à la réalisation desdits objectifs[484].

195. **Instrumentalisation de la concurrence en droit français.** Le droit français de la concurrence ressortit à la seconde approche dite de « concurrence-moyen ». Celle-ci s'exprime dans sa logique de justification exceptionnelle des comportements et opérations contribuant à l'accomplissement d'objectifs prioritaires, nonobstant leur caractère restrictif de concurrence. Ainsi les pratiques anticoncurrentielles pourront-elles être exemptées lorsqu'elles génèrent des gains d'efficacité compensant la distorsion de concurrence[485]. Une concentration soulevant des préoccupations concurrentielles peut de même être avalisée dès lors qu'elle « apporte au progrès économique une contribution suffisante pour compenser les atteintes à la concurrence. »[486] La préservation de la concurrence peut être ainsi ponctuellement sacrifiée sur l'autel d'objectifs supérieurs, à l'accomplissement desquels elle est censée concourir par principe. Ainsi que l'Autorité de la concurrence l'admet elle-même très explicitement : « la concurrence n'est pas une fin en soi mais un outil au service de l'efficacité économique [...] au profit notamment des utilisateurs de services »[487].

196. **Instrumentalisation de la concurrence dans le traité de Rome.** Le droit de l'Union confère pareillement à la concurrence, et partant, aux règles de concurrence, une valeur instrumentale *ab ovo*. À l'instar du droit français, le droit de l'Union comporte ainsi des mécanismes de justification exceptionnelle de pratiques ou d'opérations s'accompagnant d'effets positifs de nature à compenser les distorsions concurrentielles. Ainsi du droit des pratiques anticoncurrentielles[488], et des règles relatives au contrôle des aides d'État[489] et des concentrations[490].

197. Le traité de Rome était déjà très explicite quant à la valeur instrumentale accordée aux règles de concurrence. Après avoir énuméré les finalités de la Communauté

---

483 *Ibid.*

484 *Ibid.*, p. 55.

485 C. com., art. L 420-4, 2°.

486 C. com., art. L 430-6, al. 1er.

487 Aut. conc., avis n° 13-A-14 du 4 octobre 2013 *relatif au projet de loi portant réforme ferroviaire*, pt. 103. V. déjà, en des termes quasi identiques : Cons. conc., *Rapport annuel 2006*, p. 18.

488 Art. 101 § 3 TFUE.

489 Art. 107 § 2 et 3 TFUE.

490 Comm. CE, Lignes directrices sur l'appréciation des concentrations horizontales au regard du règlement du Conseil relatif au contrôle des concentrations entre entreprises, *JOUE* n° C31 du 5 février 2004, p. 5, pt. 76 à 88.

en son article 2[491], le traité CEE précisait à l'article 3 les moyens d'y parvenir, au nombre desquels figuraient les règles de concurrence :

> Aux fins énoncées à l'article précédent, l'action de la Communauté comporte, dans les conditions et selon les rythmes prévus par le présent Traité :
> […]
> *f*) l'établissement d'un régime assurant que la concurrence n'est pas faussée dans le marché commun.

198. Il s'en déduit que le droit de la concurrence est un moyen au service d'un bon fonctionnement du marché intérieur ; ce dernier devant lui-même concourir à la réalisation des objectifs visés à l'article 2. Au fil des traités successifs, les règles de concurrence sont demeurées au sein de l'article 3, jusqu'à ce que le traité constitutionnel entreprenne de les élever au rang des finalités de l'UE.

199. **Incertitudes passagères quant au statut des règles de concurrence.** Des doutes sur le statut des règles de concurrence ont été soulevés à l'occasion de la signature en 2004, du traité établissant une constitution pour l'Europe (TECE). Entre autres ambitions, ce texte aspirait à ériger les règles de concurrence en finalité de l'Union. Ainsi l'article I-3 § 2 du traité, intitulé « les objectifs de l'Union », stipulait-il que celle-ci « offr[ait] à ses citoyens un espace de liberté, de sécurité et de justice sans frontières intérieures, et un marché intérieur où la concurrence est libre et non faussée. » Cette disposition a suscité un vif émoi parmi les citoyens européens ; en France tout particulièrement, où l'intégration européenne a pu n'être perçue que comme un instrument de déréglementation néolibérale, devant emporter le démantèlement de l'État providence[492]. À défaut de pédagogie suffisante, et malgré de vains éclairages[493], le texte soumis à référendum fut rejeté par les citoyens français, rapidement imités par les néerlandais.

200. Dont acte. Les rédacteurs du traité de Lisbonne ont purement et simplement retiré « la concurrence non faussée » de l'article 3 du TUE tandis que le « marché intérieur » demeure visé en son deuxième paragraphe. Le droit de la concurrence conserve pourtant sa force juridique par le biais du protocole n° 27 – faisant en vertu de l'article 51 du TUE, « partie intégrante » du traité – et énonçant que « le marché intérieur tel qu'il est défini à l'article 3 du traité sur l'Union européenne comprend un système garantissant que la concurrence n'est pas faussée ».

201. Mais *quid* du statut des règles de concurrence ? Par sa formulation, le protocole n° 27 ne permet pas à sa seule lecture, de savoir si le droit de la concurrence peut être compris comme une fin en soi, ou bien comme un simple moyen. Au soutien de la première hypothèse, vient l'argument selon lequel l'élévation des règles de concurrence au rang de finalité était la volonté des

---

491 « La Communauté a pour mission, par l'établissement d'un marché commun et par le rapprochement progressif des politiques économiques des États membres, de promouvoir un développement harmonieux des activités économiques dans l'ensemble de la Communauté, une expansion continue et équilibrée, une stabilité accrue, un relèvement accéléré du niveau de vie, et des relations plus étroites entre les États qu'elle réunit. »

492 C. Joerges, « La constitution économique européenne en processus et en procès », *RIDE* 2006-3, t. XX, 3, p. 245.

493 L. Idot, « Europe et concurrence : le grand malentendu », *Europe* n° 8, 2005, p. 3 ; J.-P. Viennois, « La constitution européenne et le droit de la concurrence », *RLC* 2005/1, p. 118.

rédacteurs du traité constitutionnel, dont les principes ont été repris, dans une très large mesure, par le traité de Lisbonne. Au fondement de la seconde hypothèse, doit-on toutefois considérer que l'abandon du TECE a été précisément motivé par le rejet d'un tel statut. La Cour de justice a tranché en faveur de la seconde approche.

202. **Doutes dissipés par la Cour de justice de l'UE.** Dans l'arrêt *TeliaSonera Sverige*[494], la Cour de justice établit ainsi la nocivité d'une concurrence faussée à l'égard de l'intérêt général et du bien-être dans l'Union. Ce faisant, elle rappelle que le droit de la concurrence demeure au service des objectifs inscrits à l'article 3 du TUE. Cette approche est partagée par la Commission européenne : « La concurrence n'est pas une fin en soi mais plutôt un moyen d'améliorer la compétitivité des marchés européens dans l'intérêt des entreprises et des consommateurs pour obtenir un choix plus large et des produits plus performants à un moindre coût »[495]. Auparavant, lors d'un discours prononcé le 16 juin 1965 devant le Parlement européen, le commissaire européen à la concurrence Hans Von der Groeben affirmait déjà : « nous ne menons pas la politique de concurrence comme une fin en soi »[496]. *A fortiori* cette approche est-elle poursuivie par le Tribunal de l'Union européenne[497]. Les droits de la concurrence français et de l'UE doivent donc être appréhendés non pas comme fin mais plutôt comme un moyen au service d'une finalité principale : le bien-être du consommateur.

§ 2. Le bien-être du consommateur, finalité du droit de la concurrence

203. **Précisions sur le *bien-être économique*.** Les textes et les juges, français comme européens, se réfèrent abondamment à la notion de « bien-être ». Ils n'offrent cependant à leurs lecteurs, aucune définition de la notion, dont l'identification n'est pas chose aisée. Au sens commun, le bien-être n'est appréhendé que d'un point de vue individuel, et désigne un « sentiment général d'agrément, d'épanouissement que procure la pleine satisfaction des besoins du corps et/ou de l'esprit »[498]. Cette approche n'est que partiellement satisfaisante. Un détour par la Science économique révèle que le bien-être peut également se concevoir de manière *collective*.

204. Une branche entière – l'économie du bien-être – s'est ainsi consacrée à la recherche des moyens de parvenir à des situations considérées comme les meilleures possibles pour

---

494 CJUE, 17 février 2011, *Konkurrensverket c. TeliaSonera Sverige AB* préc., pt. 22 ; V. déjà : CJCE, 22 octobre 2002, *Roquette Frères SA c. Directeur général de la concurrence, de la consommation et de la répression des fraudes*, aff. C-94/00, ECLI : EU : C : 2002:603, pt. 42.

495 Comm. eur., Rapport de la Commission du 22 juin 2011 : « Tableau de bord des aides d'État. Rapport sur la contribution des aides d'État à la stratégie Europe 2020 », COM[2011] 356 final, p. 9.

496 « La politique de concurrence, partie intégrante de la politique économique dans le Marché commun », *RTD eur.* 1965, p. 411. V. également : Comm. CE, *Rapport sur la politique de concurrence 1971*, p. 11 à 12.

497 Trib. UE, 22 mars 2012, *Slovak Telekom a.s. c. Commission eur.*, aff. jointes T-458/09 et T-171/10, ECLI : EU : T : 2012:145, pt. 38.

498 C. Guibet Lafaye, « Bien-être », *in* M. Marzano (dir.), *Dictionnaire du corps*, PUF, coll. Quadrige, 2007, p. 127.

la collectivité[499]. Elle s'inscrit dans la continuité de la tradition utilitariste portée par Jeremy Bentham. Celui-ci concevait le bien-être à travers le concept d'*utilité*, compris comme le plaisir de l'individu et son absence de peine. Convaincu que « le plus grand bonheur du plus grand nombre est la mesure du juste et de l'injuste »[500], ses travaux étaient guidés par la recherche d'une maximisation du bien-être collectif, c'est-à-dire la somme des niveaux de bien-être de chacun des membres de la communauté.

205. Dans l'analyse économique, la mesure du bien-être se fait traditionnellement par l'agrégation du surplus des producteurs – *i.e.* le profit retiré des ventes – et du surplus des consommateurs – soit la différence entre le prix effectivement payé pour un bien donné et le prix que chaque consommateur était prêt à payer. La méthode du surplus repose donc essentiellement sur le prix et la qualité du produit, mais d'autres critères d'évaluation du bien-être sont envisageables, parmi lesquels, la comparabilité avec d'autres produits, l'innovation ou encore le service après-vente[501]. Le droit de la concurrence adopte lui-même une vision relativement large du bien-être, notamment en ce qui concerne celui du consommateur, dont il semble se préoccuper avant tout[502].

206. **Notion de *consommateur* en droit de la concurrence**[503]. En droit de la concurrence, la notion de *consommateur* est entendue plus largement qu'en droit de la consommation et se définit comme toute personne physique ou morale achetant un bien ou un service. La notion de *consommateur* en droit de la concurrence correspond donc à celle de *client* ou d'*utilisateur* propre au droit bancaire. Ainsi selon la Commission européenne, « la notion de "consommateurs" englobe tous les utilisateurs directs ou indirects des produits affectés par le comportement considéré, dont les producteurs intermédiaires qui utilisent les produits comme intrants, ainsi que les distributeurs et consommateurs finals à la fois du produit immédiat et des produits fournis par les producteurs intermédiaires. »[504] Les textes de droit français de la concurrence se réfèrent pareillement aux expressions de *consommateur* et d'*utilisateur* de manière indifférente[505]. Sauf précision contraire, c'est en ce sens que sera employée la notion de *consommateur* au sein de cette étude.

207. **Le bien-être du consommateur, finalité du droit français de la concurrence.** Le droit français de la concurrence semble manifestement avoir pour fil conducteur le bien-être du consommateur[506]. Les textes et les juges français sont peu

---

499 En dépit de ses influences plus anciennes, l'économie du bien-être ne prend véritablement naissance qu'avec les travaux d'Arthur Cecil Pigou (*The Economics of Welfare*, 1920) et perdure de nos jours, avec notamment ceux d'Amartya Kumar Sen (*Repenser l'inégalité*, trad. P. Chemla, Éd. du Seuil, 2012), Marc Fleurbaey et François Maniquet (*A Theory of Fairness and Social Welfare*, Cambridge University Press, 2011).

500 J. Bentham, *Fragment sur le gouvernement. Manuel de sophismes politiques*, trad. J.-P. Cléro, Bruylant, LGDJ, coll. La pensée juridique, 1996, p. 87.

501 V. A.-L. Sibony, Le juge et le raisonnement économique en droit de la concurrence, op. cit., p. 122.

502 E. Claudel, « Droit de la concurrence », étude préc., pt. 531.73, p. 1428.

503 *Ibid.*, spéc. pt. 531.22 ; M. Malaurie-Vignal, « Droit, économie et politique de concurrence – Réflexions à partir de la notion de bien-être du consommateur », *JCP E* n° 15-16, 12 avril 2018, 1187, pt. 4.

504 Comm. CE, Orientations sur les priorités retenues par la Commission pour l'application de l'article 82 du traité CE aux pratiques d'éviction abusives des entreprises dominantes, *JOUE* n° C45 du 24 février 2009, p. 7, pt. 19, note infrapaginale n° 15.

505 V. notamment, C. com., art. L 420-4, I, sous 2° et II.

506 V. en doctrine : J.-Chr. Roda, « Réflexions sur les objectifs du droit français de la concurrence », *D.* 2018, p. 1504 ; M. Malaurie-Vignal, « Droit, économie et politique de concurrence – Réflexions à partir de

diserts à ce sujet. Mais l'autorité française de concurrence est plus loquace. Il est ainsi affirmé que « la politique et le droit de la concurrence n'ont, en définitive, pas d'autre finalité que de contribuer à l'efficacité économique et au bien-être du consommateur. »[507] L'Autorité de la concurrence se porte donc « garante du bien-être des consommateurs », dont la promotion relèverait de ses missions[508]. L'analyse de la restriction concurrentielle est alors opérée à cet aune[509]. Les intérêts du consommateur sont appréciés très largement, en considération non seulement du prix des services, mais aussi de leur qualité, de l'innovation, ainsi que du choix laissé au consommateur[510]. En ce sens, le bien-être se rattache, voire se confond, avec l'efficacité économique[511]. Quoique l'Autorité puisse occasionnellement se référer au bien-être « de la collectivité dans son ensemble »[512], les intérêts du consommateur demeurent prépondérants. L'intérêt général est lui-même rarement évoqué par l'Autorité de la concurrence, qui l'assimile d'ailleurs parfois à l'innovation et au bien-être des consommateurs[513].

208. Les intérêts des consommateurs occupent une place tout aussi fondamentale en droit de la concurrence de l'UE. La Cour de justice adopte néanmoins une approche plus collective du bien-être qu'en droit français, en s'intéressant au bien-être non seulement du consommateur, mais plus généralement de l'Union.

209. **Éléments constitutifs du bien-être des consommateurs en droit de l'Union.** Le droit de l'UE se soucie particulièrement du bien-être des consommateurs. L'on perçoit les prémices de cette préoccupation à la lecture des arrêts fondateurs de la Cour de justice, laquelle y souligne que la violation des règles de concurrence peut causer un préjudice aux consommateurs[514]. L'autorité[515] et le juge européens de la concurrence ont une approche relativement extensive du bien-être. Le niveau des prix est évidemment pris en considération au premier chef. Le Tribunal de première instance des Communautés européennes a d'ailleurs rappelé à l'occasion

---

la notion de bien-être du consommateur », *JCP E* n° 15-16, 12 avril 2018, 1187, pt. 4 ; L. Vogel, *Traité de droit économique.* t. *1/2* : *Droit de la concurrence. Droit français,* Bruylant, coll. Lawlex, 3e éd., 2020, p. 8 ; M.-A. Frison-Roche, « Le but du droit français de la concurrence, rapport français », *in* M. Froment, M.-A. Frison-Roche, Th. Morais Da Costa *et al.* (dir.), *Droit français et droit brésilien. Perspectives nationales et comparées*, Bruylant, 2012, p. 842.

507 Cons. conc., *Rapport annuel 2006*, Éditorial, p. 3.

508 Aut. conc., Communiqué de presse, « Le collège de l'Autorité de la concurrence vient d'être nommé », 28 février 2009.

509 Aut. conc., avis n° 15-A-06 du 31 mars 2015, *relatif au rapprochement des centrales d'achat et de référencement dans le secteur de la grande distribution,* pt. 272.

510 E. Claudel, « Droit de la concurrence », étude préc., pt. 531.74, p. 1418 s.

511 E. Combe, *Économie et politique de la concurrence*, Dalloz, coll. Précis, 2e éd., 2020, pt. 22. V. à propos notamment des gains d'efficacité générés par les opérations de concentration : Aut. conc., Lignes directrices relatives au contrôle des concentrations, 2020, p. 216 à 223.

512 Aut. conc., Communiqué du 16 mai 2011 relatif à la méthode de détermination des sanctions pécuniaires, pt. 2 et 27.

513 V. les anciennes lignes directrices de l'Autorité relatives au contrôle des concentrations (2013, pt. 317) : « Le contrôle des concentrations poursuit un objectif d'intérêt général qui consiste à protéger la concurrence et ses effets positifs sur la compétitivité globale de l'économie, l'innovation et le bien-être des consommateurs. »

514 CJCE, 21 février 1973, Europemballage Corporation et Continental Can Company Inc. c. Commission CE, aff. 6-72, ECLI : ECLI : EU : C : 1973:22, pt. 26 ; CJCE, 14 février 1978, United Brands Company et United Brands Continentaal BV c. Commission CE préc., pt. 183 ; CJCE, 13 février 1979, Hoffmann-La Roche & Co. AG c. Commission CE, aff. 85/76, ECLI : ECLI : EU : C : 1979:36, pt. 125.

515 V. Comm. eur., *Rapport sur la politique de concurrence 2011,* spéc. n° 2.1 « En quoi la concurrence améliore-t-elle le bien-être des consommateurs ? », p. 13 à 17.

d'une affaire d'entente sur les prix commise par des banques autrichiennes, que le préjudice causé par de telles pratiques à un consommateur, lui conférait un intérêt légitime à faire constater une infraction aux règles de concurrence[516].

210. Le juge ne cantonne cependant pas son analyse au prix ; il réprime aussi des comportements limitant le choix des utilisateurs. La Cour de justice relève ainsi dans l'arrêt *United Brands* que le refus de vente en cause « limiterait les débouchés au préjudice des consommateurs »[517], et sanctionne dans l'affaire *Hoffmann-La Roche* des clauses d'approvisionnement exclusif « tend[ant] à enlever à l'acheteur ou à restreindre en son chef la possibilité de choix en ce qui concerne ses sources d'approvisionnement et à barrer l'accès à d'autres producteurs »[518]. L'amélioration de la distribution[519] et la qualité des prestations fournies[520] sont également prises en compte. Cette approche extensive de l'intérêt des consommateurs est similaire à celle poursuivie par la Commission européenne en matière de contrôle des aides d'État : « L'objectif du contrôle des aides d'État en faveur du haut débit est d'encourager la concurrence entre les prestataires de services en favorisant le développement des infrastructures. Cela devrait contribuer à optimiser le bien-être des consommateurs en leur offrant des prix moins élevés et des services plus performants »[521].

211. **Incertitudes relatives au statut du bien-être des consommateurs à la lecture des textes.** Le droit de la concurrence a donc pour préoccupation centrale, le bien-être du consommateur, dont le contenu est apprécié largement. Mais son statut véritable et son articulation avec les autres objectifs portés par les règles de concurrence ont été débattus. Les textes relatifs aux pratiques anticoncurrentielles peuvent jeter le trouble sur le rang exactement occupé par le bien-être du consommateur parmi d'autres objectifs. L'article 101 § 1 du TFUE cite, à titre illustratif, quelques exemples d'accords prohibés. Certains d'entre eux, tels les accords de limitation de production[522] ou de fixation des prix[523], révèlent un souci prépondérant de protection du consommateur[524]. D'autres exemples semblent en revanche, porter un objectif différent, telles la préservation du processus concurrentiel en lui-même et la liberté commerciale des entreprises face au pouvoir des cartels[525].

---

516 TPICE, 14 décembre 2006, *Raiffeisen Zentralbank Österreich AG et al. c. Commission CE*, aff. jointes T-259/02 à T-264/02 et T-271/02, ECLI : EU : T : 2006:396, pt. 99.

517 CJCE, 14 février 1978, *United Brands Company et United Brands Continentaal BV c. Commission CE* préc., pt. 183. V. plus récemment dans une veine comparable : TPICE 17 septembre 2007, *Microsoft Corp. c. Commission CE*, aff. T-201/04, ECLI : EU : T : 2007:289, pt. 662 à 665.

518 CJCE, 13 février 1979, Hoffmann-La Roche & Co. AG c. Commission CE préc., pt. 125.

519 À titre d'exemple, dans l'affaire *Metro c. Commission*, la Cour de justice admet que l'amélioration de la distribution peut constituer un élément de progrès économique profitable au consommateur (CJCE, 25 octobre 1977, *Metro SB-Großmärkte GmbH & Co. KG c. Commission CE*, aff. 26/76, ECLI : EU : C : 1977:167, pt. 42).

520 V. par ex. en droit français : CA Paris, 12 octobre 1999, *BOCCRF* n° 18, du 30 octobre 1999.

521 Comm. eur. Rapport de la Commission du 22 juin 2011 : « Tableau de bord des aides d'État. Rapport sur la contribution des aides d'État à la stratégie Europe 2020 », COM[2011] 356 final, p. 7 ; V. également p. 58.

522 Art. 101 § 1, sous b) TFUE.

523 Art. 101 § 1, sous a) TFUE.

524 Sur ce point, V. B. Dhaeyer et J. Thilmany, « La protection du consommateur en droit antitrust européen », *RTD Eur. 1*978, p. 223 à 249, spéc. p. 226 s.

525 Il est en effet possible de considérer que les accords de répartition des sources d'approvisionnement sont prohibés (art. 101 § 1 sous c] TFUE) parce qu'ils risquent notamment de fermer l'accès au marché à de nouveaux

212. L'absence de hiérarchie explicitement établie entre ces différents objectifs laisse donc aux autorités une grande marge d'appréciation sur le rang à conférer au bien-être des consommateurs. De la même manière, il n'est fait référence à celui-ci qu'à titre d'exemple dans l'article 102 § 2, sous b) du TFUE, interdisant de « limiter la production, les débouchés ou le développement technique au préjudice des consommateurs ». L'absence de mention du bien-être des consommateurs dans la disposition principale de l'article 102 est ainsi de nature à alimenter le doute sur le statut de cet objectif[526].

213. Mais le doute se dissipe à la lecture des textes de droit souple de la Commission européenne. À de très nombreuses reprises, le bien-être du consommateur y est expressément présenté comme la finalité des règles de concurrence. Cette idée se retrouve dans les orientations sur les priorités retenues par la Commission pour l'application de l'article 82 du traité CE aux pratiques d'éviction[527] ainsi que dans les lignes directrices concernant l'application de l'article 101 à des catégories d'accords de transfert de technologie :

> L'objectif global de l'article 101 du traité est de sauvegarder la concurrence sur le marché afin de promouvoir le bien-être des consommateurs.[528]

Les lignes directrices concernant l'application de l'article 81, paragraphe 3 ne sont pas moins univoques :

> Les règles communautaires de concurrence visent à protéger la concurrence sur le marché comme moyen d'accroître le bien-être du consommateur.[529]

214. Le doute se dissipe un peu plus encore en considération de ce qu'une pratique anticoncurrentielle est exemptable à condition d'induire des gains d'efficacité profitables aux utilisateurs[530]. Ce régime d'exemption semble faire ainsi prévaloir le bien-être du consommateur sur la protection de la concurrence en elle-même. En effet, la possibilité d'une exemption conditionnée à ce que le consommateur bénéficie du profit généré par le comportement en cause, conduit à faire primer son bien-être sur la concurrence lorsque les deux sont en conflit[531]. L'on serait alors tenté de penser *a contrario*, qu'une pratique ne peut être réprimée que dans

---

concurrents potentiels (V. A.-L. Sibony, *Le juge et le raisonnement économique en droit de la concurrence*, *op. cit.*, p. 124 et 125, n° 164).

526 *Ibid.*, p. 129, n° 170.

527 « *L'objectif* des mesures d'application prises par la Commission à l'égard des pratiques d'éviction est de faire en sorte que les entreprises dominantes n'entravent pas le libre jeu de la concurrence en évinçant leurs concurrents par des pratiques anticoncurrentielles, *en ayant de ce fait un effet défavorable sur le bien-être des consommateurs*, que ce soit sous l'effet de prix plus élevés que ceux qui auraient autrement été appliqués ou d'une autre manière, telle que la limitation de la qualité ou la réduction du choix pour les consommateurs. » (*JOUE* n° C45 du 24 février 2009, p. 7, pt. 19. Mis en italique par nos soins).

528 Comm. CE, Lignes directrices concernant l'application de l'article 101 du traité sur le fonctionnement de l'Union européenne à des catégories d'accords de transfert de technologie, *JOUE* n° C89 du 28 mars 2014, p. 3, pt. 5.

529 Comm. CE, Lignes directrices concernant l'application de l'article 81, paragraphe 3, du traité, *JOUE* n° C101 du 27 avril 2004, p. 97, pt. 33 et pt. 13 à propos de l'article 81 § 1 plus spécifiquement.

530 Article 101 § 3 TFUE ; Comm. CE, Orientations sur les priorités retenues par la Commission pour l'application de l'article 82 du traité CE aux pratiques d'éviction abusives des entreprises dominantes, *JOUE* n° C45 du 24 février 2009, p. 7, pt. 30.

531 A.-L. Sibony, *op. cit.*, p. 126, n° 165.

la mesure où elle porterait atteinte aux intérêts des consommateurs. Mais c'est précisément sur cette question que le doute persiste en jurisprudence.

215. **Incertitudes relatives au statut du bien-être des consommateurs au regard de la jurisprudence.** Dans deux arrêts rendus à l'occasion de l'affaire *Club Lombard*, relative à des pratiques d'entente interbancaire sur les prix, Tribunal de première instance affirme sans ambages que « les règles qui visent à assurer que la concurrence n'est pas faussée dans le marché intérieur ont pour finalité ultime d'accroître le bien-être du consommateur. »[532]

216. L'embarras du juge est pourtant palpable lorsqu'il se trouve saisi de pratiques restreignant la concurrence sans pour autant causer de préjudices *immédiats* aux consommateurs. En effet, la Cour de justice considère traditionnellement que les règles de concurrence visent non seulement les pratiques causant « un préjudice immédiat aux consommateurs, mais également celles qui leur causent préjudice en portant atteinte à une structure de concurrence effective »[533]. Partant du postulat qu'une modification de la structure concurrentielle est par nature, dommageable pour les consommateurs, cette approche revient à ériger leur bien-être en finalité du droit de la concurrence. La formule a été reprise plus récemment dans l'arrêt *France Télécom*[534].

217. Mais dans l'arrêt *T-Mobile*, elle juge au contraire que les règles de concurrence n'ont pas pour finalité unique de protéger l'intérêt des consommateurs et visent également à préserver la concurrence pour elle-même[535]. La Cour réitère cette approche à l'occasion de l'affaire *GlaxoSmithKline*, en estimant que le droit de la concurrence protège « non pas uniquement les intérêts des concurrents ou des consommateurs, mais la structure du marché et, ce faisant, la concurrence en tant que telle »[536]. Elle considère en conséquence, qu'il s'agit d'une erreur de droit de subordonner l'existence d'un objet anticoncurrentiel à la preuve que la pratique en cause comporte des inconvénients pour le consommateur[537]. Le bien-être du consommateur ne serait en ce sens, plus considéré comme une finalité ultime et se trouverait ravalé au rang de simple objectif parmi d'autres[538].

218. Mais ce débat peut être dépassé dès lors que l'on considère la finalité des règles de concurrence comme englobant à la fois l'intérêt des consommateurs, celui des concurrents et plus largement l'intérêt général, porté par une structure de marché concurrentielle, recouvrant ainsi finalement, le bien-être de la société dans son ensemble.

---

532 TPICE, 7 juin 2006, *Österreichische Postsparkasse AG et al. c. Commission CE*, aff. jointes T-213/01 et T-214/01, ECLI : EU : T : 2006:151, pt. 115. La formule sera reprise mot pour mot dans l'arrêt au fond (TPICE, 14 décembre 2006, *Raiffeisen Zentralbank Österreich AG et al. c. Commission CE* préc. pt. 99).

533 CJCE, 21 février 1973, *Europemballage Corporation et Continental Can Company Inc. c. Commission CE* préc., pt. 26.

534 CJCE, 2 avril 2009, *France Télécom SA c. Commission CE*, aff. C-202/07, ECLI : EU : C : 2009:214, pt. 105 et 112.

535 CJCE, 4 juin 2009, *T-Mobile Netherlands BV et al. c. Raad van bestuur van de Nederlandse Mededingingsautoriteit*, aff. C-8/08, ECLI : EU : C : 2009:343, pt. 38.

536 CJCE, 6 octobre 2009, *GlaxoSmithKline Services Unlimited c. Commission CE*, aff. jointes C-501/06 P, C-513/06 P, C-515/06 P et C-519/06 P., ECLI : EU : C : 2009:610, pt. 63.

537 Pt. 64.

538 V. E. CLAUDEL, « Droit de la concurrence », étude préc., pt. 531.62, p. 1427.

219. **Dépassement du bien-être des consommateurs par le bien-être dans l'Union**[539]. Dans ce contexte, l'arrêt *TeliaSonera Sverige* se révèle particulièrement opportun. La Cour de justice y affirme avec force que le droit de la concurrence préserve l'intérêt général, protège les entreprises et les consommateurs, et contribue donc au bien-être dans l'Union :

> En effet, de telles règles ont précisément pour objectif d'éviter que la concurrence ne soit faussée au détriment de l'intérêt général, des entreprises individuelles et des consommateurs, contribuant ainsi au bien-être dans l'Union.[540]

220. Ce faisant, la Cour rattache la finalité des règles de concurrence à l'article 3 § 1 du TUE en vertu duquel « l'Union a pour but de promouvoir la paix, ses valeurs et le bien-être de ses peuples. ». Le traité prend appui sur le droit de la concurrence afin de maintenir les marchés au service non seulement des consommateurs, mais aussi des entreprises, concurrents et citoyens européens[541]. Cette approche englobante transparaît tout au long du plan stratégique de la DG concurrence pour 2020. S'y trouve martelée l'idée que les règles de concurrence favorisent la compétitivité des entreprises, la croissance et la création de l'emploi, contribuant ainsi au bien-être de la société dans son ensemble :

> La mission de la direction générale de la concurrence est de permettre à la Commission de faire en sorte que les marchés profitent davantage aux consommateurs, aux entreprises et à la société dans son ensemble, en protégeant la concurrence sur le marché et en favorisant une culture de la concurrence dans l'UE et dans le monde.[542]
> L'objectif ultime de la politique de concurrence de l'UE est d'améliorer le fonctionnement des marchés au profit des consommateurs européens – tant les ménages que les entreprises et la société dans son ensemble.[543]

221. **Conclusion de la Section 1.** Un premier niveau de convergence se dégage entre les objectifs du droit de la concurrence et de la régulation bancaire : l'un comme l'autre ne confèrent qu'une valeur instrumentale à la concurrence. Celle-ci est protégée, non pas comme une fin en soi, mais comme un moyen contribuant à l'accomplissement d'autres objectifs supérieurs. Le « client », selon la terminologie propre à la régulation bancaire, ou « consommateur », suivant celle du droit de la concurrence, constitue une figure centrale de chacune de ces deux branches juridiques. Ces dernières sont toutes deux guidées par la protection de ses intérêts. La promotion du bien-être du consommateur, notamment appréciée en considération de l'innovation,

---

539 Sur ce point, V. C. Prieto et D. Bosco, *op. cit.*, spéc. n° 229 et 230, p. 221 à 224.

540 CJUE, 17 février 2011, *Konkurrensverket c. TeliaSonera Sverige AB* préc., pt. 22 ; V. déjà : CJCE, 22 octobre 2002, *Roquette Frères SA c. DGCCRF* préc., pt. 42.

541 « La politique de concurrence […] est utilisée au service de l'économie européenne et à l'amélioration du bien-être des citoyens de l'UE. » (Comm. eur., *Rapport sur la politique de concurrence 2011*, COM(2012) 253 final, p. 2).

542 Comm. eur., DG Concurrence, *Strategic Plan 2016-2020*, 20 avril 2017, p. 3 : « The mission of the Directorate-General for Competition is to enable the Commission to make markets deliver more benefits to consumers, businesses and the society as a whole, by protecting competition on the market and fostering a competition culture in the EU and worldwide » (traduction libre).

543 *Ibid.*, p. 10 : « The ultimate goal of EU competition policy is making markets function better for the benefit of European consumers – both households and businesses and the society as a whole. » (traduction libre).

du prix et de la qualité des services offerts, n'est certes qu'un objectif parmi d'autres ; mais sa place demeure centrale au sein du droit de la concurrence[544]. En droit de l'UE, la protection des intérêts du consommateur est prépondérante, mais s'inscrit dans une finalité plus générale, tenant également compte de l'intérêt des prestataires et plus largement des citoyens européens, visant ainsi le bien-être dans l'Union.

222. Pour y parvenir, le droit de la concurrence se positionne au service des autres politiques sectorielles, et notamment celle de la régulation bancaire. Dans cette perspective, les autorités de concurrence se sont imprégnées des objectifs de régulation bancaire afin de les respecter et mieux : de contribuer à leur accomplissement.

Section 2
Le droit de la concurrence, un moyen au soutien des objectifs de régulation bancaire

223. **Le droit de la concurrence, élément parmi d'autres d'une politique globale.** Le droit de la concurrence poursuit des objectifs excédant la simple compétition entre opérateurs et a été conçu dès l'origine, comme l'instrument (parmi d'autres) d'une politique économique globale. N'oublions pas en effet, toute la dimension sociale de l'ordolibéralisme ayant inspiré l'élaboration des règles européennes de concurrence : l'ordre concurrentiel est au service d'une économie sociale de marché et participe de l'inclusion des citoyens. Loin d'instaurer une concurrence débridée, l'ordre concurrentiel garantit l'accès au marché contre les privilèges et les tentatives d'accaparement. Il « ne promeut pas seulement la croissance de l'économie à laquelle s'intéressent tous les économistes de la croissance, mais aussi le niveau de la liberté, de l'égalité et de la justice dans un système de l'économie de marché »[545].

224. Dans sa quête de modernisation, entreprise à la fin des années 1990 sous l'impulsion du commissaire européen Karel Van Miert[546], le droit européen de la concurrence ancre sa finalité dans le bien-être du consommateur. Il s'agit alors de tirer le meilleur parti des progrès de l'économie industrielle afin de mieux comprendre le mécanisme des marchés et d'en cerner des dysfonctionnements, pour parvenir à une plus grande efficacité économique au profit du consommateur. Dans ce contexte, la contribution de l'économiste français Jean Tirole a été déterminante. Ses travaux sur les marchés bifaces[547] ont tout particulièrement éclairé les autorités européenne

---

544 V. E. Claudel, « Droit de la concurrence », étude préc., pt. 531.63, p. 1427.

545 Fr. Böhm, « Freiheit und Ordnung in der Marktwirtscaft », *ORDO*, vol. 22, 1971, p. 11, cité par C. Prieto et D. Bosco, *op. cit.*, p. 98.

546 K. Van Miert, *La politique européenne de concurrence*, Sénat, Paris, 9 octobre 1997.

547 J. Tirole, « Payment Card Regulation and the Use of Economic Analysis in Antitrust », *CPI*, 2011, vol. 8, n° 1, p. 137 ; J.-Ch. Rochet et J. Tirole, « Must-Take Cards : Merchant Discounts And Avoided Costs », *Journal of the European Economic Association*, 2011, vol. 9(3), p. 462 ; J.-Ch. Rochet et J. Tirole, « Cooperation among Competitors : Some Economics of Payment Card Associations », *Rand Journal of Economics*, 2002, 33(4), p. 549.

et française de concurrence[548]. L'ordre public concurrentiel est alors l'instrument permettant de maintenir les marchés au service de la prospérité et du bien-être des peuples. Le droit de la concurrence de l'Union était un élément central de la Stratégie de Lisbonne 2000[549] et s'inscrit pareillement dans la Stratégie Europe 2020[550].

225. **Articulation du droit de la concurrence avec les dispositifs de régulation sectorielle.** En tant qu'il s'inscrit dans une politique plus globale, le droit de la concurrence tient naturellement compte des impératifs propres aux autres politiques sectorielles lors de son application. Cette articulation est consubstantielle à l'instrumentalisation du droit de la concurrence. Celui-ci ne constitue pas un obstacle à la mise en œuvre des régulations sectorielles. Bien au contraire, ces dernières peuvent s'appuyer sur le droit de la concurrence, lequel embrasse leurs objectifs spécifiques et neutralise les situations de capture qui pourraient les entraver. Toute la nocivité des comportements restrictifs s'apprécie donc à la lumière de ces différents objectifs[551]. Le droit de la concurrence est un adjuvant transversal de la régulation économique, au soutien de chacun des dispositifs de régulation sectorielle. Ainsi par exemple, de la régulation des transports[552], de l'énergie[553], ou encore de la santé publique[554].

226. À cette énumération pouvons-nous ajouter la régulation bancaire pour la mise en œuvre de laquelle, le droit de la concurrence joue également un rôle d'auxiliaire. Le droit de la concurrence épouse les objectifs spécifiques de la régulation bancaire afin de les respecter. Certains d'entre eux, à l'exemple de la protection du marché bancaire unique ou de son efficacité économique, sont *a priori* partagés par la régulation bancaire et le droit de la concurrence. Ils ne constituent en effet, que les déclinaisons sectorielles d'objectifs poursuivis de manière générale et transversale par le droit de la concurrence, et ne nécessiteront de sa part, aucun travail d'adaptation ou d'assimilation particulier (§ 1). Tel n'est en revanche pas le cas, des objectifs de confiance et de stabilité, propres à la régulation bancaire, et pour lesquels les autorités de concurrence ont dû réaliser un véritable effort d'assimilation (§ 2).

§ 1. Des objectifs de régulation bancaire partagés par le droit de la concurrence

227. **Déclinaison sectorielle d'objectifs transversaux du droit de la concurrence.** Le droit de la concurrence poursuit des objectifs transversaux, dont la mise en œuvre est conduite quel que soit le secteur d'activité concerné. La promotion de l'efficacité économique, et en ce qui concerne le droit de l'UE, la protection du marché intérieur,

---

548 V. Partie II, Titre I, Chapitre I.

549 N. Kroes, « Effective Competition Policy – a Key Tool for Delivering the Lisbon Strategy », Introductory statement at EMAC Open Meeting of Coordinators, Bruxelles, 3 février 2005, SPEECH/05/73.

550 J. Almunia, « Europe 2020 : for competitive and sustainable industries », Bonn, SPEECH/10/165.

551 C. Prieto et D. Bosco, *op. cit.* p. 223, n° 230.

552 R. Wezenbeek, « Consumers and competition policy ; the Commission's perspective and the example of transport », Speech, University of Groningen, 17 septembre 2004.

553 N. Kroes, « The interface between regulation and competition law », *in Dominant Companies – The Thin Line between Regulation and Competition Law,* Conférence Bundeskartellamt, Hambourg, 28 avril 2009, SPEECH/09/202

554 N. Kroes, *Commission launches sector inquiry into pharmaceuticals*, Remarques introductives lors de la conférence de presse du 16 janvier 2008, Commission européenne, Bruxelles, 16 janvier 2008, SPEECH/08/18.

en sont des exemples topiques. Il n'est dès lors pas surprenant de les retrouver à l'occasion de l'application des règles de concurrence aux activités bancaires. La protection du marché bancaire unique (B) et de son efficacité économique (A) sont donc des objectifs partagés par la régulation bancaire[555] et le droit de la concurrence.

A. La préservation de l'efficacité du marché bancaire

228. **Objectif général d'efficacité décliné au secteur bancaire.** L'objectif général d'efficacité économique, poursuivi par les droits de la concurrence français et de l'Union quel que soit le secteur d'activité concerné (1), se décline au secteur bancaire (2).

1. Objectif général d'efficacité économique

229. **Point de vue économique sur la relation entre la concurrence et l'efficacité.** Bien que non unanime, le point de vue historiquement et actuellement dominant en économie est que la concurrence mène à l'efficacité[556]. Cette proposition repose sur le postulat qu'une situation concurrentielle entre des entreprises cherchant à maximiser leurs profits doit aboutir au long terme à un alignement des prix de vente sur les coûts unitaires. Ce résultat repose sur la rationalité des entreprises : dès lors que les prix sont supérieurs aux coûts, de nouveaux offreurs sont attirés sur ces marchés profitables. Les entrants ont alors tout intérêt à pratiquer des prix inférieurs à ceux des entreprises historiques, afin de gagner des parts de marché. À terme, les prix s'établissent à un niveau couvrant le coût moyen. Par ailleurs, si les coûts de production divergent d'une entreprise à l'autre, celles dont les coûts sont plus faibles ont intérêt à baisser leurs prix pour pousser les autres entreprises à sortir du marché. Les entreprises ayant des coûts plus élevés se trouvent donc soumises au choix suivant : quitter le marché – volontairement ou involontairement suite à la faillite –, ou bien améliorer leur productivité. Ce raisonnement schématique montre que la concurrence est à la fois porteuse d'efficacité allocative – les prix s'établissant au niveau des coûts –, et d'efficacité productive – *via* la réduction au minimum des coûts de production[557].

230. La corrélation entre la concurrence et l'efficacité dynamique est moins consensuelle. Partant d'un équilibre statique, la théorie néoclassique ne met pas en avant ce lien ; au contraire de l'école autrichienne qui voit en l'efficacité dynamique une propriété de la concurrence : la rivalité conduirait ainsi les entreprises à innover afin de survivre à la compétition. Il n'est pas d'étude théorique ou empirique permettant d'établir avec certitude cette relation. Ressort néanmoins de la littérature économique, l'idée générale qu'une concurrence trop vive, de même qu'une situation de monopole, seraient défavorables à l'innovation, tandis qu'une situation intermédiaire d'oligopole préservant une rivalité modérée lui serait plus favorable[558].

---

555 V. *supra* n° 83 s. et 122 s.

556 V. A.-L. Sibony, *op. cit.*, n°s 113 et 114, p. 87 à 89.

557 Fr. Jenny, « Competition and Efficiency », *in* B. Hawk (dir.), *Antitrust in a global economy : annual proceedings of the Fordham Corporate Law Institute,* Transnational Juris Kluwer, 1994, p. 198.

558 J.-L. Gaffard, « Innovation et concurrence : retour sur les fondements des politiques anti-trust », *Rev. conc. consom.* 1995, p. 18 à 31 ; P. Buigues et F. Caballero, « Politique de concurrence et innovation », *Rev. conc. consom.* 1995, p. 44 à 46.

231. Il est en revanche communément admis que la concurrence n'est pas *toujours* porteuse d'efficacité. Tout particulièrement au sein des marchés constitutifs de monopoles naturels, la concurrence n'est pas désirable car elle conduirait à une duplication des coûts. Une solution peut alors être de réguler le monopole afin de l'obliger à laisser d'autres opérateurs accéder aux infrastructures en amont, pour leur permettre de le concurrencer en aval[559]. Le droit de la concurrence a manifestement adopté cette approche générale : il poursuit à travers l'application de ses règles, un objectif d'efficacité économique tout en admettant que des structures ou comportements restrictifs de concurrence puissent générer des gains d'efficacité.

232. **L'efficacité économique, objectif du droit de la concurrence de l'Union.** Au sein du traité FUE, l'objectif d'efficacité et sa corrélation avec la concurrence sont établis de manière non équivoque : « [l]es États membres et l'Union agissent dans le respect du principe d'une économie de marché ouverte où la concurrence est libre, favorisant une allocation efficace des ressources »[560]. Le juge communautaire a pour sa part, manifesté très tôt la conscience qu'il avait des bénéfices de la concurrence en matière d'efficacité. Dans l'arrêt *ICI*, la Cour de justice affirme ainsi « que la fonction de la concurrence en matière de prix est de maintenir les prix au niveau le plus bas possible et de favoriser la circulation des produits entre les États membres en vue de permettre ainsi une répartition optimale des activités en fonction de la productivité et de la capacité d'adaptation des entreprises »[561].

233. L'objectif d'efficacité transparaît plus spécifiquement dans le système d'exemption des ententes « qui contribuent à améliorer la production ou la distribution des produits ou à promouvoir le progrès technique ou économique, tout en réservant aux utilisateurs une partie équitable du profit qui en résulte »[562]. Bien que l'efficacité ne soit pas expressément mentionnée par l'article 101 § 3 TFUE, les lignes directrices relatives à son application[563] désignent le *progrès technique et économique* visé par cette disposition sous l'expression *gains d'efficacité*, dont on distingue deux catégories principales : les gains portant sur les coûts[564] et les gains qualitatifs[565], renvoyant respectivement à l'efficacité productive et dynamique. De manière générale, les lignes directrices rappellent également que le droit de la concurrence vise à protéger la concurrence comme moyen d'assurer une « répartition efficace des ressources »[566]. L'objectif d'efficacité relève également de l'article 102 du TFUE : la prohibition des abus d'exploitation en général – des prix excessifs en particulier – participe d'une allocation efficace des ressources[567]. Par ailleurs, bien que

---

559 V. J. Tirole, *op. cit.*, p. 477 à 478.

560 Article 120 TFUE. Cette disposition figure toutefois dans le chapitre relatif à la *politique économique* et non dans celui consacré aux *règles de concurrence*.

561 CJCE, 14 juillet 1972, *Imperial Chemical Industries Ltd. c. Commission CE*, aff. 48-69, ECLI : EU : C : 1972:70, pt 115.

562 Article 101 § 3 TFUE.

563 Comm. CE, Lignes directrices concernant l'application de l'article 81, paragraphe 3, du traité, préc., p. 97.

564 *Ibid.*, pt. 64 à 68.

565 *Ibid.*, pt. 69 à 72.

566 *Ibid.*, pt. 33.

567 La jurisprudence fonde cette prohibition sur l'article 102 sous a) du TFUE interdisant l'imposition de prix d'achat ou de vente ou d'autres conditions de transaction non équitables (CJCE, 13 novembre 1975, *General Motors Continental NV c. Commission CE*, aff. 26-75, ECLI : EU : C : 1975:150).

l'article 102 n'en fasse pas mention lui-même, les orientations sur l'application de l'article 82 du traité CE aux pratiques d'éviction abusives renseignent sur la possibilité d'une exemption fondée sur des gains d'efficacité du même ordre que ceux requis par l'article 101 § 3[568], et dont on a vu qu'ils pouvaient se rattacher à un objectif d'efficacité tant productive que dynamique.

234. La quête d'efficacité économique ressortit également au contrôle des concentrations : la DG concurrence est parfaitement consciente de ce qu'un rapprochement d'entreprises peut générer des gains d'efficacité allocative, productive ou dynamique, ainsi que cela ressort des lignes directrices sur l'appréciation des concentrations horizontales : « Les concentrations sont susceptibles de générer différents types de gains d'efficacité pouvant conduire à une *baisse des prix* ou à d'autres avantages pour les consommateurs. Par exemple, les *économies réalisées au niveau de la production ou de la distribution* pourraient donner à l'entité issue de la concentration la capacité et l'incitation de baisser les prix à l'issue de l'opération. [...] Les consommateurs peuvent aussi tirer avantage de *nouveaux produits ou services ou de produits ou services améliorés*, qui seraient le fruit, par exemple, de *gains d'efficacité dans les domaines de la recherche et du développement et de l'innovation* »[569].

235. À l'occasion du contrôle des aides d'État, la Commission s'intéresse pareillement aux conséquences de l'aide sur l'efficacité allocative, productive et dynamique du marché. Les lignes directrices concernant les aides d'État à finalité régionale pour la période 2014-2020, sont à cet égard, particulièrement éloquentes : « Les aides à finalité régionale peuvent [...] *conduire à une allocation inefficiente des ressources* (nuisant à la performance économique du marché intérieur) et à des problèmes de distribution (répartition de l'activité économique entre régions). Un effet potentiellement dommageable des aides d'État provient de ce qu'elles *empêchent les mécanismes du marché d'encourager l'efficience en récompensant les producteurs faisant la meilleure utilisation de leurs ressources* et en exerçant une pression sur ceux qui en font la moins bonne pour qu'ils s'améliorent, se restructurent ou quittent le marché. » Elles peuvent également « empêcher des entreprises de pénétrer ou de se développer sur le marché et *mettre un frein à la volonté des concurrents d'innover* »[570].

236. **L'efficacité économique, objectif du droit français de la concurrence.** Le droit français de la concurrence est aussi guidé par un objectif d'efficacité économique. Le juge français considère ainsi qu'une entente peut constituer un obstacle à l'allocation optimale des facteurs de production[571]. Mais à l'instar du droit de

---

568 Comm. CE, Orientations sur les priorités retenues par la Commission pour l'application de l'article 82 du traité CE aux pratiques d'éviction abusives des entreprises dominantes, *JOUE* n° C45 du 24 février 2009, p. 7, pt. 30. Cette possibilité est admise par la Cour de justice (CJUE, 27 mars 2012, *Post Danmark A/S c. Konkurrencerådet*, aff. C-209/10, ECLI : EU : C : 2012:172, pt. 40 s.).

569 Comm. CE, Lignes directrices sur l'appréciation des concentrations horizontales au regard du règlement du Conseil relatif au contrôle des concentrations entre entreprises, *JOUE* n° C31 du 5 février 2004, p. 5, pt. 80 à 81, mis en italique par nos soins.

570 Comm. CE, Lignes directrices concernant les aides d'État à finalité régionale pour la période 2014-2020, *JOUE* n° C 209 du 23 juillet 2013, p. 1, pt. 113 et 114, mis en italique par nos soins.

571 CA Paris, 1er octobre 1980, *RTD Com.*, 1981, p. 791, obs. E. Alfandari et M. Jeantin ; *D. 1*983, IR, p. 222, obs. Chr. Gavalda et Cl. Lucas de Leyssac.

l'Union, l'article L 420-4, I, 2° du Code de commerce accorde une exemption aux pratiques d'ententes et d'abus de position dominante « dont les auteurs peuvent justifier qu'elles ont pour effet d'assurer un progrès économique », ce que le III du même article assimile à « des motifs objectifs tirés de l'efficacité économique » et que la jurisprudence désigne sous l'expression « gains d'efficacité »[572]. Une concentration soulevant des préoccupations de concurrence pourra pareillement être autorisée, dès lors qu'elle s'accompagne de « gains d'efficacité »[573].

237. L'efficacité constitue donc un objectif général, porté par les différents pans des droits de la concurrence français et de l'Union ; sans surprise, l'application de ses règles aux activités bancaires est encore guidée par la recherche de l'efficacité économique.

2. Objectif spécifique d'efficacité du marché bancaire

238. **La concurrence interbancaire, facteur d'efficacité.** L'objectif général d'efficacité économique porté par le droit de la concurrence se décline au secteur bancaire. La Commission européenne se préoccupe ainsi tout particulièrement de la promotion d'instruments de paiement efficaces[574], mais aussi de l'efficacité des divers autres services bancaires et du secteur dans son ensemble[575]. Ce souci est partagé par l'Autorité de la concurrence[576].

239. Cette démarche repose sur le postulat que la concurrence est porteuse d'efficacité sur le marché bancaire, autant qu'elle peut l'être dans d'autres secteurs d'activité. Pour la Commission européenne, le fonctionnement concurrentiel du marché bancaire participe ainsi d'une allocation efficace des ressources : « [l]es marchés financiers sont essentiels au fonctionnement des économies modernes. Plus ils sont intégrés et concurrentiels, plus l'allocation des capitaux et les performances économiques sur le long terme seront efficaces. »[577]

240. Ce point de vue est partagé dans une large mesure par la littérature économique. La concurrence s'y trouve ainsi présentée comme favorisant la diminution des prix ainsi que des coûts, et comme stimulant l'innovation ; elle est en d'autres mots, globalement perçue comme un facteur d'efficacité allocative, productive et dynamique au sein du secteur bancaire[578].

---

572 CA Paris, 4 juillet 2019, n° 16-23609, pt. 334 à 394 ; CA Paris, 21 décembre 2017, n° 16-15499, pt. 250 à 252.

573 Aut. conc., Lignes directrices relatives au contrôle des concentrations, 2020, pt. 508.

574 Comm. CE, *Rapport sur la politique de concurrence 1995,* pt. 47, p. 30 ; J. Almunia, *La concurrence au service de l'achèvement du marché unique, 4*e Conférence Internationale Concurrences, Paris, 22 février 2013, SPEECH/13/151.

575 V. Comm. CE, Document de travail des services de la Commission, 7 mai 2013, Annexe au *rapport de la Commission sur la politique de concurrence 2012*, SWD(2013) 159 final, p. 29.

576 Aut. conc., décision n° 11-D-11 du 7 juillet 2011 *relative à des pratiques mises en œuvre par le Groupement des Cartes Bancaires*, spéc. n° 146 et 153, note S. Cholet, *RLC* 2011/29, n° 1895, p. 16 ; C. Prieto, *RDC* n° 4, 2011, p. 1214.

577 L'expression « marchés financiers » est ici employée par la Commission dans un sens générique, subsumant les marchés bancaires, assurantiels et d'instruments financiers (Comm. CE, Document de travail des services de la Commission, 27 juillet 2009, Annexe au *rapport de la Commission sur la politique de concurrence 2008*, SEC(2009)1004 final, pt. 166, p. 52). V. également : Comm. CE, Document de travail des services de la Commission, 2010, Annexe au *rapport de la Commission sur la politique de concurrence 2009*, SEC(2010) 666, pt. 181, p. 109.

578 R. Ahrend, J. Arnold et F. Murtin, *Prudential Regulation and Competition in Financial Markets*, Éditions de l'OCDE, Economics Department Working Paper n° 735, ECO/WKP(2009)76, pt. 33, p. 19 ; Fr. Jenny,

241. **Malédiction du vainqueur.** Cette relation positive entre la concurrence et l'efficacité du marché bancaire n'est toutefois pas absolue, celle-là pouvant constituer un obstacle à celle-ci par exception. Les autorités de concurrence sont conscientes de ce qu'en raison des spécificités propres au marché bancaire, la concurrence peut occasionnellement s'y déployer au détriment de l'efficacité. Un tel risque résulte notamment, de l'asymétrie d'information existant entre les établissements prêteurs et les emprunteurs – les seconds étant en effet incités à ne pas révéler certaines informations qui permettraient aux premiers d'évaluer précisément leur probabilité de défaut[579]. Cette asymétrie peut être progressivement réduite par une relation de clientèle à long terme. Mais pour les nouveaux clients, cette évaluation est nécessairement sujette à erreur. Or plus il existe d'offreurs sur le marché du crédit, plus la probabilité pour que le risque de défaut d'un emprunteur insolvable soit sous-évalué augmente. Partant, les chances pour qu'un emprunteur à risque obtienne *in fine* un crédit s'accroissent avec le nombre de banques en concurrence. En ce sens, les établissements de crédit remplissent moins efficacement leur rôle d'intermédiation, à mesure de l'intensification concurrentielle. Cette situation renvoie au phénomène bien connu des économistes dit de « malédiction du vainqueur » : la banque ayant gagné ce client à risque, a en réalité gagné le droit d'assumer des pertes plus importantes[580].

242. De manière générale, les autorités de concurrence seront ouvertes en tout état de cause, à l'examen d'éventuels gains d'efficacité permettant d'exempter une pratique anticoncurrentielle commise sur les marchés bancaires[581], comme sur tout autre type de marché d'ailleurs. Sans surprise, l'objectif général d'efficacité se décline donc sectoriellement à l'occasion de l'application des règles de concurrence aux activités bancaires. Les autorités sont mues par l'idée que la concurrence concourt à l'efficacité du marché bancaire par principe, mais que certaines restrictions pourraient être éventuellement justifiées par la production de gains d'efficacité. L'efficacité économique des services, et plus généralement du système bancaire, est donc un objectif de régulation sectorielle partagé par le droit de la concurrence. Pareil constat peut être dressé en ce qui concerne la protection du marché bancaire unique, objectif propre au droit de la concurrence de l'Union.

« La crise économique et financière, la régulation et la concurrence », *Concurrences* n° 2-2009, mai 2009, art. n° 25873, p. 2, n° 5 ; OCDE, *Concurrence et marchés financiers – Messages clés*, rapport préc., p. 8.

579 V. Comm. CE, document de travail accompagnant l'enquête sectorielle de la Commission sur la banque de détail (COM[2007] 33 final), 31 janvier 2007, SEC(2007) 106, p. 25.

580 M. Dietsch, « La place de la concurrence dans l'organisation et le fonctionnement du secteur bancaire », *in* M.-A. Frison-Roche (dir.), *Droit, économie, justice et secteur bancaire*, cycle de conférences de la Chaire Régulation de l'IEP de Paris (Science Po), Cour de cassation, Paris, 4 avril 2005, p. 6.

581 Pour des décisions ayant accordé l'exemption : Comm. CE, décision du 24 juillet 2002, *Visa international – Commission multilatérale d'interchange*, aff. COMP/29.373, *JOUE* n° L318/17 du 22 novembre 2002, p. 17, pt. 74 à 107 ; Comm. CE, décision du 11 décembre 1986, *Association belge des banques*, aff. IV/261-A, *JOCE* n° L 7/27 du 9 janvier 1987, p. 1, pt. 46 à 58 ; Comm. CE, décision du 12 décembre 1986, *ABI*, aff. IV/31356, *JOCE* n° L 43/51 du 13 février 1987, p. 1 pt. 53 à 71 ; Aut. conc., décision n° 10-D-28 du 20 septembre 2010, *relative aux tarifs et aux conditions liées appliquées par les banques et les établissements financiers pour le traitement des chèques remis aux fins d'encaissement* (obs. M.-A. Frison-Roche, *Banque & Droit*, décembre 2010, p. 6 ; Chr. Lemaire, *Concurrences* n° 4-2010, décembre 2010, art. n° 33177, p. 208 ; L. Nicolas-Vullierme, *Concurrences* n° 4-2010, décembre 2010, art. n° 32992, p. 108 ; V. Sélinsky, *RLC* 2011/26, p. 26), refusant l'exemption pour les commissions d'échange image-chèque (pt. 396 à 531) mais l'accordant aux commissions de services connexes (pt. 532 à 599).

B. La préservation d'un marché bancaire unique

243. **Objectif général de protection du marché unique décliné au secteur bancaire.** Similairement à la promotion de l'efficacité, l'objectif spécifique de protection du marché bancaire unique (2) constitue la déclinaison sectorielle d'un objectif général de protection du marché unique (1), poursuivi par le droit de la concurrence de l'UE.

1. Objectif général de protection du marché unique

244. **Objectif originel du droit de la concurrence de l'UE.** La protection du marché unique est l'un des objectifs originels du droit de la concurrence. Dans les textes, les règles de concurrence et le marché intérieur sont en effet associés *ab initio :* le traité de Rome proclamait l'établissement d'un « régime assurant que la concurrence n'est pas faussée dans le marché commun »[582] et le protocole n° 27 énonce aujourd'hui que « le marché intérieur [...] comprend un système garantissant que la concurrence n'est pas faussée ». Les aides d'État[583], les concentrations d'entreprises[584], les ententes[585] et les abus de position dominante[586] ne sont d'ailleurs prohibés qu'au regard de leur *incompatibilité avec le marché intérieur*[587].

245. Ainsi l'entreprise d'intégration du marché a-t-elle pu s'appuyer sur le droit de la concurrence de l'Union, lui-même gouverné par cet objectif durant la première période de son application. Cela est perceptible au regard de l'accent porté sur la lutte contre les restrictions verticales, jugées porteuses d'un risque supérieur de cloisonnement des marchés domestiques ; tandis que les autorités nationales portaient plus volontiers leur attention sur les restrictions horizontales[588]. Dès l'origine, la Commission[589] et le juge[590] conçoivent donc les règles de concurrence comme garantes de l'intégration du marché, en empêchant que les barrières ne se recréent artificiellement. Ils ne peuvent en toute hypothèse, que tenir compte de cet objectif lors de l'appréciation de l'affectation du commerce entre États induite par un comportement, condition de l'applicabilité des règles de concurrence[591].

---

582 Art. 3, sous f), traité CEE.

583 Art. 107 TFUE.

584 Règlement (CE) n° 139/2004 du Conseil du 20 janvier 2004 relatif au contrôle des concentrations entre entreprises (« le règlement CE sur les concentrations »), *JOUE* n° L 024 du 29 janvier 2004, p. 1, art. 2.

585 Art. 101 § 1 TFUE.

586 Art. 102 § 2 TFUE.

587 V. M. Waelbroeck et A. Frignani, *Commentaire Mégret, vol. IV : Concurrence,* Ed. de l'Université de Bruxelles, 2e éd., 1997, p. 124, n° 116 ; J. J. A. Ellis, « L'interprétation du mot "affecter" dans l'article 85, paragraphe 1 du traité de la Communauté économique européenne par rapport aux mots "empêcher", "restreindre" ou "fausser le jeu de la concurrence" », *D. 1963*, chron. p. 222.

588 D. J. Gerber, *Law and Competition in Twentieth Century Europe : Protecting Prometheus*, Oxford University Press, 2001, p. 354 ; I. Lianos, *La transformation du droit de la concurrence par le recours à l'analyse économique : l'exemple du traitement des restrictions verticales par le droit communautaire et américain de la concurrence,* Bruylant, 2007, p.137 s.

589 Comm. CE, Rapport sur la politique de concurrence 1971, p. 12 ; Rapport sur la politique de concurrence 1984, p. 17.

590 CJCE, 13 juillet 1966, *Établissements Consten S.à.R.L. et Grundig-Verkaufs-GmbH c. Commission CE*, aff. jointes 56 et 58-64, ECLI : EU : C : 1966:41, pt. 8.

591 R. Lecourt, « La concurrence devant le juge », *Gaz. pal.* n° 2, *1973*, p. 741 à 748, spéc. p. 743, à propos de l'arrêt *Brasserie du pêcheur* (CJCE, 5 mars 1996, *Brasserie du Pêcheur SA c. Bundesrepublik Deutschland*, aff. jointes C-46/93 et C-48/93, ECLI : EU : C : 1996:79).

246. **Réciprocité des relations entre la concurrence et l'intégration du marché.** Les relations entre la concurrence et l'intégration ne vont toutefois pas à sens unique. La première concourt également au renforcement de la seconde : les libres circulations et l'harmonisation des régimes exposent les entreprises à la concurrence de prestataires issus d'autres États membres, en les soumettant à des conditions d'exercice équivalentes, quel que soit leur pays de résidence. « L'intégration est tout autant une condition de la concurrence que la concurrence une condition de l'intégration. »[592] Cette réciprocité observable de manière générale, l'est aussi sectoriellement entre la concurrence et l'intégration du marché bancaire unique.

2. Objectif spécifique de protection du marché bancaire unique

247. **Contribution du droit de la concurrence à l'intégration du marché bancaire.** Si l'approfondissement du marché bancaire unique peut contribuer à une intensification concurrentielle[593], l'application des règles de concurrence participe en retour de l'intégration du marché. Le droit de la concurrence de l'Union s'efforce en effet, de protéger le marché bancaire unique en empêchant que les obstacles réglementaires progressivement abolis ne soient à nouveau érigés sous des formes privées[594]. Il ne s'agit là que d'une déclinaison sectorielle de l'objectif général de protection du marché intérieur décrit *supra*. Le droit de la concurrence est ainsi présenté par la Commission comme un instrument accompagnant l'effort d'approfondissement du marché bancaire unique :

> La création d'un marché européen des services financiers efficace et intégré constitue un objectif important et ambitieux de la stratégie de Lisbonne, qui est poursuivi par le plan d'action pour les services financiers. Les politiques menées en matière de concurrence et de marché intérieur sont utilisées en tant qu'instruments complémentaires pour atteindre cet objectif.[595]

248. **Manifestations dans la pratique décisionnelle.** En pratique, cet objectif explique sans doute la vigilance particulière de la Commission à l'égard de pratiques anticoncurrentielles susceptibles de mettre en péril la réussite du projet SEPA, composante essentielle du marché bancaire unique[596] : « la Commission ne peut tolérer des comportements qui visent à cloisonner un marché national puisque ces comportements vont à l'encontre des objectifs du SEPA »[597]. Il explique vraisemblablement encore l'insistance portée sur la suppression d'aides publiques héritées

---

592 A.-L. Sibony, *op. cit.*, p. 67, n° 87.

593 V. n° 59 s.

594 Pour une vue d'ensemble, V. D. Servais (dir.), *Intégration des marchés financiers*, Éditions de l'Université de Bruxelles I.E.E., coll. Commentaire J. Mégret, 3e éd., 2007, p. 65 à 85.

595 Comm. CE, *Rapport sur la politique de concurrence 2004*, SEC(2005) 805 final, p. 124, n° 308.

596 Comm. CE, Document de travail des services de la Commission, 2008, Annexe au *rapport sur la politique de concurrence 2007*, SEC(2008) 2038, p. 47 ; E. Carletti et X. Vives, art. préc., p. 281 à 284.

597 Comm. CE, Communiqué de presse : « Antitrust : le Groupement des Cartes Bancaires restreint la concurrence en empêchant l'émission de cartes à des prix compétitifs », 17 octobre 2007, IP/07/1522, à propos de pratiques d'exclusion commises par le GIE CB sur les marchés français de l'acquisition et de l'émission des paiements par carte (Comm. CE, décision du 17 octobre 2007, *Groupement des cartes bancaires « CB »*, aff. COMP/D1/38606, pt. 370).

du passé, mais n'ayant plus leur place dans un contexte libéralisé[598]. La souplesse de la Commission vis-à-vis des concentrations bancaires transfrontalières au cours des années 1990 est peut-être enfin l'expression de sa volonté d'encourager des opérations contribuant à l'intégration du marché[599].

249. De même que l'efficacité, l'objectif général de protection du marché unique se décline ainsi sectoriellement à l'occasion de l'application des règles européennes de concurrence aux activités bancaires. L'intégration du marché bancaire unique comme son efficacité, sont donc des objectifs partagés par la régulation bancaire et le droit de la concurrence ; ils ne nécessiteront de sa part aucun travail d'assimilation particulier. Mais il est d'autres objectifs propres à la régulation bancaire, que les autorités de concurrence ont progressivement dû assimiler.

§ 2. Des objectifs de régulation bancaire assimilés par le droit de la concurrence

250. **Prise de conscience des objectifs de régulation bancaire.** À la différence des objectifs d'efficacité et de protection du marché intérieur, la confiance et la stabilité financière sont *a priori* étrangères aux préoccupations des autorités de concurrence. Mais ces dernières en ont pris conscience, à compter tout particulièrement de la crise financière de 2008. Si l'autorité française de concurrence demeure discrète sur ce point, la DG concurrence manifeste quant à elle, très explicitement son attachement au maintien de la confiance (A) et de la stabilité financière (B). Il faut dire que ces impératifs sont avant tout susceptibles d'entrer en tension avec la logique de prohibition des aides d'État, relevant de la compétence de la Commission européenne.

A. Le maintien de la confiance

251. **Rares indices d'une prise de conscience de l'autorité française de concurrence.** Les indices témoignant de ce que l'autorité française est consciente du rôle clé joué par la confiance et qu'elle entend contribuer à son maintien sont rares mais pas inexistants. Dans une étude consacrée au bilan de l'application des règles de concurrence en France, publiée à l'occasion du 25e anniversaire de l'ordonnance du 1er décembre 1986, le président de l'Autorité de la concurrence Bruno Lasserre s'interrogeait sur la place de la concurrence dans le contexte de crise financière et relevait que « la confiance [était] deven[ue] un enjeu majeur ». Il affirmait alors que le droit de la concurrence pouvait concourir au renforcement de la confiance en protégeant « l'intérêt collectif contre les comportements à risque »[600]. La Commission européenne est bien plus expressive encore sur sa volonté de participer au maintien de la confiance, à l'occasion notamment, de la mise en œuvre du contrôle des aides.

---

598 P. Ibáñez Colomo, D. Berlin, J.-L. Colson *et al.*, art. préc., p. 77.

599 D. Servais (dir.), *Intégration des marchés financiers*, Éditions de l'Université de Bruxelles I.E.E., coll. Commentaire J. Mégret, 3e éd., 2007, p. 67.

600 Br. Lasserre, « Introduction. 25 ans de progrès ininterrompus », *in* C. Anadon, I. d'Armaillé, L. Bellulo, *et al.*, *25 ans pour construire la concurrence*, 2011, p. 5.

252. **Véritable prise de conscience de la DG concurrence à compter à la crise financière de 2008.** Antérieurement à la crise, quelques décisions relatives à des mesures d'aide révèlent que la Commission n'était pas ignorante de la nécessité de préserver la confiance des déposants en leurs banques et que la faillite de l'une d'entre elles pouvait être dommageable[601].

253. Mais ce n'est qu'à compter de la crise financière de 2008 que la DG concurrence semble avoir véritablement pris conscience du rôle éminent joué par la confiance dans le bon fonctionnement du système financier, et surtout, de ce qu'il s'agissait là d'un objectif central de la régulation bancaire. Dès le début de la crise financière, elle relève les effets disruptifs d'une perte de confiance généralisée : « le secteur bancaire a vu la confiance à son égard s'éroder ces dernières semaines. L'incertitude omniprésente concernant le risque crédit de différentes institutions financières a paralysé le marché des prêts interbancaires et a, en conséquence, rendu l'accès aux liquidités progressivement plus difficile pour les institutions financières. »[602]

254. Elle n'a dès lors pu que constater l'adoption de mesures destinées à rétablir la confiance perdue à l'endroit des établissements de crédit[603], ou au contraire, à contrecarrer les effets néfastes d'une confiance excessive à l'égard des agences de notation[604]. Cette prise de conscience a suscité chez la DG concurrence la volonté de contribuer à cet effort.

255. **Volonté de concourir au maintien de la confiance.** Faisant sien cet objectif, l'autorité européenne de concurrence a affiché son souhait de participer au maintien de la confiance sur le marché bancaire. Cette intention est patente en matière de contrôle des aides d'État. Face à l'urgence d'apporter une réponse à la crise, elle a affirmé sa volonté d'adapter son contrôle et de traiter les soutiens publics accordés aux banques avec toute la célérité nécessaire au prompt rétablissement de la confiance : « la Commission procédera, lors de l'application des critères [de compatibilité avec le traité] aux mesures prises par les États membres, avec la rapidité nécessaire pour garantir la sécurité juridique et rétablir la confiance dans les marchés financiers. »[605]

---

601 Comm. CE, décision du 26 juillet 1995, *portant approbation conditionnée de l'aide accordée par la France à la banque Crédit Lyonnais*, aff. 95/547/CE, *JOCE* n° L308 du 21 décembre 1995, p. 92 ; Comm. CE, décision du 20 mai 1998 *concernant les aides accordées par la France au groupe Crédit Lyonnais*, aff. 98/490/CE, *JOCE* n° L221 du 8 août 1998, p. 28.

602 Comm. CE, communication du 25 octobre 2008, Application des règles en matière d'aides d'État aux mesures prises en rapport avec les institutions financières dans le contexte de la crise financière mondiale, *JOUE* n° C270 du 25 octobre 2008, p. 8, pt. 1. V. également : Comm. CE, communication de la Commission du 26 mars 2009 concernant le traitement des actifs dépréciés dans le secteur bancaire de la Communauté, *JOUE* n° C72 du 26 mars 2009, p. 1, pt. 6.

603 À propos des mesures adoptées par le Conseil ECOFIN suite à sa réunion du 22 octobre 2011 : Comm. eur., communication de la Commission concernant l'application, à partir du 1er janvier 2012, des règles en matière d'aides d'État aux aides accordées aux banques dans le contexte de la crise financière, *JOUE* n° C356 du 6 décembre 2011, p. 7, pt. 3.

604 À propos du règlement (CE) n° 1060/2009 du Parlement européen et du Conseil du 16 septembre 2009 sur les agences de notation de crédit (*JOUE* n° L302 du 17 novembre 2009, p. 1) : Comm. eur., *Rapport sur la politique de concurrence 2011*, COM(2012) 253 final, p. 7.

605 Comm. CE, communication du 25 octobre 2008, Application des règles en matière d'aides d'État aux mesures prises en rapport avec les institutions financières dans le contexte de la crise financière mondiale préc., p. 8, pt. 5 ; V. également : Comm. CE, Document de travail des services de la Commission, 15 juin 2016, Annexe au *rapport de la Commission sur la politique de concurrence 2015*, SWD(2016) 198 final, p. 58.

256. Cet objectif de maintien de la confiance au sein du secteur, propre à la régulation bancaire et *a priori* étranger au droit de la concurrence, a donc été progressivement assimilé par la DG concurrence. L'autorité française semble pareillement consciente de cet impératif et du rôle joué par les règles de concurrence dans son maintien, en dépit de la rareté des indices témoignant de cette prise de conscience. Leur démarche est tout à fait comparable en ce qui concerne l'objectif de stabilité financière.

B. Le maintien de la stabilité

257. **Ambivalence des liens entre concurrence et stabilité.** Contrairement à la question des relations entre la concurrence et l'efficacité, relativement consensuelle[606], les économistes sont divisés quant à celle de savoir si la concurrence serait plutôt facteur de stabilité ou d'instabilité financière. Aucune conséquence normative ne peut donc être définitivement tirée en ce qui concerne l'opportunité d'une application des règles de concurrence aux activités bancaires, eu égard à l'impératif de stabilité (1). Les autorités de concurrence semblent conscientes de l'impératif de stabilité. Celui-ci est notamment susceptible d'entrer en tension avec la logique de prohibition des aides d'État ; raison sans doute pour laquelle les manifestations de cette prise de conscience sont nettement moins manifestes en droit français qu'en droit de l'Union. La DG concurrence entend concourir au maintien de la stabilité financière, suivant une approche elle-même ambivalente, à la fois positive et négative : positive en ce que la lutte contre les distorsions concurrentielles est pensée comme favorable au maintien de la stabilité financière, négative en tant qu'elle s'efforce à certains égards, de ne pas déstabiliser le marché lors de la mise en œuvre des règles de concurrence (2).

1. Ambivalence du point de vue économique quant au rapport entre stabilité et concurrence

258. **La concurrence, facteur d'instabilité.** Si la littérature économique semble relativement consensuelle autour de l'idée d'une corrélation positive entre concurrence et efficacité du marché bancaire[607], les auteurs sont nettement plus partagés sur la question des rapports entre concurrence et stabilité financière.

259. Une partie de la théorie économique considère ainsi que la concurrence serait un facteur d'instabilité. L'un des principaux arguments tient à ce qu'une réduction des marges liée à un degré élevé de concurrence entre banques, les conduirait à entreprendre des activités potentiellement plus rémunératrices mais aussi plus risquées[608]. Un autre argument repose sur le postulat que la diversification des risques offrirait une plus grande stabilité des entités. Or la capacité des banques à se diversifier serait fonction de leur taille et donc de la concentration du marché. En admettant

---

606 V. *supra* n° 229 s. et 238.

607 V. *supra* n° 229 s. et 238.

608 M. C. Keeley, « Deposit insurance, risk, and market power in banking », *The American Economic Review*, 1990, vol. 80(5), p. 1183 ; A. J. Marcus, « Deregulation and bank financial policy », *Journal of Banking & Finance*, 1984, vol. 8, issue 4, p. 557.

que le degré de concurrence d'un marché est lié, au moins en partie, à son niveau de concentration, un marché concurrentiel (et donc atomisé) limiterait ainsi la capacité des banques à se diversifier et augmenterait d'autant le risque d'instabilité[609].

260. **La concurrence, facteur de stabilité.** D'aucuns considèrent en revanche, que la concurrence interbancaire favorise la stabilité financière. En effet, une concurrence limitée induirait un accroissement des taux d'intérêt et donc une hausse du coût de l'emprunt. Cela se traduirait pour l'emprunteur en une baisse du rendement de son projet, et l'inciterait ainsi à accentuer sa prise de risque pour maintenir la rentabilité ; sa probabilité de défaillance s'en trouverait alors accentuée, au détriment du prêteur. Une concurrence plus intense limiterait *a contrario* l'exposition des banques au risque de défaut et renforcerait ainsi la stabilité générale[610]. D'autres estiment par ailleurs, que la garantie attachée au statut de banque *trop grosse pour faire faillite* entraîne une incitation à la prise de risques, et qu'en conséquence, un marché concurrentiel faiblement concentré limiterait la proportion d'entités soumises à ce type d'aléa moral[611].

261. La théorie économique est donc divisée sur le point de savoir s'il existe une corrélation positive ou négative entre la concurrence et la stabilité financière. Les études empiriques à disposition ne permettent pas de trancher cette question avec certitude[612]. Dès lors, il est impossible de tirer de l'analyse économique des conséquences normatives définitives quant à l'opportunité d'une application du droit de la concurrence aux activités bancaires, eu égard à l'impératif de stabilité. La DG concurrence poursuit un objectif de stabilité financière, mais demeure elle-même consciente de la relation ambivalente existant entre la concurrence et la stabilité.

2. Ambivalence de l'approche de la Commission européenne quant au rapport entre stabilité et concurrence

262. **Place réservée à la stabilité dans le droit des aides antérieurement à la crise.** La stabilité financière est une préoccupation du droit de la concurrence de l'Union plus explicite encore que la confiance. Cet intérêt pour la stabilité est perceptible de longue date en matière de contrôle des aides d'État : dans son évaluation du soutien apporté par l'État français au Crédit lyonnais en 1994[613], la Commission tient manifestement compte de ce qu'une aide peut s'avérer nécessaire au regard de l'impératif de stabilité lorsque l'entité bénéficiaire comporte une dimension systémique[614]. Il s'agit alors d'éviter que l'application des règles de concurrence ne favorise l'instabilité.

---

609 F. Allen, et D. Gale, *Comparing financial systems*, MIT press., 2001.

610 J. H. Boyd et G. de Nicoló, « The theory of bank risk taking and competition revisited », *The Journal of Finance*, 2005 vol. 60(3), p. 1329.

611 G. H. Stern et R. J Feldman, *Too big to fail : The hazards of bank bailouts*, Brookings Institution Press, 2009.

612 Pour une synthèse de la littérature théorique et empirique sur cette question, V. A. Leroy, *Analyse des effets de la concurrence bancaire sur la stabilité et l'efficience : une perspective européenne*, thèse de doctorat en Sciences économiques, Université d'Orléans, 2016, p. 25 à 43.

613 Comm. CE, décision du 26 juillet 1995, *portant approbation conditionnée de l'aide accordée par la France à la banque Crédit Lyonnais*, préc.

614 *Ibid.*, pt. 3.2.

263. Mais trois ans plus tard, alors que la France apporte à nouveau son soutien au Crédit lyonnais, la Commission manifeste une approche plus positive à l'égard de la stabilité : en imposant des mesures compensatoires draconiennes, l'un des objectifs affichés est la réduction de l'aléa moral induit par le soutien public, et ce faisant, le renforcement de la stabilité financière[615]. La démarche de la Commission dans le cadre des affaires *Crédit Lyonnais*, préfigure ainsi celle adoptée lors de la crise financière de 2008.

264. **Place réservée à la stabilité dans le droit des aides à compter de la crise.** À compter de la crise financière, la stabilité devient un objectif à part entière de la DG concurrence[616]. Dès le mois d'octobre 2008, la commissaire à la concurrence Neelie Kroes affirmait que la « Commission ferait tout ce qui était en son pouvoir pour aider au maintien de la stabilité des banques européennes. »[617] Les communications successives portant sur l'application des règles du contrôle des aides au secteur bancaire présentent alors explicitement la stabilité comme un « objectif prioritaire » de la DG concurrence[618].

265. Ces textes exposent la méthodologie adoptée par l'autorité européenne de concurrence et révèlent sa double approche, tant négative que positive, à l'égard de l'objectif de stabilité : négative en ce qu'elle admet qu'une application trop stricte du principe de prohibition pourrait porter atteinte à l'impératif de stabilité, et que dès lors, certaines aides peuvent être admises afin de « remédier à une perturbation grave de l'économie » sur le fondement de l'exception prévue à l'article 107 § 3 sous b) du TFUE[619] ; positive en ce qu'elle estime que le conditionnement des aides à des engagements préservant la concurrence est de nature à limiter l'aléa moral et contribuer ainsi à la stabilité du marché[620].

266. **Place réservée à la stabilité dans le cadre du contrôle européen des concentrations.** L'intérêt porté à la stabilité financière par le droit de la concurrence de l'Union se manifeste également lors de la mise en œuvre des règles du contrôle des concentrations, suivant une approche ici encore ambivalente. Le règlement

---

615 Comm. CE, décision du 20 mai 1998 concernant les aides accordées par la France au groupe Crédit Lyonnais préc., pt. 10.2.

616 V. Fr.-Ch. Laprevote et S. Frisch, « Preserving cross-border banking in the face of the crisis : State aid policy under the financial trilemma », *in* Fr.-Ch. Laprévote, J. Gray et F. De Cecco (dir.), *Research Handbook on State Aid in the Banking Sector*, Edward Elgar, coll. Research Handbooks in Financial Law series, 2017, p. 189 à 190.

617 N. Kroes, *Dealing with the current financial crisis*, conférence de presse, Commission européenne, Bruxelles, 6 octobre 2008, SPEECH/08/498 (traduction libre).

618 Comm. CE, communication de la Commission du 19 août 2009 sur le retour à la viabilité et l'appréciation des mesures de restructuration prises dans le secteur financier dans le contexte de la crise actuelle, conformément aux règles relatives aux aides d'État, *JOUE* n° C195 du 19 août 2009, p. 9, pt. 7 ; Comm. eur., communication du 30 juillet 2013, concernant l'application, à partir du 1er août 2013, des règles en matière d'aides d'État aux aides accordées aux banques dans le contexte de la crise financière (« communication concernant le secteur bancaire »), *JOUE* n° C 216/1 du 30 juillet 2013, p. 1, pt. 7.

619 Comm. eur., communication concernant le secteur bancaire du 30 juillet 2013 préc., pt. 3 à 6.

620 Comm. CE, communication du 25 octobre 2008, Application des règles en matière d'aides d'État aux mesures prises en rapport avec les institutions financières dans le contexte de la crise financière mondiale préc., pt. 27 ; Comm. CE, communication de la Commission du 19 août 2009 sur le retour à la viabilité et l'appréciation des mesures de restructuration prises dans le secteur financier dans le contexte de la crise actuelle, conformément aux règles relatives aux aides d'État préc., pt. 22.

n° 4064/89, du 21 décembre 1989 comportait déjà une disposition[621], reprise mot pour mot à l'article 21 § 4 du règlement n° 139/2004[622], permettant aux États membres de prendre, à l'égard d'une opération de dimension communautaire, « les mesures appropriées pour assurer la protection d'intérêts légitimes [tels que] les règles prudentielles », dont on sait qu'elles visent à la stabilité. Le texte admet en ce sens, que les règles de concurrence et les règles prudentielles peuvent entrer en conflit et s'intéresse donc à la stabilité de manière négative, en cherchant à éviter que le droit de la concurrence ne lui fasse obstacle.

267. Dans le contexte de crise financière, la commissaire à la concurrence Neelie Kroes affirmait en outre que la mise en œuvre du contrôle des concentrations pouvait contribuer positivement au renforcement de la stabilité financière et concourir *in fine*, au bien-être des consommateurs[623] :

> L'application des règles de contrôle des concentrations garantira finalement la protection du bien-être des consommateurs dans toutes ses dimensions, c'est-à-dire à la fois en termes de stabilité financière à court terme et de structures de marché concurrentielles à moyen terme.[624]

268. L'objectif de stabilité financière a donc été assimilé par la DG concurrence et s'insère dans sa logique générale : la préservation de la stabilité, comme le maintien d'une situation concurrentielle, sont des objectifs poursuivis par l'autorité de concurrence en ce qu'ils contribuent au bien-être des consommateurs.

269. **L'autorité française de concurrence consciente des impératifs prudentiels et résolutoires.** L'Autorité de la concurrence ne manifeste pas explicitement son intérêt, ni d'ailleurs son désintérêt pour la stabilité financière. Tout au plus pouvons-nous déduire la conscience qu'elle est censée avoir des impératifs prudentiels et résolutoires de son obligation de consulter l'ACPR en cas de pratique anticoncurrentielle commise par une banque[625] ou d'examen approfondi d'une concentration bancaire[626]. Cette consultation permet de sensibiliser l'Autorité de la concurrence aux impératifs de régulation bancaire, de lui offrir un éclairage sur la spécificité des marchés bancaires, et d'articuler l'examen concurrentiel avec les contrôles prudentiels ou résolutoires, ce dont peut se réjouir l'Autorité de la concurrence[627]. Dans ses nouvelles lignes directrices relatives au contrôle des concentrations[628], l'Autorité se réfère par ailleurs à l'article 21 § 4 du règlement n° 139/2004, ce qui témoigne de sa préoccupation, à tout le moins sa conscience, de ce que l'impératif prudentiel pourra heurter le contrôle concurrentiel des concentrations.

---

621 Règlement (CEE) n° 4064/89 du Conseil, du 21 décembre 1989, relatif au contrôle des opérations de concentration entre entreprises, *JOCE* n° L 395 du 30 décembre 1989, p. 1, article 21 § 3.

622 Règlement CE sur les concentrations, article 21 § 4.

623 N. Kroes, *Dealing with the current financial crisis*, conférence de presse, Commission européenne, Bruxelles, 6 octobre 2008, SPEECH/08/498.

624 *Ibid.* : « Application of the merger control rules will ultimately ensure the protection of consumer welfare in all its dimensions, that is, both in terms of financial stability in the short term and competitive market structures in the medium term. » (traduction libre).

625 C. mon. fin., art. L 511-4.

626 C. mon. fin., art. L 612-22.

627 Aut. conc., Lignes directrices relatives au contrôle des concentrations, 2020, pt. 307.

628 *Ibid.*, pt. 349.

270. **Conclusion de la Section 2.** Les droits de la concurrence français et de l'Union se sont imprégnés des objectifs de régulation bancaire. À cet égard, la promotion de l'efficacité, et en ce qui concerne le droit de l'UE, la protection du marché bancaire unique, ne semblent guère poser de difficulté : elles ne constituent que la déclinaison sectorielle d'objectifs déjà poursuivis de manière transversale par le droit de la concurrence.

271. En revanche, la stabilité financière et la confiance sont *a priori* étrangères aux préoccupations des autorités de concurrence. Un travail d'assimilation a donc été nécessaire de leur part. Ces impératifs sont notamment susceptibles d'entrer en tension avec le principe de prohibition des aides d'État. Leur assimilation est donc d'autant plus manifeste par la DG concurrence. Plus discrète sur cette question, l'Autorité de la concurrence semble néanmoins pareillement consciente des impératifs propres à la régulation bancaire.

272. **Conclusion du Chapitre II.** Les textes et les juges, français comme de l'Union, confèrent à la concurrence une valeur instrumentale : la concurrence n'est pas recherchée comme une fin en soi mais un moyen de contribuer à l'accomplissement d'une finalité supérieure : le bien-être du consommateur, et plus largement en droit de l'UE, le bien-être dans l'Union. Dans cette perspective, le droit de la concurrence n'est pas étanche et insensible aux objectifs spécifiques des autres dispositifs de régulation sectorielle, en particulier ceux de la régulation bancaire. Les règles de concurrence épousent au contraire les objectifs de régulation bancaire afin de contribuer à leur réalisation sans jamais constituer un obstacle à leur accomplissement.

273. La protection du marché bancaire unique, préoccupation propre au droit de l'UE, est un objectif partagé par la régulation bancaire et le droit de la concurrence de l'Union. Elle ne constitue que la déclinaison sectorielle d'un objectif déjà poursuivi de manière transversale par la DG concurrence, quel que soit le secteur d'activité concerné. Elle ne suppose donc de sa part, aucun travail d'assimilation. De même en ce qui concerne l'objectif d'efficacité des marchés bancaires, partagé par la régulation bancaire et le droit de la concurrence, tant français que de l'Union. À cet égard, la littérature économique suggère que la concurrence concourt à l'efficacité du marché bancaire. Partant de ce postulat, les activités bancaires pourront donc être soumises aux lois de la concurrence, tout en admettant que des restrictions concurrentielles puissent être ponctuellement justifiées par l'apport de gains d'efficacité.

274. En revanche, le maintien de la confiance et de la stabilité financière sont des objectifs *a priori* étrangers au droit de la concurrence. Si l'autorité française de concurrence semble avoir pris conscience de ces impératifs de régulation bancaire, la Commission européenne quant à elle, les a assimilés plus avant, et intégrés à ses propres grilles d'analyse. La Science économique offre un éclairage tout à fait relatif quant à la nature des interactions entre la concurrence et la stabilité financière : rien ne permet d'affirmer avec certitude l'existence d'une corrélation positive ou négative entre l'une et l'autre. La DG concurrence ne perd pas de vue cette ambivalence, dans le cadre tout particulièrement de son contrôle des aides d'État. D'un côté cherchera-t-elle à renforcer la stabilité financière, en luttant contre les restrictions concurrentielles, mais elle s'efforcera d'un autre côté, d'éviter toute déstabilisation du marché, qu'induirait une application excessive du principe de prohibition des aides.

CONCLUSION DU TITRE I

275. **Objectifs hiérarchisés de la régulation bancaire.** La régulation bancaire est guidée par une série d'objectifs, entre lesquels réside une certaine forme de hiérarchie. La régulation bancaire s'intéresse en effet par priorité à l'accomplissement d'objectifs supérieurs, soit la protection de la clientèle, la stabilité et l'efficacité du système, la confiance, ainsi, plus spécifiquement pour la régulation bancaire européenne, que l'instauration d'un marché bancaire unique.

276. La régulation bancaire se préoccupe également de la concurrence. Mais celle-ci ressort comme un objectif subsidiaire : la régulation bancaire ne semble y voir qu'un instrument au service de l'accomplissement de ses objectifs prioritaires. Il ne s'agit pour autant pas d'en déduire que l'articulation de la concurrence avec les autres objectifs de régulation bancaire est nécessairement à sens unique. La concurrence participe du bon fonctionnement du marché intérieur et concourt à son efficacité dans l'intérêt de la clientèle. Mais réciproquement, l'approfondissement du marché bancaire unique est un facteur de concurrence *via* l'harmonisation des régimes ; le renforcement de la transparence de l'information au profit de la clientèle intensifie de même la concurrence interbancaire. Cette logique de subsidiarité signifie seulement que la régulation bancaire fera primer ses objectifs prioritaires sur la concurrence et n'hésitera pas pour ce faire, à restreindre celle-ci en cas de besoin.

277. **Appropriation des objectifs de régulation bancaire par le droit de la concurrence.** Le droit de la concurrence se préoccupe également de ces différents objectifs. Non contingente, cette situation s'inscrit dans une logique de soutien du droit de la concurrence à la régulation bancaire. Plutôt que d'œuvrer en autarcie, le droit de la concurrence s'est ainsi approprié les objectifs de la régulation bancaire afin de participer à leur accomplissement. Ces objectifs s'insèrent donc dans la grille d'analyse des autorités de concurrence, suivant une logique hiérarchique comparable à celle de la régulation bancaire.

278. La protection de la concurrence est instrumentalisée au service d'autres objectifs supérieurs, parmi lesquels sont inclus ceux de la régulation bancaire : la protection du marché (bancaire) unique ainsi que la promotion de son efficacité, qui ne constituent qu'une déclinaison sectorielle d'objectifs déjà poursuivis de manière transversale par les autorités de concurrence, mais aussi le maintien de la stabilité et de la confiance au sein du système bancaire, ayant supposé un véritable travail d'assimilation.

279. *In fine,* l'accomplissement de ces divers objectifs doit concourir au bien-être du consommateur, ou plus généralement en ce qui concerne le droit de l'UE, au bien-être dans l'Union, finalité assignée par les textes et les juges au droit de la concurrence.

280. **Compatibilité générale d'objectifs.** Les objectifs de régulation bancaire sont ainsi largement compatibles avec ceux du droit de la concurrence. Ponctuellement,

certaines tensions pourront toutefois survenir entre le maintien d'une situation concurrentielle et d'autres impératifs. Suivant cette logique d'instrumentalisation (du droit) de la concurrence, la préservation de la concurrence pourra donc être tempérée lorsque la réalisation d'objectifs prioritaires le nécessite.

281. Partant du postulat largement confirmé en économie, que la concurrence est un facteur d'efficacité, les autorités de concurrence sont ainsi légitimes à se saisir des activités bancaires, pour autant que certaines restrictions puissent être tolérées lorsqu'elles produisent des gains d'efficacité. De même, l'incertitude des économistes quant à l'existence d'une corrélation positive ou négative entre la concurrence et la stabilité ne fait pas obstacle à la soumission des activités bancaires aux lois de la concurrence : tenant compte de l'ambivalence de cette relation, les autorités de concurrence pourront éventuellement admettre une restriction au nom de la stabilité.

282. De la sorte, le droit de la concurrence est en mesure de contribuer à l'accomplissement des objectifs de régulation bancaire sans que la mise en œuvre de ses règles ne puisse leur porter atteinte. En tout cas, le droit de la concurrence manifeste son soutien plutôt que sa défiance à l'égard de la régulation bancaire et se positionne en adjuvant plutôt qu'en obstacle à l'accomplissement de ses objectifs. De la sorte, l'applicabilité du droit de la concurrence aux activités bancaires se trouve pleinement justifiée.

TITRE II

UNE CONVERGENCE LÉGITIMANT L'APPLICABILITÉ DU DROIT DE LA CONCURRENCE AUX ACTIVITÉS BANCAIRES

283. **Applicabilité justifiée du droit commun de la concurrence aux activités bancaires.** « Face au droit de la concurrence, le secteur bancaire a toujours revendiqué la mise à l'écart des textes ou tout au moins un traitement dérogatoire »[629]. Comme pour tout autre secteur d'activité économique[630], la question de l'applicabilité du droit commun de la concurrence aux activités bancaires doit être posée : les spécificités du secteur bancaire et les objectifs propres à la régulation bancaire justifient-ils l'inapplicabilité totale ou partielle du droit commun de la concurrence ?

284. La réponse est négative. La convergence établie au titre précédent entre les objectifs du droit de la concurrence et ceux de la régulation bancaire légitime au contraire, l'applicabilité de principe des règles communes de concurrence aux activités bancaires (Chapitre I). Comme ce peut être le cas pour tout autre type d'activités, ce n'est que par exception que les activités bancaires échapperont au champ d'application du droit commun de la concurrence, lorsqu'à l'issue d'une analyse au cas par cas, il est établi que ses critères d'applicabilité ne sont pas vérifiés (Chapitre II).

---

629 J. Lasserre Capdeville, M. Storck, R. Routier *et al.*, *Droit bancaire*, Dalloz, coll. Précis, 2e éd., 2019, pt. 242, p. 141.

630 « [T]out tourne en définitive autour de la problématique, droit commun ou droit spécial. » (L. Idot, « Conclusions », *in Banque, Finance et Concurrence*, Colloque organisé par les revues Concurrences et RTDF, Paris, 30 novembre 2006, *Concurrences* n° 1-2007, février 2007, art. n° 40175, p. 79).

Chapitre I
L'applicabilité du droit de la concurrence aux activités bancaires par principe

Section 1 L'applicabilité progressive du droit de la concurrence de l'union européenne

§ 1. Les activités bancaires anciennement exclues du champ d'application des règles européennes de concurrence

A. Le secteur bancaire traditionnellement hostile à l'égard du droit de la concurrence

B. Le secteur bancaire jouissant d'un régime dérogatoire de fait

§ 2. Les activités bancaires progressivement incluses dans le champ d'application des règles européennes de concurrence

A. Consécration de l'applicabilité du droit des pratiques anticoncurrentielles

1. L'arrêt Züchner : rejet des arguments relatifs aux SIEG et à la politique monétaire

2. La décision Club Lombard : rejet de l'argument tenant à l'impératif de stabilité

B. Consécration de l'applicabilité des règles relatives aux contrôles des concentrations et des aides d'État

1. Consécration de l'applicabilité des règles relatives au contrôle des concentrations

2. Consécration de l'applicabilité des règles relatives au contrôle des aides d'État

Section 2 L'applicabilité progressive du droit français de la concurrence

§ 1. L'applicabilité souhaitable du droit commun des pratiques anticoncurrentielles et restrictives de concurrence

A. L'applicabilité souhaitable du droit commun des pratiques anticoncurrentielles

1. Les activités bancaires temporairement soumises au droit commun des pratiques anticoncurrentielles

2. Les activités bancaires actuellement soumises au droit spécial des pratiques anticoncurrentielles

a. Lecture de l'article L 511-4 du Code monétaire et financier

b. Effets de l'article L 511-4 du Code monétaire et financier

B. L'applicabilité souhaitable du droit commun des pratiques restrictives de concurrence

1. Consécration de l'inapplicabilité du droit des pratiques restrictives

2. Inopportunité de l'inapplicabilité du droit des pratiques restrictives

§ 2. L'applicabilité établie du droit commun du contrôle des concentrations

A. L'applicabilité des règles du contrôle des concentrations initialement débattue

B. L'applicabilité des règles du contrôle des concentrations finalement établie

285. **Applicabilité tardive des droits de la concurrence.** *De jure*, les activités bancaires ont toujours été soumises au droit commun de la concurrence de l'Union européenne. *De facto*, elles y ont pourtant échappé pendant de nombreuses années. La Cour de justice n'a mis un terme à cette période de flottement qu'en 1981 (Section 1).

286. Cette tardiveté n'a pas été l'apanage du droit de l'UE. Les activités bancaires ont également pu jouir d'un régime dérogatoire au sein de divers droits nationaux[631]. Aux États-Unis par exemple, l'applicabilité du Clayton Act et du Sherman Act aux activités bancaires n'a été consacrée par la Cour suprême qu'en 1963[632] pour le premier et 1964[633] pour le second, soit respectivement 49 et 74 ans après l'adoption de ces textes. Sans totalement faire échapper les banques aux lois de la concurrence, ces régimes d'exception domestiques ont tout autant pu se traduire par un transfert partiel[634] ou total[635] de l'office de protection concurrentielle au profit des autorités bancaires nationales.

287. En France, la soumission des activités bancaires aux lois de la concurrence se révèle être un long et douloureux processus, qui n'est pas encore totalement achevé. À ce jour, les activités bancaires échappent partiellement au droit commun français de la concurrence, alors même que son applicabilité apparaît tout aussi justifiée que celle du droit de l'Union (Section 2).

Section 1
L'applicabilité progressive du droit de la concurrence de l'union européenne

288. **Doutes de la Commission européenne dissipés par la Cour de justice.** « Les établissements de crédit sont soumis, comme toute entreprise, au droit communautaire de la concurrence. Ce qui, aujourd'hui, est une évidence, ne l'a pas toujours été. »[636] L'applicabilité du droit de la concurrence de l'Union européenne aux activités bancaires a longtemps été débattue. Pendant plus de 20 ans, à défaut pourtant

---

631 V. Comm. CE, *Rapport sur la politique de concurrence 1978*, pt. 32, p. 34.

632 *United States v. Philadelphia National Bank*, 374 U.S. 321 (1963).

633 *United States v. First National Bank & Trust Co. of Lexington*, 376 U.S. 665 (1964).

634 À titre d'exemple, la préservation de la concurrence interbancaire a été une charge partagée par l'autorité finlandaise de concurrence et l'autorité nationale de régulation financière jusqu'en 1998 (OECD, *Co-operation between Competition Agencies and Regulators in the Financial Sector – Note by Finland*, DAF/COMP/WP2/WD(2017)7, 4 décembre 2017, pt. 5, p. 2). Au Royaume-Unis, ce rôle incombe aujourd'hui encore tant à la Competition and Markets Authority (CMA), qu'à la Financial Conduct Authority (FCA) et au Payment Systems Regulator (PSR) : V. OECD, *Co-operation between Competition Agencies and Regulators in the Financial Sector – Note by the United Kingdom*, DAF/COMP/WP2/WD(2017)22, 4 décembre 2017, pt. 21 et 26.

635 En Italie par exemple, la banque centrale était jusqu'en 2005, seule compétente pour appliquer les lois de la concurrence aux activités bancaires, avant que le législateur ne transfère totalement cet office à l'autorité nationale de concurrence (OECD, *Co-operation between Competition Agencies and Regulators in the Financial Sector – Note byItaly*, DAF/COMP/WP2/WD(2017)9, 4 décembre 2017, pt. 3).

636 Bl. Sousi-Roubi et J. Zachmann, « Le contrôle communautaire des concentrations bancaires. La spécificité de la question », *RDBB* n° 36, mars/avril 1993, p. 77.

de la moindre règle dérogatoire relative aux activités bancaires, les hésitations de la Commission européenne ont conduit de fait, à les exclure du champ d'application du droit de la concurrence (§ 1). L'arrêt *Züchner,* adopté par la Cour de justice le 14 juillet 1981, sonne finalement le glas de l'inapplicabilité *de facto* du droit de la concurrence aux activités bancaires. Au lendemain de son adoption, les règles relatives aux pratiques anticoncurrentielles, ainsi qu'au contrôle des aides et des concentrations font progressivement l'objet d'applications concrètes, confirmant enfin leur applicabilité de droit, comme de fait (§ 2).

§ 1. Les activités bancaires anciennement exclues du champ d'application des règles européennes de concurrence

289. **Résistance des banques aux fins d'obtention d'un régime dérogatoire.** Les règles de concurrence n'ont traditionnellement pas eu les faveurs des opérateurs bancaires. Ces derniers ont ainsi résisté à leur applicabilité et mobilisé divers arguments pour prétendre à un régime dérogatoire (A). Durant une vingtaine d'années, les tergiversations de la Commission européenne à ce sujet ont ainsi permis aux banques d'échapper *de facto* aux lois de la concurrence (B).

A. Le secteur bancaire traditionnellement hostile à l'égard du droit de la concurrence

290. **Les règles de concurrence en défaveur auprès des banques.** Dès leur apparition en droit communautaire, les règles de concurrence sont largement tombées en défaveur auprès des opérateurs du secteur bancaire[637]. Ainsi ces derniers ont-ils traditionnellement manifesté leur hostilité à l'idée d'une application des règles de concurrence aux activités bancaires[638]. Dans l'ensemble, une telle application ne leur apparaissait en effet pas opportune au regard des spécificités propres au secteur.

291. Trois arguments principaux[639] étaient alors avancés – souvent de manière imbriquée – au soutien d'un régime dérogatoire. Le premier reposait sur l'exécution d'opérations de transferts de capitaux et par ce biais, de la contribution des banques à la circulation de la monnaie, constitutive selon elles d'un SIEG pouvant leur permettre d'échapper aux lois de la concurrence[640]. Il était ensuite affirmé que les banques participaient de

---

637 Sur ce point V. notamment, N. Éréséo, « Banque et concurrence : deux années particulièrement mouvementées », *LPA* n° 225, 2012, p. 25 ; J.-M. Cot, « La banque doit-elle faire l'objet d'un traitement atypique en droit de la concurrence ? », *in Le secteur bancaire,* Les actes des ateliers de la concurrence de la DGCCRF du 20 octobre 2009, p. 14 à 16 ; J.-Ph. Gunther, « Ententes et accords interbancaire », *RLC* 2006/7, n° 536, p. 2.

638 L. Villaret, « Comment appliquer aux activités bancaires les règles de concurrence du traité CEE ? », *Banque* 1962, p. 511. V. également, J. Lasserre Capdeville, M. Storck, R. Routier *et al., Droit bancaire, op. cit.,* pt. 242 ; G. Decocq, « Les conditions d'exercice de l'activité bancaire », *in* G. Decocq, Y. Gérard et J. Morel-Maroger, *Droit bancaire,* Revue Banque, coll. Master, 2e éd., 2014, pt. 134, p. 103 ; Chr. Gavalda, « La soumission des ententes interbancaires à la Commission de la concurrence (loi n° 85-695 du 11 juillet 1985) », *D.* 1985, chron., p. 267.

639 Discutés *infra* n° 312 s.

640 Argument notamment évoqué dans l'arrêt *Züchner* (CJCE, 14 juillet 1981, aff. 172/80, ECLI : EU : C : 1981:178, pt. 6).

la politique monétaire[641], par la voie notamment du contrôle du crédit et de l'action sur les taux d'intérêt exercés sur elles par les banques centrales. Dans ce cadre, les banques affirmaient pouvoir être amenées à conclure des accords sur les taux d'intérêt, sous l'égide des autorités monétaires, et dont l'efficacité serait menacée par l'application du droit de la concurrence[642]. Le troisième argument visait enfin la corrélation prétendument négative entre la concurrence et la stabilité financière[643].

292. Les opérateurs du secteur bancaire ont eu le loisir d'exposer leurs arguments dans la presse[644] ainsi que par la voie contentieuse à l'occasion de différentes affaires débattues dans le prétoire[645].

293. **Lobby bancaire[646].** Pour faire valoir leurs arguments, les banquiers ont également eu recours à des méthodes plus informelles. Une note interne adoptée lors du conseil de direction du GIE cartes bancaires tenu le 24 janvier 1992, intitulée « relations avec la Commission européenne » atteste de la mise en place par le Groupement d'un véritable plan de *lobbying* auprès des instances politico-administratives françaises et européennes afin d'échapper au droit de la concurrence. « Ainsi que l'a souhaité le Conseil de Direction, la présente note a pour objet de présenter les objectifs, les thèmes et les modalités de l'effort de *lobbying* du Groupement sur la question des cartes bancaires. » Cette stratégie avait été adoptée dans le contexte de l'affaire *Eurochèque III*, alors en cours d'instruction au sein des services de la DG concurrence à l'encontre du GIE[647].

294. Le plan d'action du Groupement poursuivait ainsi deux objectifs principaux. Le premier était d'influencer la Commission européenne afin de parvenir à une décision favorable dans le cadre de l'affaire *Eurochèque III*. Le second visait plus largement l'obtention d'un régime dérogatoire les faisant échapper à tout ou partie des règles de concurrence. La note du conseil de direction du Groupement est éloquente :

> Les objectifs de l'action prévue sont les suivants :
>
> 11. Il s'agit en premier lieu de reprendre l'initiative face à la Commission de manière à pouvoir influencer sa démarche et parvenir à un résultat satisfaisant pour le Groupement dans les instances engagées à son encontre.

---

641 Sur la contribution des banques à la création monétaire V. *supra* n° 23.

642 V. M. Meddeb, th. préc., p. 329. Certains affirmaient par ailleurs, que la contribution des banques à la politique monétaire pouvait également constituer un SIEG (L. Villaret, art. préc., p. 511).

643 TPICE, 7 juin 2006, *Österreichische Postsparkasse AG et al. c. Commission CE* préc. pt. 395. Plus généralement sur cette question, V. *supra* n° 257 s.

644 L. Villaret, art. préc.

645 V. *infra* n° 312 s.

646 Plus généralement, sur le thème de la capture de la régulation bancaire et financière, V. C. Feunteun, *Régulation des instruments financiers hybrides par les accords de Bâle,* Bruylant, coll. Droit et Économie, 2022 (à paraître).

647 Dans cette affaire, les membres du GIE avaient participé à une entente visant à fixer le niveau des commissions perçues par les banques auprès de leurs clients (commerçants), à l'occasion de chaque paiement effectué au moyen d'un eurochèque. La communication des griefs leur avait été adressée le 31 juillet 1990. Les membres de l'entente ont été condamnés par une décision de la Commission européenne en date du 25 mars 1992 (Comm. CE, décision du 25 mars 1992, *Eurochèques III : accord d'Helsinki*, aff. IV/30.717-A, *JOCE* n° L 95/50 du 9 avril 1992, p. 1). Par un arrêt du 23 février 1994, le tribunal de première instance a confirmé la décision sur le principe de l'illicéité de la pratique en cause, mais réduit l'amende infligée par la Commission (TPICE, 23 février 1994, Gr*oupement des cartes bancaires « CB » et al. c. Commission*, aff. jointes T-39/92 et 40/92, ECLI : EU : T : 1994:20).

12. Il s'agit en second lieu et à plus long terme, de jeter les bases d'une négociation d'ensemble permettant éventuellement d'aboutir à l'octroi d'exemptions ou à la définition de règles gouvernant l'activité des systèmes de paiement par carte conformes aux intérêts des réseaux et en particulier du Groupement.[648]

295. À cette fin, le GIE envisageait diverses démarches – rendez-vous, rédaction d'argumentaires –, avec pour cibles les « hommes politiques, hauts fonctionnaires, responsables à la commission de Bruxelles, parlementaires français et européens, experts du Ministère des Finances, de la Banque de France, etc. »[649] Mais dans le contexte de l'affaire *Eurochèque III,* la Commission et le Parlement européen étaient tout particulièrement visés : « [c]ette action sera essentiellement dirigée vers [...] le Parlement européen, excellente "chambre d'écho" permettant de relayer des préoccupations particulières et techniques dans le public ; les membres de la Commission européenne, qui seront les principaux acteurs d'une éventuelle action contre le Groupement et les autres réseaux de moyens de paiement. »[650] Il s'agissait alors de leur offrir une « présentation globale des systèmes de paiement autour de l'idée que l'entente constitue le produit. »[651]

296. Il est dès lors incontestable que le GIE cartes bancaires avait mis en place un plan de *lobbying* destiné à faire échapper ses membres aux règles de concurrence. Il convient toutefois de ne pas exagérer les conclusions que ce document nous autorise à établir. À défaut d'élément complémentaire à notre disposition, l'on ne pourrait ainsi en déduire que les banques françaises ont adopté une démarche similaire antérieurement à 1992 ou que des banques établies dans d'autres États membres se sont aussi engagées dans une telle entreprise. Il s'agit en outre de ne pas surévaluer l'efficacité de cette stratégie : en dépit de sa mise en œuvre, le GIE a été condamné par la Commission européenne pour violation de l'article 85 du traité CEE dans l'affaire *Eurochèque III*[652].

297. Pour autant, l'hypothèse d'une certaine complaisance de la Commission ne doit pas non plus être écartée avec certitude : en toute hypothèse, les activités bancaires ont joui pendant plus de vingt ans, d'un régime dérogatoire de fait les faisant échapper au champ d'application des règles de concurrence.

B. Le secteur bancaire jouissant d'un régime dérogatoire de fait

298. **Réticences de l'Assemblée parlementaire européenne.** À l'occasion de la préparation du règlement n° 17[653], l'Assemblée parlementaire européenne s'était prononcée contre la pleine applicabilité du droit de la concurrence aux activités bancaires[654]. Dans une résolution du 19 octobre 1961 adoptée en réponse à la

---

648 Note interne du conseil de direction du GIE cartes bancaires du 24 janvier 1992, p. 2.

649 *Ibid.,* p. 8.

650 *Ibid.,* p. 4.

651 *Ibid.*

652 Comm. CE, décision du 25 mars 1992, *Eurochèques III : accord d'Helsinki*, préc.

653 Règlement (CE) n° 17 du Conseil du 6 février 1962 (premier règlement d'application des articles 85 et 86 du traité), *JOCE* n° 204/62 du 21 fév. 1962, p. 204.

654 V. Bl. Roubi-Sousi, *op. cit.*, pt. 698, p. 338.

consultation du Conseil de la CEE sur ledit règlement, l'Assemblée « estim[ait] que le caractère propre à certaines branches de l'économie et les dispositions spéciales qui leur [étaient] applicables dans les États membres justifi[aient] des règlementations particulières et invit[ait] la Commission de la C.E.E. à présenter des propositions à cet effet dans un délai d'un an à compter de la date d'entrée en vigueur du premier règlement. »[655]

299. Si le texte de la résolution ne désigne pas explicitement les « branches » concernées, la consultation des travaux parlementaires révèle que les secteurs bancaire et assurantiel étaient visés au premier chef, outre ceux des transports et de l'agriculture. Cela ressort en effet des interventions d'Arved Deringer, alors membre de la Commission du marché intérieur et auteur du rapport à l'origine de la résolution[656] et de celle du député allemand Hugo Geiger, exhortant la Commission de la CEE à déclarer le règlement n° 17 inapplicable à ces deux secteurs : « l'invitation adressée à la Commission à instituer des régimes spéciaux est applicable du moins aux branches économiques indiquées dans ce texte. Tel est notamment le cas de deux secteurs : le crédit et les assurances. C'est là que nous observons tout particulièrement la situation indiquée au paragraphe 13 de la proposition de résolution [...] le règlement que nous avons sous les yeux devrait dire expressément qu'il n'est pas applicable au domaine du crédit et des assurances. »[657]

300. **Applicabilité *de jure*.** La Commission n'a pourtant pas répondu favorablement à l'invitation de l'Assemblée parlementaire : le règlement n° 17 est entré en vigueur sans prévoir la moindre dérogation relative aux activités bancaires. L'adoption d'un régime d'exception était toujours envisageable, car le règlement « entr[ait] en vigueur sans préjudice d'autres dispositions qui pou[rraient] être ultérieurement arrêtées en vertu de l'article 87 »[658], selon les modalités prévues à l'article 22 § 2 du règlement. Néanmoins, aucune disposition relative au secteur bancaire n'a été adoptée sur cette base, la Commission ne s'étant fondée qu'une seule fois sur l'article 87 du traité pour adopter le règlement n° 141/62 concernant le secteur des transports[659]. En droit, les règles de concurrence étaient donc dès l'origine, pleinement applicables aux activités bancaires.

301. La Commission a eu l'occasion de le confirmer à maintes reprises : dans son rapport sur la politique de concurrence pour l'année 1972, elle affirme ainsi qu'en dehors des secteurs agricoles et du transport, les règles de concurrence sont d'application générale et que dès lors, les activités bancaires doivent y être soumises. Ce principe n'exclut bien entendu pas que le champ d'application des articles 85 et 86 du traité CEE puisse être exceptionnellement restreint pour tenir compte

---

655 Ass. parl. europ., Résolution du 19 octobre 1961 en réponse à la consultation demandée à l'Assemblée parlementaire européenne par le Conseil de la Communauté économique européenne sur un premier règlement d'application des articles 85 et 86 du traité C.E.E., pt. 13.

656 Ass. parl. europ., Débats, compte rendu in extenso des séances, session 1961-1962, séances du 16 au 20 octobre 1961, n° 46 II/62, séance du jeudi 19 octobre 1961, p. 181.

657 *Ibid.*, p. 223.

658 Règlement (CE) n° 17 du Conseil du 6 février 1962 préc., cons. 13.

659 Règlement n° 141/62 du Conseil du 26 novembre 1962, portant non-application du règlement n° 17 du Conseil au secteur des transports, *JOCE* n° 124 du 28 novembre 1962, p. 2751, abrogé en même temps que le règlement n° 17, par le règlement n° 1/2003.

des spécificités propres à ce secteur[660]. La Commission réaffirme cette position dans son rapport sur la politique de concurrence pour l'année 1978 : « les règles de concurrence communautaires et leurs règlements d'exécution s'appliquent de manière générale au secteur bancaire »[661]. De même affirmait-elle en réponse à des questions parlementaires, qu'elle étudiait la compatibilité avec les articles 85 et 86, de certaines pratiques mises en œuvre sur le marché belge des chèques de vacance[662], et sur le marché français des eurochèques[663].

302. *De jure*, le droit communautaire de la concurrence était donc applicable aux activités bancaires. Pendant des années, ces dernières semblent pourtant avoir été maintenues de fait, hors de son champ d'application.

303. **Résistance passive des banques.** Outre leur activisme pour faire reconnaître l'inapplicabilité du droit de la concurrence à leur endroit[664], les banques semblaient être également entrées en résistance passive en ne notifiant qu'avec parcimonie les accords susceptibles de relever des articles 85 et 86 du traité CEE[665]. Dans le rapport sur la politique de concurrence pour l'année 1972, la Commission affirmait avoir reçu « quelques notifications issues du secteur bancaire »[666], sans plus de précisions. S'il est impossible de connaître avec certitude le nombre et les auteurs de ces notifications, il est en revanche permis de penser qu'elles sont demeurées marginales au cours des années 1960 et 1970, en comparaison de celles provenant d'autres secteurs économiques[667].

304. Cette hypothèse peut s'appuyer sur le nombre de décisions rendues sur demande d'attestation négative introduite avant le fameux arrêt *Züchner* de la CJCE, confirmant l'applicabilité du droit de la concurrence aux activités bancaires[668] : seule une notification introduite au cours de cette période aurait donné lieu à l'adoption d'une décision de la Commission[669]. Hormis cette affaire, l'autorité européenne de concurrence a pu s'interroger sur la compatibilité avec le traité CEE de quelques accords notifiés, sans qu'aucun d'entre eux ne donne lieu à l'ouverture d'une procédure formelle. À cet égard, les rapports annuels sur la politique de concurrence ne font mention que d'un seul cas soumis à l'examen de la Commission. Dans cette affaire, une association bancaire nationale avait émis une recommandation à l'adresse de ses

---

660 Comm. CE, Rapport sur la politique de concurrence 1972, pt. 50 et 51, p. 58.

661 Comm. CE, Rapport sur la politique de concurrence 1978, pt. 32, p. 34.

662 « La Commission réaffirme le principe de l'applicabilité des règles de concurrence du traité CEE au secteur bancaire » (Question écrite n° 305/75 de M. Normanton à la Commission des Communautés européennes, *JOCE* n° C 268/4 du 22 novembre 1975, p. 1).

663 Question écrite n° 377/75 de M. Della Briotta à la Commission des Communautés européennes, *JOCE* n° C 19/7 du 28 janvier 1976, p. 1.

664 V. *supra* n° 290 s.

665 Bl. Roubi-Sousi, *op. cit.*, pt. 700, p. 339 ; Bl. Sousi-Roubi et J. Zachmann, art. préc., p. 77.

666 Comm. CE, *Rapport sur la politique de concurrence 1972*, pt. 51, p. 58 : « It has received some notifications from the banking sector » (traduction libre).

667 M. Waelbroeck et A. Frignani, *Commentaire Mégret, vol. IV : Concurrence,* Ed. de l'Université de Bruxelles, 2e éd., 1997, n° 69, p. 75 ; M. Dassesse, note sous CJCE, 14 juillet 1981, *Gerhard Züchner c. Bayerische Vereinsbank AG*, aff. 172/80, ECLI : EU : C : 1981:178, *Cah. dr. eur.* 1982, pt. 18, p. 314.

668 CJCE, 14 juillet 1981, Gerhard Züchner c. Bayerische Vereinsbank AG, préc.

669 Comm. CE, décision du 11 décembre 1986, *Association belge des banques* préc. Cette décision a d'ailleurs elle-même été rendue cinq ans après l'arrêt *Züchner,* sur une demande d'attestation négative introduite le 31 octobre 1962.

membres concernant la rédaction d'une clause de responsabilité introduite dans les conventions unissant les banques à leurs clients. La Commission avait jugé la clause-type recommandée trop défavorable aux clients, et l'association avait accepté d'en modifier les termes, tout en contestant l'applicabilité du droit de la concurrence au cas d'espèce, sans qu'une procédure formelle ne soit engagée. La Commission ne précise pas le nom des parties, ni même le marché géographique en cause[670].

305. **Absence de plaintes.** Le doute sur l'applicabilité des articles 85 et 86 du traité CEE semblait s'être également emparé des éventuelles victimes de pratiques anticoncurrentielles : à notre connaissance, aucune plainte relative à la violation de ces dispositions par une entreprise du secteur bancaire n'a été déposée auprès de la Commission au cours des années 1960 et 1970. Tout au plus pouvons-nous mentionner la plainte d'un courtier en devises étrangères relative à des pratiques commises sur le marché britannique du courtage de devises – rattachable d'ailleurs au secteur financier plus qu'au secteur bancaire[671].

306. L'autorité européenne de concurrence s'est en revanche intéressée, suite à des questions parlementaires[672], aux conditions de fixation des commissions appliquées en Belgique pour le recouvrement des chèques de voyage libellés dans une monnaie étrangère et des commissions appliquées en France pour le recouvrement des eurochèques[673].

307. **Accords examinés à l'initiative de la Commission européenne.** Au cours de cette période, la Commission n'a finalement examiné de sa propre initiative, la légalité que d'une seule série d'accords : il s'agit de ceux passés dans le cadre des groupements bancaires internationaux tels qu'Abecor, Ebic, Europartenaires, ou encore Inter Alpha, visant à la coopération des banques qui en sont membres. Ces accords portent notamment sur la mise à disposition réciproque des réseaux commerciaux dans les pays respectifs des partenaires, l'établissement de représentations conjointes dans des États tiers et la création de filiales communes spécialisées dans certaines activités (crédit à moyen terme, crédit-bail, banque d'affaires). Ces accords doivent faciliter l'intégration et l'interpénétration des marchés en permettant aux banques d'offrir des services transnationaux ; mais la Commission s'est attachée à vérifier que ces accords ne comportaient au contraire, pas d'objet ou d'effet restrictif, notamment de type cloisonnant par le biais de limitation d'extension géographique des banques dans les pays des autres participants.

---

670 Comm. CE, *Rapport sur la politique de concurrence 1972*, pt. 52, p. 59.

671 En l'espèce, étaient en cause les conditions d'admission des courtiers en devises étrangères sur le marché des devises dites « cataloguées » (i.e. principalement les monnaies d'Europe occidentale, d'Amérique du Nord et du Japon) établies par la British Bankers' Association (BBA) et la Foreign Exchange and Currency Deposit Brokers' Association (FECDBA) sous l'égide de la Banque d'Angleterre. À l'issue des discussions menées avec la Commission, la Banque d'Angleterre a modifié les conditions d'admission des sociétés de courtage en devise étrangère, sans que l'ouverture d'une procédure formelle ne soit nécessaire (Comm. CE, *Rapport sur la politique de concurrence 1978*, pt. 35 à 37, p. 38 à 40).

672 Question écrite n° 305/75 de M. Normanton à la Commission des Communautés européennes, *JOCE* n° C 268/4 du 22 novembre 1975, p. 1 ; Question écrite n° 377/75 de M. Della Briotta à la Commission des Communautés européennes, *JOCE* n° C 19/7 du 28 janvier 1976, p. 1.

673 N'ayant pas soulevé de préoccupation de concurrence, ces accords n'ont pas justifié l'engagement de procédures formelles (Comm. CE, *Rapport sur la politique de concurrence 1978*, pt. 34, p. 37 et 38).

Après examen, ces accords se sont néanmoins révélés respectueux de la liberté d'action individuelle des banques quant à l'extension de leurs réseaux et n'ont là encore, pas donné lieu à l'ouverture de procédure formelle[674].

308. **Complaisance ou pusillanimité de la Commission européenne ?** Somme toute, au cours des vingt premières années qui ont suivi l'entrée en vigueur du règlement n° 17, les décisions faisant application du droit de la concurrence aux activités bancaires sont demeurées rarissimes. Au demeurant, aucune d'entre elles n'a été rendue à l'issue d'une procédure formelle. Faut-il y voir une éventuelle bienveillance, sinon une complaisance de la Commission à l'égard des banquiers[675] ?

309. À tout le moins peut-on regretter sa pusillanimité face au doute qui l'habitait également[676], en dépit de ses discours de principe. L'incertitude était palpable dès la préparation du règlement n° 17. « J'hésite beaucoup, il est vrai, à excepter tout un secteur économique » affirmait le commissaire européen à la concurrence Hans von der Groeben à propos des activités bancaires et assurantielles lors des débats parlementaires[677]. L'aveu est réitéré dans la décision *Association belge des banques,* relative à divers accords notifiés par l'Association : la Commission y souligne que l'arrêt *Züchner* a levé les doutes sur l'applicabilité du droit de la concurrence aux activités bancaires et ajoute à mots couverts, que la demande d'attestation négative déposée en 1962 n'a véritablement été instruite qu'à compter de l'adoption dudit arrêt :

> Le 14 juillet 1981, la Cour de justice, dans l'arrêt *Züchner contre Bayerische Vereinsbank* (4), a pris position sur certains points qui pouvaient encore paraître sujets à discussion quant à l'applicabilité des règles de concurrence du traité aux accords entre banques. À la suite de cet arrêt et de l'enquête effectuée par les services de la Commission dans chacun des États membres, alors au nombre de dix, sur les accords interbancaires nationaux relatifs aux commissions pour rémunération des services de banque, une nouvelle demande de renseignements, en date du 3 mai 1983, a été adressée à l'ABB [...][678]

310. La décision *Association belge des banques* résume ainsi toute l'ambiguïté de la question relative à l'applicabilité des règles de concurrence aux activités bancaires, prévalant jusqu'alors : l'applicabilité *de jure* étant indubitable, l'accord est notifié au lendemain de l'entrée en vigueur du règlement n° 17. Prise de doutes, la Commission ne peut toutefois se résoudre à appliquer le droit de la concurrence aux activités bancaires et sursoit de fait à statuer pendant plus de vingt ans, en attendant l'aval de la Cour de justice. Cette dernière met finalement un terme à la controverse au cours de l'année 1981.

---

674 Comm. CE, Rapport sur la politique de concurrence 1978, pt. 33, p. 35 à 37.

675 Comme le suggère un auteur : J.-Fr. Bellis, « La banque et le droit communautaire de la concurrence », *in Mélanges Jean Pardon*, Bruylant, Bruxelles 1996, spéc. p. 19 et 20.

676 Bl. Roubi-Sousi, *op. cit.*, p. 339.

677 Ass. parl. europ., Débats, compte rendu in extenso des séances, session 1961-1962, séances du 16 au 20 octobre 1961, n° 46 II/62, séance du jeudi 19 octobre 1961, p. 233.

678 Comm. CE, décision du 11 décembre 1986, *Association belge des banques* préc., pt. 11.

§ 2. Les activités bancaires progressivement incluses dans le champ d'application des règles européennes de concurrence

311. **Applicabilité de l'ensemble des règles du droit de la concurrence.** La consécration de l'applicabilité du droit de la concurrence aux activités bancaires intervient à l'occasion de diverses affaires d'entente. La Cour de justice, puis la Commission européenne, écartent les différents arguments soulevés par les tenants de l'inapplicabilité. La singularité des activités bancaires et les objectifs propres à la régulation sectorielle, dont l'autorité et le juge de la concurrence ont parfaitement connaissance, ne justifient pas l'exclusion desdites activités du champ d'application des règles de concurrence (A). La portée de cette solution excède le droit des pratiques anticoncurrentielles. Elle s'étend au droit du contrôle des concentrations et des aides d'État (B).

A. Consécration de l'applicabilité du droit des pratiques anticoncurrentielles

312. **Rejet des arguments tenant à l'inapplicabilité du droit de la concurrence.** Dans l'arrêt *Züchner*, la Cour de justice affirme l'applicabilité du droit de la concurrence et balaye les moyens tenant à l'accomplissement d'un SIEG, ainsi qu'au rôle des banques en matière de politique monétaire (1). À l'occasion de l'affaire *Club Lombard,* la Commission rejette pour sa part, l'argument tenant à l'impératif de stabilité financière, écartant ainsi toute velléité contestataire de l'applicabilité du droit de la concurrence (2).

1. L'arrêt *Züchner*[679] : rejet des arguments relatifs aux SIEG et à la politique monétaire

313. **La question préjudicielle soulevée devant la Cour de justice.** Près de vingt ans après l'entrée en vigueur du règlement n° 17, le doute persistait quant à l'applicabilité du droit communautaire de la concurrence aux activités bancaires. Preuve en est une question préjudicielle posée en ce sens à la Cour de justice des Communautés européennes le 14 juillet 1980. La Cour a saisi cette opportunité pour trancher la question une fois pour toutes. En l'espèce, M. Züchner, client de la banque Bayerische Vereinsbank AG, avait tiré sur cette dernière un chèque de 10000 Deutsche Mark à l'ordre d'un résident italien. La banque avait alors mis à la charge du tireur une commission bancaire uniforme pour transferts de fonds à l'étranger correspondant à 0,15 % du montant transféré. Jugeant la pratique éventuellement contraire aux articles 85 et 86 du traité CEE, le tireur avait saisi le juge allemand (*Amtsgericht* de Rosenheim) d'une demande de remboursement de la commission litigieuse par la banque tirée. Le demandeur considérait plus particulièrement que la commission qui lui avait été imposée pouvait être le résultat

[679] CJCE, 14 juillet 1981, *Gerhard Züchner c. Bayerische Vereinsbank AG*, aff. 172/80, ECLI : EU : C : 1981:178.

d'une pratique concertée mise en œuvre par des banques issues de différents États membres.

314. La juridiction allemande avait alors sursis à statuer et saisi la Cour de justice d'une question préjudicielle ainsi formulée : « Dans les opérations de paiement et de mouvements de capitaux intracommunautaires entre banques, la perception d'une commission bancaire uniforme de 0,15 % du montant à virer viole-t-elle les articles 85 et 86 du traité CEE, en tant que pratique concertée susceptible d'affecter les échanges commerciaux ? »

315. **Les moyens soulevés par la banque défenderesse.** Entre autres moyens soulevés, la défenderesse excipait de l'inapplicabilité aux activités bancaires des règles de concurrence prévues dans le traité CEE. Deux arguments étaient mobilisés en ce sens. Le premier tenait à l'accomplissement d'un SIEG lié aux transferts internationaux de capitaux ; le second, que l'arrêt ne retranscrit qu'imprécisément, se référait à l'article 104 du traité CEE[680] relatif à la politique économique et monétaire, à laquelle la banque prétendait, on le devine, participer. Intervenue à l'audience, la Commission avait quant à elle évidemment soutenu la thèse contraire, en ne manquant pas de rappeler la constance de sa position sur ce point[681].

316. **Le rejet par la Cour de l'argument relatif au SIEG.** La Cour de justice balaye les arguments de la banque et affirme sans ambages la pleine applicabilité du droit communautaire de la concurrence aux activités bancaires. En ce qui concerne le premier argument, la réponse de la Cour est nuancée : elle refuse aux « instituts bancaires »[682] – selon son expression –, l'attribution *ipso facto* de la qualification d'entreprise chargée de la gestion d'un SIEG, en jugeant que l'accomplissement de transferts de fonds internationaux ne suffit pas en lui-même à leur conférer cette qualité. Elle admet toutefois qu'une telle qualification pourrait leur être reconnue, s'il est établi que la gestion d'un service d'intérêt économique général leur a été confiée par un acte de puissance publique. La vérification de ces conditions au cas d'espèce excédant la compétence de la Cour dans le cadre d'un examen préjudiciel, elle abandonne à la juridiction de renvoi le soin de cette évaluation.

317. Bien que l'arrêt n'en fasse pas mention, rappelons qu'en tout état de cause, la qualification de SIEG ne peut avoir de conséquences qu'au regard de l'*application* du droit de la concurrence[683]. En aucun cas cette circonstance ne pourrait entraîner l'*inapplicabilité* de ces règles à un certain type d'activité bancaire, ni *a fortiori* à l'ensemble du secteur.

---

680 « Chaque État membre pratique la politique économique nécessaire en vue d'assurer l'équilibre de sa balance globale des paiements et de maintenir la confiance dans sa monnaie, tout en veillant à assurer un haut degré d'emploi et la stabilité du niveau des prix. » Cette disposition a été abandonnée par le traité CE tel que modifié par le traité de Maastricht du 7 février 1992.

681 « [La Commission] rappelle toutefois qu'il ne fait pas de doute que, comme elle l'a affirmé depuis longtemps dans son deuxième rapport sur la politique de concurrence, les règles de la concurrence sont également applicables au secteur bancaire. » (CJCE, 14 juillet 1981, *Gerhard Züchner c. Bayerische Vereinsbank AG* préc.).

682 Cette expression imprécise ne correspond à aucune réalité juridique et demeure sans conséquence sur la portée de la solution. En visant les « instituts bancaires », il n'est d'ailleurs pas interdit de penser que la Cour a souhaité employer un terme générique et englobant, afin qu'aucune entreprise exerçant une quelconque activité bancaire ne puisse échapper au champ d'application des règles de concurrence.

683 Sur l'identification d'éventuels services bancaires d'intérêt économique général et leurs conséquences sur l'application des règles de concurrence, V. *infra* n° 1004.

318. **Le rejet par la Cour de l'argument relatif à la politique monétaire.** Le second argument est en revanche écarté sans nuance : la Cour affirme que les articles 104 et suivants du traité CEE « ne tendent en aucune manière à soustraire les banques aux règles de concurrence ». Insérées dans le titre II, chapitre 2 du traité CEE, relatif à la « [b]alance des paiements », ces dispositions se bornent en effet, à exprimer l'exigence d'une coordination entre les États membres en matière de politique économique et monétaire ; ils prévoient à cette fin, une collaboration entre les services compétents des administrations nationales ainsi qu'entre les banques centrales des États. Les banques ne sauraient donc y trouver une échappatoire à l'applicabilité générale des règles de concurrence.

319. La Cour n'assortit sa solution d'aucune réserve relative à l'éventuelle participation des banques à la politique monétaire. Notons toutefois que cette éventualité pourrait affecter l'applicabilité des règles de concurrence, en particulier s'il est avéré qu'elles disposent de prérogatives de puissance publique[684]. Le principe de l'applicabilité pleine et entière du droit de la concurrence aux activités bancaires étant posé – du moins rappelé – par la Cour de justice, cette dernière estime que la pratique en cause peut parfaitement constituer une pratique concertée, dont elle rappelle les conditions de qualification, à charge ensuite pour le juge de renvoi d'en vérifier l'accomplissement au cas d'espèce.

320. Depuis l'arrêt *Züchner*, l'applicabilité du droit de la concurrence aux activités bancaires, de droit comme de fait, est hors de tout doute[685]. Dans la foulée, de nombreux accords ont été notifiés, et la Commission a rendu ses premières décisions d'application du droit des pratiques anticoncurrentielles. Six décisions d'application des articles 85 et 86 du traité CEE ont ainsi été adoptées dans les années 1980[686], puis trois dans les années 1990[687]. La remise en cause de l'applicabilité du droit des pratiques anticoncurrentielles a pourtant connu une résurgence à l'occasion de l'affaire *Club Lombard*.

2. La décision *Club Lombard*[688] : rejet de l'argument tenant à l'impératif de stabilité

321. **Le moyen soulevé par les banques défenderesses.** Des velléités contestataires de cette applicabilité ont ressurgi lors de l'affaire *Club Lombard* – du nom de l'organisation informelle ayant de janvier 1995 à juin 1998, abrité une entente

---

684 V. *infra* n° 442 s.

685 G. Decocq, « Les conditions d'exercice de l'activité bancaire », art. préc., pt. 134 et 135, p. 103.

686 Comm. CE, décision du 10 décembre 1984, *Eurochèques uniformes*, aff. IV/30/717, *JOCE* n° L 35/43 du 7 février 1985, p. 1 ; Comm. CE, décision du 30 septembre 1986, *Irish Banks' Standing Committee*, aff. IV/31362, *JOCE* n° L 295/28 du 18 octobre 1986, p. 1 ; Comm. CE, décision du 11 décembre 1986, *Association belge des banques* préc. ; Comm. CE, décision du 12 décembre 1986, *ABI* préc. ; Comm. CE, décision du 19 décembre 1988, *Eurochèques uniformes II*, aff. IV/31291, *JOCE* n° L 36/16 du 8 février 1989, p. 1 ; Comm. CE, décision du 19 juillet 1989, *Banques néerlandaises*, aff. IV/31499, *JOCE* n° L 253/1 du 30 août 1989, p. 1.

687 Comm. CE, décision du 25 mars 1992, *Eurochèques III : accord d'Helsinki* préc. ; Comm. CE, décision du 24 juin 1996, *Banque nationale de Paris – Dresdner Bank*, aff. IV/34607, *JOCE* n° L 188/37 du 27 juillet 1996, p. 1 ; Comm. CE, décision du 8 septembre 1999, *Nederlandse Vereniging van Banken (accord GSA de 1991)*, aff. IV/34.010, *JOCE* n° L 271/28 du 21 octobre 1999, p. 1.

688 Comm. CE, décision du 11 juin 2002, *Austrian banks – « Lombard Club »*, aff. COMP/36.571/D-1, *JOCE* n° L 56/1 du 24 février 2004, p. 1, note L. Idot, *Europe* n° 4, avril 2004, comm. 106. Le principe de la

entre les principales banques autrichiennes sur le prix de divers services d'épargne et de crédit. Poursuivies par la Commission, les banques s'étaient fondées sur un argument qui n'avait pas été soulevé à l'occasion de l'affaire *Züchner* pour prétendre échapper à l'applicabilité des règles de concurrence : celui de l'instabilité financière supposée découler d'une situation concurrentielle interbancaire. Elles affirmaient ainsi ne pas « devoir être exposées au libre jeu des forces de marché ni analysées sous l'angle de critères relatifs à l'économie de marché, car cela pouvait engendrer leur faillite et partant, avoir des "conséquences désastreuses pour l'économie". »[689] Elles brandissaient donc implicitement, la menace d'une crise systémique occasionnée par la faillite d'une banque *trop grosse pour faire faillite*[690].

322. **Le rejet de l'argument par la Commission européenne.** La Commission rejette l'argument. Elle se réfère à un rapport de l'OCDE[691] sur le lien entre la concurrence et la régulation bancaire et affirme être d'avis qu'il est « souhaitable que les banques non profitables sortent du marché »[692]. Elle ajoute que les droits communautaire et nationaux disposent d'instruments juridiques adéquats permettant de procéder à la liquidation d'établissements de crédit, y compris d'importance significative, tout en prévenant la survenance d'éventuelles crises systémiques[693]. Elle relève ensuite qu'en tout état de cause, les États membres peuvent apporter leur soutien aux banques en difficulté dans les limites fixées par le droit des aides d'État lorsqu'une faillite bancaire risquerait d'affecter la stabilité du système. La Commission considère en revanche, que l'impératif de stabilité financière ne saurait justifier la constitution de cartels anticoncurrentiels et confirme l'applicabilité de l'article 81 du traité CE (ayant remplacé l'article 85 TCEE)[694].

323. **Raisonnement adopté par la Commission européenne.** Si on le recompose, le raisonnement de la Commission peut donc s'analyser comme un principe assorti d'un double tempérament. Par principe, il est ainsi souhaitable que les banques non profitables quittent le marché, ce qui justifie l'applicabilité générale du droit de la concurrence aux activités bancaires. À l'argument économique des banques, voulant que la concurrence conduirait à leur faillite et donc à l'instabilité, la Commission apporte une réponse économique, bien qu'indirectement : elle se réfère à l'analyse de l'OCDE estimant que l'applicabilité du droit de la concurrence peut contrecarrer

---

sanction infligée par la Commission est confirmé, mais son montant abaissé pour l'une des parties par le Tribunal (TPICE, 7 juin 2006, *Österreichische Postsparkasse AG et al. c. Commission CE* préc.) ; confirmé par : CJCE, 24 septembre 2009, *Erste Group Bank et. al. c. Commission CE*, aff. C-125/07 P, ECLI : EU : C : 2009:576.

689 Comm. CE, decision *Austrian banks – « Lombard Club »*, préc., pt. 395 : « they must not be exposed to the free play of market forces or assessed on the basis of market-economy criteria, since this would result in insolvencies and hence 'disastrous consequences for the economy' » (traduction libre).

690 V. *supra* n° 25 s.

691 OCDE, *Enhancing the role of competition in the regulation of banks*, Policy roundtables, DAFFE/CLP(1998)16, 11 septembre 1998.

692 Comm. CE, décision *Austrian banks – « Lombard Club »*, préc., pt. 395 : « it is desirable for unprofitable banks to exit from the market » (traduction libre).

693 La Commission se réfère à la directive 2001/24/CE du Parlement européen et du Conseil du 4 avril 2001 concernant l'assainissement et la liquidation des établissements de crédit, *JOCE* n° L 125 du 5 mai 2001, p. 15.

694 « However, it is certainly not permitted, and this is the only point at issue here, for undertakings themselves to limit competition through cartel agreements » (Comm. CE, décision *Austrian banks – « Lombard Club »*, préc., pt. 395).

les effets néfastes de la logique des banques *trop grosses pour faire faillite,* en réduisant l'incitation qu'ont les banques protégées par ce statut à prendre des risques[695]. Plutôt que de les protéger coûte que coûte, il est dès lors souhaitable que les banques inefficaces soient exposées à la faillite. Celles-ci doivent être ainsi soumises aux règles de concurrence et donc à la prohibition des cartels.

324. Mais la Commission exprime deux tempéraments, qui manifestent sa conscience des spécificités du secteur. Ces tempéraments dépassent le champ du strict droit des pratiques anticoncurrentielles et reflètent ainsi son approche globale de la situation. Le premier d'entre eux est même situé hors du droit de la concurrence : la Commission rappelle que si les banques doivent être exposées au risque de faillite comme toute autre entreprise, les procédures relatives à leur liquidation sont adaptées à leur singularité ainsi qu'à la nécessité de prévenir les crises systémiques. Ce rappel ne doit pas être interprété en ce sens que la stabilité serait une préoccupation extérieure au droit de la concurrence. Il signifie plutôt que les règles de concurrence, combinées à celles de la liquidation des banques, permettent d'assurer le maintien d'une situation concurrentielle tout en préservant la stabilité.

325. Le second tempérament est du même ordre : au cas où la faillite d'une banque risquerait de déstabiliser le marché, un soutien public pourrait lui être apporté à condition de respecter les règles du droit des aides. De la sorte, tant la concurrence que la stabilité s'en trouveraient préservées. L'impératif de stabilité ne justifie donc pas l'inapplicabilité générale du droit de la concurrence aux activités bancaires, dès lors que leurs spécificités sont prises en compte par les règles gouvernant la liquidation des banques et par celles encadrant l'*application* du droit des aides. De la consécration de l'applicabilité du droit des pratiques anticoncurrentielles s'est ensuivie celle de l'applicabilité des règles du contrôle des concentrations et des aides d'État.

B. Consécration de l'applicabilité des règles relatives aux contrôles des concentrations et des aides d'État

326. **Prolongement de l'inapplicabilité *de facto* des règles du contrôle des concentrations et des aides d'État.** Quoique la portée de l'arrêt *Züchner* excède le droit des pratiques anticoncurrentielles, la période d'inapplicabilité *de facto* des règles du contrôle des concentrations (1) et des aides d'État (2) intervient plus tardivement que pour celle du droit des pratiques anticoncurrentielles.

1. Consécration de l'applicabilité des règles relatives au contrôle des concentrations

327. **Situation antérieure à l'adoption du règlement n° 4064/89.** Bien que les décisions évoquées *supra* aient été rendues à propos de pratiques anticoncurrentielles, leur portée s'étend au contrôle des concentrations et des aides d'État. Dans l'arrêt *Züchner* en effet, la Cour de justice estime que les arguments soulevés par la défenderesse ne sont pas de nature à écarter l'applicabilité aux activités

---

695 OCDE, *Enhancing the role of competition in the regulation of banks*, préc., p. 9.

bancaires des « règles de concurrence du traité »[696] ; ce qui inclut non seulement les articles 85 et 86 TCEE[697] relatifs aux pratiques anticoncurrentielles, mais aussi l'article 90 TCEE[698] visant les entreprises publiques, ainsi que les articles 92 et suivants TCEE[699] encadrant les aides d'État[700].

328. En ce qui concerne les opérations de concentration, l'on se souvient qu'originellement, faute de dispositif spécifique, leur contrôle était effectué *via* les articles 85[701] et 86[702] du traité CEE prohibant les ententes et les abus de position dominante. Dès lors que ces dispositions étaient applicables au secteur bancaire, les concentrations bancaires pouvaient donc être contrôlées par ce biais. En pratique, cet examen purement *ex post* des concentrations a toutefois rapidement manifesté ses limites. Les concentrations bancaires n'ont pas fait exception à la rareté des contrôles effectués sur le fondement des articles 85 et 86[703].

329. **Situation postérieure à l'adoption du règlement n° 4064/89.** Le règlement n° 4064/89 est venu répondre au besoin pressant d'instaurer un contrôle *ex ante*[704]. L'applicabilité aux concentrations bancaires du règlement n° 4064/89 et du règlement n° 139/2004[705] qui le remplace aujourd'hui est indubitable. À différentes reprises, les établissements de crédit y sont expressément visés et leur soumission au contrôle des concentrations est affirmée, bien qu'à des conditions légèrement dérogatoires[706]. Moins de quatre mois après l'entrée en vigueur du règlement n° 4064/89[707], des opérations de concentrations bancaires étaient déjà notifiées à la Commission ; cette dernière rend ses premières décisions au cours de l'année 1991[708].

---

696 CJCE, 14 juillet 1981, *Gerhard Züchner c. Bayerische Vereinsbank AG*, préc., pt 8.

697 Aujourd'hui art. 101 et 102 TFUE.

698 Aujourd'hui art. 106 TFUE.

699 Aujourd'hui art. 107 s. TFUE.

700 Dans le rapport sur la politique de concurrence 1978, la Commission affirmait elle aussi que « les règles de concurrence communautaires et leurs règlements d'exécution s'appliqu[aient] de manière générale au secteur bancaire » (pt. 32, p. 34). Le rapport pour l'année 1978 n'affirmait quant à lui l'applicabilité que des articles 85 et 86 TCEE, sans pour autant exclure celle des autres règles de concurrence (pt 51, p. 58).

701 CJCE, 17 septembre 1980, *Philip Morris Holland c. Commission CE*, aff. 730/79, ECLI : ECLI : EU : C : 1980:209.

702 CJCE, 21 février 1973, *Continental Can Company Inc. c. Commission CE* préc.

703 À notre connaissance, aucune opération de concentration bancaire n'a d'ailleurs subi l'examen de la Commission fondé sur ces dispositions.

704 Règlement (CEE) n° 4064/89 du Conseil, du 21 décembre 1989, relatif au contrôle des opérations de concentration entre entreprises, *JOCE* n° L395 du 30 décembre 1989, p. 1. Théoriquement, le contrôle des concentrations *via* les articles 85 et 86 (aujourd'hui 101 et 102 TFUE) reste toujours possible dès lors qu'un règlement ne peut écarter ni restreindre l'application de ces dispositions de droit primaire (J.-M. Cot et J.-P. de la Laurencie, *Le contrôle français des concentrations*, LGDJ, coll. Droit des affaires, 2e éd., 2003, p. 60).

705 Règlement (CE) n° 139/2004 du Conseil du 20 janvier 2004 relatif au contrôle des concentrations entre entreprises (« le règlement CE sur les concentrations »), *JOUE* n° L 024 du 29 janvier 2004, p. 1.

706 Articles 3 § 5 sous a) des règlements n° 4064/89 et n° 139/2004, concernant les prises de participation temporaires ; articles 5 § 3 des règlements n° 4064/89 et n° 139/2004, relatifs aux seuils. Sur ces questions, V. *infra* n° 552 s.

707 Le texte est entré en vigueur le 21 septembre 1990 (article 25 § 1).

708 Comm. CE, décision du 4 février 1991, *BNP/Dresdner Bank*, aff. M021, *JOCE* n° C 34/20 du 9 février 1991, p. 1, opération notifiée le 2 janvier 1991 ; Comm. CE, décision du 7 mars 1991, *Kyowa / Saitama Banks*, aff. M069, *JOCE* n° C 66/13 du 14 mars 1991, opération notifiée le 6 février 1991 ; Comm. CE, décision du 26 août 1991, *BNP / Dresdner Bank – Czeho-Slovakia*, aff. M.124, *JOCE* n° C 266 du 31 août 1991, p. 1.

2. Consécration de l'applicabilité des règles relatives au contrôle des aides d'État

330. **Premières traces d'un contrôle des aides accordées aux banques.** Les règles relatives au contrôle des aides d'État semblent également avoir souffert d'une longue période d'inapplicabilité de fait aux activités bancaires. Celle-ci se mesure par la rareté des décisions adoptées au cours des années 1970 et 1980 : durant cette période, les cas d'aides accordées aux banques ayant retenu l'attention de la DG concurrence n'ont pas été inexistants mais sont restés marginaux.

331. Les premières traces de ce contrôle peuvent être trouvées dans le rapport sur la politique de concurrence pour l'année 1974 : la Commission y fait mention d'une aide apportée par le Gouvernement allemand à une entreprise commune créée par différentes banques nommée Wagnisfinanzierungs-AG (WFG) et dont l'objet était de fournir une assistance financière aux PME souhaitant développer des technologies ou des produits innovants. Le soutien du Gouvernement prenait la forme d'une garantie consistant à prendre en charge 75 % des pertes subies par WFG à l'occasion de ses investissements au sein des PME. Cette garantie générait des intérêts et devait être remboursée par l'entreprise commune grâce à ses profits futurs. Dans ces circonstances, estimant que cette initiative tendait à pallier les limites des structures financières existantes en Allemagne au profit des PME innovantes, la Commission n'a pas soulevé d'objection[709].

332. Il est par ailleurs fait mention dans le rapport sur la politique de concurrence pour l'année 1980[710] d'une loi italienne[711] accordant certains avantages fiscaux à des consortiums bancaires prenant des participations dans des entreprises en difficulté. Afin de faire bénéficier les consortiums de ces avantages, lesdites entreprises devaient s'engager dans des programmes de restructuration préalablement approuvés par le ministre de l'Industrie. Considérant que cette mesure, destinée à faciliter la réorganisation de certaines entreprises en difficulté, risquait de leur conférer un avantage anticoncurrentiel, la Commission avait ouvert une procédure formelle sur le fondement de l'article 93 § 2 du TCE. Au cours des discussions, le Gouvernement italien avait cependant fait état de ce que la mesure en cause expirait à la fin de l'année 1981 et ne serait pas renouvelée ; la procédure avait donc été clôturée[712].

333. Outre leur caractère marginal, ces cas d'application du droit des aides aux activités bancaires doivent être relativisés dès lors que les mesures en cause visaient dans les deux cas, non pas à soutenir les banques destinataires des aides, mais d'autres catégories d'entreprises, à savoir les PME et certaines entreprises en difficulté. En ce sens, plus que les véritables bénéficiaires[713] des mesures, les banques n'en constituaient que le vecteur.

---

709 Comm. CE, *Rapport sur la politique de concurrence 1974*, pt. 171 à 174, p. 99 à 101. Le rapport précise que des aides similaires ont été accordées en France.

710 Comm. CE, *Rapport sur la politique de concurrence 1980*, pt. 220, p. 153 et 154.

711 Loi n° 787 du 5 décembre 1978, *Gazzetta officiale* n° 348, du 14 décembre 1978.

712 Bull. CE n° 7/8 1982 vol. 15, pt. 2.1.35, p. 24.

713 Sur la distinction entre le « bénéficiaire » et le « destinataire » de l'aide, V. L. Grard, « Aides d'État. – Notion », *in Encyclopédie du JurisClasseur : Europe Traité,* LexisNexis, 2011, Fasc. 1530, pt. 122 à 129.

334. **La décision *Banesto*.** Les premières décisions mettant en cause des aides dont les banques étaient les véritables et uniques bénéficiaires n'ont été adoptées, à notre connaissance, qu'au début des années 1990. La première, rendue dans le cadre de l'affaire *Banesto*[714], n'est toutefois pas dépourvue d'ambiguïté quant à l'applicabilité du droit des aides d'État aux activités bancaires.

335. Banesto, l'une des plus grandes banques espagnoles, avait en l'espèce connu de graves difficultés financières. L'État espagnol lui avait alors accordé son soutien par le biais d'un fonds de garantie des dépôts, financé en grande partie par des banques privées, mais détenu par l'État. Les mesures comprenaient notamment une augmentation de capital par le fonds à hauteur de 180 milliards de pesetas et l'achat d'actifs dégradés à leur valeur nominale avec revente immédiate à Banesto par le fonds, engendrant pour ce dernier une perte de 285 milliards de pesetas. Le fonds avait ensuite rapidement revendu sa participation dans Banesto à Banco de Santander, recouvrant ainsi une partie de son intervention.

336. La Commission a considéré que l'article 92 § 1 du traité CE n'était pas applicable en l'espèce ; non pas en raison d'une inapplicabilité générale de ses dispositions au secteur bancaire mais parce que la mesure en cause ne constituait pas une aide au sens de ce texte. Dans son communiqué, elle affirme avoir ainsi tenu compte de la libre participation des banques privées au fonds, du caractère exceptionnel de l'intervention, ainsi que du prompt rétablissement de Banesto et de son retour rapide sur le marché privé. Ces circonstances permettent en effet de considérer que le critère de l'investisseur privé est satisfait[715].

337. La Commission mentionne cependant une raison supplémentaire d'écarter la qualification d'aide d'État, à savoir « la responsabilité particulière des autorités nationales monétaires et de contrôle [...] vis-à-vis de la stabilité du marché financier ». Cette précision est de nature à jeter le trouble : le maintien de la stabilité ne devrait pouvoir être invoqué qu'au stade de l'*application* des règles de concurrence, sur le fondement de l'article 92 § 3 sous b) du TCE[716], en vertu duquel une aide visant à « remédier à une perturbation grave de l'économie d'un État membre » peut être jugée compatible avec le marché intérieur. Or la Commission évoque la stabilité financière comme une raison de faire échapper la mesure en cause à la qualification d'aide, c'est-à-dire comme un motif d'*inapplicabilité* de l'article 92 § 1 du TCE. Le trouble s'installe d'autant plus que la DG concurrence affirme en prologue de son communiqué que les particularités du secteur bancaire « par comparaison avec les autres secteurs économiques ont exigé des services de la Commission qu'ils examinent minutieusement la manière dont la réglementation relative aux aides d'État pouvait s'appliquer aux banques. »

338. **La décision *Crédit Lyonnais*.** Mais la décision *Crédit lyonnais*[717], a permis d'écarter tout doute concernant l'applicabilité des règles du contrôle des aides d'État.

---

714 Comm. CE, Communiqué de presse : « La Commission approuve le sauvetage de Banesto », 15 décembre 1994, IP/94/1226. La décision n'a pas été publiée.

715 P. Rossi et V. Sansonetti, « Survey of State Aid in the Lending Sector : A Comprehensive Review of Main State Aid Cases », *European Business Law Review*, vol. 18, nº 6, décembre 2007, p. 8 et 9.

716 Aujourd'hui art. 107 § 3 sus b) TFUE.

717 Comm. CE, décision du 26 juillet 1995, *portant approbation conditionnée de l'aide accordée par la France à la banque Crédit Lyonnais*, préc.

Dans cette affaire, la banque française avait subi au cours des années 1992 et 1993, des pertes très élevées, risquant de faire baisser son ratio de solvabilité en dessous du niveau minimal réglementaire[718]. L'État français, principal actionnaire du Crédit lyonnais a donc consenti en 1994, une augmentation de capital de 4,9 milliards de francs et pris à sa charge 18,4 milliards de francs d'actifs non performants. Ces mesures ont alors fait l'objet d'une procédure d'examen prévue à l'article 93 § 2 du TCE relatif aux aides existantes. La décision de la Commission comporte une section intitulée « applicabilité des règles en matière d'aides d'État aux banques et appréciation de la présence d'aides d'État ». La soumission des banques aux règles du contrôle des aides d'État s'y trouve affirmée sans la moindre équivoque. La Commission ajoute que les spécificités du secteur ne pourront être éventuellement prises en compte qu'au stade de l'*application* de ces règles :

> Dans l'examen des mesures de soutien de l'État aux banques, il faut d'abord considérer que le traité ne connaît pas de règles spécifiques pour les établissements de crédit en matière d'aides d'État. Cependant, la Commission est consciente du caractère particulier du secteur bancaire et de la grande sensibilité des marchés financiers même aux difficultés limitées à l'un ou l'autre établissement, *circonstance qui doit être prise en considération lors de l'application des règles* en matière d'aide d'État.[719]

339. La Commission estime alors que les mesures en cause sont constitutives d'une aide d'État, mais elle consent à les autoriser moyennant divers engagements de la part des parties.

340. **Conclusion de la Section 1.** Avec l'adoption de la décision *Crédit lyonnais*, il ne fait donc plus aucun doute que les activités bancaires sont soumises, de droit comme de fait, aux règles du contrôle des aides d'État ; de la même manière qu'elles se trouvent soumises à celles du contrôle des concentrations et des pratiques anticoncurrentielles.

341. Les divers arguments mobilisés en sens contraire ont été balayés. La singularité des activités bancaires et les objectifs de la régulation sectorielle ne sont pas ignorés par l'autorité et le juge européens de la concurrence. Mais ils ne sauraient justifier l'inapplicabilité générale des règles de concurrence. Le possible accomplissement d'un SIEG par les banques et la menace d'instabilité financière ne pourront être ainsi pris en compte qu'au stade de l'*application* de ces règles. Quant à l'éventuelle participation des banques à la politique monétaire, elle ne saurait non plus faire échapper l'ensemble du secteur bancaire à l'applicabilité du droit de la concurrence. Cette circonstance ne permettrait de les exclure de son champ d'application que par exception, à condition que la jouissance de prérogatives de puissance publique puisse être établie.

342. L'applicabilité du droit de la concurrence de l'Union se trouve ainsi justifiée par principe. Il en va de même du droit français de la concurrence, pourtant à ce jour partiellement inapplicable aux activités bancaires.

---

718 Le ratio minimal de solvabilité (i.e. le rapport entre les fonds propres de la banque et ses actifs) était de 8 % (directive 89/647/CEE du Conseil, du 18 décembre 1989, relative à un ratio de solvabilité des établissements de crédit, *JOCE* n° L 386 du 30 décembre 1989, p. 14, art. 10 § 3).

719 Comm. CE, décision du 26 juillet 1995, *portant approbation conditionnée de l'aide accordée par la France à la banque Crédit Lyonnais,* préc., pt. 3, mis en italique par nos soins.

Section 2
L'applicabilité progressive du droit français de la concurrence

343. **Applicabilité originelle en droit mais non en fait des règles communes de concurrence.** À l'instar du droit de l'Union européenne, la question de l'applicabilité du droit français de la concurrence aux activités bancaires n'a pas été un long fleuve tranquille. Elle se caractérise par une série de volte-face législatives, réglementaires et jurisprudentielles.

344. Ainsi le droit français de la concurrence a-t-il tout d'abord connu une longue période d'applicabilité *de jure*, sans que celle-ci se vérifie dans les faits. L'ordonnance du 30 juin 1945 prohibant les ententes et abus de position dominante[720], de même que la loi du 19 juillet 1977[721] modifiant ladite ordonnance et instaurant un mécanisme de contrôle des concentrations, ne comportaient aucune dérogation relative aux activités bancaires. À ces dernières devait donc naturellement s'étendre le champ d'application de ces textes. Là où la loi ne distingue pas, il n'y a pas lieu de distinguer[722].

345. Interrogé sur ce point à l'Assemblée nationale, le ministre de l'Économie avait pourtant affirmé en 1978 que les banques « ne rentr[aient] pas dans le champ d'application de l'ordonnance n° 45-1483 du 30 juin 1945 relative aux prix »[723], en tirant argument de ce que leurs activités étaient régies par des textes de droit spécial, à savoir les lois des 13 et 14 juin 1941[724]. Celles-ci, adoptées antérieurement à l'ordonnance de 1945 étaient toutefois restées muettes à l'égard de l'ordonnance, ainsi de manière plus générale, qu'au sujet des conditions de la concurrence bancaire. Il s'agissait donc d'un fondement bien précaire à l'inapplicabilité du droit de la concurrence. Pour autant, l'ordonnance du 30 juin 1945 est restée inappliquée aux activités bancaires pendant plus de 40 ans.

346. **Applicabilité partielle du droit commun de la concurrence.** La loi bancaire du 24 janvier 1984[725] a changé la donne. Elle soumet explicitement les banques au droit français de la concurrence. Celui-ci est appliqué pour la première fois aux activités bancaires dans une décision de 1988[726]. Les

---

720 Ordonnance n° 45-1483 du 30 juin 1945 relative aux prix, *JORF* du 8 juillet 1945, p. 4150, art. 50.

721 Loi n° 77-806 du 19 juillet 1977 sur le contrôle de la concentration économique, la répression des ententes illicites et des abus de position dominante, *JORF* du 20 juillet 1977, p. 3833.

722 J.-M. Cot et J.-P. de la Laurencie, *Le contrôle français des concentrations, op. cit.*, p. 23.

723 Débats parlementaires, Assemblée nationale, 19 octobre 1978, question 7403, *JORF*, 24 mars 1979, p. 1910.

724 Loi n° 2-532 du 13 juin 1941, relative à la réglementation et à l'organisation de la profession bancaire, *JORF* du 6 juillet 1941, p. 2830 ; loi n° 2-253 du 14 juin 1941, relative à la règlementation et organisation des professions se rattachant à la profession de banquier et qui accomplissent à titre principal, accessoire ou occasionnel des opérations de banque prévues à l'article 27 de la loi du 13 juin 1941, *JORF* du 6 juillet 1941, p. 2834.

725 Loi n° 84-46 du 24 janvier 1984 relative à l'activité et au contrôle des établissements de crédit, *JORF* du 25 janvier 1984, p. 390, dite « loi bancaire ».

726 Cons. conc., décision n° 88-D-37 du 15 octobre 1988 *relative au Groupement des cartes bancaires « CB »*, *BOCCRF* n° 21 du 15 octobre 1988.

règles de concurrence leur sont alors applicables non seulement en droit mais également en fait. Néanmoins, cette applicabilité n'est que partielle. Des pans entiers du droit commun des pratiques anticoncurrentielles demeurent inapplicables aux activités bancaires. Ces dernières échappent au surplus, à l'ensemble du droit des pratiques restrictives, ce qui est malheureux (§ 1). Depuis peu, les banques sont en revanche soumises à l'ensemble des règles communes du contrôle des concentrations, mis à part quelques dérogations mineures (§ 2).

§ 1. L'applicabilité souhaitable du droit commun des pratiques anticoncurrentielles et restrictives de concurrence

347. **Inapplicabilité partielle du droit des pratiques anticoncurrentielles. Inapplicabilité totale du droit des pratiques restrictives.** Durant une courte période, le droit commun des pratiques anticoncurrentielles était pleinement applicable aux activités bancaires. Il ne l'est aujourd'hui que partiellement (A). Pour sa part, le droit des pratiques restrictives a toujours été, et demeure encore à ce jour, totalement inapplicable aux activités bancaires. Cette situation est injustifiée et inopportune. Elle mériterait d'être corrigée (B).

A. L'applicabilité souhaitable du droit commun des pratiques anticoncurrentielles

348. **Va-et-vient législatif.** Au cours d'une période initiale évoquée *supra*, l'ordonnance du 30 juin 1945 réprimant les ententes et les abus de position dominante était applicable aux activités bancaires en droit mais non en fait. La loi bancaire du 24 janvier 1984 a par la suite explicitement soumis ces dernières au droit commun des pratiques anticoncurrentielles, cette applicabilité s'étant alors immédiatement vérifiée dans les faits (1). Cet épisode fut cependant de courte durée : à compter de la fin des années 1990, le législateur a élaboré au profit des banques, un régime partiellement dérogatoire profondément injustifié (2).

1. Les activités bancaires temporairement soumises au droit commun des pratiques anticoncurrentielles

349. **Soumission *a minima* des activités bancaires aux règles de concurrence par l'effet de la loi du 24 janvier 1984.** L'article 89, alinéa 1er de la loi bancaire a proclamé l'inapplicabilité de l'ordonnance de 1945 aux établissements de crédit, sauf en ce qui concerne leurs activités extra-bancaires[727]. Le second alinéa affirmait toutefois qu'ils demeuraient soumis à la prohibition des ententes et des abus de position dominante définis aux articles 50 et 51 de

[727] Définies à l'article 7 de la loi bancaire. En pratique, il s'agit notamment des activités d'assurance (Chr. GAVALDA et Cl. Lucas de LEYSSAC, « Droit français de la concurrence », *D.* 1985, IR, p. 215).

l'ordonnance, mais attribuait compétence à la Commission bancaire[728] pour en faire application :

> Article 89.
> L'ordonnance n° 45-1483 du 30 juin 1945, relative aux prix, s'applique aux établissements de crédit pour ce qui est de leurs activités définies à l'article 7 de la présente loi [activités extra-bancaires].
> En outre, la Commission bancaire constate et sanctionne, dans les conditions prévues par la présente loi, les ententes illicites ou les abus de position dominante, tels que définis aux articles 50 et 51 de ladite ordonnance, imputables à des établissements de crédit, même si ces infractions sont constatées hors du champ des activités bancaires.

350. En d'autres termes, les banques n'étaient soumises à la prohibition des pratiques de prix illicites[729] qu'au regard de leurs activités extra-bancaires ; la Commission de la concurrence[730] demeurait compétente à cet égard. Les banques étaient également soumises à la prohibition des ententes et des abus de position dominante[731] en ce qui concerne leurs activités tant bancaires qu'extra-bancaires ; mais seule la Commission bancaire pouvait faire application de ces dispositions à leur endroit.

351. Néanmoins, un doute persistait quant à l'applicabilité de la loi du 19 juillet 1977 dont la loi de 1984 ne faisait absolument pas mention. L'enjeu n'était pas négligeable car la loi de 1977 comportait des dispositions intéressant non seulement les pratiques anticoncurrentielles mais aussi et surtout le contrôle des concentrations, pour l'application desquelles le ministre de l'Économie devait être pleinement compétent[732]. À l'occasion d'une entente sur les prix commise par le Groupement des cartes bancaires et dénoncée par le Conseil national du commerce, le ministre de l'Économie avait saisi le Conseil d'État pour avis afin de savoir si les activités bancaires étaient soumises aux dispositions de la loi de 1977 sous sa compétence. La haute juridiction administrative répond par la négative dans un avis du 23 avril 1985[733] :

> L'intervention de l'article 89 de la loi susvisée du 24 janvier 1984 […] exclut ce domaine [bancaire] explicitement du champ d'application de l'ordonnance de 1945 et implicitement mais nécessairement de celui de la loi de 1977, relative au contrôle de la concentration économique et à la répression des ententes illicites et des abus de position dominante, qui, dans ses titres II et III, se réfère à cette ordonnance ou la modifie.

352. Les banques échappaient donc aux dispositions du titre III de la loi de 1977 relatif aux pratiques anticoncurrentielles ; elles échappaient encore à celles du titre II et se trouvaient ainsi soustraites à tout contrôle des concentrations.

---

728 La Commission bancaire avait été instituée par la loi du 24 janvier 1984 (art. 37), ainsi que deux autres organes de contrôle : le Comité de la règlementation bancaire et le Comité des établissements de crédit (art. 29).

729 Ordonnance n° 45-1483 du 30 juin 1945, art. 35 à 37.

730 Instaurée par la loi n° 77-806 du 19 juillet 1977 (titre I).

731 Ordonnance n° 45-1483 du 30 juin 1945, art. 50 et 51.

732 Loi n° 77-806 du 19 juillet 1977, art. 5.

733 CE, avis, 23 avril 1985, n° 337.578.

353. **Retour des activités bancaires dans le droit commun des pratiques anticoncurrentielles.** La désapprobation de ce régime dérogatoire exprimée par la doctrine[734] et la Commission de la concurrence[735] a certainement orienté le législateur sur la voie d'un rapatriement des banques dans le droit commun de la concurrence. Ce fut partiellement chose faite à la faveur de la loi du 11 juillet 1985[736] : cette dernière modifie l'article 89 de la loi bancaire afin de soumettre explicitement les banques aux dispositions de l'ordonnance de 1945 relatives aux pratiques anticoncurrentielles selon les procédures de droit commun, i.e. sous la compétence de la Commission de la concurrence :

> Art. 5. – Le deuxième alinéa de l'article 89 de la loi n° 84-46 du 24 janvier 1984 précitée est ainsi rédigé :
> Les articles 50 et 51 [de l'ordonnance du 30 juin 1945, relatifs aux pratiques anticoncurrentielles] s'appliquent aux établissements de crédit pour leurs opérations de banque. Les infractions à ces dispositions sont constatées et sanctionnées par dérogation à l'article 45 de la présente loi dans les conditions fixées aux articles 37-3°, 52 à 54 et 56 à 59 de l'ordonnance [conférant compétence à la Commission de la concurrence].

354. En revanche, les activités bancaires demeuraient toujours hors de portée de la loi de 1977 régissant le contrôle des concentrations. L'ordonnance du 1er décembre 1986[737] abroge et remplace celle de 1945 tout en maintenant le *statu quo* : elle ne modifie l'article 89 de la loi bancaire que pour le mettre à jour du nouveau texte. L'article 60-III de l'ordonnance de 1986 dispose ainsi :

> Article 60
> III. Les deux premiers alinéas de l'article 89 de la loi n° 84-46 du 24 janvier 1984 modifiée relative à l'activité et au contrôle des établissements de crédit sont ainsi rédigés :
>
> > « L'ordonnance n° 86-1243 du 1er décembre 1986 relative à la liberté des prix et de la concurrence s'applique aux établissements de crédit pour ce qui est de leurs activités définies aux articles 7 [activités extra-bancaires] et 8[738].
> > Les articles 7 à 10 de l'ordonnance n° 86-1243 du 1er décembre 1986 relative à la liberté des prix et de la concurrence s'appliquent aux établissements

---

734 Chr. Gavalda et Cl. Lucas de Leyssac, « Droit français de la concurrence », art. préc. ; J. Stoufflet, « La loi bancaire du 24 janvier 1984 (suite) », *JCP G* n° 4, 23 janvier 1985, doctr. 3176, note 35.

735 La Commission de la concurrence considérait qu'il était ainsi porté atteinte à l'unité du droit de la concurrence. Elle appelait au minimum à l'instauration d'une coopération avec la Commission bancaire, afin de restaurer cette unité (Comm. conc., *Rapport au ministre de l'économie et des finances pour l'année 1983*).

736 Loi n° 85-695 du 11 juillet 1985 portant diverses dispositions d'ordre économique et financier, *JORF* du 12 juillet 1985, p. 7855.

737 Ordonnance n° 86-1243 du 1er décembre 1986 relative à la liberté des prix et de la concurrence, *JORF*, 9 décembre 1986, p. 14773.

738 Cette référence à l'article 8 de la loi du 24 janvier 1984 doit, sous toute vraisemblance, constituer une erreur de plume du législateur. Cette disposition, totalement étrangère aux établissements de crédit, ne fait qu'écarter certaines institutions du champ d'application de la loi bancaire (Trésor public, Banque de France, Institut d'émission des départements d'outre-mer, Caisse des dépôts et consignation). Du même avis : Fr. J. Crédot et Y. Gérard, note sous Cass. 1re civ., 11 octobre 1994, n° 92-13947, *Rev. dr. Bancaire et bourse*, novembre/décembre 1994, n° 46, p. 260.

de crédit pour leurs opérations de banque. Les infractions à ces dispositions sont constatées, poursuivies et sanctionnées, par dérogation à l'article 45 de la présente loi, dans les conditions fixées par les titres III et VI de ladite ordonnance. »

355. Les établissements de crédit étaient alors, sans l'ombre d'un doute, soumis à la prohibition des pratiques anticoncurrentielles définies aux articles 7 à 10 de l'ordonnance de 1986, et seul le Conseil de la concurrence, remplaçant la Commission de la concurrence, était désormais compétent pour les leur appliquer.

356. **Pratique décisionnelle.** Immédiatement, cette nouvelle applicabilité s'est révélée ne pas être seulement *de jure* : au lendemain de l'adoption de la loi du 11 juillet 1985, le Conseil national du commerce a saisi la Commission de la concurrence d'un cas d'entente anticoncurrentielle commise par le GIE cartes bancaires. Il s'agissait précisément des pratiques à l'occasion desquelles le Conseil d'État s'était prononcé en défaveur de l'applicabilité de la loi de 1977, et avait ainsi écarté toute compétence de la Commission de la concurrence en matière d'entente[739].

357. Ayant succédé à la Commission de la concurrence en cours d'instruction, le Conseil de la concurrence déclare les articles 50 et 51 de l'ordonnance de 1945 applicables aux faits commis avant son abrogation par l'ordonnance de 1986, et les dispositions de cette dernière applicables aux faits commis postérieurement. Au stade de l'application des règles de concurrence, le Conseil estime que la fixation par le GIE du niveau des commissions d'interchange applicables lors des paiements par cartes constitue une entente anticoncurrentielle. Selon le Conseil, la méthode employée pour déterminer le niveau des commissions ne reposait pas sur des critères objectifs tenant suffisamment compte des avantages retirés par les commerçants du recours aux cartes. Il est dès lors enjoint au GIE de modifier en ce sens les modalités de fixation des commissions[740].

358. Deux ans plus tard, le Conseil de la concurrence condamne le GIE à une amende de six millions de francs pour irrespect des injonctions posées dans la décision n° 88-D-37 du 15 octobre 1988[741]. Il s'agissait ainsi des deux premières décisions d'application du droit français des pratiques anticoncurrentielles aux activités bancaires, confirmant son applicabilité en droit et en fait. Celle-ci a toutefois été remise en cause lors de la codification de la loi bancaire.

2. Les activités bancaires actuellement soumises au droit spécial des pratiques anticoncurrentielles

359. **Pouvoir consultatif conféré à l'autorité bancaire.** Sous l'empire de l'article 89 de la loi bancaire tel que modifié par l'ordonnance de 1986, les établissements de crédit se trouvaient alors véritablement soumis au droit commun des pratiques anticoncurrentielles, c'est-à-dire sans jouir de la moindre dérogation. Le renvoi

---

739 CE, avis, 23 avril 1985, n° 337.578 préc.

740 Cons. conc., décision n° 88-D-37 du 15 octobre 1988 préc. Pour une étude plus détaillée des pratiques liées à la fixation des commissions d'interchange, V. *infra* n° 644 s.

741 Cons. conc., décision n° 90-D-41 du 30 octobre 1990 *concernant l'exécution de la décision n° 88-D-37 du 11 octobre 1988 relative au Groupement d'intérêt économique des cartes bancaires « C.B. »*.

général aux titres III[742] et VI[743] de l'ordonnance de 1986 avait ainsi pour effet de leur rendre applicables l'ensemble des règles matérielles et procédurales du droit des pratiques anticoncurrentielles.

360. Cette situation n'a cependant pas duré. Ainsi le législateur a-t-il introduit en 1999[744], l'obligation pour le Conseil de la concurrence de transmettre à la Commission bancaire pour avis toute communication des griefs adressée à un établissement de crédit concernant des pratiques adoptées dans le cadre de ses opérations de banque ou connexes et, dans l'hypothèse d'une infliction de sanctions, de préciser, le cas échéant, les raisons pour lesquelles il s'est écarté dudit avis. Telle dérogation, actuellement prévue *mutatis mutandis* au sein de l'article L 511-4, est au demeurant bienvenue : ce pouvoir consultatif, aujourd'hui conféré à l'ACPR, permet d'éclairer l'autorité de concurrence sur le fonctionnement d'un secteur très spécifique, sans pour autant la lier ni réduire ses prérogatives[745]. L'Autorité de la concurrence conserve ainsi sa pleine compétence. Lorsque l'ACPR relève des pratiques susceptibles de constituer une entente ou un abus, il est d'ailleurs fait obligation à son président d'en informer l'Autorité de la concurrence[746].

361. **Énumération limitative des dispositions applicables aux activités bancaires, par l'article L 511-4 du Code monétaire et financier.** Une profonde régression est en revanche intervenue par l'effet de l'ordonnance du 14 décembre 2000[747] ayant codifié l'article 89 de la loi bancaire à l'article L 511-4 du Code monétaire et financier. Ce dernier, qui n'a depuis lors, pas connu de modification substantielle relative aux pratiques anticoncurrentielles, est à ce jour, ainsi libellé :

> Article L 511-4
> Les articles L. 420-1 à L. 420-4 du code de commerce s'appliquent aux établissements de crédit et aux sociétés de financement pour leurs opérations de banque et leurs opérations connexes définies à l'article L 311-2, aux établissements de monnaie électronique pour l'émission et la gestion de monnaie électronique et leurs opérations mentionnées à l'article L 526-2 ainsi qu'aux établissements de paiement pour leurs services de paiement et leurs services connexes définis à l'article L 522-2. Les infractions à ces dispositions sont poursuivies dans les conditions fixées par les articles L. 442-6, L. 442-9, L. 462-5 à L. 462-8, L. 463-1 à L. 463-7, L. 464-1 à L. 464-8, L. 490-1 à L. 490-12 du code de commerce. La notification de griefs prévue à l'article L 463-2 du même code est communiquée à l'Autorité de contrôle prudentiel et de résolution qui rend son avis dans un délai de deux mois. Dans l'hypothèse où l'Autorité de la concurrence prononce une sanction à

742 « Des pratiques anticoncurrentielles ».
743 « Des pouvoirs d'enquêtes ».
744 Loi nº 99-532 du 25 juin 1999 relative à l'épargne et à la sécurité financière, *JORF* nº 148 du 29 juin 1999, p. 9487, art. 62.
745 V. à propos du système complexe d'échange image-chèque au cœur de la décision précitée de l'Autorité de la concurrence nº 10-D-28 du 20 septembre 2010 (V. *infra* nº 740).
746 C. mon. fin., art. L 612-29.
747 Ordonnance nº 2000-1223 du 14 décembre 2000 relative à la partie Législative du code monétaire et financier, *JORF* nº 291 du 16 décembre 2000, p. 20004.

l'issue de la procédure prévue aux articles L. 463-2, L. 463-3 et L. 463-5 du code de commerce, elle indique, le cas échéant, les raisons pour lesquelles elle s'écarte de l'avis de l'Autorité de contrôle prudentiel et de résolution.

362. Les articles L 420-1 à L 420-4 du Code de commerce ainsi visés – portant interdiction des ententes ainsi que des abus de position dominante et de dépendance économique – correspondent bien en substance aux articles 7 à 10 de l'ordonnance de 1986, dont l'applicabilité aux établissements de crédit pour leurs opérations de banque et connexes était affirmée par l'article 89 de la loi bancaire.

363. En ce qui concerne toutefois leurs conditions de mise en œuvre, l'article L 511-4 ne procède plus, à l'instar de l'article 89 de la loi bancaire, par renvoi général aux titres du livre IV du Code de commerce comportant les dispositions y relatives, mais par énumération individuelle des articles applicables, à savoir, « les articles L. 442-6, L. 442-9, L. 462-5 à L. 462-8, L. 463-1 à L. 463-7, L. 464-1 à L. 464-8, L. 490-1 à L. 490-12 du code de commerce ». Or les conséquences d'un tel changement d'approche sont ravageuses. L'interprétation stricte du texte de droit spécial que constitue l'article L 511-4 (a), a pour effet de rendre inapplicable aux activités bancaires une partie substantielle du droit commun des pratiques anticoncurrentielles (b).

a. Lecture de l'article L 511-4 du Code monétaire et financier

364. **Spécialité de l'article L 511-4 du Code monétaire et financier.** L'article L 511-4 du Code monétaire et financier soumet son interprète à rude épreuve. Par opposition aux règles générales du livre IV du Code de commerce, jouissant d'un domaine s'étendant « à toutes les activités de production, de distribution et de services »[748], l'article L 511-4 du Code monétaire et financier constitue un texte de droit spécial dont le champ d'application se limite « aux établissements de crédit et aux sociétés de financement pour leurs opérations de banque et leurs opérations connexes définies à l'article L 311-2, aux établissements de monnaie électronique pour l'émission et la gestion de monnaie électronique et leurs opérations mentionnées à l'article L 526-2 ainsi qu'aux établissements de paiement pour leurs services de paiement et leurs services connexes définis à l'article L 522-2. »

365. En vertu du principe *specialia generalibus derogant*[749], l'article L 511-4 prime sur les textes de droit commun de la concurrence : ses règles devront être appliquées par priorité à celles du droit commun de la concurrence. À première lecture toutefois, l'article L 511-4 n'apparaît dérogatoire qu'en ses deux dernières phrases relatives aux pouvoirs consultatifs de l'ACPR. Pour le reste, il ne fait *a priori* que

---

748 C. com., art. L 410-1.

749 Adage signifiant que « les lois spéciales dérogent aux lois générales ». La jurisprudence y recourt abondamment : V. par ex. Cass. com. 28 janvier 1992, n° 90-13.706, *Bull. civ.* 1992 IV, n° 43 : « attendu que le Tribunal énonce à bon droit que la loi générale ne déroge pas à la loi spéciale » ; Cass. ass. plén., 12 juillet 2000, n° 98-10.160, *Bull. ass. plén.* 2000, n° 8 : « les abus de la liberté d'expression prévus et réprimés par la loi du 29 juillet 1881 ne peuvent être réparés sur le fondement de l'article 1382 du Code civil » ; CE, 27 juin 1979, *Manufacture française des pneumatiques Michelin*, n° 12450 : « que ces dispositions [de l'article 159-2 du Code général des impôts] de caractère général [...], ne font pas obstacle à l'application des dispositions spéciales de l'article 160 ». En doctrine, V. N. Balat, *Essai sur le droit commun*, thèse de doctorat en Droit, Université Paris II, 2014, spéc. pt. 168 à 175, p. 104 à 110, ainsi que les nombreuses références citées.

reprendre un certain nombre de règles du droit commun et d'en affirmer l'applicabilité aux établissements de crédit pour leurs opérations de banque et connexes[750]. Mais le bât blesse précisément en ce que l'article L 511-4 n'affirme l'applicabilité aux établissements de crédit que d'un nombre restreint d'articles du livre IV, et reste silencieux à l'égard de plusieurs autres dispositions du droit commun de la concurrence : comment interpréter ce silence ? *Quid* alors de l'applicabilité des dispositions délaissées par l'article L 511-4 ?

366. **Interprétation stricte de l'article L 511-4 du Code monétaire et financier.** Une interprétation large de ce texte pourrait conduire à considérer les établissements de crédit comme étant inclus dans le champ d'application non seulement des textes expressément visés par l'article L 511-4, mais également, par analogie, de ceux à l'endroit desquels il reste silencieux.

367. Étant un texte de droit spécial, l'article L 511-4 est cependant d'interprétation stricte, de sorte qu'il doit être appliqué à toutes les hypothèses qu'il envisage, mais à ces hypothèses exclusivement[751]. Toute disposition du livre IV du Code de commerce dont l'article L 511-4 n'affirmerait pas expressément l'applicabilité aux établissements de crédit pour leurs opérations de banque et connexes doit donc *a contrario*, être considérée comme inapplicable. Considérer que l'ensemble des dispositions du livre IV du Code de commerce leur est applicable alors même que l'article L 511-4 du Code monétaire et financier ne vise limitativement que certaines d'entre elles reviendrait au demeurant, à nier toute utilité à cet article. En revanche, dans le silence de l'article L 511-4 à leur égard, les activités extra-bancaires exercées par les établissements de crédit doivent toujours être considérées comme soumises au livre IV du Code de commerce, c'est-à-dire à l'ensemble des règles de droit commun de la concurrence. Cette analyse fait l'unanimité de la doctrine[752].

---

750 Les développements qui suivent se réfèrent aux seuls établissements de crédit par souci de concision, mais sont généralisables à l'ensemble des prestataires visés à l'article L 511-4 : i.e. les sociétés de financement pour leurs opérations de banque et connexes, les établissements de monnaie électronique pour l'émission et la gestion de monnaie électronique, la fourniture de services de paiement et leurs activités connexes, ainsi que les établissements de paiement pour leurs services de paiement et connexes.

751 L'interprétation stricte équivaut à « l'interdiction de l'extension du champ d'application de la norme » (M. Lebeau, *De l'interprétation stricte des lois – Essai de méthodologie*, thèse de doctorat en Droit, Université Paris II, 2007, n° 115). *Adde*. Fr. Pollaud-Dulian, « Du droit commun au droit spécial – et retour », *in* N. Antaki, J. Béguin, B. Bouloc *et al.* (dir.) *Mélanges en l'honneur de Yves Guyon : Aspects actuels du droit des affaires*, Dalloz, coll. Études, mélanges, travaux, 2003, p. 925 s., spéc. p. 935, pour qui le droit spécial doit être appliqué « dans la stricte mesure de sa finalité et de son champ d'application ». V. également, N. Balat, *op. cit.*, spéc. pt. 164 à 167, p. 102 à 104 ; Ch. Goldie-Genicon, « Droit commun et droit spécial », *RDA* n° 7, février 2013, p. 29. En jurisprudence : Cass. civ. 2e, 30 juin 1971, n° 70-12117, jugeant qu'une disposition « spéciale [...] dérogatoire au droit commun en la matière [...] doit être interprétée restrictivement et ne saurait trouver application en dehors du cas visé ». *Adde*. Cass. civ. 2e, 28 janvier 1965, n° 62-13485.

752 V. à propos tout particulièrement du titre IV du livre IV du Code de commerce, relatif à la transparence et aux pratiques restrictives, jugé pour cette raison, inapplicable aux activités bancaires : Th. Samin et St. Torck, note sous Cass. com., 25 octobre 2017, n° 16-16839, *RD bancaire et fin.* n° 2, mars 2018, comm. 26 ; M. Chagny, note sous CA Paris, 27 septembre 2017, n° 16-00671, *RTD com.* 2018, p. 633 ; Th. Bonneau, note sous Cass. com., 25 octobre 2017, n° 16-16839, *Banque et droit* n° 177, 2018, p. 21 ; J. Lasserre Capdeville, note sous Cass. com., 25 octobre 2017, n° 16-16839, *AJ Contrat*, 2017, p. 530 ; D. Legeais, note sous Cass. com., 25 octobre 2017, n° 16-16839, *RTD Com.* 2017, p. 972 ; Th. Bonneau, *Droit bancaire*, *op. cit.*, pt. 303, p. 234 et 235 ; N. Éréséo, « Les clauses abusives dans les contrats conclus entre les banques et la clientèle professionnelle », *RD bancaire et fin.* n° 3, mai 2016, dossier 21 ; Chr. Gavalda, et

368. **Intentions du législateur.** Cette interprétation semble du reste, tout à fait conforme aux intentions du législateur. Les discussions relatives aux dispositions de ce qui devait devenir l'article 89 de loi bancaire du 24 janvier 1984 puis *in fine* l'article L 511-4 du Code monétaire et financier révèlent même que l'intention originelle du législateur était d'exclure totalement les banques du champ d'application de l'ordonnance du 30 juin 1945. Le projet de loi initial comportait en effet, un article 78 ainsi rédigé : « L'ordonnance n° 45-1483 du 30 juin 1945, relative aux prix, ne s'applique pas aux établissements de crédit. » Cette disposition avait les faveurs du Sénat, qui y voyait un moyen de préserver le droit au refus d'ouverture de compte pour le banquier, menacé par l'article 37, 1° sous a) de l'ordonnance de 1945 réprimant le refus de vente[753]. Le député Gilbert Gantier avait admis la nécessité de faire échapper les banques à l'interdiction du refus de vente, mais avait fait valoir qu'il n'existait aucune raison de ne pas les soumettre à la prohibition des ententes et abus de position dominante. Il avait donc été (très explicitement) convenu de soumettre les activités bancaires à la seule prohibition des pratiques anticoncurrentielles sous la compétence de la Commission bancaire, mais de les faire échapper à la répression des prix illicites, auxquels était assimilé le refus de vente[754]. Par suite, en modifiant l'article L 511-4 du Code monétaire et financier avec la loi de sécurité financière du 1er août 2003 (article 24), l'intention du législateur se bornait manifestement à soumettre les activités bancaires aux règles du contrôle des concentrations, sans étendre cette soumission aux autres dispositions du livre IV du Code de commerce, non évoquées lors des débats[755]. Pourquoi d'ailleurs, le législateur aurait-il eu besoin de viser expressément le titre III du livre IV du Code de commerce pour y soumettre les activités bancaires, sinon que ces dernières échappaient jusqu'alors à l'applicabilité de ses dispositions dans le silence de l'article L 511-4 à leur égard ?[756] Ainsi, l'esprit de l'article L 511-4 a toujours été de n'inclure les activités bancaires dans le champ des règles de concurrence qu'*a minima ;* et d'écarter l'applicabilité des dispositions qu'il ne viserait pas lui-même expressément.

J. Stoufflet, *Droit bancaire*, LexisNexis, coll. Manuels, 9e éd., 2015, pt. 263, p. 148 ; Y. Gérard, « Les comptes en banque – dispositions communes », *in* G. Decocq, Y. Gérard, et J. Morel-Maroger, *Droit bancaire*, Revue Banque, coll. Master, 2e éd., 2014, pt. 359, p. 254 ; R. Routier, note sous T. com. Paris, 24 janvier 2013, n° 2010-060778 et T. com. Paris, 24 janvier 2013, n° 2010-055661, *JCP E* n° 48, 28 novembre 2013, 1662, pt. 27, p. 45 ; Fr. J. Crédot et Th. Samin, note sous T. com. Paris, 24 janvier 2013, n° 2010-060778 et T. com. Paris, 24 janvier 2013, n° 2010-055661, *RD bancaire et fin.* n° 3, mai 2013, comm. 78 ; Fr. J. Crédot et Y. Gérard, note sous Cass. 1re civ., 11 octobre 1994, n° 92-13947, *Rev. dr. Bancaire et bourse*, novembre/décembre 1994, n° 46, p. 259. Sur la question de l'applicabilité du droit des pratiques restrictives, V. *infra* n° 388 s.

753 V. Y. Durand, *Rapport fait au nom de la commission sénatoriale des Finances du Contrôle budgétaire et des Comptes économiques de la Nation, sur le projet de loi relatif à l'activité et au contrôle des établissements de crédit*, Annexe au procès-verbal de la séance du 26 octobre 1983, Sénat, Première session ordinaire de 1983-1984, n° 40, p. 190.

754 Ass. nat., Première session ordinaire de 1983-1984, 109e séance, séance du jeudi 8 décembre 1983, compte rendu intégral, p. 6219 et 6220.

755 Fr. Goulard, *Rapport fait au nom de la commission des finances, de l'économie générale et du Plan de l'Assemblée nationale sur le projet de loi, adopté avec modifications par le Sénat en deuxième lecture, de sécurité financière*, enregistré à la Présidence de l'Assemblée nationale le 11 juin 2003, n° 908, p. 10 et 11.

756 Sur l'applicabilité des règles du contrôle des concentrations, V. *infra* n° 408 s.

369. **Interprétation approuvée par la jurisprudence.** Souscrivant à cette interprétation, le Conseil d'État en avait ainsi déduit que le titre III du livre IV relatif au contrôle des concentrations, non visé par l'article L 511-4 du Code monétaire et financier, était inapplicable aux activités bancaires[757] : « alors même que les activités des établissements de crédit sont des activités de services, au sens des dispositions générales de l'article L 410-1 du code de commerce, les règles de ce code ne leur sont applicables que dans les conditions et limites résultant des dispositions spéciales prévues par l'article L 511-4 du code monétaire et financier ; [...] comme l'exprime le 2ème alinéa de l'article L 511-4 de ce code, seules les dispositions du titre deuxième du livre quatrième du code de commerce, relatives aux pratiques anticoncurrentielles, et non celles du titre troisième du même livre, relatives aux concentrations, sont applicables aux opérations de banque et aux opérations connexes des établissements de crédit »[758]. Antérieurement à la codification de ces dispositions, la Cour de cassation avait pour sa part, écarté l'applicabilité de l'article 36 § 2 de l'ordonnance du 1er décembre 1986 réprimant le refus de vente entre professionnels, au motif que l'article 89 de la loi bancaire ne s'y référait pas[759]. Nul doute que cette interprétation peut être étendue aux autres dispositions non visées par l'actuel article L 511-4 du Code monétaire et financier, telles que celles relatives au droit des pratiques anticoncurrentielles. Or à cet égard, le recensement des textes applicables aux établissements de crédit pour leurs opérations de banque et connexes révèle que certaines dispositions qui ne devraient pas être applicables le sont, alors que d'autres qui devraient l'être ne le sont pas.

b. Effets de l'article L 511-4 du Code monétaire et financier

370. **Inapplicabilité de l'article L 420-5 du Code de commerce relatif aux prix abusivement bas.** Sur le plan matériel, les établissements de crédit ne sont soumis qu'à la prohibition des pratiques anticoncurrentielles décrites aux articles L 420-1 à L 420-4, c'est-à-dire les ententes ainsi que les abus de position dominante et de dépendance économique, à l'exclusion donc des pratiques de prix abusivement bas sanctionnées par l'article L 420-5 du Code de commerce[760], dont l'article L 511-4 du Code monétaire et financier ne fait pas mention.

---

757 « [A]lors même que les activités des établissements de crédit sont des activités de services, au sens des dispositions générales de l'article L 410-1 du code de commerce, les règles de ce code ne leur sont applicables que dans les conditions et limites résultant des dispositions spéciales prévues par l'article L 511-4 du code monétaire et financier ; [...] comme l'exprime le 2ème alinéa de l'article L 511-4 de ce code, seules les dispositions du titre deuxième du livre quatrième du code de commerce, relatives aux pratiques anticoncurrentielles, et non celles du titre troisième du même livre, relatives aux concentrations, sont applicables aux opérations de banque et aux opérations connexes des établissements de crédit » (CE, ass., 16 mai 2003, *Féd. des employés et cadres [CGT-FO] et autres*, n° 255482, note G. Bourdeaux, *JCP A* n° 30, 21 juillet 2003, 1691, p. 1007). La loi de sécurité financière du 1er août 2003 (*JORF* n° 177 du 2 août 2003, p. 13220) a par la suite soumis les activités bancaires aux règles du contrôle des concentrations. V. *infra* n° 414 s.

758 CE, ass., 16 mai 2003, *Féd. des employés et cadres [CGT-FO] et autres*, n° 255482, note G. Bourdeaux, *JCP A* n° 30, 21 juillet 2003, 1691, p. 1007. La loi de sécurité financière du 1er août 2003 (*JORF* n° 177 du 2 août 2003, p. 13220) a par la suite soumis les activités bancaires aux règles du contrôle des concentrations. V. *infra* n° 414 s.

759 Cass. 1re civ., 11 octobre 1994, n° 92-13947, note Fr. J. Crédot, et Y. Gérard, *Rev. dr. Bancaire et bourse*, novembre/décembre 1994, n° 46, p. 259. Sur les pratiques restrictives de concurrence, V. *infra* n° 388 s.

760 « Sont prohibées les offres de prix ou pratiques de prix de vente aux consommateurs abusivement bas par rapport aux coûts de production, de transformation et de commercialisation, dès lors que ces offres ou pratiques

371. Aucun motif ne semble toutefois justifier une telle exclusion des établissements de crédit du champ d'application de ce texte. Bien au contraire : l'article L 420-5 présente l'avantage, par rapport à l'article L 420-2, de sanctionner un comportement prédateur en l'absence de position dominante. L'intérêt de cette disposition est ainsi manifeste en présence d'un marché relativement atomisé tel que celui des activités bancaires en France, au sein duquel l'existence d'une position dominante est peu probable[761].

372. L'inapplicabilité de l'article L 420-5 aux établissements de crédit pour leurs opérations de banque et connexes est ainsi regrettable. Une modification du droit en vigueur, conduisant à les y soumettre, serait dès lors bienvenue.

373. **Sanctions pénales dérogatoires.** L'article L 511-4 du Code monétaire et financier ne mentionne pas non plus l'article L 420-6 du Code de commerce, qui punit « d'un emprisonnement de quatre ans et d'une amende de 75 000 euros le fait, pour toute personne physique de prendre frauduleusement une part personnelle et déterminante dans la conception, l'organisation ou la mise en œuvre de pratiques [anticoncurrentielles] ». En conséquence, cet article est également inapplicable aux pratiques anticoncurrentielles portant sur des activités bancaires[762]. Les personnes ayant pris part à celles-ci ne devraient cependant pas être exemptes de toute sanction pénale.

374. En effet, à défaut de viser l'article L 420-6 du Code de commerce, l'article L 511-4 du Code monétaire et financier se réfère aux articles L 442-6 et L 442-9 du Code de commerce, au titre des modalités de poursuite des pratiques anticoncurrentielles. Ces textes, insérés au sein du titre IV sur « la transparence, [les] pratiques restrictives de concurrence et [les] autres pratiques prohibées », ne sont pourtant pas relatifs aux pratiques anticoncurrentielles : ils s'intéressent respectivement aux prix de revente imposés ainsi qu'à l'altération artificielle des prix, et répriment pénalement ces pratiques dans des conditions très différentes : le premier comportement visé est puni d'une amende de 15 000 euros, le second d'une peine d'emprisonnement de deux ans et de 30 000 euros d'amende. Est-ce à dire que les établissements de crédit sont soumis pour leurs opérations de banque et connexes à la prohibition des comportements décrits aux articles L. 442-6 et L. 442-9 ? Cela est douteux : ces dispositions ne sont visées par l'article L 511-4 qu'en considération de la poursuite des ententes et abus proscrits par les articles L 420-1 à L 420-4.

375. L'on doit plutôt en déduire que les personnes ayant participé à une pratique anticoncurrentielle portant sur des activités bancaires encourent les sanctions pénales prévues aux articles L. 442-6 et L. 442-9 ainsi visés. La volonté du législateur de soumettre ces personnes à un régime pénal se confirme au regard du renvoi opéré par l'article L 511-4 au titre IX (« dispositions diverses ») du livre IV du Code de commerce (articles L 490-1 à L 490-12) : la plupart de ces articles précisent en effet les modalités d'application des dispositions pénales contenues

---

ont pour objet ou peuvent avoir pour effet d'éliminer d'un marché ou d'empêcher d'accéder à un marché une entreprise ou l'un de ses produits. » (C. com., art. L 420-5 al. 1er).

761 N. Éréseo et J. Lasserre Capdeville, « La rémunération de la banque par les frais et commissions », *RD bancaire et fin.* n° 2, mars 2015, dossier 17, pt. 14.

762 En ce sens : J. Lasserre Capdeville, M. Storck, R. Routier, *et al.*, *Droit bancaire*, *op. cit.*, pt. 260.

dans le titre IV relatif à la transparence et aux pratiques restrictives[763], y compris donc les articles L 442-6 et L 442-9. La référence à l'article L 442-6 apparaît de prime abord superfétatoire, dans la mesure où il n'envisage aucune sanction qui ne serait pas déjà prévue par l'article L 442-9[764]. L'intérêt de ce renvoi se comprend toutefois à la lecture du titre IX du livre IV, dont plusieurs dispositions prévoient des règles spécialement applicables aux délits « pour lesquels une peine d'emprisonnement n'est pas encourue »[765], à l'exemple du délit régi par l'article L 442-6, mais à l'exclusion de celui réprimé par l'article L 442-9.

376. Ce régime dérogatoire, profitant aux auteurs d'une pratique anticoncurrentielle portant sur des activités bancaires, apparaît donc globalement moins sévère que le régime de droit commun, dès lors que les plafonds des peines d'emprisonnement (quatre ans) et d'amende (75 000 euros) encourues au titre de l'article L 420-6 sont largement supérieurs à ceux des peines prévues à l'article L 442-9 (deux ans d'emprisonnement, 30 000 euros d'amende) ; bien que ce dernier article envisage des peines complémentaires non prévues par l'article L 420-6[766].

377. Ce régime pénal dérogatoire est difficilement justifiable[767] et se révèle inopportun. Il introduit une rupture patente d'égalité entre les auteurs de pratiques anticoncurrentielles, selon que celles-ci portent sur des activités bancaires ou d'autres types de services. Une soumission de chacun d'entre eux au régime commun prévu à l'article L 420-6 du Code de commerce serait préférable.

378. **Règles de mise en œuvre dans la sphère publique visées par l'article L 511-4.** Pour rappel, plutôt que de procéder par renvoi général aux titres V[768] et VI[769] du livre IV du Code de commerce relatifs à la mise en œuvre du droit des pratiques anticoncurrentielles dans la sphère publique, l'article L 511-4 du Code monétaire et financier prend soin d'énumérer individuellement chaque article applicable, soit « les articles L. 442-6, L. 442-9, L. 462-5 à L. 462-8, L. 463-1 à L. 463-7, L. 464-1 à L. 464-8, L. 490-1 à L. 490-12 du code de commerce ». Or cette énumération ne laisse pas de surprendre par ses lacunes.

379. En substance, les textes ainsi visés régissent les modes de saisine de l'Autorité[770], sa compétence générale d'application du droit des pratiques anticoncurrentielles[771], le délai de prescription de l'action[772], l'instruction de l'affaire[773], le déroulement des

763 À titre d'exemple, l'article L 490-1 prévoit la possibilité de « condamner solidairement les personnes morales au paiement des amendes prononcées contre leurs dirigeants ».

764 L'article L 442-6 ne prévoit qu'une peine d'amende d'un montant maximum (15 000 euros) inférieur à celui de l'amende prévue par l'article L 442-9 (30 000 euros).

765 Sont ainsi envisageables, pour ce type de délits, la composition pénale applicable aux personnes morales (C. com., art. L 490-6), ainsi que la transaction, menée par le ministre dès lors que l'action publique n'a pas encore été mise en mouvement (C. com., art. 490-5).

766 L'interdiction des droits civiques, civils et de famille, pour les personnes physiques (C. com., art. L442-9, III) ; les peines mentionnées aux 2° à 6° et 9° de l'article 131-39 du Code pénal, pour les personnes morales (C. com., art. L 442-9, IV).

767 J. Lasserre Capdeville, M. Storck, R. Routier *et al.*, *Droit bancaire*, *op. cit.*, pt. 260.

768 « Des pouvoirs d'enquêtes ».

769 « De l'Autorité de la concurrence ».

770 C. com., art. L 462-5.

771 C. com., art. L 462-6.

772 C. com., art. L 462-7.

773 C. com., art. L 463-1 à L 463-6.

séances devant l'Autorité[774], son pouvoir d'adopter des mesures conservatoires[775], d'accepter des engagements, de transiger, d'infliger des sanctions pécuniaires et des injonctions, ou d'en exonérer les entreprises sur le fondement de la clémence[776], de prononcer un non-lieu à poursuivre[777] ainsi, enfin, que les voies de recours contre les décisions de l'Autorité[778].

380. **Règles relatives à la mise en œuvre dans la sphère publique non visées par l'article L 511-4.** L'article L 511-4 reste muet à l'égard de nombreuses autres dispositions. Pour certaines d'entre elles, un renvoi exprès n'était certes pas nécessaire, en ce qu'elles ne concernent pas directement la répression des pratiques anticoncurrentielles. Nul besoin notamment, de renvoyer au Chapitre 1er du titre VI, relatif à l'*organisation* de l'Autorité[779], pour que celle-ci puisse poursuivre efficacement un comportement illicite portant sur des activités bancaires. Est de même sans conséquence, le mutisme de l'article L 511-4 à l'égard de la plupart des dispositions relatives aux pouvoirs consultatifs de l'Autorité[780] ; ou encore à l'égard de l'article L 462-10, portant obligation aux entreprises exploitant un magasin de commerce de détail de transmettre à l'Autorité tout accord visant à négocier de manière groupée l'achat ou le référencement de produits, tant cette activité est étrangère à celles des établissements de crédit.

381. Le silence de l'article L 511-4 à l'endroit du titre V, relatif aux « pouvoirs d'enquête » de l'Autorité, apparaît en revanche nettement plus problématique ; de même en ce qui concerne l'article L 463-8, permettant au rapporteur général de faire appel à un expert, ainsi que l'article L 464-9, conférant diverses compétences au ministre relativement aux pratiques de dimension locale, tous deux négligés par l'article L 511-4. Notons enfin, qu'il a été pris grand soin de ne pas viser les articles L 462-3 et L 462-10 régissant la communication des documents et informations que détient l'Autorité de la concurrence aux juridictions ainsi qu'à la Commission européenne et aux autres autorités nationales.

382. Aussi inopportun que cela puisse paraître, l'interprétation stricte de l'article L 511-4 devrait ainsi conduire à considérer ces dispositions inapplicables en cas de pratique anticoncurrentielle portant sur des activités bancaires. Pour quelles raisons sinon, une telle énumération individuelle de textes aurait-elle été privilégiée à un renvoi plus général aux titres V et VI du livre IV ? Par conséquent, l'Autorité de la concurrence serait alors amputée d'une partie de ses prérogatives et son action s'en trouverait grandement obstruée.

383. Cet avis ne semble pas être celui de l'Autorité, manifestement encline à appliquer aux activités bancaires les règles communes de mise en œuvre du droit de la concurrence, y compris celles issues de textes non visés à l'article L 511-4. La décision n° 10-D-28 relative aux commissions d'échange image chèque[781] révèle

---

774 C. com., art. L 463-7.
775 C. com., art. L 464-1.
776 C. com., art. L 464-2 à L 464-5-1.
777 C. com., art. L 464-6 à L 464-6-2.
778 C. com., art. L 464-7 et L 464-8.
779 C. com., art. L461-1 à L 461-5.
780 C. com., art. L 462-1 à L 462-2-1 et L 462-4 à L 462-4-2.
781 Aut. conc., décision n° 10-D-28 du 20 septembre 2010 préc.

ainsi que le rapporteur général a pu, dans une affaire mettant en cause divers établissements de crédit, faire appel à un expert sur le fondement de l'article L 463-8 du Code de commerce pourtant non cité par l'article L 511-4 du Code monétaire et financier ; l'applicabilité de ce texte n'a pas été contestée par les parties. Cette décision, isolée et non confirmée sur ce point par le juge, n'est cependant pas en mesure de chasser toute l'insécurité juridique entourant l'(in) applicabilité des textes non mentionnés à l'article L 511-4. Il serait bon que le législateur intervienne afin de clarifier cette situation.

384. **Omission par l'article L 511-4 des règles de mise en œuvre dans la sphère privée.** Le silence de l'article L 511-4 du Code monétaire et financier à l'égard de l'article L 420-7[782] et de l'ensemble du titre VIII du livre IV du Code de commerce relatif aux « actions en dommages et intérêts du fait des pratiques anticoncurrentielles » est peut-être plus grave encore. Conformément à l'interprétation stricte de l'article L 511-4, l'inapplicabilité aux activités bancaires des textes régissant la mise en œuvre des lois de la concurrence dans la sphère privée devrait s'en déduire. À notre connaissance, le juge français de la concurrence n'a d'ailleurs jamais été saisi d'un litige privé relatif à une pratique anticoncurrentielle portant sur des activités bancaires.

385. Rien ne semble pourtant légitimer un tel régime dérogatoire. Les pratiques anticoncurrentielles commises sur les marchés bancaires ne sont pas moins susceptibles que les autres d'induire un préjudice au détriment du consommateur ou des concurrents de l'entreprise responsable[783]. La jurisprudence américaine nous le rappelle avec force : dans l'affaire *Wal-Mart Stores et al. v. Visa USA et MasterCard international*, une transaction homologuée par la District Court de New-York[784] avait été signée entre un groupe de commerçants, d'une part, et les entreprises Visa et MasterCard, d'autre part, aux termes de laquelle les secondes acceptaient de verser aux premiers 3 milliards de dollars en réparation du préjudice causé par une entente sur les prix des services de paiement fournis aux commerçants[785].

386. L'applicabilité aux activités bancaires des règles de mise en œuvre du droit français des pratiques anticoncurrentielles dans la sphère privée est donc plus que souhaitable. Une réforme en ce sens serait salutaire.

387. Il est ainsi regrettable que de nombreuses dispositions du droit commun français des pratiques anticoncurrentielles soient inapplicables aux activités bancaires. Mais il est plus regrettable encore de constater que ces dernières échappent à l'ensemble du droit des pratiques restrictives de concurrence.

---

782 L'article L 420-7 régit la compétence des juridictions en matière de litige privé relatif aux pratiques anticoncurrentielles : « Sans préjudice des articles L. 420-6, L. 462-8, L. 463-1 à L. 463-4, L. 463-6, L. 463-7 et L. 464-1 à L. 464-8, les litiges relatifs à l'application des règles contenues dans les articles L. 420-1 à L. 420-5 ainsi que dans les articles 81 et 82 du traité instituant la Communauté européenne et ceux dans lesquels ces dispositions sont invoquées sont attribués, selon le cas et sous réserve des règles de partage de compétences entre les ordres de juridiction, aux juridictions civiles ou commerciales dont le siège et le ressort sont fixés par décret en Conseil d'État. Ce décret détermine également le siège et le ressort de la ou des cours d'appel appelées à connaître des décisions rendues par ces juridictions. »

783 V. *infra* n° 817 s.

784 Homologation de la transaction le 19 décembre 2003, par la District Court de New-York. (*In Re Visa Check/ Mastermoney Antitrust Litigation*, 297 F. Supp. 2nd 503 [E.D.N.Y 2003]), confirmée en appel (*Wal-Mart Stores et al. v. Visa USA and MasterCard international, 396* F.3d 96 [2d Cir. 2005]).

785 Pour une analyse approfondie de ce type de pratique, V. *infra* n° 676 s.

B. L'applicabilité souhaitable du droit commun des pratiques restrictives de concurrence

388. **Codification du droit des pratiques restrictives de concurrence.** Le titre IV de l'ordonnance du 1er décembre 1986 comportait des règles relatives aux pratiques commerciales restrictives de concurrence, réprimant des comportements révélateurs d'un abus commis dans le cadre d'un rapport de force déséquilibré[786]. Ces dispositions ont pour la plupart été codifiées au sein du titre IV du livre IV du Code de commerce[787], qui a récemment fait l'objet d'une refonte[788]. Se trouvent ainsi notamment prohibés, à l'article L 442-1 (ancien article L 442-6) du Code de commerce, le fait d'obtenir un avantage sans contrepartie auprès de son partenaire, la soumission de celui-ci à un déséquilibre significatif, ainsi que la rupture brutale d'une relation commerciale établie. À ce jour, ces dispositions sont inapplicables aux activités bancaires (1), ce qui apparaît injustifié et inopportun (2).

1. Consécration de l'inapplicabilité du droit des pratiques restrictives

389. **Champ d'application restreint des textes relatifs aux pratiques restrictives.** Ainsi qu'il a été exposé *supra*, l'article L 511-4 du Code monétaire et financier énonce une série limitative de textes applicables aux établissements de crédit pour leurs opérations de banque et connexes[789], dont ne fait pas partie le titre IV du livre IV du Code de commerce. L'interprétation stricte du texte de droit spécial que constitue l'article L 511-4[790] conduit à écarter l'applicabilité des règles relatives aux pratiques restrictives de concurrence à l'endroit des établissements de crédit. Partant, le droit des pratiques restrictives, à l'instar de l'ensemble des dispositions du livre IV du Code de commerce non expressément visées par l'article L 511-4, n'est applicable aux établissements de crédit que pour leurs activités extra-bancaires.

390. **Divergences entre juridictions du fond.** Sur cette question, les juridictions de fond sont divisées. La cour d'appel de Paris a pour sa part, écarté l'applicabilité de l'ancien article L 442-6, I, 2° (actuel article L 442-1, I, 2°) du Code de commerce réprimant le déséquilibre significatif à un crédit-bailleur[791]. Le tribunal

---

[786] DGCCRF, *Le bilan de la jurisprudence civile, administrative et pénale 2017*, p. 1.

[787] Par l'effet de l'ordonnance n° 2000-912 du 18 décembre 2000 relative à la partie législative du code de commerce, *JORF* n° 0219 du 21 septembre 2000, p. 14783. Certaines dispositions ont toutefois été transférées au sein du Code de la consommation, à l'exemple de l'article 30 de l'ordonnance de 1986 portant interdiction du refus de vente aux consommateurs, aujourd'hui inscrite à l'article L 121-11 dudit Code.

[788] Ordonnance n° 2019-359 du 24 avril 2019 portant refonte du titre IV du livre IV du code de commerce relatif à la transparence, aux pratiques restrictives de concurrence et aux autres pratiques prohibées, *JORF* n° 0097 du 25 avril 2019, p. 16. V. *La réécriture du titre IV du livre IV du code de commerce,* Colloque organisé par A.-S. Choné-Grimaldi, Université Paris-Nanterre, 4 avril 2019, *Concurrences* n° 3-2019, septembre 2019.

[789] Les développements qui suivent se réfèrent aux seuls établissements de crédit par souci de concision, mais sont généralisables à l'ensemble des prestataires visés à l'article L 511-4 : i.e. les sociétés de financement pour leurs opérations de banque et connexes, les établissements de monnaie électronique pour l'émission et la gestion de monnaie électronique, la fourniture de services de paiement et leurs activités connexes, ainsi que les établissements de paiement pour leurs services de paiement et connexes.

[790] Sur l'interprétation de l'article L 511-4, V. *supra* n° 361 s.

[791] CA Paris, 27 septembre 2017, n° 16-00671, note M. Chagny, *RTD Com.* 2018, p. 633 ; H. Barbier, *RTD Civ.* 2018, p. 114 ; N. Éréséo, *AJ Contrat 2017*, p. 535.

de commerce de Paris a adopté une solution analogue à l'égard d'un établissement de paiement et de monnaie électronique[792]. D'autres juridictions n'ont en revanche, pas hésité à soumettre des opérations de banque à l'applicabilité de ce texte[793], ainsi qu'à celle de l'ancien article L 442-6, I, 5° (actuel article L 442-1, II) du Code de commerce, prohibant la rupture brutale des relations commerciales établies[794].

391. **Solution consacrée par la Cour de cassation.** Mais la Cour de cassation adhère quant à elle pleinement à cette solution. Ainsi la première chambre civile de la Cour de cassation a-t-elle tout d'abord, dans un arrêt du 11 octobre 1994, rejeté l'applicabilité des textes réprimant le refus de vente, à un établissement de crédit ayant dénié l'octroi d'un prêt sollicité : « Mais attendu qu'il résulte du rapprochement des alinéas 1 et 2 de l'article 89 de la loi n° 84-46 du 24 janvier 1984 [ultérieurement codifié à l'article L 511-4 du Code monétaire et financier], que les dispositions des articles 30 et 36 [de l'ordonnance n° 86-1243 du 1er décembre 1986] relatives au refus de vente ne sont pas applicables aux opérations de banque prévues à l'article 1er de la loi, lesquelles comprennent les opérations de crédit »[795]. Il est notable que la Cour de cassation juge inapplicable aux opérations de banque, non seulement l'article 30 de l'ordonnance de 1986 (actuel article L 121-11 du Code de la consommation), relatif au refus de vente aux *consommateurs*, mais aussi l'article 36 § 2 de ladite ordonnance, prohibant le refus de vente entre *professionnels*, ultérieurement abrogé par la loi dite « Galland »[796].

392. La haute juridiction en sa formation commerciale a de même exclu les opérations de crédit du champ d'application de l'ancien article L 442-6, I, 5° (actuel article L 442-1, II) du Code de commerce, portant interdiction de la rupture brutale des relations commerciales établies : « Mais attendu que les dispositions de l'article L 442-6, I, 5°, du code de commerce relatives à la responsabilité encourue pour rupture brutale d'une relation commerciale établie ne s'appliquent pas à la rupture ou au non-renouvellement de crédits consentis par un établissement de crédit à une entreprise, opérations exclusivement régies par les dispositions du code monétaire et financier »[797].

393. Enfin, par un arrêt du 15 janvier 2020, la chambre commerciale a déduit très explicitement de l'article L 511-4 du Code monétaire et financier l'inapplicabilité aux établissements de crédit de l'ensemble des dispositions relatives aux pratiques restrictives : « [a]yant constaté que l'article L 511-4 du code monétaire

---

792 T. com. Paris, 2 septembre 2019, n° 2017050625, note A. Pitras, *LPA* n° 261, 2019, p. 5 ; N. Mathey, *CCC* n° 11, novembre 2019, comm. 177 ; C.-S. Pinat, *Dalloz actualité*, 12 septembre 2019 ; Fr. Buy et J.-Chr. Roda, *AJ Contrat* 2019, p. 433.

793 CA Bordeaux, 31 janvier 2017, n° 15-02631, jugeant déséquilibrée une clause d'indemnité de résiliation contenue dans un contrat de crédit-bail.

794 CA Toulouse, 3 février 2016, n° 14/05161, engageant la responsabilité d'un établissement de crédit pour rupture brutale d'un contrat de plafond de trésorerie.

795 Cass. 1re civ., 11 octobre 1994, n° 92-13947, note Fr. J. Crédot et Y. Gérard, *Rev. dr. Bancaire et bourse*, novembre/décembre 1994, n° 46, p. 259.

796 Loi n° 96-588 du 1er juillet 1996 sur la loyauté et l'équilibre des relations commerciales, *JORF* n° 153 du 3 juillet 1996, p. 9983, art. 14.

797 Cass. com., 25 octobre 2017, n° 16-16839, note Th. Samin et St. Torck, *RD bancaire et fin.* n° 2, mars 2018, comm. 26 ; Th. Bonneau, *Banque et droit* n° 177, 2018, p. 21 ; J. Lasserre Capdeville, *AJ Contrat*, 2017, p. 530 ; D. Legeais, *RTD Com.* 2017, p. 972 ; N. Dissaux, *JCP E* n° 49, 7 décembre 2017, 1665, pt. 27, p. 35 ; E. Netter, *Banque et droit* n° 176, 2017, p. 64.

et financier prévoit seulement que les articles L. 420-1 à L. 420-4 du code de commerce sur les pratiques anticoncurrentielles s'appliquent aux établissements de crédit et aux sociétés de financement pour leurs opérations de banque et leurs opérations connexes définies à l'article L 311-2 du même code, la cour d'appel en a justement déduit que, pour ces opérations, le législateur n'a pas étendu aux établissements de crédit et sociétés de financement l'application des textes relatifs aux pratiques restrictives de concurrence »[798]. L'inapplicabilité du droit des pratiques restrictives de concurrence est malvenue. Cette situation mériterait une intervention du législateur.

2. Inopportunité de l'inapplicabilité du droit des pratiques restrictives

394. **Justification tirée de la confiance du banquier envers son client.** Le champ d'application *ratione personae* et *materiae* du droit des pratiques restrictives se trouve ainsi considérablement amoindri. D'aucuns justifient pourtant cette situation par la singularité des activités bancaires, auxquelles l'article L 442-1 du Code de commerce ne serait pas adapté[799]. Dans ce contexte, l'une des spécificités propres à ces activités est tout particulièrement mise en avant : celle de la nécessaire confiance[800] du banquier à l'égard de son client et le caractère *intuitu personæ* inhérent aux opérations de banque en découlant.

395. Cet aspect de la relation bancaire a été mobilisé au soutien notamment de l'inapplicabilité aux établissements de crédit des textes prohibant le refus de vente, en ce que leurs dispositions risqueraient de mettre en péril l'indispensable droit pour le banquier de refuser une demande d'ouverture de compte ou de crédit[801]. Par extension, la perte de confiance en cours d'exécution du contrat pourrait tout autant justifier un droit de rupture au profit du banquier, et légitimer ainsi l'insoumission de celui-ci à l'interdiction de la rupture brutale des concours accordés.

396. **Argument non convaincant relativement au refus de vente.** Cet argument peine à convaincre. La confiance demeure un élément déterminant de la relation unissant le prestataire à son client. Mais avec l'essor de la banque en ligne, les critères de confiance tendent à s'objectiver et l'*intuitu personæ* perd du terrain. Le caractère discrétionnaire du refus de la banque s'en trouve d'autant moins justifié[802].

397. Par-dessus tout, l'argument tiré de la confiance du banquier envers son client ne peut prétendre qu'à une portée limitée. Il ne pourrait servir d'appui qu'à l'inapplicabilité

---

798 Cass. com., 15 janvier 2020, n° 18-10512, note M. Chagny, *RTD* com. 2020, p. 320 ; G. Chantepie, *AJ contrat* 2020, p. 153 ; Fr. Buy, *JCP G* n° 11, 16 mars 2020, 306 ; M. Behar-Touchais, *JCP E* n° 21-22, 21 mai 2020, 1212 ; N. Mathey, *CCC* n° 3, mars 2020, comm. 43.

799 Th. Samin et St. Torck, note sous Cass. com., 25 octobre 2017, n° 16-16839, *RD bancaire et fin.* n° 2, mars 2018, comm. 26, p. 2.

800 Sur la notion de confiance, V. *supra* n° 116 s.

801 Particulièrement lors des débats sur la loi bancaire du 24 janvier 1984 (V. Y. Durand, *Rapport fait au nom de la commission sénatoriale des Finances du Contrôle budgétaire et des Comptes économiques de la Nation, sur le projet de loi relatif à l'activité et au contrôle des établissements de crédit*, Annexe au procès-verbal de la séance du 26 octobre 1983, Sénat, Première session ordinaire de 1983-1984, n° 40, p. 190). V. également, à propos de l'arrêt de la Cour de cassation du 11 octobre 1994 précité : J. Lasserre Capdeville, M. Storck, R. Routier, *et al.*, *op. cit.*, pt. 254.

802 D. Legeais, note sous Cass. com., 25 octobre 2017, n° 16-16839, *RTD Com.* 2017, p. 972.

des textes relatifs à deux types seulement de pratiques restrictives : le refus de vente, d'une part, la rupture brutale des relations commerciales établies, d'autre part. Or, l'article 36 § 2 de l'ordonnance du 1er décembre 1986 réprimant le refus de vente entre professionnels a été abrogé par la loi Galland du 1er juillet 1996[803] ; si bien que ce comportement ne constitue plus à ce jour une pratique restrictive.

398. **Argument non convaincant relativement à la rupture brutale des relations commerciales établies.** Quant à la prohibition de la rupture brutale, il semble délicat d'affirmer son inadaptation aux établissements de crédit, alors que le droit bancaire admet lui-même les effets néfastes de cette pratique et prévoit déjà sa répression : l'article L 313-12, alinéa 1 du Code monétaire et financier soumet ainsi la rupture d'un concours à durée indéterminée au respect d'un préavis qui ne peut être inférieur à 60 jours. Un crédit à durée déterminée ne peut en revanche être interrompu avant son terme. Le deuxième alinéa admet toutefois la rupture d'un concours, qu'il soit à durée déterminée ou indéterminée, sans avoir à respecter de préavis, « en cas de comportement gravement répréhensible du bénéficiaire du crédit ou au cas où la situation de ce dernier s'avérerait irrémédiablement compromise. » Ce dispositif permet d'assurer un équilibre entre le droit de rupture du banquier et la possibilité pour l'emprunteur de faire face à la situation nouvelle, en recherchant par exemple, le concours d'un autre prêteur[804].

399. Outre l'article L 511-4 du Code monétaire et financier, l'article L 313-12 du même Code pourrait-il ainsi permettre à lui seul, sur le fondement du principe *specialia generalibus derogant,* d'écarter l'applicabilité de l'article L 442-1, II du Code de commerce réprimant la rupture brutale des relations commerciales établies en cas de concours à durée indéterminée ? Certains juges du fond ont répondu à cette question par l'affirmative[805].

400. C'est pourtant faire là une application erronée du principe susmentionné[806]. En effet, ce principe n'a vocation qu'à trancher un concours opposant une disposition spéciale et une disposition plus générale. À ce titre, la première doit être dotée d'un degré de généralité inférieur à celui de la seconde : le champ d'application du texte spécial doit être ainsi inclus dans celui du texte général. En d'autres termes, la règle spéciale et la règle générale doivent entretenir un « rapport d'espèce à genre »[807].

401. Tel n'est certainement pas le cas des articles L 442-1, II du Code de commerce et L 313-12 du Code monétaire et financier. Bien que se recouvrant partiellement, le champ d'application de l'un ne peut être considéré comme inclus dans celui de l'autre. Le domaine de l'article L 313-12[808] est moins étendu quant à l'objet de la

---

803 Loi n° 96-588 du 1er juillet 1996 sur la loyauté et l'équilibre des relations commerciales, *JORF* n° 153 du 3 juillet 1996, p. 9983, art. 14.

804 D. Legeais, « Responsabilité du banquier fournisseur de crédit », *in Encyclopédie du JurisClasseur : Banque – Crédit – Bourse,* LexisNexis, 2019, fasc. 500, pt. 181.

805 T. com. Paris, 24 janvier 2013, n° 2010-060778 ; T. com. Paris, 24 janvier 2013, n° 2010-055661, note Fr. J. Crédot, et Th. Samin, *RD bancaire et fin.* n° 3, mai 2013, comm. 78 ; R. Routier, *JCP E* n° 48, 28 novembre 2013, 1662, p. 45.

806 Sur le principe *specialia generalibus derogant,* V. *supra* n° 364 s.

807 R. Gassin, « Lois spéciales et droit commun », *D.* 1961, chron., p. 91, n° 1. *Adde.* Ch. Goldie-Genicon, art. préc., pt. 10, p. 34.

808 Sur le champ d'application de l'article L 313-12 du Code monétaire et financier, V. D. Legeais, « Responsabilité du banquier fournisseur de crédit », fasc. préc., pt. 182.

relation puisqu'il ne peut porter que sur un contrat de crédit à durée indéterminée, alors que l'article L 442-1[809] couvre tout type de relation « commerciale », quel que soit le secteur d'activité ou le service concerné. Le champ d'application de l'article L 442-1 est en revanche plus étroit quant à la pérennité de la relation : cette disposition ne s'applique qu'aux relations « établies », ce qui suppose un certain degré d'intensité et de durée des rapports ; par opposition à l'article L 313-12, dont le domaine ne comporte aucune limite de cet ordre. Une partie de la doctrine n'exclut ainsi pas l'applicabilité cumulative des articles L 442-1, II du Code de commerce et L 313-12 du Code monétaire et financier[810].

402. **Argument non convaincant relativement aux autres pratiques restrictives.** En toute hypothèse, le maintien de la confiance ne saurait justifier l'insoumission des banques à la prohibition des autres pratiques restrictives telles que la soumission de son partenaire à un déséquilibre significatif ou à un avantage sans contrepartie, prohibées par l'article L 442-1, I du Code de commerce. L'inapplicabilité de ce texte aux activités bancaires est injustifiable et inopportune[811]. Ces comportements ne sont que la manifestation d'un abus tiré d'un rapport de force déséquilibré. La commission de ce type de pratiques par un établissement de crédit est parfaitement envisageable[812] et n'en serait pas plus légitime, ni moins préjudiciable que si elle était le fait d'une entreprise issue d'un autre secteur. « [L]a seule qualité d'établissement de crédit n'est pas synonyme de vertu et n'est pas de nature à supprimer le caractère nocif des pratiques restrictives de concurrence. »[813] En conséquence, il serait heureux que la loi soumette pleinement les établissements de crédit à l'applicabilité du droit des pratiques restrictives de concurrence.

403. **Proposition de modification de l'article L 511-4 du Code monétaire et financier.** Dès lors que l'article L 511-4 du Code monétaire et financier constitue le seul fondement textuel de l'inapplicabilité de certaines règles de concurrence, ce texte pourrait être modifié afin de réintroduire les activités bancaires dans leur champ d'application.

404. Une première solution, conforme à la méthode de l'actuel article L 511-4, pourrait être de procéder par voie d'affirmation de l'applicabilité aux activités bancaires de l'ensemble du livre IV du Code de commerce, et non plus seulement de certaines de ses dispositions. Toutefois, cette méthode présente un inconvénient majeur : celui de prêter le flanc à des revendications d'inapplicabilité des règles de concurrence au profit d'opérateurs non expressément visés, ou dont les activités ne seraient pas expressément visées par l'article L 511-4. Prévenir cette difficulté

---

809 Sur le domaine de l'article L 442-1 du Code de commerce, V. Cl.-Alb. MAETZ, « Rupture brutale de relations commerciales établies », *in Encyclopédie du JurisClasseur : Concurrence – Consommation,* LexisNexis, 2019, fasc. 300, pt. 11 à 18.

810 R. ROUTIER, note sous T. com. Paris, 24 janvier 2013, n° 2010-060778, pt. 27, p. 45 ; *Adde.* D. LEGEAIS, « Responsabilité du banquier fournisseur de crédit », fasc. préc., pt. 181 ; comp. N. DISSAUX, Cass. com., 25 octobre 2017, n° 16-16839, *JCP E* n° 49, 7 décembre 2017, 1665, pt. 27, p. 35.

811 En commentaire de la loi bancaire du 24 janvier 1984, Jean Stoufflet considérait déjà de manière générale que « le privilège bancaire [était] assez étrange » (J. STOUFFLET, « La loi bancaire du 24 janvier 1984 (suite) », *JCP G* n° 4, 23 janvier 1985, doctr. 3176, note 35). V. également N. ÉRÉSÉO, « Les clauses abusives dans les contrats conclus entre les banques et la clientèle professionnelle », *RD bancaire et fin.* n° 3, mai 2016, dossier 21.

812 CA Bordeaux, 31 janvier 2017, n° 15-02631, jugeant déséquilibrée une clause d'indemnité de résiliation contenue dans un contrat de crédit-bail.

813 R. ROUTIER, note sous T. com. Paris, 24 janvier 2013, n° 2010-060778, *JCP E* n° 48, 28 novembre 2013, 1662, p. 46.

supposerait une exhaustivité totale dans l'énumération des prestataires et des services dont la soumission aux lois de la concurrence est souhaitable.

405. Une autre solution semble préférable : celle du silence total de l'article L 511-4 quant au champ d'application du droit de la concurrence. L'article L 410-1 du Code de commerce proclame déjà que les dispositions du livre IV du même Code « s'appliquent à toutes les activités de production, de distribution et de services ». En vertu du principe selon lequel « il n'y a pas lieu de distinguer là où la loi ne distingue pas », l'applicabilité pleine et entière du livre IV du Code de commerce à l'ensemble des prestataires gouvernés par le Code monétaire et financier, pour la totalité de leurs services, serait alors incontestable.

406. Seules les dispositions de l'article L 511-4 du Code monétaire et financier prévoyant la transmission des notifications de griefs à l'ACPR pour avis devraient être maintenues, en ce qu'elles permettent à l'autorité de concurrence d'obtenir un précieux éclairage sur le fonctionnement de marchés spécifiques. En lieu et place de son actuelle rédaction, l'article L 511-4 du Code monétaire et financier pourrait donc être ainsi libellé :

> « Lorsqu'une personne soumise au contrôle de l'Autorité de contrôle prudentiel et de résolution est destinataire d'une notification de griefs prévue à l'article L 463-2 du Code de commerce, la notification de griefs est communiquée à l'Autorité de contrôle prudentiel et de résolution qui rend son avis dans un délai de deux mois. Dans l'hypothèse où l'Autorité de la concurrence prononce une sanction à l'issue de la procédure prévue aux articles L. 463-2, L. 463-3 et L. 463-5 du Code de commerce, elle indique, le cas échéant, les raisons pour lesquelles elle s'écarte de l'avis de l'Autorité de contrôle prudentiel et de résolution. »

407. De la sorte, les activités bancaires seraient soumises à l'ensemble des règles françaises du droit des pratiques anticoncurrentielles et restrictives de concurrence, de la même manière qu'elles sont soumises au droit commun du contrôle des concentrations.

§ 2. L'applicabilité établie du droit commun du contrôle des concentrations

408. **Débat tranché par le Conseil d'État.** Le silence de l'article L 511-4 du Code monétaire et financier à l'égard du titre III du livre IV du Code de commerce, comportant les règles relatives au contrôle des concentrations, a attisé les querelles quant à l'applicabilité de ces règles aux activités bancaires (A). Souscrivant à l'interprétation stricte de l'article L 511-4 exprimée dans les développements précédents[814], le Conseil d'État avait déduit de ce silence que le droit commun du contrôle des concentrations était inapplicable aux rapprochements bancaires. Afin de combler cette lacune, le législateur a donc décidé de soumettre les activités bancaires au droit commun du contrôle des concentrations, *via* la loi de sécurité financière du 1er août 2003[815] (B).

[814] V. *supra* n° 364 s.

[815] Loi de sécurité financière du 1er août 2003, *JORF* n° 177 du 2 août 2003, p. 13220, art. 24 et 25.

A. L'applicabilité des règles du contrôle des concentrations initialement débattue

409. **Arguments au soutien de l'applicabilité des règles du contrôle des concentrations.** Une dispute relative à l'applicabilité des règles du contrôle des concentrations contenues dans le titre V de l'ordonnance du 1er décembre 1986 est née du silence de l'article 89 de la loi bancaire à son endroit. Les tenants de l'applicabilité du droit commun du contrôle des concentrations s'appuyaient notamment sur l'absence de dérogation expresse relative aux activités bancaires dans la loi de 1984[816]. Sur ce fondement, la DGCCRF alors en charge du contrôle des concentrations de droit commun, prônait l'existence d'un cumul des contrôles respectant une stricte répartition des rôles entre autorités : une opération de concentration bancaire devait en ce sens, pouvoir être soumise cumulativement à un examen concurrentiel mené par la DGCCRF et à un contrôle prudentiel opéré par une autorité bancaire[817].

410. La codification de l'article 89 de la loi bancaire à l'article L 511-4 du Code monétaire et financier[818] et du titre V de l'ordonnance de 1986 au sein du titre III du livre IV du Code de commerce[819] n'a pas modifié les termes du débat : l'article L 511-4 du Code monétaire et financier demeure toujours silencieux à l'égard des dispositions relatives au contrôle des concentrations. En revanche, le décret du 30 avril 2002 fixant les conditions d'application du livre IV du Code de commerce[820] renvoyait, en ce qui concerne les modalités de calcul du chiffre d'affaires pour l'application de l'article L 430-2 du même Code, au règlement communautaire n° 4064/89 sur les concentrations. Or ce texte prévoyait à cet égard, certaines spécificités de calcul en cas de concentration bancaire, confirmant ainsi la soumission des établissements de crédit à l'applicabilité du règlement n° 4064/89[821]. Ce renvoi pouvait alors permettre de penser que ces modalités spéciales de calcul propres aux concentrations bancaires de dimension communautaire devaient être également retenues lors de l'application de l'article L 430-2, et que cela impliquait une soumission des établissements de crédit au titre III du livre IV du Code de commerce[822].

411. **Arguments au soutien de l'inapplicabilité des règles du contrôle des concentrations.** Néanmoins, ces divers arguments ne semblaient pas résister à ceux mobilisés au soutien de l'inapplicabilité du droit commun du contrôle des concentrations aux établissements de crédit. L'article L 511-4 du Code monétaire et financier,

---

816 Chr. Gavalda, et J. Stoufflet, *Droit bancaire*, Litec, 3e éd., 1997, p. 355 ; G. Ripert et R. Roblot, *Traité de droit commercial, t. II*, LGDJ, 11e éd., 1988, p. 304.

817 DGCCRF, *Méthode d'analyse pour le contrôle des concentrations*, Études DGCCRF (1992), p. 11.

818 Ordonnance n° 2000-1223 du 14 décembre 2000 relative à la partie Législative du code monétaire et financier, *JORF* n° 291 du 16 décembre 2000, p. 20004.

819 Par l'effet de l'ordonnance n° 2000-912 du 18 décembre 2000 relative à la partie législative du code de commerce, *JORF* n° 0219 du 21 septembre 2000, p. 14783.

820 Décret n° 2002-689 du 30 avril 2002 fixant les conditions d'application du livre IV du code de commerce relatif à la liberté des prix et de la concurrence, *JORF* n° 103 du 3 mai 2002, p. 8055.

821 V. *infra* n° 552 s.

822 Bien qu'hésitante, tel semblait être la position du Conseil de la concurrence (avis n° 03-A-04 du 21 mars 2003 portant sur le projet de lignes directrices relatives à l'analyse des concentrations et aux procédures de contrôle élaboré par la DGCCRF, p. 11). V. en doctrine : E. Claudel, « Les concentrations inter-bancaires rejoignent le giron du droit commun », *RTD com.* 2003, p. 718 ; Gr. Damy, « Concentrations bancaires : la compétence controversée des autorités », *D.* 2003, p. 1828.

ayant remplacé l'article 89 de la loi bancaire, énonce une série limitative de textes applicables aux établissements de crédit pour leurs opérations de banque et connexes, dont ne fait pas partie le titre III du livre IV du Code de commerce. L'interprétation stricte du texte de droit spécial que constitue l'article L 511-4 conduisait donc à écarter l'applicabilité du titre III aux établissements de crédit. Cette analyse exposée *supra*[823] à propos d'autres dispositions du Livre IV du Code de commerce relatives aux pratiques anticoncurrentielles et restrictives, non visées par l'article L 511-4 du Code monétaire et financier, était ainsi transposable aux règles du contrôle des concentrations[824].

412. Dans une perspective *de lege ferenda*, il eut été pourtant préférable de soumettre les concentrations bancaires au droit commun de la concurrence. Nous souscrivons en effet à l'idée que les spécificités du secteur ne justifient pas l'inapplicabilité des règles du contrôle des concentrations, dès lors que ces règles permettent de prendre en compte ces singularités au stade de leur application, et qu'au contraire, les autorités bancaires ne disposent pas de l'expertise nécessaire pour analyser un rapprochement d'entreprises sous un angle concurrentiel[825].

413. **Position du CECEI.** Le Comité des établissements de crédit et des entreprises d'investissement (CECEI), chargé de la délivrance des agréments, s'était pour sa part autoproclamé autorité de contrôle concurrentiel des opérations de concentrations bancaires[826]. Le Comité avait certes compétence pour vérifier que la prise de contrôle d'un établissement de crédit ne remettait pas en cause les conditions auxquelles son agrément lui avait été délivré[827]. La demande de délivrance d'un agrément, tout comme la prise de contrôle d'un établissement de crédit, devait être appréciée par le CECEI au regard d'un certain nombre de critères, posés à l'article 15 de la loi bancaire[828], parmi lesquels « l'aptitude de l'entreprise requérante à réaliser ses objectifs de développement dans des conditions compatibles avec le bon fonctionnement du système bancaire et qui assurent à la clientèle une sécurité satisfaisante ». Or au sens de cette disposition, le CECEI affirmait dans son rapport d'activité pour l'année 1999, qu'il entendait s'assurer de « la préservation de la concurrence. »[829] Sous couvert de protection du bon fonctionnement du système bancaire, le CECEI s'était donc arrogé le pouvoir de contrôler les concentrations bancaires d'un point de vue concurrentiel, excédant ainsi son rôle originel. Car si le Comité disposait bien d'un certain pouvoir d'appréciation dans l'application des critères posés à l'article 15, ce pouvoir devait se cantonner à la mise en œuvre de la surveillance prudentielle[830]. Dès qu'il en a eu l'occasion, le Conseil d'État a donc désavoué le CECEI.

---

823 V. *supra* n° 389 s.

824 De cet avis, en doctrine : J.-M. Cot et J.-P. de la Laurencie *op. cit.*, p. 25 ; Th. Bonneau, *Droit bancaire*, LGDJ, coll. Précis Domat, 2e éd., 1996, p. 125.

825 D. Schkolnic, *op. cit.*, pt. 120, p. 122 à 124.

826 CECEI, *Rapport annuel 1999*, p. 292 et 294.

827 CE, ass., 16 décembre 1994, *société « Le Prêt »*, n° 99219.

828 Aujourd'hui C. mon. fin., art. L 511-10.

829 Le Comité affirme encore vérifier que « les projets envisagés ne risquent pas de porter préjudice au bon fonctionnement [du système bancaire], par exemple en réduisant de manière excessive la concurrence » et ajoute s'assurer du « maintien d'un degré suffisant de concurrence » (CECEI, *Rapport annuel 1999*, p. 292 et 294).

830 D. Schkolnic, *op. cit.*, p. 118.

B. L'applicabilité des règles du contrôle des concentrations finalement établie

414. **Consécration du vide juridique par le Conseil d'État.** À l'occasion de la prise de contrôle du Crédit lyonnais par le groupe Crédit agricole, le CECEI n'a pas hésité à mettre en œuvre ses nouvelles compétences autoattribuées, sur le simple fondement de l'article L 511-10 du Code monétaire et financier, en analysant l'opération sous un angle concurrentiel. Au terme de son examen – somme toute relativement classique d'un point de vue concurrentiel[831] – le Comité identifie un certain nombre de préoccupations concurrentielles[832] mais autorise l'opération sous l'engagement des parties de céder 85 agences dans diverses communes. La décision du CECEI[833] a cependant fait l'objet d'un recours pour excès de pouvoir devant le Conseil d'État, initié non par l'établissement à qui ces conditions ont été imposées ni par ses concurrents, mais par la Fédération des employés et cadres CGT-FO ainsi que par un salarié de chacune des deux banques.

415. La haute juridiction administrative suit les conclusions du commissaire du Gouvernement Goulard et accueille le moyen unique de la requête tiré de l'incompétence du CECEI pour veiller au respect des règles de concurrence dans le secteur bancaire[834]. Le Conseil d'État constate qu'il résulte des articles L 511-1 à L 511-4 du Code monétaire et financier et des dispositions du livre IV du Code de commerce que seules les règles relatives aux pratiques anticoncurrentielles sont applicables aux activités bancaires des établissements de crédit à l'exclusion des dispositions du titre III du livre IV, dont la portée ne s'étend qu'aux activités extra-bancaires. Le ministre de l'Économie n'est donc pas compétent pour effectuer le contrôle des concentrations bancaires.

416. Or le Conseil d'État constate également l'incompétence du CECEI en la matière : s'il est vrai que le législateur lui a confié le pouvoir de délivrance des agréments assortie de conditions visant à préserver le bon fonctionnement du système bancaire, le CECEI ne se trouve pour autant pas investi d'une compétence générale lui permettant d'effectuer un contrôle préventif des concentrations et d'accompagner sa décision de conditions fondées sur une atteinte à la concurrence. En conséquence, le Conseil d'État confirme la décision du CECEI en ce qu'elle autorise la prise de contrôle, mais l'annule en ce qu'elle assortit son autorisation de divers engagements visant à répondre aux préoccupations de concurrence.

417. En somme, le titre III du livre IV du Code de commerce était inapplicable aux activités bancaires. Le ministre n'était donc pas compétent pour effectuer un examen concurrentiel des concentrations bancaires ; pas plus que ne l'était le CECEI ou toute autre autorité de contrôle. « L'exception bancaire »[835] avait donc

---

831 G. Parleani, « L'affaire Crédit Agricole – Crédit Lyonnais : vers la fin de "l'exception bancaire" française », *RD bancaire et fin.* n° 4, juillet 2003, étude 100040, pt. 8.

832 En particulier sur divers marchés de la banque de détail ; le CECEI identifie en effet une quinzaine de départements au sein desquels la nouvelle entité aurait détenu plus de 45 % de parts de marché.

833 CECEI, décision du 14 mars 2003 *concernant la prise de contrôle du Crédit lyonnais par le groupe Crédit agricole*, *JORF* n° 72 du 26 mars 2003, p. 5383.

834 CE, ass., 16 mai 2003, *Féd. des employés et cadres (CGT-FO) et autres*, n° 255482.

835 G. Parleani, « L'affaire Crédit Agricole – Crédit Lyonnais : vers la fin de "l'exception bancaire" française », art. préc.

triomphé et les opérations de concentration portant sur des activités bancaires étaient exemptes de tout contrôle concurrentiel. Par cette décision courageuse et juridiquement fondée, le Conseil d'État avait ainsi consacré un vide juridique abyssal, contraignant le législateur à colmater les brèches.

418. **Retour définitif des activités bancaires dans le droit commun du contrôle des concentrations.** Plutôt que de soumettre les rapprochements bancaires à l'examen du CECEI, le législateur a choisi de les rapatrier dans le droit commun du contrôle des concentrations. La loi de sécurité financière du 1er août 2003[836] a ainsi soumis les activités bancaires à l'applicabilité du titre III du livre IV sous la compétence du ministre de l'Économie. Le texte ne prévoit qu'une légère dérogation visant à renforcer la coordination des autorités bancaire et de concurrence : le Conseil de la concurrence, qui ne jouissait alors que d'un pouvoir consultatif à l'occasion des phases d'examen approfondi, devait en cas de concentration bancaire, obligatoirement recueillir l'avis du CECEI. Cette dérogation, originellement insérée à l'alinéa 1er de l'article L 511-4 du Code monétaire et financier, figure aujourd'hui à l'article L 612-22 du même Code. L'Autorité de la concurrence, ayant depuis lors acquis compétence pour contrôler les opérations de concentration[837], doit désormais recueillir l'avis de l'ACPR en cas d'examen approfondi d'un projet de rapprochement bancaire :

> Article L 612-22
> Lorsqu'une opération de concentration concernant, directement ou indirectement, une personne soumise au contrôle de l'Autorité de contrôle prudentiel et de résolution fait l'objet d'un examen approfondi en application du dernier alinéa du III de l'article L 430-5 du code de commerce, l'Autorité de la concurrence recueille, avant de se prononcer en application de l'article L 430-7 du même code, l'avis de l'Autorité de contrôle prudentiel et de résolution. L'Autorité de la concurrence communique à cet effet à l'Autorité de contrôle prudentiel et de résolution toute saisine relative à de telles opérations. L'Autorité de contrôle prudentiel et de résolution transmet son avis à l'Autorité de la concurrence dans un délai d'un mois suivant la réception de cette communication. L'avis de l'Autorité de contrôle prudentiel et de résolution est rendu public dans les conditions fixées à l'article L 430-10 du code de commerce.

Ce contrôle a immédiatement pu s'épanouir en pratique ; les premières décisions du ministre sont adoptées dans les mois qui suivent l'entrée en vigueur de la loi[838]. Désormais, le droit commun du contrôle des concentrations est bien applicable aux activités bancaires, sous la compétence de l'Autorité de la concurrence[839].

---

836 Loi de sécurité financière du 1er août 2003, *JORF* n° 177 du 2 août 2003, p. 13220, art. 24 et 25 : E. CLAUDEL, « Les concentrations inter-bancaires rejoignent le giron du droit commun », art. préc.

837 Depuis la loi n° 2008-776 du 4 août 2008 de modernisation de l'économie, *JORF* n° 0181 du 5 août 2008, p. 12471.

838 Min. éco., décision C2003-139, Lettre en date du 7 novembre 2003, au directeur général de la BRED Banque Populaire, *relative à une opération dans le secteur bancaire, BOCCRF* n° 5 du 4 mai 2004 ; décision C2003-219, lettre en date du 28 novembre 2003 aux conseils de la société Crédit Foncier de France, *relative à une concentration dans le secteur bancaire.*

839 Mis à part le rôle consultatif exceptionnel de l'ACPR.

419. **Conclusion de la Section 2.** En définitive, seules les règles communes du contrôle des concentrations sont pleinement applicables aux activités bancaires. Par l'effet de l'article L 511-4 du Code monétaire et financier, ces dernières échappent en revanche à de nombreuses dispositions du droit commun des pratiques anticoncurrentielles, ainsi qu'à l'ensemble des règles réprimant les pratiques restrictives.

420. Cette situation est très inopportune. Les rares arguments mobilisés au soutien de leur inapplicabilité ne sont pas convaincants. Les spécificités propres aux activités bancaires et les objectifs de régulation sectorielle, y compris le nécessaire maintien de la confiance, ne sauraient justifier une inapplicabilité générale de pans entiers du droit de la concurrence. Ce régime dérogatoire introduit une profonde rupture d'égalité entre les auteurs de pratiques anticoncurrentielles ou restrictives, selon que celles-ci portent sur des activités bancaires ou d'autres types de services. Il serait bienvenu que le législateur se saisisse de cette situation pour y remédier.

421. **Conclusion du Chapitre I.** En France, comme à l'échelle européenne, le principe de soumission des banques aux règles de concurrence a été âprement débattu. Les incertitudes de la Commission européenne quant à l'opportunité d'inclure les activités bancaires dans le champ d'application du droit de la concurrence de l'Union ont conduit à son inapplicabilité de fait pendant plusieurs années. Mais les doutes ont finalement été dissipés à la faveur de l'arrêt *Züchner,* rendu par la Cour de justice le 14 juillet 1981. La singularité des activités bancaires et les objectifs de régulation sectorielle ne sauraient ainsi légitimer l'insoumission générale des banques aux lois de la concurrence. Désormais, l'applicabilité à leur égard du droit de la concurrence de l'Union s'épanouit pleinement en droit comme en fait.

422. En revanche, le droit français de la concurrence n'est à ce jour que partiellement applicable aux activités bancaires. Ces dernières sont soumises au régime de droit commun du contrôle des concentrations, mis à part quelques dérogations mineures. Mais elles ne relèvent du champ d'application que d'un nombre restreint de textes relatifs aux pratiques anticoncurrentielles. L'article L 511-4 du Code monétaire et financier n'affirme en effet l'applicabilité aux établissements de crédit pour leurs opérations de banque et connexes[840], que des articles L 420-1 à L 420-4 du Code de commerce, réprimant les ententes ainsi que les abus de position dominante et de dépendance économique, à l'exclusion de nombreuses autres dispositions du livre IV du Code de commerce. Les activités bancaires échappent donc à l'applicabilité de l'article L 420-5 du même Code portant prohibition des prix abusivement bas, de même qu'à celles des dispositions relatives à la mise en œuvre du droit des pratiques anticoncurrentielles dans la sphère privée et de nombreux textes relatifs à leur mise en œuvre dans la sphère publique. Les établissements de crédit jouissent en outre d'un régime pénal largement dérogatoire. Le droit des pratiques restrictives de concurrence est quant à lui totalement inapplicable aux activités bancaires.

---

840 De même qu'« aux sociétés de financement pour leurs opérations de banque et leurs opérations connexes définies à l'article L 311-2, aux établissements de monnaie électronique pour l'émission et la gestion de monnaie électronique et leurs opérations mentionnées à l'article L 526-2 ainsi qu'aux établissements de paiement pour leurs services de paiement et leurs services connexes définis à l'article L 522-2. »

423. Cette situation est très malvenue. Elle génère une inégalité profonde entre les auteurs de pratiques restrictives et anticoncurrentielles selon qu'ils relèvent du secteur bancaire ou d'un autre secteur. Rien ne semble légitimer une telle solution. La spécificité des activités bancaires ne justifie pas l'inapplicabilité des règles françaises de concurrence à leur endroit. Il serait ainsi légitime et opportun de les soumettre par principe, à l'ensemble des règles du droit commun français de la concurrence, de la même manière qu'elles sont soumises au droit de la concurrence de l'Union. Les activités bancaires ne devraient échapper au champ d'application des règles de concurrence que par exception, s'il est établi que leurs critères d'applicabilité ne sont pas vérifiés.

Chapitre II
L'inapplicabilité du droit de la concurrence aux activités bancaires par exception

Section 1 Recours aux critères communs d'applicabilité du droit des pratiques anticoncurrentielles

§ 1. Absence de difficulté générale tenant aux spécificités des activités bancaires

A. La singularité des activités bancaires globalement sans incidence sur l'identification d'une affectation sensible du commerce interétatique

B. La singularité des activités bancaires globalement sans incidence sur la qualification d'entreprise

§ 2. Existence d'une difficulté particulière tenant à l'identification de prérogatives de puissance publique

A. Situation des banques centrales

1. Situation de la Banque centrale européenne

a. Activités de la BCE exercées dans le cadre de prérogatives de puissance publique

b. Activités de la BCE non exercées dans le cadre de prérogatives de puissance publique

2. Situation des banques centrales nationales

a. Activités des BCN exercées dans le cadre de prérogatives de puissance publique

b. Activités des BCN non exercées dans le cadre de prérogatives de puissance publique

B. Situation des établissements de crédit

1. Position initiale de la Commission européenne : distinction selon que l'accord avait ou non été approuvé par l'autorité monétaire

a. Affirmation de la solution initiale

b. Critique de la solution initiale

2. Position actuelle de la Commission européenne : applicabilité entière du droit de la concurrence aux accords sur les taux d'intérêt

Section 2 Recours aux critères spéciaux d'applicabilité des règles du contrôle des aides d'état et des concentrations

§ 1. Difficultés relatives aux conditions d'applicabilité des règles du contrôle des aides d'État

A. (In)applicabilité de l'article 107 TFUE aux concours accordés par le Fonds de résolution unique

B. (In)applicabilité de l'article 107 TFUE aux concours accordés par les banques centrales

1. Inapplicabilité de l'article 107 TFUE aux mesures conventionnelles

2. Applicabilité de l'article 107 TFUE aux mesures non conventionnelles

a. Applicabilité de l'article 107 TFUE aux mesures de fourniture de liquidité d'urgence

b. Applicabilité de l'article 107 TFUE aux autres mesures non conventionnelles

§ 2. Difficultés relatives aux conditions d'applicabilité des règles du contrôle des concentrations

A. Inopportunité des règles dérogatoires relatives à l'appréciation de la nature concentrative des rapprochements bancaires

1. Un réaménagement souhaitable des exceptions

a. La suppression souhaitable de l'article 3 § 5, sous a)

b. La modification souhaitable de l'article 3 § 5, sous c)

2. Une clarification souhaitable de la notion de concentration

B. Inopportunité des règles dérogatoires relatives à l'appréciation de la dimension communautaire des rapprochements bancaires

1. Inadéquation de l'ancien critère dérogatoire

2. Inutilité du nouveau critère dérogatoire

424. **Exposé synthétique des différents critères d'applicabilité du droit de la concurrence.** Si l'applicabilité du droit de la concurrence aux activités bancaires est justifiée par principe, celles-ci pourront toutefois s'extraire de son champ d'application par exception. En effet, l'applicabilité du droit de la concurrence dépend de la réunion d'un certain nombre de critères devant être vérifiés pour chaque situation dont l'autorité de concurrence est saisie. Aussi, bien que les activités bancaires doivent en principe relever de son champ d'application, le droit de la concurrence ne pourra s'en saisir que s'il est établi, à l'issue d'un examen au cas par cas, que les critères d'applicabilité sont bien réunis.

425. Tout d'abord, un critère commun à l'ensemble des règles françaises et européennes de concurrence doit être vérifié pour emporter leur applicabilité : la présence d'une ou plusieurs *entreprises*. Le droit de la concurrence n'est en effet applicable qu'à des entités pouvant être ainsi qualifiées.

426. D'autres critères d'applicabilité diffèrent ensuite selon les règles de concurrence considérées. En ce qui concerne le droit des pratiques anticoncurrentielles, un seul critère supplémentaire s'impose pour l'applicabilité du droit de l'Union : les articles 101 et 102 TFUE ne sont applicables qu'en cas d'*affectation sensible du commerce entre les États membres,* induite par le comportement en cause.

427. Quant aux règles du contrôle des concentrations, tant françaises qu'européennes, elles ne sont applicables qu'à des opérations de nature *concentrative*, comportant une *dimension* significative, exprimée en chiffre d'affaires.

428. L'applicabilité du droit des aides repose enfin sur la réunion de cinq conditions générales cumulatives : outre *l'affectation du commerce* entre les État membres induite par la mesure, et le statut d'*entreprise* propre à son bénéficiaire, également requis au titre de l'applicabilité des article 101 et 102 TFUE, la qualification d'aide suppose que le soutien ainsi accordé, soit d'*origine étatique* et génère un *avantage sélectif*, au risque de *fausser la concurrence.*

429. **Critères communs. Critères spéciaux.** Globalement, la spécificité des activités bancaires ne pose pas de difficultés particulières lors de la vérification de ces critères. Il en va tout particulièrement ainsi des critères d'applicabilité du droit des pratiques anticoncurrentielles. À certains égards, la qualification d'*entreprise* peut certes, s'avérer délicate. Mais la grille d'analyse générale mobilisée par les autorités de concurrence en présence de tout autre type d'activités, est parfaitement transposable aux activités bancaires. Si bien que la spécificité de ces dernières ne justifie aucune adaptation des critères communs d'applicabilité du droit des pratiques anticoncurrentielles (Section 1). En revanche, les critères d'applicabilité des règles du contrôle des aides et des concentrations ont connu certains aménagements afin de tenir compte de la singularité des activités bancaires. Ces dérogations n'apparaissent pourtant que partiellement justifiées (Section 2).

Section 1
Recours aux critères communs d'applicabilité du droit des pratiques anticoncurrentielles

430. **Difficultés marginales lors de la vérification des critères d'applicabilité.** Les critères communs d'applicabilité du droit des pratiques anticoncurrentielles ne méritent aucune adaptation particulière. La recherche d'une affectation du commerce et la qualification d'entreprise ne rencontrent aucune difficulté générale tenant aux spécificités des activités bancaires. Les raisonnements communément employés pour d'autres types d'activités leur sont transposables, sans complication (§ 1). Seule une difficulté particulière est à recenser : l'identification de prérogatives de puissance publique peut en effet se révéler délicate, au risque de gêner la qualification d'entreprise et d'aboutir à l'inapplicabilité des règles de concurrence (§ 2).

§ 1. Absence de difficulté générale tenant aux spécificités des activités bancaires

431. **Recours aux méthodes d'analyse générales.** En règle générale, la vérification des deux critères d'applicabilité du droit des pratiques anticoncurrentielles, soit la recherche d'une affectation sensible du commerce interétatique (A) et la qualification d'entreprise (B), n'est nullement gênée par la spécificité des activités bancaires. Les méthodes d'analyse pratiquées en présence d'autres types d'activités sont pleinement mobilisables à leur égard.

A. La singularité des activités bancaires globalement sans incidence sur l'identification d'une affectation sensible du commerce interétatique

432. **Affectation du commerce.** La vérification d'une affectation du commerce entre les États membres ne rencontre aucune difficulté particulière tenant aux spécificités des activités bancaires. *In globo*, les pratiques querellées seront ainsi appréhendées au prisme du contexte économique et juridique dans lequel opèrent leurs auteurs, de la nature des biens ou des servies affectés, autant que de la structure du marché pertinent[841]. L'effet défavorable du comportement sur les échanges intracommunautaires sera dès lors assez classiquement déduit d'une addition de facteurs, qui pris de manière isolée, ne seraient pas nécessairement déterminants[842].

---

[841] CJCE, 24 septembre 2009, *Erste Group Bank et. al. c. Commission CE*, aff. C-125/07 P, ECLI : EU : C : 2009:576, pt. 54 ; CJCE, 23 novembre 2006, *Asnef-Equifax, c. Asociación de Usuarios de Servicios Bancarios*, aff. C-238/05, ECLI : EU : C : 2006:734, pt. 35.

[842] CJCE, 24 septembre 2009, *Erste Group Bank et. al. c. Commission CE* préc., pt. 37 ; Comm. CE, décision du 10 août 2001, *Visa international,* aff. COMP/29.373, *JOCE* n° L 293 du 10 novembre 2001, p. 24, pt. 70 ; Aut. conc., décision n° 10-D-28 du 20 septembre 2010 préc., pt. 269.

433. En conformité avec l'approche extensive communément accordée à la notion de « commerce », celle-ci recouvre les échanges monétaires et les services bancaires de manière générale[843]. En ce domaine comme en d'autres, toute entrave aux échanges transfrontaliers pourra dès lors être jugée comme affectant le commerce « entre les États membres ». Tel sera le cas d'un accord se déployant sur l'ensemble du territoire d'un État, bien que s'y limitant, en tant qu'il consolide les cloisonnements nationaux[844]. Tel sera manifestement encore le cas d'une entente portant sur un service de paiement utilisable par le porteur tant dans son pays d'origine qu'à l'étranger[845] ; *a fortiori* lorsque cette possibilité s'étend à l'ensemble de l'Espace économique européen (EEE)[846]. En revanche, aucune affectation du commerce interétatique n'a été décelée à l'examen d'accords portant sur un instrument de paiement utilisable au sein d'un seul État[847], ou bien auquel les consommateurs ne recourent généralement que pour régler des services eux-mêmes limités au territoire national[848].

434. Afin d'établir que le comportement est « susceptible d'affecter » les échanges, il suffit de vérifier qu'il peut être « de nature » à produire une telle affectation, sans qu'il soit besoin de démontrer que le commerce a été effectivement entravé[849]. Le juge de la concurrence s'attache uniquement à vérifier que la pratique permet d'envisager avec un degré de probabilité suffisant une influence directe ou indirecte, actuelle ou potentielle sur les courants d'échange entre les États membres ; il est à cet égard indifférent que les parties soient issues du secteur bancaire plutôt que d'un autre[850].

435. **Affectation sensible.** Conformément aux lignes directrices[851], le caractère sensible de l'affectation dépendra quant à lui, de la nature de l'accord, de celle des produits ou services concernés, ainsi que de la position de marché des entreprises en cause[852]. En présence d'un accord interbancaire susceptible par nature d'affecter le commerce,

---

843 CJCE, 14 juillet 1981, *Gerhard Züchner c. Bayerische Vereinsbank AG* préc. ; Comm. CE, décision du 11 décembre 1986, *Association belge des banques* préc., pt. 38.

844 CJCE, 24 septembre 2009, *Erste Group Bank et. al. c. Commission CE* préc., pt. 41 ; CJCE, 23 novembre 2006, *Asnef-Equifax, c. Asociación de Usuarios de Servicios Bancarios* préc., pt. 37 ; Comm. CE, décision du 11 décembre 1986, *Association belge des banques* préc., pt. 39. V. également dans la pratique décisionnelle de l'Autorité de la concurrence : Aut. conc., décision n° 10-D-28 du 20 septembre 2010 préc., pt. 269 ; Aut. conc., décision n° 11-D-11 du 7 juillet 2011 préc., pt. 285 ; Aut. conc., décision n° 12-D-17 du 5 juillet 2012 *relative à des pratiques relevées dans le secteur des moyens de paiements scripturaux (prélèvement, titre interbancaire de paiement, télérèglement, virement et lettre de change)*, pt. 265.

845 V. pour des cartes de paiement : Comm. eur., décision du 8 décembre 2010, *Visa MIF*, aff. COMP/D-1/39.398, pt. 23 ; Comm. eur., décision du 26 février 2014, *Visa MIF II*, aff. AT.39.398, pt. 26 ; Comm. CE, décision du 19 décembre 2007, *MasterCard*, aff. COMP/34.579, pt. 662. De même à propos des chèques touristiques : Comm. CE, décision du 12 décembre 1986, *ABI* préc., pt. 49.

846 Comm. CE, décision du 24 juillet 2002, *Visa international – Commission multilatérale d'interchange*, préc., pt. 72.

847 Comm. CE, décision du 12 décembre 1986, *ABI* préc., pt. 37.

848 Comm. CE, décision du 8 septembre 1999, *Nederlandse Vereniging van Banken (accord GSA de 1991)* préc., pt. 62.

849 CJCE, 24 septembre 2009, *Erste Group Bank et. al. c. Commission CE* préc., pt. 66.

850 CJCE, 21 janvier 1999, *Carlo Bagnasco et al. c. BPN*, aff. C-215/96, *et CARIGE*, aff. C-216/96, ECLI : EU : C : 1999:12, pt. 47.

851 Comm. CE, Lignes directrices relatives à la notion d'affectation du commerce figurant aux articles 81 et 82 du traité, *JOUE* n° C101 du 27 avril 2004, p. 81, pt. 45.

852 Aut. conc., décision n° 10-D-28 du 20 septembre 2010 préc., pt. 270.

les autorités européenne[853] et française[854] de concurrence pourront toutefois faire application d'une présomption de sensibilité lorsque le chiffre d'affaires total réalisé par les parties avec les produits concernés excède 40 millions d'euros[855].

436. La vérification du critère de l'affectation du commerce est ainsi globalement indifférente aux spécificités des activités bancaires. La grille d'analyse générale, mise en œuvre à l'examen d'autres types d'activités, pourra parfaitement l'être en présence d'activités bancaires. Quoique plus nuancée, une conclusion similaire s'impose en ce qui concerne l'exigence d'identification d'une entreprise.

B. La singularité des activités bancaires globalement sans incidence sur la qualification d'entreprise

437. **L'existence d'une entité.** L'identification d'une *entreprise* est une condition transversale, dont dépend l'applicabilité de l'ensemble des règles de concurrence. Sa vérification est requise pour l'applicabilité tant du droit des pratiques anticoncurrentielles que des règles du contrôle des aides et des concentrations. La qualification d'*entreprise* au sens du droit de la concurrence[856] requiert la réunion de deux éléments généraux, soit d'une part, l'existence d'une *entité*, exerçant d'autre part, une *activité économique*.

438. Le premier élément ne pose guère de difficulté, tant la définition qu'en donne la jurisprudence est perméable : l'*entité* est une notion neutre et réaliste, indifférente à la forme sociale ou au statut juridique applicable. Ainsi pourra-t-elle être notamment identifiée indépendamment du caractère commercial, associatif ou même public de la personne mise en cause.

439. Cette souplesse se retrouve, à première vue du moins, en droit bancaire. En définissant les établissements de crédit comme des « entreprises », l'article L 511-1 du Code monétaire et financier semble admettre qu'ils puissent être des personnes tant morales que physiques. Il n'en est cependant rien, l'agrément ne pouvant être délivré, en vertu de l'article L 511-10, I du même Code et conformément au droit de l'Union[857], qu'à des personnes morales[858]. Si le choix de la forme sociale est en principe libre, celle-ci doit être toutefois en « adéquation » avec l'activité exercée[859]. En pratique, il s'agira bien souvent de sociétés anonymes ou plus

---

853 Comm. CE, décision du 17 octobre 2007, *Groupement des cartes bancaires « CB »*, aff. COMP/D1/38606, pt. 370.

854 Aut. conc., décision n° 12-D-17 du 5 juillet 2012 préc. pt. 267.

855 Comm. CE, Lignes directrices relatives à la notion d'affectation du commerce figurant aux articles 81 et 82 du traité, *JOUE* n° C101 du 27 avril 2004, p. 81, pt. 53.

856 Sur la notion d'entreprise en droit de la concurrence, V. A. Decocq et G. Decocq, *op. cit.*, p. 57 à 97 ; L. Arcelin, « Notion d'entreprise en droit interne et européen de la concurrence », *in Encyclopédie du JurisClasseur : Concurrence – Consommation,* LexisNexis, 2016, fasc. 35.

857 Directive 2013/36/UE du Parlement européen et du Conseil du 26 juin 2013 concernant l'accès à l'activité des établissements de crédit et la surveillance prudentielle des établissements de crédit et des entreprises d'investissement, modifiant la directive 2002/87/CE et abrogeant les directives 2006/48/CE et 2006/49/CE, *JOUE* n° L176 du 27 juin 2013, p. 338, art. 13 § 2, sous a).

858 Cette restriction s'applique également aux établissements de monnaie électronique, aux établissements de paiement et aux sociétés de financement. Sur ces questions V. J. Stoufflet, « Organisation et statut bancaire », *in Encyclopédie du JurisClasseur : Banque – Crédit – Bourse,* LexisNexis, 2019, synthèse 10, n° 15 et Th. Bonneau, *Droit bancaire*, *op. cit.*, pt. 144, p. 130.

859 C. mon. fin., art. L 511-10, III.

marginalement, de sociétés par actions simplifiées, qui constitueront alors sans l'ombre d'un doute une *entité* au sens du droit de la concurrence[860].

440. **L'exercice d'une activité économique.** La vérification du second élément de qualification de l'entreprise, soit l'*activité économique* menée par celle-ci[861], suppose la présence d'une offre de biens ou de services sur un marché donné[862]. L'activité économique peut alors être exercée par un opérateur en contact direct avec le marché, ou bien de manière indirecte par une autre entité exerçant un contrôle sur cet opérateur[863]. En règle générale, les services bancaires constituent une activité économique sans soulever de complication. Au fil de leur pratique décisionnelle, les autorités de concurrence ont ainsi identifié un grand nombre de segments du marché bancaire, caractérisés par l'offre de divers services caractéristiques d'une véritable activité économique[864].

441. Au regard des activités bancaires, seule l'identification de prérogatives de puissance publique peut toutefois se révéler délicate, au risque de gêner la démonstration d'une activité économique et de conduire du même coup, à l'inapplicabilité des règles de concurrence.

§ 2. Existence d'une difficulté particulière tenant à l'identification de prérogatives de puissance publique

442. **Prérogatives de puissance publique exclusives de la qualification d'*entreprise*.** Il est des circonstances excluant la qualification d'activité économique, au rang desquelles figurent l'offre d'activités purement sociales[865], ainsi que la présence de prérogatives de puissance publique[866]. Le juge de la concurrence considère en effet de longue date que la jouissance de prérogatives de puissance publique est

---

860 V. pour des associations d'entreprises dont faisaient notamment partie la plupart des grandes banques françaises : Comm. CE, décision du 25 mars 1992, *Eurochèques III : accord d'Helsinki* préc., pt. 42 ; Aut. conc., décision n° 13-D-17 du 20 septembre 2013 préc. ; Aut. conc., décision n° 13-D-18 du 20 septembre 2013 *relative à des pratiques de Visa relevées dans le secteur des cartes de paiement*, note Chr. Lemaire, *Concurrences* n° 4-2013, décembre 2013, art. n° 59379, p. 149 ; P. Le More, *Lexbase Hebdo édition affaires* n° 352, 26 septembre 2013, p. 1.

861 Sur la définition d'une activité économique, V. C. Prieto, « Droit européen de la concurrence : champ d'application », *in Encyclopédie du JurisClasseur : Europe Traité,* LexisNexis, 2014, Fasc. 1400.

862 CJCE, 20 mars 1985, *République italienne c. Commission CE*, aff. 41/83, ECLI : EU : C : 1985:120.

863 CJCE, 10 janvier 2006, *Ministero dell'Economia c. Cassa di Risparmio di Firenze SPA*, aff. C-222/04, ECLI : EU : C : 2006:8, pt. 109 et 110.

864 Sur la segmentation des marchés bancaires, V. *infra* n° 1140 s.

865 CJCE, 17 février 1993, *Poucet et Pistre,* aff. jointes C-159/91 et C-160/91, ECLI : EU : C : 1993:63. L'exercice d'activités purement sociales, mêmes teintées d'une dimension bancaire, permettra très classiquement et sans difficulté d'écarter l'applicabilité des règles de concurrence. Ainsi, une fondation bancaire, dont l'activité est limitée au versement de contributions à des organismes sans but lucratif, agit comme un organisme de bienfaisance et non comme une entreprise. Cette activité revêt en effet un caractère exclusivement social et n'est pas exercée sur un marché concurrentiel ; *a fortiori* lorsque ce rôle a été confié par le législateur à une fondation bancaire dans des domaines d'intérêt public et d'utilité sociale comme la recherche scientifique, l'enseignement, l'art ou la santé (CJCE, 10 janvier 2006, *Ministero dell'Economia c. Cassa di Risparmio di Firenze SPA* préc. pt. 119 à 121).

866 CJCE, 19 janvier 1994, *SAT c. Eurocontrol,* aff. C-364/92, ECLI : EU : C : 1994:7.

exclusive de la qualification d'activité économique et donc de celle d'entreprise. Tel est le cas lorsque la partie en cause assure une mission d'intérêt général et dispose à ce titre de pouvoirs exorbitants du droit commun[867].

443. Lorsqu'une personne exerce plusieurs activités distinctes, la jurisprudence fait toutefois bien le départ entre celles qui relèvent pleinement des prérogatives de puissance publique ou qui en constituent l'accessoire nécessaire, d'une part, et celles qui leur sont détachables, d'autre part. Suivant cette approche réaliste, seules les premières doivent échapper à l'applicabilité des règles de concurrence, les secondes constituant une véritable activité économique[868].

444. **Activités bancaires associées à l'exercice de prérogatives de puissance publique.** Les activités bancaires sont liées à la mise en œuvre de diverses missions d'intérêt général – maintien de la stabilité financière, conduite des politiques monétaire et de change, promotion du bon fonctionnement des systèmes de paiement. Leur conduite peut être associée à l'exercice de prérogatives de puissance publique. À l'échelle européenne, ces missions sont dévolues dans une large mesure à la Banque centrale européenne (BCE) et aux banques centrales nationales (BCN) des États membres dans le cadre du Système européen de banques centrales (SEBC)[869]. *A priori*, la prestation de services bancaires et la mise en œuvre de ces missions d'intérêt général sont ainsi chacune associées à des acteurs bien distincts : établissements de crédit pour les premières, banques centrales pour les secondes.

445. En réalité, l'une et l'autre connaissent un certain degré d'imbrication. Par le biais de conventions passées avec les banques centrales[870], leurs contreparties – i.e. les établissements de crédit[871] – peuvent être associées à ces missions d'intérêt général et en devenir le vecteur. Cette circonstance pourrait-elle alors permettre aux établissements de crédit de se soustraire à l'applicabilité du droit de la concurrence ? Inversement, certaines banques centrales sont en mesure d'exercer des activités à caractère commercial éventuellement dissociables de leurs missions d'intérêt général. Le champ d'application des règles de concurrence doit-il ainsi leur être étendu ? Afin de répondre à ces questions[872], il convient de faire le départ, pour

---

867 Tout particulièrement lorsque ces prérogatives présentent une nature coercitive (CJUE, 12 juillet 2012, *Compass-Datenbank GmbH c. Republik Österreich*, aff. C-138/11, ECLI : EU : C : 2012:449, pt. 40 ; CJCE, 19 janvier 1994, *SAT c. Eurocontrol*, préc., pt. 24).

868 CJCE, 1er juillet 2008, *MOTOE c. Elliniko Dimosio*, aff. C-49/07, ECLI : EU : C : 2008:376, pt. 25. Plus généralement, V. C. Prieto, « Droit européen de la concurrence : champ d'application », *in Encyclopédie du JurisClasseur : Europe Traité*, LexisNexis, 2014, Fasc. 1400, pt. 36 à 43.

869 Art. 127 TFUE.

870 BCE, Orientation (UE) 2015/510 du 19 décembre 2014 concernant la mise en œuvre du cadre de politique monétaire de l'Eurosystème (BCE/2014/60), *JOUE* n° L 91/3 du 2 avril 2015, p. 3.

871 Les « contreparties » sont des établissements satisfaisant à certains critères d'éligibilité leur donnant le droit d'accéder aux opérations de politique monétaire de l'Eurosystème (BCE, Orientation [UE] 2015/510 du 19 décembre 2014 concernant la mise en œuvre du cadre de politique monétaire de l'Eurosystème [BCE/2014/60], préc., art. 2, sous 11).

872 À ce sujet, V. Fr. Martucci, « La BCE, une autorité monétaire suprême ? », *RD bancaire et fin.* n° 4, juillet 2018, doss. 22, p. 5 et 6 ; J.-V. Louis, « Monetary Policy and Central Banking in the Constitution », *in Legal Aspects of the European System of Central Banks : Liber Amicorum Paolo Zamboni Garavelli*, BCE, Francfort, 2005, p. 35 et 36 ; R. Smits, *The European Central Bank in the European constitutional order*, Eleven international publishing, 2003, p. 25 à 30 ; M. Meddeb, th. préc., pt. 324 à 349 ; J.-M. Fernández-Martin,

chacun de ces acteurs, entre les activités associées à l'exercice de prérogatives de puissance publique, et celles qui doivent en être détachées. Pour ce faire, la situation des banques centrales (A) sera distinguée de celle des établissements de crédit (B).

A. Situation des banques centrales

446. **Banque centrale européenne et banques centrales nationales.** La Banque centrale européenne ne s'est jamais vu appliquer le droit de la concurrence. Il n'est pourtant pas à exclure qu'elle puisse, à certains égards, relever de son champ d'application (1). Quant aux banques centrales nationales, leur soumission au droit de la concurrence est parfaitement envisageable (2).

1. Situation de la Banque centrale européenne

447. **Activités de la BCE rattachables ou détachables des prérogatives de puissance publique.** La BCE est une institution de l'UE[873], chargée d'un certain nombre de « missions fondamentales », au titre de sa participation au SEBC[874]. De manière générale, ces missions sont assumées dans le cadre de prérogatives de puissance publique, écartant la BCE du domaine des règles de concurrence. Ce faisant, elle demeure pourtant soumise au « principe d'une économie de marché ouverte où la concurrence est libre »[875], dont le respect est contrôlé par la Cour de justice de l'UE (a). Certaines activités exercées par la BCE sont en revanche difficilement rattachables à l'exercice de prérogatives de puissance publique et pourraient dès lors, s'insérer dans le champ d'application du droit de la concurrence (b).

a. Activités de la BCE exercées dans le cadre de prérogatives de puissance publique

448. **Politique monétaire.** Parmi les différentes activités de la BCE, la conduite de la politique monétaire européenne occupe une place prépondérante. Cette mission est exercée dans le cadre du SEBC[876], ce dernier étant dirigé par les organes décisionnaires de la BCE[877]. Or certaines décisions de politique monétaire pourraient *prima facie* sembler problématiques au regard des règles de concurrence. Tel est en particulier le cas des décisions par lesquelles le Conseil des gouverneurs fixe les taux d'intérêt directeurs[878]. Ceux-ci pourraient être assimilés au prix des services de dépôts et de prêts accordés par les banques centrales à leurs contreparties.

« The Competition Rules of the E.C. Treaty and the European System of Central Banks », *ECLR* 2001, vol. 22, Issue 2, p. 51 ; J. Pardon, « Application du droit européen de la concurrence en matière bancaire et financière », *RDAI* n° 1, 1990, p. 119 et 120.

873 Art. 13 § 1 TUE.

874 Art. 127 § 2 TFUE.

875 Art. 119 et 127 § 1 TFUE ; Protocole n° 4 sur les statuts du Système européen de banques centrales et de la Banque centrale européenne annexé aux traités UE et FUE (ci-après « statuts SEBC »), art. 2.

876 Art. 127 § 2 TFUE.

877 Statuts SEBC, art. 8. Ces organes sont le Conseil des gouverneurs (statuts SEBC, art. 10), le directoire (statuts SEBC, art. 11) et le Conseil général (statuts SEBC, art. 44).

878 En application de l'article 12.1 des statuts SEBC.

La fixation des taux directeurs par le Conseil des gouverneurs – composé des membres du directoire et des gouverneurs des BCN des États membres dont la monnaie est l'euro[879] – pourrait alors s'apparenter à une entente sur les prix prohibée par l'article 101 du traité FUE.

449. Néanmoins, le droit de la concurrence ne saurait être applicable en l'espèce. Les taux d'intérêt directeurs définis par le Conseil des gouverneurs sont imposés unilatéralement aux contreparties ; ce qui constitue manifestement un pouvoir dérogatoire au droit commun[880]. Cette exorbitance se justifie au regard de la mission d'intérêt général que constitue la mise en œuvre de la politique monétaire[881]. Dans l'exercice de cette mission, la BCE dispose donc de prérogatives de puissance publique et n'exerce pas d'activité économique. Partant, elle ne constitue pas une *entreprise* au sens du droit de la concurrence et doit échapper à son champ d'application[882].

450. **Politique de change et contrôle prudentiel.** La même conclusion peut vraisemblablement s'imposer en ce qui concerne les activités de la BCE associées à ses missions de contrôle prudentiel et de politique de change.

451. Les opérations de change[883], indissociablement liées à la politique monétaire par un objectif commun de stabilité des prix[884], sont effectuées dans le cadre de prérogatives exorbitantes du droit commun : en sus de ses pouvoirs consultatifs[885], la BCE pourrait se voir déléguer par le Conseil la conduite des négociations relatives à la détermination du taux de change de l'euro[886]. L'article 23 des statuts l'habilite également à acquérir, gérer et vendre toute catégorie d'avoirs de réserves de change et des métaux précieux.

452. De même en ce qui concerne sa fonction d'autorité de contrôle prudentiel. Cet office constitue une mission d'intérêt général[887], au titre de laquelle la BCE dispose

---

879 Statuts SEBC, art. 10.1.

880 La BCE est par ailleurs, investie d'un pouvoir coercitif substantiel, afin de faire respecter les exigences relatives aux réserves obligatoires (statuts SEBC, art. 19.1).

881 TPICE, 27 novembre 2007, *Athanasios Pitsiorlas c. Conseil de l'UE et BCE*, aff. jointes T-3/00 et T-337/04, ECLI : EU : T : 2007:357, pt. 222 à 231.

882 Du même avis : Fr. Martucci, « La BCE, une autorité monétaire suprême ? », art. préc., pt. 24, p. 5 ; J.-V. Louis, art. préc., p. 36 ; J.-M. Fernández-Martin, art. préc.

883 L'article 127 § 2 TFUE étend l'office de la BCE à la conduite des opérations de change, de même qu'à la détention et la gestion des réserves officielles de change des États membres.

884 Art. 119 § 2 TFUE.

885 Art. 219 § 1 et 2 TFUE.

886 En effet, la désignation des instances chargées de la négociation des accords de change n'est pas tranchée par le traité qui se borne à indiquer que « le Conseil, sur recommandation de la Commission et après consultation de la Banque centrale européenne, décide des arrangements relatifs aux négociations et à la conclusion de ces accords » (art. 219 § 3 TFUE). Cette flexibilité offre la possibilité théorique au Conseil de déléguer la conduite des négociations à la BCE (J. Lebullenger, « La projection externe de la zone euro », *RTD eur.* 1998, p. 465).

887 CJUE, 19 juillet 2016, *Tadej Kotnik et al. c. Državni zbor Republike Slovenije*, aff. C-526/14, ECLI : EU : C : 2016:570, pt. 91 (note J. Derenne, *Concurrences* n° 4-2016, décembre 2016, art. n° 82080, p. 144 ; Fr. Martucci, *in* Picod F. [dir.], *Jurisprudence de la CJUE 2016. Décisions et commentaires*, Bruylant, coll. Droit de l'Union européenne, 2017, p. 849), à propos de l'objectif de maintien de la stabilité financière ; CJUE, 7 juin 2012, *VBV – Vorsorgekasse AG c. Finanzmarktaufsichtsbehörde (FMA)*, aff. C-39/11, ECLI : EU : C : 2012:327, pt. 31 ; CJUE, 21 décembre 2011, *Commission eur. c. République de Pologne*, aff. C-271/09, ECLI : EU : C : 2011:855, pt. 57 ; CJCE ass. plén., 12 octobre 2004, *Peter Paul et al. c. Bundesrepublik Deutschland*, aff. C-222/02, ECLI : EU : C : 2004:606.

du pouvoir d'autorisation ou de refus des demandes d'agrément bancaire[888] et de prise de participation qualifiée[889]. Elle est de surcroît exclusivement compétente en ce qui concerne la surveillance des établissements importants, à l'endroit desquels elle jouit d'un pouvoir d'enquête et de sanction[890].

453. La BCE exerce donc manifestement ses missions de contrôle prudentiel et de politique de change dans le cadre de prérogatives de puissance publique, la faisant échapper à l'applicabilité du droit de la concurrence. Du reste, aucune activité exercée dans ce cadre ne semble à première vue susceptible de soulever des préoccupations d'ordre concurrentiel.

454. **Principe d'une économie de marché ouverte où la concurrence est libre.** Bien qu'échappant à l'applicabilité du droit de la concurrence, la BCE n'en demeure pas moins soumise, en tant que membre du SEBC, « au principe d'une économie de marché ouverte où la concurrence est libre »[891]. Ces dispositions ne confèrent pas compétence à la Cour de justice de l'UE – ni à aucune autre juridiction – pour appliquer le droit des pratiques anticoncurrentielles. Elles lui offrent toutefois la possibilité, à l'occasion d'un recours en annulation[892], d'opérer un contrôle de proportionnalité[893] des actes de la BCE au regard du principe de l'économie de marché. Pour la Cour, il s'agit ainsi de vérifier si les éventuelles restrictions concurrentielles induites par un acte de la BCE sont proportionnées aux objectifs d'intérêt général poursuivis[894]. En ce sens, la BCE ne pourrait par exemple certainement pas s'engager dans un encadrement administratif de la masse monétaire au moyen de limitations quantitatives du crédit ou d'aides à l'octroi de crédit[895].

455. Il est en revanche des activités de la BCE plus difficilement rattachables à l'exercice de prérogatives de puissance publique. Tel est notamment le cas de certaines activités liées au système de paiement TARGET2. Or dans l'éventualité où la BCE constituerait une entreprise, elle ne serait alors plus seulement soumise au principe général de l'économie de marché, mais également à l'ensemble des règles du droit de la concurrence.

b. Activités de la BCE non exercées dans le cadre de prérogatives de puissance publique

456. **Création des systèmes de paiement TARGET1 et TARGET2.** Parmi ses « missions fondamentales », le SEBC est enfin chargé de la promotion du bon fonctionnement des systèmes de paiement[896]. Cela ne doit pas surprendre. Cette

---

888 Règlement (UE) n° 1024/2013 préc., art. 14.

889 *Ibid.*, art. 15.

890 *Ibid.*, art. 11 et 18.

891 art. 119 et 127 § 1 TFUE ; statuts SEBC, art. 2.

892 La Cour de justice de l'UE est compétente pour effectuer le contrôle de légalité des actes de la BCE (statuts SEBC, art. 35.1).

893 « En vertu du principe de proportionnalité, le contenu et la forme de l'action de l'Union n'excèdent pas ce qui est nécessaire pour atteindre les objectifs des traités » (art. 5 § 4 TUE).

894 J.-M. Fernández-Martin, art. préc., p. 3 et 4.

895 Fr. Martucci, « Système européen de banques centrales. – Banque centrale européenne et Eurosystème. – Pouvoirs », fasc. préc., pt. 35.

896 Art. 127 § 2 TFUE.

mission relève traditionnellement de l'office des banques centrales en ce qu'elle est directement liée à la mise en œuvre de la politique monétaire[897]. La BCE peut à ce titre, ainsi que les BCN, accorder des facilités en vue d'assurer l'efficacité et la solidité des systèmes de paiement[898].

457. Dès le début de la troisième phase de l'Union économique et monétaire (UEM) en 1999, le SEBC a instauré sur ce fondement un système de paiement dénommé TARGET1[899], permettant le transfert de fonds à règlement brut en temps réel sur le territoire de l'Union. Ce système, régi par une orientation de la BCE[900], devait répondre à deux objectifs, à savoir d'une part, faciliter l'intégration du marché monétaire en euros pour favoriser la mise en œuvre de la politique monétaire et, d'autre part, améliorer la solidité et l'efficacité des paiements transfrontières au sein de l'UE[901]. Ce système de première génération a été remplacé en 2007 par TARGET2[902].

458. **Fonctionnement de TARGET2.** Le système TARGET2 se compose en réalité de plusieurs systèmes de règlement brut en temps réel opérés par chaque BCN de l'Eurosystème[903], tous reliés au mécanisme central de paiement de la BCE par le biais d'une infrastructure technique unique dite « plate-forme partagée unique (PPU) »[904]. Cette dernière est fournie conjointement par la Banca d'Italia, la Banque de France et la Deutsche Bundesbank, qui opèrent pour le compte de l'Eurosystème. Les ordres de paiement sont donc présentés et traités de la même manière par l'intermédiaire de la PPU[905]. Juridiquement, TARGET2 est ainsi structuré comme un ensemble de multiples systèmes de paiement, respectant des modalités de fonctionnement globalement harmonisées[906]. La gouvernance du système s'échelonne sur trois niveaux ultimement dominés par le Conseil des gouverneurs de la BCE[907].

459. **Rôle opérationnel de la BCE.** Outre sa fonction de gouvernance, la BCE joue un rôle opérationnel en tant qu'opérateur du système TARGET2-BCE[908], qui consti-

---

897 Trib. UE, 4 mars 2015, *Royaume-Uni de Grande-Bretagne et d'Irlande du Nord c. BCE*, aff. T-496/11, ECLI : EU : T : 2015:133, pt 89.

898 Statuts SEBC, art. 22.

899 *Trans-European Automated Real-time Gross settlement Express Transfer system* (en français : « système de transferts express automatisés transeuropéens à règlement brut en temps réel »).

900 En dernier lieu : BCE, Orientation du 3 août 2006 modifiant l'orientation BCE/2005/16 relative au système de transferts express automatisés transeuropéens à règlement brut en temps réel (TARGET), préc. p. 17.

901 BCE, *Rapport annuel 1999*, p. 61.

902 BCE, Orientation du 26 avril 2007 relative au système de transferts express automatisés transeuropéens à règlement brut en temps réel (TARGET2), BCE/2007/2, *JOUE* n° L 237 du 8 septembre 2007, p. 1.

903 Sur lequel, V. en doctrine : S. Adalid, *La banque centrale européenne et l'Eurosystème. Recherches sur le renouvellement d'une méthode d'intégration.* Bruylant, coll. Droit de l'union européenne, 2015.

904 BCE, Orientation du 5 décembre 2012 relative au système de transferts express automatisés transeuropéens à règlement brut en temps réel (TARGET2), BCE/2012/27 (refonte), *JOUE* n° L 30/1 du 30 janvier 2013, p. 1, cons. 2 et 3.

905 *Ibid.*, art 1 § 1.

906 *Ibid.*, cons. 3.

907 « Au niveau 1, le conseil des gouverneurs décide en dernier ressort concernant TARGET2 et préserve la fonction institutionnelle du système. Les banques centrales de l'Eurosystème, au niveau 2, ont une compétence subsidiaire pour TARGET2, alors qu'au niveau 3, les BCN prestataires de la PPU mettent en place et exploitent la PPU au profit de l'Eurosystème. » (*ibid.*, cons. 4).

908 BCE, décision du 24 juillet 2007 relative aux modalités de TARGET2-BCE (BCE/2007/7), *JOUE* n° L 237 du 8 septembre 2007, p. 71. V. Banque de France, *Paiements et infrastructures de marché à l'ère digitale*, 2018, p. 112.

tue une composante de TARGET2. À ce titre, elle assure le traitement de ses propres paiements et de ceux des banques centrales nationales ou d'organisations européennes et internationales. Elle ne peut en revanche, ouvrir de compte de règlement aux établissements de crédit.

460. Elle agit par ailleurs, en tant qu'agent de règlement pour des systèmes de paiement transeuropéens, tels Euro1 et STEP2, ou internationaux, comme Continuous linked Settlement System (CLS).

461. **Différents types de paiements traités *via* TARGET2.** Au lancement de la troisième phase de l'UEM, il est apparu nécessaire de pouvoir traiter dans des conditions uniformes les opérations de paiements liées à la politique monétaire unique, afin précisément de garantir son unicité. À défaut d'un système de paiement préexistant répondant à ces exigences, les systèmes TARGET1 puis TARGET2 sont venus combler cette lacune. Le marché n'offrant pas d'alternative satisfaisante[909], les paiements associés aux opérations de politique monétaire – c'est-à-dire entre les banques centrales et les établissements de crédit – sont dès lors impérativement traités par le biais de TARGET2.

462. Pour autant, d'autres paiements que ceux liés aux politiques monétaires et de change peuvent être également opérés *via* TARGET2 : ainsi des paiements interbancaires ou bien même effectués entre deux personnes autres que des établissements de crédit[910]. Néanmoins, le recours à TARGET2 n'est alors que facultatif dans la mesure où d'autres systèmes permettant d'opérer ce type de paiements sont en présence sur le marché[911]. Tel est notamment le cas du système Euro1, exploité par EBA Clearing company : selon l'analyse de la BCE, Euro1 constitue le principal – sinon l'unique – concurrent de TARGET2 sur le marché des paiements de gros montant en euros[912].

463. **Analyse de la Commission européenne quant à l'applicabilité du droit de la concurrence au système TARGET1.** Au cours de l'élaboration de TARGET1, la méthode de tarification de ses services a suscité la curiosité de la Commission européenne. Dans son rapport sur la politique de concurrence pour l'année 1997, cette dernière s'est ainsi prononcée sur l'applicabilité des règles de concurrence au système de paiement TARGET1, alors encore à l'état de projet. Elle opère une distinction entre les paiements rattachables à la politique monétaire, d'une part, et ceux auxquels les banques centrales ne sont pas parties, d'autre part. Selon la Commission, les opérateurs du système ne constituent des entreprises et ne sont donc soumis au droit de la concurrence que dans la seconde hypothèse. L'analyse est ci-dessous reproduite *in extenso :*

> La Commission entend veiller à ce que la mise en place de l'Union monétaire soit conforme aux principes de concurrence figurant dans le traité. C'est ainsi qu'elle a exposé ses vues préliminaires sur l'applicabilité de l'article 85 au système de paiement TARGET, créé par l'Institut monétaire européen et les banques centrales des États membres. Ce système de paiement, qui doit

909 Banque de France, *Bulletin de la Banque de France* n° 35, novembre 1996, pt. 84.

910 Banque de France, *Paiements et infrastructures de marché à l'ère digitale*, 2018, p. 115.

911 V. CPSS, *Red Book : Payment, clearing and settlement systems in the CPSS countries*, vol. 2, novembre 2012.

912 BCE, *TARGET Annual Report 2018*, mai 2019, p. 18.

entrer en vigueur au moment du passage à la troisième phase de l'Union économique et monétaire et qui sera géré par le Réseau européen des banques centrales, devrait intéresser trois catégories de paiement : tout d'abord, celle des paiements qui sont directement liés à la politique monétaire et qui impliquent le Réseau européen des banques centrales ; ensuite, celle qui concerne les paiements interbancaires (transactions d'arbitrage) ; enfin, celle des paiements qui mettent en cause les clients des banques, particuliers ou entreprises.

En ce qui concerne la première catégorie, il a été considéré que l'article 85, paragraphe 1, ne lui était pas applicable, dans la mesure où les parties mises en cause ne sont pas des entreprises. En revanche, les deuxième et troisième catégories de paiements entrent dans le champ d'application de l'article 85, paragraphe 1, puisque les parties impliquées dans ces transactions sont des opérateurs économiques ; d'autres systèmes de paiement privés sont d'ailleurs présents sur le marché. La première interrogation portait sur le projet de tarification uniforme pour les paiements effectués par l'intermédiaire de TARGET, destinée à l'ensemble des agents de la transaction ; à cet égard, la Commission reconnaît que ce système contribue à créer un instrument efficace pour gérer les transactions d'arbitrage transfrontalières, propre à renforcer la fiabilité du marché monétaire à l'intérieur de la zone euro. La seconde interrogation concernait le niveau du tarif uniforme. Il a été rappelé à l'Institut monétaire européen que la tarification applicable doit couvrir l'ensemble des coûts, y compris les coûts de fonctionnement. L'Institut s'est engagé à informer les services de la Commission de tout développement ultérieur.[913]

464. **Transposition du raisonnement à la BCE.** Le rapport n'est pas clair sur l'identité des « parties mises en cause ». Le système TARGET lui-même et le « Réseau européen des banques centrales »[914] doivent être écartés. Ils ne sauraient être sujets des règles de concurrence, dès lors qu'ils ne jouissent pas de la personnalité juridique ; au contraire de l'Institut monétaire européen (IME)[915], manifestement visé au premier chef par la Commission, et des banques centrales nationales participant au système TARGET, qui pourraient donc constituer des entreprises soumises à l'applicabilité du droit de la concurrence.

465. Les systèmes TARGET1 puis TARGET2 ont finalement vu le jour sans que la Commission ne s'y intéresse plus avant, que ce soit dans le cadre de cette affaire, qui n'a pas donné lieu à l'adoption d'une décision, ou dans le cadre d'une autre. La position de la Commission quant à l'applicabilité du droit de la concurrence au projet TARGET1 n'en est pas moins transposable *mutatis mutandis* à l'actuel système de paiement TARGET2. La BCE, dotée de la personnalité juridique[916],

---

913 Comm. CE, *Rapport sur la politique de concurrence 1996*, pt. 95, p. 37, mis en italique par nos soins.

914 Le « Réseau européen des banques centrales » ne correspond à aucune réalité juridique. Il est très probable que la Commission se réfère ici en fait au SEBC comme le laisse penser la version anglaise du rapport, qui vise quant à lui « the European System of Central Banks ».

915 Art. 109 F du TCE, dans sa rédaction issue du traité de Maastricht du 7 février 1992.

916 Art. 282 § 3 TFUE.

a remplacé l'IME et pris la gouvernance de TARGET2[917]. Elle pourrait donc constituer une entreprise et se trouver incluse dans le champ d'application des règles de concurrence, de la même manière que l'IME semblait l'être aux yeux de la Commission européenne.

466. Conformément à l'analyse de cette dernière, il s'agit alors de distinguer le traitement de paiements liés à la politique monétaire et celui des paiements qui lui sont étrangers, seul le premier pouvant permettre à la BCE d'échapper à l'applicabilité des règles de concurrence.

467. **Traitement des paiements liés à la politique monétaire, dans l'exercice de prérogatives de puissance publique.** Bien que le rapport n'en fasse pas expressément mention, il est vraisemblable que l'inapplicabilité du droit de la concurrence en cas de paiements liés à la politique monétaire soit due à la présence de prérogatives de puissance publique ; aucun autre critère n'est ici envisageable. La Commission n'explicite pour autant pas les raisons de la différence de traitement entre les paiements liés à la politique monétaire et les autres types de paiements. La clé de la distinction, valable tant pour l'ancienne que pour l'actuelle génération du système TARGET, tient selon nous au degré de nécessité du recours à ce système en considération des objectifs d'intérêt général poursuivis.

468. La mise en œuvre d'une politique monétaire unique au sein de la zone euro, constitutive d'une mission d'intérêt général[918], suppose que les opérations de paiement qui lui sont directement attachées soient traitées par le biais d'un système garantissant l'unicité de ladite politique. Le recours à différents systèmes, soumettant les opérations de paiement à des conditions distinctes de traitement, de sécurité ou de tarification, s'accompagnerait d'un risque de fragmentation du marché monétaire malvenue. Faute d'une alternative viable satisfaisant à ces exigences[919], le recours au système TARGET2 pour les paiements liés à la politique monétaire s'avère pleinement nécessaire. L'administration de paiements liés à la politique monétaire par le biais du système TARGET2 doit dès lors être rattachée à l'exercice de prérogatives de puissance publique.

469. En ce qui concerne le traitement de paiements non associés à la politique monétaire, c'est-à-dire effectués entre établissements de crédit ou entre des contreparties non bancaires, une telle conclusion ne s'impose pas avec la même évidence.

470. **Traitement des paiements non liés à la politique monétaire, détaché de l'exercice de prérogatives de puissance publique.** Par définition, le traitement de paiements non liés à la politique monétaire est difficilement rattachable à une mission de politique monétaire. Le recours à TARGET2 pour ce type de paiements pourrait être justifié par d'autres objectifs, tels que le maintien de l'efficacité et de la solidité des systèmes de paiement, ainsi que le suggère l'article 22 des statuts du

917 Avec l'assistance des BCN (BCE, Orientation du 5 décembre 2012 relative au système de transferts express automatisés transeuropéens à règlement brut en temps réel [TARGET2], BCE/2012/27 [refonte], *JOUE* n° L 30/1 du 30 janvier 2013, p. 1, art. 7). De même en ce qui concerne TARGET1 (BCE, Orientation du 30 décembre 2005 relative au système de transferts express automatisés transeuropéens à règlement brut en temps réel [TARGET], préc., art. 7).

918 V. *supra* n° 448 s.

919 V. *supra* n° 461.

SEBC[920]. Mais en réalité, le recours à TARGET2 pour le traitement de paiements non associés à la politique monétaire n'apparaît pas non plus indispensable en vue de promouvoir l'efficacité ou la solidité des systèmes de paiement.

471. Il est vrai qu'en tant que système de règlement brut, TARGET2 présente des avantages par rapport à son concurrent Euro1, qui opère quant à lui un système de règlement net. La différence fondamentale tient à ce qu'un système de règlement net repose sur un mécanisme de compensation : au cours d'un cycle, par exemple journalier, l'agrégation des flux de paiement entre chaque participant permet de ramener leurs obligations mutuelles à un solde unique. Le règlement des ordres de transfert de fonds peut alors se réaliser à la fin de la journée sur une base nette. Un système de règlement brut ne comporte quant à lui pas de mécanisme de compensation : chaque instruction de transfert de fonds est réglée individuellement au cours de la journée[921]. En interdisant l'accumulation de découverts intrajournaliers par les contreparties, TARGET2 réduit les risques de règlement et offre ainsi un niveau de sécurité accrue. En effectuant les règlements non pas de manière différée après compensation mais en temps réel, il est au surplus mieux adapté aux paiements urgents.

472. Le recours au système TARGET2 n'en apparaît pas pour autant nécessaire en vue de préserver l'efficacité et la solidité des systèmes de paiement. Notons d'emblée que la solidité des systèmes, y compris celle de TARGET2 et de son concurrent Euro1, est déjà vérifiée par la BCE dans le cadre de sa mission de surveillance des systèmes de paiement d'importance systémique[922]. Sur le terrain de l'efficacité, TARGET2 présente, nonobstant ses nombreux avantages, des inconvénients associés au mécanisme de règlement brut : en l'absence de compensation, la multiplicité des règlements augmente ainsi le besoin de liquidité des contreparties et accroît les coûts de traitement informatique. Un système de règlement brut est donc moins intéressant pour des opérations non urgentes pouvant se satisfaire d'un règlement net différé, tel qu'offert par le système Euro1.

473. À défaut de pouvoir les inscrire dans une mission d'intérêt général, le traitement de ces paiements *via* TARGET2 ne peut être rattaché à l'exercice de prérogatives de puissance publique. Par conséquent, lorsqu'elles agissent en tant qu'opérateurs des composantes nationales du système TARGET2 pour l'exécution de paiements non liés à la politique monétaire, les BCN devraient être considérées comme des entreprises soumises en tant que telles à l'applicabilité du droit de la concurrence. De même en ce qui concerne la BCE.

474. **Applicabilité du droit de la concurrence à la BCE, au titre de sa participation à TARGET2.** Le droit de la concurrence devrait être également applicable à la BCE. Le fait qu'elle n'offre pas elle-même directement des services de traitement des paiements entre établissements de crédit ou entre des contreparties non ban-

---

920 La promotion de l'efficacité et de la solidité des paiements constituait d'ailleurs l'un des objectifs ayant présidé à l'instauration du système TARGET (BCE, *Rapport annuel 1999*, p. 61).

921 V. J.-M. Figuet, « La sécurisation de la liquidité intrajournalière dans un système à règlement brut. Une analyse du comportement des banques commerciales », *Revue économique* 2000 n° 51-4, p. 869.

922 BCE, *Eurosystem oversight report 2016*, novembre 2017, p. 24 à 26. Les modalités de ce contrôle sont régies par le règlement (UE) n° 795/2014 de la Banque centrale européenne du 3 juillet 2014 concernant les exigences de surveillance applicables aux systèmes de paiement d'importance systémique (BCE/2014/28), *JOUE* n° L 217 du 23 juillet 2014, p. 16.

caires devrait à cet égard être indifférent. Le droit des ententes est applicable à tous les accords, pratiques concertées, décisions d'association d'entreprises, qui faussent la concurrence dans le marché intérieur, indépendamment du marché sur lequel les parties sont actives, ou du fait que seul le comportement commercial de certaines d'entre elles est concerné par les termes des arrangements en cause[923].

475. Le droit de la concurrence peut donc être applicable à chacune des parties à l'entente, y compris celles qui ne seraient pas actives sur les marchés concernés. La BCE est le principal organe de gouvernance de TARGET2 et concourt à la détermination de ses modalités de fonctionnement ainsi qu'à ses principes de tarification. Ainsi le Conseil des gouverneurs a-t-il fixé « une méthodologie commune en matière de coûts et une grille de tarification pour le tronc commun des services TARGET2 »[924]. Aussi, le droit de la concurrence devrait être applicable à la BCE. Dans cette hypothèse, la Commission européenne serait pleinement compétente pour en faire application à son égard, comme à l'égard de toute autre entreprise[925]. Une logique tout à fait comparable à celle de la BCE peut être observée au sujet des banques centrales nationales.

2. Situation des banques centrales nationales

476. **Activités des BCN rattachables ou détachables des prérogatives de puissance publique.** Les banques centrales nationales font partie intégrante du SEBC[926] et exécutent à ce titre, ses missions fondamentales. Elles disposent pour ce faire de prérogatives de puissance publique, exclusives de l'applicabilité des règles de concurrence (a). Les BCN peuvent également, à l'exemple de la Banque de France, entreprendre des activités économiques relevant du champ d'application du droit de la concurrence (b).

a. Activités des BCN exercées dans le cadre de prérogatives de puissance publique

477. **Exécution des missions du SEBC, dans l'exercice de prérogatives de puissance publique.** Dans l'exécution des missions du SEBC, en particulier la mise en œuvre de la politique monétaire, l'action des BCN est rattachable, au même titre que celle de la BCE, à des missions d'intérêt général[927]. Ce faisant, les BCN disposent également de pouvoirs dérogatoires au droit commun[928], certainement constitutifs de prérogatives de puissance publique.

---

923 CJUE, 22 octobre 2015, *AC-Treuhand AG c. Commission eur.*, aff. C-194/14 P, ECLI : EU : C : 2015:717, pt. 34 et 35, note S. Chan, *ECLR* 2016, vol. 37, Issue 4, p. 133 ; G. Decocq, *CCC* n° 1, janvier 2016, comm. 16 ; L. Idot, *RDC* n° 1, 2016, p. 106 ; G. de Stefano, *JECLAP* n° 10, 2015, vol. 6, p. 689.

924 Orientation du 5 décembre 2012 relative au système de transferts express automatisés transeuropéens à règlement brut en temps réel [TARGET2], BCE/2012/27 [refonte], préc., art. 14 § 2. V. également l'appendice VI de l'orientation sur les « tarifs et [la] facturation ».

925 R. Smits, *The European Central Bank in the European constitutional order*, Eleven international publishing, 2003, p. 26.

926 Statuts SEBC, art. 14.3.

927 V. *supra* n° 448.

928 Pour ne retenir que les plus topiques d'entre eux : émission des billets (statuts SEBC, art. 16) ; acquisition, gestion et vente des avoirs de réserves de change et des métaux précieux (statuts SEBC, art. 23).

478. Sous réserve que leurs actes demeurent nécessaires et donc indissociables de l'exécution des missions d'intérêt général dévolues au SEBC, les banques centrales nationales ne constituent pas des entreprises et doivent ainsi échapper à l'applicabilité du droit de la concurrence.

479. **Soumission des BCN au principe d'une économie de marché.** Les BCN demeurent soumises, en tant que membres du SEBC, au respect du « principe d'une économie de marché ouverte où la concurrence est libre »[929]. Mais ni la Cour de justice de l'UE, ni aucune autre juridiction, ne pourraient y puiser une source de compétence pour appliquer le droit de la concurrence.

480. La violation de ce principe par une BCN pourrait tout au plus donner lieu à l'introduction d'un recours en manquement sur le fondement des articles 271, sous d) du traité FUE et 35.6 des statuts du SEBC. En vertu de ces dispositions, lorsque la BCE estime qu'une BCN manque à l'une des obligations qui lui incombent au titre des traités ou des statuts, elle peut émettre un avis motivé exposant les mesures à adopter pour satisfaire auxdites obligations. À défaut pour la BCN de s'y conformer, la BCE peut saisir la Cour de justice de l'Union. Si celle-ci constate le manquement, la BCN est tenue de prendre les mesures d'exécution de l'arrêt de la Cour.

481. Il n'est cependant pas à exclure qu'une banque centrale nationale puisse agir en dehors de ses missions d'intérêt général ; auquel cas la BCN recouvrirait son entière responsabilité et serait soumise à l'applicabilité du droit de la concurrence.

b. Activités des BCN non exercées dans le cadre de prérogatives de puissance publique

482. **Activités étrangères à toute mission d'intérêt général.** Dans l'ensemble, les BCN pourront être soumises à l'applicabilité des règles de concurrence s'il est jugé que certaines de leurs activités ne sont pas indispensables à l'exécution des missions d'intérêt général qui leur ont été confiées. Tel pourrait être notamment le cas de leurs activités exercées en tant qu'opérateurs d'un système de paiement intégré à TARGET2, à l'instar de la BCE[930]. Dans l'hypothèse où ces activités seraient détachables de l'exercice de prérogatives de puissance publique, les BCN constitueraient alors des entreprises au sens du droit de la concurrence.

483. Du reste, l'article 14.4 des statuts du SEBC autorise les « banques centrales nationales [à] exercer d'autres fonctions que celles qui sont spécifiées dans les présents statuts, à moins que le conseil des gouverneurs ne décide […] que ces fonctions interfèrent avec les objectifs et les missions du SEBC. » Le droit de l'Union ne s'oppose donc pas à ce qu'une BCN exerce une mission d'intérêt général autre que celles dévolues au SEBC, ou même qu'elle entreprenne une activité qui ne constitue pas une mission d'intérêt général.

484. **Cas de la Banque de France.** La Banque de France est une « institution » dont le capital appartient intégralement à l'État[931]. Elle est selon le Conseil d'État, une personne publique *sui generis*[932]. La Banque de France exerce d'autres missions

---

929 Art. 127 § 1 TFUE ; Statuts SEBC, art. 2.
930 V. *supra* n° 458 et 459.
931 C. mon. fin., art. L 142-1.
932 CE, 22 mars 2000, *Synd. National autonome du personnel de la Banque de France*, n° 203854, 203855, 204029.

d'intérêt général, que celles qui lui sont confiées dans le cadre du SEBC, telles que la gestion du surendettement[933]. L'article L 141-9 du Code monétaire et financier lui offre en outre, la possibilité de s'engager dans des activités *a priori* dépourvues d'intérêt général et sans donc faire usage de prérogatives de puissance publique :

> La Banque de France peut faire, pour son propre compte et pour le compte de tiers, toutes opérations sur or, moyens de paiement et titres libellés en monnaies étrangères ou définis par un poids d'or.
> La Banque de France peut prêter ou emprunter des sommes en euros ou en devises étrangères à des banques étrangères, institutions ou organismes monétaires étrangers ou internationaux.

485. À cette occasion, la Banque de France constitue assurément une entreprise au sens du droit de la concurrence et se trouve soumise à son applicabilité, sous la compétence des autorités de concurrence. Dans sa décision n° 10-D-28 du 20 septembre 2010 relative à une entente sur des commissions applicables lors de l'encaissement des chèques[934], l'Autorité française de concurrence conforte cette analyse. La Banque de France soutenait avoir participé aux réunions durant lesquelles l'entente avait été scellée, en qualité de banque centrale chargée de veiller au bon fonctionnement et à la sécurité des systèmes de paiement. Elle prétendait ainsi ne pouvoir être qualifiée d'entreprise au sens de l'article L 420-1 du Code de commerce. L'Autorité fait pourtant bien le distinguo entre d'une part, ses missions d'intérêt général, pour la mise en œuvre desquelles la Banque de France dispose de prérogatives de puissance publique et, d'autre part, son activité de prestataire de services de paiement relevant du domaine des règles de concurrence. Or elle constate que la Banque de France avait participé à l'entente en sa qualité de banque remettante de chèques, notamment du Trésor public, et qu'elle constituait donc une entreprise soumise à l'applicabilité du droit de la concurrence[935]. Inversement, les établissements de crédit pourraient échapper à la qualification d'*entreprise* dans la mesure où ils sont associés à la mise en œuvre de la politique monétaire.

B. Situation des établissements de crédit

486. **Les accords interbancaires sur les taux d'intérêt, instruments de politique monétaire ?** L'applicabilité du droit de la concurrence aux accords interbancaires portant sur les taux d'intérêt a fait débat[936]. En substance, l'on s'est interrogé sur l'opportunité de faire échapper ce type d'accord aux lois de la concurrence en raison de ce qu'ils pourraient constituer des instruments de politique monétaire. L'un des

933 C. mon. fin., art. L 142-10 ; L 141-7 à L 141-9.

934 Aut. conc., décision n° 10-D-28 du 20 septembre 2010 préc. L'affaire est toujours pendante au moment de l'écriture de ces lignes.

935 *Ibid.*, pt. 279 à 282 (la décision est confirmée sur ce point mais réformée sur d'autres par : CA Paris, 23 février 2012, n° 2010-20555). V. également la décision n° 12-D-17 du 5 juillet 2012 *relative à des pratiques relevées dans le secteur des moyens de paiements scripturaux (prélèvement, titre interbancaire de paiement, télérèglement, virement et lettre de change)*, note S. Cholet, *RLC* 2011/29, n° 1895, p. 26, dans laquelle l'Autorité de la concurrence accepte des engagements de la Banque de France dans le cadre de sa participation à une entente sur le montant des commissions bancaires applicables pour l'exécution de divers instruments de paiement.

936 V. M. Meddeb, th. préc., pt. 624 à 661, p. 324 à 349.

enjeux de cette politique consiste à pouvoir maîtriser la création monétaire. Dans cette perspective, les banques centrales peuvent chercher à agir sur les conditions d'octroi du crédit et en particulier sur les taux d'intérêt. La modulation des taux directeurs constitue l'un de leurs instruments privilégiés[937] : la modification du coût de refinancement des établissements de crédit permet ainsi d'agir indirectement sur les taux d'intérêt qu'ils pratiquent et donc *in fine* sur la création monétaire[938].

487. Mais l'on pourrait également envisager un moyen d'action plus direct sur les taux d'intérêt, par la voie notamment d'un accord interbancaire sur leur niveau avalisé par l'autorité monétaire, ou bien même auquel celle-ci aurait participé. Cette hypothèse n'est pas totalement inconcevable. En effet, certaines BCN ont pu avoir pour usage de recourir à des outils de politique monétaire informels afin d'obtenir des banquiers l'adoption d'un comportement déterminé. Il en va tout particulièrement ainsi de la Banque nationale de Belgique, coutumière du recours à des instruments de nature juridique imprécise tels que des recommandations ou des *gentlemen's agreements*, dont l'exécution pourrait nécessiter la conclusion d'accords entre banques[939].

488. Initialement, la Commission européenne admettait l'inapplicabilité des règles de concurrence aux seuls accords approuvés par l'autorité monétaire. À défaut d'avoir obtenu l'aval de celle-ci, les accords demeuraient donc soumis au droit de la concurrence (1). Cette position a finalement été abandonnée, ce qui est louable. Le droit de la concurrence est désormais applicable à l'ensemble des accords portant sur les taux d'intérêt, peu important l'approbation de l'autorité monétaire (2).

1. Position initiale de la Commission européenne : distinction selon que l'accord avait ou non été approuvé par l'autorité monétaire

489. **Affirmation d'une solution infondée juridiquement.** La position initiale de la Commission consistait à admettre l'inapplicabilité du droit de la concurrence aux accords ayant reçu l'aval de l'autorité monétaire. Très hésitante, cette solution n'a pourtant jamais été mise en œuvre dans la pratique (a) ; ce qui n'est pas pour déplaire au regard de son manque de fondement juridique (b).

a. Affirmation de la solution initiale

490. **Timide affirmation de la distinction.** La position de la Commission quant à l'applicabilité des règles de concurrence aux accords sur les taux d'intérêt a évolué[940]. Son approche initiale consistait à discriminer les accords approuvés par les autorités monétaires de ceux qui ne l'avaient pas été, et de n'admettre l'applicabilité du droit de la concurrence que dans la seconde hypothèse. Cette position a été tout d'abord exprimée dans son rapport sur la politique de concurrence pour l'année

---

937 Sur les différents instruments de politique monétaire, V. Fr. Martucci, « Système européen de banques centrales. – Banque centrale européenne et Eurosystème. – Pouvoirs », fasc. préc., pt. 33 à 51.

938 V. *supra* n° 23.

939 V. J. Pardon, « Quelques normes propres au secteur bancaire », *in Le droit des normes professionnelles et techniques : 36e séminaire organisé à Spa-Balmoral les 16 et 17 novembre 1983*, Commission Droit et Vie des Affaires de la faculté de droit de l'Université de Liège, Bruylant, 1985, p. 4 s.

940 V. Bl. Roubi-Sousi, *op. cit.*, pt. 702, p. 340.

1972. Elle y évoque la possibilité de recourir à l'article 87 § 2, sous c) du traité CEE pour adopter un règlement destiné à préciser « le champ d'application des dispositions des articles 85 et 86 ». La prise de position n'est pas ferme. Elle est formulée de manière générale, sans référence à une affaire particulière et présentée comme une question *a priori* ouverte :

> Partant du principe que l'article 85 (1) doit normalement être appliqué, la Commission [...] s'est efforcée de déterminer si, et dans quelle mesure, les exigences de la politique monétaire pourraient rendre nécessaire le recours à l'article 87(2) (c) pour délimiter, dans le secteur bancaire, le champ d'application des articles 85 et 86 [...] La question de savoir si, et dans quelle mesure, certains accords bancaires doivent être traités comme des « instruments de politique monétaire » des États membres se pose en ce qui concerne les accords sur les taux d'intérêt, autorisés ou approuvés par les autorités monétaires nationales, et peut-être aussi en ce qui concerne d'autres accords bancaires qui pourraient être considérés comme un aspect essentiel des accords sur les taux d'intérêt.[941]

491. Cette approche est confirmée de manière tout aussi hésitante et imprécise dans son rapport sur la politique de concurrence pour l'année 1978 : « la Commission poursuit l'examen des accords de coopération entre banques d'un seul et même pays. Elle s'efforce à cet égard de déterminer quelles sont les dispositions de ces accords qui peuvent être considérées comme un complément indispensable à la fixation des taux d'intérêt, et partant, comme un instrument de la politique monétaire des États membres. »[942]

492. Dans l'arrêt *Züchner*, la Cour de justice rejette implicitement cette approche en admettant l'applicabilité générale du droit de la concurrence aux activités bancaires sans envisager la moindre dérogation. Elle écarte d'ailleurs l'un des arguments de la banque défenderesse prétendant échapper au champ d'application des règles de concurrence sur le fondement de l'article 104 du traité CEE, relatif à la politique économique et monétaire de la Communauté[943]. Adoptant une lecture (trop) extensive de l'arrêt[944], la Commission y avait pourtant vu son analyse confortée. Dans son rapport sur la politique de concurrence pour l'année 1981, elle considère que « l'arrêt confirme l'approche que la Commission a constamment adoptée. Il indique clairement que le secteur bancaire n'est exempté des règles de concurrence

---

941 Comm. CE, *Rapport sur la politique de concurrence 1972*, pt. 51, p. 58 : « Starting from the principle that normally Article 85(1) must be applied, the Commission, both in consulting the Monetary Committee and in discussion with the Member States and the European Banking Federation, has endeavoured to determine whether, and if so to what extent, monetary policy requirements might necessitate use of Article 87(2) (c) to delimit, in the banking sector, the scope of Articles 85 and 86, where Article 85(3) or Article 90(2) are found to be inapplicable. The question as to whether, and if so how far, certain banking agreements should be treated as "monetary policy instruments" of the Member States arises in respect of agreements on interest rates, authorizes or approved by the national monetary authorities, and also perhaps in respect of other banking agreements which could be considered as being an essential aspect of interest rate arrangements » (traduction libre).

942 Comm. CE, *Rapport sur la politique de concurrence 1978*, pt. 32, p. 34.

943 V. *supra* n° 313 s.

944 Du même avis : M. Dassesse, note sous CJCE, 14 juillet 1981, *Gerhard Züchner c. Bayerische Vereinsbank AG*, aff. 172/80, ECLI : EU : C : 1981:178, *Cah. dr. eur. 1*982, pt. 18, p. 308, considérant que l'arrêt *Züchner* ne conforte pas l'approche de la Commission européenne, loin de là.

que dans la mesure où un comportement anticoncurrentiel des banques leur est imposé par les autorités monétaires. »[945]

493. **Réserves de la Commission européenne sur sa position dans la pratique décisionnelle.** Bien que maintes fois réitérée, la position de la Commission n'a au demeurant, jamais été appliquée en pratique. Ce ne sont pourtant pas les occasions qui lui ont manqué. Dans les affaires *ABI*[946], *Banques néerlandaises*[947] *et Irish Banks' Standing Committee*[948] étaient à chaque fois notifiés différents types d'accords, dont l'un d'entre eux portait sur le niveau ou la structure des taux d'intérêt. Leur teneur n'est pas exposée en détail, mais il ressort des décisions qu'au moins un de ces accords pourrait avoir été avalisé par l'autorité monétaire[949], alors que les autres ne semblent pas l'avoir été[950]. La Commission avait donc l'opportunité de faire application de son analyse.

494. Dans ces trois affaires, elle a néanmoins choisi de « réserver sa position »[951] – en d'autres termes, de ne pas se prononcer – au sujet des accords sur les taux d'intérêt. Ce choix est brièvement justifié dans la décision *ABI* par le souci de vérifier le « bien-fondé des arguments [...] avancés dans la notification, à la lumière d'une expérience prolongée » et « d'un complément éventuel d'instruction »[952]. Or en l'absence de complément d'enquête ou de toute autre suite donnée à ces accords, ces derniers échappaient de fait au champ d'application des règles de concurrence. La période d'inapplicabilité *de facto* du droit de la concurrence aux activités bancaires, dont le ressort tenait aux incertitudes de la Commission[953] et que l'on pensait achevée avec l'adoption de l'arrêt *Züchner*, connaissait donc une résurgence ponctuelle au profit des accords sur les taux d'intérêt.

495. En bref, la Commission affirmait de manière itérative l'inapplicabilité du droit de la concurrence aux accords sur les taux d'intérêt ayant reçu l'aval de l'autorité monétaire, alors même que la Cour de justice ne semblait pas épouser cette approche. Néanmoins, la Commission n'avait adopté aucun règlement en ce sens et se bornait à réserver sa position lorsque l'occasion de l'appliquer se présentait. Cette ambivalence était source d'insécurité juridique. D'autant que la Commission n'avait pas explicité le fondement de sa distinction entre les accords approuvés par la banque centrale et ceux qui ne l'étaient pas.

---

945 Comm. CE, *Rapport sur la politique de concurrence 1981*, pt. 61, p. 47 : « The Court's decision confirms the approach which the Commission has consistently adopted. It makes it clear that the banking sector is only exempted from the competition rules to the extent that any anti-competitive conduct by banks is imposed on them by the monetary authorities » (traduction libre). Affirmant la constance de sa position, la Commission procède en réalité, à une discrète évolution sémantique : elle évoque la possibilité d'une dérogation au profit d'un comportement non pas « autorisé » ou « approuvé » mais « imposé » par les pouvoirs publics. Or en ce qui concerne l'applicabilité du droit de la concurrence, cette différence est déterminante (V. *infra* n° 501).

946 Comm. CE, décision du 12 décembre 1986, *ABI* préc.

947 Comm. CE, décision du 19 juillet 1989, *Banques néerlandaises* préc.

948 Comm. CE, décision du 30 septembre 1986, *Irish Banks' Standing Committee* préc.

949 *Ibid.*, pt. 9.

950 Dans les décisions *ABI* et *Banques néerlandaises*, aucun élément n'indique que les accords ont été autorisés, ni d'ailleurs, qu'ils ne l'ont pas été. Toute déduction à ce sujet demeure donc précaire.

951 Comm. CE, décision du 19 juillet 1989, *Banques néerlandaises* préc., pt. 15 ; Comm. CE, décision du 12 décembre 1986, *ABI* préc., pt. 13 ; Comm. CE, décision du 30 septembre 1986, *Irish Banks' Standing Committee* préc., pt. 10.

952 Comm. CE, décision du 12 décembre 1986, *ABI* préc., pt. 13 et 18.

953 V. *supra* n° 298 s.

b. Critique de la solution initiale

496. **Absence de fondement juridique.** La Commission n'offre aucun fondement juridique explicite à la distinction opérée entre les accords approuvés par l'autorité monétaire et ceux qui ne l'ont pas été. La reconstruction du raisonnement effectué par la Commission ne peut donc être que conjecturale. Il nous apparaît toutefois que le seul critère envisageable permettant d'écarter l'applicabilité du droit de la concurrence aux accords constituant un instrument de politique monétaire pourrait être la présence de prérogatives de puissance publique. Un tel fondement permet il est vrai, d'écarter l'applicabilité des règles de concurrence à l'égard des banques centrales pour la mise en œuvre des politiques monétaires. Tout autre critère d'inapplicabilité[954] ne serait en revanche, pas sérieusement mobilisable en ce sens. Suivant cette logique, l'approbation par les pouvoirs publics d'un accord constituant un instrument de politique monétaire pourrait impliquer que leurs auteurs sont chargés d'une mission d'intérêt général associée à ladite politique. Le pouvoir de fixer collectivement les taux d'intérêt constituerait ainsi une prérogative de puissance publique, devant faire échapper les banques au champ d'application des règles de concurrence.

497. Cette approche – qu'elle soit ou non celle effectivement retenue par la Commission – ne nous apparaît pas fondée juridiquement. L'approbation d'un accord par l'autorité monétaire ne saurait en elle-même conférer des prérogatives de puissance publique à ses auteurs. Bien au contraire, cet aval devrait sous toute vraisemblance, être jugé incompatible avec le droit de la concurrence.

498. **Opposabilité de l'article 101 TFUE aux pouvoirs publics.** Suivant une jurisprudence constante de la Cour de justice, les articles 101 et 102 du traité FUE, *a priori* seulement applicables aux entreprises, peuvent en combinaison avec l'article 4 § 3 du traité UE[955], être opposables aux autorités publiques. Ces dernières doivent en conséquence, s'abstenir d'adopter des mesures qui porteraient atteinte à l'effet utile des règles de concurrence, en favorisant ou contribuant à la mise en œuvre d'un comportement restrictif par des entreprises[956].

499. Deux séries de mesures sont tout particulièrement visées par le juge sur ce fondement : d'une part, celles qui imposent, favorisent ou renforcent les effets de pratiques anticoncurrentielles[957] et, d'autre part, celles qui délèguent à des opérateurs privés, la responsabilité de prendre des décisions d'intervention en matière économique, faisant perdre à celles-ci leur caractère étatique[958]. Cette approche

---

954 Sur les différentes conditions d'applicabilité du droit de la concurrence, V. *supra* n° 424 s.

955 Relatif au principe de coopération loyale entre l'Union et les États membres.

956 CJUE, 12 décembre 2013, *Ministero dello Sviluppo economico c. SOA Nazionale Costruttori*, aff. C 327/12, ECLI : EU : C : 2013:827, pt. 37 ; et antérieurement, sur le fondement de l'article 10 TCE : CJUE, 1er juillet 2010, *Emanuela Sbarigia c. Azienda USL RM/A et al.*, aff. C-393/08., ECLI : EU : C : 2010:388, pt. 31 ; ou plus anciennement encore, sur celui des articles 3 et 5 du traité CEE : CJCE, 16 novembre 1977, *SA G.B.-INNO-B.M. c. Association des détaillants en tabac (ATAB)*, aff. 13-77, ECLI : EU : C : 1977:185.

957 Ainsi par exemple, a-t-il été jugé que l'homologation, par les autorités publiques, d'accords tarifaires anticoncurrentiels était contraire au droit de l'UE (CJCE, 11 avril 1989, *Ahmed Saeed Flugreisen c. Zentrale zur Bekämpfung unlauteren Wettbewerbs e.V.*, aff. 66/86, ECLI : EU : C : 1989:140, pt. 49).

958 CJCE, 21 septembre 1988, *Pascal Van Eycke c. ASPA.*, aff. 267/86, ECLI : EU : C : 1988:427. Dans cette affaire, se posait la question de l'opposabilité de l'article 85 du traité CEE à un arrêté royal belge réservant

jurisprudentielle se révèle être particulièrement étendue quant à l'auteur et la nature – législative, réglementaire, administrative, voire conventionnelle – des mesures publiques pouvant se voir opposer les articles 101 et 102 du traité FUE[959]. Partant, quelles que soient les modalités suivant lesquelles ces accords sont approuvés par les pouvoirs publics, cette approbation pourrait être considérée comme portant atteinte à l'effet utile de l'article 101.

500. Dans cette éventualité, les autorités nationales (juridictionnelles et administratives) seraient tenues de laisser inappliquée la mesure en cause[960]. Mais la contrariété de cette dernière au droit de l'Union ne saurait faire échapper les banques parties à l'entente au domaine des règles de concurrence. Le droit de la concurrence demeure applicable, peu important que les pouvoirs publics aient favorisé ou renforcé les effets d'un accord interbancaire, ou qu'ils aient délégué aux banques le pouvoir de fixer collectivement le montant des taux d'intérêt.

501. **Pratique anticoncurrentielle imposée par les autorités publiques.** Seule la circonstance que ces accords leur ont été imposés ou que la mesure publique a créé un cadre juridique éliminant toute possibilité de concurrence, pourrait faire échapper les banques au champ d'application de l'article 101 du traité FUE[961]. Dans cette hypothèse, l'inapplicabilité du droit de la concurrence ne serait justifiée que par l'absence de marge de manœuvre laissée aux banques ; mais aucunement en raison de ce que les accords sur les taux d'intérêt pourraient constituer un instrument de politique monétaire. Les banques n'échapperaient d'ailleurs au champ d'application du droit de la concurrence que pour les comportements passés. La pleine applicabilité de ses règles renaîtrait ainsi à l'encontre des accords conclus postérieurement à la décision d'une autorité de concurrence de laisser inappliquée la mesure publique litigieuse.

502. En l'état du droit de l'Union, et à défaut pour la Commission européenne d'avoir adopté un règlement d'inapplicabilité, il n'existait (et n'existe toujours) aucun fondement juridique permettant de conclure à l'inapplicabilité du droit de la concurrence à l'égard d'accords interbancaires sur les taux d'intérêt, en raison de ce qu'ils constitueraient des instruments de politique monétaire. La position initiale de la Commission était donc intenable. Elle a fort heureusement été abandonnée.

2. Position actuelle de la Commission européenne : applicabilité entière du droit de la concurrence aux accords sur les taux d'intérêt

503. **Affirmation de la solution nouvelle.** La position de la Commission a finalement évolué dans le sens d'une applicabilité totale du droit de la concurrence aux accords sur les taux d'intérêt, qu'ils aient ou non été approuvés par

---

le bénéfice d'une exonération fiscale à des revenus tirés de la rémunération de dépôts dont le taux d'intérêt ne dépassait pas un seuil établi par ce même arrêté. Mais la Cour a jugé que la réglementation en cause ne favorisait ou renforçait pas les effets d'une entente ni ne déléguait aux banques la responsabilité de fixer le montant des taux, quand bien même elle aurait été adoptée après concertation des représentants du secteur bancaire.

959 J. Sirinelli, « Règles de concurrence applicables au secteur public. – Règles de concurrence et autorités publiques », *in Encyclopédie du JurisClasseur : Europe Traité*, LexisNexis, 2014, fasc. 1500, pt. 153 et 154.

960 CJCE, 9 septembre 2003, *CIF c. Autorità Garante della Concorrenza e del Mercato*, aff. C-198/01, ECLI : EU : C : 2003:430, pt. 49.

961 CJCE, 9 septembre 2003, *CIF c. Autorità Garante della Concorrenza e del Mercato*, aff. C-198/01, ECLI : EU : C : 2003:430, pt. 58.

l'autorité monétaire. Dans un communiqué de presse du 16 novembre 1989[962], elle assimile ce type d'accord à des ententes sur les prix et affirme leur nocivité au regard de l'objectif d'achèvement du marché unique. La Commission exprime son souci de ne pas entraver l'accomplissement des missions de politique monétaire ; mais elle estime que l'applicabilité du droit de la concurrence aux accords sur les taux d'intérêt ne constitue pas un tel obstacle, dès lors que les autorités monétaires ont à leur disposition d'autres instruments moins restrictifs de concurrence.

504. Dans la foulée, la DG concurrence a adressé des demandes de renseignements officielles aux associations bancaires nationales ainsi qu'à d'autres associations d'établissements de crédit, les invitant à informer la Commission de tout accord interbancaire sur les taux d'intérêt ; étant entendu « qu'aucune raison ne justifiait [leur] existence »[963]. L'examen des réponses a révélé la présence de quelques accords de ce type abandonnés spontanément ou après suggestion de la Commission, sans nécessiter l'ouverture de procédure formelle[964].

505. **Application de la solution nouvelle dans la pratique décisionnelle.** La nouvelle approche de la Commission, approuvée par le Tribunal de première instance et la Cour de justice, s'est confirmée lorsqu'à l'occasion de l'affaire *Club Lombard*, l'opportunité d'en faire application s'est présentée[965]. Était en cause une entente portant sur les taux d'intérêt des crédits et des dépôts commise par des banques autrichiennes. La Commission affirme l'applicabilité du droit de la concurrence aux accords sur les taux d'intérêt sans distinguer selon qu'ils ont été approuvés ou non par l'autorité monétaire[966]. Cette solution a été suivie par l'autorité et le juge français de la concurrence[967].

506. La nouvelle position de la Commission européenne quant à l'applicabilité du droit de la concurrence aux accords portant sur les taux d'intérêt est opportune pour les raisons développées *supra*. Elle semble désormais bien établie. Certes, il n'en a été fait application jusqu'à présent, qu'à l'égard d'accords non approuvés par l'autorité monétaire. Mais cette applicabilité s'étend sous toute vraisemblance aux accords éventuellement approuvés par l'autorité monétaire, aucune dérogation n'étant à cet égard envisagée dans la pratique décisionnelle actuelle de la Commission ou dans ses actes de droit souple.

---

962 Comm. CE, Communiqué de presse : « La Commission de la CE réclame l'abandon des accords entre banques sur les taux d'intérêt », 16 novembre 1989, IP/89/869.

963 Comm. CE, Communiqué de presse : « Comment assurer une concurrence effective dans le secteur bancaire », 5 juin 1991, IP/91/520.

964 Tel est le cas de deux accords respectivement conclus sous l'égide de l'Association belge des banques (Comm. CE, *Rapport sur la politique de concurrence 1991*, pt. 33, p. 37) et de l'association bancaire luxembourgeoise (Comm. CE, *Rapport sur la politique de concurrence 1992*, annexe 3, p. 439).

965 TPICE, 7 juin 2006, *Österreichische Postsparkasse AG et al. c. Commission CE* préc. Sur cette affaire, V. *supra* n° 321 s.

966 Contrairement à ce que soutenaient les banques, les accords n'avaient pas fait l'objet en l'espèce d'une telle approbation (pt. 373 à 375).

967 À propos d'un pacte de non-agression interbancaire visant à empêcher la renégociation des taux d'intérêt des crédits immobiliers dans un contexte de baisse des taux : Cons. conc., décision n° 00-D-28 du 19 septembre 2000 *relative à la situation de la concurrence dans le secteur du crédit immobilier*, *BOCCRF* n° 13 du 5 décembre 2000, confirmée en appel (CA Paris, 27 novembre 2001, n° 2010-20555, note M. Cabrillac, *RTD com.* 2002, p. 141), puis en cassation (Cass. com., 23 juin 2004, n° 01-17.896, 02-10.066).

507. Les auteurs d'un accord interbancaire sur les taux d'intérêt ne pourraient échapper au champ d'application du droit de la concurrence que si cette pratique leur a été imposée par les pouvoirs publics. Cette inapplicabilité serait alors fondée sur l'absence de toute initiative des établissements de crédit quant à la conclusion de cet accord et non sur leur rôle éventuel dans la conduite de la politique monétaire.

508. **États membres ayant ou non adopté l'euro.** En tout état de cause, le recours à ce type d'accord comme instrument de politique monétaire est difficilement imaginable au sein des États membres dont la monnaie est l'euro. Ces derniers ont transféré leurs compétences monétaires à l'Union, qui les exerce par le biais de l'Eurosystème[968]. Le Conseil des gouverneurs de la BCE établit ainsi de manière limitative les instruments de politique monétaire communs[969], dont ne font pas partie les accords interbancaires sur les taux d'intérêt[970].

509. Le recours à ce type d'accord en tant qu'instrument de politique monétaire est peut-être moins improbable pour les États membres n'ayant pas adopté l'euro. Ils ont en effet conservé leurs compétences en matière de politique monétaire[971] et demeurent ainsi libres de choisir les instruments de sa mise en œuvre. Quoi qu'il en soit, le renforcement des effets d'une pratique anticoncurrentielle ou la délégation du pouvoir d'intervention économique à des banques seraient incompatibles avec le droit de la concurrence, que l'auteur de la mesure soit ou non un État membre de la zone euro.

510. **Conclusion de la Section 1.** Dans l'ensemble, les spécificités attachées aux activités bancaires ne posent pas de difficultés générales au stade de la vérification des critères d'applicabilité du droit des pratiques anticoncurrentielles. La recherche de l'affectation du commerce interétatique n'est pas affectée par leur singularité.

511. Seule l'identification d'une entreprise peut à certains égards s'avérer délicate : l'imbrication entre la prestation de services bancaires et l'accomplissement des politiques monétaires complique la distinction entre l'exercice d'activités économiques et la mise en œuvre de prérogatives de puissance publique, exclusive de l'applicabilité du droit des pratiques anticoncurrentielles. Les missions exercées par la BCE et les banques centrales nationales dans le cadre du SEBC sont manifestement assumées dans le cadre de prérogatives de puissance publique, les faisant donc échapper à l'applicabilité du droit de la concurrence. Elles demeurent pourtant soumises au « principe d'une économie de marché ouverte où la concurrence est libre », dont le respect est contrôlé par la Cour de justice de l'UE. En revanche, d'autres activités entreprises par les banques centrales sont plus difficilement rattachables à l'exercice de prérogatives de puissance publique. Il en va notamment ainsi de l'administration du système de règlement TARGET2, auquel il peut être recouru pour des paiements non liés à la politique monétaire, et qui pourrait dès lors s'insérer dans le champ d'application du droit de la concurrence.

---

968 Art. 282 § 1 TFUE.

969 En application de l'article 12.1 des statuts du SEBC.

970 Statuts SEBC, art. 18 et 19 ; BCE, Orientation (UE) 2015/510 du 19 décembre 2014 concernant la mise en œuvre du cadre de politique monétaire de l'Eurosystème (BCE/2014/60), préc.

971 Statuts SEBC, art. 43.2.

512. Par ailleurs, l'inapplicabilité du droit des pratiques anticoncurrentielles aux accords sur les taux d'intérêt conclus par les établissements de crédit a pu un temps être envisagée, en raison de ce qu'ils pourraient constituer un outil de politique monétaire. Après une période d'hésitation, la Commission européenne estime désormais que ce type d'accord, même avalisé par l'autorité monétaire, est susceptible de constituer une entente anticoncurrentielle. Les auteurs d'un accord interbancaire sur les taux d'intérêt ne peuvent donc échapper au champ d'application du droit de la concurrence que si cette pratique leur a été imposée par les pouvoirs publics. Cette inapplicabilité serait alors justifiée par l'absence de toute initiative des établissements de crédit en ce qui concerne la conclusion de l'accord, et non sur leur éventuel rôle dans l'exécution de la politique monétaire.

513. Les difficultés afférentes à l'applicabilité du droit des pratiques anticoncurrentielles peuvent donc être dépassées par le recours aux critères d'applicabilité communs, sans que ces derniers aient à connaître une quelconque adaptation. Il en va différemment des critères d'applicabilité des règles du contrôle des aides et des concentrations, ayant dû subir certains aménagements eu égard aux spécificités des activités bancaires.

Section 2
Recours aux critères spéciaux d'applicabilité des règles du contrôle des aides d'état et des concentrations

514. **Critères dérogatoires partiellement justifiés.** La vérification des conditions d'applicabilité des règles du contrôle des aides (§ 1) et des concentrations (§ 2) se heurte à plusieurs difficultés tenant aux spécificités des activités bancaires. Un aménagement des critères d'applicabilité a donc été jugé nécessaire. À l'examen, ces dérogations n'apparaissent pourtant que partiellement justifiées.

§ 1. Difficultés relatives aux conditions d'applicabilité des règles du contrôle des aides d'État

515. **La singularité des activités bancaires sans incidence sur l'identification d'un avantage sélectif.** Pour rappel, l'applicabilité de l'article 107 du traité FUE dépend de la réunion de cinq conditions générales cumulatives : outre l'affectation du commerce entre les États membres induite par la mesure (i) et le statut d'entreprise propre à son bénéficiaire (ii), également requis pour l'applicabilité du droit des pratiques anticoncurrentielles[972], la qualification d'aide suppose que le soutien

972 Sur ces conditions, V. *supra* n° 432 s.

ainsi accordé, soit d'origine étatique (iii) et génère un avantage sélectif (iv), au risque de fausser la concurrence (v).

516. En recherchant l'existence d'un avantage sélectif porté par une mesure de soutien à un établissement de crédit, l'autorité et le juge de la concurrence ne se heurtent à aucune difficulté inhérente aux spécificités des activités bancaires. Très classiquement, un *avantage* pourra ainsi découler de prestations positives, telles des subventions, tout autant que d'un allègement de charges grevant normalement le budget du bénéficiaire[973]. Au surplus, le statut d'établissement de crédit ne fait en rien obstacle à l'application du critère de l'investisseur privé agissant aux conditions normales de marché[974] et de ses déclinaisons[975], applicables dès lors que l'État n'agit pas en tant qu'autorité publique : une mesure conférant un avantage économique à une banque pourra ainsi constituer une aide s'il est démontré qu'elle n'aurait pas pu l'obtenir aux conditions normales du marché[976]. Ce statut ne fait pas plus obstacle à l'application du test « Altmark »[977], permettant d'écarter la qualification d'aide d'État lorsque la mesure en cause permet seulement de compenser les charges de service public pesant sur le bénéficiaire[978].

517. Quant au critère de *sélectivité*[979], il s'agira de vérifier que la mesure constitue un avantage pour une ou certaines banques en particulier par rapport à d'autres qui se trouvent dans une situation factuelle et juridique comparable[980]. De manière

---

973 Pourront dès lors conférer un avantage, des mesures aussi variées que des facilités de trésorerie (Comm. CE, décision du 28 octobre 2009, *Restructuring aid to Northern Rock*, aff. C 14/2008, *JOUE* n° L/112/2010 du 5 mai 2010, p. 1), une garantie d'État conditionnant l'octroi de financements (Trib. UE, 12 décembre 2014, *Banco Privado Português, SA et al. c. Commission eur.*, aff. T-487/11, ECLI : EU : T : 2014:1077, pt. 53), des mesures fiscales s'appliquant uniquement au secteur bancaire et comportant une réduction d'impôts (CJCE, 15 décembre 2005, *République italienne c. Commission eur.*, aff. C-66/02, ECLI : EU : C : 2005:768, pt. 77 et 78), ou une exonération fiscale (CJCE, 15 mars 1994, *Banco Exterior de España SA c. Ayuntamiento de Valencia*, aff. C-387/92, ECLI : EU : C : 1994:100, pt. 14).

974 CJUE, 3 avril 2014, *Commission eur. c. Royaume des Pays-Bas*, aff. C-224/12 P, ECLI : EU : C : 2014:213, pt. 30 ; Trib. UE, 3 mars 2010, *Bundesverband deutscher Banken eV c. Commission eur.*, aff. T-163/05, ECLI : EU : T : 2010:59, pt. 65 ; TPICE, 6 mars 2003, *Westdeutsche Landesbank Girozentrale et Land Nordrhein-Westfalen c. Commission CE*, aff. jointes T-228/99 et T-233/99, ECLI : EU : T : 2003:57, pt. 210.

975 Pour une application du critère du vendeur privé agissant aux conditions normales de marché, V. CJUE, 24 octobre 2013, *Land Burgenland, Grazer Wechselseitige Versicherung AG et République d'Autriche c. Commission eur.*, aff. jointes C-214/12 P, C-215/12 P et C-223/12 P, ECLI : EU : C : 2013:682.

976 V. P. Nicolaides, « State aid to banking : application of the market economy investor principle », *in* Fr.-Ch. Laprévote, J. Gray et F. De Cecco (dir.), *Research Handbook on State Aid in the Banking Sector*, Edward Elgar, coll. Research Handbooks in Financial Law series, 2017, p. 87.

977 CJCE, 24 juillet 2003, *Altmark Trans GmbH c. Nahverkehrsgesellschaft Altmark GmbH*, aff. C-280/00, ECLI : EU : C : 2003:415.

978 Comm. eur., décision du 23 janvier 2013, *SIEG d'accessibilité bancaire du Livret A de La Banque Postale*, aff. SA.29367 (2012/NN), *JOUE* n° C/81/2013 du 20 mars 2013, p. 3, jugeant toutefois que les critères ne sont pas remplis en l'espèce, la France n'ayant pas assigné la mission d'accessibilité bancaire par une procédure de marché public d'offres, mais suite à une négociation exclusive avec la Banque Postale sans aucune publication préalable (pt. 33).

979 En vertu de l'article 107 TFUE, ne sont incompatibles avec le marché intérieur que les aides qui favorisent « certaines entreprises ou certaines productions », autrement dit les aides sélectives. L'exigence de *sélectivité* se distingue de celle d'un *avantage économique*, et s'y surajoute ; ce que l'autorité de concurrence est tenue d'établir (CJUE, 4 juin 2015, *Commission eur. c. MOL Magyar Olaj- és Gázipari Nyrt.*, aff. C-15/14 P, ECLI : EU : C : 2015:362, pt. 59).

980 CJUE, 19 mars 2015, *OTP Bank Nyrt c. Magyar Állam*, aff. C-672/13, ECLI : EU : C : 2015:185, pt. 45.

schématique, l'analyse doit successivement conduire à identifier un cadre de référence, déterminer des dérogations au regard de celui-ci, avant d'envisager enfin la possibilité de motiver ces dérogations par la nature et l'économie du régime. En ce sens, un dispositif fiscal applicable à l'ensemble des contribuables ne saurait constituer une aide d'État ; au contraire d'une mesure profitable au secteur bancaire dans son entier, dont la sélectivité peut être établie[981].

518. La recherche d'un avantage sélectif ne présente donc aucune spécificité tenant à ce que le bénéficiaire de la mesure soit un établissement de crédit plutôt qu'une entreprise d'un autre type.

519. **La singularité des activités bancaires sans incidence sur la démonstration d'une distorsion concurrentielle.** Un constat similaire peut être dressé en ce qui concerne l'exigence d'atteinte à la concurrence. Cette condition fait traditionnellement l'objet d'une interprétation très compréhensive[982] ; à plus forte raison lorsque le secteur économique dont est issu le bénéficiaire de l'aide a connu, ainsi que le secteur bancaire, un processus de libéralisation ayant accentué la concurrence en son sein[983]. La distorsion concurrentielle est d'ailleurs bien souvent appréhendée conjointement à l'affectation des échanges interétatiques, celle-ci pouvant bien souvent emporter celle-là[984]. Un risque de distorsion concurrentielle peut être ainsi établi dès lors que la mesure renforce la position de la banque en ayant bénéficié par rapport à celle d'autres opérateurs[985], ou rend plus difficile la pénétration du marché en cause pour ses concurrents[986].

520. **Difficultés tenant à l'origine étatique de la mesure.** À certains égards, la démonstration de l'origine étatique de la mesure peut en revanche s'avérer délicate. Cette condition se décompose en deux éléments : afin d'établir l'origine étatique de la mesure, il s'agit de démontrer que l'avantage a d'une part, été accordé au moyen de *ressources d'État* et, d'autre part, qu'il est *imputable à l'État*[987].

521. Or les banques sont susceptibles de bénéficier du soutien de diverses entités internationales à visée transsectorielle, comme ce peut être le cas de la Banque européenne d'investissement (BEI), ou bien intéressant plus spécifiquement les acteurs du secteur bancaire, à l'exemple du mécanisme européen de stabilité (MES).

---

981 CJCE, 15 décembre 2005, *République italienne c. Commission eur.*, aff. C-66/02, ECLI : EU : C : 2005:768, pt. 95 ; CJCE, 15 décembre 2005, *Unicredito Italiano SpA c. Agenzia delle Entrate*, aff. C-148/04, ECLI : EU : C : 2005:774, pt. 45.

982 La distorsion de concurrence résulte presque *ipso facto* de l'existence d'un avantage sélectif : « toute aide financière aux entreprises fausse, dans une certaine mesure, les conditions de concurrence » (Comm. CE, *Rapport sur la politique de concurrence 1994*, n° 351, p. 193). « La distorsion de concurrence est considérée comme quasi automatique, dès lors que l'aide favorise certaines entreprises au détriment d'autres » (Comm. CE, *Rapport sur la politique de concurrence 1996*, n° 173, p. 85).

983 CJCE, 15 décembre 2005, *Unicredito Italiano SpA c. Agenzia delle Entrate* préc., pt. 57 ; Trib. UE, 17 juillet 2014, *Westfälisch-Lippischer Sparkassen- und Giroverband c. Commission eur.*, aff. T-457/09, ECLI : EU : T : 2014:683, pt. 251.

984 CJUE, 19 mars 2015, *OTP Bank Nyrt c. Magyar Állam*, aff. C-672/13, ECLI : EU : C : 2015:185, pt. 53 à 58 ; Trib. UE, 17 juillet 2014, *Westfälisch-Lippischer Sparkassen- und Giroverband c. Commission eur.*, aff. T-457/09, ECLI : EU : T : 2014:683, pt. 249 à 251.

985 CJUE, 19 mars 2015, *OTP Bank Nyrt c. Magyar Állam*, aff. C-672/13, ECLI : EU : C : 2015:185, pt. 58.

986 CJCE, 15 décembre 2005, *République italienne c. Commission eur.*, aff. C-66/02, ECLI : EU : C : 2005:768, pt. 121 ; CJCE, 15 décembre 2005, *Unicredito Italiano SpA c. Agenzia delle Entrate* préc., pt. 62.

987 CJCE, 16 mai 2002, *République française c. Commission CE*, aff. C-482/99, ECLI : EU : C : 2002:294, pt. 24.

Ces concours s'apparentent incontestablement à des aides. Mais une difficulté survient dès lors qu'il s'agit d'établir l'origine étatique des mesures : celle-ci peut apparaître discutable en considération de l'influence relative des États sur l'usage des ressources.

522. **Critère décisif : pouvoir d'appréciation de l'État quant à l'utilisation des ressources.** Quel que soit le statut juridique de l'organe par le biais duquel la mesure est accordée, le critère décisif aux yeux de la Commission pour établir l'origine étatique semble être la jouissance par l'État d'un pouvoir d'appréciation quant à l'utilisation des ressources. Cette circonstance permet par principe d'emporter la qualification de ressources d'État[988] :

> Les ressources provenant de l'Union (par exemple des Fonds structurels), de la Banque européenne d'investissement ou du Fonds européen d'investissement, ou encore d'institutions financières internationales comme le Fonds monétaire international ou la Banque européenne pour la reconstruction et le développement, *sont considérées comme des ressources d'État si les autorités nationales disposent d'un pouvoir d'appréciation quant à leur utilisation* (notamment la sélection des bénéficiaires) (93). Par contre, si de telles ressources sont octroyées directement par l'Union, par la Banque européenne d'investissement ou par le Fonds européen d'investissement, *sans que les autorités nationales disposent d'un pouvoir d'appréciation, elles ne constituent pas des ressources d'État.*[989]

523. *A fortiori* l'origine étatique de la mesure pourra-t-elle être établie lorsque l'utilisation des ressources relève de la décision exclusive de l'État. La circonstance que la décision soit prise conjointement par plusieurs États est indifférente[990]. De la sorte, la Commission considère à titre d'exemple, que le soutien octroyé par le mécanisme européen de stabilité (MES)[991] à une ou plusieurs banques peut comporter un transfert de ressources d'État(s)[992]. Le traité institutif de ce mécanisme prévoit d'ailleurs lui-même la soumission de ces concours financiers à l'applicabilité des articles 107 et 108 TFUE[993].

524. Deux vecteurs de soutien public accordé aux banques connaissent toutefois des régimes plus particuliers, sur lesquels il convient de s'attarder. Ainsi des mesures de soutien consenties par le Fonds de résolution unique (A) et de celles octroyées par l'intermédiaire des banques centrales (B).

---

988 En toute logique, l'existence d'un pouvoir d'appréciation portant sur l'utilisation des ressources devrait aussi permettre de déduire l'imputabilité de la mesure à l'État et donc l'origine étatique de la mesure.

989 Comm. eur., communication de la Commission relative à la notion d'« aide d'État » visée à l'article 107, paragraphe 1, du traité sur le fonctionnement de l'Union européenne, *JOUE* n° C 262/1 du 19 juillet 2016, p. 1, pt. 60.

990 Comm. eur., décision du 26 février 2010, *Restructuring of Dexia*, aff. C 9/09, *JOUE* n° L 274 du 19 octobre 2010, p. 1.

991 Le MES est une institution internationale établie par un traité conclu en 2012 par les États de la zone euro (traité instituant le mécanisme européen de stabilité [MES], 2 février 2012, ci-après « traité MES »). Spécifiquement conçu pour assurer la stabilité financière de ses membres (traité MES, art. 3), ce mécanisme prévoit la possibilité d'accorder une assistance financière à certaines de leurs banques en difficulté (traité MES, art. 15).

992 Comm. eur., communication de la Commission relative à la notion d'« aide d'État » préc., pt. 59.

993 Traité MES, art. 15 § 3.

A. (In)applicabilité de l'article 107 TFUE aux concours accordés par le Fonds de résolution unique

525. **Obstacles à l'applicabilité de l'article 107 TFUE.** À l'échelle européenne, les mesures de résolution bancaire sont menées dans le cadre du mécanisme de résolution unique (MRU)[994]. Ces mesures pourront notamment comporter des soutiens de liquidité aux entités concernées, éventuellement financés par le Fonds de résolution unique (FRU), et s'apparenter ainsi à des aides au sens de l'article 107 TFUE.

526. Pourtant, le statut d'agence de l'UE attaché au Conseil de résolution unique (CRU)[995], détenteur et seul organe compétent pour décider du recours au FRU[996] – à l'exclusion donc des États –, devrait faire obstacle au caractère étatique de la mesure et du même coup, à l'applicabilité de l'article 107 TFUE[997]. Or cette situation serait paradoxale eu égard à l'objectif de préservation de la concurrence auquel le FRU est censé participer, en contribuant à assurer la centralisation et l'uniformité des pratiques de financement de la résolution[998].

527. **Contrôle préalable de la Commission européenne.** Le législateur de l'Union a donc eu recours à une solution originale : les mesures financées par le FRU sont soumises à un contrôle préalable de compatibilité avec le marché intérieur mené par la Commission, bien que leur origine étatique ne puisse être établie, et pourvu qu'elles remplissent les autres conditions générales de qualification d'une aide[999]. La mesure doit être ainsi notifiée par le CRU et ne pourra être mise en œuvre qu'après avoir reçu l'aval de la DG concurrence, au terme d'une procédure de contrôle (quasi) ordinaire[1000].

528. Les aides financées par le FRU ne sont ainsi pas, à proprement parler, soumises à l'applicabilité de l'article 107 TFUE. Elles sont toutefois soumises à un régime analogue dans la mesure où la Commission, à l'occasion de son contrôle, fait application *mutatis mutandis* de l'ensemble des textes régissant les aides d'État[1001]. Cette extension de compétence de la Commission à l'examen des aides qui ne sont pas « d'État » est bienvenue, en ce qu'elle lui permet ainsi d'assurer la compatibilité des impératifs de stabilité et de concurrence.

529. La Commission est également compétente pour contrôler certaines mesures de soutien accordées par les banques centrales, dans des conditions là encore, légèrement dérogatoires au droit commun.

---

994 Sur le fonctionnement du MRU, V. *infra* n° 1077.

995 Règlement (UE) n° 806/2014 préc., art. 42 § 1.

996 *Ibid.*, art. 67 § 2 et § 3.

997 J. Gray et Fr. de Cecco, « Competition, stability and moral hazard : the tension between financial regulation and State aid control », *in* Fr.-Ch. Laprévote, J. Gray et F. De Cecco (dir.), *Research Handbook on State Aid in the Banking Sector*, Edward Elgar, coll. Research Handbooks in Financial Law series, 2017, p. 51.

998 Règlement (UE) n° 806/2014 préc., cons. 19.

999 « La Commission détermine si le recours au Fonds fausse ou risque de fausser la concurrence en favorisant le bénéficiaire ou toute autre entreprise au point d'être incompatible, dans la mesure où cela aurait des incidences sur les échanges entre les États membres, avec le marché intérieur » (*ibid.*, art. 19 § 3).

1000 *Ibid.*, art. 19.

1001 *Ibid.*, art. 19 § 3.

B. (In)applicabilité de l'article 107 TFUE aux concours accordés par les banques centrales

530. **Distinction selon qu'il s'agit d'une mesure conventionnelle ou non conventionnelle.** La Commission européenne exclut les mesures conventionnelles du champ d'application de l'article 107 TFUE (1), mais soumet certaines mesures non conventionnelles à l'applicabilité de ce texte (2).

1. Inapplicabilité de l'article 107 TFUE aux mesures conventionnelles

531. **Inapplicabilité de l'article 107 aux opérations d'*open market* et de facilités permanentes.** Il est des instruments de politique monétaire dont la mise en œuvre par les BCN pourrait s'apparenter *prima facie* à l'octroi d'une aide en faveur de leurs contreparties. Il en va tout particulièrement ainsi des mesures dites « conventionnelles », telles que les opérations d'*open market*[1002] ou de facilités permanentes[1003], par lesquelles les BCN satisfont les besoins de liquidité des banques. La Commission écarte toutefois l'applicabilité de l'article 107 du TFUE à la mise en œuvre de ce type d'instrument dans sa communication concernant le secteur bancaire : « [l]es activités ordinaires des banques centrales liées à la politique monétaire, telles que les opérations d'*open market* et les facilités permanentes, ne relèvent pas des règles sur les aides d'État. »[1004]

532. **Solution profitant aux BCN ne relevant pas de l'Eurosystème.** Le principe d'inapplicabilité est formulé catégoriquement ; il ne semble admettre aucune exception. Cette position ne se limite pas aux opérations menées par les banques centrales membres de l'Eurosystème et doit sous toute vraisemblance, s'étendre à celles des banques centrales des États membres n'ayant pas adopté l'euro. Ces dernières ne sont pas expressément mentionnées comme étant incluses dans l'analyse, mais là où la Commission ne distingue pas, il ne devrait pas y avoir lieu de distinguer.

533. La Commission admet en revanche l'éventuelle applicabilité de l'article 107 aux opérations de fourniture de liquidité d'urgence, de même semble-t-il, qu'aux autres mesures non conventionnelles.

2. Applicabilité de l'article 107 TFUE aux mesures non conventionnelles

534. **Mesures de fourniture de liquidité d'urgence et autres mesures non conventionnelles.** La Commission européenne considère explicitement que des mesures de fourniture de liquidité d'urgence peuvent constituer des aides au sens de l'article 107 TFUE. Mais elle prévoit que l'applicabilité de ce texte peut être écartée par la réunion de conditions dérogatoires qui n'emportent pas pleinement

---

1002 Les opérations d'*open market* consistent en l'achat cu la vente de monnaie de banque centrale – principalement par la voie de prêts – répondant aux besoins de liquidité des établissements de crédit. En agissant sur la masse monétaire, la BCN influence ainsi le niveau des taux d'intérêt sur le marché monétaire (A. Silem et A. Gentier, *Lexique d'économie*, Dalloz, coll. Lexiques, 15e éd., 2018, *V°* « Open market », p. 616).

1003 Les facilités permanentes permettent la fourniture ou le retrait de liquidité, au moyen de prêts ou de dépôts à 24 h, soit à l'initiative des contreparties, soit de manière automatisée (S. Brana et M. Cazals, *La monnaie*, Dunod, coll. Les topos, 3e éd. 2014, p. 16).

1004 Comm. eur., communication concernant le secteur bancaire du 30 juillet 2013 préc., pt. 62.

satisfaction (a). La Commission est plus discrète quant au sort des autres mesures non conventionnelles. L'applicabilité de l'article 107 devrait toutefois s'étendre à certaines d'entre elles (b).

a. Applicabilité de l'article 107 TFUE aux mesures de fourniture de liquidité d'urgence

535. **Identification des mesures de fourniture de liquidité d'urgence.** Les procédures de fourniture de liquidité d'urgence, plus souvent désignées sous l'expression anglaise *emergency liquidity assistance* (ELA), permettent aux BCN d'accorder leur concours à un établissement de crédit faisant face à des problèmes de liquidité temporaire et d'endosser ainsi le rôle de prêteur en dernier ressort. Par opposition aux opérations d'*open market* et de facilités permanentes, ce type d'instrument peut être rattaché aux mesures « non conventionnelles »[1005]. La BCE en admet la possibilité sur le fondement de l'article 14.4 de ses statuts, qui réserve aux BCN la liberté d'exercer d'autres fonctions que celles spécifiées par les statuts, pourvu qu'elles n'interfèrent pas avec les missions du SEBC. Ce type de procédure ne s'insère donc pas dans la politique monétaire unique conduite par l'Eurosystème : la fourniture de liquidité d'urgence est un instrument auquel les BCN peuvent recourir sous leur responsabilité propre[1006]. Dans sa communication de 2013 concernant le secteur bancaire, la Commission européenne précise que la fourniture de liquidité d'urgence peut constituer une aide[1007].

536. **Conditions spéciales d'inapplicabilité de l'article 107 aux mesures de fourniture de liquidité d'urgence.** La communication distingue cependant quatre conditions cumulatives spéciales dont la réunion permet d'écarter l'applicabilité de l'article 107 aux mesures de fourniture de liquidité d'urgence[1008] :

> L'octroi d'un soutien spécial à un établissement de crédit spécifique (communément appelé « aide d'urgence en cas de crise de liquidité ») peut constituer une aide sauf si les conditions cumulatives suivantes sont remplies ([20]) :
>
> a) L'établissement de crédit est temporairement non liquide mais solvable au moment de l'octroi de la facilité de trésorerie qui s'effectue dans des circonstances exceptionnelles et ne s'inscrit pas dans un ensemble plus vaste de mesures d'aide,
>
> b) la facilité est entièrement garantie par une sûreté à laquelle s'appliquent des marges de sécurité appropriées, en fonction de sa qualité et de sa valeur de marché,

1005 *In globo*, les mesures non conventionnelles renvoient à des opérations « temporaires prises par la BCE afin de soutenir l'efficacité de ses décisions en matière de taux d'intérêt et leur transmission à l'économie de la zone euro dans son ensemble, en raison des dysfonctionnements constatés sur certains compartiments des marchés financiers et, plus largement, au sein du système financier » (BCE, *rapport annuel (2011)*, 2012 p. 258). Pour une vue d'ensemble, V. Fr. Martucci, « Système européen de banques centrales. – Banque centrale européenne et Eurosystème. – Pouvoirs », fasc. préc., pt. 52 à 65 ; Chr. Pfister et N. Valla, « Les politiques monétaires non conventionnelles », *in* I. Bensidoun et J. Couppey-Soubeyran (dir.), *L'économie mondiale 2016*, La Découverte, coll. Repères économie, 2015, p. 40.

1006 BCE, *Agreement on emergency liquidity assistance*, 17 mai 2017, pt. 2.

1007 Comm. eur., communication concernant le secteur bancaire du 30 juillet 2013 préc., pt. 62.

1008 *Ibid.*

c) la banque centrale pratique à l'égard du bénéficiaire un taux d'intérêt pénalisateur,

d) la mesure est prise à l'initiative de la banque centrale et, en particulier, ne bénéficie pas de la contre-garantie de l'État.

537. Ces quatre conditions spéciales correspondent en réalité aux éléments de fait analysés par l'autorité européenne de concurrence dans sa pratique décisionnelle[1009] relative aux mesures de fourniture de liquidité d'urgence, au stade de la vérification des cinq critères généraux de qualification d'une aide énumérés *supra*[1010]. Ces derniers suivent en principe une logique *positive*, leur vérification permettant d'emporter la qualification d'aide d'État. Les mesures de fourniture de liquidité d'urgence demeurent ainsi bien soumises à ces critères généraux positifs ; les conditions spéciales prévues par la communication de 2013 permettent seulement, dans une démarche *négative*, d'écarter la réunion de ces critères généraux, et du même coup, d'exclure la qualification d'aide.

538. Les conditions spéciales posées dans la communication de 2013 se rattachent plus spécifiquement à deux de ces critères généraux positifs. Les trois premières conditions spéciales (sous a], b] et c]), tenant respectivement à la solvabilité de la banque, à la garantie des facilités par une sûreté, ainsi qu'au taux « pénalisateur » imposé par la banque centrale, permettent d'écarter l'existence d'un *avantage* induit par la mesure au profit de son bénéficiaire[1011]. Ces conditions ne sont ainsi pas sans rappeler les éléments analysés sous l'angle du critère de « l'investisseur privé agissant aux conditions normales du marché », employé par la jurisprudence pour évaluer l'existence d'un avantage[1012].

539. La quatrième condition spéciale (sous d]) doit permettre d'exclure l'origine étatique du soutien[1013]. Sa formulation laisse apparaître deux sous-conditions, tenant respectivement à l'*imputabilité* de la mesure ainsi qu'à son financement par des *ressources d'État*, dont la réunion par la conjonction « et » indique le caractère cumulatif. En ce qui concerne la première, l'imputabilité de la mesure à l'État ne peut être retenue dès lors qu'elle est adoptée « à l'initiative de la banque centrale ». La vérification de cette sous-condition suppose alors d'évaluer la mesure dans laquelle la banque centrale peut décider d'octroyer la fourniture de liquidité

1009 V. notamment : Comm. CE, décision du 5 décembre 2007, *Northern Rock*, aff. NN 70/2007, *JOUE* n° C/43/2008 du 16 février 2008, p. 1, pt. 30 à 35.

1010 V. n° 236.

1011 Comm. eur., décision du 16 avril 2015, *Resolution of Panellinia Bank through a transfer order to Piraeus Bank (Funding gap)*, aff. SA.41503, *JOUE* n° C/325/2015 du 2 octobre 2015, p. 1, pt. 50, décision dans laquelle, la faiblesse du taux de rémunération de l'aide est analysée comme un élément constitutif de l'avantage induit par la mesure.

1012 Suivant ce critère, il s'agit de vérifier qu'un investisseur privé, disposant ces mêmes informations relatives à la situation financière du bénéficiaire que celles détenues par les autorités publiques, aurait consenti un prêt dans les mêmes conditions que celles auxquelles le soutien public a été octroyé (CJCE, 3 juillet 2003, *Royaume de Belgique c. Commission CE*, aff. C-457/00, ECLI : EU : C : 2003:387, pt. 47). En ce sens, le montant du taux et les garanties exigées devront être corrélés aux difficultés financières du bénéficiaire (TPICE, 30 avril 1998, *City flyer Express Ltd*, aff. T-16/96, ECLI : EU : T : 1998:78).

1013 Comm. eur., décision du 16 avril 2015, décision *Resolution of Panellinia Bank through a transfer order to Piraeus Bank (Funding gap)*, préc., pt. 50 ; Comm. eur., décision du 26 février 2010, *Restructuring of Dexia*, préc., pt. 135.

d'urgence en indépendance vis-à-vis de l'État. Le transfert de ressources étatiques peut ensuite être écarté par l'absence de « contre-garantie de l'État ».[1014]

540. En généralisant ainsi ces éléments pour les ériger en conditions spéciales d'inapplicabilité des règles sur les aides d'État, la Commission facilite le travail d'autoévaluation des BCN : elle leur offre un moyen simplifié d'écarter au moins deux critères généraux de qualification d'une aide et donc de conclure à l'absence d'obligation de notifier la mesure ; ce qui est particulièrement appréciable dans un contexte d'urgence.

541. **Conséquences en l'absence de réunion des conditions d'inapplicabilité.** Selon la communication de 2013, la fourniture de liquidité d'urgence *peut* constituer une aide, à moins que les quatre conditions cumulatives spéciales précitées ne soient remplies. Il ne faut pas en déduire *a contrario*, que la mesure doit être automatiquement soumise à l'applicabilité des règles sur les aides, dès lors que ces conditions ne sont pas vérifiées. Dans une telle hypothèse, l'applicabilité de l'article 107 ne serait qu'une possibilité à laquelle la BCN pourrait encore échapper.

542. En effet, les critères généraux de qualification d'une aide sont cumulatifs. Ainsi suffit-il que l'un d'entre eux ne soit pas vérifié pour que l'applicabilité du droit de la concurrence soit écartée. Or les conditions spéciales énumérées par la communication de 2013 ne se rapportent qu'à deux de ces critères généraux (existence d'un avantage pour le bénéficiaire de l'aide ; origine étatique de la mesure). Partant, même si ces conditions ne sont pas remplies et qu'il est ainsi établi que la mesure de fourniture de liquidité d'urgence confère un avantage à son bénéficiaire tout en revêtant une origine étatique, l'applicabilité de l'article 107 pourra encore être écartée si l'un des autres critères généraux de qualification d'aide – par exemple l'affectation des échanges entre États – venait à manquer[1015].

543. **Conditions cumulatives ou alternatives ? –** La série de conditions retenue par la Commission pour écarter la qualification d'aide en présence d'une mesure de fourniture de liquidité d'urgence conduit donc en substance à soumettre l'inapplicabilité de l'article 107 à ce que la mesure en cause ne soit cumulativement pas d'origine étatique ni génératrice d'un avantage pour son bénéficiaire. Cette solution apparaît pourtant contraire à la logique, elle-même cumulative, des critères positifs généraux de qualification d'une aide, suivant laquelle il suffit que l'un d'entre eux seulement ne soit pas vérifié pour qu'une telle qualification soit écartée : en règle générale, la circonstance qu'une mesure ne constitue pas un avantage suffit ainsi à elle seule pour exclure la qualification d'aide[1016] ; de même lorsque la mesure

---

1014 La locution adverbiale « en particulier » laisse entendre que d'autres circonstances pourraient permettre de conclure que la mesure n'est pas financée par des ressources étatiques, mais que l'absence de « contre-garantie de l'État » constitue l'élément décisif.

1015 La Commission, après avoir établi qu'une mesure de fourniture de liquidité d'urgence ne remplit pas les quatre conditions posées dans sa communication de 2013, prend ainsi le soin de vérifier que l'ensemble des critères généraux de qualification d'une aide sont bien réunis pour conclure à l'applicabilité du droit de la concurrence en l'espèce (Comm. eur., décision du 29 avril 2014, *HFSF Recapitalisation commitment to EFG Eurobank*, aff. SA.34825, SA.34825, SA.36006, SA.34488, SA.31155, *JOUE* n° L/357/2014 du 12 décembre 2014, p. 112, pt. 273 à 275 ; Comm. eur., décision du 26 février 2010, *Restructuring of Dexia*, préc., pt. 49 à 55). Dans une décision isolée, la Commission semble cependant déduire la qualification d'aide de ce que les conditions visées à la communication de 2013 ne sont pas réunies (Comm. CE, décision du 19 novembre 2008, *Aide d'urgence en faveur de Dexia en forme de garantie sur les obligations et liquidity assistance*, aff. NN49/2008, pt. 28 à 30).

1016 CJCE, 9 décembre 1997, *Tiercé Ladbroke SA c. Commission CE*, aff. C-353/95 P, ECLI : EU : C : 1997:596.

n'est pas d'origine étatique[1017]. Or il n'est pas de raison particulière de déroger à cette règle en présence d'une mesure de fourniture de liquidité d'urgence.

544. **Proposition de modification de la communication du 30 juillet 2013.** Il serait dès lors plus opportun que les conditions propres à la fourniture de liquidité d'urgence visées par la communication de 2013 soient au moins partiellement alternatives plutôt que cumulatives : la dernière condition – exigeant que « d) la mesure [soit] prise à l'initiative de la banque centrale et, en particulier, ne bénéficie pas de la contre-garantie de l'État » – devrait à elle seule, permettre d'écarter l'origine étatique de la mesure et donc l'applicabilité de l'article 107, indépendamment de la vérification des trois autres conditions spéciales. Réciproquement, la réunion des conditions a), b) et c), en ce qu'elle permet d'écarter l'existence d'un avantage, suffirait à conclure à l'inapplicabilité du droit de la concurrence sans qu'il soit nécessaire de remplir la quatrième condition relative à l'origine étatique de la mesure. Ces quatre conditions étaient d'ailleurs déjà présentées par la Commission dans une précédente communication de 2008 comme pouvant permettre d'exclure la qualification d'aide, sans que leur caractère cumulatif ne soit précisé ; les conditions n'étaient énumérées qu'à titre d'exemple[1018], ce qui suggérait plutôt leur nature alternative. Dès lors, il serait opportun de modifier en ce sens la communication du 30 juillet 2013 concernant le secteur bancaire.

545. Au point 62 de ladite communication, après les mots « ne relèvent pas des règles sur les aides d'État », la fin du point 62 est ainsi rédigée :

> « L'octroi d'un soutien spécial à un établissement de crédit spécifique (communément appelé "aide d'urgence en cas de crise de liquidité") peut constituer une aide à moins que :
>
> a) la mesure soit prise à l'initiative de la banque centrale et, en particulier, ne bénéficie pas de la contre-garantie de l'État,
>
> ou bien que
>
> b) les conditions cumulatives suivantes sont remplies :
>
> i. l'établissement de crédit est temporairement non liquide mais solvable au moment de l'octroi de la facilité de trésorerie qui s'effectue dans des circonstances exceptionnelles et ne s'inscrit pas dans un ensemble plus vaste de mesures d'aide,
>
> ii. la facilité est entièrement garantie par une sûreté à laquelle s'appliquent des marges de sécurité appropriées, en fonction de sa qualité et de sa valeur de marché,
>
> iii. la banque centrale pratique à l'égard du bénéficiaire un taux d'intérêt pénalisateur. »

1017 CJCE, 24 janvier 1978, *Ministère public du Royaume des Pays-Bas c. Jacobus Philippus van Tiggele*, aff. 82/77, ECLI : EU : C : 1978:10.

1018 « [O]n peut estimer que l'octroi de fonds de la banque centrale à l'institution financière ne constitue pas une aide lorsqu'un certain nombre de conditions sont remplies, *à savoir par exemple :* […] » (Comm. CE, Application des règles en matière d'aides d'État aux mesures prises en rapport avec les institutions financières dans le contexte de la crise financière mondiale, *JOUE* n° C 270/8 du 25 octobre 2008, p. 8, pt. 51, souligné par nos soins).

546. D'autres types de mesures non conventionnelles pourraient en principe être également soumises à l'applicabilité de l'article 107 TFUE. Dans le silence de la Commission à leur égard, l'on ne peut que procéder par conjecture.

b. Applicabilité de l'article 107 TFUE aux autres mesures non conventionnelles

547. **Raisonnement *a contrario*.** La communication de 2013 concernant le secteur bancaire laisse un certain nombre de questions sans réponse. Mis à part les développements sur les procédures de fourniture de liquidité d'urgence, il n'est dit mot de la situation des autres mesures « non conventionnelles ». Or certaines d'entre elles pourraient également s'apparenter à des aides visées par l'article 107. Ces mesures peuvent en effet consister en des injections de liquidité sur les marchés monétaires par la voie d'opération de refinancement à plus long terme que dans le cadre d'opérations d'*open market*[1019]. Elles peuvent également prendre la forme de programmes d'achats d'actifs : en réaction à la crise financière, la BCE a notamment mis en œuvre une série de mesures de ce type, visant à acheter des titres du secteur public ou privé, dont l'un d'entre eux ciblait spécifiquement l'achat d'obligations sécurisées de banque[1020].

548. La communication de 2013 n'est pas d'un grand secours à celui qui s'interrogerait sur les conditions d'applicabilité des règles sur les aides à ce type d'opération. L'inapplicabilité de l'article 107 aux mesures conventionnelles est affirmée fermement mais laconiquement, sans que soient exprimées les raisons de cette solution. Il serait tout au plus possible de déduire de ce principe par *a contrario*, que les mesures non conventionnelles peuvent être soumises au champ d'application de l'article 107 ; ce que conforte la possibilité pour les opérations de fourniture de liquidité d'urgence de constituer une aide au sens de ce texte. L'applicabilité de l'article 107 TFUE devra bien entendu, pour chacune des mesures de type non conventionnel, faire l'objet d'un examen au cas par cas. Il n'est pour autant pas interdit d'envisager quelques éléments généraux d'analyse.

549. **Exclusion de l'origine étatique des mesures adoptées dans le cadre de l'Eurosystème.** L'origine étatique de la mesure et partant, l'applicabilité du droit de la concurrence, devraient être exclues chaque fois que la mesure est adoptée dans le cadre de la politique monétaire unique. En effet, une mesure ne peut être imputable à l'État dès lors que ce dernier est tenu de la mettre en œuvre par l'effet du droit de l'Union, sans aucun pouvoir d'appréciation. En pareil cas, la mesure trouve son origine dans un acte législatif de l'UE[1021]. Or au sein de l'Eurosystème, les banques centrales nationales « agissent conformément aux orientations et aux instructions de la BCE »[1022], ce qui fait obstacle à tout pouvoir d'appréciation

---

1019 Les opérations d'*open market* visent généralement à octroyer de la liquidité sur des périodes d'une semaine ou de trois mois, alors que les mesures non conventionnelles tendent à octroyer des liquidités à des maturités allant de six mois à plusieurs années (V. pour des mesures non conventionnelles mises en œuvre par l'Eurosystème : BCE, communiqué de presse, « ECB announces further details of the targeted longer-term refinancing operations », 3 juillet 2014 ; BCE, communiqué de presse, « ECB announces details of refinancing operations with settlement in the period from 12 October 2011 to 17 January 2012 », 4 août 2011 ; BCE, communiqué de presse, « Longer-term refinancing operations », 7 mai 2009).

1020 BCE, décision du 15 octobre 2014 relative à la mise en œuvre du troisième programme d'achat d'obligations sécurisées (BCE/2014/40), *JOUE* n° L 335 du 22 novembre 2014, p. 22.

1021 Comm. eur., communication de la Commission relative à la notion d'« aide d'État » préc., pt. 44.

1022 Statuts SEBC, art. 14.3.

des BCN dans la conduite des mesures de politique monétaire – que celles-ci soient ou non « conventionnelles »[1023] –, et conduit donc à écarter la qualification d'aide d'État[1024]. En revanche, l'origine étatique d'une mesure non conventionnelle adoptée par une BCN n'appartenant pas à l'Eurosystème demeure envisageable. La détention du capital de la banque centrale par l'État pourrait à cet égard, constituer un indice solide de l'origine étatique du soutien[1025].

550. **Exclusion du caractère sélectif par la généralisation des conditions d'octroi de la mesure.** La réunion des autres conditions d'applicabilité devrait pouvoir être évaluée en suivant la grille d'analyse générale, adoptée par la Commission indifféremment du secteur d'activité concerné, sans que les spécificités bancaires ne soulèvent de difficultés particulières. En ce qui concerne l'existence d'un avantage, l'autorité européenne de concurrence a déjà eu l'occasion de préciser que « lorsqu'un État membre/une banque centrale, pour faire face à une crise bancaire, adopte non pas des mesures spécifiques destinées à aider certains établissements bancaires en particulier mais des mesures générales s'adressant à tous les acteurs comparables du marché (c'est à dire en consentant des prêts à l'ensemble des acteurs du marché aux mêmes conditions), ce type de mesures générales, souvent, ne relève pas du champ d'application des règles sur les aides d'État »[1026]. Bien que ce critère ne soit pas absolu[1027], la généralisation du soutien à l'ensemble des acteurs du marché, sous des conditions d'éligibilité identiques, pourrait ainsi permettre de faire obstacle au caractère sélectif de la mesure.

551. En définitive, les mesures conventionnelles échappent totalement au champ d'application du droit des aides d'État. Seules les mesures non conventionnelles adoptées par des BCN n'appartenant pas à l'Eurosystème et destinées à soutenir un ou des établissements en particulier pourraient probablement constituer des aides au sens de l'article 107 TFUE. Les mesures de fourniture de liquidité d'urgence peuvent également relever du champ d'application de ce texte, que celles-ci soient mises en œuvre par des BCN ne relevant pas de l'Eurosystème ou par des BCN lui appartenant, dès lors que ce type de procédure ne s'insère pas dans la politique monétaire unique. Les conditions spéciales d'inapplicabilité de l'article 107 aux mesures de fourniture de liquidité d'urgence n'emportent toutefois pas entière satisfaction en considération de leur caractère cumulatif. Les critères spéciaux d'applicabilité des règles du contrôle des concentrations se révèlent moins satisfaisants encore.

1023 À l'instar des mesures conventionnelles, les mesures non conventionnelles sont généralement menées à l'échelle de l'Eurosystème. Tel n'est cependant pas le cas des opérations de fourniture de liquidité d'urgence, entreprises par les BCN sous leur responsabilité propres (Fr. Martucci, « Système européen de banques centrales. – Banque centrale européenne et Eurosystème. – Pouvoirs », fasc. préc., pt. 52 à 65). En cas de fourniture de liquidité d'urgence à un établissement de crédit par une BCN, l'appartenance de celle-ci à l'Eurosystème ne permettra donc pas d'écarter l'imputabilité de la mesure à l'État.

1024 En ce sens, V. Fr. Martucci, « La BCE, une autorité monétaire suprême ? », art. préc., p. 6.

1025 *Ibid.*

1026 Comm. CE, Application des règles en matière d'aides d'État aux mesures prises en rapport avec les institutions financières dans le contexte de la crise financière mondiale, préc., pt. 51. V. également : Comm. CE, décision du 19 novembre 2008, *Aide d'urgence en faveur de Dexia en forme de garantie sur les obligations et liquidity assistance*, préc., pt. 28.

1027 Sur le caractère sélectif de l'aide, V. de manière générale : Fr. Berrod, « Aides : notion », *in Rép. eur. Dalloz*, 2020, pt. 73 à 81 ; L. Grard, « Aides d'État. – Notion », *in Encyclopédie du JurisClasseur : Europe Traité*, LexisNexis, 2011, Fasc. 1530, pt. 29 à 38.

§ 2. Difficultés relatives aux conditions d'applicabilité des règles du contrôle des concentrations

552. **Dérogations relatives à la dimension communautaire du rapprochement ainsi qu'à sa nature concentrative.** Deux exigences générales président à l'applicabilité des règles européennes du contrôle des concentrations : ne relèvent ainsi de leur champ d'application que les rapprochements d'entreprises[1028] qui d'une part, comportent une « dimension communautaire », établie par le dépassement de certains seuils exprimés en chiffre d'affaires et qui, d'autre part, répondent à la définition de « concentration » au sens du règlement n° 139/2004[1029]. Or ce texte comporte, pour la vérification tant de la nature concentrative de l'opération (A) que de sa dimension communautaire (B), des dispositions spécifiquement applicables aux banques, dont la justification ne ressort pas avec évidence.

A. Inopportunité des règles dérogatoires relatives à l'appréciation de la nature concentrative des rapprochements bancaires

553. **Changement durable de contrôle.** Au sens de l'article 3 § 1 du règlement n° 139/2004, une concentration est réputée réalisée lorsque le « changement durable de contrôle » d'une entreprise, résulte soit de la *fusion* de deux ou plusieurs entreprises (sous a), soit de *l'acquisition* d'une ou plusieurs entreprises par une ou plusieurs autres entreprises (sous b) ; seule cette seconde forme de concentration intéresse les développements qui suivent.

554. La notion de « contrôle » est elle-même définie à l'article 3 § 2 comme la « possibilité d'exercer une influence déterminante » sur l'activité de la cible, de manière exclusive ou conjointe[1030], au moyen de droits, de contrats ou de tout autre biais, conférant notamment le pouvoir d'adopter ou simplement de bloquer les décisions commerciales stratégiques de l'entreprise[1031].

555. Une concentration n'est réputée réalisée qu'en cas de changement *durable* du contrôle. Cette exigence de *durabilité* doit ainsi faire obstacle à ce qu'une acquisition temporaire, telle une opération de portage[1032], soit considérée comme une concentration.

556. Relevons enfin que la simple *possibilité* d'exercer une influence déterminante suffit à caractériser la prise de contrôle, sans qu'il soit besoin d'établir que cette influence sera *effectivement* exercée sur la cible par le cessionnaire[1033].

1028 Sur la notion d'entreprise, V. *supra* n° 437 s.

1029 Règlement CE sur les concentrations.

1030 Comm. eur., communication consolidée sur la compétence de la Commission en vertu du règlement (CE) n° 139/2004 du Conseil relatif au contrôle des opérations de concentration entre entreprises, *JOUE* n° C 43/10 du 21 février 2009, p. 10 (ci-après « communication consolidée »), pt. 11.

1031 *Ibid.*, pt. 54.

1032 *Ibid.*, pt. 35. V. *infra* n° 571.

1033 *Ibid.*, pt. 16.

Par principe, la passivité de l'acquéreur n'est donc pas exclusive de la qualification de concentration[1034].

557. **Dérogations relatives à la nature concentrative de l'opération.** L'article 3 § 5 du règlement n° 139/2004 prévoit cependant trois séries d'exceptions, permettant d'écarter la qualification de « concentration », dans certaines situations :

> 5. Une concentration n'est pas réputée réalisée :
>
> a) lorsque des établissements de crédits, d'autres établissements financiers ou des sociétés d'assurances, dont l'activité normale inclut la transaction et la négociation de titres pour compte propre ou pour compte d'autrui, détiennent, à titre temporaire, des participations qu'ils ont acquises dans une entreprise en vue de leur revente, pour autant qu'ils n'exercent pas les droits de vote attachés à ces participations en vue de déterminer le comportement concurrentiel de cette entreprise ou pour autant qu'ils n'exercent ces droits de vote qu'en vue de préparer la réalisation de tout ou partie de cette entreprise ou de ses actifs, ou la réalisation de ces participations, et que cette réalisation intervient dans un délai d'un an à compter de la date de l'acquisition ; ce délai peut être prorogé sur demande par la Commission lorsque ces établissements ou ces sociétés justifient que cette réalisation n'a pas été raisonnablement possible dans le délai imparti ;
>
> b) lorsque le contrôle est acquis par une personne mandatée par l'autorité publique en vertu de la législation d'un État membre relative à la liquidation, à la faillite, à l'insolvabilité, à la cessation de paiement, au concordat ou à une autre procédure analogue ;
>
> c) lorsque les opérations visées au paragraphe 1, point b), sont réalisées par des sociétés de participation financière visées à l'article 5, paragraphe 3, de la quatrième directive 78/660/CEE du Conseil du 25 juillet 1978 fondée sur l'article 54, paragraphe 3, point g), du traité et concernant les comptes annuels de certaines formes de sociétés(6), sous la restriction toutefois que les droits de vote attachés aux participations détenues ne soient exercés, notamment par la voie de la nomination des membres des organes de direction et de surveillance des entreprises dont elles détiennent des participations, que pour sauvegarder la pleine valeur de ces investissements et non pour déterminer directement ou indirectement le comportement concurrentiel de ces entreprises.

558. La deuxième exception (sous b), visant les prises de contrôle opérées par un mandataire de l'autorité publique en vertu d'une législation sur les entreprises en difficulté, excède les limites du champ de notre étude et ne sera pas ici abordée.

559. Nous intéresse en revanche au plus haut chef, d'une part, la première exception (sous a) en ce qu'elle permet d'écarter l'applicabilité des règles du contrôle des concentrations aux prises de participations réalisées par un établissement de crédit dans le cadre de son activité de gestion de portefeuille individuelle[1035],

---

1034 *Ibid.*, pt. 21.

1035 C'est-à-dire pour le compte d'une seule personne (compte propre ou pour le compte d'un tiers).

pourvu qu'elles soient cédées dans un délai d'un an et que les droits de vote y attachés ne soient pas utilisés pour déterminer le comportement concurrentiel de la cible, et, d'autre part, la troisième exception (sous c), en parallèle de laquelle doit être lue la dérogation précédente, faisant échapper certaines participations des « sociétés de participation financière » à la qualification de concentration.

560. **Participations temporaires et/ou passives.** Deux principaux motifs sont au fondement de ces exceptions : tout d'abord, l'une comme l'autre (sous a et c) sont conditionnées à ce que l'acquéreur ne fasse pas usage de ses droits de vote pour déterminer le comportement concurrentiel de la cible ; il doit en d'autres mots, demeurer passif. Il s'agit ainsi d'une véritable dérogation à l'article 3 § 2 du règlement n° 139/2004, en vertu duquel le contrôle, dont tout changement caractérise une concentration, peut être établi par la simple « possibilité d'exercer une influence déterminante » sans que celle-ci ne soit effectivement exercée sur la cible[1036].

561. Le bénéfice de la première exception (sous a) est en outre soumis à la cession des titres dans un délai d'un an. Cette condition ne fait toutefois que reprendre l'exigence de durabilité du changement de contrôle, permettant d'écarter les acquisitions temporaires du champ d'application du règlement n° 139/2004.

562. **Opportunité des exceptions.** Ces exceptions apparaissent opportunes en leur principe. Le contrôle des concentrations vise à préserver la structure concurrentielle du marché contre toute altération durable[1037]. Il est dès lors justifié qu'une prise de participation temporaire puisse échapper à l'examen des autorités de concurrence dès lors qu'elle ne peut, par définition, entraîner une modification durable de la structure concurrentielle du marché[1038].

563. Il est pareillement légitime de réserver un régime spécial au profit de l'acquéreur ne jouant qu'un rôle passif au sein de l'entreprise cible. En tant que l'investisseur est animé par la seule volonté de réaliser des bénéfices et s'abstient de participer à la détermination du comportement concurrentiel de l'entreprise, sa prise de contrôle n'est pas de nature à modifier la structure du marché ; tel sera en revanche le cas dans l'hypothèse d'un acquéreur souhaitant s'investir pleinement dans la gestion de la société. Dans le livre vert sur la révision du règlement n° 4064/89, la Commission opère ainsi, à propos des investissements en capital à risque, une distinction selon le degré d'implication de l'acquéreur dans la gestion de la cible : « il est évident que l'appréciation doit aussi porter sur les problèmes de concurrence qui peuvent surgir selon le rôle, plus ou moins actif, joué dans l'entreprise par le consortium d'investisseurs en capital à risque. Ces problèmes de concurrence ne se poseront guère lorsque les investisseurs en capital à risque adoptent un rôle passif et se bornent en gros à fournir des capitaux d'une manière comparable aux facilités bancaires traditionnelles. Ce ne sera [...] nécessairement pas le cas lorsque ces investisseurs [...] jouent un rôle plus actif, par exemple en procédant au transfert d'actifs et/ou d'informations

---

1036 V. *supra* n° 553 s.

1037 Règlement CE sur les concentrations, cons. 5.

1038 *Ibid.*, cons. 20 ; communication consolidée, pt. 28.

entre divers investissements. »[1039] Cette distinction n'est d'ailleurs pas sans rappeler celle opérée par une partie de la doctrine du droit français des sociétés entre « l'actionnaire-associé » et « l'actionnaire-investisseur »[1040].

564. **Domaines étroits et imprécis des exceptions.** En dépit de leur opportunité, ces dispositions n'ont guère été appliquées[1041]. Ainsi qu'en convient la Commission, la raison tient à leur champ d'application « extrêmement limité »[1042]. Elle tient certainement encore à l'imprécision de leurs domaines : leur rédaction suscite, il est vrai, de sérieuses questions d'interprétation. Un réajustement de ces exceptions (1) offrirait dès lors à la notion de « concentration » un surcroît de clarté et de cohérence (2).

1. Un réaménagement souhaitable des exceptions

565. **Suppression de l'article 3 § 5, sous a). Amendement de l'article 3 § 5, sous c).** L'exception prévue à l'article 3 § 5, sous a) apparaît surabondante en ce qu'elle fait échapper les prises de participations temporaires à la qualification de concentration ; ce qui pourrait déjà l'être en application de l'article 3 § 1. Sa suppression semble dès lors s'imposer (a). L'article 3 § 5, sous c) pourrait être quant à lui modifié, afin que l'exception qu'il réserve à certains acquéreurs passifs soit plus inclusive (b).

a. La suppression souhaitable de l'article 3 § 5, sous a)

566. **Négociation pour compte propre, gestion de portefeuille.** Le champ d'application de l'article 3 § 5, sous a) n'est pas facile à circonscrire. Sont visées les participations acquises dans le cadre d'une activité de « transaction et [de] négociation de titres pour compte propre ou pour compte d'autrui ». La formulation

---

1039 Comm. eur., Livre vert sur la révision du Règlement (CEE) n° 4064/89 du Conseil, 11 décembre 2001, COM(2001) 745 final, pt. 42.

1040 Selon l'expression de François-Xavier Lucas : « Certains sont de vrais associés, d'autres sont de purs investisseurs, c'est-à-dire des créanciers qui ne voient dans l'action que l'enrichissement qu'elle va leur procurer et négligent le pouvoir qu'elle pourrait leur conférer » (Fr.-X. Lucas, « Les actionnaires ont-ils tous la qualité d'associé ? Brefs propos discursifs autour du thème de l'associé et de l'investisseur », *RD bancaire et fin.* n° 4, juillet 2002, étude 100035). Dominique Schmidt (*Les droits de la minorité dans la société anonyme*, Sirey, coll. Bibliothèque de droit commercial, 1970, n° 12), reprenant les travaux de Claude Champaud (*Le pouvoir de concentration de la société par actions*, Sirey, coll. Bibliothèque de droit commercial, 1962, n° 26), affirmait déjà le « dédoublement de la condition des actionnaires » : « [l]es uns, en petit nombre, sont vivement intéressés à la marche des sociétés, et la contrôlent pleinement ; les autres, épargnants ou spéculateurs, en très grand nombre, se considèrent comme de simples créanciers de la société, ne sont que des passants ». Ces derniers ne constituent en d'autres termes, que de simples « bailleurs de fonds ». *Adde* : Ph. Reigné et Th. Delorme, « Réflexions sur la distinction de l'associé et de l'actionnaire », *D.* 2002, p. 1330 ; P. Etain, « Affectio societatis, fraude et catégorie d'associés », note sous Cass. com., 21 janvier 1997, n° 94-19.016, *LPA* n° 30, 1999, p. 15.

1041 V. Comm. eur., Livre vert sur la révision du Règlement (CEE) n° 4064/89 du Conseil, 11 décembre 2001, COM(2001) 745 final, pt. 137 ; Gr. Damy, « Application du droit de la concurrence aux banques. – Cas particulier des concentrations en droit français et communautaire », fasc. préc., pt. 61. À notre connaissance, l'application de l'article 3 § 5, sous a) n'a été discutée qu'à l'occasion de deux affaires (Comm. CE, décision du 20 août 1991, *Kelt/American Express*, aff. M.116, *JOCE* n° C 223 du 9 août 1991, p. 1, p. 38 ; Trib. UE, 13 septembre 2010, *Éditions Odile Jacob SAS c. Commission eur.*, aff. T 279/04, ECLI : EU : T : 2010:384, confirmé par : CJUE, 6 novembre 2012, aff. C 551/10 P, ECLI : EU : C : 2012:681) et l'article 3 § 5, sous c) n'a été invoqué qu'à une seule reprise (Comm. CE, décision du 11 décembre 1995, *Charterhouse / Porterbook*, aff. M.669, *JOCE* n° C 350 du 30 décembre 1995, p. 1, p. 18).

1042 Communication consolidée, pt. 28.

est imprécise mais renvoie manifestement aux activités de « négociation pour compte propre »[1043] et de « gestion de portefeuille »[1044], qui constituent toutes deux des services d'investissement visés à l'annexe I de la directive 2014/65/UE.

567. **Exclusion des entreprises d'investissement du domaine de l'exception ?** Peuvent bénéficier de l'exception prévue à l'article 3 § 5, sous a) les « établissements de crédit, d'autres établissements financiers ou des sociétés d'assurances ». Cette rédaction est malheureuse. Au sens de l'article 4 § 1, 26° du règlement (UE) n° 575/2013, auquel se réfère l'article 3 § 1, 22° de la directive 2013/36/UE, un « établissement financier » est « une entreprise, autre qu'un établissement [i.e. un établissement de crédit ou une entreprise d'investissement[1045]], dont l'activité principale consiste à prendre des participations ou à exercer une ou plusieurs activités visées aux points 2 à 12 et au point 15 de la liste figurant à l'annexe I de la directive 2013/36/UE ». Une lecture littérale de l'article 3 § 5, sous a) conduirait donc à exclure les entreprises d'investissement de son domaine, alors pourtant qu'elles demeurent les principaux prestataires de gestion de portefeuille[1046]. La Commission précise[1047] toutefois se référer, pour les besoins d'application du règlement sur les concentrations, à la définition de l'établissement financier prévue dans la directive 2000/12/CE aujourd'hui abrogée[1048]. Cette définition plus compréhensive permet d'y inclure les entreprises d'investissement.

568. **Imprécision de l'expression « activité normale ».** L'article 3 § 5, sous a) n'étend pas le bénéfice de l'exception à tous les établissements de crédit, établissements financiers et sociétés d'assurances, mais seulement à ceux « dont l'activité normale inclut la transaction et la négociation de titres pour compte propre ou pour

---

1043 La « négociation pour compte propre » est définie par la directive 2014/65/UE précitée comme « le fait de négocier en engageant ses propres capitaux un ou plusieurs instruments financiers en vue de conclure des transactions » (article 4 § 1, 6°). Elle est également visée à l'article L 321-1, 3° du Code monétaire et financier.

1044 La « gestion de portefeuille » consiste en « la gestion discrétionnaire et individualisée de portefeuille incluant un ou plusieurs instruments financiers, dans le cadre d'un mandat donné par le client » (directive 2014/65/UE, préc., p. 349, art. 4 § 1, 8°). Elle est visée à l'article L 321-1, 4° du Code monétaire et financier sous l'expression « gestion de portefeuille pour le compte de tiers ». Cette activité peut être qualifiée de gestion de portefeuille « individuelle » par opposition à la gestion de portefeuille « collective » (sur cette distinction, V. M. Storck, « Sociétés de gestion de portefeuille. – Statut. Gestion collective [OPCVM-FIA] », *in Encyclopédie du JurisClasseur : Banque – Crédit – Bourse,* LexisNexis, 2019, fasc. 2210, pt. 1 à 7), désignant l'activité de gestion des organismes de placement collectif en valeurs mobilières (directive 2009/65/CE du Parlement européen et du Conseil du 13 juillet 2009 portant coordination des dispositions législatives, réglementaires et administratives concernant certains organismes de placement collectif en valeurs mobilières [OPCVM], *JOUE* n° L 302 du 17 novembre 2009, p. 32) et des fonds d'investissement alternatifs (directive 2011/61/UE du Parlement européen et du Conseil du 8 juin 2011 sur les gestionnaires de fonds d'investissement alternatifs et modifiant les directives 2003/41/CE et 2009/65/CE ainsi que les règlements [CE] n° 1060/2009 et [UE] n° 1095/2010, *JOUE* n° L 174 du 1er juillet 2011, p. 1).

1045 Règlement (UE) n° 575/2013 du Parlement européen et du Conseil du 26 juin 2013 concernant les exigences prudentielles applicables aux établissements de crédit et aux entreprises d'investissement et modifiant le règlement (UE) n° 648/2012, *JOUE* n° L176 du 27 juin 2013, p. 1, art. 4 § 1, 3°.

1046 Directive 2014/65/UE, préc., art. 1.

1047 Communication consolidée, pt. 207 et 208.

1048 Au sens de ce texte, un établissement financier constitue « une entreprise, autre qu'un établissement de crédit, dont l'activité principale consiste à prendre des participations ou à exercer une ou plusieurs activités visées aux points 2 à 12 de la liste figurant à l'annexe I » (directive 2000/12/CE du Parlement européen et du Conseil du 20 mars 2000 concernant l'accès à l'activité des établissements de crédit et son exercice, *JOCE* n° L 126 du 26 mai 2000, p. 1, art. 1, 5°).

compte d'autrui ». L'expression « activité normale » est imprécise. Doit-elle être comprise dans le sens d'activité « régulière », d'activité « principale », ou bien sous une autre acception encore ? Les textes et la pratique décisionnelle ne sont d'aucun secours sur ce point, pas plus que ne le sont les travaux parlementaires. Cette restriction devrait avoir pour effet d'exclure du bénéfice de la dérogation des établissements de crédit, établissements financiers ou sociétés d'assurance, dont l'activité régulière ou principale inclut un certain nombre de services d'investissement, mais qui n'exercent les activités de négociation pour compte propre et de gestion de portefeuille que de manière sporadique ou accessoire[1049]. Devrait d'ailleurs plus généralement être exclue du domaine de l'article 3 § 5, sous a) toute personne n'exerçant ce type d'activité que de manière accessoire[1050].

569. Cette différence de traitement n'apparaît pas légitime : rien ne justifie que l'on accorde ou refuse le bénéfice de cette exception selon que lesdites activités sont exercées à titre principal ou accessoire, ou par une catégorie de personne plutôt qu'une autre. Tous les prestataires devraient pouvoir jouir de cette dérogation, indépendamment de la fréquence à laquelle ils offrent ces services ou de l'importance qu'ils représentent dans leur activité globale.

570. **Condition tenant à la passivité du cessionnaire.** L'exception est acquise aux cessionnaires des titres « pour autant qu'ils n'exercent pas les droits de vote attachés à ces participations en vue de déterminer le comportement concurrentiel de [l']entreprise ou pour autant qu'ils n'exercent ces droits de vote qu'en vue de préparer la réalisation de tout ou partie de cette entreprise ou de ses actifs, ou la réalisation de ces participations. » En d'autres termes, la dérogation ne profite qu'aux actionnaires passifs. Le domaine exact des décisions visant à « déterminer le comportement concurrentiel de l'entreprise » est incertain. Il est toutefois raisonnable de penser que sont ainsi visées les décisions stratégiques de l'entreprise[1051], portant notamment sur le budget, le plan d'entreprise, les grands investissements ou encore la nomination des membres de direction[1052] ; autrement dit, les décisions qui manifestent l'influence déterminante de l'actionnaire sur l'entreprise. L'investisseur qui entreprendrait d'adopter ou de bloquer ce type de décision perdrait ainsi le bénéfice de l'exception.

571. **Condition tenant à la revente des titres dans un délai d'un an.** L'exception prévue à l'article 3 § 5, sous a) ne profite enfin qu'aux détenteurs de participations acquises « en vue de leur revente, pour autant [...] que cette réalisation intervien[ne] dans un délai d'un an à compter de la date de l'acquisition ». La cession de l'ensemble des actions acquises ne s'impose pas : il suffit, dans ce délai, de ramener le nombre de titres détenus au moins à un niveau qui ne confère plus de contrôle à leur propriétaire[1053]. Le texte ajoute que le délai d'un an peut être prorogé par la Commission sur demande lorsqu'il est justifié que cette réalisation n'a pas été raisonnablement possible dans le délai imparti.

1049 M. Meddeb, th. préc., pt. 356, p. 177 et 178.

1050 L'article 2 § 1, sous c) de la directive 2014/65/UE précitée autorise à toute personne, sans qu'un agrément soit requis, la fourniture de services d'investissement à titre accessoire dans le cadre d'une activité professionnelle.

1051 Communication consolidée, pt. 111.

1052 *Ibid.*, pt. 67.

1053 *Ibid.*, pt. 111.

572. Sont ainsi manifestement visés par cette condition de revente, les investissements spéculatifs à court terme motivés par la réalisation d'une future plus-value. Mais telle qu'elle est rédigée, cette disposition devrait également pouvoir appréhender d'autres types d'opérations temporaires ; en particulier des acquisitions transitoires comme le portage[1054], s'insérant dans une opération plus vaste et définitive, dont elles ne constituent que la première étape[1055]. Pendant un temps, la Commission européenne a semblé accéder à cette approche[1056] avant d'écarter explicitement le portage du champ d'application de l'article 3 § 5, sous a). La communication consolidée sur la compétence de la Commission précise en effet, que cet article n'est pas applicable « si l'opération s'inscrit dans le cadre d'une concentration unique, plus vaste, dans des circonstances dans lesquelles l'acquéreur final du contrôle ne répondrait pas aux conditions énoncées à l'article 3, paragraphe 5 »[1057] et renvoie au point 35 de ladite communication consacrée au portage. Il y est indiqué que ce type d'opération, bien que ne relevant pas du domaine de l'article 3 § 5, sous a), ne saurait toutefois être qualifiée de concentration à part entière en vertu de l'exigence générale de durabilité prévue à l'article 3 § 1, dès lors que le portage ne vise qu'à faciliter la prise de contrôle par l'acquéreur final.

573. Il a par ailleurs été envisagé d'étendre le domaine de l'article 3 § 5, sous a) aux activités de capital-risque[1058], segment particulier du capital-investissement[1059],

---

1054 Le portage consiste en la remise des titres de l'entreprise cible à un acquéreur provisoire, jouant le rôle de porteur, en vertu d'un accord prévoyant leur revente future à un acquéreur final (V. Fr.-X. LUCAS, « Conventions de portage », *in Encyclopédie du JurisClasseur : Banque – Crédit – Bourse*, LexisNexis, 2017, fasc. 2128).

1055 M. MEDDEB, th. préc., pt. 358, p. 179 ; Bl. SOUSI-ROUBI et J. ZACHMANN, art. préc., p. 80.

1056 Dans l'affaire *Odile Jacob* (Comm. CE, décision du 7 janvier 2004, *Lagardère/Natexis/VUP*, aff. M.2978, *JOUE* n° L125 du 28 avril 2004, p. 54, confirmée par : Trib. UE, 13 septembre 2010, *Éditions Odile Jacob SAS c. Commission eur.* préc.), une convention de portage avait été conclue entre Lagardère et Natexis Banques Populaires (NBP), par laquelle celle-ci acceptait d'acquérir à titre temporaire certains actifs de la société Vivendi Universal Publishing, en vue de leur acquisition définitive par Lagardère. Les Éditions Odile Jacob SAS, candidat repreneur éconduit, avait formé un recours en annulation contre la décision de la Commission autorisant ce rapprochement. La requérante lui reprochait d'avoir injustement fait profiter l'opération de portage de l'exception prévue à l'article 3 § 5, sous a), alors, selon elle, que Lagardère avait acquis le contrôle des actifs cibles dès leur cession au porteur et non pas seulement depuis leur revente à l'acquéreur final. L'article 3 § 5, sous a) n'est pas évoqué dans la décision d'autorisation du 7 janvier 2004. Mais le tribunal relève dans l'arrêt du 13 septembre 2010, que la Commission, en qualifiant l'acquisition des actifs cibles par Lagardère de concentration, aurait de son propre aveu, « qualifié, implicitement mais nécessairement, l'acquisition préalable des actifs cibles par NBP d'acquisition de participations dans une entreprise, en vue de leur revente, au sens de l'article 3, paragraphe 5, sous a) » (pt. 83). Le tribunal semble adhérer à cette analyse en estimant qu'il n'est pas démontré que le portage a conféré à Lagardère la faculté d'exercer une influence déterminante sur l'activité attachée aux actifs cibles (pt. 144). Il ne se prononce pour autant pas fermement sur la question de savoir si le portage remplissait bien les conditions énoncées à l'article 3 § 5, sous a), en jugeant ce débat sans importance quant à la validité de la décision litigieuse : une concentration jugée compatible avec le marché intérieur ne peut être prohibée du seul fait qu'elle ait été réalisée avant d'être notifiée, un tel comportement encourant simplement l'infliction d'une amende (pt. 153 à 162).

1057 Communication consolidée, pt. 114.

1058 Comm. eur., Livre vert sur la révision du Règlement (CEE) n° 4064/89 du Conseil, 11 décembre 2001, préc., pt. 137 à 144.

1059 Exercent une activité de capital-investissement (*private equity* selon la terminologie anglaise) « les investisseurs en capital, qui acceptent de devenir actionnaires d'une société non cotée dont ils n'assurent pas la direction, mais qu'ils assistent de leur compétence technique et sur la gestion de laquelle ils exercent un contrôle plus ou moins important, en vue de réaliser à terme un profit sous la forme d'une plus-value de cession de leur participation » (Fr.-D. POITRINAL, *Le capital-investissement, guide juridique et fiscal*, Revue Banque, 5e éd., 2015, p. 30). Le capital-investissement peut être découpé en divers segments, parmi lesquels, le *capital-amorçage*

motivé par la réalisation de plus-values lors de la revente des participations. Mais la Commission semble néanmoins écarter cette possibilité dès lors qu'elle considère que « les exceptions [prévues à l'article 3 § 5] ne sont pas applicables aux structures de fonds communs de placement classiques », principaux acteurs du capital-investissement, en raison de ce qu'ils exercent habituellement leurs droits pour déterminer le comportement concurrentiel de l'entreprise contrôlée[1060].

574. **Cumul injustifié de conditions.** Le bénéfice de la dérogation prévue à l'article 3 § 5, sous a) est donc soumis à deux principales conditions cumulatives : le cessionnaire doit, d'une part, céder ses participations en moins d'un an et, d'autre part, demeurer passif. Le caractère cumulatif de ces conditions n'apparaît pas justifié : elles se rattachent à deux exigences distinctes dont le défaut alternatif devrait suffire pour écarter la qualification de concentration.

575. La condition voulant que les titres soient revendus en moins d'un an se rapporte à la *durabilité* du changement de contrôle visée à l'article 3 § 1. Une modification de contrôle peut ainsi échapper à l'examen de l'autorité de concurrence lorsqu'elle n'est que temporaire, indépendamment de l'attitude passive de l'acquéreur. La Commission envisage d'ailleurs sur ce fondement, plusieurs situations dans lesquelles une prise de contrôle ne constitue pas une concentration à condition qu'elle ne soit que temporaire, mais peu important que le cessionnaire exerce ses droits en vue de déterminer le comportement concurrentiel de l'entreprise. Tel est le cas du démantèlement, selon lequel une ou plusieurs entreprises acquièrent temporairement la totalité d'une autre entreprise cible, pour ensuite se répartir définitivement entre elles les éléments d'actifs ainsi acquis[1061] ; tel est encore le cas d'une prise de contrôle de la cible en commun par plusieurs entreprises pendant une période de démarrage, par la suite convertie en contrôle exclusif au profit de l'une seule d'entre elles[1062] ; tel est enfin le cas du portage, évoqué *supra*[1063].

576. L'exigence de passivité se rattache quant à elle, à l'existence même du changement de contrôle : concrètement, en se gardant d'utiliser ses droits pour déterminer le comportement concurrentiel de l'entreprise, l'acquéreur s'abstient d'exercer son influence déterminante sur la cible. Tant que le cessionnaire demeure passif, il n'y a pas à proprement parler de changement de contrôle ; ou plutôt, celui-ci reste sans effet sur la structure du marché et ce, quelle que soit la durée pendant laquelle se prolonge cette situation. La passivité du propriétaire des titres permet à elle seule de préserver la structure du marché. L'article 3 § 5, sous c) prévoit d'ailleurs une dérogation du

---

consistant à financer une entreprise avant sa création (i), le *capital-création* destiné aux entreprises en phase de création ou débutant leur activité (ii), le *capital-post-création* visant les entreprises dont l'activité débute sans encore générer de profit (iii), le *capital-développement* assistant les entreprises ayant atteint leur seuil de rentabilité voire permettant le redressement d'entreprises en difficulté (iv), ou encore le *capital-transmission* comportant les opérations à effet de levier (*leverage buy out*) ainsi que les rachats d'entreprises par les salariés (v). Le capital-risque recouvre quant à lui de manière générale, les trois premiers segments susmentionnés : capital-amorçage, capital-création et post-création (D. Marcheteau, « Capital-risque. – Création », *in Encyclopédie du JurisClasseur : Banque – Crédit – Bourse,* LexisNexis, 2019, fasc. 2300, pt. 1).

1060 Communication consolidée, pt. 115.

1061 *Ibid.,* pt. 30 à 33.

1062 *Ibid.,* pt. 34 ; Comm. CE, décision du 20 décembre 2001, *Shell / DEA*, aff. M.2389, *JOUE* n° L15 du 21 janvier 2003, p. 35.

1063 V. *supra* n° 571 s.

même ordre au profit des holdings passives, à la condition unique qu'elles n'exercent pas leurs droits pour déterminer le comportement concurrentiel de l'entreprise, sans condition supplémentaire tenant à la revente des titres dans un délai donné.

577. Chacune de ces deux exigences se suffit donc à elle-même. Comme le relève un opérateur du secteur bancaire, l'article 3 § 5, sous a) vise originellement à réserver un régime plus favorable aux banques afin de tenir compte d'une spécificité putative de leur activité ; mais cette disposition ne peut remplir son office dès lors que le bénéfice de cette exception est soumis à des exigences outrepassant celles qui suffisent d'ordinaire pour établir qu'une concentration n'est pas réalisée[1064].

578. **Pour une suppression de la dérogation prévue à l'article 3 § 5, sous a).** Il en résulte que l'article 3 § 5, sous a) ne mérite pas d'être maintenu en l'état. Il pourrait être amendé, afin que les deux conditions auxquelles est soumis le bénéfice de la dérogation ne soient plus cumulatives, mais alternatives. Bien que plus cohérente, cette disposition n'en demeurerait alors pas moins surabondante. En effet, la possibilité d'échapper à la qualification de concentration en cas de prise de participation temporaire ou passive est déjà prévue par d'autres dispositions du règlement n° 139/2004. L'article 3 § 5, sous a) pourrait dès lors être supprimé.

579. L'article 3 § 1, prévoyant qu'une concentration est réputée réalisée en cas de changement *durable* de contrôle, offre ainsi déjà à la Commission la possibilité de faire échapper les opérations de placement temporaire à l'obligation de notification, sans limiter indûment le bénéfice de cette exception à une catégorie restreinte de prestataires, ni leur imposer une exigence supplémentaire de passivité. Il serait alors bienvenu que la communication consolidée sur la compétence de la Commission explicite, à l'instar des précisions apportées au sujet du portage et des autres types d'opérations temporaires[1065], les modalités de mise en œuvre de cette dérogation au profit des placements spéculatifs, en particulier la durée du délai (un an) accordé pour revendre les participations.

580. Hormis les opérations de capital-investissement, grand nombre de placements spéculatifs comportent, en sus de leur caractère temporaire, une dimension passive. Ils pourraient de la sorte également profiter de l'exception prévue par l'article 3 § 5, sous c), à condition d'en élargir le domaine.

b. La modification souhaitable de l'article 3 § 5, sous c)

581. **Domaine restreint aux « sociétés de participation financière ».** L'article 3 § 5, sous c) fait échapper à la qualification de concentration certains rapprochements opérés par les « sociétés de participation financière » visées à l'article 5 § 3 de la quatrième directive 78/660/CEE du Conseil du 25 juillet 1978[1066], qui réservait

---

1064 « The interpretation principles developed by the European Competition Authorities in relation to the question of the (non-)existence of a merger in terms of Article 3 ECMCR have made the exemption in paragraph 3 let. a. and c. obsolete, and have indeed twisted the aims and objectives of the exemption to mean the opposite. The originally intended purpose i.e. the privilege of finance and credit institutions […] no longer exists ; it can even be said that […] the aforementioned institutions are discriminated. » (Crédit Suisse, obs. sous Comm. eur., Livre vert sur la révision du Règlement [CEE] n° 4064/89 du Conseil, 11 décembre 2001, COM[2001] 745 final).

1065 Communication consolidée, pt. 28 à 35.

1066 Quatrième directive 78/660/CEE du Conseil, du 25 juillet 1978, fondée sur l'article 54 paragraphe 3 sous g) du traité et concernant les comptes annuels de certaines formes de sociétés, *JOCE* n° L 222, du 14 août 1978, p. 11.

elle-même un régime fiscal dérogatoire à cette catégorie de société. Ce texte a été abrogé par la directive 2013/34/UE[1067], qui ne reprend pas la notion de « société de participation financière ». Cette dernière ne fait donc désormais plus l'objet d'une définition légale, sans que cela soit dirimant. Pour les besoins du règlement n° 139/2004, la Commission affirme se référer à la définition de la société de participation financière, anciennement retenue par la directive 78/660/CEE, limitée aux « sociétés dont l'objet unique est la prise de participations dans d'autres entreprises, sans que ces sociétés s'immiscent directement ou indirectement dans la gestion de ces entreprises, sans préjudice des droits que les sociétés de participation financière détiennent en leur qualité d'actionnaires ou d'associés. »[1068] La société de participation financière s'apparente en ce sens à la « holding passive » saisie par le droit fiscal français[1069].

582. **Détermination du comportement concurrentiel de l'entreprise.** L'article 3 § 5, sous c) exige cependant un degré supplémentaire de passivité de la part de l'acquéreur, puisqu'il soumet le bénéfice de l'exception à la condition que « les droits de vote attachés aux participations détenues ne soient exercés, notamment par la voie de la nomination des membres des organes de direction et de surveillance des entreprises dont [les acquéreurs] détiennent des participations, que pour sauvegarder la pleine valeur de ces investissements et non pour déterminer directement ou indirectement le comportement concurrentiel de ces entreprises. » L'exigence ainsi requise est substantiellement la même que celle imposée par l'article 3 § 5, sous a)[1070] : l'acquéreur doit ici encore, semble-t-il, s'abstenir de participer aux décisions stratégiques de la cible, portant notamment sur le budget, le plan d'entreprise, les grands investissements ou la nomination des membres de direction.

583. **Pour une modification de l'article 3 § 5, sous c).** En son principe, le régime spécial ainsi accordé aux sociétés de participation financière apparaît opportun : il est légitime d'accorder une dérogation aux prises de participations réalisées par un acquéreur ne jouant qu'un rôle passif au sein de la cible, dès lors qu'une telle opération n'est pas susceptible de mettre en péril la structure du marché[1071].

584. Le domaine de cette exception semble toutefois exagérément restreint. De nombreux investisseurs n'appartenant pas à la catégorie des « sociétés de participation financière » peuvent acquérir des titres auprès d'une société et demeurer passifs en son sein. Tout prestataire exerçant une activité de négociation pour compte propre ou de gestion de portefeuille (individuelle ou collective), peut ainsi effectuer des

---

1067 Directive 2013/34/UE du Parlement européen et du Conseil du 26 juin 2013 relative aux états financiers annuels, aux états financiers consolidés et aux rapports y afférents de certaines formes d'entreprises, modifiant la directive 2006/43/CE du Parlement européen et du Conseil et abrogeant les directives 78/660/CEE et 83/349/CEE du Conseil, *JOUE* n° 182 du 29 juin 2013, p. 19.

1068 Communication consolidée, pt. 113.

1069 Le droit fiscal français fait bien le départ entre les holdings « passives » et « animatrices » : les premières ont pour activité exclusive de gérer leurs participations en se cantonnant à l'exercice des droits de vote et des droits financiers. Les secondes s'investissent au surplus dans la conduite politique de leurs filiales et rendent le cas échéant, des services intragroupes de type administratif, juridique, comptable, financier ou immobilier (sur cette distincton, V. J. Béguier, « Biens professionnels. – Parts et actions de sociétés. – Dispositions particulières », *in Encyclopédie du JurisClasseur : JurisClasseur Impôt sur la fortune*, LexisNexis, 2017, fasc. 38, pt. 12 à 27).

1070 V. *supra* n° 570.

1071 V. *supra* n° 562 s.

placements dépourvus d'ambition politique, uniquement motivés par la distribution de bénéfices ou la réalisation d'une plus-value à la revente. Rien ne justifie de les exclure du bénéfice de la dérogation prévue à l'article 3 § 5, sous c).

585. Cette disposition devrait dès lors être modifiée afin que son champ d'application ne soit pas défini selon le statut des acquéreurs mais en fonction seulement de la passivité de leur comportement. L'article 3 § 5, sous c) pourrait être ainsi rédigé :

> « 5. Une concentration n'est pas réputée réalisée :
>
> [...]
>
> c) Lorsqu'une personne ou une entreprise acquiert des participations dans une ou plusieurs autres entreprises sans qu'elle ne s'immisce directement ou indirectement dans la gestion des entreprises dont elle détient des participations, et pourvu que les droits de vote attachés aux participations détenues ne soient exercés que pour sauvegarder la pleine valeur de ces investissements et non pour déterminer directement ou indirectement le comportement concurrentiel de ces entreprises. »

586. Combinée à la suppression de l'article 3 § 5, sous a), la modification de l'exception prévue au c) du même article permettrait ainsi de clarifier la notion générale de « concentration » au sens du règlement n° 139/2004.

2. Une clarification souhaitable de la notion de concentration

587. **Modification de l'article 3 § 5 *de lege ferenda*.** Dans sa rédaction actuelle, l'article 3 § 5, sous a) souffre d'un champ d'application trop étroit. Cette disposition admet par exception qu'une concentration n'est pas réalisée pourvu que deux conditions cumulatives soient réunies : l'acquéreur doit, d'une part, céder ses participations dans un délai d'un an et, d'autre part, ne pas exercer ses droits pour déterminer le comportement concurrentiel de la cible. Or ce caractère cumulatif n'apparaît pas justifié : chacune de ces deux exigences permet à elle seule de préserver la structure concurrentielle du marché et doit pouvoir, lorsqu'elle est vérifiée, écarter la qualification de concentration. L'article 3 § 1 et l'article 3 § 5, sous c) prévoient déjà d'ailleurs, qu'une concentration n'est pas réalisée pourvu qu'une condition unique soit vérifiée, à savoir respectivement, que l'acquisition demeure temporaire et que le cessionnaire reste passif. Aussi, la dérogation prévue à l'actuel article 3 § 5, sous a) pourrait être supprimée.

588. Nonobstant son opportunité générale, l'exception prévue à l'article 3 § 5, sous c) est quant à elle injustement réservée aux « sociétés de participation financière ». Cette disposition devrait être amendée afin d'étendre son applicabilité à tout acquéreur demeurant passif au sein de la cible. En tenant compte de la suppression de l'exception actuellement prévue à l'article 3 § 5, sous a), le nouvel article 3 du règlement n° 139/2004 serait donc ainsi formulé :

> « Article 3
>
> Définition de la concentration
>
> [...]
>
> 5. Une concentration n'est pas réputée réalisée :
>
> a) lorsque le contrôle est acquis par une personne mandatée par l'autorité publique en vertu de la législation d'un État membre relative à la liquidation,

à la faillite, à l'insolvabilité, à la cessation de paiement, au concordat ou à une autre procédure analogue ;

b) Lorsqu'une personne ou une entreprise acquiert des participations dans une ou plusieurs autres entreprises sans qu'elle ne s'immisce directement ou indirectement dans la gestion des entreprises dont elle détient des participations, et pourvu que les droits de vote attachés aux participations détenues ne soient exercés que pour sauvegarder la pleine valeur de ces investissements et non pour déterminer directement ou indirectement le comportement concurrentiel de ces entreprises. »

589. **Trois catégories d'opérations distinctes.** En somme, trois catégories génériques d'opérations pourraient alors être distinguées. La première est celle des acquisitions temporaires non passives : pendant la détention des titres, l'acquéreur participe à la détermination du comportement concurrentiel de l'entreprise, mais les participations sont revendues dans un délai d'un an. Sont ainsi tout particulièrement visées, les situations de passage d'un contrôle conjoint à un contrôle unique, de démantèlement, ou encore de portage, ainsi éventuellement, que certaines opérations de capital-investissement[1072]. Ce type de rapprochement pourrait ne pas constituer une « concentration » en vertu de l'article 3 § 1 qui limite cette notion aux changements de contrôle *durables*.

590. La deuxième catégorie regroupe les acquisitions durables et passives telles que les placements à long terme, dont les titulaires sont uniquement motivés par la distribution des bénéfices et restent dépourvus d'ambition politique. Ces opérations pourraient échapper à la qualification de concentration sur le fondement de l'article 3 § 5 sous b) tel que modifié.

591. La troisième catégorie se compose des acquisitions à la fois temporaires et passives. Relèvent notamment de cet ensemble les placements spéculatifs à court terme – revendus en moins d'un an –, dont le titulaire s'abstient d'exercer les droits de vote y attachés pour déterminer le comportement concurrentiel de l'entreprise. Dans ces conditions, de telles opérations pourront ne pas constituer des concentrations, tant sur le fondement de l'article 3 § 1 que sur celui de l'article 3 § 5 sous b) modifié.

592. **Droit français.** Le droit français prévoit à l'article L 430-1, I du Code de commerce, qu'une concentration est réalisée par la fusion de deux entreprises (1°), ou lorsque le contrôle d'une entreprise est acquis par une autre (2°). Contrairement au droit de l'Union[1073], ce texte ne soumet pas la qualification de concentration à une exigence générale de *durabilité* du changement de contrôle. Le Code de commerce ne comporte pas non plus de dérogation comparable à celle de l'actuel article 3 § 5 sous a) du règlement n° 139/2004.

593. L'Autorité de la concurrence semble toutefois disposée à admettre que certaines opérations temporaires puissent ne pas constituer une concentration. Elle affirme ainsi dans ses lignes directrices, « s'inspire[r] de [l'article 3 § 5 sous a)] pour apprécier dans quelle mesure l'acquisition provisoire d'un actif cible par un établissement financier, un établissement de crédit ou une société d'assurance, en vue de sa revente à un tiers,

---

1072 V. *supra* n° 571.

1073 V. *supra* n° 553 s.

constitue une opération de concentration ou non. »[1074] Elle admet tout particulièrement cette possibilité à propos des opérations de portage[1075]. Il est néanmoins regrettable que l'Autorité puise l'inspiration de cette dérogation dans l'article 3 § 5 sous a), alors que la Commission exclut désormais l'applicabilité de cette disposition aux opérations de portage[1076]. Droit de l'UE et droit français sont ici en contradiction.

594. L'exclusion des opérations temporaires du domaine des règles françaises du contrôle des concentrations, à laquelle semble encline l'Autorité, nous apparaît opportune pour les mêmes raisons que celles développées *supra* à propos du droit de l'Union. Dans cette perspective, il serait cependant préférable que le législateur insère à l'article L 430-1 du Code de commerce une définition de la concentration limitée aux changements *durables* de contrôle. L'introduction de cette exigence de durabilité présenterait ainsi le double avantage de fournir une base légale à l'exclusion – souhaitable et manifestement souhaitée par l'Autorité – des opérations temporaires du champ des règles françaises relatives au contrôle des concentrations, et de renforcer la cohérence du droit français avec le droit de l'Union.

595. Le droit français n'admet pas non plus d'exception au profit des acquéreurs passifs telle que celle prévue à l'actuel article 3 § 5 sous c) du règlement n° 139/2004. Cette situation est malheureuse. Une telle dérogation serait tout aussi opportune en droit français qu'elle l'est en droit de l'UE[1077]. Nous ne pouvons dès lors que recommander son introduction au sein du Code de commerce.

596. Aux difficultés tenant à l'établissement de la nature concentrative des rapprochements bancaires vient en outre s'ajouter des complications inutiles au stade de l'évaluation de leur dimension communautaire.

B. Inopportunité des règles dérogatoires relatives à l'appréciation de la dimension communautaire des rapprochements bancaires

597. **Première série de seuils d'application générale.** Le règlement n° 139/2004 prévoit deux séries de seuils en chiffre d'affaires, dont le dépassement permet d'établir la dimension communautaire de l'opération. La première est précisée à l'article 1 § 2 :

> 2. Une concentration est de dimension communautaire lorsque :
>
> a) le chiffre d'affaires total réalisé sur le plan mondial par l'ensemble des entreprises concernées représente un montant supérieur à 5 milliards d'euros, et
>
> b) le chiffre d'affaires total réalisé individuellement dans la Communauté par au moins deux des entreprises concernées représente un montant supérieur à 250 millions d'euros,
>
> à moins que chacune des entreprises concernées réalise plus des deux tiers de son chiffre d'affaires total dans la Communauté à l'intérieur d'un seul et même État membre.

1074 Aut. conc., Lignes directrices relatives au contrôle des concentrations, 2020, pt. 91, p. 31.

1075 *Ibid.*, pt. 89 à 92, p. 30 et 31.

1076 V. *supra* n° 265.

1077 V. *supra* n° 258.

598. Cette première série de seuils était déjà prévue à l'identique par le règlement n° 4064/89 originel[1078]. Elle se décompose en trois critères : le premier, relatif au chiffre d'affaires dégagé au plan mondial, a pour objet d'évaluer la dimension totale des entreprises concernées ; le deuxième, s'intéressant au chiffre d'affaires réalisé dans « la Communauté », permet de vérifier que l'opération comporte un niveau minimal d'activité à cette échelle ; la règle des deux tiers vise enfin à exclure les concentrations purement nationales du champ de compétence de la Commission européenne[1079].

599. **Seconde série de seuils d'application générale.** Une seconde série de seuils, introduite en 1997[1080] au sein du règlement de 1989, se retrouve aujourd'hui dans celui de 2004. Elle vise à appréhender certaines concentrations ne répondant pas aux critères de la première série, mais qui auraient une incidence significative dans trois États membres au moins et risquant d'engendrer des notifications multiples auprès des autorités de concurrence nationales. À cet effet, l'article 1 § 3 prévoit des seuils moins élevés en ce qui concerne les chiffres d'affaires dégagés à l'échelle tant mondiale qu'européenne, ainsi qu'un niveau minimal d'activité réalisé cumulativement et individuellement par les entreprises concernées dans trois États au moins[1081]. L'article 1 § 3 comprend également une règle des deux tiers, afin d'exclure les concentrations nationales :

> 3. Une concentration qui n'atteint pas les seuils fixés au paragraphe 2 est de dimension communautaire lorsque :
>
> a) le chiffre d'affaires total réalisé sur le plan mondial par l'ensemble des entreprises concernées représente un montant supérieur à 2,5 milliards d'euros ;
>
> b) dans chacun d'au moins trois États membres, le chiffre d'affaires total réalisé par toutes les entreprises concernées est supérieur à 100 millions d'euros ;
>
> c) dans chacun d'au moins trois États membres inclus aux fins du point b), le chiffre d'affaires total réalisé individuellement par au moins deux des entreprises concernées est supérieur à 25 millions d'euros, et
>
> d) le chiffre d'affaires total réalisé individuellement dans la Communauté par au moins deux des entreprises concernées représente un montant supérieur à 100 millions d'euros,
>
> à moins que chacune des entreprises concernées réalise plus des deux tiers de son chiffre d'affaires total dans la Communauté à l'intérieur d'un seul et même État membre.

1078 À la différence près que les seuils étaient libellés en écus plutôt qu'en euros (règlement [CEE] n° 4064/89 du Conseil, du 21 décembre 1989, relatif au contrôle des opérations de concentration entre entreprises, *JOCE* n° L 395 du 30 décembre 1989, p. 1, art. 1 § 2).

1079 Communication consolidée, pt. 125.

1080 Règlement (CE) n° 1310/97 du Conseil du 30 juin 1997 modifiant le règlement (CEE) n° 4064/89 relatif au contrôle des opérations de concentration entre entreprises, *JOCE* n° L 180 du 9 juillet 1997, p. 1.

1081 Communication consolidée, pt. 126.

600. **Succession de critères spécifiquement applicables aux établissements de crédit.** Originellement, l'article 5 § 3 sous a) prévoyait un critère dérogatoire d'évaluation de la dimension communautaire des rapprochements bancaires fondé sur le bilan des établissements de crédit (1). L'inadaptation de cette méthode à exprimer fidèlement le niveau d'activité des entreprises concernées a conduit à son abandon en 1997, au profit d'un nouveau critère plus adéquat, tiré de leur produit d'exploitation. Au regard des seuils généraux exprimés en chiffre d'affaires à l'article 1, la dérogation actuelle n'est toutefois que d'ordre terminologique, et se révèle donc superfétatoire (2).

1. Inadéquation de l'ancien critère dérogatoire

601. **Ancien critère dérogatoire fondé sur le bilan des établissements de crédit.** Antérieurement à l'introduction d'une seconde série de seuils généraux au sein du règlement n° 4064/89, l'article 5 § 3 sous a) de ce texte prévoyait, eu égard à la première série de seuils, que la dimension communautaire des concentrations auxquelles étaient parties des établissements de crédit ou d'autres établissements financiers[1082] serait exceptionnellement établie en référence, non pas à leur chiffre d'affaires, mais à leur bilan :

> 3. Le chiffre d'affaires est remplacé :
>
> a) pour les établissements de crédit et autres établissements financiers, en ce qui concerne l'article 1er paragraphe 2 point a), par le dixième du total des bilans.
>
> En ce qui concerne l'article 1er paragraphe 2 point b) et dernière partie de phrase, le chiffre d'affaires total réalisé dans la Communauté est remplacé par le dixième du total des bilans multiplié par le rapport entre les créances sur les établissements de crédit et sur la clientèle résultant d'opérations avec des résidents de la Communauté et le montant total de ces créances.
>
> En ce qui concerne l'article 1er paragraphe 2 dernière partie de phrase, le chiffre d'affaires total réalisé à l'intérieur d'un État membre est remplacé par le dixième du total des bilans multiplié par le rapport entre les créances sur les établissements de crédit et sur la clientèle résultant d'opérations avec des résidents de cet État membre et le montant total de ces créances ;

602. Autrement dit, lorsqu'un établissement de crédit ou un autre établissement financier était partie à une concentration, la dimension communautaire de celle-ci était établie dès lors que :

- *le dixième du total des bilans* au plan mondial de toutes les entreprises concernées représentait un montant supérieur à 5 milliards d'écus, et que
- pour au moins deux des entreprises concernées, *le dixième du total du bilan multiplié par le rapport entre d'une part, les créances sur les établissements de crédit et sur la clientèle résultant d'opérations avec des résidents de*

1082 La notion d'*établissement financier* au sens de l'article 5 § 3 sous a) est identique à celle retenue pour les besoins d'application de l'article 3 § 5 sous a) : V. *supra* n° 567.

la Communauté et, d'autre part, le montant total de ces créances excédait 250 millions d'écus, et à moins que

- pour chacune des entreprises concernées, *le dixième du total du bilan multiplié par le rapport entre d'une part, les créances sur les établissements de crédit et sur la clientèle résultant d'opérations avec des résidents d'un seul État membre et, d'autre part, le montant total de ces créances* excédait les deux tiers du montant précédant.

603. **Chiffre d'affaires réalisé par les banques.** Les textes et les travaux parlementaires n'éclairent aucunement les raisons de cette dérogation. L'étonnant argument, que l'on entend parfois[1083], tiré de ce que les banques ne réaliseraient pas de chiffre d'affaires, doit à cet égard être écarté. Les banques réalisent à l'évidence un chiffre d'affaires, conforme à la définition donnée par l'article 5 § 1 du règlement n° 139/2004, constitué des « montants résultant de la vente de produits et de la prestation de services ». La terminologie est certes variable d'un secteur d'activité à l'autre ou selon le pays d'exercice : on parlera plus volontiers ici de « revenu d'exploitation », là de « produit », ailleurs encore de « résultat » ; chacune de ces dénominations vise pourtant au fond la même notion. L'expression « produit d'exploitation », généralement privilégiée dans la pratique à l'égard des banques, renvoie assurément à leur chiffre d'affaires. Rien ne s'oppose donc à ce que l'on s'y réfère pour évaluer la dimension communautaire d'une concentration[1084].

604. **Disparités des niveaux de taux d'intérêt au sein des États.** A été envisagée de surcroît, l'hypothèse d'un motif tiré des fortes disparités observables à la fin des années 1980 entre les taux d'intérêt pratiqués dans les divers États membres : ces écarts, dus à des niveaux d'inflation eux-mêmes très contrastés, feraient obstacle à ce que le chiffre d'affaires puisse refléter avec pertinence la dimension des banques[1085].

605. Une telle motivation, si elle était avérée, ne serait pas plus satisfaisante que la précédente. La disparité géographique des niveaux de prix n'est pas un cas de figure réservé aux activités bancaires, une telle situation pouvant conjoncturellement frapper tout secteur d'activité, sans que cette circonstance ne soit problématique : un écart de niveau des prix ne soulève pas en soi de difficulté dans la perspective d'une évaluation de la dimension communautaire des concentrations fondée sur le chiffre d'affaires. Ce n'est que dans une situation d'hyperinflation, entraînant une hausse significative des prix ainsi qu'une baisse de la valeur monétaire au sein d'un État, que le chiffre d'affaires perdrait sa capacité de refléter fidèlement la dimension de l'entreprise concernée. Or y compris même dans une telle situation, la difficulté pouvait être écartée dès lors que le chiffre d'affaires était exprimé non pas dans une devise nationale dépréciée mais en écus.

606. **Complexité et inadaptation du critère fondé sur le bilan.** Ces motifs expliquent donc difficilement le rejet du critère général fondé sur le chiffre d'affaires pour évaluer la dimension communautaire d'une concentration bancaire ; ils justifient

---

1083 M. Meddeb, th. préc., pt. 304, p. 150.

1084 Bl. Sousi-Roubi et J. Zachmann, art. préc., p. 81.

1085 V. Gr. Damy, « Application du droit de la concurrence aux banques. – Cas particulier des concentrations en droit français et communautaire », fasc. préc., pt. 51.

plus difficilement encore le choix du critère alternatif relatif au bilan des banques. Ce critère dérogatoire a été mal accueilli par la doctrine. La complexité de sa mise en œuvre a été dénoncée[1086], *a fortiori* lorsqu'il devait être combiné avec le critère général, dans l'hypothèse d'une concentration entre un établissement de crédit et une entreprise issue d'un autre secteur.

607. Il est étonnant de constater que la note explicative prévue à l'annexe I du règlement n° 2367/90[1087] ainsi que la communication de la Commission sur le calcul du chiffre d'affaires de 1994[1088], censées apporter un éclairage à ce sujet, ne faisaient qu'alimenter le trouble en confondant le chiffre d'affaires des établissements de crédit et leur bilan[1089]. L'embarras de la Commission était également perceptible dans sa pratique décisionnelle : bien qu'à l'occasion de certaines affaires[1090], elle ait pu se fonder explicitement sur le « dixième du bilan » des entreprises concernées, elle s'est référée dans d'autres décisions[1091] au « chiffre d'affaires » des établissements de crédit « calculé conformément à l'article 5 § 3 du règlement ».

608. Plus fondamentalement, le bilan est impropre à exprimer l'activité de l'entreprise : il n'est que le reflet instantané de son état patrimonial. Une entreprise peut parfaitement avoir une faible activité en dépit d'un important bilan, et réciproquement[1092]. Ce critère a donc été abandonné à la faveur du règlement n° 1310/97, pour être remplacé par un critère fondé sur le produit d'exploitation bancaire.

2. Inutilité du nouveau critère dérogatoire

609. **Nouveau critère dérogatoire fondé sur le produit d'exploitation bancaire.** Le règlement n° 1310/97 a introduit au sein du règlement n° 4064/89 un nouveau critère fondé sur le produit d'exploitation bancaire, en lieu et place du précédent critère reposant sur le bilan. Il se retrouve aujourd'hui à l'article 5 § 3 sous a) du règlement n° 139/2004 :

> 3. Le chiffre d'affaires est remplacé :
> a) pour les établissements de crédit et autres établissements financiers, par la somme des postes de produits suivants, tels qu'ils sont définis dans la

---

1086 Bl. Sousi-Roubi et J. Zachmann, art. préc., p. 80 et 81 ; O. d'Ormesson et A. Wachsmann, « Contrôle des concentrations », *in Encyclopédie du JurisClasseur : Europe,* LexisNexis, 1998, Fasc. 1440, pt. 73.

1087 Règlement (CEE) n° 2367/90 de la Commission du 25 juillet 1990 relatif aux notifications, aux délais et aux auditions conformément au règlement (CEE) n° 4064/89 du Conseil relatif au contrôle des opérations de concentration entre entreprise, *JOCE* n° L 219 du 14 août 1990, p. 5.

1088 Comm. eur., Communication de la Commission sur le calcul du chiffre d'affaires conformément au règlement (CEE) n° 4064/89 du Conseil relatif au contrôle des opérations de concentration entre entreprises, *JOUE* n° C 385 du 31 décembre 1994, p. 21, pt. 54 à 58.

1089 L'un comme l'autre se proposaient en effet, d'expliciter la méthode de « calcul du chiffre d'affaires des établissements de crédit », alors pourtant que les seuils applicables en présence d'un établissement de crédit se fondaient sur un critère dérogatoire inassimilable au chiffre d'affaires.

1090 Comm. CE, décision du 11 janvier 1993, *Crédit lyonnais / BFG Bank*, aff. M.296, *JOCE* n° C 39 du 13 février 1993, p. 1, pt. 7 ; Comm. CE, décision du 26 août 1991, *BNP / Dresdner Bank – Czeho-Slovakia*, aff. M.124, *JOCE* n° C 266 du 31 août 1991, p. 1, pt. 5.

1091 Comm. CE, décision du 28 juin 1996, *Crédit agricole / Banque Indosuez*, aff. M.756, *JOCE* n° C 227 du 6 août 1996, p. 1, pt. 12 ; Comm. CE, décision du 23 octobre 1995, *CGER Banque / SNCI*, aff. M.643, *JOCE* n° C 293 du 8 novembre 1995, p. 1, pt. 10.

1092 Bl. Sousi-Roubi et J. Zachmann, art. préc., p. 81.

directive 86/635/CEE du Conseil(7), déduction faite, le cas échéant, de la taxe sur la valeur ajoutée et d'autres impôts directement liés auxdits produits :

i) intérêts et produits assimilés ;

ii) revenus de titres :

- revenus d'actions, de parts et d'autres titres à revenu variable,
- revenus de participations,
- revenus de parts dans des entreprises liées ;

iii) commissions perçues ;

iv) bénéfice net provenant d'opérations financières ;

v) autres produits d'exploitation.

Le chiffre d'affaires d'un établissement de crédit ou d'un établissement financier dans la Communauté ou dans un État membre comprend les postes de produits, tels que définis ci-dessus, de la succursale ou de la division dudit établissement établie dans la Communauté ou dans l'État membre en question, selon le cas ;

610. **Équivalence entre le « chiffre d'affaires » et le « produit d'exploitation ».** Le *produit d'exploitation*, sur lequel se fonde le nouveau critère, vise en réalité le *chiffre d'affaires* des établissements de crédit. La notion est identique ; seule la terminologie diffère[1093]. L'article 5 § 3, sous a) précise lui-même que le « *chiffre d'affaires d'un établissement de crédit* ou d'un établissement financier [...] comprend *les postes de produits*, tels que définis ci-dessus »[1094]. La pratique décisionnelle relative au contrôle des concentrations[1095], de même qu'aux aides[1096] ou aux pratiques anticoncurrentielles[1097], se réfère indifféremment au « chiffre d'affaires » des établissements de crédit.

611. Le produit d'exploitation bancaire, correspondant ainsi au chiffre d'affaires des établissements de crédit, exprime le niveau d'activité des entreprises concernées plus justement que leur état patrimonial. « [A]ux fins du calcul du chiffre d'affaires des établissements de crédit et autres établissements financiers, le produit bancaire constitue un meilleur critère qu'une proportion des actifs, parce qu'il reflète de façon plus juste la réalité économique de l'ensemble du secteur bancaire »[1098].

612. **Suppression souhaitable de l'article 5 § 3, sous a).** Dans la mesure toutefois où les seuils généraux prévus à l'article 1 sont déjà exprimés en chiffre d'affaires, l'article 5 § 3, sous a), retenant pour les établissements de crédit

---

1093 V. *supra* n° 603.

1094 Souligné par nos soins.

1095 Comm. eur., décision du 10 novembre 2010, *Crédit agricole / Cassa di Risparmio della Spezia / Agences Intesa Sanpaolo*, aff. M.5960, *JOUE* n° C 96 du 29 mars 2011, p. 4, pt. 10 ; Aut. conc. décision n° 19-DCC-14 du 30 janvier 2009 *relative au passage d'un contrôle conjoint par La Banque Postale et la Société Générale à un contrôle exclusif par La Banque Postale de La Banque Postale Financement*, pt. 1.

1096 Comm. CE, décision du 20 mai 1998 *concernant les aides accordées par la France au groupe Crédit Lyonnais* préc., V. section 6.1 portant sur l'évaluation du plan de restructuration.

1097 Comm. CE, décision du 3 octobre 2007, *Morgan Stanley c. Visa International*, aff. COMP/D1/37860, pt. 167.

1098 Règlement (CE) n° 1310/97 du Conseil du 30 juin 1997 modifiant le règlement (CEE) n° 4064/89 relatif au contrôle des opérations de concentration entre entreprises, *JOCE* n° L 180 du 9 juillet 1997, p. 1, cons. 6.

un critère également fondé sur le chiffre d'affaires se justifie-t-il vraiment ? La réponse nous semble négative. Les postes de produits d'exploitation énumérés à l'article 5 § 3, sous a) conformément à la directive nº 86/635/CEE[1099], correspondent bien aux activités « ordinaires »[1100] ou « normales »[1101] des établissements de crédit et autres établissements financiers devant être prises en compte pour le calcul du chiffre d'affaires en règle générale. À tout bien considérer, le critère prévu à l'article 5 § 3, sous a), fondé sur le produit d'exploitation bancaire n'est en rien dérogatoire au critère général exprimé en chiffre d'affaires, si ce n'est en raison de sa formulation terminologique. La règle posée à l'article 5 § 3, sous a) n'est que la déclinaison sectorielle de celle prévue à l'article 1 § 2 et 3. Pour s'en convaincre, songeons qu'en l'absence de l'article 5 § 3, sous a), la dimension communautaire d'une concentration serait évaluée sur le fondement du critère général posé à l'article 1, de l'exacte même manière qu'elle l'est actuellement en vertu de l'article 5 § 3, sous a).

613. Les dispositions de ce dernier ne sont pas exceptionnelles et n'ont en définitive qu'une vertu explicative : elles renseignent sur la manière de calculer le chiffre d'affaires des établissements de crédit au sens de l'article 1 ; ce qui, au demeurant, reste bienvenu. Ces précisions devraient être conservées, mais au sein des textes de droit souple, plutôt que dans le règlement nº 139/2004, où elles apparaissent superfétatoires. En l'état, l'article 5 § 3, sous a) constitue une dérogation artificielle et alourdit inutilement le texte du règlement nº 139/2004.

614. L'exigence de qualité du droit de l'UE privilégiant une législation « aussi simple et claire que possible » et s'abstenant de toute réglementation excessive[1102], commanderait d'alléger le règlement de son article 5 § 3, sous a) et d'en transférer la substance au sein de la communication consolidée sur la compétence de la Commission. Sa section C, IV relative au « chiffre d'affaires », pourrait être ainsi complétée d'un paragraphe précisant que pour les établissements de crédit et les autres établissements financiers, le chiffre d'affaires est non pas « remplacé » mais établi « par la somme des postes de produits suivants […] ».

615. **Droit français.** Le critère fondé sur le produit d'exploitation actuellement retenu en droit de l'UE est également applicable dans le cadre du contrôle français des concentrations : le Code de commerce prévoit pareillement des seuils en chiffre d'affaires[1103] et renvoie, pour les besoins de leur calcul, à l'article 5 du règlement nº 139/2004[1104]. Dans ses lignes directrices relatives au contrôle des concentrations, l'Autorité de la concurrence explicite les modalités d'évaluation retenues par la

---

1099 Directive 86/635/CEE du Conseil du 8 décembre 1986 concernant les comptes annuels et les comptes consolidés des banques et autres établissements financiers, *JOCE* nº L 372 du 31 décembre 1986, p. 1.

1100 Règlement CE sur les concentrations, art. 5 § 1.

1101 Communication consolidée, pt. 161.

1102 Accord interinstitutionnel entre le Parlement européen, le Conseil de l'Union européenne et la Commission européenne « Mieux légiférer », *JOUE* nº L 123, du 12 mai 2016, p. 1, cons. 2. Plus généralement, V. H. Legal, « Simplification et qualité du droit de l'Union européenne », *in* Conseil d'État, *Étude annuelle 2016 : simplification et qualité du droit*, La Documentation française, coll. Les rapports du Conseil d'État, 2016, p. 207.

1103 C. com., art. L 430-2, I, II et III.

1104 C. com., art. L 430-2, V.

Commission et reprend à son compte, le critère tiré du produit bancaire visé à l'article 5 § 3, sous a)[1105].

616. La suppression recommandée de l'article 5 § 3, sous a) du règlement n° 139/2004 produirait dès lors un effet salutairement comparable en droit français.

617. **Conclusion de la Section 2.** Les critères d'applicabilité des règles du contrôle des aides d'État et des concentrations comportent certains aménagements, eu égard aux spécificités des activités bancaires. Ces dérogations se révèlent pourtant largement injustifiées.

618. La vérification des critères d'applicabilité de l'article 107 TFUE se heurte, il est vrai, à quelques obstacles tenant à la singularité des activités bancaires. L'impératif de stabilité financière peut ainsi justifier l'octroi de soutiens aux banques en difficulté, s'apparentant à des aides. Ces concours sont toutefois susceptibles d'être accordés par le biais d'entités inter ou supranationales. L'origine étatique des mesures apparaît dès lors discutable. Il en va notamment ainsi de celles accordées par le biais du Fonds de résolution unique (FRU), auquel il ne peut être recouru qu'à l'initiative du Conseil de résolution unique (CRU), jouissant du statut d'agence de l'UE. Le législateur de l'Union a donc opportunément décidé d'étendre la compétence de la Commission au contrôle de compatibilité de ces mesures avec le marché intérieur, quand bien même leur origine étatique ne saurait être établie.

619. En outre, certaines mesures adoptées par les banques centrales nationales (BCN) pourront être soumises à l'applicabilité de l'article 107. Tel peut être le cas de mesures non conventionnelles, ne relevant pas de la politique monétaire unique, à l'instar des fournitures de liquidité d'urgence. La Commission européenne soumet explicitement ces dernières au respect de l'article 107. Mais elle prévoit une série de conditions spéciales cumulatives permettant en substance d'écarter la nature sélective ainsi que l'origine étatique des mesures, et partant, de les faire échapper à l'applicabilité de ce texte. Par principe, cette dérogation est bienvenue, en ce qu'elle facilite le travail d'autoévaluation des BCN dans un contexte d'urgence. Le caractère *cumulatif* de ces conditions n'apparaît toutefois pas justifié. Il eut été préférable d'admettre, conformément au droit commun, que le défaut de sélectivité ou l'absence d'origine étatique de la mesure, puisse, *alternativement*, permettre d'écarter l'applicabilité de l'article 107 TFUE.

620. Les critères d'applicabilité des règles du contrôle des concentrations ont également fait l'objet d'aménagements, dont l'opportunité ne ressort pas avec évidence. Le règlement CE sur les concentrations comporte tout d'abord, des dispositions spécifiquement applicables aux banques pour la vérification de la nature concentrative d'un rapprochement d'entreprises. Son article 3 § 5, sous a) fait ainsi échapper les prises de participations temporaires à la qualification de concentration ; cette exception apparaît surabondante, dans la mesure où l'article 3 § 1 pourrait déjà produire un effet identique. L'article 3 § 5, sous c) du règlement prévoit quant à lui une exception en cas de passivité de l'acquéreur au sein de l'entreprise cible. Cette dérogation semble toutefois injustement réservée aux « sociétés de participation financière ».

1105 Aut. conc., Lignes directrices relatives au contrôle des concentrations, 2020, pt. 133, p. 43.

621. L'article 5 § 3 sous a) du règlement retient encore un critère spécial d'évaluation de la dimension communautaire de l'opération, tiré du *produit d'exploitation* des banques. Au regard des seuils généraux exprimés en *chiffre d'affaires* à l'article 1 du même texte, cette dérogation n'est que d'ordre terminologique et se révèle donc superfétatoire.

622. **Conclusion du Chapitre II.** En règle générale, la spécificité des activités bancaires ne soulève pas de difficultés particulières quant à la vérification des critères d'applicabilité du droit de la concurrence. Ainsi des critères d'applicabilité du droit des pratiques anticoncurrentielles ; à l'exemple du critère d'affectation du commerce interétatique, indifférent à la singularité des activités bancaires. La présence éventuelle de prérogatives de puissance publique pourra parfois gêner l'identification d'une activité économique. Mais cette embûche n'est que relative, dans la mesure où seules les banques centrales pourront sérieusement prétendre à de telles prérogatives, à l'exclusion des établissements de crédit. En toute hypothèse, les critères généraux d'applicabilité du droit des pratiques anticoncurrentielles pourront être mis en œuvre en présence d'activités bancaires, sans mériter la moindre adaptation.

623. Une conclusion similaire pourrait être dressée quant aux critères d'applicabilité des règles du contrôle des concentrations. Tout bien considéré, la singularité des activités bancaires n'est d'aucun embarras lors de la vérification de la dimension (communautaire ou nationale) des rapprochements bancaires ni même de leur nature concentrative. C'est globalement à tort qu'ont donc été élaborés des critères d'applicabilité spéciaux, alors que les concentrations bancaires pourraient se satisfaire des critères de droit commun.

624. Le constat est plus nuancé à l'examen des critères d'applicabilité des règles du contrôle des aides. Globalement, la spécificité des activités bancaire n'affecte pas leur vérification. À certains égards, un léger aménagement des critères d'applicabilité apparaît néanmoins légitime. Ainsi, bien que l'origine étatique d'une mesure de soutien accordée par le FRU ne puisse être établie, un contrôle de compatibilité de cette mesure avec le marché intérieur est pourtant justifié, eu égard à l'objectif de préservation de la concurrence auquel le FRU est censé participer *via* l'uniformisation des pratiques de résolution. De même, le contexte d'urgence dans lequel s'insèrent certaines mesures de fourniture de liquidité par les banques centrales légitime l'élaboration de conditions d'applicabilité dérogatoires, afin de faciliter leur travail d'autoévaluation.

CONCLUSION DU TITRE II

625. **Applicabilité du droit de la concurrence justifiée par principe.** À la question de savoir si les activités bancaires doivent échapper aux règles de concurrence, la réponse est négative ; sans l'ombre d'un doute. Les spécificités du secteur bancaire, bien connues du juge et des autorités de concurrence, ne légitiment en rien leur affranchissement des lois du marché. Au contraire, la compatibilité des objectifs de régulation bancaire avec ceux du droit de la concurrence autorise par principe l'applicabilité de ce dernier aux activités bancaires.

626. Leur soumission pleine et entière au droit de la concurrence de l'Union, récemment consacrée au terme d'une lutte acharnée, emporte dès lors satisfaction. Pour les mêmes raisons, l'inapplicabilité partielle des règles de concurrence françaises est insatisfaisante. Cette situation se révèle inopportune et injustifiée. Le droit commun français de la concurrence est légitime à se saisir pleinement des activités bancaires. Une modification du droit en ce sens ne peut donc être que soutenue.

627. **Inapplicabilité du droit de la concurrence justifiée par exception.** Les activités bancaires ne devraient être exclues du champ d'application des règles de concurrence qu'à titre exceptionnel. En effet, à l'instar de tout autre type d'activités, elles peuvent échapper au domaine des lois de la concurrence lorsqu'à l'issue d'une analyse au cas par cas, il est établi que leurs critères d'applicabilité ne sont pas vérifiés.

628. À ce titre, les critères d'applicabilité de droit commun se révèlent, en règle générale, parfaitement adaptés aux activités bancaires. Leur spécificité ne soulève ainsi aucune difficulté particulière impliquant une modification des conditions d'applicabilité. Mis à part quelques dispositions dérogatoires relatives au champ d'application de l'article 107 TFUE, tout aménagement des critères d'applicabilité du droit de la concurrence se révèle donc inapproprié.

CONCLUSION DE LA PARTIE I

629. **Compatibilité entre les objectifs du droit de la concurrence et de la régulation bancaire.** Une convergence entre les objectifs du droit de la concurrence et de la régulation bancaire se fait jour. L'un comme l'autre s'efforce de promouvoir la concurrence interbancaire non pas en tant que finalité, mais comme un moyen de contribuer à l'accomplissement d'objectifs supérieurs. Au premier rang de ces derniers figurent notamment la promotion de l'efficacité économique et, en droit de l'UE, la protection du marché (bancaire) unique, objectifs *a priori* partagés par le droit de la concurrence et la régulation bancaire. D'autres objectifs propres à cette dernière, tels que le maintien de la confiance et de la stabilité financière, ne sont pas non plus inconnus du droit de la concurrence, qui s'en est imprégné afin de mieux les respecter.

630. **Légitimité de la soumission des activités bancaires aux lois de la concurrence.** Tout argument tiré de la singularité des activités bancaires ou d'une incompatibilité d'objectifs tendant à l'inapplicabilité du droit de la concurrence serait ainsi fallacieux. La soumission des activités bancaires au droit commun de la concurrence (français comme de l'Union) est tout à fait justifiée. Elle s'est imposée progressivement, par à-coups.

631. Mais quelques critères spéciaux d'applicabilité sont encore réservés aux banques. Tel est notamment le cas des règles européennes du contrôle des concentrations. Leur maintien à ce jour n'apparaît toutefois pas légitime ; un retour au droit commun serait préférable. Plus fondamentalement, l'inapplicabilité du droit français des pratiques restrictives aux activités bancaires apparaît aussi illégitime qu'inopportune. Une modification du droit français en conséquence serait bienvenue.

632. Aucune raison sérieuse ne peut ainsi justifier l'exclusion des activités bancaires du domaine des règles de concurrence. Leur mise en œuvre ne saurait constituer un obstacle à la réalisation des objectifs de régulation bancaire. Bien au contraire, l'application du droit de la concurrence aux activités bancaires se révèle des plus opportunes en contribuant au perfectionnement de la régulation bancaire, autant qu'à l'accomplissement de ses objectifs propres.

PARTIE II

L'APPLICATION OPPORTUNE DU DROIT DE LA CONCURRENCE AUX ACTIVITÉS BANCAIRES

633. **Complémentarité entre le droit de la concurrence et la régulation bancaire.** Contrairement à ce que certains, en particulier les banquiers, ont pu soutenir avec ardeur[1106], les activités bancaires ne sauraient échapper au domaine des règles de concurrence en raison des impératifs propres à la régulation bancaire. Les règles de concurrence en sont imprégnées et comportent toute la souplesse nécessaire pour s'adapter exceptionnellement à la singularité des activités bancaires, de sorte que leur mise en œuvre ne constitue jamais un obstacle aux impératifs de régulation sectorielle.

634. Parfaitement légitime, la soumission des activités bancaires aux règles de concurrence se révèle même opportune, y compris dans une perspective de régulation bancaire. Celle-ci peut en effet trouver une source d'inspiration voire de perfectionnement dans les consultations et enquêtes sectorielles menées par les autorités de concurrence, mais aussi dans leur pratique décisionnelle, notamment relative aux ententes. Les rouages du marché bancaire y sont exposés en détail ; ses dysfonctionnements, jusqu'alors éventuellement inconnus de la régulation bancaire, sont aussi mis en lumière. Lorsque l'application des règles de concurrence est insuffisante à elle seule pour y remédier, la régulation bancaire pourra s'étoffer de nouveaux dispositifs en mesure d'y faire face, à la suggestion des autorités de concurrence ou sur le modèle des solutions expérimentées par ces dernières (Titre I).

635. À l'inverse, la mise en œuvre du droit de la concurrence pourra suppléer, du moins compléter l'action des autorités de régulation bancaire en cas de besoin. À l'occasion de la crise financière de 2008, l'application du droit des aides a ainsi permis de combler temporairement les lacunes de la régulation sectorielle en matière de résolution bancaire et d'apporter une réponse uniforme à la crise, avec pour objectif prioritaire le maintien de la stabilité financière. La mise en œuvre du contrôle des concentrations offre également l'opportunité à la DG concurrence de vérifier la bonne application des règles prudentielles par les États. Le droit de la concurrence est lui-même garant des impératifs de régulation bancaire (Titre II). Ainsi s'exprime toute la complémentarité du droit de la concurrence et de la régulation bancaire.

1106 L. Villaret, art. préc., p. 511. V. également, J. Lasserre Capdeville, M. Storck, R. Routier *et al., Droit bancaire, op. cit.,* pt. 242 ; G. Decocq, « Les conditions d'exercice de l'activité bancaire », art. préc., pt. 134, p. 103 ; Chr. Gavalda, « La soumission des ententes interbancaires à la Commission de la concurrence (loi n° 85-695 du 11 juillet 1985) », *D.* 1985, chron., p. 267.

TITRE I

LE DROIT DE LA CONCURRENCE, SOURCE D'INSPIRATION DE LA RÉGULATION BANCAIRE

636. **Le droit de la concurrence complété par la régulation bancaire.** La pratique décisionnelle faisant application du droit des pratiques anticoncurrentielles constitue une source d'inspiration de la régulation bancaire. Ainsi tout particulièrement des affaires d'entente sur les commissions interbancaires traitées par les autorités de concurrence française et européenne. La pratique décisionnelle afférente a mis en lumière un profond dysfonctionnement de marché. Mais elle a également révélé les limites d'une approche strictement *ex post* inhérente au droit des pratiques anticoncurrentielles : un traitement au cas par cas s'avère insuffisant pour faire face à des pratiques à ce point généralisées. La régulation bancaire a donc complété l'action des autorités de concurrence, suivant une approche *ex ante*, en généralisant par la voie réglementaire les solutions élaborées par celles-ci (Chapitre I).

637. Les autorités de concurrence ont tout le loisir d'approfondir cette relation de complémentarité et de contribuer au perfectionnement de la régulation bancaire, par le biais de leurs pouvoirs consultatifs et d'enquête sectorielle : le produit de ces analyses offre une précieuse source d'information quant aux dynamiques propres des marchés bancaires et permet le cas échéant, de révéler d'éventuels dysfonctionnements. Les autorités de concurrence font alors usage de ces prérogatives comme d'un canal de communication avec les pouvoirs exécutif et législatif : elles pourront ainsi leur suggérer certains aménagements du droit bancaire afin de remédier à ces difficultés lorsque la seule application des règles de concurrence est à cet égard insuffisante (Chapitre II).

Chapitre I
La régulation bancaire inspirée de la mise en œuvre du droit des pratiques anticoncurrentielles

Section 1 Les commissions interbancaires saisies ex post par le droit de la concurrence

§ 1. Compréhension des marchés des services de paiement

A. Fonctionnement des marchés des services de paiement

B. Segmentation des marchés des services de paiement

§ 2. Nocivité des ententes sur les marchés des services de paiement

A. La caractérisation des ententes interbancaires

1. Le concours de volontés interbancaire

2. La restriction de concurrence interbancaire

a. L'indiscutable effet anticoncurrentiel des ententes sur les commissions interbancaires

i. Un effet restrictif non accessoire induit par la fixation collective des commissions interbancaires

ii. Un effet restrictif aggravé par l'application de certaines règles commerciales

b. Le discutable objet anticoncurrentiel des ententes sur les commissions interbancaires

i. Un débat opposant l'autorité et le juge européens de la concurrence

α - L'exigence générale d'une interprétation restrictive de la notion d'objet anticoncurrentiel

β - Une entente sur les commissions d'interchange dépourvue d'objet anticoncurrentiel

ii. Un débat opposant l'autorité et le juge français de la concurrence

B. L'exemption des ententes interbancaires

1. L'exemption envisageable des commissions interbancaires associées aux paiements par carte et par chèque

a. L'exemption envisageable des commissions interbancaires associées aux paiements par chèque

b. L'exemption envisageable des commissions interbancaires associées aux paiements par carte
i. Méthode initiale fondée sur les coûts
ii. Méthode actuelle fondée sur le test du commerçant indifférent
2. L'exemption inenvisageable des commissions interbancaires afférentes à d'autres types d'instruments

Section 2 Les commissions interbancaires saisies ex ante par la régulation bancaire
§ 1. Des difficultés résolues
A. Les limites d'une approche curative par le droit de la concurrence
B. Les apports d'une démarche préventive par la régulation bancaire
1. L'encadrement du niveau des commissions d'interchange
2. L'encadrement de certaines règles commerciales
a. Encadrement des modalités de tarification et de la règle faisant obligation d'accepter toutes les cartes
b. Encadrement des possibilités d'orienter le consommateur
§ 2. Des difficultés persistantes
A. Difficultés quant à l'application du principe *ne bis in idem*
1. Réunion certaine des conditions relatives au *bis*
2. Réunion incertaine des conditions relatives à l'*idem*
B. Difficultés quant à l'indemnisation des victimes

638. **Nécessaire coordination interbancaire.** Les marchés bancaires français et européen sont structurés de telle sorte que le risque de domination, à tout le moins individuelle, demeure minime[1107]. Il est d'ailleurs significatif que la pratique décisionnelle des autorités française et européenne de concurrence soit dépourvue, à notre connaissance, de toute affaire d'abus de position dominante commis sur ces marchés. Ce type de pratique ne sera dès lors pas abordé dans le présent chapitre[1108].

639. Le risque concurrentiel sur les marchés bancaires est indubitablement celui de l'entente, bien plus que celui de l'abus ; car le bon fonctionnement de certaines activités implique une certaine forme de coordination interbancaire[1109]. Tel est notamment le cas du crédit syndiqué, pratique par laquelle plusieurs banques accordent un prêt à un même emprunteur, généralement destiné à financer un projet de capital-investissement. La gestion de l'opération est communément confiée à une banque dite « chef de file », notamment chargée d'élaborer le montage général, de négocier avec l'emprunteur les conditions financières ainsi que les sûretés requises, et d'assurer de manière générale la coordination entre les différents prêteurs[1110].

640. Tel est encore le cas des services de paiement : en effet, chaque transaction réglée par le biais d'un instrument de paiement scriptural met en relation les banquiers des deux parties à la transaction. L'un et l'autre se retrouvent alors mis en relation forcée afin qu'ils procèdent à l'exécution du paiement et au transfert de fonds d'un compte à l'autre[1111]. Toute opération de retrait d'argent auprès d'un distributeur appartenant au réseau d'une banque autre que celle du titulaire du compte implique, là encore, une mise en rapport entre les deux banques. Le fonctionnement de ces services requiert donc une coordination bilatérale, voire multilatérale, afin d'établir des normes techniques communes et des procédures uniformes. Mais les

---

1107 Sur la structure des marchés bancaires, V. *infra* n° 1148 s.

1108 Pour une réflexion prospective quant à l'éventuelle mise en œuvre d'un abus de position dominante sur les marchés de la *blockchain*, V. *infra* n° 960 s.

1109 V. N. Kar et J. Buckland, « Antitrust risk in financial services : Lessons from recent regulatory developments in the EU, UK and beyond », *Concurrences* n° 4-2019, décembre 2019, art. n° 91844, pt. 7, p. 2 ; *Antitrust in the Financial Sector : Hot Issues & Global Perspectives*, Colloque organisé par la revue Concurrences et le cabinet Morgan Lewis, New York, 23 mai 2017, rapport de synthèse, p. 4 ; Bl. Sousi, B. Van de Walle de Ghelcke, E. Martínez-Rivero et J. Allix, « Les accords dans le secteur bancaire : De la standardisation à l'entente », *Concurrences* n° 1-2007, février 2007, art. n° 13186, p. 2.

1110 Ce type d'opération n'est pas sans risque sur le terrain concurrentiel. Dans un rapport de 2019 consacré à l'impact concurrentiel des crédits syndiqués sur les marchés du crédit, la DG concurrence en a d'ailleurs identifiés un certain nombre (R. Dawkins, D. Drury [Europe Economics], O. Bretz, M. Leppard, H. Bardell [Euclid Law], *EU loan syndication and its impact on competition in credit markets, Final report*, European Commission, DG Competition, 20 mai 2019). Des échanges d'informations potentiellement sensibles, de nature à faciliter une concertation entre les prêteurs est notamment à craindre. La coopération entre les membres du syndicat pourrait également dériver en une entente aboutissant à une répartition territoriale ou de la clientèle entre les prêteurs. Néanmoins, à notre connaissance, aucune pratique mise en œuvre à l'occasion d'une opération de crédit syndiqué n'a donné lieu, pour l'heure, à l'application des règles européennes ou françaises de concurrence, raison pour laquelle ce sujet ne sera pas abordé plus avant dans le présent ouvrage.

1111 Comm. CE, *Rapport sur la politique de concurrence 1993*, p. 74 ; Comm. CE, communication du 31 janvier 2007, Enquête par secteur menée en vertu de l'article 17 du règlement (CE) n° 1/2003 sur la banque de détail, rapport final, COM(2007) 33 final, pt. 9, p. 4.

incitations sont grandes à poursuivre la coordination au-delà du strict nécessaire. La frontière entre l'accord de standardisation licite et l'entente anticoncurrentielle est étroite. Il est parfois malaisé d'opérer le distinguo.

641. **Prépondérance des affaires d'entente sur les commissions interbancaires.** Mais les règles de concurrence sont dotées d'une flexibilité suffisante pour permettre leur adaptation ; la possibilité d'exempter une pratique génératrice de gains d'efficacité constitue à cet égard la principale clé de répartition entre le « bon grain et l'ivraie »[1112]. De manière plus générale, les raisonnements communément employés par les autorités de concurrence en présence d'autres types d'activités demeurent pleinement transposables aux activités bancaires. À la vérité, les accords relatifs aux activités bancaires suscitent *in globo*, peu de complications particulières au titre de l'analyse concurrentielle.

642. Seule une série de pratiques, auxquelles les autorités consacrent l'essentiel de leurs efforts, soulèvent de véritables difficultés lors de l'examen concurrentiel : les accords sur les commissions interbancaires attachées aux services de paiement. À tout point de vue, celles-ci dominent la pratique décisionnelle et la jurisprudence, françaises comme européennes, relatives à l'application du droit des pratiques anticoncurrentielles aux activités bancaires. Elles dominent tant au regard du nombre de décisions rendues[1113], que de l'importance des sanctions infligées[1114] ou de la durée des procédures[1115]. Si ce chapitre comporte certains éléments d'analyse généraux, intéressant l'ensemble des ententes afférentes aux activités bancaires, la place prépondérante qu'il réserve aux affaires portant sur les commissions interbancaires est ainsi proportionnelle à l'intérêt soulevé par ces dernières.

1112 Bl. Sousi, B. Van de Walle de Ghelcke, E. Martínez-Rivero et J. Allix, art. préc., p. 2.

1113 Une quinzaine d'affaires ont été traitées par l'autorité et/ou le juge européens de la concurrence (CJUE, 2 avril 2020, *Gazdasági Versenyhivatal c. Budapest Bank Nyrt. et al.*, aff. C-228/18, ECLI : EU : C : 2020:265, note D. Bosco, *CCC* n° 6, juin 2020, comm. 103 ; CJUE, 7 février 2018, *American Express Company c. The Lords Commissioners of Her Majesty's Treasury*, aff. C-643/16, ECLI : EU : C : 2018:67, note D. Berlin, *JCP G* n° 8, 19 février 2018, 219 ; S. Cazet, *Europe* n° 4, avril 2018, comm. 141 ; CJUE, 11 septembre 2014, *MasterCard et al. c. Commission CE* préc. ; TPICE, 23 février 1994, G*roupement des cartes bancaires « CB » et al. c. Commission* préc. ; Comm. eur., décision du 29 avril 2019, *Visa MIF III*, aff. AT.39398 ; Comm. eur., décision du 29 avril 2019, *MasterCard II*, aff. AT.40049, note A.-S. Choné-Grimaldi, *Concurrences* n° 3-2019, septembre 2019, art. n° 91098, p. 81 ; Comm. eur., décision du 22 janvier 2019, *MasterCard II*, aff. AT.40049 ; Comm. eur., décision du 26 février 2014, *Visa MIF II* préc. ; Comm. eur., décision du 8 décembre 2010, *Visa MIF*, aff. COMP/D-1/39.398 ; Comm. CE, décision du 24 juillet 2002, *Visa international – Commission multilatérale d'interchange*, préc. ; Comm. CE, 9 août 2001, décision *Visa International*, aff. COMP/29.373, *JOCE* n° L 293/24 du 10 novembre 2001, p. 1 ; Comm. CE, décision du 8 septembre 1999, *Nederlandse Vereniging van Banken (accord GSA de 1991)* préc. ; Comm. CE, décision du 12 décembre 1986, *ABI* préc. ; Comm. CE, décision du 11 décembre 1986, *Association belge des banques* préc. ; Comm. CE, décision du 10 décembre 1984, *Eurochèques uniformes* préc.) ; et six par l'autorité et/ou le juge français (Cass. com., 29 janvier 2020, n° 18-10.967, note D. Bosco, *CCC* n° 3, mars 2020, comm. 49 ; Aut. conc., décision n° 13-D-17 du 20 septembre 2013 préc. ; Aut. conc., décision n° 13-D-18 du 20 septembre 2013 préc. ; Aut. conc., décision n° 12-D-17 du 5 juillet 2012 préc. ; Aut. conc., décision n° 11-D-11 du 7 juillet 2011 préc. ; Cons. conc., décision n° 88-D-37 du 15 octobre 1988 préc.).

1114 La Commission européenne a sanctionné MasterCard à hauteur de 570 millions d'euros dans sa décision du 22 janvier 2019 (décision *MasterCard II*, aff. AT.40049). Dans l'affaire des *commissions d'échange image-chèque,* l'Autorité de la concurrence a quant à elle infligé plusieurs amendes d'un montant cumulé de 385 millions d'euros (décision n° 10-D-28 du 20 septembre 2010, *relative aux tarifs et aux conditions liées appliquées par les banques et les établissements financiers pour le traitement des chèques remis aux fins d'encaissement*).

1115 V. *infra* n° 770 s.

643. D'autant que ces affaires offrent un aperçu de la complémentarité entre la régulation bancaire et le droit de la concurrence. En effet, la mise en œuvre des règles de concurrence a permis de révéler non seulement l'existence d'une restriction concurrentielle généralisée, mais également les limites d'un traitement *ex post* de pratiques aussi répandues. Le droit de la concurrence ne saurait à lui seul en venir à bout tout en contribuant à une intégration satisfaisante du marché des services de paiement (Section 1). Une approche *ex ante* par la régulation bancaire, inspirée des solutions posées par les autorités de concurrence, s'avère nécessaire afin d'y parvenir. Ce fut chose faite à la faveur du règlement (UE) n° 2015/751, ayant opportunément complété la mise en œuvre des règles de concurrence (Section 2).

Section 1
Les commissions interbancaires saisies *ex post* par le droit de la concurrence

644. **Segmentation des marchés préalablement à l'analyse de la nocivité des pratiques.** Les ententes portant sur les commissions interbancaires sont des pratiques complexes hautement restrictives. Afin de pouvoir apprécier toute leur nocivité telle qu'envisagée par les autorités de concurrence (§ 2), il convient préalablement de revenir sur le fonctionnement et la segmentation des marchés des services de paiement (§ 1).

§ 1. Compréhension des marchés des services de paiement

645. **Complexité de la segmentation en raison de la multiplicité des acteurs en présence.** Les marchés des services de paiement se singularisent par la présence d'un grand nombre d'acteurs en interaction les uns avec les autres. Ils se caractérisent aussi et surtout par leur nature biface, mettant en relation les versants de l'émission et de l'acquisition des paiements (A). Cette spécificité rend leur segmentation malaisée[1116] (B).

A. Fonctionnement des marchés des services de paiement

646. **Différents acteurs au sein des réseaux de paiement.** Schématiquement, les divers instruments de paiement scripturaux – cartes bancaires, chèques, prélèvements, virements – peuvent à l'occasion d'une opération de paiement, faire intervenir

1116 Sur la segmentation plus généralement, du marché bancaire dans son ensemble, V. *infra* n° 1140 s.

cinq acteurs différents[1117] : le « payeur », soit une personne titulaire d'un compte de paiement autorisant un ordre de payer (i) ; le « bénéficiaire », i.e. le destinataire du paiement (ii) ; « l'émetteur », un prestataire de services de paiement ayant mis à disposition de ce dernier un instrument de paiement (iii) ; « l'acquéreur », un prestataire de services de paiement qui s'engage à accepter et traiter les opérations de paiement à destination de son client par le biais d'un instrument donné (iv). Un cinquième acteur intervient enfin parfois, notamment en matière de paiement par carte : le « schéma » de paiement par carte (tel que Visa, MasterCard ou American Express). Celui-ci joue le rôle de plateforme, faisant le lien entre les versants de l'émission et de l'acquisition. Il fournit le réseau, régi par un ensemble unique de règles et de normes[1118] (v).

647. **Schémas quadripartites.** Les schémas de paiement se répartissent entre deux principaux modèles : les schémas « quadripartites » et « tripartites »[1119]. Le premier, dit « schéma quadripartite » (ou « à quatre parties »), permet l'exécution d'une opération de paiement depuis le compte du payeur vers celui du bénéficiaire par l'intermédiaire d'une plateforme ayant mis en relation l'acquéreur et l'émetteur[1120]. À titre d'exemple, les réseaux MasterCard, Visa et Carte bleue sont de nature quadripartite. Un tel schéma fait ainsi intervenir les cinq acteurs distingués au précédent paragraphe – et non quatre parties seulement, comme son appellation pourrait le suggérer.

648. Cinq relations bilatérales peuvent être envisagées au sein d'un schéma quadripartite. La première unit le payeur et le bénéficiaire, l'un effectuant un paiement à destination de l'autre (i). La deuxième lie l'émetteur au payeur, celui-là offrant à celui-ci la possibilité d'utiliser un instrument de paiement pour un prix donné (ii). L'acquéreur est ensuite en relation avec le bénéficiaire, en tant qu'il offre à ce dernier, pour un certain prix, la possibilité technique de recevoir un paiement par le biais d'un instrument donné – le service d'acquisition des paiements par carte comporte ainsi par exemple, la fourniture d'un terminal de paiement (iii). La quatrième relation met en rapport les prestataires de services de paiement respectifs du payeur et du bénéficiaire, c'est-à-dire l'émetteur et l'acquéreur, chargés de procéder à l'exécution technique du paiement et d'opérer le transfert de fonds d'un compte à l'autre (iv). Enfin, l'émetteur et l'acquéreur sont en relation avec le schéma, qui les admet à participer au réseau, contre le versement des frais d'adhésion (v).

1117 V. pour une définition de ces acteurs, dans le cadre plus spécifiquement d'un système de paiement par carte, le règlement (UE) n° 2015/751 du Parlement européen et du Conseil du 29 avril 2015 relatif aux commissions d'interchange pour les opérations de paiement liées à une carte (*JOUE* n° L123/1, du 19 mai 2015, p. 1), art. 2.

1118 Le schéma se distingue ainsi de l'infrastructure ou du système de paiement assurant son fonctionnement (règlement [UE] n° 2015/751 préc., art. 2, sous 16]).

1119 Ces expressions sont employées par les autorités de concurrence européenne (Comm. CE, décision du 19 décembre 2007, *MasterCard* préc.) et française (Aut. conc., décision n° 13-D-17 du 20 septembre 2013 préc.), ainsi que par le législateur de l'Union (règlement [UE] n° 2015/751, préc.).

1120 Règlement (UE) n° 2015/751, préc., art. 2 sous 17).

Diagramme d'un schéma de cartes de paiement quadripartite

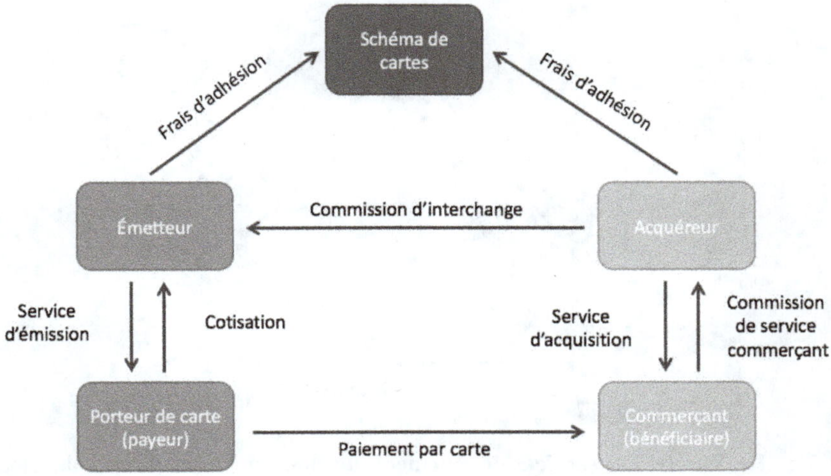

649. **Schémas tripartites.** Le second modèle est celui du schéma « tripartite » (à « trois parties »). Dans ce cas de figure, le schéma assure lui-même les services d'émission et d'acquisition. Il opère directement l'exécution du paiement, depuis le compte du payeur vers celui du bénéficiaire, sans passer ainsi par d'éventuels émetteurs ou acquéreurs distincts[1121]. American Express constitue un exemple de schéma à trois parties.

650. Les opérations de paiement au sein d'un réseau tripartite ne donnent ainsi naissance qu'à trois types de relations bilatérales, entre trois acteurs distincts : celle entre le payeur et le bénéficiaire (i) ; celle par laquelle le schéma offre un service d'émission au payeur (ii) ; celle unissant enfin le schéma au bénéficiaire à travers l'offre d'un service d'acquisition (iii). Toutefois, les schémas tripartites peuvent entrer en relation avec des tiers, à divers égards. Il n'est ainsi pas rare qu'un schéma concède une licence d'émission ou d'acquisition à d'autres prestataires, ou qu'il émette des cartes par l'intermédiaire d'un agent ou avec un partenaire de comarquage (à l'exemple de la carte comarquée Air France/American Express). Dans ces situations, le schéma revêt une nature quadripartite de fait[1122].

1121 *Ibid.*, art. 2 sous 18).

1122 *Ibid.*

Diagramme d'un schéma de cartes de paiement tripartite

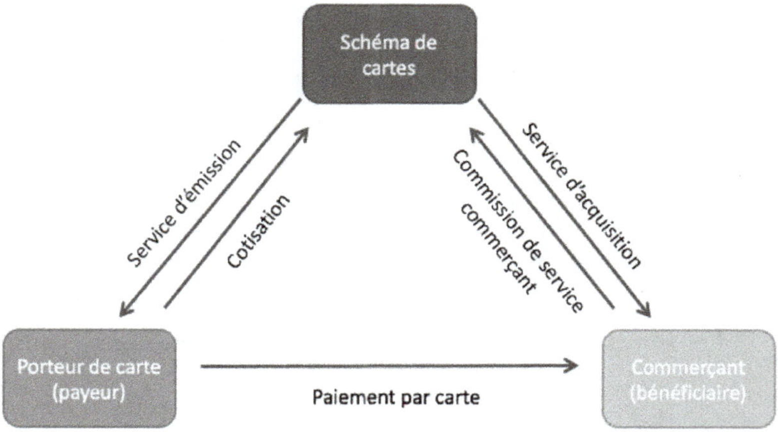

651. **Le marché des services de paiement, un marché biface.** Économiquement, les services de paiement appartiennent à un marché de nature *biface*, et ce, indépendamment du caractère quadripartite ou tripartite du schéma *via* lequel ils sont offerts. Les marchés bifaces se caractérisent par la mise en relation de deux groupes d'agents interdépendants, par le biais généralement d'une plateforme jouant le rôle d'intermédiaire[1123]. En ce qui concerne les paiements, l'on distingue ainsi d'une part, le versant de « l'émission », sur lequel l'émetteur propose au payeur un service correspondant à la possibilité d'utiliser un instrument de paiement (tel que la carte, le chèque, le virement) et, d'autre part, le versant de « l'acquisition », sur lequel l'acquéreur offre au bénéficiaire, un service tenant à la possibilité technique de recevoir un paiement par le biais d'un instrument donné (terminal de paiement, encaissement des chèques etc.). Ce type de marché génère des effets de réseau[1124] croisés : l'utilité qu'un agent retire d'un service offert sur l'une des faces dépend du nombre de participants présents sur l'autre face. Ainsi par exemple, l'acquisition d'un terminal de paiement par carte présente d'autant plus d'intérêt pour un commerçant qu'il existe un grand nombre de consommateurs porteurs de cartes ; et réciproquement.

652. Les banques sont fréquemment actives sur les deux faces du marché à la fois. Elles mettent ainsi les cartes et autres instruments de paiement à la disposition des payeurs tout en offrant aux bénéficiaires la possibilité technique de recevoir les paiements par ces différents biais.

653. **Commissions interbancaires ; commissions (multilatérales) d'interchange : précisions terminologiques.** – À l'occasion de chaque paiement, les prestataires émetteur et acquéreur entrent en relation. Aux fins de son exécution, les prestataires effectuent entre eux un certain nombre d'opérations génératrices de coûts. Pour la plupart des instruments de paiement, ces diverses opérations et

---

1123 J. Tirole, *op. cit.*, p. 503 à 511.

1124 Dans la théorie économique, l'effet de réseau ou « effet de club » désigne le phénomène par lequel l'utilité d'un produit ou d'un service dépend de la quantité de ses utilisateurs (A. Silem et A. Gentier, *op. cit.*, p. 339).

les coûts afférents sont supportés par l'émetteur. Mais afin de compenser ces coûts, ce dernier reçoit généralement de la part de l'acquéreur le versement d'une commission[1125], usuellement désignée sous l'expression « commission d'interchange ». Cette dénomination se retrouve quel que soit le type d'instrument de paiement auquel elles sont associées[1126], excepté les chèques[1127]. En toute rigueur, l'expression générique « commission interbancaire » est donc préférable pour désigner toute variété de commissions, indépendamment du type d'instrument considéré, y compris le chèque.

654. Ces commissions peuvent être fixées bilatéralement entre un acquéreur et un émetteur, ou bien collectivement, par un certain nombre (voire la totalité) des prestataires membres d'un réseau de paiement. Il n'est d'ailleurs pas rare de rencontrer l'expression « commission *multilatérale* d'interchange » (CMI), lorsque l'ensemble des prestataires membres d'un réseau appliquent uniformément une commission d'interchange de structure identique. Il s'agit alors précisément du type de coordination pouvant constituer une entente anticoncurrentielle[1128].

655. **Variété des commissions interbancaires.** Cette commission, payée à l'occasion de chaque transaction, peut exprimer un montant absolu fixe, un pourcentage de valeur de la transaction, ou bien une combinaison de ces deux critères[1129]. Les modalités (notamment le montant) des commissions interbancaires varient d'un instrument de paiement à l'autre, et pour un même instrument, selon le type de transaction (domestique, transfrontière).

656. Une commission interbancaire peut aussi être appliquée à l'occasion d'un rejet de l'opération – situation habituellement désignée sous l'expression « transaction R », pour « retour » ou « rejet ». Leur volume global est insignifiant en comparaison de celui des commissions versées lors de l'exécution des transactions[1130].

1125 À titre d'exemple, lors d'un paiement par carte, l'émetteur supporte la majorité des coûts liés au traitement de la transaction, à l'authentification et à l'autorisation du paiement, à sa garantie ainsi qu'à l'éventuel financement des paiements différés. L'acquéreur s'acquitte alors généralement d'une commission (Comm. CE, décision du 19 décembre 2007, *MasterCard* préc., pt. 147 et 170). Dans certains cas toutefois, une commission interbancaire est versée par la banque d'émission à la banque d'acquisition, afin de compenser les coûts supportés par celle-ci. Par exemple, lorsqu'un eurochèque était présenté par un bénéficiaire à sa banque, le paiement de l'effet par cette dernière à son client entraînait pour elle des frais administratifs ainsi qu'une charge de trésorerie, car la somme versée au bénéficiaire de l'eurochèque n'était remboursée qu'avec un certain délai par la banque tirée (l'émetteur). En contrepartie de cette avance, l'émetteur versait à l'acquéreur une commission d'un certain montant (Comm. CE, décision du 10 décembre 1984, *Eurochèques uniformes* préc., pt. 15 à 17).

1126 Règlement (UE) n° 2015/751, préc. ; règlement (UE) n° 260/2012 préc. ; Aut. conc., décision n° 12-D-17 du 5 juillet 2012 préc., pt. 87.

1127 V. à propos de la commission dite *d'échange image-chèque* : Aut. conc., décision n° 10-D-28 du 20 septembre 2010 préc.

1128 V. *infra* n° 687 s.

1129 En pratique, les commissions d'interchange oscillent entre 0,2 % et 2 % du montant de la transaction. Mais les commissions d'interchange prennent parfois une forme plus implicite, à travers l'octroi de bonus, rabais et autres avantages, accordés à l'émetteur par le schéma, mais financés sur les frais versés par les acquéreurs à ce dernier. Le législateur de l'Union en est conscient (règlement [UE] n° 2015/751, préc., art. 2, sous 10] et cons. 31).

1130 V. règlement (UE) n° 260/2012 préc., cons. 20, à propos des commissions d'interchange relatives aux transactions R dans le cadre d'un système de prélèvement.

657. La pratique des commissions interbancaires a semé le trouble sur la nature exacte des relations unissant l'acquéreur à l'émetteur, et complexifié le travail de segmentation des marchés des services de paiement.

B. Segmentation des marchés des services de paiement

658. **Énoncé du problème.** Parmi les cinq relations bilatérales envisagées au sein d'un réseau de paiement, quatre d'entre elles relèvent incontestablement d'un marché à part entière. Tel est tout d'abord le cas de celle unissant le schéma et les banques membres de son réseau, caractérisant ainsi le marché amont des réseaux. Tel est également le cas de celle rapprochant l'émetteur et le payeur, constituant le marché aval dit de « l'émission » des instruments de paiement. La relation entre l'acquéreur et le bénéficiaire matérialise ensuite le marché aval de « l'acquisition » des paiements. Le payeur et le bénéficiaire, peuvent enfin être en contact sur une multitude de marchés distincts, dès lors que le paiement constitue la contrepartie d'un produit offert et répondant à une demande.

659. En revanche, l'identification d'une activité de marché autour de la relation interbancaire a été débattue : la commission interbancaire pourrait-elle constituer un prix versé en échange d'un service rendu par et pour les banques ? Existerait-il en conséquence un ou plusieurs segments de marchés interbancaires liés à l'exécution des opérations de paiement ?[1131] Rien n'est moins sûr.

660. **Admission initiale par la Commission européenne, de l'existence d'un marché interbancaire de l'exécution des paiements ?** La décision *Association belge des banques* en date du 11 décembre 1986[1132] laissait à penser que la Commission pouvait souscrire à l'idée d'un marché interbancaire de l'exécution des paiements. Y était notamment examinée une convention relative aux paiements provenant d'une banque étrangère transitant par une banque établie en Belgique à destination d'une autre banque établie en Belgique. La convention fixait le montant maximum de la commission perçue par la banque intermédiaire auprès de la banque destinataire (celle du bénéficiaire du paiement) en contrepartie de l'exécution de prestations liées au transfert de fonds. L'autorité européenne de concurrence avait estimé que la convention comportait un effet restrictif en ce qu'elle fixait une « tarification uniforme exprimée en montants absolus » de la commission et limitait ainsi « la liberté des banques qui les appliquent de déterminer bilatéralement la rémunération des services qu'elles s'offrent entre elles. »[1133]

661. Elle avait pourtant considéré au stade de l'application de l'article 85 § 3 du TCEE qu'un degré suffisant de concurrence était maintenu. Pour se faire, elle situait son

---

1131 Sur cette question, en doctrine : M. Meddeb, th. préc., pt. 211 à 270, p. 105 à 134 ; Bl. Sousi-Roubi, « Les systèmes de paiement. Réflexions sur la notion de marché dans le secteur bancaire », *in* M. Dassesse, M. Boelens, J.-P. Buyle, *et al.* (dir.), *Le secteur bancaire et la concurrence, Bruylant,* coll. Cahiers AEDBF, 1997, p. 135 ; Fr. Schwerer, « Les virements transfrontières : un marché ou un système ? », *RDAI* 1996, p. 435 à 447.

1132 Comm. CE, décision du 11 décembre 1986, *Association belge des banques* préc.

1133 *Ibid.*, pt. 44.

analyse concurrentielle à un double niveau ; celui de la relation existant entre la banque intermédiaire et la banque destinataire, d'une part, et celui de la relation unissant cette dernière et ses clients finals, d'autre part :

> Des possibilités de concurrence subsistent à un double niveau. D'une part, la banque intermédiaire peut ne pas percevoir de commission et, si elle décide d'en demander une, elle peut la fixer à un montant inférieur au montant maximal prévu dans la convention. D'autre part, si une commission est perçue par la banque intermédiaire, la banque destinataire peut ne pas répercuter, ou seulement en partie, cette commission sur son client bénéficiaire du paiement : la mesure dans laquelle la commission de paiement est répercutée sur la clientèle est laissée à la libre appréciation de la banque destinataire.[1134]

662. En opérant cette distinction et en effectuant une analyse concurrentielle de la relation interbancaire prise isolément de celle unissant les banques à leurs clients finals, la Commission semblait ainsi admettre l'existence d'un marché des services que les banques s'offrent entre elles, bien distinct du marché des services de paiement proposés aux clients finals.

663. **Absence de libre confrontation de l'offre et de la demande.** Une telle analyse apparaît discutable. En effet, le marché pertinent constitue le « lieu de rencontre de l'offre et de la demande »[1135]. Un marché s'identifie ainsi par la confrontation des offres et des demandes pour un produit donné, ce qui suppose l'existence d'offreurs et de demandeurs se choisissant mutuellement et librement[1136].

664. Or les relations interbancaires se nouant à l'occasion des opérations de paiement ne semblent pas se conformer à cette définition du marché : la relation unissant l'émetteur et l'acquéreur à l'occasion d'une opération de paiement ne résulte pas de leurs propres choix mais de ceux de leurs clients respectifs. Les banques n'interviennent que dans la phase d'exécution d'un contrat conclu par des tiers : le payeur et son bénéficiaire. Le transfert de fonds d'un établissement à l'autre n'est que l'exécution d'un mandat – de paiement pour l'émetteur, de recouvrement pour l'acquéreur – donné par leurs propres clients. Les banquiers ne peuvent jamais décider ou refuser d'entrer en relation ; ni le débiteur, ni le créancier de la prestation ne sont en mesure de choisir leur partenaire.

665. L'impossibilité de choisir les produits ou de discriminer entre les différents prestataires fait obstacle à toute situation concurrentielle : bien qu'ils puissent déterminer en amont les modalités de leurs prestations et le montant des commissions,

---

1134 *Ibid.*, pt. 57.

1135 Comm. CE, *Rapport sur la politique de concurrence 1998*, p. 49. L'Autorité et le juge français de la concurrence sont du même avis : « Le marché pertinent est le lieu où se confrontent l'offre et la demande de produits ou de services qui sont considérés par les acheteurs ou les utilisateurs comme substituables entre eux mais non substituables aux autres biens ou services offerts. » (CA Paris, 28 juin 2002, n° 00-10676 ; Aut. conc., *Rapport annuel 2017*, 2 mai 2018, p. 47).

1136 Sur la méthode de détermination du marché pertinent, V. règlement (CE) n° 802/2004 de la Commission du 7 avril 2004 concernant la mise en œuvre du règlement (CE) n° 139/2004 du Conseil relatif au contrôle des concentrations entre entreprises, *JOUE* n° L 133, du 30 avril 2004, p. 1, annexe I, section 6 ; sur cette question en doctrine : A. Decocq et G. Decocq, *op. cit.*, p. 99 à 128 ; C. Prieto et D. Bosco, *op. cit.*, p. 307 à 320.

les prestataires ne peuvent lutter pour l'acquisition de parts de marché, dès lors que le recours à ces services ne résulte pas du choix de ceux qui en bénéficient directement. Le prix ne provient ainsi pas d'une libre confrontation des offres aux demandes. Il n'existerait en conséquence, pas de marché interbancaire de l'exécution des opérations de paiement[1137].

666. Cette situation ne s'oppose pour autant pas à ce que les accords fixant les modalités des commissions interbancaires fassent l'objet d'un examen lorsqu'ils peuvent avoir un effet sur un *véritable* marché. Ces commissions peuvent ainsi notamment influer sur les marchés de l'émission ou de l'acquisition, lorsque leur montant est pris en compte pour déterminer le niveau des prix payés par les payeurs aux émetteurs ou les bénéficiaires aux acquéreurs. Rompant avec son approche initiale, la Commission a progressivement souscrit à cette analyse.

667. **Premiers signes d'évolution dans les textes de droit souple de la Commission.** Une évolution en ce sens a d'abord pu être décelée dans le rapport sur la politique de concurrence pour l'année 1993 de la DG concurrence, à propos des paiements par chèque :

> En ce qui concerne l'application concrète des règles de concurrence au secteur financier, il convient de souligner que ce secteur présente des particularités, et notamment
> [...]
> – pour certains produits, le fonctionnement du marché présente la *particularité de faire se rencontrer des opérateurs financiers indépendamment de leur volonté*. En effet, ils exécutent la volonté de leurs clients et *il n'y a donc pas de relation directe entre demande et offre* ; par exemple, quand un opérateur émet un chèque en faveur d'une contrepartie, la banque du créditeur est obligée d'entrer en relation avec la banque du débiteur.[1138]

668. La DG concurrence reconnaissait ainsi que les relations entre banques lors de l'exécution des paiements ne résultait pas d'un choix de leur part et qu'une confrontation directe de l'offre et de la demande était dès lors impossible. Elle n'en tirait cependant pas explicitement les conséquences quant à l'absence de marché interbancaire de l'exécution des paiements.

669. Elle semble finalement avoir franchi le pas dans sa communication relative à l'application des règles de concurrence aux systèmes de virement transfrontaliers. Dans une section relative à la définition des marchés en cause, elle rappelle que « [d]ans un virement transfrontalier, quel qu'il soit, la banque du donneur d'ordre ne choisit pas normalement la banque du bénéficiaire. »[1139] Cette circonstance, ajoute-t-elle, ne fait néanmoins pas obstacle à ce que les banques puissent se faire concurrence à différents niveaux pour développer leur clientèle. La Commission délimite alors divers segments de marchés liés aux virements sans que soient évoqués comme tels, les services interbancaires d'exécution du virement[1140].

1137 De cet avis : M. Meddeb, th. préc., pt. 262, p. 129.

1138 Comm. CE, *Rapport sur la politique de concurrence 1993*, pt. 119, p. 74, souligné par nos soins.

1139 Comm. CE, Communication relative à l'application des règles de concurrence de la Communauté européenne aux systèmes de virement transfrontaliers, *JOCE* n° C251 du 27 septembre 1995, p. 3, pt. 14.

1140 *Ibid.*, pt. 14 à 18.

L'on déduit de cette absence par *a contrario* que l'exécution du virement par et pour les banques, même rémunérée *via* une commission interbancaire, ne peut constituer un marché potentiel. Cette analyse peut être étendue *mutatis mutandis* aux autres instruments de paiement.

670. **Rejet de l'existence d'un marché interbancaire de l'exécution des paiements dans la pratique décisionnelle et la jurisprudence européennes.** Cette évolution se confirme dans la pratique décisionnelle plus récente de la Commission. À l'occasion de plusieurs affaires mettant en cause des accords sur les commissions interbancaires, la DG concurrence analyse les effets des accords sur les segments de l'émission et de l'acquisition, sans considérer les relations interbancaires relatives à l'exécution du paiement comme un marché à part entière. Dans la décision *GSA*, elle affirme ainsi que « pour apprécier pleinement une restriction en matière de prix pratiquée à l'intérieur de l'une des quatre relations existant dans le cadre d'un système de paiement, telle qu'une commission interbancaire multilatérale, on ne peut se borner à en examiner les effets à l'intérieur de la relation en question ; il convient d'en examiner aussi les effets sur toutes les relations »[1141].

671. Par la suite, elle distingue avec constance d'une part, *un marché amont des réseaux*, sur lequel se font concurrence les schémas de paiement – tels que Visa et MasterCard en matière de paiement par carte – pour affilier les banques à leurs réseaux et leur fournir des services de traitement des opérations de paiement, en coordonnant leurs pratiques par la fixation de normes et de protocoles communs et, d'autre part, *deux marchés aval*, relatifs respectivement aux versants émission et acquisition, sur lesquels les banques se font concurrence pour offrir des services de paiement aux utilisateurs finals[1142]. Cette analyse est approuvée par la Cour de justice[1143]. L'examen concurrentiel des ententes sur les commissions interbancaires ne porte désormais plus que sur ces seuls segments, les relations interbancaires ne pouvant en elles-mêmes abriter un véritable marché pertinent.

672. **Adhésion de l'Autorité de la concurrence.** L'Autorité de la concurrence souscrit pleinement à cette analyse. Dans la décision n° 10-D-28 du 20 septembre 2010, relative à des accords régissant les modalités de traitement des chèques remis aux fins d'encaissement, elle admet l'inexistence d'un marché interbancaire du traitement des chèques. Mais elle relève avec pertinence que le système de compensation interbancaire des chèques s'inscrit dans un système global de nature quadripartite, puis identifie un marché biface mettant en relation les banques et leurs clients finals, sur chacun des deux segments. Elle constate alors que les accords entre banques sont susceptibles d'influer sur leurs coûts et donc indirectement sur leur politique de tarification des services proposés à la clientèle. « La sphère

---

1141 Comm. CE, décision du 8 septembre 1999, *Nederlandse Vereniging van Banken (accord GSA de 1991)* préc., pt. 45.

1142 Comm. eur., décision du 26 février 2014, *Visa MIF II* préc., pt. 14 ; Comm. eur., décision du 8 décembre 2010, *Visa MIF*, aff. COMP/D-1/39.398, pt. 12, note J. Philippe, *Gaz. pal.* n° 127, 8 mai 2011, p. 15 ; Comm. CE, décision du 19 décembre 2007, *MasterCard* préc., pt. 278 ; Comm. CE, décision du 24 juillet 2002, *Visa international – Commission multilatérale d'interchange*, préc., pt. 43 ; Comm. CE, 9 août 2001, décision *Visa International*, aff. COMP/29.373, *JOCE* n° L 293/24 du 10 novembre 2001, pt. 34.

1143 CJUE, 2 avril 2020, *Gazdasági Versenyhivatal c. Budapest Bank Nyrt. et al.*, préc., pt. 56 ; CJUE, 11 septembre 2014, *MasterCard et al. c. Commission CE* préc.

interbancaire et la sphère banque-client sont donc deux sphères distinctes mais interdépendantes, puisque des accords interbancaires sont susceptibles de produire des effets en dehors de la sphère interbancaire et d'influer sur la formation des prix dans la relation banque-client. »[1144] L'Autorité maintient cette approche dans sa pratique ultérieure en ce qui concerne les paiements par cartes. Elle identifie, conformément à l'analyse de la Commission européenne, un marché amont des réseaux ainsi que deux marchés aval de l'émission et de l'acquisition[1145].

673. **Pratique décisionnelle désormais constante.** La pratique décisionnelle européenne et française semble aujourd'hui bien établie. Pour chaque instrument de paiement, trois principaux segments de marché peuvent être ainsi identifiés : un marché amont des réseaux, sur lequel les schémas de paiement proposent aux banques des services de traitement des opérations centralisés, comme ce peut être le cas en matière de paiements par carte ; deux marchés aval, sur lesquels les banques offrent respectivement à leurs clients des services d'émission et d'acquisition des paiements. D'autres délimitations demeurent toutefois possibles. Un marché global des services de paiement, regroupant différents types d'instruments, peut être notamment envisagé à condition d'établir leur substituabilité[1146]. La sous-segmentation d'un marché correspondant à un instrument unique est encore envisageable, selon le type de porteurs ou d'acquéreurs[1147]. En revanche, toute segmentation de marché autour de prestations fournies dans le cadre de relations strictement interbancaires, comme avait pu le faire la Commission dans sa décision *Association belge des banques*[1148], devrait être écartée. Les Autorités de concurrence semblent avoir désormais rompu avec cette approche ; ce qui est louable.

674. Aussi, une entente portant fixation du niveau des commissions interbancaires est susceptible d'induire une restriction, non pas sur un marché interbancaire inexistant, mais sur les marchés aval de l'acquisition ou de l'émission.

§ 2. Nocivité des ententes sur les marchés des services de paiement

675. **Comportements restrictifs, éventuellement exemptables.** Les autorités de concurrence ont révélé l'existence d'un grand nombre d'ententes portant fixation du montant des commissions interbancaires. Leur nature profondément restrictive est établie (A). Mais ces comportements ne sont pour autant pas nécessairement injustifiables (B).

1144 Aut. conc., décision n° 10-D-28 du 20 septembre 2010 préc., pt. 256.

1145 Aut. conc., décision n° 13-D-17 du 20 septembre 2013 préc., pt. 73 ; Aut. conc., décision n° 13-D-18 du 20 septembre 2013 préc., pt. 67 ; Aut. conc., décision n° 11-D-11 du 7 juillet 2011 préc., pt. 90.

1146 Comm. CE, Communication relative à l'application des règles de concurrence de la Communauté européenne aux systèmes de virement transfrontaliers, préc., pt. 14 ; Aut. conc., décision n° 12-D-17 du 5 juillet 2012 préc., pt. 138 à 155.

1147 L'on pourrait par exemple distinguer les cartes de paiement destinées aux consommateurs de celles réservées aux commerçants (Aut. conc., décision n° 13-D-18 du 20 septembre 2013 préc., pt. 71).

1148 Comm. CE, décision du 11 décembre 1986, *Association belge des banques* préc. V. *supra* n° 660.

A. La caractérisation des ententes interbancaires

676. **Double critère de qualification de l'entente.** La caractérisation d'une entente anticoncurrentielle, au sens des articles 101 § 1 TFUE et L 420-1 du Code de commerce, suppose d'établir l'existence d'une collusion d'entreprises (1), induisant une restriction de concurrence (2). En règle générale, la vérification de ces deux éléments ne se heurte à aucun obstacle propre aux spécificités des activités bancaires. Les autorités de concurrence ont eu à se prononcer sur des pratiques variées, commises sur divers segments d'activités bancaires, sans rencontrer de difficulté particulière. Mais l'exercice se complique sérieusement en présence d'ententes sur les commissions interbancaires. La singularité de ce type de pratique prête à débat.

1. Le concours de volontés interbancaire

677. **Association d'entreprises.** Le droit de la concurrence appréhende la coordination sous différentes formes ; de sorte qu'aucune collusion d'entreprises ne puisse échapper à ses règles[1149]. Mais une variété de coordination en particulier ressort avec fréquence dans la pratique décisionnelle relative aux activités bancaires : la décision d'association d'entreprises. Celle-ci renvoie à toutes les formes institutionnalisées de coopération, autrement dit les situations dans lesquelles les entreprises agissent par le biais d'une structure collective ou d'un organe commun[1150]. Or les banques ont coutume de se regrouper au sein de structures collectives d'envergure nationale[1151] ou internationale[1152] facilitant la coordination. Ces structures peuvent assurément et sans difficulté, revêtir la qualification d'association d'entreprises au sens du droit de la concurrence. Il n'est ainsi pas surprenant de recenser sur les marchés bancaires, un grand nombre de collusions de ce type[1153].

678. À cet égard, seule l'affaire *MasterCard*, ayant donné lieu à un arrêt de la Cour de justice en 2014, a suscité une véritable discussion. Était notamment en cause la société de droit américain MasterCard Inc. Initialement, seules les banques membres du réseau MasterCard étaient actionnaires au sein de celle-ci. Mais suite à son introduction (*Initial public offering – IPO*) à la Bourse de New York (*New York Stock Exchange – NYSE*), le capital de MasterCard Inc. avait été ouvert au public. Si la qualification d'association d'entreprises n'était pas contestée durant la période précédant l'introduction en bourse, les banques excipaient de la

---

1149 Sur les différentes formes de collusion, V. A. Decocq et G. Decocq, *op. cit.*, p. 288 à 303 ; C. Prieto et D. Bosco, *op. cit.*, p. 434 à 472.

1150 CJCE, 27 janvier 1987, *Verband der Sachversicherer e.V. c. Commission CE*, aff. 45/85, ECLI : EU : C : 1987:34 ; Aut. conc., décision n° 19-D-19 du 30 septembre 2019 *relative à des pratiques mises en œuvre dans le secteur des prestations d'architecte*.

1151 À l'exemple du GIE cartes bancaires en France, et plus largement des associations bancaires nationales existant dans la plupart des États européens.

1152 Telle la Fédération bancaire de l'Union européenne (FBE).

1153 Comm. eur., décision du 29 avril 2019, *MasterCard II* préc. ; Comm. eur., décision du 29 avril 2019, *Visa MIF III* préc. ; Comm. CE, 17 décembre 2007, décision *Groupement des cartes bancaires « CB »*, aff. COMP/38606 ; Comm. CE, décision du 12 décembre 1986, *ABI* préc. ; Comm. CE, décision du 11 décembre 1986, *Association belge des banques* préc. ; Aut. conc., décision n° 13-D-17 du 20 septembre 2013 préc. ; Aut. conc., décision n° 11-D-11 du 7 juillet 2011 préc.

dilution de leur pouvoir décisionnel avec l'arrivée des nouveaux actionnaires pour soutenir que MasterCard Inc. ne pouvait plus abriter une association d'entreprises postérieurement à l'IPO. La Cour de justice balaye l'argument en énonçant deux critères permettant d'identifier une association d'entreprises[1154] : elle relève d'une part, que les banques conservent un pouvoir décisionnel significatif au sein de MasterCard Inc. et, d'autre part, qu'il existe entre cette dernière et les banques, une communauté d'intérêts quant à la fixation d'un niveau de CMI élevé[1155].

679. Qu'une société puisse à elle seule abriter une infraction collective et être ainsi qualifiée d'association d'entreprises peut sembler singulier, mais ne doit pas étonner : c'est en tant qu'actionnaires de la société MasterCard Inc. que les banques participent aux décisions collectives, mais c'est en qualité d'utilisateurs du réseau MasterCard, et donc de prestataires de services de paiement autonomes et concurrents les uns avec les autres, que les banques profitent de la CMI.

680. **Accord, concertation, infraction unique.** D'autres formes de collusion interbancaire sont parfaitement envisageables. Ainsi de l'accord. Celui-ci est caractérisé lorsque des concurrents ont manifesté leur volonté commune de se comporter d'une manière déterminée sur le marché. Son expression réside dans l'élaboration d'un plan ou d'une stratégie anticoncurrentielle collective. Le contrat en constitue la figure principale ; mais un simple *gentlemen's agreement* peut tout autant valoir accord[1156]. Ainsi la pratique décisionnelle européenne[1157] et française[1158] a-t-elle été en mesure de révéler l'existence de différents accords interbancaires, sans se heurter à la moindre difficulté.

681. Tel est ensuite le cas de la pratique concertée. Sans aboutir à l'élaboration d'une véritable stratégie, cette forme de collusion repose sur une prise de contact visant à influencer le comportement d'un concurrent, ou à lui dévoiler une pratique que l'on envisage d'entreprendre, afin de réduire l'incertitude sur le marché[1159]. Une concertation entre banques est tout à fait concevable[1160].

1154 CJUE, 11 septembre 2014, *MasterCard et al. c. Commission CE* préc., pt. 62 à 77. V. sur ce point, C. Prieto, « Ententes : concours de volontés », *in Encyclopédie du JurisClasseur : Europe Traité*, LexisNexis, 2017, Fasc. 1405, pt. 31.

1155 Les CMI perçues par les banques d'émission sont initialement payées par les banques d'acquisition, mais celles-ci les répercutent sur les consommateurs finals. Les CMI représentent donc un revenu pour les banques, qui ont ainsi intérêt à ce que leur niveau soit élevé. Il est également intéressant pour MasterCard Inc. que les CMI soient fixées à un niveau suffisamment attractif pour que les banques s'affilient au système MasterCard.

1156 V. en droit de l'Union : CJCE, 3 juillet 1985, *SA Binon & Cie c. SA Agence et messageries de la presse*, aff. 243/83, ECLI : EU : C : 1985:284 ; CJCE, 15 juillet 1970, *ACF Chemiefarma NV c. Commission CE*, aff. 41/69, ECLI : EU : C : 1970:71 ; et en droit français : CA Paris, 28 janvier 2009, n° 2008-00255 ; Aut. conc., décision n° 11-D-19 du 15 décembre 2011, *relative à des pratiques mises en œuvre dans le secteur de la distribution de gadgets et articles de fantaisie*.

1157 Comm. CE, décision du 24 juin 1996, *Banque nationale de Paris – Dresdner Bank*, préc. ; Comm. CE, décision du 25 mars 1992, *Eurochèques III : accord d'Helsinki* préc. ; Comm. CE, décision du 19 décembre 1988, *Eurochèques uniformes II* préc. ; Comm. CE, décision du 30 septembre 1986, *Irish Banks' Standing Committee* préc.

1158 Aut. conc., décision n° 12-D-17 du 5 juillet 2012 préc.

1159 V. à titre d'exemple, en droit de l'Union : CJCE, 14 juillet 1972, *Imperial Chemical Industries Ltd. c. Commission CE*, aff. 48/69, ECLI : EU : C : 1972:70 ; et en droit français : Aut. conc., décision n° 14-D-19 du 18 décembre 2014, *relative à des pratiques mises en œuvre dans le secteur des produits d'entretien et des insecticides et dans le secteur des produits d'hygiène et de soins pour le corps*.

1160 CJCE, 14 juillet 1981, *Gerhard Züchner c. Bayerische Vereinsbank AG*, préc.

682. Mais les juges et autorités de concurrence pourront encore dépasser l'étanchéité de ces deux catégories de collusion afin de réprimer une infraction unique et complexe manifestant une coordination protéiforme[1161]. L'arrêt de la Cour de justice du 24 septembre 2009 rendu dans l'affaire *Club Lombard*[1162] nous en offre l'illustration : de 1995 à 1998, la quasi-totalité des banques autrichiennes se sont coordonnées par des moyens relevant pour partie de l'accord, et pour partie de la concertation, caractérisant ainsi une infraction unique et continue ayant duré plus de trois ans.

683. En définitive, il n'est pas de collusion interbancaire que le droit de la concurrence échouerait à appréhender. Ses règles comportent la souplesse nécessaire pour se saisir de toute coordination, quelle qu'en soit la forme.

684. L'analyse de la restriction de concurrence ne soulève généralement pas plus de difficulté eu égard aux spécificités des activités bancaires. Seule la nature anticoncurrentielle des ententes sur les commissions interbancaires a été, et demeure, véritablement querellée.

2. La restriction de concurrence interbancaire

685. **Pluralité des pratiques examinées sans difficulté.** Historiquement, les autorités et juges de la concurrence ont été saisis d'un grand nombre de pratiques, de natures très diverses, et portant sur différents types de services bancaires. Mais l'analyse de la nocivité n'achoppe généralement sur aucun obstacle particulier tenant à la spécificité des activités bancaires. Ont ainsi pu être jugées anticoncurrentielles, des ententes relatives aux conditions de location de coffre-fort[1163], d'autres portant sur les modalités de fixation des taux d'intérêt de crédit et de dépôts[1164], ou visant à établir les conditions de finition des formules de chèques[1165], ou bien fixant encore les règles de fonctionnement des réseaux de distributeurs de billets[1166].

686. Ont en revanche été considérés comme ne restreignant pas la concurrence, des accords régissant les horaires d'ouverture des guichets[1167], ou portant création d'une entreprise commune chargée de l'authentification des transactions[1168], ou même instaurant un fichier informatique partagé, centralisant des informations afférentes à la solvabilité et aux incidents de paiements des clients[1169].

687. **Objet et/ou effet restrictifs des ententes sur les commissions interbancaires.** Une fois encore, seules les ententes portant fixation des commissions interbancaires ont fait débat. La nocivité de ce type de pratique n'est pourtant pas débattue en

---

1161 CJUE, 11 juillet 2013, *Team Relocations NV e.a. c. Commission eur.*, aff. C-444/11, ECLI : EU : C : 2013:464 ; CJCE, 8 juillet 1999, *Commission CE c. Anic Partecipazioni SpA*, aff. C-49/92 P, ECLI : EU : C : 1999:356 ; Aut. conc., décision n° 16-D-09 du 12 mai 2016, *relative à des pratiques mises en œuvre dans les secteurs des armatures métalliques et des treillis soudés sur l'île de la Réunion.*

1162 CJCE, 24 septembre 2009, *Erste Group Bank et. al. c. Commission CE*, préc.

1163 Comm. CE, décision du 19 juillet 1989, *Banques néerlandaises* préc., pt. 54.

1164 Comm. CE, décision du 11 juin 2002, *Austrian banks – « Lombard Club »* préc.

1165 Comm. CE, décision du 19 décembre 1988, *Eurochèques uniformes II* préc., pt. 42.

1166 Comm. CE, décision du 12 décembre 1986, *ABI* préc., pt. 36.

1167 Comm. CE, décision du 30 septembre 1986, *Irish Banks' Standing Committee* préc., pt. 16.

1168 Comm. CE, décision du 31 juillet 2001, *Identrus*, aff. COMP/37.462, *JOCE* n° L 249/12 du 19 septembre 2001, p. 1, pt. 53.

1169 CJCE, 23 novembre 2006, *Asnef-Equifax, c. Asociación de Usuarios de Servicios Bancarios* préc.

son principe : leurs effets anticoncurrentiels sont établis de longue date et ne sauraient constituer une restriction accessoire (a). La discussion se polarise autour de l'identification d'un objet anticoncurrentiel : les autorités européenne et française de concurrence semblent vouloir l'admettre, mais les juges s'y refusent (b).

688. La question relative à la nature exacte de la restriction n'est pas sans enjeu. L'article 101 TFUE, de même que l'article L 420-1 du Code de commerce, interdisent les pratiques ayant pour objet ou pour effet de restreindre la concurrence. La jurisprudence en a déduit une alternative entre les restrictions par *objet* et les restrictions par *effet*[1170].

689. Les premières peuvent être considérées comme étant nuisibles à la concurrence, par leur nature même, sans qu'il soit besoin d'observer leurs effets *délétères*[1171] sur le marché ; elles se distinguent ainsi des secondes, dont la nocivité ne peut être appréciée qu'à travers l'examen pratique et concret de leur incidence néfaste sur la concurrence. L'examen *in concreto* des effets anticoncurrentiels est exigeant : il implique une analyse approfondie du contexte de la pratique, ce qui suppose d'examiner les positions de marché respectives de leurs auteurs et des concurrents, la nature des produits concernés, ainsi que le niveau des barrières à l'entrée[1172]. Par ailleurs, les effets doivent être appréciés sous l'angle d'un scénario contrefactuel, c'est-à-dire par référence à la situation qui se serait produite, en l'absence de la pratique litigieuse[1173].

690. La recherche d'effets restrictifs peut donc s'avérer fastidieuse, mais elle n'a qu'une fonction subsidiaire : elle ne s'impose qu'à défaut de pouvoir conclure à l'existence d'un objet anticoncurrentiel. La charge de la preuve d'une restriction pesant sur l'autorité de concurrence, la démonstration d'un objet anticoncurrentiel dispense donc celle-ci d'établir les effets de la pratique en cause, et lui garantit ainsi une économie procédurale non négligeable.

a. L'indiscutable effet anticoncurrentiel des ententes sur les commissions interbancaires

691. **Effet restrictif des commissions interbancaires aggravé par l'application de certaines règles commerciales.** La fixation collective du montant des commissions interbancaires comporte un effet restrictif de concurrence, en créant un prix

---

1170 V. en droit de l'Union : CJCE, 20 novembre 2008, *Competition Authority c. Beef Industry Development Society Ltd et al.*, aff. C-209/07, ECLI : EU : C : 2008:643, pt. 16 ; CJCE, 8 juillet 1999, *Commission CE c. Anic Partecipazioni SpA* préc., pt. 99 ; CJCE, 13 juillet 1966, *Établissements Consten S.à.R.L. et Grundig-Verkaufs-GmbH c. Commission CEE*, aff. 58/64, ECLI : EU : C : 1966:41 ; et en droit français, par référence à la jurisprudence de la Cour de justice : CA Paris, 17 octobre 2019, nº 18-24456 ; CA Paris, 18 janvier 2018, nº 2017-01703.

1171 La démonstration d'un objet anticoncurrentiel n'exonère cependant pas totalement l'autorité de concurrence d'un examen des éventuels effets *proconcurrentiels* de la pratique en cause (V. *infra* nº 707).

1172 CJCE, 23 novembre 2006, *Asnef-Equifax, c. Asociación de Usuarios de Servicios Bancarios* préc., pt. 49 ; CJCE, 12 décembre 1995, *H. G. Oude Luttikhuis et al. c. Verenigde Coöperatieve Melkindustrie Coberco BA*, aff. C-399/93, ECLI : EU : C : 1995:434, pt. 10 ; Aut. conc., décision Décision nº 11-D-03 du 15 février 2011 *relative à des pratiques mises en œuvre dans le secteur du commerce de gros des fruits et légumes et produits de la mer frais.*

1173 CJCE, 28 mai 1998, *John Deere Ltd c. Commission CE*, aff. C-7/95, ECLI : EU : C : 1998:256, pt. 76 ; Aut. conc., décision nº 16-D-18 du 8 septembre 2016 *relative à des pratiques mises en œuvre dans le secteur de la protection sociale des étudiants*, pt. 127.

plancher pour les services d'acquisition (i). Cet effet est aggravé par une série de règles commerciales imposées par les banques aux bénéficiaires, empêchant ces derniers de discriminer entre les différents instruments de paiement (ii).

i. Un effet restrictif non accessoire induit par la fixation collective des commissions interbancaires

692. **La fixation collective des commissions interbancaires, une restriction non accessoire**[1174]. La doctrine des restrictions accessoires constitue une déclinaison de l'adage *accessorium sequitur principale* : la licéité d'une opération principale au regard des règles de concurrence emporte celle de l'accessoire. Ne peut toutefois profiter de cette règle qu'une restriction jugée objectivement nécessaire et proportionnée à la réalisation de l'opération principale. La notion doit être interprétée strictement : il ne s'agit pas ici de mettre en balance les effets pro et anticoncurrentiels de la pratique litigieuse, ni de vérifier que l'opération principale n'aurait pas été moins rentable ou plus complexe en son absence. Il s'agit uniquement d'établir que la pratique restrictive est indispensable à l'exécution de l'opération principale ; en d'autres termes, que celle-ci aurait été rendue impossible en l'absence de celle-là[1175].

693. Faisant une stricte application de cette doctrine à l'occasion de l'affaire *MasterCard*, la Cour de justice de l'Union européenne a fermement écarté le caractère accessoire des CMI[1176] : un réseau de paiement par carte peut parfaitement fonctionner en leur absence. En tout état de cause, il n'est pas indispensable de fixer collectivement le montant des commissions d'interchange, à un niveau identique pour l'ensemble des membres. Une pluralité d'accords interbancaires bilatéraux, préservant la liberté des banques d'établir le montant des commissions au niveau de leur choix, est tout à fait concevable. Un grand nombre de réseaux fonctionnant ou ayant fonctionné sans CMI en sont la preuve[1177]. Tel scénario contrefactuel est donc pertinent afin d'écarter le caractère objectivement nécessaire des CMI. Il est indifférent que le recours aux accords bilatéraux eût rendu le fonctionnement du réseau moins rentable ou plus compliqué, ces éléments ne devant être appréciés qu'au stade d'une éventuelle exemption, sur le fondement de l'article 101 § 3 TFUE. Suivant une approche comparable, l'Autorité de la concurrence a également rejeté le caractère objectivement nécessaire de la commission « d'échange

---

1174 Sur la doctrine des restrictions accessoires, V. C. Prieto et D. Bosco, *op. cit.*, p. 509 à 520.

1175 Élaborée dans la jurisprudence européenne (CJCE, 11 juillet 1985, *Remia BV et al. c. Commission CE*, aff. 42/84, ECLI : EU : C : 1985:327 ; Trib. UE, 29 juin 2012, *E. ON Ruhrgas AG et al. c. Commission eur.*, aff. T-360/09, ECLI : EU : T : 2012:332, pt. 62 à 65 ; TPICE, 18 septembre 2001, *M6 et al. c. Commission CE*, aff. T-112/99, ECLI : EU : T : 2001:215, pt. 116), la doctrine des restrictions accessoires est pareillement appliquée par le juge français de la concurrence (CA Paris, 18 janvier 2018, n° 2017-01703).

1176 CJUE, 11 septembre 2014, *MasterCard et al. c. Commission CE* préc., pt. 86 à 121. La Commission européenne a pareillement écarté le caractère accessoire des CMI appliquées au sein du système Visa (Comm. eur., décision du 26 février 2014, *Visa MIF II* préc., pt. 23 ; Comm. eur., décision du 8 décembre 2010, *Visa MIF*, aff. COMP/D-1/39.398, pt. 21 ; Comm. CE, décision du 24 juillet 2002, *Visa international – Commission multilatérale d'interchange*, préc., pt. 59 et 60).

1177 Tels que les systèmes *Bancomat* au Luxembourg, *Dankort* au Danemark, *PIN* aux Pays-Bas, *Bax* en Norvège, exposés dans la décision de la Commission (Comm. CE, décision du 19 décembre 2007, *MasterCard* préc., pt. 556 à 608).

image-chèque » (CEIC) instaurée en France à l'occasion de l'informatisation de l'encaissement des chèques[1178].

694. **Prix plancher sur le marché de l'acquisition.** Les autorités de concurrence européenne et française ont toujours estimé que les ententes sur les commissions interbancaires comportaient des effets restrictifs, et ce, quel que soit l'instrument de paiement considéré – prélèvement[1179], virement[1180], chèque[1181], carte[1182].

695. Ces ententes entraînent essentiellement une distorsion concurrentielle sur le marché de l'acquisition. Les commissions interbancaires constituent un élément de coût commun pour les banques d'acquisition qui doivent s'en acquitter. Or en pratique, ces dernières répercutent systématiquement les commissions interbancaires sur leurs propres clients. La tarification des services d'acquisition intègre en effet, leur montant. Si bien que les commissions interbancaires constituent un prix plancher pour les services d'acquisition facturés aux clients finals. La détermination collective de leur montant s'apparente en conséquence à une entente sur la fixation indirecte du prix final des services d'acquisition.

696. Dès lors que les banques sont actives à la fois sur le segment de l'émission et sur celui de l'acquisition, le système des commissions interbancaires est profitable à chacune d'entre elles : en qualité de banques d'émission, elles perçoivent la commission ; en tant que banques d'acquisition, elles s'en acquittent, mais les répercutent sur les clients finals. Le prix plancher des services d'acquisition équivalent au niveau des commissions interbancaires garantit donc au réseau un revenu minimal pour chaque transaction[1183].

697. **Scénario contrefactuel.** À défaut d'entente sur le montant des CMI, la Commission envisage dans l'affaire *MasterCard*, l'hypothèse d'une règle du réseau interdisant aux émetteurs d'imposer une commission d'interchange aux acquéreurs postérieurement à l'exécution d'une transaction par carte, en l'absence d'accord bilatéral préalable quant à son montant. La Cour de justice approuve ce scénario contrefactuel, qu'elle juge non seulement possible[1184] mais également probable, étant donné que MasterCard aurait certainement préféré se résoudre à cette option, plutôt que laisser

---

1178 Aut. conc., décision n° 10-D-28 du 20 septembre 2010 préc., pt. 313 à 317. L'affaire est toujours pendante.

1179 Comm. CE, décision du 8 septembre 1999, *Nederlandse Vereniging van Banken (accord GSA de 1991)* préc., pt. 48 ; Aut. conc., décision n° 12-D-17 du 5 juillet 2012 préc., pt. 172 à 181.

1180 Comm. CE, Communication relative à l'application des règles de concurrence de la Communauté européenne aux systèmes de virement transfrontaliers, *JOCE* n° C251 du 27 septembre 1995, p. 3, pt. 40 à 42.

1181 Comm. CE, décision du 10 décembre 1984, *Eurochèques uniformes* préc., pt. 33. À l'occasion de l'affaire des commissions d'échange image-chèque, toujours pendante, seul l'objet anticoncurrentiel des pratiques avait été abordé par l'Autorité de la concurrence, sans que celle-ci n'évoque la question de ses effets (Aut. conc., décision n° 10-D-28 du 20 septembre 2010 préc.).

1182 Comm. eur., décision du 29 avril 2019, *MasterCard II* préc., pt. 33 ; Comm. eur., décision du 29 avril 2019, *Visa MIF III* préc., pt. 31 ; Comm. eur., décision du 26 février 2014, *Visa MIF II* préc., pt. 23 ; Comm. eur., décision du 8 décembre 2010, *Visa MIF*, aff. COMP/D-1/39.398, pt. 21 ; Comm. CE, décision du 19 décembre 2007, *MasterCard* préc., pt. 400 à 523 ; Comm. CE, décision du 24 juillet 2002, *Visa international – Commission multilatérale d'interchange*, préc., pt. 68 ; Aut. conc., décision n° 13-D-17 du 20 septembre 2013 préc., pt. 90 à 102 ; Aut. conc., décision n° 11-D-11 du 7 juillet 2011 préc., pt. 109, 130 ; Cons. conc., décision n° 88-D-37 du 15 octobre 1988 préc.

1183 Pour une présentation synthétique et pédagogique de ce type de pratique, V. en particulier : Aut. conc., décision n° 13-D-17 du 20 septembre 2013 préc., pt. 93 et 94.

1184 Car les CMI ne sont pas indispensables pour le fonctionnement du système (V. *supra* n° 692).

son réseau s'effondrer[1185]. La Commission estime que sous l'empire d'une telle règle d'interdiction des « tarifications *ex post* », le niveau moyen des commissions de service commerçant aurait diminué : ainsi plongées dans l'incertitude quant au niveau des commissions d'interchange pratiquées par leurs concurrentes, les banques d'acquisition seraient incitées à négocier des commissions d'interchange à faible montant, voire à refuser d'en payer, afin de pouvoir proposer un prix compétitif sur le marché de l'acquisition[1186]. La pratique décisionnelle révèle en outre que l'effet restrictif des CMI est accentué par certaines règles commerciales appliquées par les schémas de paiement par carte.

ii. Un effet restrictif aggravé par l'application de certaines règles commerciales

698. **Tarification indifférenciée.** Le prix du service d'acquisition des paiements par carte prend la forme d'une commission dite « de service commerçant », payée lors de chaque transaction par le commerçant à sa banque. À l'instar de la CMI, dont elle intègre le montant, la commission de service commerçant peut exprimer un pourcentage de la valeur de la transaction, un montant fixe indépendant de la valeur de la transaction, ou bien une combinaison de ces deux critères[1187]. Mais le niveau des CMI, et donc celui des commissions de service commerçant, varient parfois selon le type de transaction (domestique, transfrontière) ou d'utilisateur (consommateur, commerçant[1188]), et selon la gamme de cartes proposé par une même marque – par exemple, Visa Classic, Visa Premier, Visa Platinum etc.[1189] Partant, chaque transaction peut être plus ou moins onéreuse pour le commerçant, selon le type de transaction et le type de carte utilisée.

699. Or une pratique des banques consiste à ne facturer aux commerçants qu'une commission unique et identique quel que soit le type de carte utilisée, peu important les écarts de CMI. Ce mode de tarification indifférenciée (*blending*) contribue à opacifier le marché en empêchant les commerçants de connaître les différents niveaux de commissions interbancaires. Ainsi les commerçants ne sont-ils pas en mesure de savoir quels types de cartes induisent les CMI les plus élevées et tirent donc leurs propres commissions de services d'acquisition à la hausse. La Commission européenne retient avec constance la nocivité de ce type de pratique[1190].

700. **Règle imposant l'obligation d'accepter toutes les cartes.** Au surplus, et à considérer même que les commerçants ont conscience de ces écarts de prix, une règle couramment en vigueur au sein des réseaux de paiement prive les

---

1185 CJUE, 11 septembre 2014, *MasterCard et al. c. Commission CE* préc., pt. 172 à 174.

1186 Comm. CE, décision du 19 décembre 2007, *MasterCard* préc., pt. 460.

1187 Aut. conc., décision nº 13-D-17 du 20 septembre 2013 préc., pt. 16.

1188 Les schémas de paiement distinguent ainsi les cartes « consommateurs » des cartes « commerciales » ou « d'affaires », ces dernières étant exclusivement utilisées à des fins professionnelles.

1189 Mais tel n'est pas toujours le cas : le montant des CMI perçues dans le cadre du système GIE CB est par exemple identique et indifférent au type de carte utilisé (Aut. conc., décision nº 11-D-11 du 7 juillet 2011 préc., pt. 173).

1190 Comm. eur., décision du 29 avril 2019, *Visa MIF III* préc., pt. 37 et 38 ; Comm. eur., décision du 26 février 2014, *Visa MIF II* préc., pt. 23 ; Comm. eur., décision du 8 décembre 2010, *Visa MIF*, aff. COMP/D-1/39.398, pt. 21.

commerçants de toute latitude pour discriminer selon le type de carte, à savoir celle les obligeant à accepter toutes les cartes d'une même marque (*Honour All Cards rule* – HACR). En vertu de cette règle, un commerçant souhaitant par exemple pouvoir accepter les paiements par carte Visa aurait l'obligation d'accepter toutes les cartes de cette marque (Visa Classic, Visa Premier, etc.) quel que soit le niveau de commission associé, et quelle que soit l'identité de la banque d'émission ou du porteur.

701. Initialement, dans sa décision *Visa international* du 9 août 2001, la Commission n'avait pas retenu le caractère restrictif de cette pratique. Elle avait centré son analyse sur l'interdiction de refuser des cartes selon l'identité de l'émetteur ou du porteur et jugé qu'une telle règle était indispensable pour l'essor du réseau Visa, *a fortiori* au regard de sa dimension internationale. Son développement devait ainsi reposer sur son universalité et la certitude pour les porteurs que leurs cartes seraient acceptées quelle que soit la banque d'émission. Non dépourvue de pertinence, cette analyse n'est toutefois que partielle : la DG concurrence fait fi d'un autre aspect de cette règle tenant à l'obligation d'accepter l'ensemble des gammes de cartes Visa. Or c'est précisément en cet aspect que la règle est restrictive puisqu'elle empêche les commerçants de discriminer selon le prix, faible ou élevé, du service d'acquisition des paiements[1191]. Mais dans sa pratique ultérieure, la Commission a rompu avec cette approche contestable. Elle retient désormais la nature restrictive de la pratique. Cette règle du « tout ou rien » s'apparente en réalité à une vente liée, couplant l'acceptation des cartes à faible coût avec celle des cartes plus onéreuses[1192]. L'Autorité de la concurrence est du même avis[1193].

702. **Règle de non-discrimination.** Par ailleurs, les réseaux de paiement comportent fréquemment une règle dite de « non-discrimination » (*Non-discrimination rule* – NDR). Celle-ci fait interdiction aux commerçants de moduler le prix des biens et services qu'ils proposent au consommateur final, par le biais de majorations ou minorations, selon le type de carte utilisée. La Commission européenne admet le caractère restrictif de cette règle, en ce qu'elle empêche les commerçants de discriminer selon la gamme de cartes utilisée et les prive donc de la possibilité d'orienter les consommateurs finals vers les instruments de paiement les moins onéreux[1194].

703. Dans certaines décisions, elle avait toutefois jugé relative la nocivité de cette pratique. Elle relevait la faible proportion de commerçants faisant effectivement usage de la possibilité de moduler les prix finals dans les pays au sein desquels la règle de non-discrimination n'était pas en vigueur – environ 5 % en Suède et 10 % aux Pays-Bas par exemple au sein du réseau Visa durant les années 1990[1195].

1191 Comm. CE, 9 août 2001, décision *Visa International* préc., pt. 66 à 69.

1192 Comm. eur., décision du 29 avril 2019, *MasterCard II* préc., pt. 37 ; Comm. eur., décision du 29 avril 2019, *Visa MIF III* préc., pt. 37 et 38 ; Comm. eur., décision du 26 février 2014, *Visa MIF II* préc., pt. 23 ; Comm. CE, décision du 19 décembre 2007, *MasterCard* préc., pt. 507 à 509.

1193 Aut. conc., décision n° 13-D-17 du 20 septembre 2013 préc., pt. 122 à 127 ; Aut. conc., décision n° 13-D-18 du 20 septembre 2013 préc., pt. 108 à 113.

1194 Comm. eur., décision du 26 février 2014, *Visa MIF II* préc., pt. 23 ; Comm. eur., décision du 8 décembre 2010, *Visa MIF*, aff. COMP/D-1/39.398, pt. 21.

1195 Comm. CE, 9 août 2001, décision *Visa International* préc., pt. 55. V. également Comm. CE, décision du 19 décembre 2007, *MasterCard* préc., pt. 510 à 521.

Quoique minoritaire, cette proportion n'est pourtant pas négligeable. De plus, si elle peut s'expliquer par la crainte des commerçants de perdre des clients, la faible proportion d'entre eux pratiquant une modulation s'infère également de leur inconscience des écarts de coûts entre les différentes cartes, ainsi que le relève la DG concurrence[1196]. Or cette méconnaissance est entretenue par les banques *via* la pratique d'une tarification indifférenciée des commissions de service commerçant[1197]. Il n'est ainsi pas à exclure que les commerçants auraient plus volontiers discriminé les différents types de cartes, s'ils avaient été effectivement en mesure d'apprécier les écarts de coûts induits par chacun d'entre eux.

704. En l'état d'une pratique décisionnelle établie depuis plusieurs décennies, l'effet restrictif d'une entente sur les commissions interbancaires n'est ainsi plus sérieusement contestable. Une controverse demeure toutefois quant à la nature de son objet.

b. Le discutable objet anticoncurrentiel des ententes sur les commissions interbancaires

705. **Désaccord entre les autorités de concurrence et les juges.** Si la Commission concède volontiers qu'une entente sur le montant des commissions interbancaires peut comporter un objet anticoncurrentiel, la Cour de justice semble plus réticente à l'admettre (i). Un désaccord du même ordre oppose en France, l'Autorité de la concurrence à la Cour de cassation (ii).

i. Un débat opposant l'autorité et le juge européens de la concurrence

706. **Interprétation restrictive de la notion d'objet anticoncurrentiel en présence d'une entente sur les commissions d'interchange.** Seul un nombre limité de pratiques, révélant un degré suffisant de nocivité, peuvent être jugées anticoncurrentielles par objet, sans qu'il soit dès lors besoin d'examiner leurs effets. Tel est entre autres le cas des ententes portant fixation des prix, partage du marché, ou limitation de la production[1198]. Dans sa jurisprudence la plus récente, la Cour de justice exige d'ailleurs une interprétation restrictive de la notion d'infraction par objet et s'est efforcée d'expliciter les différents éléments d'analyse permettant d'en faire la démonstration (α). À l'occasion de l'affaire *Budapest Bank*[1199], la Cour fait application de son interprétation restrictive en présence d'une entente sur les commissions d'interchange, et semble lui refuser la qualification d'objet anticoncurrentiel. Son analyse (peut-être trop) restrictive va pourtant à l'encontre d'une pratique décisionnelle bien établie (β).

α. L'exigence générale d'une interprétation restrictive de la notion d'objet anticoncurrentiel

707. **Exposé des critères d'interprétation.** L'approche restrictive de la notion d'objet anticoncurrentiel a notamment été exposée dans l'arrêt *GIE CB* du 11 septembre

1196 Comm. CE, décision du 19 décembre 2007, *MasterCard* préc., pt. 517.
1197 V. *supra* n° 698.
1198 Comm. CE, Lignes directrices concernant l'application de l'article 81, paragraphe 3, du traité, préc., pt. 21.
1199 CJUE, 2 avril 2020, *Gazdasági Versenyhivatal c. Budapest Bank Nyrt. et al.*, préc.

2014[1200]. Afin de révéler l'existence d'un degré suffisant de nocivité propre à établir un objet anticoncurrentiel, il s'agit ainsi tout d'abord, d'étudier le contenu ainsi que les objectifs de l'accord. Cette étape permet de vérifier si le comportement litigieux relève d'une catégorie de pratiques dont la nocivité est avérée au vu de l'expérience acquise. Il convient ensuite de s'intéresser au contexte économique et juridique dans lequel l'accord a été mis en œuvre, afin de confirmer ou d'infirmer sa nature anticoncurrentielle. Ce faisant, il y a lieu de considérer la nature des services affectés ainsi que les caractéristiques structurelles et modalités de fonctionnement du marché. Dans sa jurisprudence la plus récente, la Cour de justice exige qu'il soit également tenu compte des éventuels effets proconcurrentiels de la pratique en cause, en tant qu'éléments du contexte, lorsque les parties à l'accord s'en prévalent. De tels effets bénéfiques seraient alors susceptibles de remettre en cause le degré suffisant de nocivité requis aux fins d'établissement d'un objet anticoncurrentiel[1201]. Enfin, l'intention des parties pourra être prise en considération, étant entendu qu'elle ne constitue pas un élément nécessaire à l'établissement d'une restriction.

708. **Application au cas d'espèce dans l'affaire *GIE CB*.** L'affaire *GIE CB* intéressait les services d'émission et d'acquisition des paiements par carte proposés en France par les membres du GIE CB. En l'espèce, n'était pas en cause la fixation du niveau des commissions d'interchange, mais certaines règles de fonctionnement du Groupement, en particulier le « mécanisme de régulation de la fonction acquéreur » (MERFA). En substance, le dispositif imposait aux membres plus souvent émetteurs qu'acquéreurs, le versement d'une contribution spécifique, afin de les inciter à développer leur activité d'acquisition. Le montant de cette contribution était notamment fonction du nombre de cartes émises par la banque redevable. Le Tribunal de l'Union avait confirmé l'existence d'un objet anticoncurrentiel établi par la Commission : le MERFA ne faisait qu'imposer un surcoût aux membres qui y étaient soumis, limitant ainsi leur activité d'émission, sans pour autant encourager leur activité d'acquisition. En réalité, la mesure ne visait ainsi qu'à pénaliser les nouveaux entrants et préserver les revenus des membres historiques du GIE, en limitant la réduction du prix des cartes[1202].

1200 CJUE, 11 septembre 2014, *Groupement des cartes bancaires (CB) c. Commission eur.*, aff. C-67/13 P, ECLI : EU : C : 2014:2204, note M. Behar-Touchais, *Concurrences* n° 4-2014, décembre 2014, chroniques, p. 110 ; D. Bosco, *CCC* n° 11, novembre 2014, comm. 250, p. 22 ; A. Giraud, *RLDA* n° 98, 1er novembre 2014 ; P. Ibáñez Colomo, et A. Lamadrid De Pablo, *e-Competitions News Issue*, septembre 2014 ; ultérieurement confirmé : CJUE, 19 mars 2015, *Dole Food Company Inc. et al. c. Commission eur.*, aff. C-286/13 P, ECLI : EU : C : 2015:184, pt. 117 ; CJUE, 26 novembre 2015, *SIA Maxima Latvija c. Konkurences padome*, aff. C-345/14, ECLI : EU : C : 2015:784, pt. 18 ; CJUE, 20 janvier 2016, *Toshiba Corporation c. Commission eur.*, aff. C-373/14 P, ECLI : EU : C : 2016:26, pt. 27 ; CJUE, 27 avril 2017, *FSL Holdings NV et al. c. Commission eur.*, aff. C-469/15 P, ECLI : EU : C : 2017:308, pt. 103 à 106.

1201 CJUE, 30 janvier 2020, *Generics (UK) Ltd et al. c. Competition and Markets Authority*, aff. C-307/18, ECLI : EU : C : 2020:52, pt. 103 et 104, note D. Bosco, *CCC* n° 4, avril 2020, comm. 71. V. aussi P. Ibáñez Colomo, « Restrictions by Object after Generics and Budapest Bank : A Road Map », avril 2020, disponible sur le site SSRN : https://ssrn.com/abstract=3571115.

1202 Trib. UE, 29 novembre 2012, *Groupement des cartes bancaires (CB) c. Commission eur.*, aff. T-491/07, ECLI : EU : T : 2012:633, note M. Debroux, *Concurrences* n° 1-2013, février 2013, art. n° 50443, p. 68 ; rendu sur pourvoi contre : Comm. CE, 17 décembre 2007, aff. COMP/38606.

709. Mais la Cour de justice annule l'arrêt du Tribunal pour ne pas avoir démontré l'existence d'un degré suffisant de nocivité propre à établir un objet anticoncurrentiel[1203] : elle lui reproche en particulier de ne pas avoir tenu suffisamment compte de la nature spécifique des services de paiement et des modalités de fonctionnement du marché qu'exigeait l'examen du contexte. Le Tribunal aurait notamment dû analyser les interactions entre les versants de l'émission et de l'acquisition inhérentes à la nature biface du marché. Les exigences d'équilibre entre l'une et l'autre devaient être abordées lors de l'examen de la restriction et non pas seulement au moment d'envisager une éventuelle exemption[1204]. Fort heureusement pour la Commission, celle-ci ne s'était pas contentée d'apprécier l'objet de l'entente ; elle avait également pris grand soin de démontrer les effets d'exclusion induits par le MERFA. Sur renvoi, le Tribunal a donc pu annuler la décision de la Commission en ce qu'elle interdit tout comportement ayant un *objet* identique au MERFA, mais la confirme en tant qu'elle enjoint au GIE de s'abstenir à l'avenir de toute pratique ayant un *effet* similaire[1205].

710. **Débat similaire porté devant la Cour suprême des Etats-Unis.** Aux États-Unis, un débat du même ordre s'est tenu à l'occasion de l'affaire *Ohio v. American Express Co.* ayant donné lieu à un arrêt de la Cour suprême en date du 25 juin 2018[1206] : étaient en cause les commissions de service commerçant (*merchant fees*) appliquées par American Express en contrepartie du service d'acquisition des paiements par carte proposé aux commerçants, considérées par le *US Department of Justice* (DOJ) comme étant la résultante d'une entente anticoncurrentielle. La Cour suprême considère que la pratique en cause ne peut être appréhendée comme une pratique anticoncurrentielle *per se*, et doit être analysée sous l'angle de la règle de raison. Elle considère en outre que le marché en cause, celui des services de paiement par carte, doit être défini comme un marché biface, et que dès lors, les éventuels effets pro et anticoncurrentiels de la pratique doivent être analysés tant sur le versant de l'émission du marché que sur le versant de l'acquisition, l'un et l'autre étant liés par des effets de réseau croisés. Elle rejette en conséquence la plainte formulée à l'encontre d'American Express, en relevant que les plaignants n'ont concentré leur analyse que sur le versant de l'acquisition, sans tenir compte des effets potentiellement bénéfiques du comportement en cause sur le versant de l'émission. Une partie de la doctrine américaine s'est émue de cette approche, jugeant que l'analyse de ce type de pratique pouvait avec pertinence se focaliser sur le seul versant de l'acquisition[1207]. Pourtant, ainsi que le relève une doctrine (française) autorisée[1208], l'approche de la Cour suprême doit être approuvée, en ce qu'elle appréhende le marché biface dans son ensemble, tirant toutes les

---

1203 CJUE, 11 septembre 2014, *Groupement des cartes bancaires (CB)* préc., pt. 69.

1204 *Ibid.*, pt. 76.

1205 Trib. UE, 30 juin 2016, *Groupement des cartes bancaires (CB) c. Commission eur.*, aff. T-491/07 RENV, ECLI : EU : T : 2016:379.

1206 585 U.S. [2018], note D. Bosco, *CCC* n° 8-9, Août 2018, comm. 159 ; W. Chaiehloudj, *Concurrences* n° 4-2018, décembre 2018, chron. p. 209 ; I. Scher, e-*Competitions,* juin 2018, art. n° 96404 ; N. Hayes et C. Mahan, e-*Competitions* juin 2018, art. n° 88732 ; T. Wu, « The Supreme Court Devastates Antitrust Law », *New York Times*, 26 juin 2018 ; L. Khan, « The Supreme Court just quietly gutted antitrust law », *Vox*, 3 juillet 2018.

1207 T. Wu, art. préc. ; L. Khan, art. préc.

1208 D. Bosco, *CCC* n° 8-9, Août 2018, comm. 159.

conséquences des liens unissant les versants de l'émission et de l'acquisition, à l'instar des juges français et européen. Très récemment, la Cour de justice de l'UE a d'ailleurs eu l'occasion de faire application de son interprétation restrictive en présence d'une entente sur les commissions d'interchange.

β. Une entente sur les commissions d'interchange dépourvue d'objet anticoncurrentiel

711. **L'affaire *Budapest Bank* : rejet de l'objet anticoncurrentiel pour une entente sur les commissions d'interchange.** Dans l'affaire *Budapest Bank*[1209], la Cour de justice a eu l'opportunité de se prononcer sur le point de savoir si la CMI comportait un objet anticoncurrentiel. Une question préjudicielle lui était en effet, exactement posée en ces termes. Mais sa réponse est décevante : elle ne tranche pas franchement la question, bien que semblant admettre la possibilité d'un objet restrictif. En l'espèce, plusieurs banques hongroises, à la fois membres des réseaux Visa et MasterCard, avaient conclu un accord fixant le montant des CMI applicables au sein de chacun de ces deux réseaux. En 2009, l'autorité de la concurrence hongroise (*Gazdasági Versenyhivatal*) avait condamné Visa, MasterCard ainsi que les banques parties à l'accord, après avoir estimé que celui-ci était anticoncurrentiel tant par son objet que par ses effets. Saisie d'un pourvoi, la Cour suprême hongroise (*Kúria*) avait soulevé plusieurs questions préjudicielles à l'adresse de la Cour de justice, dont l'une était ainsi libellée : « L'article [101, paragraphe 1, TFUE] peut-il être interprété en ce sens que l'accord [CMI] constitue une restriction de la concurrence par son objet […] ? »

712. Après avoir énuméré les différents critères d'analyse de l'objet anticoncurrentiel[1210] et rappelé que cette notion devait être interprétée de manière restrictive[1211], la Cour en fait application *in casu,* tout en déplorant le manque d'élément à sa disposition[1212]. S'intéressant tout d'abord à la teneur de l'accord, elle relève sans ambages que celui-ci fixe le montant des CMI et uniformise ainsi un élément de coût subi par l'ensemble des banques d'acquisition[1213]. Elle énonce ensuite qu'il convient de rechercher si une telle pratique est susceptible de déterminer indirectement le montant des commissions de service commerçant et peut donc être appréhendée comme une fixation indirecte des prix au sens de l'article 101 § 1, sous a) TFUE[1214]. Elle constate néanmoins l'inexistence d'une expérience décisionnelle et jurisprudentielle constante conférant à ce type d'accord un degré suffisant de nocivité[1215]. La Cour de justice retient en outre, que l'un des objectifs de l'accord litigieux n'était pas de fixer un prix plancher pour les services d'acquisition, mais d'équilibrer les versants émission et acquisition[1216]. Le caractère biface du marché des services de paiement

---

1209 CJUE, 2 avril 2020, *Gazdasági Versenyhivatal c. Budapest Bank Nyrt. et al.*, préc.
1210 *Ibid.*, pt. 51 à 53.
1211 *Ibid.*, pt. 54.
1212 *Ibid.*, pt. 59 à 79.
1213 *Ibid.*, pt. 60 et 61.
1214 *Ibid.*, pt. 62.
1215 *Ibid.*, pt. 79.
1216 *Ibid.*, pt. 71.

par carte doit d'ailleurs être pris en compte lors de l'analyse contextuelle de l'accord[1217].

713. La Cour de justice en conclut « qu'un accord interbancaire qui fixe à un même montant la commission d'interchange [...] ne saurait être qualifié d'accord ayant « pour objet » d'empêcher, de restreindre ou de fausser le jeu de la concurrence, [...] à moins que cet accord, eu égard à ses termes, à ses objectifs et à son contexte, ne puisse être considéré comme présentant le degré de nocivité suffisant à l'égard de la concurrence pour être ainsi qualifié, ce qu'il incombe à la juridiction de renvoi de vérifier. »[1218] La Cour affirme en d'autres termes, qu'un accord sur le montant des CMI ne peut être considéré comme étant anticoncurrentiel par objet, à moins qu'il puisse être établi qu'il comporte un objet anticoncurrentiel. Cette conclusion circulaire n'est pas satisfaisante. Si la Cour n'écarte pas totalement l'éventualité d'un objet anticoncurrentiel, elle aurait cependant pu l'établir plus fermement.

714. **L'affaire *Budapest Bank* : un objectif de fixation des prix poursuivi par les parties à l'accord.** Dans l'affaire *Budapest Bank,* l'existence d'un objet anticoncurrentiel pouvait peut-être s'inférer (de l'un) des objectifs poursuivis par les parties à l'accord. Parmi ces différents objectifs, la Cour de justice envisage d'une part, l'équilibre des deux faces du marché[1219] et, d'autre part, l'intensification de la concurrence entre Visa et MasterCard à d'autres égards que l'élément de coût uniforme induit par la CMI[1220]. Or le premier de ces objectifs, à considérer même qu'il serait effectivement atteint dans les faits, n'est pas en mesure de purger l'accord de son caractère restrictif[1221]. Quant au second, les développements de la Cour demeurent très confus et n'apportent aucune précision relative aux éléments sur lesquels la concurrence pourrait être intensifiée ; il est du reste étonnant que la Cour aborde cet éventuel effet proconcurrentiel lors de l'examen des objectifs de l'accord, plutôt qu'à l'occasion de l'analyse de son contexte[1222].

715. Il ressort surtout des éléments transmis à la Cour qu'un autre objectif pouvait être de fixer indirectement le prix des services d'acquisition. En effet, l'accord litigieux était à l'origine accompagné d'un second accord interbancaire dont l'objet était précisément de fixer le niveau minimal des commissions de service commerçant. Ce deuxième accord avait finalement été abandonné, mais il est établi que ses objectifs avaient « joué un rôle dans la conclusion de l'accord CMI et dans le calcul des barèmes uniformes concernant Visa et MasterCard »[1223].

716. Quelque peu négligée par la Cour, cette ambivalence d'objectifs plaide en faveur d'un objet restrictif. D'autant que la fixation des prix a été considérée comme étant le véritable objectif d'autres accords similaires. Tel avait notamment été le cas dans l'affaire *MasterCard* du 19 décembre 2007. À propos de l'objet d'une entente portant fixation du niveau des CMI, la Commission relève une déclaration

---

1217 *Ibid.*, pt. 84 et 85.
1218 *Ibid.*, pt. 86.
1219 *Ibid.*, pt. 71.
1220 *Ibid.*, pt. 74.
1221 V. *infra* n° 717.
1222 D. Bosco, note sous CJUE, 2 avril 2020, *Gazdasági Versenyhivatal c. Budapest Bank Nyrt. et al.*, aff. C-228/18, ECLI : EU : C : 2020:265, *CCC* n° 6, juin 2020, comm. 103, p. 3.
1223 CJUE, 2 avril 2020, *Gazdasági Versenyhivatal c. Budapest Bank Nyrt. et al.*, préc., pt. 7, 69 et 70.

de MasterCard affirmant ainsi que les « CMI constituaient un moyen de "corriger" les prix qui, dans le cas contraire, seraient fixées de part et d'autre de son système par des "relations de concurrence indépendantes" »[1224].

717. **L'affaire *Budapest Bank* : la présence d'un objet anticoncurrentiel non remise en cause par l'analyse contextuelle de l'accord.** Dans l'affaire *Budapest Bank,* l'analyse contextuelle de l'accord litigieux ne semble pas devoir remettre en cause l'existence d'un objet anticoncurrentiel. Il est certes concevable que la commission d'interchange puisse concourir à l'équilibre des versants émission et acquisition. Comme sur la plupart des autres marchés bifaces, le modèle économique des services de paiement repose généralement sur la subvention d'une face par l'autre[1225] : afin d'attirer de nombreux utilisateurs d'un côté, des prix très faibles – voire nuls ou même négatifs[1226] – y sont pratiqués, ce qui augmente l'utilité du service offert sur l'autre versant du marché et justifie des prix nettement plus élevés. Bien souvent, les banques sont actives sur les deux faces du marché à la fois. Mais il n'est pas rare qu'individuellement, elles aient une activité prépondérante sur une face plutôt qu'une autre. La commission d'interchange peut ainsi permettre de répartir les coûts entre les versants de l'émission et de l'acquisition. Mais ce rôle de répartition ne purge pas la CMI de sa nature restrictive. Elle n'en demeure pas moins un coût artificiellement uniforme pour les banques, se traduisant par un prix plancher pour les services d'acquisition. L'utilité (relative[1227]) de la CMI ne doit donc pas occulter son potentiel de fixation indirecte des prix.

718. **Pratique décisionnelle constante quant à la reconnaissance d'un effet restrictif.** Quoique jugée insuffisante par la Cour de justice dans l'arrêt *Budapest Bank*, l'expérience décisionnelle et jurisprudentielle en la matière n'est pas négligeable. L'arrêt ne se réfère en particulier à aucune affaire, mais suit sur ce point l'avis de l'avocat général[1228], ayant quant à lui effectué cette recherche empirique. Son recensement n'est toutefois que partiel et ses conclusions minimisent peut-être la valeur des décisions évoquées.

719. Il n'est pas inutile de rappeler que l'autorité et le juge européens de la concurrence s'accordent avec constance sur le principe du caractère restrictif des ententes relatives aux commissions interbancaires en raison de leurs effets, quel que soit l'instrument de paiement considéré[1229] – et bien que certaines aient été finalement exemptées[1230].

720. Seule la décision *Visa international – CMI,* en date du 24 juillet 2002[1231], écarte expressément l'existence d'un objet anticoncurrentiel pour ne retenir qu'une res-

---

1224 Comm. CE, décision du 19 décembre 2007, *MasterCard* préc., pt. 406.

1225 J. Tirole, *op. cit.*, p. 505.

1226 En raison notamment des avantages ou ristournes octroyés aux utilisateurs du service.

1227 La fixation collective du montant des CMI n'a pas été jugée indispensable au fonctionnement d'un système de paiement par carte. Elle ne constitue pas une restriction accessoire (V. *supra* n° 692).

1228 Av. gén. M. Bobek, 5 septembre 2019, concl. précédant CJUE, 2 avril 2020, *Gazdasági Versenyhivatal c. Budapest Bank Nyrt. et al.*, aff. C-228/18, ECLI : EU : C : 2019:678, note D. Bosco, *CCC* n° 11, novembre 2019, comm. 183 ; M. Debroux, *Concurrences* n° 4-2019, décembre 2019, art. n° 92206, p. 87.

1229 V. *supra* n° 694 s.

1230 Comm. CE, décision du 24 juillet 2002, *Visa international – CMI*, préc.

1231 *Ibid.*

triction par effet. La raison principale, contestable au demeurant[1232], tenait à l'objectif de Visa tourné vers l'équilibre du réseau[1233]. Il s'agissait de la toute première affaire relative à un accord portant fixation d'une CMI applicable au sein d'un réseau de paiement par *carte*. À l'évidence, l'expérience était alors insuffisante pour admettre un degré suffisant de nocivité dispensant la DG concurrence d'un examen des effets concrets de la pratique. Mais depuis l'affaire *Visa international – CMI,* l'expérience de la Commission s'est étoffée.

721. **Reconnaissance d'un objet anticoncurrentiel dans la pratique décisionnelle.** Dans quatre décisions d'engagements successives, la Commission a affirmé l'éventualité d'un objet anticoncurrentiel[1234]. Ainsi que le relève l'avocat général à l'occasion de l'affaire *Budapest Bank,* les décisions d'engagements n'établissent pas formellement l'existence d'une infraction, mais seulement des préoccupations de concurrence[1235]. Néanmoins, les développements consacrés à l'objet laissent peu de place au doute quant à la conviction de la Commission relativement à l'existence d'une restriction par objet : « dans la communication des griefs, la Commission a estimé à titre préliminaire que les règles de Mastercard relatives aux CMI interrégionales constituent une décision d'association d'entreprises qui a pour objet et pour effet de restreindre sensiblement la concurrence sur le marché de l'acquisition des paiements par carte au sein de l'EEE. »[1236]

722. Cette conviction se confirme à la lecture de la décision *MasterCard* du 19 décembre 2007, bien que la question de l'objet anticoncurrentiel n'y soit pas définitivement tranchée. Relevant que la fixation collective du niveau des commissions d'interchange induit un prix plancher pour les services d'acquisition, la Commission en déduit que les CMI ont, par nature, « le potentiel de fixer les prix »[1237]. Selon ses termes, « on ne peut donc nier que l'objet des CMI de MasterCard puisse être de restreindre la détermination des prix par la concurrence. »[1238] Procédant à une inversion du raisonnement traditionnel, la Commission laisse ouverte la question de l'objet anticoncurrentiel tant les effets restrictifs de la pratique litigieuse lui paraissent incontestablement établis[1239]. En France, l'existence d'un objet anticoncurrentiel inhérent aux ententes portant fixation du niveau des commissions interbancaires est une question tout aussi controversée.

1232 V. *infra* n° 746 s.

1233 Comm. CE, décision du 24 juillet 2002, *Visa international – CMI*, préc., pt. 69.

1234 Comm. eur., décision du 8 décembre 2010, *Visa MIF*, préc., pt. 21 ; Comm. eur., décision du 26 février 2014, *Visa MIF II*, préc., pt. 23 ; Comm. eur., décision du 29 avril 2019, *Visa MIF III*, préc., pt. 32 ; Comm. eur., décision du 29 avril 2019, *MasterCard II*, préc., pt. 31.

1235 Av. gén. M. Bobek, 5 septembre 2019, concl. préc., pt. 66.

1236 Comm. eur., décision du 29 avril 2019, *MasterCard II*, préc., pt. 3 : « [i]n the [Statement of Objections], the Commission took the preliminary view that Mastercard's rules on inter-regional MIFs constitute a decision by an association of undertakings that has as its object and effect an appreciable restriction of competition in the market for acquiring card payments within the EEA. » (traduction libre).

1237 Comm. CE, décision du 19 décembre 2007, *MasterCard*, préc., pt. 405.

1238 *Ibid.*, pt. 406.

1239 « [C]ompte tenu du fait qu'il est clairement établi que les CMI de MasterCard ont pour *effet* de restreindre et de fausser sensiblement la concurrence au préjudice des commerçants sur les marchés de l'acquisition, il n'y a pas lieu de tirer de conclusion définitive sur la question de savoir si les CMI de MasterCard constituent une restriction par objet au sens de l'article 81, paragraphe 1, du traité. » (*Ibid.* pt. 407).

ii. Un débat opposant l'autorité et le juge français de la concurrence

723. **Décision de l'Autorité du 20 septembre 2010 : reconnaissance de l'objet anticoncurrentiel des CEIC.** En France, le débat relatif à l'existence d'un objet restrictif de concurrence s'est cristallisé autour de l'affaire des CEIC, toujours pendante au moment de l'écriture de ces lignes. Les divergences opposant l'Autorité de la concurrence et les juges sont révélatrices de l'ampleur du malaise. Au commencement était la décision n° 10-D-28, en date du 20 septembre 2010[1240], par laquelle l'Autorité avait sanctionné onze banques jugées coupables d'entente. Il leur était reproché d'avoir collectivement fixé le montant de la commission dite « d'échange image-chèque » (CEIC), instaurée au début des années 2000 lors du passage à la dématérialisation du système de compensation des chèques. Cette commission, d'un montant uniforme de 4,3 centimes d'euros, était versée par la banque remettante (d'acquisition), à la banque tirée (d'émission) à l'occasion de chaque remise de chèque. Se référant à la pratique décisionnelle de la Commission européenne[1241], l'Autorité retient l'objet anticoncurrentiel de la pratique : à l'instar des CMI applicables au sein des réseaux de paiement par carte, elle relève que la CEIC constitue un élément de coût uniforme pour les banques remettantes, artificiellement créé[1242]. Elle constate ensuite, à l'appui des comptes rendus de réunions au cours desquelles l'entente s'était nouée, que la CEIC avait très explicitement vocation à être répercutée sur les clients remettants[1243]. La CEIC jouait donc une influence indirecte, à tout le moins potentielle, quant au niveau des prix pratiqués sur le marché de la remise des chèques.

724. **Arrêt d'appel du 23 février 2012 : rejet de l'objet anticoncurrentiel des CEIC.** Dans un arrêt du 23 février 2012[1244], la cour d'appel de Paris désapprouve l'analyse de l'Autorité de la concurrence. Elle lui reproche de ne pas avoir suffisamment tenu compte du contexte, ni de l'un des objectifs de l'accord visant à équilibrer les coûts subis par les banques sur les deux versants du marché[1245]. L'Autorité s'y était pourtant intéressée, en recherchant si l'instauration des CEIC pouvait servir à compenser le déséquilibre de trésorerie induit par l'accélération du traitement des chèques, au détriment des banques majoritairement tirées : avec le nouveau système, celles-ci perdaient en effet plus rapidement la disposition du montant des chèques remis pour encaissement, et du même coup, la possibilité de placer ce montant à leur profit. L'Autorité avait cependant estimé que cette circonstance n'ôtait pas aux CEIC leur capacité à influer sur la détermination des prix finals et qu'en toute hypothèse, les éventuels bienfaits de l'accord ne devaient être appréciés qu'au moment d'envisager son exemption[1246]. La cour d'appel juge toutefois la situation suffisamment inédite pour considérer qu'elle ne relève d'aucune expérience établie

---

1240 Aut. conc., décision n° 10-D-28 du 20 septembre 2010, préc.

1241 En particulier aux décisions *GSA* (Comm. CE, 8 septembre 1999, préc.) et *MasterCard* (Comm. CE, 19 décembre 2007, préc.).

1242 Aut. conc., décision n° 10-D-28 du 20 septembre 2010, préc., pt. 366.

1243 *Ibid.*, pt. 372.

1244 CA Paris, 23 février 2012, n° 2010-20555, note D. Bosco, *CCC* n° 4, avril 2012, comm. 104, p. 29 ; N. Jalabert-Doury, *Concurrences* n° 2-2012, février 2012, art. n° 45847, p. 52 ; C. Prieto, *RDC* n° 4, 2011, p. 1214.

1245 *Ibid.*, p. 62.

1246 Aut. conc., décision n° 10-D-28 du 20 septembre 2010, préc., pt. 89 et 360 à 363.

reconnaissant l'existence d'un objet anticoncurrentiel en une pratique donnée[1247]. La décision de l'Autorité est par conséquent annulée.

725. Mais l'arrêt d'appel est lui-même censuré par la Cour de cassation[1248], pour un motif étranger à la nature restrictive des pratiques en cause. Ayant annulé la décision de l'Autorité pour les raisons évoquées *supra*, la cour d'appel avait jugé sans objet les interventions volontaires des associations de consommateurs UFC-Que Choisir et ADUMPE. La haute juridiction estime ainsi que le refus par la cour d'appel d'examiner les moyens des parties intervenantes a privé ces dernières du droit à être effectivement entendues au regard de l'article 6 § 1 de la CESDH.

726. **Arrêt d'appel du 21 décembre 2017 : reconnaissance de l'objet anticoncurrentiel des CEIC.** Sur renvoi, la cour d'appel de Paris change radicalement de position : elle approuve cette fois-ci la décision du 20 septembre 2010, notamment en ce qui concerne l'existence d'un objet anticoncurrentiel : il est établi que le principal objectif de l'accord était de préserver un équilibre de trésorerie. Mais pour y parvenir, les banques ont introduit un élément de coût artificiel ne correspondant à aucun service rendu et restreignant leur liberté de fixer les prix finals[1249]. La cour d'appel admet finalement la nocivité de la pratique à la lumière de l'expérience acquise, opérant sur ce point, un infléchissement opportun de sa position :

> [A]insi que l'a relevé le Tribunal de l'Union dans son arrêt du 8 septembre 2016, Xellia Pharmaceuticals et Alpharma/Commission (T-471/13, point 319), la possibilité de se référer à la jurisprudence antérieure pour caractériser l'évidence du caractère nocif d'une pratique n'implique pas que celui-ci ait déjà été reconnu pour une pratique totalement identique. Ainsi, il importe peu qu'aucune pratique de commission interbancaire multilatérale n'ait encore été sanctionnée par une autorité de concurrence […] au titre des restrictions par objet, mais seulement au regard de leurs effets. Il suffit qu'il soit connu par l'expérience que le type de pratiques auquel se rattache le comportement poursuivi, est suffisamment nocif pour le libre jeu de la concurrence. Or, tel est bien le cas d'une pratique consistant, pour tous les opérateurs d'un secteur, à fixer en commun un élément artificiel de coût […] Dans sa dimension restrictive de concurrence, la CEIC ne revêtait dès lors aucun caractère inédit.[1250]

727. Cette approche doit être approuvée. La cour d'appel affirme que l'objet anticoncurrentiel d'une pratique peut être établi, sans nécessairement qu'il ait déjà été reconnu pour un comportement totalement identique. C'est ici admettre qu'aucune pratique n'est exactement identique à une autre, chacune comportant une singularité propre, mais que cette circonstance ne fait pas obstacle à ce que la nature restrictive d'un comportement soit reconnue comme étant similaire à celle d'un autre[1251]. Une com-

---

1247 CA Paris, 23 février 2012, préc., p. 64.

1248 Cass. com., 14 avril 2015, n° 12-15.971, note M. Behar-Touchais, *RDC* n° 3, 2015, p. 563.

1249 CA Paris, 21 décembre 2017, n° 2015-17638, pt. 189 à 191.

1250 *Ibid.*, pt. 220.

1251 Du même avis : D. Bosco, note sous Cass. com., 29 janvier 2020, n° 18-10.967 et 18-11.001, *CCC* n° 3, mars 2020, comm. 49, p. 2 ; C. Prieto, note sous CA Paris, 23 février 2012, n° 2010-20555, *RDC* n° 3, 2012, pt. 5.

mission interbancaire établie dans le cadre d'un système de paiement par chèque n'avait jamais été soumise, il est vrai, à l'examen de l'Autorité ou du juge de la concurrence. Mais ces derniers ont déjà eu à connaître de pratiques consistant à fixer un élément de coût artificiel, limitant la liberté des entreprises à déterminer leur prix. En ce sens, la CEIC est inédite en son fonctionnement, mais elle ne l'est pas en sa nocivité. La cour d'appel admet ensuite que l'objet anticoncurrentiel d'un comportement peut être établi alors même que la nocivité de pratiques identiques n'a été démontrée à l'occasion d'affaires antérieures qu'au regard de leurs effets et non de leur objet. Cela relève du bon sens : une série de décisions reconnaissant l'objet restrictif d'une catégorie de pratiques débute nécessairement par une affaire établissant pour la première fois, l'existence d'un objet anticoncurrentiel.

728. **Arrêt de cassation du 29 janvier 2020, suivi de l'arrêt de la cour d'appel de renvoi du 2 décembre 2021 : rejet de l'objet anticoncurrentiel des CEIC.** Sur pourvoi formé à l'encontre de l'arrêt du 21 décembre 2017, la cour d'appel est à nouveau désavouée par la Cour de cassation, précisément sur le point de savoir s'il existe une expérience établie permettant de conclure à l'existence d'un objet anticoncurrentiel. Dans un arrêt en date du 29 janvier 2020[1252], la haute juridiction casse et annule l'arrêt d'appel. Elle réaffirme l'interprétation restrictive de la notion d'objet anticoncurrentiel exigée par la jurisprudence européenne[1253] et considère que la cour d'appel en a méconnu le principe, en se fondant sur la présomption contestée d'une répercussion des CEIC pour établir leur objet restrictif[1254].

729. Statuant sur renvoi, la cour d'appel de Paris, dans un arrêt du 2 décembre 2021[1255], suit en tout point l'analyse de la Cour de cassation : elle rejette l'existence d'un objet anticoncurrentiel attaché aux CEIC, « en l'absence d'expérience acquise pour ce type de commission purement interbancaire, compensatoire et conçue comme devant être transitoire, sauf à méconnaitre le principe d'interprétation restrictive de la notion de restriction de concurrence par objet. » Concluant également à l'absence d'effet anticoncurrentiel, dès lors qu'aucune hausse des prix induite par la CEIC n'a pu être établie, la cour d'appel écarte toute infraction aux articles L 420-1 du Code de commerce et 101 § 1 du TFUE. Un pourvoi en cassation formé à l'encontre de cette décision est actuellement pendant.

730. Il est heureux que les juges français adhèrent à l'exigence d'une interprétation restrictive de l'objet anticoncurrentiel : l'analyse des effets ne peut être jugée superfétatoire que pour un nombre restreint de pratiques révélant une profonde et évidente nocivité. Mais l'application qui en est faite au cas d'espèce se révèle certainement trop stricte. D'une part, l'Autorité a établi que les CEIC avaient

---

[1252] Cass. com., 29 janvier 2020, n° 18-10.967 et 18-11.001.

[1253] V. *supra* n° 707.

[1254] « En statuant ainsi, en se fondant sur la présomption, contestée, d'une répercussion nécessaire des commissions litigieuses sur les prix finaux, prise du financement du service de chèque par subventions croisées et d'un principe général de répercussion par tout opérateur économique de tout élément de coût sur les prix finaux, la cour d'appel qui, en l'absence d'expérience acquise pour ce type de commissions interbancaires, a méconnu le principe d'interprétation restrictive de la notion de restriction de concurrence par objet, a violé les textes susvisés. » (Cass. com., 29 janvier 2020, préc., pt. 11).

[1255] CA Paris, 2 décembre 2021, n° 20-04626, pt. 148, note D. Bosco, *CCC* n° 1, janvier 2022, comm. 13 ; L. Idot, *Europe* n° 1, janvier 2022, comm. 27.

expressément vocation à être répercutées sur les prix finals[1256], ce qui permet de présumer un effet restrictif de la liberté des banques à fixer leur prix. D'autre part, l'expérience jugée insuffisante par la Cour de cassation semble au contraire bien acquise : la nature restrictive des ententes portant fixation du montant des commissions interbancaires est établie par une pratique décisionnelle abondante et constante[1257]. À cet égard, devrait être indifférent le fait que leur nocivité n'a été reconnue qu'au regard de leurs effets et non de leur objet ou que des commissions associées à un système d'encaissement des chèques n'aient pas déjà fait l'objet d'une analyse en jurisprudence[1258].

731. En définitive, faisant application de son interprétation stricte de l'objet anticoncurrentiel, la jurisprudence (européenne et française) refuse ainsi de retenir cette qualification à l'endroit des ententes sur les commissions interbancaires. Pour parvenir à cette solution, les juges se fondent sur une absence d'expérience établie leur reconnaissant un objet anticoncurrentiel. Une pratique décisionnelle ininterrompue admet pourtant depuis plusieurs dizaines d'années, le caractère restrictif – à tout le moins par effet – de ce type de comportement. Quoi qu'il en soit, l'exemption des ententes sur les commissions interbancaires demeure envisageable.

B. L'exemption des ententes interbancaires

732. **Régimes d'exemption distincts selon que la commission est versée en cas de transaction R ou pour la bonne exécution d'une transaction.** En dépit de leur caractère restrictif, les ententes portant fixation du niveau des commissions interbancaires pourront être éventuellement exemptées. Ces pratiques ne relevant d'aucun règlement d'exemption par catégorie, seule une exemption individuelle est ici envisageable. Celle-ci est admise, tant par l'article 101 § 3 TFUE que par l'article L 420-4, I, sous 2° du Code de commerce, sous quatre conditions cumulatives : sont ainsi justifiables les pratiques générant des gains d'efficacité (i), réservant aux utilisateurs une partie équitable du profit qui en résulte (ii), dès lors que la restriction induite s'avère nécessaire au regard des gains ainsi générés (iii) et que la concurrence n'est pas substantiellement éliminée (iv).

733. Les commissions interbancaires applicables lors de l'exécution ordinaire des transactions connaissent un régime d'exemption distinct de celui des commissions versées à l'occasion des transactions R. Ces dernières sont aisément justifiées, quel que soit l'instrument de paiement considéré, en tant qu'elles permettent une internalisation du coût de l'erreur par son auteur. Leur exemption est admise avec constance par les autorités européenne et française de concurrence, pourvu que leur montant se fonde uniquement sur celui des coûts de traitement de la transaction R[1259]. Elles ne soulèvent aucune difficulté particulière justifiant de s'y intéresser plus avant.

1256 V. *supra* n° 723.

1257 V. *supra* n° 718.

1258 V. *supra* n° 726.

1259 Aut. conc., décision n° 13-D-17 du 20 septembre 2013, préc., pt. 116 à 121 ; Aut. conc., décision n° 10-D-28 du 20 septembre 2010, préc., pt. 533 à 599 ; Aut. conc., décision n° 11-D-11 du 7 juillet 2011, préc., pt. 160 à 166 ; Aut. conc., décision n° 12-D-17 du 5 juillet 2012, préc., pt. 225 à 227 ; Comm. CE, document de

734. Une justification des commissions interbancaires associées à l'exécution ordinaire des transactions apparaît en revanche plus difficilement envisageable. Les possibilités d'exemption de commissions versées à l'occasion de paiements par carte ou par chèque ne sont ainsi pas inconcevables, mais demeurent limitées (1). Les commissions afférentes à tout autre type d'instrument de paiement ne sont quant à elles pas justifiables, bien qu'elles aient pu l'être autrefois (2).

1. L'exemption envisageable des commissions interbancaires associées aux paiements par carte et par chèque

735. **Appréciation au cas par cas et méthode généralisable.** La justification des commissions interbancaires relevant d'un système de paiement par chèque est *a priori* ouverte, mais relève d'un examen au cas par cas. En la matière, la pratique décisionnelle est trop mince pour en déduire un régime général (a). Quant aux commissions relatives aux paiements par carte, une pratique décisionnelle bien établie fait au contraire usage d'une méthode généralisable. Après avoir un temps eu recours à une approche par les coûts, les autorités européenne et française de concurrence se réfèrent ainsi au test du « commerçant indifférent » élaboré par la théorie économique (b).

a. L'exemption envisageable des commissions interbancaires associées aux paiements par chèque

736. **La décision *Eurochèques* : exemption d'une commission interbancaire associée aux chèques par la Commission européenne.** À ce jour, ce n'est qu'à l'unique occasion de l'affaire *Eurochèques*, ayant donné lieu à une décision du 10 décembre 1984[1260], que la Commission européenne a pu statuer sur l'exemption d'une commission interbancaire relevant d'un système de paiement par chèque. L'exemption y est accordée ; mais elle l'est au terme d'une analyse contestable, difficilement généralisable à d'autres systèmes de paiement par chèque.

737. La Commission recense plusieurs gains d'efficacité générés par le système Eurochèques profitant équitablement aux utilisateurs : les porteurs d'eurochèques avaient ainsi la possibilité de tirer ou d'encaisser les effets dans diverses devises au sein de différents États[1261] ; ce qui constituait à l'époque, un indéniable progrès. Elle relève ensuite la complexité et l'augmentation des coûts qu'engendrerait la conclusion d'accords bilatéraux entre les 15000 banques membres du système Eurochèques. Elle en déduit alors la nécessité d'une fixation collective du montant de la commission interbancaire au regard des gains d'efficacité produits[1262]. La Commission considère enfin qu'un degré suffisant de concurrence est maintenu. Celle-ci perdure en tant que l'accord ne contraint (théoriquement) pas les banques à répercuter la commission sur les clients

---

travail, 30 octobre 2009, Applicabilité de l'article 81 du traité CE aux paiements interbancaires multilatéraux liés au prélèvement SEPA, SEC(2009)1472, pt. 34 à 47. Le règlement n° 260/2012 précité a d'ailleurs consacré la justification des CMI versées à l'occasion d'une transaction R dans le cadre d'un système de prélèvement SEPA, en les admettant sous conditions (art. 8 § 2).

1260 Comm. CE, décision du 10 décembre 1984, *Eurochèques uniformes*, préc.

1261 *Ibid.*, pt. 37 et 38.

1262 *Ibid.*, pt. 39 et 40.

et les laisse libres de se distinguer sur cet élément de coût, comme sur les autres. La concurrence est encore préservée dès lors que la pratique ne porte que sur les eurochèques et n'empêche pas les banques de se faire concurrence sur l'ensemble des autres instruments de paiement[1263].

738. **La décision *Eurochèques* : raisonnement discutable adopté par la Commission européenne.** Le raisonnement adopté par la Commission dans la décision *Eurochèques* est discutable, au regard notamment de son analyse des deux premières conditions d'exemption. En effet, plutôt que de recenser les indéniables gains générés par le système dans son ensemble, la DG concurrence aurait dû s'intéresser à ceux strictement produits par la pratique en cause, à savoir la fixation collective du montant de la commission interbancaire versée lors de l'encaissement des eurochèques[1264]. Or la commission litigieuse était simplement censée compenser les coûts subis par la banque du bénéficiaire, en raison de l'avance du montant des chèques encaissés[1265]. À considérer même cette compensation comme un gain d'efficacité, les utilisateurs ne pouvaient en tirer profit qu'à la condition qu'elle ne soit pas répercutée sur les prix finals, ce qui n'est pas démontré.

739. En toute hypothèse, l'analyse de la DG concurrence est difficilement généralisable au regard des spécificités du système Eurochèques, notamment de sa dimension internationale. Celle-ci augmentait les délais de remboursement par la banque tirée des sommes correspondant au montant du chèque encaissé, avancées par la banque du bénéficiaire lors de la présentation d'un eurochèque pour encaissement. La commission était ainsi payée par la banque d'émission à la banque d'acquisition. Le système Eurochèques se distingue en ce sens de la plupart des autres systèmes de paiement, quel que soit d'ailleurs l'instrument considéré, au sein desquels la commission doit être versée par l'acquéreur à l'émetteur, et non l'inverse. Tel est notamment le cas du système de compensation des chèques français.

740. **Refus de l'exemption par l'autorité française de concurrence dans l'affaire des CEIC.** Dans la décision n° 10-D-28 du 20 septembre 2010 précitée, l'approche adoptée par l'Autorité de la concurrence est différente. Après avoir établi l'objet anticoncurrentiel de la CEIC[1266], elle refuse d'admettre son exemption. L'Autorité reconnaît sans difficulté l'incontestable progrès réalisé grâce au mécanisme d'échange image-chèque : la compensation dématérialisée a permis d'accroître l'efficacité des circuits de recouvrement, d'accélérer les délais d'encaissement des chèques, de réduire les coûts de traitement et d'augmenter la sécurité, au profit des utilisateurs[1267]. À cet égard, l'Autorité de la concurrence a pu s'appuyer sur

---

1263 *Ibid.*, pt. 41 à 43.

1264 Dans l'arrêt *MasterCard*, le Tribunal de l'Union fait d'ailleurs bien le départ entre les gains générés par le réseau en général et ceux pouvant être associés à la CMI, seuls les seconds devant être envisagés au prisme de l'article 101 § 3, les premiers étant à cet égard sans incidence (Trib. UE, 24 mai 2012, *MasterCard, Inc. e.a. c. Commission eur.*, aff. T-111/08, ECLI : EU : T : 2012:260, pt. 207, note J.-B. Blaise, *RTD eur.* 2012, p. 914 ; M. Debroux, *Concurrences* n° 3-2012, septembre 2012, art. n° 48294, p. 90 ; G. Decocq, *CCC*, n° 7 juillet 2012, comm. 180 ; N. Éréséo, *LEDB* n° 8, 2012, p. 1 ; L. Idot, *Europe* n° 7, juillet 2012, comm. 281 ; J. Lucas, *RD bancaire et fin.* n° 4, juillet 2012, étude 17). Sur ce point, approuvant le Tribunal de l'UE, V. L. Idot, *Europe* n° 7, juillet 2012, comm. 281, note préc.

1265 Comm. CE, décision du 10 décembre 1984, *Eurochèques uniformes*, préc., pt. 15.

1266 V. *supra* n° 723.

1267 Aut. conc., décision n° 10-D-28 du 20 septembre 2010, préc., pt. 399 à 406.

l'avis très éclairant de la Commission bancaire rendu le 22 mai 2008 dans le cadre de cette affaire, en application de l'article L 511-4 du Code monétaire et financier[1268].

741. Mais contrairement au raisonnement poursuivi par la Commission européenne dans la décision *Eurochèques*, l'Autorité ne se contente pas de rechercher les gains induits par le système dans son ensemble. Elle s'efforce de vérifier si la commission EIC a spécifiquement contribué à la réalisation de ce progrès[1269]. Sur ce point, les banques affirmaient que la CEIC, versée par les établissements acquéreurs aux émetteurs, était destinée à compenser le déséquilibre de trésorerie subi par ces dernières en raison de l'accélération du traitement des chèques : avec le système EIC, les banques émettrices (tirées) perdaient en effet plus rapidement la disposition du montant des chèques remis pour encaissement. L'Autorité relève toutefois que les parties à l'entente n'établissent pas qu'au moment de sa conclusion, l'une d'entre elles au moins prévoyait de subir des pertes individuellement à l'occasion du passage à l'EIC, justifiant l'introduction de la commission EIC[1270]. En tout état de cause, l'instauration d'une commission d'un montant fixe (4,3 centimes d'euros par chèque) non proportionnel au montant des chèques était impropre à compenser les pertes de trésorerie alléguées, fonction de la valeur des chèques et non pas de leur nombre[1271]. Faute de contribuer à la réalisation du progrès économique, la CEIC n'est donc pas exemptée.

742. Sur un premier renvoi après cassation[1272], la cour d'appel de Paris approuve en tout point ce raisonnement dans un arrêt du 21 décembre 2017 précité[1273]. Mais la Cour de cassation a censuré en 2020[1274] l'arrêt d'appel pour méconnaissance de l'interprétation restrictive de l'objet anticoncurrentiel, et la cour d'appel de renvoi a pareillement jugé en 2021[1275] qu'aucun objet ou effet anticoncurrentiel attaché aux CEIC n'était démontré, de sorte qu'il n'était plus besoin d'envisager une exemption de cette pratique.

743. En somme, aucune conclusion définitive et générale ne peut donc être déduite de la pratique décisionnelle européenne et française quant à l'exemption des commissions interbancaires associées à l'encaissement des chèques. L'exemption accordée par la décision *Eurochèques* est ancienne et repose sur un raisonnement contestable. Quant à la CEIC, toute réflexion autour de son exemption demeure sans objet dès lors que sa nature anticoncurrentielle n'est pas établie. L'exemption d'une commission interbancaire se rapportant à un système de compensation des chèques reste donc ouverte, mais relève d'une analyse au cas par cas. Les

---

1268 *Ibid.*, pt. 400 et 404. L'avis de la Commission bancaire n'est pas publié.

1269 *Ibid.*, pt. 407.

1270 *Ibid.*, pt. 439 à 444.

1271 *Ibid.*, pt. 449 à 455.

1272 La cour d'appel de Paris avait annulé la décision de l'Autorité dans un arrêt du 23 février 2012 précité sur la question de l'objet anticoncurrentiel, sans aborder celle de l'exemption. La Cour de cassation avait elle-même censuré l'arrêt d'appel sans non plus se prononcer sur l'exemption (Cass. com., 14 avril 2015, préc.).

1273 CA Paris, 21 décembre 2017 préc., p. 62 à 77.

1274 Cass. com., 29 janvier 2020, n° 18-10.967 et 18-11.001.

1275 CA Paris, 2 décembre 2021, n° 20-04626. Un pourvoi en cassation formé à l'encontre de cette décision est actuellement pendant.

autorités de concurrence disposent en revanche, d'une grille d'analyse générale permettant d'apprécier la justification des CMI applicables dans les réseaux de paiement par carte.

b. L'exemption envisageable des commissions interbancaires associées aux paiements par carte

744. **Changement de méthode.** Initialement, les autorités de concurrence appréciaient les bienfaits de la commission d'interchange au prisme de sa capacité à compenser les coûts supportés par les banques membres des réseaux de paiement par carte. Reconnaissant les limites de cette méthode (i), les autorités se sont progressivement tournées vers le test du « commerçant indifférent ». Conformément à ce test, le niveau adéquat des CMI permet d'établir le prix des services d'acquisition à un montant n'excédant pas l'utilité des paiements par carte pour le commerçant (ii).

i. Méthode initiale fondée sur les coûts

745. **Approche initiale de l'autorité française de concurrence.** Dans un premier temps, les autorités de concurrence envisageaient une justification des commissions d'interchange tirée de leur capacité à compenser les coûts supportés par les banques. Mais pour se conformer à la deuxième condition de l'exemption, la CMI ne devait refléter que des coûts associés à un service profitant aux utilisateurs, et en particulier aux commerçants sur qui la commission était *in fine* répercutée. Dans la décision n° 88-D-37 du 15 octobre 1998, le Conseil de la concurrence avait ainsi refusé d'exempter la CMI établie par le Groupement des cartes bancaires à un niveau décorrélé du coût généré par la garantie des paiements et du niveau de sécurité conféré aux utilisateurs. Il lui avait donc été fait injonction d'établir une commission d'interchange sur le fondement de « critères objectifs » tenant compte, notamment, de la réduction du risque de fraude et du degré de sécurité des paiements par cartes[1276].

746. **Approche initiale de la Commission européenne.** Dans la décision *Visa international – CMI,* la Commission adopte une approche similaire. Afin d'envisager le niveau adéquat des CMI, elle se fonde implicitement sur les travaux du juriste américain William Baxter[1277]. En substance sa théorie prend acte des effets de réseau croisés propres à la nature biface du marché, pour en déduire que le nombre et le bien-être des participants à un système de paiement par carte sont portés à leur maximum, lorsque l'ensemble des coûts marginaux supportés par les banques sont partagés entre les payeurs et les commerçants, proportionnellement à l'utilité que chacun attribue aux services reçus. La CMI, structurée selon les coûts supportés par les banques et répercutée sur les utilisateurs, doit ainsi refléter cette

---

1276 Cons. conc., décision n° 88-D-37 du 15 octobre 1988 préc., art. 2. Deux ans plus tard, le Conseil de la concurrence avait sanctionné le Groupement pour irrespect de l'injonction, en raison de son mésusage du fichier national des oppositions afin d'évaluer le degré de sécurité des cartes devant être pris en considération dans le calcul de la CMI (Cons. conc., décision n° 90-D-41 du 30 octobre 1990 préc.).

1277 W. Baxter, « Bank Exchange of Transactional Paper : Legal and Economic Perspectives », *Journal of Law and Economics*, vol. 26, n° 3, octobre 1983, p. 541 à 588. William Baxter était professeur de droit à l'Université de Stanford, spécialisé en droit de la concurrence et analyse économique du droit (*Law and Economics*).

proportion. La Commission ne se réfère pas explicitement au modèle de William Baxter, mais sa méthode s'en rapproche fortement :

> L'utilité du réseau Visa [...] pour chaque catégorie d'utilisateurs est fonction du nombre d'utilisateurs appartenant à l'autre catégorie : plus le nombre de commerçants affiliés au système est élevé, plus celui-ci est utile aux titulaires de cartes et inversement. Le système atteint son nombre maximal d'utilisateurs dès lors que, pour chacune des catégories d'utilisateurs, son coût se situe au niveau le plus proche possible de son utilité marginale moyenne.[1278]

747. Il convient ainsi pour la DG concurrence de corréler les « coûts » supportés par chaque catégorie de consommateurs à l'utilité qu'ils retirent respectivement des services fournis. Mais elle concède « la difficulté qu'il y a à mesurer l'utilité marginale moyenne d'un paiement par carte Visa » et admet la nécessité de « trouver un indicateur de substitution acceptable »[1279]. À cet effet, la Commission approuve Visa d'avoir retenu trois catégories de coûts correspondant à des prestations associées à la fourniture de services de paiement profitant aux payeurs et aux commerçants, sur la base desquelles est établie la CMI, à savoir, premièrement, le coût de traitement des transactions, deuxièmement, le coût de fourniture de la garantie en cas de défaillance du payeur, et enfin, les coûts associés à l'offre d'une « période de financement gratuit » – c'est-à-dire d'un découvert autorisé sans frais[1280]. Elle reconnaît ensuite la nécessité de fixer collectivement le montant des commissions d'interchange au regard des coûts de transaction qu'induiraient une pluralité de négociations bilatérales[1281], puis estime que la CMI n'élimine pas totalement la concurrence entre banques, ces dernières étant libres de se distinguer sur les autres éléments constitutifs du prix final[1282]. Une exemption de cinq ans est dès lors accordée aux CMI de Visa.

748. **Rejet de la méthode initiale par la Commission européenne.** Par la suite, la théorie de William Baxter, et plus généralement l'approche par les coûts, ont été abandonnées des autorités de concurrence. Dans l'affaire *MasterCard*, la Commission[1283] refuse d'exempter les CMI litigieuses. MasterCard soutenait que la commission d'interchange permettait un équilibrage des coûts entre les banques d'acquisition et les banques d'émission, ces dernières devant, à défaut de CMI, en supporter la majeure partie. Elle se fondait explicitement sur le modèle de William Baxter pour établir que son montant exprimait l'utilité des services respectivement perçus par les porteurs de cartes et les commerçants.

749. La DG concurrence rappelle d'emblée que le progrès économique ne doit être apprécié qu'au regard de la commission d'interchange et non pas du réseau de paiement dans son ensemble[1284]. Elle relève que le modèle de William Baxter est

---

1278 Comm. CE, décision du 24 juillet 2002, *Visa international – CMI*, préc., pt. 83.

1279 *Ibid.*

1280 *Ibid.*, pt. 84 à 91.

1281 *Ibid.*, pt. 98 à 101.

1282 *Ibid.*, pt. 106.

1283 Comm. CE, décision du 19 décembre 2007, *MasterCard*, préc., approuvée par le Tribunal (Trib. UE, 24 mai 2012, préc.) et la Cour de justice de l'Union (CJUE, 11 septembre 2014, préc.).

1284 Comm. CE, décision du 19 décembre 2007, *MasterCard*, préc., pt. 679.

purement théorique et n'offre aucune méthode d'analyse pratique de l'utilité des services de paiement. Ce constat est identique à celui dressé dans sa décision *Visa international – CMI*[1285], mais son exigence probatoire à l'égard de MasterCard est plus soutenue : la Commission ne se contente pas d'apprécier les éléments de coûts avancés, elle s'efforce également de vérifier dans quelle mesure la CMI peut refléter les avantages retirés par les utilisateurs du réseau. Or l'analyse de MasterCard est jugée trop succincte et non convaincante, la défenderesse ne se fondant que sur des déclarations de consommateurs, alors que l'utilité retirée d'un service ne peut être établie qu'à l'appui d'une étude empirique détaillée[1286].

750. La Commission relève par ailleurs les limites de la théorie de William Baxter, en tant qu'il surévaluerait la CMI acceptable par les commerçants, ne tenant compte que des avantages transactionnels associés aux paiements par carte, mais négligeant leur propension à accepter cet instrument de paiement simplement pour demeurer compétitif et attirer des clients au détriment de leurs concurrents[1287]. La Commission retient de toute façon, qu'un raisonnement fondé sur un équilibrage des coûts faisant abstraction des recettes réalisées sur chacun des versants n'est pas pertinent : d'autres sources de revenus pourraient parfaitement compenser ces coûts en lieu et place des CMI[1288].

751. **Rejet de la méthode initiale par l'Autorité de la concurrence.** L'Autorité de la concurrence a pareillement rejeté l'approche par les coûts. Telle démarche a finalement été jugée impropre à favoriser les réseaux de paiement les plus efficaces : dès lors que les banques émettrices perçoivent une commission d'interchange au niveau de leurs coûts, elles ne retirent aucun avantage à distribuer les cartes d'un réseau plutôt qu'un autre[1289]. En outre, attribuer à la CMI la fonction de compensation des coûts supportés par les émetteurs, revient à faire payer aux seuls commerçants (*via* les acquéreurs) l'ensemble de la prestation de paiement. Or cette logique semble injustifiée dès lors que les porteurs de cartes profitent également des services de paiement[1290]. Les Autorités de concurrence se sont donc orientées par la suite vers une autre méthode.

ii. Méthode actuelle fondée sur le test du commerçant indifférent

752. **Le test du commerçant indifférent élaboré dans la théorie économique.** Les autorités de concurrence se sont plus récemment orientées vers le modèle (ou test) dit « du commerçant indifférent », développé dans les années 2000 par les économistes français Jean Tirole et Jean-Charles Rochet[1291]. Ces derniers sont partis

---

[1285] V. *supra* n° 748.

[1286] Comm. CE, décision du 19 décembre 2007, *MasterCard*, préc., pt. 714 et 732.

[1287] *Ibid.*, pt. 704 et 705.

[1288] *Ibid.*, pt. 686.

[1289] Aut. conc., décision n° 11-D-11 du 7 juillet 2011 préc., pt. 153.

[1290] Aut. conc., décision n° 13-D-17 du 20 septembre 2013 préc., pt. 112.

[1291] J.-Ch. Rochet et J. Tirole, « Must-Take Cards : "Merchant Discounts And Avoided Costs" », *Journal of the European Economic Association* vol. 9(3) 2011, p. 462 à 495 ; J.-Ch. Rochet et J. Tirole, « Cooperation among Competitors : Some Economics of Payment Card Associations », *Rand Journal of Economics*, 33(4), 2002, p. 549 à 570 ; J. Tirole, « Payment Card Regulation and the Use of Economic Analysis in Antitrust », *Competition Policy International*, vol. 7, n° 1, 2011, p. 137 à 158.

de l'hypothèse que les paiements par carte profitaient davantage aux commerçants (rapidité, traçabilité, réduction du risque de fraude etc.) qu'aux porteurs de cartes, plutôt incités *a priori*, à utiliser d'autres instruments de paiement moins coûteux, voire gratuits (notamment les espèces). Le choix du payeur d'utiliser un instrument de paiement plutôt qu'un autre induit donc une externalité sur le commerçant.

753. Dès lors, une commission d'interchang. versée aux émetteurs par les acquéreurs puis répercutées sur les commerçants – permet de faire profiter les porteurs de cartes de l'avantage retiré par les commerçants du recours à cet instrument, *via* une baisse du prix et/ou une amélioration des services d'émission. La CMI permet donc l'internalisation par les porteurs de cartes de l'externalité liée au choix de l'instrument imposé aux commerçants. En d'autres termes, la CMI permet un transfert de bien-être depuis le commerçant vers le payeur, afin d'inciter celui-ci à utiliser un instrument de paiement profitant au commerçant : la carte.

754. Il s'agit alors de déterminer le prix maximum que les commerçants sont prêts à payer au regard de l'utilité associée à la carte[1292]. Cela permettra de vérifier que la CMI n'entraîne pas des commissions de service commerçant (CSC) supérieures ou inférieures aux gains réalisés par le commerçant en acceptant les paiements par cartes. Le niveau optimal de la CMI est donc celui qui rend le commerçant indifférent au fait que le paiement soit effectué par carte ou par un autre instrument.

755. **Modélisation simplifiée.** Pour une modélisation simplifiée du test, partons des hypothèses suivantes : le commerçant sera indifférent à ce que le paiement soit effectué par carte ou en espèces si la commission de service commerçant (CSC) qui lui est facturée équivaut à l'avantage (A) qu'il retire d'un paiement par carte ; en d'autres termes, si $CSC = A$. La banque d'acquisition, redevable de la CMI et supportant un coût de traitement de la transaction (C), inclura ces deux éléments dans la composition de la CSC, d'où $CSC = CMI + C$. En conséquence, $A = CSC = CMI + C$ et donc $CMI = A - C$. La CMI optimale correspond ainsi à l'avantage que le commerçant retire d'un paiement par carte, duquel est déduit le coût de traitement de la transaction.

756. **Le recours au test du commerçant indifférent par les autorités de concurrence.** Les autorités européenne et française de concurrence ont adhéré sans réserve au test du commerçant indifférent pour évaluer le niveau adéquat de la CMI. Celle-ci génère des gains d'efficacité à travers sa fonction de répartition des profits retirés de l'usage des cartes entre les commerçants et les payeurs. Se fondant sur l'utilité des services de paiement pour les utilisateurs, ce test permet ainsi de vérifier que les gains générés par la commission d'interchange leur profitent équitablement,

---

1292 Les avantages associés aux paiements par carte sont pour les commerçants de deux ordres. Il s'agit premièrement du bénéfice net tiré d'un règlement par carte plutôt qu'en espèces, correspondant entre autres, à la réduction des coûts liés aux dépôts, à la diminution des risques de fraude (faux billets) et de perte en cas vol (quantité réduite d'espèces pouvant être dérobée), au gain de temps à la caisse, ainsi qu'à la traçabilité des sommes d'argent. Il s'agit en second lieu de l'attractivité que représente l'acceptation des paiements par cartes pour les payeurs ; ce qui se traduit par une captation de clientèle et donc la réalisation de ventes supplémentaires. Autrement, dit, cette attractivité dépend de l'utilité que représente la carte pour son porteur, tenant notamment à sa praticité (le retrait et la détention d'argent liquide devenant superflus), outre les avantages éventuellement associés au crédit.

conformément aux exigences des articles 101 § 3 TFUE et L 420-4, I, sous 2° du Code de commerce.

757. Dans les décisions *Visa MIF I*[1293] et *Visa MIF II*[1294], la Commission indique ainsi que le test du commerçant indifférent a pu être mis en œuvre en se fondant sur une série d'études empiriques, ayant mesuré les coûts et les avantages associés aux paiements en espèces et par carte[1295]. Il en ressort que les niveaux optimaux de CMI applicables à l'occasion des paiements transfrontières par cartes de débit et de crédit consommateur sont respectivement de 0,2 % et 0,3 % du montant de la transaction[1296]. Ces niveaux ont été confirmés dans les décisions *Visa MIF III*[1297] et *MasterCard II*[1298] à l'appui d'une nouvelle étude menée à l'échelle européenne[1299]. Dans chacune de ces quatre décisions, la Commission a donc pu accepter les engagements des parties de réduire leurs CMI en conséquence.

758. L'Autorité de la concurrence a pareillement accueilli les engagements du GIE CB[1300], de Visa[1301] et MasterCard[1302], d'abaisser leurs commissions d'interchange à un niveau conforme au test du commerçant indifférent[1303]. En revanche, l'exemption des commissions interbancaires associées à d'autres types d'instruments de paiement semble pour l'heure, inenvisageable.

2. L'exemption inenvisageable des commissions interbancaires afférentes à d'autres types d'instruments

759. **L'exemption inenvisageable des commissions associées aux prélèvements.** – Jadis autorisées, les CMI associées aux prélèvements sont désormais prohibées. Le règlement n° 924/2009 les tolérait à titre temporaire, pourvu qu'elles fussent d'un niveau égal en cas de paiement domestique ou transfrontière[1304], tout en respectant les règles de concurrence[1305]. À ce sujet, un document de travail précité de la Commission en date du 30 octobre 2009 relatif à « l'applicabilité de l'article 81 du traité CE aux

---

1293 Comm. eur., décision du 8 décembre 2010, *Visa MIF*, préc., pt. 64.

1294 Comm. eur., décision du 26 février 2014, *Visa MIF II*, préc., pt. 41.

1295 Ces études ont été conduites par les banques centrales néerlandaise, belge et suédoise : De Nederlandsche Bank, « the cost of payments », *DNB Quarterly Bulletin*, mars 2004, p. 57 ; H. Brits et C. Winder, « Payments are no free lunch », *De Nederlandsche Bank Occasional Studies* Vol. 3, n° 2, 2005 ; Banque Nationale de Belgique, *Coûts, avantages et inconvénients des différents moyens de paiement*, décembre 2005 ; M. Bergman, G. Guibourg et B. Segendorf, « The Costs of Paying – Private and Social Costs of Cash and Card Payments », *Riksbank Research Paper Series* n° 112, 2007.

1296 Comm. eur., décision du 8 décembre 2010, *Visa MIF*, préc., pt. 63 ; Comm. eur., décision du 26 février 2014, *Visa MIF II*, préc., pt. 111.

1297 Comm. eur., décision du 29 avril 2019, *Visa MIF III* préc., pt. 86.

1298 Comm. eur., décision du 29 avril 2019, *MasterCard II* préc., pt. 85.

1299 Cette étude a été confiée par la Commission européenne au cabinet Deloitte Consulting. Elle est accessible sur le site de la Commission européenne :
https://ec.europa.eu/competition/sectors/financial_services/enforcement_en.html

1300 Aut. conc., décision n° 11-D-11 du 7 juillet 2011 préc., pt. 150.

1301 Aut. conc., décision n° 13-D-18 du 20 septembre 2013 préc., pt. 179.

1302 Aut. conc., décision n° 13-D-17 du 20 septembre 2013 préc., pt. 196.

1303 Dans chacune de ces trois décisions, a été proposé et accepté un niveau uniforme de 0,28 % du montant de la transaction, pour les CMI applicables à l'occasion des paiements nationaux tant par cartes de débit que par carte de crédit.

1304 Règlement (CE) n° 924/2009 préc., art. 7.

1305 *Ibid.*, cons. 11.

paiements interbancaires multilatéraux liés au prélèvement SEPA », envisageait une justification de la CMI tenant à sa fonction d'équilibrage des demandes sur les deux versants du marché. Suivant cette logique, la commission d'interchange permettrait une réallocation des coûts et avantages du prélèvement entre le payeur et le bénéficiaire. À l'instar des paiements par carte, le prélèvement profiterait *a priori* davantage au bénéficiaire car celui-ci peut contrôler l'initiation du paiement, ce qui lui offre une certitude quant à son exécution et sa date (contrairement par exemple au virement, initié par le payeur). La commission d'interchange conduirait ainsi le payeur à internaliser l'externalité de son choix pour le bénéficiaire relativement à l'instrument de paiement utilisé, et l'inciterait donc à choisir le prélèvement. Cet argument est analogue à la logique sous-tendant le test du commerçant indifférent[1306].

760. Mais contrairement à la situation prévalant pour l'acceptation des paiements par cartes[1307], les bénéficiaires disposent et font souvent usage en pratique d'autres biais pour inciter les payeurs à recourir au prélèvement, au moyen notamment d'une réduction de prix. Pour cette raison, la Commission européenne se montrait réservée quant à la justification d'une CMI au sein d'un système de prélèvement par sa fonction d'équilibrage des demandes[1308]. L'Autorité de la concurrence avait d'ailleurs balayé l'hypothèse d'une telle justification[1309]. Le règlement n° 260/2012 précité a définitivement épuisé la question en interdisant purement et simplement les commissions d'interchange relevant d'un système de prélèvement[1310].

761. **L'exemption inenvisageable des commissions associées aux virements.** De même, l'exemption de CMI applicables au sein d'un système de virement est difficilement concevable, bien qu'elle demeure théoriquement ouverte : dans une communication relative à l'application du droit des pratiques anticoncurrentielles aux systèmes de virement transfrontaliers, la Commission n'excluait pas toute possibilité d'exemption. Elle ne recensait elle-même toutefois aucune source de progrès économique[1311]. Par la suite, la Commission n'a eu l'opportunité de statuer sur une CMI relevant d'un système de virement qu'à l'occasion de l'affaire *GSA*[1312]. Mais la décision rendue ne comporte aucun apport sur la question de l'exemption : celle-ci n'y est pas abordée, l'article 81 § 1 étant jugé inapplicable à défaut d'affectation sensible du commerce interétatique, nonobstant la nature anticoncurrentielle de la pratique en cause. L'Autorité de la concurrence a pour sa part, écarté toute justification d'une CMI applicable au sein d'un système de virement dans une décision du 5 juillet 2012[1313].

1306 V. *supra* n° 752.

1307 Les règles de fonctionnement des réseaux de paiement par carte comportent souvent l'interdiction pour les commerçants de moduler leurs prix selon que le paiement est opéré par carte ou par un autre instrument. Du reste, lorsque cette possibilité lui est ouverte, les commerçants n'y ont généralement pas recours par crainte de perdre des clients (Comm. CE, décision du 10 août 2001, *Visa international* préc., pt. 55).

1308 Comm. CE, document de travail, 30 octobre 2009, Applicabilité de l'article 81 du traité CE aux paiements interbancaires multilatéraux liés au prélèvement SEPA, SEC(2009)1472, pt. 21 à 23.

1309 Aut. conc., décision n° 12-D-17 du 5 juillet 2012 préc., pt. 223 et 224.

1310 Règlement n° 260/2012 préc., art. 8 § 1.

1311 Comm. CE, Communication relative à l'application des règles de concurrence de la Communauté européenne aux systèmes de virement transfrontaliers préc., pt. 43.

1312 Comm. CE, décision du 8 septembre 1999, *GSA* préc.

1313 Aut. conc., décision n° 12-D-17 du 5 juillet 2012 préc.

762. **L'exemption inenvisageable des commissions associées à d'autres instruments.** À l'occasion de cette même décision du 5 juillet 2012, l'Autorité avait refusé l'exemption de diverses commissions interbancaires relatives à plusieurs autres types d'instruments de paiement – prélèvement, virement, télérèglement, titre interbancaire de paiement (TIP), titre électronique de paiement (TEP), lettre de change –, appliquées par la plupart des banques françaises. Opérant un examen concurrentiel groupé pour l'ensemble des commissions, elle avait retenu leur caractère restrictif et rejeté toute possibilité d'exemption. Les arguments usuels tenant à la compensation des coûts supportés par les banques ainsi qu'à l'équilibre des demandes avaient été évoqués par les défenderesses. L'un et l'autre sont fermement écartés par l'Autorité, le premier au regard de l'iniquité qu'emporte le fait de mettre la totalité des coûts du système à la charge de l'un seul des deux groupes d'utilisateurs, le second en raison de ce qu'aucun instrument considéré ne requiert une incitation des payeurs à en faire usage[1314].

763. **Conclusions de la Section 1.** En règle générale, l'application du droit des pratiques anticoncurrentielles ne se heurte à aucun obstacle particulier tenant aux spécificités des activités bancaires. Seules les affaires d'ententes sur les commissions interbancaires soulèvent de réelles difficultés lors de la vérification de ses critères d'application. Les pratiques de ce type se détachent notablement des autres par leur complexité et leur multiplicité. Leur caractère restrictif est établi de longue date en son principe, encore qu'une querelle demeure quant à l'existence d'un objet anticoncurrentiel. Fermée pour les commissions afférentes à la plupart des instruments de paiement, l'exemption est toutefois possible pour les commissions d'interchange associées aux paiements par cartes. À cet égard, les autorités de concurrence ont recours au test du commerçant indifférent développé dans la théorie économique. Cette méthode bienvenue permet de déterminer le niveau adéquat auquel les commissions d'interchange sont justifiées, car reflétant équitablement l'utilité des paiements par carte.

764. Une approche purement *ex post* par application du droit de la concurrence apparaît néanmoins inadaptée à l'égard de pratiques aussi nombreuses et diffuses que les ententes sur les CMI appliquées dans les réseaux de paiement par carte : le risque de fragmentation des régimes serait trop élevé. La nécessité d'une approche réglementaire *ex ante* s'est donc fait sentir, et la régulation bancaire a opportunément complété l'action des autorités de concurrence.

Section 2
Les commissions interbancaires saisies *ex ante* par la régulation bancaire

765. **La régulation bancaire inspirée du droit de la concurrence.** Un traitement strictement *ex post* des ententes sur les commissions d'interchange associées aux paiements par carte se révèle insuffisant : pour des pratiques aussi complexes et

---

1314 *Ibid.*, pt. 222 à 227.

répandues, une approche au cas par cas risque de mettre en péril l'intégration du marché européen des paiements. Une démarche *ex ante*, préventive et englobante, s'avère donc nécessaire. À travers le règlement (UE) n° 2015/751[1315], la régulation bancaire s'inspire ainsi des solutions posées par les autorités de concurrence et les complète opportunément. Le texte soumet l'ensemble des prestataires européens à un régime identique : il plafonne les commissions d'interchange à un niveau conforme au test du commerçant indifférent et interdit l'application de règles commerciales accessoires restrictives. Cette initiative est salutaire et neutralise ainsi le risque de fragmentation (§ 1). Elle laisse toutefois certaines difficultés en suspens (§ 2).

§ 1. Des difficultés résolues

766. **Palliation du risque de fragmentation par l'adoption d'un règlement.** La pratique décisionnelle des autorités de concurrence a révélé l'existence d'une restriction concurrentielle chronique et diffuse sur les marchés de services de paiement. En effet, les banques ont coutume d'établir collectivement le montant des commissions interbancaires appliquées lors de chaque transaction, créant ainsi un prix plancher pour les services d'acquisition. En ce qui concerne les commissions afférentes à la plupart des instruments de paiement, ces pratiques sont suffisamment peu nombreuses pour que les autorités de concurrence puissent les traiter efficacement au cas par cas. S'agissant en revanche des commissions associées aux paiements par carte, ce type de pratique se décline dans chaque État membre et pour chacune des différentes variétés de cartes. Or la multiplicité des affaires ne facilite pas l'application d'un régime homogène ; leur traitement individuel soulève un risque de fragmentation élevé (A). Le règlement (UE) n° 2015/751, inspiré des solutions envisagées par les autorités de concurrence, pallie cette difficulté. Plutôt que de sanctionner et corriger individuellement une multitude de comportements passés, la régulation bancaire soumet préventivement l'ensemble des prestataires européens à un régime analogue (B).

A. Les limites d'une approche curative par le droit de la concurrence

767. **Défaillance de marché et solution mises en exergue par les autorités de concurrence.** Depuis les décisions fondatrices *Eurochèques uniformes*[1316] et *Groupement des cartes bancaires*[1317], les juges et autorités de concurrence se sont forgé une solide expérience relative au fonctionnement des marchés des services de paiement ; eu égard en particulier, aux rouages des commissions interbancaires. Ainsi la pratique décisionnelle a-t-elle révélé l'existence d'un grand nombre d'ententes portant fixation desdites commissions.

1315 Règlement (UE) n° 2015/751 préc.

1316 Comm. CE, décision du 10 décembre 1984, *Eurochèques uniformes,* préc.

1317 Cons. conc., décision n° 88-D-37 du 15 octobre 1988 préc.

768. Mais plus qu'une série de comportements anticoncurrentiels, la pratique décisionnelle a permis de mettre en lumière une véritable défaillance du marché des services de paiement : celle-ci découle de la nature biface du marché et tient à l'externalité qu'engendre à l'égard du bénéficiaire, le choix de l'instrument utilisé par le payeur pour régler la transaction. Certains d'entre eux sont en effet plus coûteux que d'autres. Or lorsque le bénéficiaire est commerçant, le coût de l'acceptation du paiement peut être répercuté sur le consommateur final par une hausse générale des prix. Cette répercussion induit alors une nouvelle externalité négative sur les consommateurs, quel que soit l'instrument de paiement utilisé[1318]. Le commerçant peut lui-même remédier à cette situation lorsqu'il jouit de la faculté (juridique et pratique) de refuser un instrument trop coûteux ou d'imposer des frais supplémentaires lors de son utilisation, conduisant ainsi le payeur à internaliser l'externalité causée par son choix. Bien souvent, tel est notamment le cas en ce qui concerne les paiements par prélèvement[1319]. En revanche, les commerçants ne peuvent généralement pas refuser ou surcharger les paiements par carte, en raison soit d'une interdiction contractuelle, soit d'un risque trop élevé de perte de clientèle.

769. Pour autant, il ressort aussi de la pratique décisionnelle que la commission d'interchange peut constituer une solution alternative à l'internalisation par les payeurs de l'externalité suscitée par leur choix, et les orienter ainsi vers l'utilisation d'instruments efficaces. Le recours au test du commerçant indifférent permet à ce titre, d'établir la CMI à un niveau reflétant les avantages de la carte pour les commerçants et rendre ces derniers indifférents à l'instrument de paiement utilisé.

770. **Risque de fragmentation des régimes.** Néanmoins, les différentes affaires d'ententes sur les commissions interbancaires ont également mis en exergue les limites d'une approche *ex post* au cas par cas à l'égard de pratiques aussi complexes et répandues. La longueur[1320] et la multiplicité des procédures engagées devant les différentes autorités de concurrence s'accompagnent d'un risque de fragmentation des régimes dans le temps et l'espace au sein de l'Union[1321].

771. Pour preuve, les décisions successivement rendues par la Commission au sujet des CMI applicables en cas de transactions transfrontières réalisées par cartes « consommateur » Visa et MasterCard : à partir de 2002, Visa a bénéficié d'une exemption pour des CMI progressivement réduites à 0,7 % du montant de la transaction[1322], alors que MasterCard n'a connu ni réprobation, ni approbation du montant de ses CMI (oscillant alors entre 0,8 % et 1,3 %) jusqu'en 2007. À cette date, la Commission lui a fait injonction d'un retrait pur et simple des CMI[1323],

---

1318 J. Tirole, *op. cit.*, p. 520.

1319 V. *supra* n° 759.

1320 L'affaire *MasterCard* a duré plus de 22 ans entre le dépôt de plainte, enregistré le 30 mars 1992, et l'arrêt précité de la Cour de justice de l'Union européenne, rendu le 11 septembre 2014. Depuis l'auto-saisine du Conseil de la concurrence en 2003, l'affaire des *commissions échange image-chèque*, toujours en cours, s'étend sur plus de 17 ans (Aut. conc., décision n° 10-D-28 du 20 septembre 2010, préc.).

1321 A.-Cl. Rouaud, « La nouvelle règlementation européenne relative aux systèmes de cartes de paiement et aux commissions interbancaires », *RISF* n° 2015/4, p. 72.

1322 Comm. CE, décision du 24 juillet 2002, *Visa international – CMI*, préc.

1323 Comm. CE, décision du 19 décembre 2007, *MasterCard*, préc.

avant de juger conforme à son injonction, l'engagement d'une diminution des CMI à hauteur du niveau exigé par le test du commerçant indifférent – soit respectivement 0,2 % et 0,3 % en cas de transaction par carte de débit ou crédit[1324]. Enfin, en 2010[1325] puis 2014[1326], la DG concurrence a accepté les engagements de Visa de réduire ses propres CMI aux mêmes niveaux que celles de MasterCard. La différence de traitement et l'insécurité juridique ayant jusqu'alors prévalu avaient été dénoncées par les deux schémas de paiement[1327].

772. Quant aux commissions d'interchange pratiquées lors de transactions nationales, la diversité des régimes a sans doute été plus profonde encore. Ainsi une étude du REC recensait-elle déjà en 2012 une trentaine d'affaires traitées par les autorités membres du Réseau européen de concurrence[1328]. En 2013, le commissaire européen à la concurrence Joaquín Almunia en avait fait le constat et admettait la nécessité d'une régulation *ex ante* des CMI à l'échelle européenne :

> Ces engagements obtenus par application du droit de la concurrence ne couvrent que certains types de paiements par carte et concernent uniquement quelques acteurs spécifiques du marché. Les commissions d'interchange relatives à la plupart des transactions domestiques varient encore sensiblement d'un État membre à l'autre, ayant pour effet de fragmenter le marché intérieur. Une réglementation ex ante est donc nécessaire afin de plafonner les commissions multilatérales d'interchange pour tout le monde et partout dans l'UE.[1329]

773. **Nécessité d'une approche *ex ante*.** L'exposé des motifs de la proposition de règlement sur les commissions d'interchange, préparée conjointement par les DG du marché intérieur[1330] et de la concurrence, affirme les limites d'une approche strictement *ex post* par application du droit des pratiques anticoncurrentielles : la multiplicité des procédures engagées devant les différentes autorités de concurrence soulève un risque d'incohérence, d'insécurité juridique et de fragmentation des régimes, aggravé par divers projets réglementaires nationaux. Afin d'y remédier, une action *ex ante* englobante est donc nécessaire. Mais celle-ci s'appuie

---

1324 Comm. CE, Communiqué de presse : « Antitrust : Commissioner Kroes notes MasterCard's decision to cut cross-border Multilateral Interchange Fees (MIFs) and to repeal recent scheme fee increases – frequently asked questions », 1er avril 2009, MEMO/09/143.

1325 Comm. eur., décision du 8 décembre 2010, *Visa MIF*, préc., relative aux CMI applicables en cas de transaction par carte de débit.

1326 Comm. eur., décision du 26 février 2014, *Visa MIF II*, préc., relative aux CMI applicables en cas de transaction par carte de crédit.

1327 Comm. CE, Communiqué de presse : « Antitrust : Commission prohibits MasterCard's intra-EEA Multilateral Interchange Fees – frequently asked questions », 19 décembre 2007, MEMO/07/590. Sur ce point, V. également : J.-Ph. Gunther, « Ententes et accords interbancaire », *RLC* 2006/7, n° 536.

1328 ECN, *Information paper on competition enforcement in the payment sector*, subgroup Banking and Payment, mars 2012.

1329 J. Almunia, *Introductory remarks on proposal for regulation on interchange fees for cards, Internet and mobile payments*, conférence de presse, Commission européenne, Bruxelles, 24 juillet 2013, SPEECH/13/660 : « These ad hoc commitments achieved through our antitrust enforcement cover only certain types of card payments and deal only with specific market players. Interchange fees on most domestic transactions still vary widely across Member States, fragmenting the internal market. Ex ante regulation is therefore required in order to cap multilateral interchange fees for everybody and everywhere in the EU » (traduction libre).

1330 Alors en charge de la politique bancaire et financière, avant la création de la DG FISMA en 2014.

explicitement sur l'expérience de l'autorité européenne de concurrence et les solutions envisagées dans sa pratique décisionnelle :

> Ces 20 dernières années, la Commission européenne et les autorités nationales de la concurrence ont engagé un certain nombre de procédures […] portant sur des pratiques anticoncurrentielles sur le marché des paiements par carte. [C]ertains États membres […] sont en train d'adopter des mesures législatives en la matière.[1331]
>
> Il existe actuellement de grandes disparités entre les commissions d'interchange pratiquées au sein des systèmes nationaux et internationaux de cartes de paiement, ce qui conduit à une fragmentation du marché […], les commissions d'interchange varient du simple au décuple, ce qui entraîne de vastes écarts de coûts entre les détaillants des différents pays. En raison des importantes différences de commissions entre les États membres, les détaillants ont également des difficultés à élaborer une stratégie de prix à l'échelle de l'UE.[1332]
>
> [L]'application des règles de concurrence selon des procédures et des calendriers différents pourrait ne pas déboucher sur des résultats suffisamment étendus et rapides pour apporter l'intégration du marché et l'innovation nécessaires pour garantir la compétitivité du marché européen des paiements au niveau mondial. Compte tenu des règles de l'UE concernant la concurrence et de l'expérience de la Commission en matière d'affaires de concurrence relatives aux paiements, la présente proposition vise donc à assurer la clarté juridique afin de garantir une véritable intégration et une concurrence réelle et d'améliorer ainsi le bien-être économique de toutes les parties prenantes, et en particulier des consommateurs.[1333]

774. La régulation bancaire prête ainsi son concours au droit de la concurrence par la voie réglementaire. L'adoption du règlement (UE) 2015/751 manifeste toute la complémentarité des deux branches juridiques.

B. Les apports d'une démarche préventive par la régulation bancaire

775. **Plafonnement des commissions d'interchange et encadrement de certaines règles commerciales.** Le règlement (UE) 2015/751 reprend et généralise les solutions appliquées par les autorités de concurrence dans une série de cas individuels. Le montant des commissions d'interchange associées aux cartes de débit et crédit consommateurs est plafonné conformément au test du commerçant indifférent (1). Sont par ailleurs encadrées, diverses règles commerciales accessoires, jugées restrictives dans la pratique décisionnelle (2).

1331 Comm. eur., proposition de règlement du Parlement européen et du Conseil du 24 juillet 2013, relatif aux commissions d'interchange pour les opérations de paiement liées à une carte, COM(2013) 550 final, exposé des motifs, p. 5.

1332 *Ibid.*, p. 3 et 4.

1333 *Ibid.* p. 7.

1. L'encadrement du niveau des commissions d'interchange

776. **Plafonnement des commissions associées aux cartes consommateurs.** Le règlement (UE) 2015/751 suit à la lettre les solutions adoptées par les autorités de concurrence européenne[1334] et française[1335] désormais constantes, pour en faire une application globale à l'échelle de l'Union. Le niveau des commissions d'interchange appliquées en cas de transactions transfrontières et nationales[1336] réalisées par cartes de débit ou crédit « consommateur » est plafonné conformément au test du commerçant indifférent[1337] – soit respectivement à 0,2 %[1338] et 0,3 %[1339] du montant de la transaction, selon qu'elle est exécutée par carte de débit ou de crédit.

777. **Inapplicabilité du plafonnement aux schémas tripartites et cartes commerciales.** Seuls les schémas quadripartites sont *a priori* soumis à cette règle. Par principe, doivent y échapper les schémas tripartites, qui n'appliquent généralement pas de CMI au sein de leur réseau[1340]. Mais en toute logique, le plafonnement du montant des CMI s'impose aux schémas tripartites qui pratiquent une commission d'interchange implicite entre des tiers émetteurs et accepteurs auxquels ils ont recours. Dans une telle hypothèse en effet, le schéma doit être considéré comme étant de nature quadripartite[1341].

778. Le plafonnement des commissions d'interchange est pareillement inapplicable aux cartes commerciales[1342]. Ce choix est bienvenu. Contrairement aux cartes consommateurs, qui constituent aujourd'hui un produit de masse très difficile à refuser pour les commerçants[1343], les cartes d'affaires ne représentent qu'une part marginale (environ 3 %) du marché[1344]. Les commerçants sont donc généralement en mesure de refuser ou surcharger les paiements par cartes d'affaires lorsque le service d'acquisition est trop onéreux[1345], ce qui rend inutile le plafonnement des

---

1334 Depuis l'affaire *Mastercard* (Comm. CE, 19 décembre 2007 préc.).

1335 Aut. conc., décision n° 11-D-11 du 7 juillet 2011 préc. ; Aut. conc., décision n° 13-D-18 du 20 septembre 2013 préc. ; Aut. conc., décision n° 13-D-17 du 20 septembre 2013 préc.

1336 En ce qui concerne les transactions purement domestiques, les États membres ont la possibilité de plafonner les commissions d'interchange à un niveau inférieur à celui requis pour les transactions transfrontières (règlement 2015/751 préc., art. 3 et 4). L'analyse d'impact du règlement avait établi qu'en certains États, l'utilité relative des cartes pour les commerçants, et donc le niveau optimal des commissions d'interchange, pouvaient être inférieurs aux niveaux retenus par défaut. L'option ainsi laissée aux États permet de tenir compte des spécificités nationales (règlement [UE] 2015/751 préc., cons. 21).

1337 Règlement (UE) 2015/751 préc., cons. 20.

1338 *Ibid.*, art. 3.

1339 *Ibid.*, art. 4.

1340 *Ibid.*, art. 1 § 3, sous c).

1341 *Ibid.*, art. 1 § 5. Plus généralement d'ailleurs, le schéma sera considéré comme étant de nature quadripartite, non seulement lorsqu'il accorde une licence à d'autres prestataires d'émission ou d'acquisition, mais encore s'il émet des cartes par le biais d'un partenaire de comarquage ou d'un agent, peu important que ces derniers ne soient pas eux-mêmes émetteurs ou acquéreurs et n'interviennent qu'à titre accessoire sur le marché des services de paiement (CJUE, 7 février 2018, *American Express Company* préc.).

1342 Règlement (UE) 2015/751 préc., art. 1 § 3, sous a).

1343 *Ibid.*, cons. 32.

1344 Comm. eur., *Study on the application of the Interchange Fee Regulation, Final report*, 2020, p. 23.

1345 Comm. eur., Proposition de règlement du Parlement européen et du Conseil du 24 juillet 2013, relatif aux commissions d'interchange pour les opérations de paiement liées à une carte, COM(2013) 550 final, exposé des motifs, p. 14.

commissions d'interchange relatives à ce type de carte. Encore faut-il qu'ils en aient la possibilité juridique ; ce que garantit (partiellement) le règlement.

2. L'encadrement de certaines règles commerciales

779. **Protection de la liberté commerciale des bénéficiaires.** Le règlement (UE) 2015/751 fait interdiction aux prestataires de services de paiement de pratiquer une tarification indifférenciée, et limite leur faculté d'imposer aux bénéficiaires l'acceptation de tout type de cartes. Ces dispositions sont bienvenues en tant qu'elles renforcent la transparence et la liberté des commerçants (a). Le texte interdit également toute règle limitant la possibilité des bénéficiaires d'orienter les payeurs vers un instrument de leur choix. La DSP II assortit toutefois ce principe d'une exception, en laissant les États libres d'interdire l'application de frais supplémentaires lors de l'utilisation d'un instrument donné. Cette option, retenue en droit français, n'emporte pas pleinement satisfaction, en ce qu'elle empêche les commerçants de discriminer et donc de faire jouer la concurrence entre les différents instruments de paiements (b).

a. Encadrement des modalités de tarification et de la règle faisant obligation d'accepter toutes les cartes

780. **Interdiction de la tarification indifférenciée.** Le règlement (UE) 2015/751 prohibe la contractualisation de certaines règles couramment en vigueur au sein des schémas de paiement, qui risqueraient de contrarier les effets espérés du plafonnement des CMI. Leur nocivité avait été établie par les autorités de concurrence[1346]. Le champ d'application des dispositions afférentes est opportunément étendu : en sus des cartes consommateurs issues des schémas quadripartites, il comprend les cartes d'affaires et celles issues des schémas tripartites, qui échappent au plafonnement des commissions d'interchange[1347]. Lorsque l'acquisition des paiements exécutés *via* ce type de carte est trop onéreuse, les commerçants doivent donc pouvoir refuser ou imposer des frais supplémentaires.

781. Est tout d'abord interdite, la pratique de tarification indifférenciée pour les services d'acquisition : les acquéreurs doivent facturer aux bénéficiaires les commissions de service commerçant correspondant à chaque type et chaque marque de carte, selon les différents niveaux de commission d'interchange[1348]. Cette transparence accrue doit ainsi permettre aux commerçants de prendre véritablement conscience des écarts de coûts associés à chaque catégorie de carte.

782. **Interdiction de la règle faisant obligation d'accepter toutes les cartes.** Fort de sa connaissance du coût respectif des différents instruments, le commerçant pourra refuser les paiements effectués *via* des cartes trop onéreuses : le règlement interdit la règle imposant l'obligation d'accepter toutes les cartes d'un même schéma. Toutefois, l'interdiction ne s'étend logiquement pas aux différentes cartes relevant d'une même catégorie soumise à un niveau de plafonnement identique

---

1346 V. *supra* n° 687 s.

1347 Règlement (UE) 2015/751 préc., cons. 28.

1348 *Ibid.*, art. 9 ; repris à l'article L 112-11, al. 2 du Code monétair et financier.

des CMI – catégorie des cartes de débit consommateur ou catégorie des cartes de crédit consommateur[1349]. Dès lors qu'un commerçant accepte un type de carte en particulier, il n'est pas nécessaire de lui offrir la faculté de refuser d'autres cartes relevant de la même catégorie, soumises à une CMI d'un montant maximum identique. Ce serait alors limiter inutilement la possibilité des porteurs de carte d'en faire usage. En d'autres termes, un commerçant acceptant par exemple certaines cartes de débit consommateur, peut avoir l'obligation contractuelle d'accepter toutes les autres cartes de cette même catégorie et d'une même marque, mais il peut refuser les cartes de crédit, ou *a fortiori* les cartes commerciales[1350].

783. Le règlement interdit enfin toute règle limitant la faculté des commerçants d'orienter les consommateurs vers les instruments de leur choix. La DSP II laisse cependant libres les États d'interdire aux commerçants l'imputation de frais supplémentaires pour l'usage d'un instrument donné. Cette option malheureuse a été retenue en droit français.

b. Encadrement des possibilités d'orienter le consommateur

784. **Principe de prohibition des règles limitant la possibilité d'orienter le consommateur.** L'article 11 du règlement accorde en outre aux commerçants une liberté totale pour orienter les payeurs vers les instruments souhaités : est ainsi prohibée, toute règle empêchant le commerçant de réserver un traitement plus ou moins favorable à un instrument de paiement quel qu'il soit – par l'imputation de frais supplémentaires, l'octroi de réductions, ou de toute autre forme de (dés)avantage.

785. **Interdiction d'appliquer des frais supplémentaires pour l'usage de cartes consommateurs.** Il est néanmoins surprenant que le règlement n'assortisse la règle d'aucune exception, alors que les considérants du texte expriment le besoin d'y déroger pour les cartes concernées par le plafonnement des commissions d'interchange[1351]. L'application de frais supplémentaires apparaît ainsi superflue pour les cartes de débit et crédit consommateur dès lors que le plafonnement des CMI rend déjà les commerçants indifférents à ce que le règlement soit opéré par le biais desdites cartes, plutôt qu'en espèces. L'application de frais supplémentaires risquerait même de détourner les payeurs des cartes de débit et crédit consommateur, au profit d'instruments moins efficaces.

786. Fort heureusement, la DSP II (art. 62 § 4) a comblé cette lacune en faisant interdiction aux commerçants de surfacturer l'utilisation d'instruments de paiement couverts par le plafonnement des CMI[1352].

787. **Interdiction d'appliquer des frais supplémentaires en cas de virement et de prélèvement SEPA.** Le même article interdit également l'imputation de frais supplémentaires lors de l'utilisation de virement et prélèvement SEPA régis par le

---

[1349] Règlement (UE) 2015/751 préc., art. 10.

[1350] *Ibid.*, cons. 37.

[1351] « Dans les situations où le bénéficiaire oriente le payeur vers l'utilisation d'un instrument de paiement donné, aucun frais ne devrait être demandé par le bénéficiaire au payeur pour l'utilisation d'instruments de paiement pour lesquels les commissions d'interchange sont régies par le présent règlement, car, dans ces situations, les avantages d'une majoration deviennent limités et le marché se complexifie. » (Règlement [UE] 2015/751 préc., cons. 36).

[1352] Directive (UE) 2015/2366 préc., art. 62 § 4.

règlement n° 260/2012. Ces instruments constituent une alternative l'un à l'autre. Pour autant, en conférant au bénéficiaire le contrôle de l'initiation du paiement, le prélèvement lui profite davantage qu'au payeur, ce dernier préférant *a priori* plutôt recourir au virement. Un outil d'orientation du payeur vers le prélèvement n'apparaît donc pas inutile. Mais les bénéficiaires disposent déjà, et font usage en pratique, de la faculté d'octroyer des réductions de prix en cas de recours au prélèvement[1353]. Ouvrir la possibilité aux bénéficiaires d'appliquer des frais supplémentaires pour l'usage du virement ou du prélèvement SEPA ne semble donc pas indispensable. Interdire cette possibilité permet en outre de limiter le coût d'usage de ces instruments pour les consommateurs, conformément à la volonté du législateur de l'Union[1354].

788. **Possibilité retenue en droit français d'interdire l'imputation de frais supplémentaires pour l'usage de tout type d'instrument.** Plus généralement, la DSP II (art. 62 § 5) laisse libres les États d'interdire ou limiter le droit des bénéficiaires d'appliquer des frais « compte tenu de la nécessité d'encourager la concurrence et de favoriser l'utilisation de moyens de paiement efficaces ». Déjà admise par la DSP I (art. 52 § 3), cette option a été retenue en droit français. Le dispositif actuellement en vigueur est prévu aux articles L 112-11 à L 112-13 du Code monétaire et financier ainsi libellés :

> Article L 112-11
>
> Les prestataires de services de paiement ne peuvent limiter contractuellement la possibilité pour un bénéficiaire d'appliquer des frais, de proposer une réduction au payeur ou de l'orienter d'une autre manière vers l'utilisation d'un instrument de paiement donné. Les frais appliqués ne peuvent dépasser les coûts directs supportés par le bénéficiaire pour l'utilisation de cet instrument de paiement. Toute stipulation contraire est réputée non écrite.
> Au cours du premier trimestre de chaque année, le prestataire de services de paiement porte à la connaissance du bénéficiaire du paiement, à l'exclusion des personnes physiques n'agissant pas pour des besoins professionnels, un document distinct récapitulant le total des sommes perçues par ce prestataire au cours de l'année civile précédente au titre des frais facturés fixés contractuellement pour l'encaissement des paiements par carte. Ce relevé annuel des frais d'encaissement des paiements par carte distingue, pour chaque catégorie de produits ou services, le sous-total des frais perçus et le nombre de produits ou services correspondants.
>
> Article L 112-12
>
> Lorsque le bénéficiaire d'un paiement propose une réduction au payeur pour l'utilisation d'un instrument de paiement donné, il l'en informe avant l'initiation de l'opération de paiement.
> Le bénéficiaire ne peut appliquer de frais pour l'utilisation d'un instrument de paiement donné. Il ne peut être dérogé à cette interdiction que dans des

---

[1353] Comm. CE, document de travail, 30 octobre 2009, Applicabilité de l'article 81 du traité CE aux paiements interbancaires multilatéraux liés au prélèvement SEPA, SEC(2009)1472, pt. 21 et 22.

[1354] Règlement n° 260/2012 préc., cons. 1.

conditions définies par décret, pris après avis de l'Autorité de la concurrence, compte tenu de la nécessité d'encourager la concurrence et de favoriser l'utilisation de moyens de paiement efficaces.

Article L 112-13

Lorsque le prestataire de services de paiement ou une autre partie intervenant dans l'opération applique des frais pour l'utilisation d'un instrument de paiement donné, il en informe l'utilisateur de services de paiement avant l'initiation de l'opération de paiement.
Le payeur n'est tenu d'acquitter les frais visés au deuxième alinéa de l'article L 112-12 et au premier alinéa du présent article que s'il a eu connaissance de leur montant total avant l'initiation de l'opération de paiement.

789. **Ambiguïté des dispositions.** Ces dispositions sont ambiguës. D'un côté, elles interdisent aux prestataires de services de paiement de limiter contractuellement la possibilité des bénéficiaires d'appliquer des frais supplémentaires et envisagent les modalités de recours à cette faculté – les frais ne peuvent dépasser les coûts directs supportés par le bénéficiaire[1355], ce dernier doit préalablement en informer le payeur[1356] ; d'un autre côté, l'article L 112-12 alinéa 2 interdit purement et simplement aux bénéficiaires de surfacturer l'utilisation d'instruments de paiement[1357]. En d'autres mots, il est légalement interdit d'appliquer des frais additionnels pour l'usage d'un instrument de paiement, mais en prévision de ce qu'un jour, cette faculté pourrait être admise, les textes envisagent déjà les conditions d'une telle surfacturation.

790. **Inopportunité du régime français.** Cette prohibition est malvenue. Lors de la transposition de la DSP I, l'Autorité de la concurrence avait été consultée par le Gouvernement sur le fondement de l'article L 462-2, sous 3° du Code de commerce[1358]. Au terme d'une analyse approfondie, à laquelle il convient de souscrire sans réserve, l'Autorité se positionne en faveur d'une liberté laissée aux bénéficiaires d'appliquer des frais supplémentaires pour l'usage d'instruments de paiement. Régir le droit d'appliquer des frais supplémentaires suppose, aux termes des DSP I[1359] et II[1360], de ne pas perdre de vue « la nécessité d'encourager la concurrence et de favoriser l'utilisation de moyens de paiement efficaces ». Ces exigences plaident en faveur de la reconnaissance d'une telle liberté au profit des commerçants. Bien que certains instruments soient globalement plus efficaces que d'autres[1361], les payeurs ne choisissent d'utiliser un instrument donné qu'en

---

1355 C. mon. fin., art. L 112-11, al. 1er.

1356 C. mon. fin., art. L 112-13, al. 2.

1357 Ce même article prévoit la possibilité d'une dérogation dans des conditions définies par décret pris après avis de l'Autorité de la concurrence. Mais à ce jour, aucun décret en ce sens n'a été adopté, de sorte que l'interdiction légale de surfacturer l'usage des instruments de paiement demeure totale.

1358 Aut. conc., avis n° 09-A-35 du 26 juin 2009 *portant sur le projet d'ordonnance relatif aux conditions régissant la fourniture de services de paiement et portant création des établissements de paiement,* obs. G. Decocq, *CCC* n° 10, octobre 2009, comm. 248.

1359 Directive 2007/64/CE, préc., art. 52 § 3.

1360 Directive (UE) 2015/2366 préc., art. 62 § 5.

1361 De manière générale, un instrument sera jugé efficace si les bénéfices apportés à l'ensemble des parties (payeurs, bénéficiaires, prestataires de services de paiement) outrepassent les coûts totaux (Aut. conc., avis n° 09-A-35 du 26 juin 2009 préc., pt. 99).

fonction de leurs intérêts propres, sans tenir compte des coûts supportés par les commerçants ; ce qui peut aboutir à un choix inefficace collectivement. Si le commerçant se trouve contraint d'accepter un instrument induisant pour lui des coûts excédant ses avantages, il sera conduit à les compenser par le biais d'une hausse générale de ses prix, au détriment de l'ensemble des consommateurs finals, quel que soit l'instrument utilisé. Les consommateurs qui n'utilisent pas d'instruments coûteux subventionnent ainsi ceux qui en font usage[1362]. Une commission interbancaire peut alors permettre aux payeurs d'internaliser le coût supporté par les bénéficiaires à condition que la commission n'excède pas elle-même l'utilité retirée par le commerçant d'un instrument[1363].

791. À défaut, l'imputation de frais supplémentaires lors de l'utilisation d'instruments coûteux permet d'envoyer un signal aux payeurs et de les orienter vers des instruments plus efficaces collectivement. Par suite, cet arbitrage exerce une pression sur les prestataires de services de paiement et les incite *in fine*, à réduire leurs prix[1364]. La concurrence retrouve alors véritablement son empire. La possibilité d'appliquer des frais supplémentaires, en cas de paiement par carte notamment, apparaît d'autant plus nécessaire qu'il est impossible d'accorder des réductions de prix pour un paiement en espèces : par convention, les prix de base sont exprimés dans l'hypothèse d'un paiement en espèces en raison de son pouvoir libératoire[1365].

792. Actuellement, cette possibilité pourrait se révéler très utile, en particulier à l'égard des cartes d'affaires. Suite au plafonnement des CMI attachées aux cartes consommateurs, celles afférentes aux cartes d'affaires ont connu un accroissement. Parmi les commerçants qui exercent au sein d'un État autorisant l'application de frais supplémentaires, plus de la moitié ont ainsi recours à cette faculté[1366].

793. **Risque d'abus.** L'Autorité retient toutefois une série d'hypothèses dans lesquelles le commerçant pourrait abuser de sa faculté d'appliquer des frais additionnels, justifiant alors une limitation de cette liberté. Tout d'abord, les commerçants jouissant d'un fort pouvoir de marché pourraient imposer des frais supérieurs aux coûts induits par l'utilisation d'un instrument donné[1367]. Il apparaît alors légitime de limiter cette liberté à l'imputation de frais n'excédant pas les coûts réels[1368], conformément à ce que prévoit déjà l'article L 112-11, alinéa 1er du Code monétaire et financier[1369].

794. En deuxième lieu, un commerçant pourrait abuser d'un manque d'information du consommateur en appliquant des frais additionnels alors que celui-ci est déjà engagé dans l'acte d'achat[1370]. Il semble donc utile d'imposer au bénéficiaire

---

1362 *Ibid.*, pt. 99, 107, 108.

1363 *Ibid.*, pt. 101 à 105.

1364 *Ibid.*, pt. 109 à 110.

1365 *Ibid.*, pt. 113.

1366 Tel que cela ressort d'une étude récente portant sur la mise en œuvre du règlement (UE) 2015/751 (Comm. eur., *Study on the application of the Interchange Fee Regulation, Final report*, 2020, p. 23).

1367 Aut. conc., avis n° 09-A-35 du 26 juin 2009 préc., pt. 116, 117, 154.

1368 *Ibid.*, pt. 155.

1369 « Les frais appliqués ne peuvent dépasser les coûts directs supportés par le bénéficiaire pour l'utilisation de cet instrument de paiement. »

1370 Aut. conc., avis n° 09-A-35 du 26 juin 2009 préc., pt. 154.

d'en informer le payeur « avant l'initiation de l'opération de paiement », comme le prévoit déjà l'article L 112-13, alinéa 1er du Code monétaire et financier[1371].

795. Enfin, les commerçants n'acceptant qu'un unique instrument de paiement seraient tentés d'abuser de la situation en imposant des frais additionnels : cette surfacturation reviendrait en fait, à cacher au consommateur une partie du prix réel du bien ou service vendu par le commerçant. Il est donc préférable d'interdire cette pratique[1372]. Le commerçant doit évidemment demeurer libre d'intégrer dans son prix le coût de l'unique instrument accepté (à l'instar de tout autre élément de coût), mais il ne saurait le présenter comme un supplément au prix des biens et services vendus.

796. **Modifications proposées.** Les textes pourraient dès lors être modifiés en ce sens :

> Le dernier alinéa de l'article L 112-12 du Code monétaire et financier est remplacé par deux alinéas ainsi rédigés :
> « Le bénéficiaire ne peut appliquer de frais pour l'utilisation d'instruments de paiement pour lesquels les commissions d'interchange sont réglementées par le chapitre II du règlement (UE) 2015/751 et pour les services de paiement auxquels s'applique le règlement (UE) n° 260/2012.[1373]
> Le bénéficiaire ne peut pas non plus appliquer de frais pour l'utilisation d'un instrument de paiement donné lorsqu'il ne laisse pas au payeur le choix d'utiliser des instruments de paiement alternatifs. »[1374]

797. **Premier bilan satisfaisant de l'application du règlement (UE) 2015/751.** Une étude[1375] révèle que les principaux objectifs du règlement (UE) 2015/751 ont été atteints : les commissions d'interchange relatives aux cartes de crédit et débit consommateur ont diminué de 35 % à l'échelle de l'Union entre 2015 et 2017[1376]. Cette baisse est répercutée sur les commerçants dans une large mesure, à travers une réduction des commissions de service, ce qui représente une économie annuelle totale d'environ 1,2 milliard d'euros[1377]. Bien que difficile à évaluer avec exactitude, le rapport anticipe une répercussion à plus ou moins long terme de ces économies sur les prix finals au profit du consommateur[1378]. Par ailleurs, l'intégration accrue du marché européen ainsi que l'intensification de la concurrence ont permis de développer les services d'acquisition transfrontière et de tirer leurs prix vers le bas[1379].

1371 Toutefois, cette disposition peut apparaître superfétatoire dès lors que l'obligation d'informer le consommateur en cas de frais supplémentaires pourrait, à l'instar de l'obligation d'information du refus d'un instrument de paiement, se déduire de l'article L 113-3 du Code de la consommation, qui énonce de manière très générale que « [t]out vendeur de produit ou tout prestataire de services doit, par voie de marquage, d'étiquetage, d'affichage ou par tout autre procédé approprié, informer le consommateur sur les prix et les conditions particulières de la vente et de l'exécution des services ». À ce sujet, V. J. Lasserre Capdeville, « Existe-t-il un droit de payer par carte bancaire ou par chèque ? », *JCP E* n° 30-33, 29 juillet 2010, 1690.

1372 Aut. conc., avis n° 09-A-35 du 26 juin 2009 préc., pt. 133, 154, 155.

1373 Cet alinéa fait application de la règle posée à l'article 62 § 4 de la DSP II. Par *a contrario*, l'application de frais supplémentaires devient possible pour tout autre instrument de paiement.

1374 Cette rédaction reprend celle proposée par l'Autorité de la concurrence dans son avis n° 09-A-35 (pt. 161).

1375 Confiée par la DG concurrence au cabinet EY (*Study on the application of the Interchange Fee Regulation, Final report*, 2020).

1376 *Ibid.*, p. 19.

1377 *Ibid.*, p. 21.

1378 *Ibid.*, p. 21 et 22.

1379 *Ibid.*, p. 27.

798. Néanmoins, il est également fait état d'une hausse des CMI relatives aux cartes d'affaires[1380], ce qui plaide en faveur de la possibilité pour les commerçants d'imputer des frais additionnels lorsqu'il en est fait usage[1381]. Le rapport attire enfin l'attention sur une augmentation des frais d'adhésion payés par les émetteurs et acquéreurs aux schémas de paiement, qui risqueraient à terme de neutraliser les économies générées par la baisse des commissions d'interchange[1382]. Si le premier bilan d'application du règlement (UE) 2015/751 s'avère largement positif, certaines difficultés perdurent.

§ 2. Des difficultés persistantes

799. **Silence du règlement quant au sort des victimes et la possibilité d'un cumul de sanctions.** Le règlement (UE) 2015/751 répond à de nombreuses difficultés mais n'en résout pas certaines. En premier lieu, le texte ne traite pas du principe *ne bis in idem*, dont l'application est pourtant envisageable dès lors que la fixation de commissions d'interchange à un niveau excessif peut être sanctionnée sur un fondement alternatif aux règles de concurrence (A). En second lieu, le sort des victimes de ce type de pratiques n'est pas amélioré. La perspective d'une indemnisation reste précaire, quel qu'en soit le fondement (B).

A. Difficultés quant à l'application du principe *ne bis in idem*

800. **Sources du principe *ne bis in idem*.** Le principe *ne bis in idem* renferme le droit de ne pas être jugé ou puni deux fois pour les mêmes faits[1383]. Il est garanti par l'article 4 du protocole n° 7 à la Convention européenne de sauvegarde des droits de l'homme et des libertés fondamentales (CESDH) et par l'article 50 de la Charte des droits fondamentaux de l'Union européenne. En droit français, l'exercice de nouvelles poursuites pénales pour des faits ayant donné lieu à relaxe ou condamnation est prohibé par l'article 6 du Code de procédure pénale, en vertu duquel l'autorité de la chose jugée emporte extinction de l'action publique, et par l'article 368 du même Code, selon lequel « aucune personne acquittée légalement ne peut plus être reprise ou accusée à raison des mêmes faits, même sous une qualification différente ». Sans reconnaître la valeur constitutionnelle du principe

---

[1380] *Ibid.*, p. 23.

[1381] V. *supra* n° 790.

[1382] Comm. eur., *Study on the application of the Interchange Fee Regulation, Final report*, 2020, p. 19 et 26.

[1383] En doctrine, V. S. Fucini, « Principe *non bis in idem* et cumul de poursuites administratives et pénales pour les mêmes faits », *in Les nouveaux problèmes actuels de sciences criminelles* n° 25, PUAM, coll. Laboratoire de droit privé & de sciences criminelles, 2014, p. 147 ; J. Lasserre capdeville, C. Mascala et S. Neuville, « Propositions doctrinales pour lutter contre l'atteinte au principe *non bis in idem* en matière financière », *D.* 2012, p. 693 ; A. Guinchard, « Matière pénale et cumul de sanctions. Vers un meilleur respect du principe *non bis in idem* ? », *in Mélanges en l'honneur de Serge Guinchard. Justice et droit du procès : du légalisme procédural à l'humanisme processuel*, Dalloz, 2010, p. 517 ; M. Puéchavy (dir.), *Le principe* ne bis in idem, Anthemis, coll. Droit & Justice, 2012 ; J. Lelieur-Fischer, *La règle* ne bis in idem *: du principe de l'autorité de la chose jugée au principe d'unicité d'action répressive : étude à la lumière des droits français, allemand et européen*, thèse de doctorat en Droit, Université Paris I, 2005.

ne bis in idem, le Conseil constitutionnel se fonde quant à lui sur le principe de nécessité des délits et des peines prévu à l'article 8 de la Déclaration des droits de l'homme et du citoyen (DDHC) de 1789 pour soumettre à diverses conditions le cumul de sanctions ayant le caractère d'une punition[1384].

801. La fixation par un prestataire de services de paiement d'une commission d'interchange excédant le niveau exigé par le test du commerçant indifférent – respectivement 0,2 % et 0,3 % du montant de la transaction réalisée par carte de débit ou de crédit consommateur – est prohibée à la fois par le droit de la concurrence, lorsque cette pratique relève d'une entente anticoncurrentielle au sens des articles 101 TFUE et L 420-1 du Code de commerce, et par le droit bancaire sur le fondement du règlement (UE) 2015/751, complété par la loi n° 2016-1691 du 9 décembre 2016[1385]. Le règlement ne dit mot sur la possibilité d'un cumul de sanctions prononcées en vertu d'une part, des règles de concurrence et, d'autre part, du droit bancaire. Un tel cumul ne serait-il pas contraire au principe *ne bis in idem ?*[1386] Pour y répondre, il convient de vérifier au cas présent la réunion des critères jurisprudentiels relatifs aux conditions du *bis* (1) et de l'*idem* (2).

1. Réunion certaine des conditions relatives au *bis*

802. **Nature pénale des amendes prononcées par la DG concurrence.** Le *bis* se rattache aux poursuites et sanctions dont le doublement est proscrit. La Cour européenne des droits de l'Homme (CEDH) considère que le principe *ne bis in idem* n'est applicable que si les deux poursuites successives relèvent de la « matière pénale » au sens de l'article 6 de la CESDH[1387]. La Cour de justice de l'Union reprend à son compte cette approche et réserve l'application de ce principe au cumul de poursuites relevant de la « matière pénale »[1388]. Les critères d'identification de la matière pénale ont été dégagés dans l'arrêt *Engel* de la CEDH[1389] et repris par la Cour de justice[1390]. Ces critères sont alternatifs, la vérification de l'un seul d'entre eux suffit à emporter la qualification de matière pénale. Ils sont

---

1384 Cons. const., 18 mars 2015, *M. John L. et autres*, n° 2014-453/454 QPC et 2015-462 QPC, cons. 19. Pour une revue de la jurisprudence constitutionnelle sur cette question, V. Cons. const. Commentaire de la décision du 14 juin 2019, *Société ENR Grenelle Habitat et autres*, n° 2019-790 QPC, p. 9 à 13.

1385 Loi n° 2016-1691 du 9 décembre 2016 relative à la transparence, à la lutte contre la corruption et à la modernisation de la vie économique, *JORF* n° 0287 du 10 décembre 2016, p. 2, art. 71.

1386 Seule la question du cumul de sanctions fondées sur le droit bancaire et le droit administratif de la concurrence est ici traitée. N'est pas abordée celle relative au cumul de sanctions fondées sur les droits administratif et pénal de la concurrence. À ce sujet : K. Haeri, V. Munoz-Pons et L. Borrel-Prat, « Développement des poursuites pénales en matière de pratiques anticoncurrentielles. Enjeux et risques pour les entreprises », *Revue Internationale de la Compliance et de l'Éthique des Affaires* n° 3, juin 2020, étude 110 ; H. Matsopoulou, « La règle *ne bis in idem* et le droit de la concurrence », *in* H. Matsopoulou (dir.), *La règle ne bis in idem. Concordances et discordances entre les jurisprudences européenne et constitutionnelle*, Mare & Martin, Presses Universitaires de Sceaux, 2019, p. 91 ; D. de Giles, « Le droit pénal de la concurrence en Europe : Premier bilan et perspectives en France », *JCP E* n° 1, 2 janvier 2003, 34.

1387 CEDH, 23 octobre 1995, *Gradinger c. Autriche*, n° 15963/90.

1388 CJUE, 26 février 2013, *Aklagaren c. Hans Akerberg Fransson*, aff. C-617/10, ECLI : EU : C : 2013:105, jugeant à propos du cumul de sanctions pénale et fiscale, que le principe *ne bis in idem* est applicable si la sanction fiscale revêt une nature pénale.

1389 CEDH, 8 juin 1976, *Engel et autres c. Pays-Bas*, n° 5100/71.

1390 CJCE, 17 décembre 1998, *Baustahlgewebe GmbH c. Commission CE*, aff. C-185/95, ECLI : EU : C : 1998:608.

au nombre de trois : la qualification donnée par le droit national, la nature de l'infraction et la gravité de la sanction encourue.

803. En vertu de l'article 23 § 2 du règlement n° 1/2003 précité, la Commission européenne peut infliger aux entreprises ayant commis des pratiques anticoncurrentielles une amende dont le montant ne peut excéder 10 % du chiffre d'affaires annuel de chacune d'entre elles. L'article 23 § 3 du règlement précise que « [l]es décisions prises en application des paragraphes 1 et 2 n'ont pas un caractère pénal. » Le juge de l'Union ne s'en tient cependant pas à cette qualification textuelle et reconnaît avec constance le caractère pénal des sanctions pécuniaires infligées par la DG concurrence, au regard de leur nature et de leur sévérité. Le Tribunal de l'UE affirme ainsi que « nonobstant les dispositions de l'article 23, paragraphe 5, du règlement n° 1/2003, dont il ressort que les décisions infligeant des amendes pour violation du droit de la concurrence n'ont pas un caractère pénal, [...] [celles-ci relèvent,] eu égard à la nature des infractions en cause ainsi qu'à la nature et au degré de sévérité des sanctions qui s'y rattachent [...], de la matière pénale au sens de l'article 6 de la [CESDH] »[1391]. À tout le moins retient-il leur caractère « quasi pénal », bien que ne faisant « pas partie du "cœur" du droit pénal »[1392].

804. **Nature pénale des amendes prononcées par l'Autorité de la concurrence.** Quant à l'Autorité de la concurrence, elle est pareillement investie du pouvoir de prononcer des amendes, dont le montant ne peut excéder 10 % du chiffre d'affaires annuel des entreprises sanctionnées[1393]. La CEDH considère elle-même que les amendes infligées par une autorité nationale de concurrence en application du droit d'un État partie à la CESDH peuvent « relever, par [leur] sévérité, de la matière pénale. »[1394] La Cour de cassation, chargée de faire application de la CESDH à l'instar de toute autre juridiction interne, a réceptionné ces critères et soumet l'autorité française de concurrence à l'article 6 de la Convention[1395]. Partant, les amendes prononcées par l'Autorité de la concurrence doivent donc revêtir sous toute vraisemblance, un caractère pénal.

805. **Caractère punitif des amendes prononcées par l'Autorité de la concurrence.** Le Conseil constitutionnel considère quant à lui que le principe de nécessité des délits et des peines énoncé à l'article 8 de la DDHC « ne concerne pas seulement les peines prononcées par les juridictions pénales mais s'étend à toute sanction ayant le caractère d'une punition »[1396]. Le caractère punitif d'une sanction[1397] se déduit essentiellement de sa finalité répressive[1398]. La dimension punitive des

---

1391 Trib. UE, 16 décembre 2015, *Air France-KLM c. Commission eur.*, aff. T-62/11, ECLI : EU : T : 2015:996, pt. 40.

1392 Trib. UE, 11 juillet 2014, *Sasol et al. c. Commission eur.*, aff. T-541/08, ECLI : EU : T : 2014:628, pt. 206 ; TPICE, 9 juillet 2003, *Cheil Jedang c. Commission CE*, aff. T-220/00, ECLI : EU : T : 2003:193, pt. 30 ; TPICE, 5 avril 2006, *Degussa AG c. Commission CE*, aff. T-279/02, ECLI : EU : T : 2006:103, pt. 37.

1393 C. com., art. L 464-2, I, al. 4.

1394 CEDH, 27 septembre 2011, *Menarini Diagnostics S.R.L. c. Italie*, n° 43509/08, pt. 42.

1395 Cass. com., 9 octobre 2001, n° 98-21987 ; Cass. com., 5 octobre 1999, n° 97-15617.

1396 Cons. const., 27 septembre 2013, *M. Smaïn Q. et al.*, n° 2013-341 QPC, cons. 4.

1397 Sur la notion de « sanction ayant le caractère d'une punition », V. J. Le Calvez, « Droit constitutionnel répressif », *in Encyclopédie du JurisClasseur : Administratif* LexisNexis, 2020, fasc. 1458, pt. 53.

1398 Cons. const., 12 juillet 2013, *Mme Agnès B*, n° 2013-332 QPC, cons. 6.

sanctions pécuniaires infligées par les autorités administratives (publiques) indépendantes est admise en règle générale[1399]. Il n'est ainsi guère dubitable que les sanctions infligées par l'Autorité de la concurrence aux auteurs d'une pratique anticoncurrentielle puissent relever d'une telle qualification. L'autorité[1400] et le juge[1401] français de la concurrence admettent d'ailleurs l'applicabilité du principe *ne bis in idem* en présence d'une décision au fond de l'Autorité, cette dernière ne pouvant alors plus statuer une seconde fois sur la même pratique et à l'encontre d'une même entreprise.

806. **Nature pénale des amendes prononcées par la DGCCRF.** Le règlement (UE) 2015/751 laisse aux États membres le soin d'établir les règles relatives aux sanctions applicables en cas de violation de ses dispositions[1402]. Le législateur français a confié à la DGCCRF compétence pour sanctionner les manquements au règlement[1403]. Celle-ci peut infliger une amende administrative dont le montant ne peut dépasser 3 000 euros pour une personne physique et 15 000 euros pour une personne morale en cas de violation notamment des dispositions relatives au montant des commissions d'interchange[1404]. Le plafond de l'amende est plus élevé en cas de manquement à la plupart des règles commerciales accessoirement régies par le règlement : il est fixé à 75 000 euros pour une personne physique et 375 000 euros pour une personne morale[1405]. Certes moins sévères que celles encourues en cas de violation du droit des pratiques anticoncurrentielles, ces sanctions n'en demeurent pas moins substantielles.

807. De manière générale, la CEDH reconnaît la nature pénale des sanctions pécuniaires infligées par les autorités administratives[1406]. Telle qualification a d'ailleurs pu être retenue à propos d'amendes dont le montant était largement inférieur à celui des sanctions encourues en cas de violation du règlement (UE) 2015/751[1407], ou même en présence de sanctions d'une autre nature manifestement moins sévère[1408]. Les amendes prévues à l'article L 361-1 du Code monétaire et financier peuvent donc certainement revêtir elles-mêmes un caractère pénal au sens de l'article 6 de la CESDH.

808. **Caractère punitif des amendes prononcées par la DGCCRF.** Sous toute vraisemblance, lesdites amendes peuvent encore être considérées comme des

1399 Cons. const., 17 janvier 1989, *Loi modifiant la loi n° 86-1067 du 30 septembre 1986 relative à la liberté de communication*, n° 88-248 DC, s'agissant des sanctions prononcées par le CSA ; Cons. const., 28 juillet 1989, *Loi relative à la sécurité et à la transparence du marché financier*, n° 89-260 DC, s'agissant de celles prononcées par la Commission des opérations de bourse.

1400 Cons. conc., décision n° 07-D-03 du 24 janvier 2007 *relative à des pratiques relevées dans le secteur de la parfumerie de luxe par la société Clarins SA.*

1401 CA Paris, 15 mas 2018, n° 16-14231.

1402 Règlement (UE) 2015/751 préc., art. 14.

1403 Loi n° 2016-1691 préc., art. 71.

1404 C. mon. fin., art. L 361-1, 1°.

1405 C. mon. fin., art. L 361-1, 2°.

1406 CEDH, 27 septembre 2011, *Menarini Diagnostics S.R.L. c. Italie,* préc. ; CEDH, 27 août 2002, *Didier c. France,* n° 58188/00.

1407 Amende administrative plafonnée à 1000 Deutsche Mark pour des infractions mineures au Code de la route allemand : CEDH, 21 février 1984, *Öztürk c. Allemagne,* n° 8544/79.

1408 Retrait de points du permis de conduire pour excès de vitesse en application du Code de la route français : CEDH, 23 septembre 1998, *Malige c. France,* n° 27812/95.

« sanctions ayant le caractère d'une punition » au regard de la jurisprudence constitutionnelle. Dans une décision du 13 mars 2014[1409], le Conseil constitutionnel a en effet déjà qualifié de la sorte des sanctions pécuniaires d'un exact même montant que celles prévues à l'article L 361-1 du Code monétaire et financier – plafonné à 3 000 euros pour une personne physique et 15 000 euros pour une personne morale – pouvant être infligées par la DGCCRF en cas de violation de certaines dispositions du Code de la consommation[1410].

809. Les sanctions infligées par la DGCCRF en cas de violation du règlement (UE) 2015/751 pourraient donc vraisemblablement être considérées comme ayant le « caractère d'une punition » ou relevant de la « matière pénale » au sens respectivement de la jurisprudence constitutionnelle et européenne, de la même manière que les sanctions infligées par les autorités de concurrence. Si les conditions du *bis* semblent être ainsi réunies sans trop de difficultés, la vérification des critères de l'*idem* se révèle plus problématique.

2. Réunion incertaine des conditions relatives à l'*idem*

810. **Faits matériels distincts.** L'*idem* suppose l'existence d'une cause commune à chacune des deux poursuites[1411]. À cet égard, la CEDH[1412], la Cour de justice[1413] et le Conseil constitutionnel[1414], s'accordent sur le critère déterminant de *l'identité de faits matériels* commis par une même personne. Sur ce point, il n'est pas contestable qu'une pratique tenant à la fixation de commissions d'interchange à un niveau excessif est réprimée à la fois par le droit des pratiques anticoncurrentielles et le règlement (UE) 2015/751.

811. Néanmoins, une différence non négligeable distingue les comportements respectivement prohibés par l'un et l'autre : le règlement vise une pratique individuelle commise par un unique opérateur, alors que le droit de la concurrence sanctionne une pratique collective, à savoir l'entente. Ce n'est qu'en tant qu'elle résulte d'une collusion entre une pluralité de prestataires que la fixation d'une CMI excessive est répréhensible sur le fondement des articles 101 TFUE et L 420-1 du Code de commerce.

812. **Intérêts juridiques protégés distincts.** En outre, le Conseil constitutionnel[1415] et la Cour de justice[1416] soumettent l'application du principe *ne bis in idem* à l'existence d'une identité de l'intérêt juridique protégé par chacune des deux normes dont la transgression est sanctionnée. Il a certes été démontré que le droit

---

1409 Cons. const., 13 mars 2014, *Loi relative à la consommation*, n° 2014-690 DC, cons. 70.

1410 Celles mentionnées aux paragraphes I à III de l'ancien article L 141-1 du Code de la consommation.

1411 S. Fucini, art. préc., pt. 15 s.

1412 CEDH, 10 févr. 2009, *Zolotoukhine c. Russie,* n° 14939/03.

1413 CJCE, 9 mars 2006, *L. H. Van Esbroeck*, aff. C-436/04, ECLI : EU : C : 2006:165.

1414 V. Cons. const. Commentaire de la décision du 14 juin 2019, *Société ENR Grenelle Habitat et autres*, n° 2019-790 QPC, p. 10.

1415 Cons. const., 1er juillet 2016, *M. Stéphane R. et al.*, n° 2016-550 QPC, cons. 5 ; Cons. const., 24 juin 2016, *M. Jérôme C.*, n° 2016-546 QPC, cons. 7 ; Cons. const., 18 mars 2015, *M. John L. et al.* préc., cons. 25.

1416 CJUE, 14 février 2012, *Toshiba Corporation et al. c. Úřad pro ochranu hospodářské soutěže,* aff. C-17/10, ECLI : EU : C : 2012:72, pt. 97 ; CJCE, 7 janvier 2004, *Aalborg Portland A.S. c. Commission CE,* aff. C-204/00 P, ECLI : EU : C : 2004:6, pt. 338.

de la concurrence et la régulation bancaire poursuivaient de manière générale, des objectifs communs de concurrence, de protection de la clientèle, d'efficacité et de stabilité[1417].

813. Mais si l'interdiction de fixer des commissions d'interchange à un niveau excessif contribue certainement à promouvoir des instruments de paiement efficaces et à préserver l'intérêt des utilisateurs, quel que soit son fondement juridique, les articles 101 TFUE et L 420-1 du Code de commerce d'une part, et les articles 3 et 4 du règlement (UE) 2015/751 d'autre part, semblent diverger quant à l'objectif de *concurrence*, assuré par les premiers, délaissé par les seconds : c'est en effet précisément dans sa dimension collective que la fixation de commissions d'interchange peut induire une restriction de concurrence. Les autorités de concurrence combattent ainsi l'établissement de la commission à un niveau *uniforme* pour chacun des prestataires membres de l'entente, car cela limite les possibilités pour le consommateur de discriminer entre les offres. Mais elles se désintéresseront du niveau de la commission établie par une banque prise individuellement, à moins que cette pratique résulte d'un abus de position dominante.

814. Le règlement (UE) 2015/751 poursuit un objectif de concurrence explicitement affiché. Mais sa contribution au renforcement de la concurrence repose essentiellement sur l'harmonisation des régimes nationaux[1418]. Il est en revanche difficile de considérer que l'interdiction même de fixer une commission d'interchange excessive pour un prestataire individuel indépendamment de son pouvoir de marché, tel que le prévoient les articles 3 et 4 du règlement, constitue en soi un facteur de concurrence.

815. Dès lors, il apparaît très incertain que l'on puisse établir une identité de faits et d'intérêts protégés entre la fixation collective et individuelle d'une commission d'interchange excessive, respectivement réprimée par le droit de la concurrence et le règlement (UE) 2015/751. La question reste ouverte, mais le principe *ne bis in idem* ne devrait *a priori* pas s'opposer à un cumul de sanctions sur chacun des deux fondements. Du reste, une sanction en application du règlement (UE) 2015/751 devrait en toute hypothèse pouvoir se cumuler avec une décision d'engagements rendue par une autorité de concurrence, laquelle ne comporte pas de qualification au fond des pratiques en cause[1419].

816. Le règlement (UE) 2015/751 ne résout pas non plus une seconde difficulté : celle de l'indemnisation des victimes de ce type de pratiques.

B. Difficultés quant à l'indemnisation des victimes

817. **Difficultés tenant à la démonstration d'une faute, d'un préjudice et d'un lien causal.** Le règlement (UE) 2015/751 n'aborde pas la question de l'indemnisation du préjudice subi par les consommateurs en cas de fixation d'une commission

[1417] V. Titre I de la Partie I.

[1418] Règlement (UE) 2015/751 préc., cons. 12 et 13.

[1419] D. Bosco, note sous Cons. conc., communiqué, 3 avril 2008 *relatif aux engagements en matière de concurrence*, *CCC* n° 6, juin 2008, comm. 161.

d'interchange trop élevée. Le règlement fait uniquement obligation aux États de désigner les autorités habilitées à le faire appliquer[1420] et d'établir les règles relatives aux sanctions applicables[1421], ce à quoi s'est conformé le droit français à la faveur de la loi n° 2016-1691 du 9 décembre 2016 précitée, sans que ni l'un ni l'autre de ces textes ne prévoie un régime d'indemnisation spécifique pour les victimes éventuelles.

818. La réparation du préjudice demeure *a priori* possible sur le terrain du droit de la concurrence, pourvu qu'une entente soit établie. La mise en œuvre des droits de la concurrence (nationaux comme de l'Union) dans la sphère privée[1422] ressortit exclusivement aux juridictions domestiques[1423]. Mais l'indemnisation des victimes de pratiques anticoncurrentielles n'est pas sans difficulté ; et si les obstacles se dressent quel que soit le secteur d'activité concerné, ils se ressentent avec une acuité toute particulière pour les victimes d'ententes sur les commissions interbancaires. Il est d'ailleurs significatif qu'à notre connaissance, les juridictions françaises n'ont jamais rendu la moindre décision relative à une demande d'indemnisation tirée d'une pratique anticoncurrentielle commise sur un segment de marché bancaire.

819. L'existence d'une faute est tout d'abord difficile à établir en présence de pratiques aussi complexes qu'une entente sur le niveau des CMI. En cas d'action consécutive[1424], cette tâche est facilitée par une présomption irréfragable de manquement dès lors que l'infraction a déjà été constatée dans une décision définitive rendue par une autorité de concurrence[1425]. Mais la présomption ne joue que par

---

1420 Règlement (UE) 2015/751 préc., art. 13.

1421 *Ibid.*, art. 14.

1422 Sur ce thème, V. C. Prieto, « Mise en œuvre des articles 101 et 102 TFUE dans la sphère privée », *in Encyclopédie du JurisClasseur : Europe Traité*, LexisNexis, 2015, Fasc. 1455 ; R. Amaro, *Le contentieux privé des pratiques anticoncurrentielles*, Bruylant, 2014 ; M. Behar-Touchais, « L'action de groupe à la française, voie prometteuse ou (trop) limitée ? », *Concurrences* n° 3-2014, art. n° 67550 ; M. Chagny, « Faut-il désespérer du contentieux indemnitaire des pratiques anticoncurrentielles ? », *CCE* n° 1, janvier 2013, comm. 6 ; L. Vogel (dir.), *Les actions civiles de concurrence Union européenne, France, Allemagne, Royaume-Uni, Italie, Suisse, États-Unis*, éd. Panthéon Assas, Paris II, Droit global, 2013 ; E. Claudel, « La procédure d'amicus curiae : bilan en demi-teinte de la pratique européenne et française », *Concurrences* n° 4-2012, art. n° 49314, p. 38 ; S. Pietrini, *L'action collective en droit des pratiques anticoncurrentielles, Perspectives nationale, européenne et internationale*, Bruylant, 2012 ; D. Bosco, « La spécialisation judiciaire française en matière de concurrence dans l'impasse », *Concurrences* n° 1-2011, art. n° 33864, p. 236 ; D. Bosco, « Des interactions entre la procédure d'engagements devant l'Autorité et les actions privées en indemnisation devant le juge judiciaire », *CCC* n° 10, octobre 2011, comm. 221 ; L. Idot, « La réparation du préjudice économique lié aux pratiques anticoncurrentielles », *in Études à la mémoire de Fernand Charles Jeantet*, Paris, LexisNexis 2010, p. 389.

1423 Règlement (CE) n° 1/2003 préc., art. 3 et cons. 7. En droit français, cette compétence spéciale a été confiée à un nombre limité de juridictions commerciales et civiles (C. com., art. L 420-7).

1424 Les actions « consécutives » ou « de suivi » (*follow-on*) font suite à une décision rendue par une autorité de concurrence, ayant constaté l'existence d'une infraction. Elles se distinguent des actions « autonomes » (*stand-alone*) engagées indépendamment de toute mise en œuvre du droit de la concurrence dans la sphère publique.

1425 Directive 2014/104/UE du Parlement européen et du Conseil du 26 novembre 2014 relative à certaines règles régissant les actions en dommages et intérêts en droit national pour les infractions aux dispositions du droit de la concurrence des États membres et de l'Union européenne, *JOUE* n° L 349, du 5 décembre 2014, p. 1, art. 9 § 1 ; C. com., art. L 481-2. Sur ce point, V. E. Claudel, « La décision d'une autorité de concurrence comme preuve », *in Les actions indemnitaires des pratiques anticoncurrentielles après la loi sur l'action de groupe et la directive européenne* (Acte du colloque ADPC/EFB, septembre 2014), *RLC* 2015/42, p. 177 ;

l'effet d'une qualification formelle d'infraction, ce qui fait notamment défaut aux décisions d'engagements[1426]. Or les affaires d'ententes relatives aux CMI ont majoritairement donné lieu à des décisions d'engagements[1427].

820. L'opacité des pratiques rend également malaisée la démonstration d'un préjudice et d'un lien de causalité, tant pour l'acheteur direct (le commerçant contraint de payer des commissions de service excessives) que pour l'acheteur indirect (le consommateur final subissant une hausse des prix). La présomption simple d'un dommage causé par une entente[1428] simplifie cette démonstration.

821. **Opportunité d'une action de groupe efficace.** Mais l'indemnisation se heurte à un écueil supplémentaire des plus dirimants : celui du découragement de la victime en considération de la modicité de son préjudice individuel. « La perte individuelle que supporte chaque consommateur est généralement trop faible pour qu'il engage seul une action en réparation, eu égard à la complexité et au coût des procédures au regard de la faiblesse du gain escompté. »[1429] Cette réflexion d'ordre général conserve toute sa pertinence à l'égard des victimes d'ententes sur les commissions interbancaires. Individuellement, le préjudice est dérisoire, presque indolore ; mais collectivement, il est considérable : songeons que le plafonnement des CMI par le règlement (UE) 2015/751 a permis de réduire les commissions de service commerçant au sein de l'Union d'un montant annuel total de 1,2 milliard d'euros[1430].

822. L'intérêt d'une action de groupe efficace est patent. À cet égard, le dispositif introduit en droit français par la loi n° 2014-344 du 17 mars 2014[1431] se révèle insuffisant. L'action de groupe doit être consécutive à « une décision [...] qui constate les manquements »[1432], à l'exclusion donc des décisions d'engagements[1433] privilégiées en matière d'ententes sur les commissions interbancaires[1434]. Mais surtout, l'action ne peut être engagée que par une association de « consommateurs »[1435] compris comme « toute personne physique qui agit à des fins qui n'entrent pas dans le cadre de son activité commerciale, industrielle, artisanale, libérale ou

---

E. Claudel, « Les propositions du Livre blanc : Faciliter l'établissement des conditions de la responsabilité », *Concurrences* n° 4-2008, art. n° 22092, pt. 19 à 40.

1426 Les décisions d'engagements ne constituent au mieux qu'un indice du manquement (CJUE, 23 novembre 2017, *Gasorba SL e.a. c. Repsol*, aff. C-547/16, ECLI : EU : C : 2017:891 ; TGI Paris, 22 février 2018, n° 15/09129).

1427 Comm. eur., décision du 29 avril 2019, *MasterCard II* préc. ; Comm. eur., décision du 29 avril 2019, *Visa MIF III* préc. ; Comm. eur., décision du 26 février 2014, *Visa MIF II* préc. ; Comm. eur., décision du 8 décembre 2010, *Visa MIF* préc. ; Aut. conc., décision n° 13-D-17 du 20 septembre 2013 préc. ; Aut. conc., décision n° 13-D-18 du 20 septembre 2013 préc. ; Aut. conc., décision n° 11-D-11 du 7 juillet 2011 préc. ; Aut. conc., décision n° 12-D-17 du 5 juillet 2012, préc.

1428 Directive 2014/104/UE préc., art. 17 § 2 ; C. com., art. L 481-7.

1429 N. Homobono, « L'introduction d'une procédure d'action de groupe en France », *Concurrences* n° 3-2013, art. n° 53092, p. 54, pt. 66.

1430 Comm. eur., *Study on the application of the Interchange Fee Regulation, Final report*, 2020, pt. 21.

1431 Loi n° 2014-344 du 17 mars 2014 relative à la consommation, *JORF* n° 0065 du 18 mars 2014, p. 1 ; C. conso., art. L 623-1 à L 623-32.

1432 C. conso., art. L 623-24 al. 1er.

1433 E. Claudel, « Action de groupe et autres dispositions concurrence de la loi consommation : un dispositif singulier », *RTD com.* 2014, p. 347.

1434 V. *supra* n° 756.

1435 C. conso., art. L 623-1 al. 1er.

agricole »[1436]. Les premières victimes de ce type de pratiques sont pourtant des commerçants qui ont recours aux services d'acquisition des paiements.

823. Leur exclusion du domaine de l'action de groupe apparaît d'autant plus inopportune au regard d'une initiative récemment menée aux États-Unis : fin 2019, la *District Court* de New-York a homologué une transaction d'un montant de 5,54 milliards de dollars entre un groupe de commerçants, d'une part, et Visa et MasterCard, d'autre part, intervenue à la suite d'une *class action,* en réparation du préjudice causé par une entente sur les CMI[1437].

824. Cela étant, l'indemnisation du dommage éventuellement subi par les consommateurs finals ne doit pas être définitivement exclue : une action de groupe réservée aux consommateurs personnes physiques est actuellement pendante au Royaume-Unis. Les demandeurs réclament 14 milliards de livres à MasterCard[1438].

825. **Conclusion de la Section 2.** Le règlement (UE) 2015/751 complète opportunément l'action des autorités de concurrence dans le traitement des pratiques visant à la fixation excessive des commissions d'interchange. La régulation bancaire s'inspire abondamment des solutions retenues en application du droit de la concurrence, insuffisant à lui seul pour lutter contre des pratiques aussi répandues. Le règlement plafonne ainsi le niveau des commissions d'interchange appliquées lors des transactions réalisées par cartes de débit ou crédit « consommateur », conformément au test du commerçant indifférent adopté par les autorités de concurrence et encadre la contractualisation de certaines règles commerciales. « La concurrence n'est pas ici promue en abolissant les barrières tenant aux législations nationales, comme lors de la mise en place du passeport européen [...], ni en imposant l'ouverture du marché à de nouvelles catégories d'acteurs, comme l'a fait la directive sur les services de paiement de 2007, mais en empêchant les acteurs en place de s'entendre sur les frais pratiqués et en leur imposant de revoir leurs modèles d'organisation et leurs pratiques commerciales. »[1439]

826. Il est en outre bienvenu que la DSP II fasse interdiction aux commerçants de surfacturer l'utilisation d'instruments de paiement couverts par le plafonnement des CMI. Mais la directive ouvre aussi la possibilité aux États d'interdire l'application de frais supplémentaires pour l'usage de tout autre instrument. Le droit français a retenu cette option ; ce qui est malvenu en tant qu'une telle prohibition empêche les commerçants d'orienter le consommateur vers les instruments les plus efficaces collectivement.

827. Les textes laissent également certaines difficultés irrésolues. Le principe *ne bis in idem* n'est ainsi pas abordé, alors pourtant que son application n'est pas totalement à exclure, dès lors que la fixation de commissions d'interchange à un niveau excessif peut être sanctionnée sur une pluralité de fondements. Le sort des victimes

---

1436 C. conso., art. liminaire. V. sur ce point : E. Claudel, « Action de groupe et autres dispositions concurrence de la loi consommation : un dispositif singulier », art. préc., p. 344.

1437 *In re Payment Card Interchange Fee and Merchant Discount Antitrust Litigation*, MDL 1720 (MKB) (JO) (2019) ; consultable sur le site officiel *ad hoc* : https://www.paymentcardsettlement.com/en

1438 V. le site officiel de l'action de groupe : https://www.mastercardconsumerclaim.co.uk/.

1439 A.-Cl. Rouaud, « La nouvelle règlementation européenne relative aux systèmes de cartes de paiement et aux commissions interbancaires », *RISF* n° 2015/4, p. 70.

de ce type de pratiques n'est pas non plus amélioré. Leur perspective d'indemnisation reste précaire.

828. **Conclusion du Chapitre I.** La coordination entre opérateurs est consubstantielle au fonctionnement de certaines activités bancaires, en particulier les services de paiement ; le risque d'entente est élevé. De manière générale, les activités bancaires ne soulèvent pour autant guère de difficultés particulières au titre de l'application du droit des pratiques anticoncurrentielles. Celui-ci est doté d'une flexibilité permettant d'opérer sans accroc, le départ entre l'entente anticoncurrentielle et la coordination nécessaire à la pleine efficacité des services. Somme toute, l'examen concurrentiel n'achoppe véritablement que sur un seul type de comportements en particulier, aussi complexes que répandus, dominant la pratique décisionnelle française comme européenne : les accords sur les commissions interbancaires attachées aux services de paiement. Leurs effets restrictifs sont indiscutables : en créant un élément de coût commun pour les banques, les commissions interbancaires s'apparentent à un prix plancher pour les services de paiement.

829. Leur justification n'est pour autant pas impensable. Deux principaux arguments ont pu être avancés au soutien de l'exemption des commissions interbancaires. Le premier, lui reconnaissant un rôle de compensation des coûts supportés par les banques, n'est plus sérieusement envisagé par les autorités de concurrence : telle approche est en effet impropre à favoriser l'essor de systèmes de paiement efficaces et conduit à faire peser l'ensemble des coûts sur une seule catégorie d'utilisateurs. Le deuxième argument conduit à appréhender la commission à travers sa fonction d'équilibrage des demandes sur chacune des deux faces du marché. Cette logique sous-tend le test du commerçant indifférent auquel les autorités ont abondamment recours pour apprécier l'adéquation du niveau des CMI afférentes aux réseaux de paiement par carte. Mais cette fonction n'est légitime que si les utilisateurs présents sur un versant du marché tirent davantage profit d'un instrument de paiement que les consommateurs présents sur l'autre face, ces derniers devant alors être incités par la CMI à en faire usage. Telle n'est cependant pas la situation prévalant pour tout autre type d'instrument de paiement. En présence de commissions interbancaires leur étant associées, l'argument ne sera donc pas accueilli.

830. La pratique décisionnelle des autorités de concurrence a donc permis de mettre en lumière l'existence de comportements nocifs et conçu des solutions pour y faire face. Leur approche répressive au cas par cas s'est toutefois révélée insuffisante pour remédier efficacement et uniformément à des pratiques aussi diffuses. Seule une approche réglementaire s'avère être en mesure d'apporter une réponse homogène et pallier le risque de fragmentation des régimes. Ce fut chose faite à la faveur du règlement (UE) 2015/751, inspiré dans une très large mesure des remèdes élaborés par les autorités de concurrence. La complémentarité entre la démarche *ex post* du droit des pratiques anticoncurrentielles et l'approche *ex ante* de la régulation bancaire est ainsi manifeste. Les autorités de concurrence ont en outre l'opportunité d'approfondir cette relation de complémentarité par le biais de leurs pouvoirs consultatifs et d'enquête sectorielle.

Chapitre II
La régulation bancaire inspirée des consultations et enquêtes sectorielles menées par les autorités de concurrence

Section 1 Contribution à la compréhension des marchés traditionnels

§ 1. Le concours de l'autorité européenne de concurrence à l'évolution de la régulation bancaire

A. Diagnostic et traitement de la faible mobilité des clients

1. Le constat d'une faible mobilité des clients

2. Les solutions pour renforcer la mobilité des clients

a. Le service de changement de compte retenu par le législateur de l'UE

b. Le système de portabilité bancaire écarté par le législateur de l'UE

B. Diagnostic et traitement de l'asymétrie d'information

1. Les solutions suggérées par la DG concurrence afin de réduire l'asymétrie d'information

2. Les solutions retenues par le législateur de l'UE afin de réduire l'asymétrie d'information

§ 2. Le concours de l'autorité française de concurrence à l'évolution de la régulation bancaire

A. La consultation du Conseil de la concurrence sur le service bancaire universel

1. Évaluation de la nécessité d'un service universel

a. Existence d'un besoin d'intérêt général

b. Insuffisance du marché pour satisfaire la demande

2. Détermination des modalités du service universel

a. Attribution du service universel

b. Financement du service universel

B. L'instauration en droit positif d'un service bancaire universel

1. Description des services

2. Tarification des services

Section 2 Contribution à la compréhension des marchés émergents
§ 1. Identification et compréhension de la blockchain
A. Le fonctionnement de la *blockchain*
B. Les fonctions de la *blockchain*
§ 2. Difficultés soulevées en droit de la concurrence par la blockchain
A. Circonscription des marchés de la *blockchain*
1. Les marchés amont
2. Les marchés aval
a. Les segments de l'émission de monnaie virtuelle
b. Les segments de services annexes
B. Les pratiques anticoncurrentielles envisageables sur les marchés de la *blockchain*
1. Des abus de position dominante concevables
a. Des marchés exposés à la domination
b. Des marchés exposés aux abus
2. Des ententes concevables
a. Des ententes facilitées par la technologie *blockchain*
b. Des ententes nouées sur les marchés de la *blockchain*

831. **Le perfectionnement de la régulation bancaire, à l'initiative des autorités de concurrence.** Les développements précédents ont permis d'établir que la pratique décisionnelle des autorités de concurrence pouvait constituer une source d'inspiration de la régulation bancaire. Cette situation n'est pas dépourvue d'une certaine contingence : elle résulte de ce qu'au gré des affaires dont elles sont saisies, les autorités de concurrence ont pu révéler des difficultés jusqu'alors inconnues de la régulation bancaire. Cette dernière peut alors compléter l'action des autorités de concurrence en généralisant par la voie réglementaire les solutions individuellement posées dans leur pratique décisionnelle.

832. Mais les autorités de concurrence disposent également d'instruments leur permettant de poursuivre cette relation de complémentarité dans une démarche tout à fait volontaire cette fois-ci, et non plus fortuite. À travers leurs pouvoirs consultatifs et d'enquête sectorielle, elles ont ainsi été en mesure d'analyser en profondeur le fonctionnement de certains segments d'activité bancaire traditionnels – services de paiement, dépôt, crédit. Le produit de leurs analyses constitue une source d'information considérable, y compris dans une perspective de régulation bancaire. Loin de se borner à décrire les mécanismes du marché, les autorités de concurrence peuvent d'ailleurs elles-mêmes envisager des solutions relevant du droit bancaire afin d'améliorer le fonctionnement du marché, lorsque le droit de la concurrence s'avère à cet égard, insuffisant (Section 1).

833. Outre les marchés bancaires traditionnels, plusieurs autorités de concurrence se sont également intéressées à certains marchés émergents tels que ceux de la *fintech*, associés notamment aux technologies de la *blockchain*. Diverses études sectorielles leur ont ainsi été consacrées. Les analyses qui y sont menées sont bienvenues en ce qu'elles contribuent à la compréhension des mécanismes complexes inhérents à ces marchés émergents. Les autorités bancaires pourront y trouver une source d'informations opportune venant nourrir leur propre réflexion quant à ces nouveaux marchés (Section 2).

Section 1
Contribution à la compréhension des marchés traditionnels

834. **Révélation des dysfonctionnements et suggestion des remèdes.** Les études sectorielles menées par les autorités de concurrence permettent de comprendre les dynamiques propres aux marchés étudiés tout en révélant d'éventuels obstacles à la concurrence, de nature comportementale ou structurelle, actuels ou potentiels, afin plus généralement de mettre en lumière certaines inefficacités[1440]. Lorsque les règles de concurrence sont impropres à résoudre ces difficultés par elles-mêmes,

---

1440 T. Indig et M. S. Gal, « New Powers – New Vulnerabilities ? A Critical Analysis of Market Inquiries Performed by Competition Authorities », *in* J. Drexl et F. di Porto (dir.), *Competition Law as Regulation*, Edward Elgar, coll. ASCOLA Competition Law series, 2015, p. 89.

les autorités de concurrence peuvent envisager des voies alternatives pour y remédier. La vaste étude menée par la DG concurrence sur la banque de détail en offre un aperçu : le rapport d'enquête publié en 2007[1441] met en lumière de nombreux dysfonctionnements et propose certaines évolutions du droit bancaire pour y faire face. Sans s'y référer explicitement, le législateur de l'Union reprend et développe certaines préconisations de la DG concurrence (§ 1).

835. À travers sa fonction consultative, l'autorité française de concurrence poursuit une démarche tout à fait comparable, à l'exemple de l'avis n° 05-A-08 du 31 mars 2005 relatif à l'instauration d'un service bancaire universel[1442]. Le Conseil de la concurrence y révèle les lacunes du marché et suggère au législateur français diverses modalités d'intervention (§ 2).

§ 1. Le concours de l'autorité européenne de concurrence à l'évolution de la régulation bancaire

836. **L'enquête sectorielle sur la banque de détail menée par la DG concurrence.** La DG concurrence dispose du pouvoir de mener des enquêtes sectorielles ou par type d'accords. L'article 17 § 1 du règlement n° 1/2003 lui confère ainsi la possibilité d'engager à son initiative, une enquête sur « un secteur particulier de l'économie ou un type particulier d'accords dans différents secteurs ». Les cas d'ouverture de l'enquête sont larges, puisqu'ils renvoient à « l'évolution des échanges entre États membres, la rigidité des prix ou d'autres circonstances [faisant] présumer que la concurrence peut être restreinte ou faussée à l'intérieur du marché commun ». Dans ce cadre, la Commission est libre d'effectuer des inspections, de demander aux entreprises concernées des renseignements ou de lui communiquer tous accords, décisions et pratiques concertées.

837. Ces prérogatives lui offrent ainsi la possibilité d'analyser en détail les mécanismes d'un marché particulier et d'en révéler les éventuels dysfonctionnements. La Commission peut alors en concevoir les remèdes, y compris ceux de nature législative ou réglementaire hors champ des règles de concurrence. L'enquête sectorielle sur la banque de détail, menée entre 2005 et 2007 par la DG concurrence, en est la parfaite illustration. Elle avait été ouverte à son initiative, sur le fondement de l'article 17 du règlement n° 1/2003. L'intention de la Commission était alors de lever le voile sur certaines restrictions, puis d'envisager les moyens de les corriger, conformément aux objectifs de la « politique des services financiers » (en ce compris les activités bancaires) et dans l'intérêt du consommateur :

> L'enquête sectorielle s'intègre dans le contexte politique plus large du programme d'action de Lisbonne et contribuera à atteindre les objectifs fixés

---

[1441] Comm. CE, communication du 31 janvier 2007, Enquête par secteur menée en vertu de l'article 17 du règlement (CE) n° 1/2003 sur la banque de détail, rapport final, COM(2007) 33 final.

[1442] Cons. conc., avis n° 05-A-08 du 31 mars 2005 *relatif à une demande d'avis de la Confédération de la Consommation, du Logement et du Cadre de Vie portant sur les conditions dans lesquelles pourrait être envisagée la mise en place d'un service bancaire de base,* note M. Bazex, et S. Blazy, *Dr. Adm.* n° 6, juin 2005, comm. 93.

dans le livre blanc sur la politique des services financiers 2005-2010. [La Commission] s'est fixé en outre pour priorité la création d'un environnement plus concurrentiel entre fournisseurs de services, et notamment ceux qui sont actifs sur les marchés de détail. La réalisation de ces objectifs permettra aux consommateurs européens de bénéficier pleinement du marché unique. L'enquête sectorielle sur la banque de détail apporte une contribution utile à cet égard en mettant en lumière le fonctionnement du marché, en soulignant les défaillances éventuelles du marché et en indiquant celles qui peuvent être réglées grâce à l'application du droit de la concurrence ou, au besoin, d'autres mesures.[1443]

838. Le rapport d'enquête relève ainsi l'existence de nombreux facteurs restrictifs de concurrence sur les marchés de la banque de détail, en particulier la faible mobilité des clients (A) et l'existence d'une profonde asymétrie d'information (B). Conformément à certaines suggestions de la DG concurrence, la régulation bancaire européenne a entrepris des réformes afin d'y remédier.

A. Diagnostic et traitement de la faible mobilité des clients

839. **Réduire la captivité des clients.** L'enquête sectorielle sur la banque de détail a mis en exergue un certain nombre de barrières structurelles à l'entrée – obstacles réglementaires, effets de réseau, d'échelle et de réputation –, et, plus préoccupant, des barrières au moins partiellement comportementales, à l'exemple des coûts de changement de prestataire élevés, consolidant la captivité de la clientèle (1). Afin de faciliter la mobilité des clients, la DG concurrence envisage plusieurs solutions sur le terrain de la régulation bancaire (2).

1. Le constat d'une faible mobilité des clients[1444]

840. **Barrières réglementaires.** Le rapport d'enquête sur la banque de détail[1445] et le document de travail[1446] qui l'accompagne font état de multiples barrières à l'entrée[1447] du marché bancaire. Y sont ainsi tout d'abord exposées, d'importantes

---

[1443] Comm. CE, communication du 31 janvier 2007, Enquête par secteur menée en vertu de l'article 17 du règlement (CE) n° 1/2003 sur la banque de détail, préc., pt. 4, p. 2 et 3.

[1444] Sur cette question, en doctrine, V. C. Houin-Bressan, « Le banquier et la gratuité », *RD bancaire et fin.* n° 1, janvier 2019, dossier 7 ; F. Gondouin, « Le nouveau service d'aide à la mobilité bancaire », *Banque et droit* n° 169, 2016, p. 7 ; N. Mathey, note sous Norme FBF, 3 août 2016, Dispositif de mobilité bancaire et Norme FBF, 6 avril 2016, Mandat de mobilité bancaire, *RD bancaire et fin.* n° 5, septembre 2016, comm. 189 ; J. Lasserre Capdeville, « Comptes bancaires – L'encadrement juridique de la mobilité bancaire », *RD bancaire et fin.* n° 3, mai 2015, étude 9 ; A. Gourio et M. Gillouard, « Directive sur la transparence tarifaire la mobilité et l'accès au compte », *RD bancaire et fin.* n° 2, mars 2015, comm. 58.

[1445] Comm. CE, communication du 31 janvier 2007, Enquête par secteur menée en vertu de l'article 17 du règlement (CE) n° 1/2003 sur la banque de détail, préc., p. 3 et 4.

[1446] Comm. CE, Commission staff working document accompanying the Communication from the Commission – Sector Inquiry under Article 17 of Regulation (EC) n° 1/2003 on retail banking (Final Report), SEC/2007/0106, p. 13 à 15.

[1447] Pour une typologie générale des barrières à l'entrée du marché, V. C. Prieto et D. Bosco, *op. cit.*, pt. 358. Pour une vue d'ensemble sur les différentes barrières à l'entrée du marché bancaire en particulier, V. également

barrières réglementaires qui demeurent à ce jour, malgré l'abolition de la plupart des obstacles de ce type au cours de la libéralisation[1448]. Celles-ci reposent essentiellement sur l'obligation d'obtenir un agrément, délivré par l'autorité de régulation bancaire, et dont l'octroi suppose la vérification de conditions extrêmement exigeantes tenant à la solidité du candidat. Bien que restrictives de concurrence par définition, ces barrières sont toutefois justifiées au regard de l'impératif de stabilité financière. Du reste, leur effet potentiellement cloisonnant a été largement atténué par le système du passeport unique[1449].

841. **Effets de réseau, d'échelle et de réputation.** Les nouveaux entrants pourront également se décourager en considération d'un grand nombre d'autres barrières structurelles[1450]. En particulier, les activités bancaires se caractérisent par la réalisation d'économies d'échelle. Celles-ci découlent notamment de la capacité élargie des grandes banques à diversifier (et donc sécuriser) leurs placements[1451]. Des obstacles supplémentaires reposent enfin sur les effets de réseau et de réputation[1452], profitant aux banques déjà implantées.

842. **Coûts de changement de prestataire élevés.** Plus fondamentalement, la Commission met en lumière la présence d'obstacles de nature (au moins partiellement) comportementale. Elle insiste en particulier sur l'existence de coûts de changement de prestataire élevés[1453]. Il s'agit là tout d'abord, d'une conséquence de l'essor du modèle de la banque universelle : chaque établissement est désormais en mesure d'offrir une grande diversité de services bancaires de détail. Or les coûts de changement de prestataire sont d'autant plus élevés qu'un seul et même établissement répond à l'ensemble des besoins du client : changer de banque peut ainsi impliquer pour ce dernier, à la fois d'obtenir une nouvelle carte assortie d'un code secret, d'indiquer le changement de coordonnées bancaires à l'ensemble des personnes avec lesquelles ont été institués des prélèvements et virements périodiques, depuis ou à destination de l'ancien compte, d'effectuer le transfert des dépôts vers le nouvel établissement, tout en maintenant provisoirement ouvert l'ancien compte afin de pouvoir gérer un éventuel crédit préalablement

---

Sh. Mills et F. Falconi, « Data and competitive dynamics in UK financial services », *in Banking and big data*, On-Topic, *Concurrences* n° 4-2019, p. 23 et 24.

1448 Comm. CE, Commission staff working document SEC/2007/0106 préc., p. 15.

1449 V. *supra* n° 134.

1450 Comm. CE, communication du 31 janvier 2007, Enquête par secteur menée en vertu de l'article 17 du règlement (CE) n° 1/2003 sur la banque de détail, préc., p. 3 et 4 ; Comm. CE, Commission staff working document SEC/2007/0106 préc., p. 15.

1451 M. Dietsch, art. préc. ; A. N. Berger, D. B. Humphrey et F. W. Smith, « Économies d'échelle, fusions, concentration et efficacité : L'expérience dans la banque américaine », *Revue d'économie financière* n° 27, 1993, p. 123.

1452 V. OCDE, *Concurrence et marchés financiers – Messages clés*, rapport préc., p. 29 ; E. Carletti et X. Vives, art. préc., p. 8.

1453 Comm. CE, communication du 31 janvier 2007, Enquête par secteur menée en vertu de l'article 17 du règlement (CE) n° 1/2003 sur la banque de détail, préc., pt. 34 à 35, p. 9 à 10. Les autorités nationales de concurrence avaient dressé le même constat, dans le cadre d'une étude menée sous l'égide de l'ICN (D. Biggar, et A. Heimler, *An Increasing Role for Competition in the Regulation of Banks – Antitrust Enforcement in Regulated sectors*, International Competition Network, Subgroup 1, Bonn, juin 2005, pt. 49 à 51, p. 14 à 15). V. également sur cette question : OCDE, *Concurrence et marchés financiers – Messages clés*, rapport préc., p. 28.

octroyé. Le coût du changement peut encore être accru par l'application d'une commission de clôture de compte.

843. **Faible mobilité des clients.** En résulte une faible mobilité des clients, ce qui freine l'acquisition des parts de marché et fige leur répartition entre les opérateurs actuels[1454]. En sus de dissuader les entrants potentiels, cela conduit à polariser la concurrence autour des nouveaux clients plutôt que sur les anciens, réputés captifs. Or cette circonstance risque d'induire une allocation inefficace des ressources : afin d'attirer des nouveaux clients, les banques seront amenées à leur proposer des prix modestes, quitte ensuite à leur imposer une augmentation des prix, une fois qu'ils seront devenus captifs ; de sorte que la concurrence par les prix se trouve subventionnée par la clientèle historique[1455].

844. La DG concurrence a donc formulé quelques solutions envisageables pour faciliter le changement de prestataire, en partie reprises par le législateur de l'UE.

2. Les solutions pour renforcer la mobilité des clients

845. **Service de changement de compte et système de portabilité bancaire.** La DG concurrence envisage deux séries de mesures pour renforcer la mobilité des clients : l'instauration de procédures visant à faciliter la coopération entre la banque d'origine et le nouveau prestataire, d'une part (a), la mise en place d'un système de portabilité bancaire, d'autre part (b). Le législateur de l'Union écarte la seconde solution mais retient la première et fait obligation aux banques, par l'effet de la directive n° 2014/92/UE, de proposer à leur clientèle un véritable service de changement de compte.

a. Le service de changement de compte retenu par le législateur de l'UE

846. **Pistes envisagées par la DG concurrence.** Simplifier la tâche des clients et limiter les coûts induits par le changement de prestataire sont des difficultés insolubles par la seule application du droit de la concurrence. La Commission a dès lors procédé à l'analyse des réponses législatives apportées par les États membres, puis suggéré certaines solutions à l'adresse du législateur. Était notamment envisagée, l'instauration de procédures visant à faciliter la coopération de l'établissement d'origine avec le nouveau prestataire, et l'obligation pour eux de respecter certains délais lors du transfert de compte. Elle soulignait également l'opportunité d'informer la clientèle de l'existence de telles procédures[1456].

847. **Dispositif instauré par la directive n° 2014/92/UE.** Avec la directive n° 2014/92/UE du 23 juillet 2014 précitée, le législateur de l'Union reprend certaines pistes formulées par la DG concurrence en les approfondissant. Le texte ne se réfère pas expressément à l'enquête menée dans le secteur de la banque de détail. Mais son influence est parfaitement concevable dans la mesure où la proposition de directive a été

1454 Comm. CE, communication du 31 janvier 2007, Enquête par secteur menée en vertu de l'article 17 du règlement (CE) n° 1/2003 sur la banque de détail, préc., pt. 34, p. 9.

1455 V. H. Degryse, et S. Ongena, « The impact of competition on bank orientation », *Journal of Financial Intermediation*, vol. 16, 2007, issue 3, p. 399.

1456 Comm. CE, Commission staff working document SEC/2007/0106 préc., p. 69 ; V. de même : D. Biggar, et A. Heimler, rapport préc., pt. 53, p. 15.

élaborée par la Commission elle-même[1457]. La directive impose aux États de veiller à ce que les prestataires de paiement offrent un véritable « service de changement de compte »[1458]. Par anticipation, le droit français avait introduit début 2014[1459], l'obligation pour les établissements de crédit d'offrir un « service d'aide à la mobilité bancaire », codifié à l'article L 312-1-7 du Code monétaire et financier. Le dispositif a été renforcé en 2015 pour les besoins de la transposition[1460].

848. Ce service est assuré par la nouvelle banque (dite « destinataire » au sens de la directive) à l'initiative du client. Mandatée par ce dernier, elle doit demander au prestataire d'origine (dit « transmetteur ») d'accomplir un certain nombre de tâches dans un délai de cinq jours ouvrables, parmi lesquelles, la transmission à la banque destinataire de la liste des ordres de virements permanents ainsi que les informations sur les mandats de prélèvement faisant l'objet du changement, le transfert du solde positif éventuel sur le nouveau compte et la clôture de l'ancien[1461]. La banque destinataire dispose alors de cinq jours pour mettre en place les ordres de virements permanents, prendre les dispositions nécessaires pour l'acceptation des prélèvements et communiquer aux payeurs réguliers les coordonnées du nouveau compte[1462]. Les frais éventuellement facturés au client pour ce service doivent être raisonnables et correspondre en tout état de cause, aux coûts réels supportés par le prestataire[1463]. En droit français, le service est gratuit[1464].

849. Enfin, les banques doivent mettre à disposition des consommateurs un certain nombre d'informations relatives au changement de compte, eu égard notamment aux délais et frais associés au service[1465].

850. **Bilan satisfaisant en France.** Le « service de changement de compte » se révèle pleinement satisfaisant, à tout le moins en France. En effet, le Comité consultatif du secteur financier (CCSF) a dressé un bilan très positif de la réforme, un an après son introduction en droit français[1466]. De prime abord, la publicité du service s'avère efficace, puisque 70 % des français affirment en avoir connaissance[1467]. Il n'est dès lors pas surprenant de constater qu'un an seulement après

---

1457 Comm. eur., Proposition de directive du Parlement européen et du Conseil du 8 mai 2013, sur la comparabilité des frais liés aux comptes de paiement, le changement de compte de paiement et l'accès à un compte de paiement assorti de prestations de base, COM/2013/0266 final.

1458 Directive n° 2014/92/UE préc., art. 9.

1459 Loi n° 2014-344 du 17 mars 2014 préc., art. 53.

1460 Loi n° 2015-990 du 6 août 2015 pour la croissance, l'activité et l'égalité des chances économiques, *JORF* n° 0181 du 7 août 2015, p. 1, art. 43 ; précisée par le décret n° 2016-73 du 29 janvier 2016 relatif au service d'aide à la mobilité bancaire mentionné à l'article L 312-1-7 du code monétaire et financier et aux plans d'épargne-logement inactifs mentionnés à l'article L 312-20 du même code, *JORF* n° 0026 du 31 janvier 2016, p. 17.

1461 Directive n° 2014/92/UE préc., art. 10 § 1 à 4.

1462 *Ibid.*, art. 10 § 5.

1463 *Ibid.*, art. 10 § 1 à 4.

1464 C. mon. fin., art. L 312-1-7, III.

1465 Directive n° 2014/92/UE préc., art. 14.

1466 CCSF, *Réforme de la mobilité bancaire : Le Bilan*, juin 2018. Ce bilan repose sur divers sondages réalisés auprès des banques et des clients.

1467 *Ibid.*, p. 4.

l'introduction du dispositif, très nombreuses (1,2 millions) ont été les demandes de mobilité enregistrées. Celles-ci ont progressivement pu être traitées dans les délais impartis[1468]. Et parmi les clients ayant eu recours au service, 85 % déclarent en être satisfaits, nonobstant quelques anomalies constatées à la marge[1469]. Ce succès rend d'autant moins nécessaire l'instauration d'un système de portabilité bancaire, également envisagé par la DG concurrence mais écarté par le législateur de l'UE.

b. Le système de portabilité bancaire écarté par le législateur de l'UE

851. **Le système envisagé par la DG concurrence.** La DG concurrence avait également évoqué un moyen supplémentaire de renforcer la mobilité des clients, à savoir *via* l'introduction d'un système de portabilité bancaire[1470]. Tel système repose sur l'instauration de coordonnées bancaires mobiles, permettant au client de conserver ses coordonnées d'origine en cas de changement d'établissement, de la même manière qu'un consommateur peut conserver son numéro de téléphone lorsqu'il change d'opérateur. Cette solution épargnerait ainsi au client la peine d'avoir à transmettre ses nouvelles coordonnées à de multiples personnes, et ferait ainsi l'économie d'une partie substantielle des coûts attachés au changement. C'est d'ailleurs généralement la perspective de la notification du changement aux tiers, bien plus que le changement lui-même, qui décourage le client[1471].

852. **Avantages associés au système de portabilité bancaire.** Cette option avait donc été envisagée par le législateur de l'Union à l'occasion de l'élaboration de la directive n° 2014/92/UE. L'analyse d'impact du texte, menée par la Commission européenne, reconnaissait les nombreux avantages associés à cette option : une grande partie des coûts induits par le changement de prestataire serait éliminée, incitant ainsi les clients à procéder au changement. La Commission relève que dans le secteur de la téléphonie mobile, l'introduction d'un système de portabilité des numéros a considérablement renforcé la mobilité des clients et intensifié d'autant la concurrence. Un résultat identique pourrait dès lors être attendu sur le marché bancaire par l'introduction d'un dispositif analogue[1472].

853. **Inconvénients du système de portabilité bancaire.** Néanmoins, l'analyse d'impact fait également état de nombreuses difficultés[1473] : la détermination d'une structuration des coordonnées bancaires unifiée, puis la migration de l'ensemble des établissements vers le nouveau système, généreraient un coût extrêmement

---

1468 *Ibid.*, p. 5.

1469 *Ibid.*, p. 4.

1470 Comm. CE, Commission staff working document SEC/2007/0106 préc., p. 69. À ce sujet, V. également : I. Mercereau, *Portabilité du compte bancaire,* Cour des comptes, décembre 2014.

1471 CCSF, rapport préc., p. 16.

1472 V. l'analyse d'impact de la directive n° 2014/92/UE préc. : Comm. eur., Commission staff working document – Impact assessment accompanying the document Proposal for a directive of the European Parliament and of the Council on the comparability of fees related to payment accounts, payment account switching and access to payment accounts with basic features, SWD(2013) 164 final, p. 81 à 84, 193 et 194.

1473 *Ibid.*, annexe IV, p. 211 à 217.

élevé : 14,7 milliards d'euros à l'échelle européenne[1474]. Ce coût, induit tant par la complexité technique de la migration que par les risques de fraude, ne pourrait être compensé par des gains d'efficacité qu'à un horizon extrêmement lointain. Cette option n'a dès lors pas été retenue.

854. L'instauration d'un service de changement de compte a donc été jugée suffisante pour stimuler la mobilité des clients, sans qu'il soit besoin de le compléter par un système de portabilité bancaire. L'enquête sectorielle a pareillement mis en lumière une profonde asymétrie d'information à l'avantage des banques, et conduit la Commission européenne à formuler des solutions pour y remédier.

B. Diagnostic et traitement de l'asymétrie d'information[1475]

855. **Solutions suggérées par la DG concurrence et reprises par le législateur de l'Union.** Afin de renforcer la transparence de l'information sur le marché bancaire, la DG concurrence envisage plusieurs remèdes (1), en partie repris par le législateur de l'UE. La directive n° 2014/92/UE fait ainsi notamment obligation aux banques de remettre à leurs clients un document d'information tarifaire préalablement à la conclusion de toute convention, et de leur fournir un relevé annuel détaillé des frais associés à chaque service. Le droit français n'est à ce titre, que partiellement conforme au droit de l'Union, et mériterait d'être modifié en conséquence (2).

1. Les solutions suggérées par la DG concurrence afin de réduire l'asymétrie d'information

856. **Défaillance de marché.** L'enquête sectorielle révèle l'existence d'une défaillance de marché, par définition porteuse d'inefficacité : cette défaillance tient à l'asymétrie d'information relative aux caractéristiques des produits bancaires proposés, à l'avantage des banques sur leurs clients[1476]. En résulte pour ces derniers, l'impossibilité d'opérer un choix pleinement éclairé quant aux produits les plus efficaces. Associée aux coûts de changement de prestataire élevés, cette asymétrie restreint la possibilité pour les clients de s'orienter vers les banques les plus efficaces.

857. **Les moyens envisagés par la DG concurrence d'une transparence renforcée.** La DG concurrence envisage là encore, différentes solutions excédant la simple application des règles de concurrence : améliorer l'information préalable des clients quant aux différents services bancaires proposés, afin de mieux éclairer leur choix et leur permettre de comparer les offres concurrentes ; mettre à disposition de la clientèle, postérieurement à la prestation et périodiquement, un récapitulatif

---

1474 *Ibid*, p. 214.

1475 À propos de l'effet délétère engendré par l'asymétrie d'information sur la concurrence en général, et certaines solutions pour y faire face, V. E. Claudel, « Droit de la concurrence », étude préc., pt. 531.92 et 531.93, p. 1431 et 1432.

1476 Comm. CE, Commission staff working document SEC/2007/0106 préc., p. 15.

détaillé du prix de chacun des services ; renforcer leurs compétences, du moins leurs connaissances, relatives au fonctionnement des services bancaires[1477].

858. **La transparence de l'information, une préoccupation de la régulation bancaire.** La bonne information de la clientèle est une préoccupation de longue date du droit bancaire français comme européen. Nombreuses sont les obligations du banquier visant à éclairer la décision du client[1478]. Pour autant, le législateur de l'Union déplorait récemment encore le manque de transparence à l'échelle européenne, faisant ainsi obstacle au déploiement d'un marché pleinement intégré, et contribuant à affaiblir la concurrence au sein du secteur bancaire[1479]. La directive n° 2014/92/UE tente de combler cette lacune, en introduisant divers dispositifs, conformes dans une certaine mesure, aux préconisations formulées par la DG concurrence dans son rapport d'enquête sectorielle.

2. Les solutions retenues par le législateur de l'UE afin de réduire l'asymétrie d'information

859. **Protection de la clientèle et intensification de la concurrence au moyen d'une transparence accrue.** Le traditionnel devoir de conseil ou de mise en garde du banquier prévu en droit français est destiné à orienter le client vers l'opération la mieux adaptée à sa situation et lui faire prendre conscience des risques y attachés. Ce devoir découle de la relation de confiance qui doit unir le banquier à son client[1480]. En matière de crédit tout particulièrement, l'obligation de mise en garde de l'emprunteur non averti porte sur l'inadaptation du prêt sollicité aux capacités financières de l'emprunteur et vise à prévenir le risque d'endettement excessif[1481].

860. En revanche, les obligations d'information imposées au banquier par la directive n° 2014/92/UE portent un objectif dépassant la simple protection des clients : en éclairant leur prise de décision, il s'agit aussi indirectement d'intensifier la concurrence interbancaire. Cela ressort très explicitement des motifs du texte[1482].

861. **Terminologie normalisée.** Tout d'abord, la directive pose le principe du recours à une terminologie normalisée et identique pour chaque établissement, afin de désigner les services les plus « représentatifs »[1483] attachés aux comptes de paiement,

---

1477 *Ibid.*, p. 69 et 70.

1478 Pour une vue d'ensemble : M. Varnav, *La gestion des risques juridiques bancaires : étude appliquée aux obligations d'information, de mise en garde et de conseil*, thèse de doctorat en Droit, Université Paris I, 2014 ; M. Mekki, « La singularité du devoir de mise en garde du banquier dispensateur de crédit », *RD bancaire et fin.* n° 6, novembre 2007, dossier 27 ; Fr. Boucard, « Les devoirs généraux du banquier », *in Encyclopédie du JurisClasseur : Commercial*, LexisNexis, 2002, Fasc. 343, pt. 33 à 54 ; A. Benayoun, « L'obligation d'information ou de conseil de la banque », *LEGICOM* 1999/3, n° 19, p. 67.

1479 Directive n° 2014/92/UE préc., cons. 4.

1480 Fr. Boucard, « Les devoirs généraux du banquier », fasc. préc., pt. 36 à 38 ; Fr. Grua, « Banquier. – Responsabilité en matière de services. – Service du crédit », *in Encyclopédie du JurisClasseur : Civil Code*, LexisNexis, 2011, Fasc. 335-20, pt. 10.

1481 Cass. com., 13 février 2019, n° 17-14.785 ; Cass. 1e civ., 26 septembre 2018, n° 17-20604 ; Cass. com., 1er mars 2016, n° 14-22582.

1482 Directive n° 2014/92/UE préc., cons. 4 et 19.

1483 Les services les plus « représentatifs » sont ceux auxquels les clients recourent le plus fréquemment ou qui représentent un coût élevé (directive n° 2014/92/UE préc., art. 3 § 2).

dont le détail est établi par le règlement délégué (UE) 2018/32[1484]. Cette terminologie uniforme et les définitions associées à chaque service doivent être ainsi utilisées dans la documentation contractuelle et commerciale des prestataires de paiement à l'attention de la clientèle. Il s'agit ici de favoriser la comparaison entre les différentes offres proposées aux consommateurs, qui demeure difficile tant que les prestataires utilisent une terminologie distincte pour désigner des services identiques[1485]. En droit français, la liste des services concernés est établie à l'article D 312-1-1 du Code monétaire et financier[1486].

862. **Site internet comparateur.** La directive impose en outre l'instauration d'un site internet gratuit, permettant aux consommateurs de comparer au minimum le prix des services les plus représentatifs sur l'ensemble du territoire[1487]. En France, le site « tarifs-bancaires.gouv.fr » remplit cet office. Il est administré par le Comité consultatif du secteur financier (CCSF) en vertu de l'article D 614-1 du Code monétaire et financier[1488].

863. **Document d'information tarifaire et relevé des frais.** Le texte prévoit enfin la remise d'un « document d'information tarifaire » aux clients, préalablement à la conclusion de la convention de compte, indiquant le prix de chaque service comptant parmi les plus représentatifs[1489].

864. Le prestataire devra également leur fournir à titre gratuit, un relevé annuel détaillé des frais facturés pour chaque service associé aux comptes de paiement[1490]. Le relevé doit distinguer : le prix unitaire de chaque service, le nombre de fois qu'il a été utilisé pendant la période considérée[1491], le montant total des frais encourus pour chaque service[1492], ainsi enfin, que le montant total des frais facturés pour l'ensemble des services[1493].

865. **Non-conformité partielle du droit français.** Sur ce point, le droit français ne semble que partiellement conforme aux exigences du droit de l'Union[1494]. L'article L 314-7, III du Code monétaire et financier n'exige en effet, que la fourniture d'un récapitulatif détaillant le total des frais facturés ainsi que les sous-totaux

---

1484 Règlement délégué (UE) 2018/32 de la Commission du 28 septembre 2017 complétant la directive 2014/92/UE du Parlement européen et du Conseil en ce qui concerne les normes techniques de réglementation pour la terminologie normalisée arrêtée au niveau de l'Union pour les services les plus représentatifs rattachés à un compte de paiement, C/2017/6451, *JOUE* n° L 6, 11 janvier 2018, p. 3.

1485 Directive n° 2014/92/UE préc., cons. 15.

1486 Par l'effet du décret n° 2018-774 du 5 septembre 2018 modifiant l'article D. 312-1-1 du code monétaire et financier (*JORF* n° 0206 du 7 septembre 2018, p. 17).

1487 Directive n° 2014/92/UE préc., art. 7.

1488 Modifié pour les besoins de la transposition par le décret n° 2015-1432 du 5 novembre 2015 portant modification de l'article D. 614-1 du code monétaire et financier relatif au Comité consultatif du secteur financier (*JORF* n° 0259 du 7 novembre 2015, p. 14).

1489 Directive n° 2014/92/UE préc., art. 4. Transposé en droit français par l'arrêté du 5 septembre 2018 portant application des articles L. 312-1-1 et L. 314-13 du code monétaire et financier fixant les modalités d'information de la clientèle et du public sur les conditions générales et tarifaires applicables aux opérations relatives à la gestion d'un compte de dépôt ou d'un compte de paiement tenu par un établissement de paiement (*JORF* n° 0206 du 7 septembre 2018, p. 19).

1490 Directive n° 2014/92/UE préc., art. 5 ; C. mon. fin., art. L 314-7, III.

1491 Directive n° 2014/92/UE préc., art. 5 § 2, sous a).

1492 *Ibid.*, art. 5 § 2, sous b).

1493 *Ibid.*, art. 5 § 2, sous e).

1494 Du même avis : A. Gourio et M. Gillouard, art. préc.

correspondant à chaque service et le nombre de fois qu'ils ont été utilisés. Mais il n'impose pas la mention du prix unitaire de chaque service :

> Article L 314-7, III du Code monétaire et financier
>
> […]
>
> III. – Au cours du mois de janvier de chaque année, est fourni sur support papier ou tout autre support durable aux personnes physiques et aux associations un document distinct récapitulant le total des sommes perçues par le prestataire de services de paiement au cours de l'année civile précédente au titre de produits ou services dont ces personnes bénéficient dans le cadre de la gestion de leur compte de paiement ou dans l'application du contrat-cadre de services de paiement ou d'une convention de compte de dépôt ; dans le cas d'un compte de dépôt, ce récapitulatif comprend, le cas échéant, les intérêts perçus au titre d'une position débitrice de celui-ci. *Ce récapitulatif distingue, pour chaque catégorie de produits ou services liés à la gestion du compte de paiement ou de dépôt, le sous-total des frais perçus et le nombre de produits ou services correspondant.*[1495]

866. La mention du prix unitaire de chaque service est pourtant capitale : elle est un rappel du coût induit par chaque service relativement aux autres. La mention du prix unitaire rend possible la comparaison entre les différents services facturés. Leur individualisation est ainsi nécessaire afin de mettre en lumière ceux qui sont les plus coûteux isolément. Le droit français devrait donc être modifié en conséquence.

867. À l'article L 314-7, III du Code monétaire et financier, les mots « et le nombre de produits ou services correspondant » pourraient être remplacés par les mots : « le prix unitaire facturé pour chaque service et le nombre de fois où le service a été utilisé ».

868. Pour le surplus, le dispositif introduit par la directive et sa transposition en droit français apparaissent pleinement satisfaisants. Les obligations d'information imposées par le texte semblent en mesure de faciliter la comparaison entre les prestataires concurrents.

869. En somme, ayant ainsi mis en lumière une asymétrie d'information délétère, la DG concurrence a envisagé différents moyens de renforcer la transparence. En partie repris par la directive n° 2014/92/UE, ces remèdes sont particulièrement bienvenus. Le pouvoir d'enquête sectorielle de la Commission européenne constitue donc un instrument de complémentarité entre le droit de la concurrence et la régulation bancaire : l'enquête sur la banque de détail fournit divers éléments de compréhension des mécanismes du marché bancaire et révèle un certain nombre d'atteintes à son bon fonctionnement. La DG concurrence envisage différentes solutions pour y faire face, y compris sur le terrain du droit bancaire, lorsque les règles de concurrence s'avèrent insuffisantes. Le rapport d'enquête lui offre alors une véritable tribune pour s'adresser au législateur de l'UE. Le pouvoir consultatif reconnu à l'Autorité française de concurrence constitue un outil tout à fait comparable.

1495 Mis en italique par nos soins.

§ 2. Le concours de l'autorité française de concurrence à l'évolution de la régulation bancaire

870. **Les pouvoirs consultatifs de l'autorité française de concurrence.** Il est loisible à l'Autorité de la concurrence de rendre un avis sur « toute question concernant la concurrence », de sa propre initiative[1496], ou bien à la demande (facultative) de divers organes et personnes[1497]. Le Conseil de la concurrence jouissait déjà d'une prérogative analogue[1498].

871. En outre, l'Autorité est obligatoirement consultée par le Gouvernement lorsqu'il envisage d'adopter un décret d'exemption par catégorie[1499], de réglementer les prix par décret[1500], ou d'instituer un régime nouveau ayant pour effet, soit de soumettre l'accès à un marché à des restrictions quantitatives, soit d'établir des droits exclusifs dans certaines zones, soit d'imposer des pratiques uniformes en matière de prix ou de conditions de vente[1501]. Elle peut enfin être consultée par un grand nombre d'autorités de régulation sectorielle dans différentes hypothèses[1502], ainsi que par les juridictions administratives et judiciaires quant à l'application du droit des pratiques anticoncurrentielles[1503].

872. À l'instar de la Commission européenne, l'autorité française de concurrence collabore, par le biais de ses fonctions consultatives, à l'identification de situations qui pourraient mériter l'intervention du législateur. L'avis n° 05-A-08 du Conseil de la concurrence rendu le 31 mars 2005 est parfaitement topique. S'y trouvent exposées les conditions dans lesquelles pourrait être instauré un service bancaire universel (A), effectivement introduit par la suite en droit positif (B).

A. La consultation du Conseil de la concurrence sur le service bancaire universel

873. **L'avis n° 05-A-08 du Conseil de la concurrence en date du 31 mars 2005[1504].** Sur le fondement de l'article L 462-1 alinéa 2 du Code de commerce, le Conseil de la concurrence avait été saisi par une association de consommateurs d'une

---

1496 C. com., art. L 462-4.

1497 L'Autorité peut à ce titre, être consultée par le Gouvernement, les commissions parlementaires, les collectivités territoriales, les organisations professionnelles et syndicales, les organisations de consommateurs agréées, les chambres d'agriculture, les chambres de métiers ou les chambres de commerce et d'industrie, ainsi que la Haute Autorité pour la diffusion des œuvres et la protection des droits sur internet (C. com., art. L 462-1).

1498 C. com., art. L 462-1 dans sa version en vigueur du 21 septembre 2000 au 15 novembre 2008.

1499 C. com., art. L 420-4, II.

1500 C. com., art. L 410-2, al. 2.

1501 C. com., art. L 462-2.

1502 C'est notamment le cas de l'ARCEP (CPCE, art. L 34-8, I, sous a], L 34-8-1, al. 3, L 34-8-1-1 al. 3 et L 37-1, al. 1) ; de l'ARAFER (C. transp., art. L 2133-4), de la CRE (Loi n° 2000-108 du 10 février 2000 relative à la modernisation et au développement du service public de l'électricité, *JORF* n° 35 du 11 février 2000, p. 1, art. 25), et du CSA (loi n° 86-1067 du 30 septembre 1986 relative à la liberté de communication, *JORF* du 1 octobre 1986, p. 11755, art. 41-4).

1503 C. com., art. L 462-3.

1504 Cons. conc., avis n° 05-A-08 du 31 mars 2005 préc.

demande d'avis sur les conditions dans lesquelles pouvait être envisagée la mise en place d'un service bancaire de base, au même titre qu'il existe un service universel dans d'autres secteurs régulés. Dans son avis rendu le 31 mars 2005, le Conseil adresse au législateur un véritable mode d'emploi de la régulation économique. Sa démarche est déductive et son analyse peut être généralisée au-delà du simple cas d'espèce : il détaille *in abstracto* les différentes étapes à suivre pour vérifier qu'une intervention régulatrice est bien justifiée, puis il fait application de sa méthode *in concreto,* afin de vérifier l'opportunité d'instaurer un service bancaire universel. Les développements suivants exposent la démarche menée par le Conseil de la concurrence dans l'avis n° 05-A-08. Le législateur est ainsi guidé dans l'évaluation de la nécessité d'un service bancaire universel (1), puis dans la détermination de ses modalités (2).

1. Évaluation de la nécessité d'un service universel

874. **Besoin d'intérêt général non satisfait par les seuls mécanismes du marché.** La nécessité d'instaurer un service bancaire universel doit être évaluée suivant deux étapes. La première suppose d'établir un besoin d'intérêt général associé audit service. Cette appréciation revêt une dimension politique excédant les compétences du Conseil de la concurrence. Ce dernier tient donc pour acquise l'existence d'un tel besoin (a). La deuxième étape consiste à vérifier l'insuffisance du marché pour répondre à la demande. À cet égard, le Conseil relève que le droit au compte issu de la loi bancaire de 1984 permet de pallier l'exclusion d'accès, mais que ce dispositif est certainement impropre à combattre l'exclusion d'usage (b).

a. Existence d'un besoin d'intérêt général

875. **Rappel des critères du service universel.** Le Conseil explicite tout d'abord la notion générale de « service universel » au sens du droit de l'Union, défini comme « un ensemble d'exigences d'intérêt général dont l'objectif est de veiller à ce que certains services soient mis à la disposition de tous les consommateurs et utilisateurs sur la totalité du territoire d'un État membre, indépendamment de leur position géographique, au niveau de qualité spécifié et, compte tenu de circonstances nationales particulières, à un prix abordable. »[1505]

876. Le Conseil en déduit les traits saillants du service universel, que sont l'accès de tous à un service jugé essentiel, sa prestation sur l'ensemble du territoire, pour un prix abordable et dans le respect d'un niveau de qualité spécifiquement établi[1506].

877. **Dimension d'intérêt général associée aux services bancaires.** Afin d'admettre l'instauration d'un service universel, la première étape est donc d'établir qu'un service relève de l'intérêt général. Le Conseil note que le droit de l'Union ne régit pas lui-même la question d'un service bancaire universel[1507], et que cette question ressortit donc aux États membres. Le Conseil admet son incompétence

---

1505 Cons. conc., avis n° 05-A-08 préc., pt. 4, p. 2. Définition tirée de : Comm. eur., Livre vert sur les services d'intérêt général, 21 mai 2003, COM(2003) 270, pt. 50, p. 16.

1506 Cons. conc., avis n° 05-A-08 préc., pt. 4, p. 2.

1507 Depuis l'adoption de l'avis n° 05-A-08 en 2005, le droit de l'Union s'est saisi de la question du droit au compte (V. *infra* n° 893 s.).

pour apprécier la dimension d'intérêt général des services bancaires : ce choix éminemment politique ne peut appartenir qu'au législateur[1508].

878. Le Conseil de la concurrence constate seulement « qu'une vie sociale normale n'est pas possible sans accès aux services bancaires ». Il reprend ainsi les travaux du Centre Walras de l'Université Lumière Lyon II, ayant défini la notion « d'exclusion bancaire » comme la situation d'une personne subissant « un degré d'entrave dans ses pratiques bancaires qui ne lui permet plus de mener une vie sociale normale dans la société qui est la sienne. »

879. Il distingue alors l'exclusion « d'accès » et l'exclusion « d'usage ». La première consiste en l'impossibilité même d'ouvrir un compte bancaire ; la seconde renvoie aux difficultés pour le titulaire d'un compte à faire usage de certains services associés, notamment de paiement[1509]. Ne pouvant lui-même procéder à l'analyse d'un besoin d'intérêt général relatif aux services bancaires, le Conseil de la concurrence tient pour acquise l'existence d'un tel besoin. La deuxième étape suppose ensuite de vérifier si le marché est en mesure de satisfaire pleinement la demande.

b. Insuffisance du marché pour satisfaire la demande

880. **Insatisfaction de la demande par les seuls mécanismes de marché.** Une fois établi qu'un service relève de l'intérêt général, il s'agit pour les pouvoirs publics de constater qu'en l'état, le marché n'est pas en mesure de satisfaire la totalité de la demande à un prix abordable et selon le niveau de qualité requis[1510]. Le Conseil énonce alors les différentes causes potentielles d'une insatisfaction de la demande par les seuls mécanismes de marché. Pour une qualité minimale de service donnée, l'insatisfaction de la demande peut découler d'un prix concurrentiel trop élevé pour certains consommateurs, alors placés dans l'incapacité d'accéder au service. Cette situation peut ainsi résulter d'un coût de fourniture du service plus élevé sur une partie du territoire en raison de son isolement ; ou simplement lorsque la capacité financière du consommateur est trop modeste pour accéder au service au prix de marché. L'instauration d'un service universel est alors nécessaire lorsque la couverture de l'ensemble du territoire est attendue ou que l'exclusion sociale de certains consommateurs n'est pas socialement acceptable[1511].

881. **Le droit au compte issu de la loi bancaire de 1984.** Le Conseil constate ensuite que le législateur français a déjà pris les mesures adéquates pour pallier l'exclusion d'accès : ainsi la loi bancaire de 1984[1512] a-t-elle instauré un droit au compte (de dépôt) pour toute personne physique ou morale dans l'établissement de son choix. Depuis 1998[1513], ce droit est assorti de divers services et

1508 Cons. conc., avis n° 05-A-08 préc., pt. 3, p. 2.

1509 *Ibid.*, pt. 12 et 13, p. 4.

1510 *Ibid.*, pt. 6, p. 3.

1511 *Ibid.*, pt. 8, p. 3.

1512 Loi bancaire du 24 janvier 1984, préc. art. 58. Désormais codifié à l'article L 312-1 du Code monétaire et financier par l'ordonnance n° 2000-1223 du 14 décembre 2000 relative à la partie Législative du code monétaire et financier (*JORF* n° 291 du 16 décembre 2000, p. 5).

1513 Loi n° 98-657 du 29 juillet 1998 d'orientation relative à la lutte contre les exclusions, *JORF* n° 175 du 31 juillet 1998, p. 11679.

prestations bancaires de base[1514], fournis gratuitement, dont la liste est établie par décret[1515].

882. Le Conseil relève cependant que le dispositif français ne permet pas de résoudre l'exclusion d'usage : le droit au compte et les services de base associés ne sont ouverts qu'aux personnes qui ne sont pas déjà titulaires d'un compte. Celles qui le sont déjà (mais qui ne disposent pour autant pas des services accessoires, de paiements notamment) ne peuvent ainsi profiter des services bancaires de base[1516]. Si les pouvoirs publics estiment également nécessaire de combattre l'exclusion d'usage, il s'agirait alors d'envisager la mise en place d'un droit aux services bancaires de base à un prix abordable et décorrélé du droit au compte. Tenant ainsi pour acquise la nécessité d'un service bancaire universel, le Conseil de la concurrence envisage ensuite les modalités opérationnelles de sa mise en œuvre.

2. Détermination des modalités du service universel

883. **Attribution et financement du service universel.** Le Conseil de la concurrence envisage diverses méthodes d'attribution du service universel à un ou plusieurs prestataires (a) et suggère différentes options de financement (b), en soupesant pour chacune d'entre elles leurs avantages et inconvénients.

a. Attribution du service universel

884. **Attribution du service universel à un unique opérateur sur l'ensemble du territoire.** S'il est établi que le marché est incapable de satisfaire à un prix abordable les besoins en services bancaires d'intérêt général, l'instauration d'un service universel pourrait alors permettre de combler ces lacunes. La troisième étape consiste donc à désigner un prestataire chargé d'en assurer la prestation. Le Conseil de la concurrence expose alors les différentes voies d'attribution des obligations de service universel.

885. Les pouvoirs publics peuvent tout d'abord désigner un unique opérateur, chargé d'assurer la prestation du service universel sur l'ensemble du territoire. Cette option n'a évidemment pas les faveurs du Conseil, en ce qu'elle n'assure ni concurrence sur le marché, ni concurrence pour le marché. Elle conduirait au surplus à attacher audit prestataire l'image non enviable de la « banque des pauvres »[1517].

886. **Mise aux enchères du service universel par lots géographiques.** L'attribution de la mission d'intérêt général peut en outre résulter d'une mise aux enchères par

---

1514 Sur le droit au compte et les services bancaires de base, en doctrine, V. Chr. Gavalda, et J. Stoufflet, *op. cit.* n° 348, p. 213 et 214 ; C. Kleiner, « La protection des clients fragiles », *RD bancaire et fin.* n° 1, janvier 2019, dossier 4 ; J. Lasserre Capdeville, « Nouvelles évolutions du droit au compte », *LPA* n° 186, 2017, p. 7 ; J. Lasserre Capdeville, « vers une amélioration de la protection du droit au compte », *LPA* n° 211, 2015, p. 4 ; J. Stoufflet, « Le service bancaire de base », *RD bancaire et fin.* n° 2, mars 2001, étude 100013 ; J.-M. Figuet et F. Pinos, « L'exclusion financière en France : une lecture en filigrane des modèles économiques bancaires », *Revue d'économie financière* n° 115, 2014, p. 289.

1515 À savoir, entre autres, la délivrance d'un relevé d'identité bancaire, la fourniture mensuelle d'un relevé des opérations, l'encaissement de chèques et de virements bancaires, l'exécution des paiements par prélèvement SEPA, titre interbancaire de paiement SEPA ou par virement bancaire SEPA, la possibilité d'effectuer des dépôts et retraits d'espèces, la fourniture d'une carte de paiement (C. mon. fin., art. D 312-5).

1516 Cons. conc., avis n° 05-A-08 préc., pt. 19.

1517 *Ibid.*, pt. 52.

lots géographiques. Plus respectueuse de la concurrence, la mise aux enchères présente toutefois l'inconvénient majeur de sa nécessaire répétition dans le temps, ce qui induit une succession de prestataires et donc un transfert de compte d'une banque à l'autre ; procédure que l'on sait porteuse de coûts[1518].

887. **Mécanisme optionnel de « pay or play ».** La dernière méthode envisagée est celle dite du « pay or play », accordant à chaque banque une option entre la prestation ou le financement du service universel assuré par les autres. Ce procédé semble avoir la préférence du Conseil. Elle limite en effet la possibilité pour les opérateurs en charge du service universel de surévaluer leurs coûts, dès lors que les autres prestataires peuvent à tout moment décider de fournir le service plutôt que de le financer s'ils estiment que la contribution est trop élevée. Cette solution suppose néanmoins une vigilance accrue de l'autorité de régulation, contrainte de surveiller non pas un seul mais plusieurs opérateurs[1519]. Une fois le(s) prestataire(s) désigné(s), il convient de définir le mode de financement du service universel.

b. Financement du service universel

888. **Financement du service universel sur le budget de l'État.** Le Conseil de la concurrence envisage différents mécanismes de financement du service universel. Cette quatrième et dernière étape est incontournable dès lors que la mission d'intérêt général ne peut être assurée de façon rentable par le simple jeu du marché. Il se peut en effet, que le prix jugé acceptable du service universel soit fixé en dessous de son coût. Il s'agit alors de compenser les pertes induites par la fourniture du service. La première option revient à financer le service universel sur le budget de l'État, au moyen de subventions ou d'autres avantages financiers tels que des réductions fiscales. Pourvu qu'il soit strictement proportionnel aux charges induites par la fourniture du service universel, ce mode de financement externe demeure le moins disruptif d'un point de vue concurrentiel. Mais son défaut tient à l'existence d'un coût d'opportunité : les ressources d'État qui lui sont dévolues sont indisponibles pour d'autres activités[1520].

889. **Octroi d'une concession au prestataire du service universel.** La deuxième méthode consiste en l'octroi d'une concession au prestataire de service universel. Ce dernier jouit alors de droits exclusifs ou spéciaux sur certaines activités, générant des revenus suffisants pour financer le service universel. En l'espèce, un établissement pourrait bénéficier d'une exclusivité dans la distribution de certains crédits en contrepartie de la prestation du service universel. Ce système induit cependant une profonde distorsion, aboutissant mécaniquement à la hausse des prix : une gamme entière de services est ainsi soustraite à la concurrence, de sorte que le service universel soit financé par la rente de monopole[1521].

890. **Fonds de financement alimenté par le secteur bancaire.** La troisième option est celle de la création d'un fonds de financement alimenté par des prélèvements réalisés auprès des opérateurs du secteur. Ces prélèvements peuvent prendre la

---

1518 *Ibid.*, pt. 53 à 57.
1519 *Ibid.*, pt. 58 à 61.
1520 *Ibid.*, pt. 66 et 67.
1521 *Ibid.*, pt. 68 et 69.

forme d'une taxe ou d'une contribution forfaitaire. Cette solution est sans effet sur la concurrence actuelle. Mais elle risque en revanche, d'affecter la concurrence potentielle, en constituant une barrière à l'entrée du marché[1522].

891. **Subventions croisées.** Selon la quatrième et dernière alternative envisagée, la prestation du service universel est confiée à un opérateur sans aucune compensation. Celui-ci est alors admis à financer le coût du service universel par le biais de subventions croisées, autrement dit la sur-tarification de services non compris dans le service universel. Le Conseil relève toutefois que cette solution est difficilement envisageable sur un marché fortement concurrentiel comme le marché bancaire français. Cette méthode risque en effet d'altérer les choix de consommation : les services sur-tarifés seront sous-consommés, tandis que les services subventionnés seront surconsommés. Dans cette situation, l'établissement en charge du service d'intérêt général serait alors contraint de fournir le service universel sans aucune contrepartie[1523]. Depuis l'adoption de l'avis nº 05-A-08, le droit français s'est étoffé d'un certain nombre de dispositifs se rapprochant d'un véritable service bancaire universel.

B. L'instauration en droit positif d'un service bancaire universel

892. **La consultation (facultative) de l'Autorité de la concurrence ignorée du législateur et du Gouvernement ?** Depuis l'adoption de l'avis nº 05-A-08, le législateur de l'Union a imposé l'instauration d'un droit au compte au sein des systèmes nationaux afin de pallier l'exclusion d'accès. Outre le droit au compte, dont il est déjà doté depuis la loi bancaire de 1984, le droit français s'est plus récemment étoffé de divers instruments destinés à combattre l'exclusion d'usage, se rapprochant ainsi d'un véritable service bancaire universel. La description du dispositif révèle des points de convergence et de divergence avec l'analyse opérée dans l'avis nº 05-A-08 (1). Certains éléments de tarification des services afférents ont été plafonnés par la voie réglementaire. Ce parti n'est pas nécessairement inopportun. En ce qu'un tel dispositif risque toutefois d'induire une distorsion concurrentielle, le législateur et/ou le Gouvernement auraient pu profiter d'un éclairage bienvenu de la part de l'Autorité de la concurrence, comme les y invite l'article L 462-1 du Code de commerce (2).

1. Description des services

893. **L'instauration d'un droit au compte à l'échelle européenne.** Postérieurement à la publication de l'avis du 31 mars 2005, le législateur de l'Union s'est à son tour saisi de la question du droit au compte. À l'instar du législateur français, il a admis l'existence d'un intérêt général attaché aux services bancaires et constaté l'incapacité du marché à satisfaire la demande. Dans une résolution du 4 juillet 2012, le Parlement européen convenait ainsi que l'accès aux services bancaires de base devenait de plus en plus « une condition préalable de l'inclusion sociale,

1522 *Ibid.*, pt. 70 et 71.
1523 *Ibid.*, pt. 72.

notamment, sur le plan de l'accès à l'emploi, aux soins de santé et au logement ». Or il observait que « les prestataires agiss[aient] conformément à la logique du marché, [avaient] tendance à se concentrer sur les consommateurs commercialement attractifs et, dès lors, dans certains cas, à ne pas proposer la même gamme de produits aux consommateurs moins attractifs sur le plan commercial. » Si bien qu'en 2012, 7 % de la population adulte de l'UE, soit environ 30 millions de personnes, ne possédaient toujours pas de compte bancaire[1524].

894. En conséquence, la directive n° 2014/92/UE a imposé aux États membres l'instauration d'un droit au compte, assorti de services bancaires de base fournis gratuitement[1525]. Sa transposition[1526] n'a entraîné que des modifications marginales du dispositif français, tant ce dernier était déjà proche de celui voulu par la directive. Si la directive renforce la lutte contre l'exclusion d'accès, elle n'ajoute cependant rien de neuf au droit français quant à l'exclusion d'usage : les titulaires d'un compte qui ne bénéficient pas de services accessoires ne peuvent toujours pas prétendre à la prestation de services bancaires de base gratuitement.

895. **Gamme de moyens de paiements alternatifs.** Le droit français s'est enrichi de divers dispositifs destinés à combattre l'exclusion d'usage, adoptés à l'initiative tant des opérateurs que de l'exécutif ou du législateur. Ainsi les banques se sont-elles engagées dès 2004, à proposer une « gamme de moyens de paiements alternatifs » (au chèque) pour un prix modéré[1527]. Cette gamme d'instruments comprend les virements, prélèvements, TIP, ainsi que les cartes de paiement à autorisation systématique. Elle est accessible à toute personne disposant d'un compte, pourvu que sa situation le justifie (en cas notamment d'interdiction de chéquier). Cette initiative se retrouve au sein d'une norme professionnelle adoptée par l'Association française des établissements de crédit et des entreprises d'investissement (AFECEI), homologuée par le Gouvernement[1528].

896. **Offre spécifique.** La loi du 26 juillet 2013 de séparation et de régulation des activités bancaires[1529] a par ailleurs introduit à l'article L 312-1-3 alinéa 2 du Code monétaire et financier, l'obligation pour les banques de proposer une « offre spécifique » aux personnes physiques qui se trouvent en situation de fragilité. Un décret du 30 juin 2014[1530] en précise le contenu, qui comprend un certain nombre d'instruments de paiement, parmi lesquels au moins deux chèques de banque par mois, ainsi que d'autres services de nature à limiter les frais supportés en cas d'incident.

1524 Résolution du Parlement européen du 4 juillet 2012 contenant des recommandations à la Commission sur l'accès aux services bancaires de base (2012/2055[INI]), *JOUE* n° C 349 du 29 novembre 2013, p. 74.

1525 Directive n° 2014/92/UE préc., art. 15 à 20.

1526 Ordonnance n° 2016-1808 du 22 décembre 2016 relative à l'accès à un compte de paiement assorti de prestations de base, *JORF* n° 0298 du 23 décembre 2016, p. 17.

1527 N. Éréséo et J. Lasserre capdeville, « La rémunération de la banque par les frais et commissions », *RD bancaire et fin.* n° 2, mars 2015, dossier 17, pt. 40. Le Conseil de la concurrence en faisait d'ailleurs mention dans l'avis n° 05-A-08 précité (pt. 28 et 29) en tant que possible solution à la question de l'exclusion d'usage.

1528 Arrêté du 24 mars 2011 portant homologation de la norme professionnelle sur les relations entre les établissements teneurs de compte et leurs clients concernés par le traitement d'un dossier en commission de surendettement, *JORF* n° 0078 du 2 avril 2011, p. 23.

1529 Loi n° 2013-672 du 26 juillet 2013 préc., art. 52.

1530 Décret n° 2014-738 du 30 juin 2014 relatif à l'offre spécifique de nature à limiter les frais en cas d'incident, *JORF* n° 0150 du 1 juillet 2014, p. 10847.

897. **Influence relative de l'avis n° 05-A-08.** La loi du 26 juillet 2013 et les textes réglementaires qui l'accompagnent ne se réfèrent aucunement à l'avis n° 05-A-08, adopté il est vrai, huit ans auparavant. Il n'est toutefois pas impensable d'envisager une influence, quoique relative, ou à tout le moins d'opérer à certains égards, un rapprochement entre l'analyse du Conseil de la concurrence et les solutions retenues en droit positif.

898. Ces dispositifs introduits en droit français s'apparentent très largement à un service bancaire universel, en tant qu'ils visent à garantir un accès généralisé à certains services bancaires. Quant au choix des opérateurs chargés d'en assurer la prestation, aucune des solutions envisagées par le Conseil de la concurrence dans l'avis n° 05-A-08 n'a pourtant été suivie. A été préférée l'option consistant à confier la prestation des services « alternatifs » et « spécifiques » à l'ensemble des opérateurs.

899. En ce qui concerne le financement du service, l'option retenue pourrait se rattacher à la quatrième méthode envisagée par l'avis n° 05-A-08, puisqu'aucune voie de compensation particulière n'a été prévue : chaque banque doit financer son offre sur ses propres deniers. Les coûts associés à la prestation du service peuvent alors être compensés par son prix (pourvu qu'il compense les coûts), ou par le biais de subventions croisées.

900. Que le législateur s'écarte partiellement de l'avis n° 05-A-08 n'est pas pour surprendre. Consulté par une association de consommateurs, le Conseil de la concurrence a saisi cette opportunité pour offrir un éclairage et faire œuvre de proposition à l'adresse du législateur et de l'exécutif, mais son avis n'est évidemment pas liant. Il est en revanche étonnant que le législateur ou le Gouvernement n'aient pas consulté l'Autorité de la concurrence lorsqu'ils ont entrepris de plafonner certains éléments de tarification du service bancaire universel.

2. Tarification des services

901. **Plafonnement du prix de l'offre spécifique et des commissions de traitement des irrégularités.** Le décret précité du 30 juin 2014 plafonne le tarif de l'offre spécifique à trois euros par mois[1531]. La loi du 26 juillet 2013, complétée par un décret du 17 octobre 2013[1532], instaure également à l'alinéa 1er de l'article L 312-1-3 du Code monétaire et financier le principe général d'un plafonnement des commissions perçues par les banques à raison du traitement des irrégularités de fonctionnement d'un compte. Ces commissions ne pourront ainsi dépasser par compte bancaire, un montant de 8 euros par opération et de 80 euros mensuels[1533]. Des plafonnements spéciaux sont toutefois prévus pour les bénéficiaires de l'offre spécifique ou des services bancaires de base : ils sont fixés à 4 euros par opération et 20 euros par mois[1534].

902. Le prix de « l'offre spécifique », de même que les commissions perçues pour le traitement des irrégularités, ont donc été plafonnés ; ce qui revient à établir

---

1531 Ces dispositions sont insérées au sein d'un nouvel article R 312-4-3 du Code monétaire et financier.

1532 Décret n° 2013-931 du 17 octobre 2013 relatif au plafonnement des commissions d'intervention, *JORF* n° 0244 du 19 octobre 2013, p. 10.

1533 C. mon. fin., art. R 312-4-1.

1534 C. mon. fin., art. R 312-4-2.

un prix maximum. D'un point de vue concurrentiel, cette solution peut s'avérer préoccupante sans que cela soit nécessairement dirimant.

903. **Exemple de consultation préalable du Conseil de la concurrence dans une situation comparable.** En 2007, le ministre de l'Économie avait saisi le Conseil de la concurrence d'un projet de décret[1535] visant à plafonner les commissions perçues en cas de rejet d'un chèque. Le texte prévoyait que ces frais ne pouvaient excéder 30 euros pour les chèques d'un montant inférieur à 50 euros, et 50 euros pour les chèques d'un montant supérieur à 50 euros[1536]. L'article L 462-2 alinéa 3 du Code de commerce impose une telle consultation chaque fois qu'un projet de texte réglementaire envisage l'instauration d'un régime nouveau ayant pour effet « d'imposer des pratiques uniformes en matière de prix ou de conditions de vente »[1537]. Le Conseil de la concurrence avait approuvé le projet dans un avis du 19 octobre 2007. Il admettait l'opportunité de telles commissions en tant qu'elles permettent de compenser les coûts subis par la banque, tout en dissuadant les mauvais payeurs de provoquer des incidents de paiement. Il reconnaissait également que leur plafonnement se justifiait par la nécessité de protéger les consommateurs contre le risque d'endettement excessif[1538].

904. Le Conseil assimile le plafonnement à un prix maximum, moins nocif que le prix imposé. La distorsion concurrentielle est moindre car le plafonnement laisse aux banques une certaine marge de manœuvre tarifaire. Cette liberté n'est pas seulement théorique dès lors que le prix maximum est supérieur aux coûts, comme au cas d'espèce soumis à l'examen du Conseil. Ce dernier relève toutefois qu'un plafonnement peut conduire à un alignement des prix, lorsqu'au contraire, le prix maximum est inférieur aux coûts[1539]. Mais le Conseil ajoute que le risque d'atteinte à la concurrence est d'autant moins élevé que le montant des commissions perçues en cas de rejet d'un chèque n'est pas l'élément déterminant dans le choix d'une banque[1540].

905. **Non consultation de l'Autorité de la concurrence lors de l'adoption de la loi du 26 juillet 2013 et de ses décrets d'application.** Ces circonstances évoquées au paragraphe précédant, permettant d'écarter toute préoccupation de concurrence à propos du dispositif visant à plafonner les commissions perçues en cas de rejet d'un chèque, ne sont certainement pas partagées par le dispositif d'offre spécifique introduit par la loi du 26 juillet 2013. Pour les personnes en situation de fragilité visées par l'offre spécifique, celle-ci constitue certainement l'unique voie d'accès aux services bancaires. Son prix pourrait s'avérer déterminant dans le choix du prestataire. Il est de surcroît douteux que le prix modique de trois euros par mois puisse couvrir la totalité du coût des services

---

1535 Décret n° 2007-1611 du 15 novembre 2007 relatif au plafonnement des frais bancaires applicables aux incidents de paiement, *JORF* n° 266 du 16 novembre 2007, p. 11.

1536 Disposition désormais codifiée à l'article D 131-25 al. 3 du Code monétaire et financier.

1537 V. à titre d'exemple, la consultation de l'Autorité de la concurrence lorsqu'à l'occasion de la transposition de la DSP I, le ministre prévoyait d'interdire aux commerçants de surcharger les consommateurs selon l'instrument de paiement autorisé (Aut. conc., avis n° 09-A-35 du 26 juin 2009 préc.).

1538 Cons. conc., avis n° 07-A-13 du 19 octobre 2007 *relatif à un projet de décret relatif au plafonnement des frais bancaires applicables aux incidents de paiement*, pt. 4.

1539 *Ibid.*, pt. 9.

1540 *Ibid.*, pt. 10.

contenus dans l'offre[1541], de sorte que la mise en œuvre de ce dispositif aurait peut-être mérité un examen concurrentiel.

906. Pourtant, l'Autorité de la concurrence n'a pas été consultée par le législateur lors de l'adoption de la loi du 26 juillet 2013, instaurant l'offre spécifique et le principe du plafonnement des commissions, ni par le Gouvernement lors de l'adoption des décrets du 30 juin 2014 et 17 octobre 2013 qui la complètent. Bien qu'à l'évidence de tels dispositifs risquent d'imposer des pratiques uniformes en matière de prix, la consultation de l'Autorité de la concurrence n'était pas obligatoire. En effet, cette consultation s'impose uniquement au Gouvernement – non au législateur – lorsqu'un projet de texte réglementaire instituant un *régime nouveau* a pour effet « d'imposer des pratiques uniformes en matière de prix ou de conditions de vente »[1542]. Or ces décrets d'application n'instaurent pas un *régime nouveau* ; ils ne font que préciser le régime établi par la loi du 26 juillet 2013.

907. Toutefois, une consultation facultative de l'Autorité demeure possible à l'initiative du législateur[1543] ou du Gouvernement[1544] sur les propositions de loi ainsi que sur toute question concernant la concurrence. Une telle consultation, préalablement à l'adoption des textes susvisés, aurait été bienvenue en considération des préoccupations concurrentielles que le plafonnement des commissions bancaires peut soulever. Il ne peut qu'être recommandé au législateur et au Gouvernement de renforcer à l'avenir le dialogue avec l'Autorité de la concurrence. Le plafonnement du prix des services bancaires peut être légitime mais il induit une distorsion concurrentielle. La consultation de l'Autorité préalablement à l'adoption de tels dispositifs offre un précieux éclairage, dont le législateur et le Gouvernement ne sauraient faire l'économie.

908. **Conclusion de la Section 1.** Le pouvoir d'enquête sectorielle dévolu à la Commission européenne et les pouvoirs consultatifs reconnus à l'Autorité de la concurrence constituent des instruments favorisant la complémentarité entre le droit de la concurrence et la régulation bancaire. Ces outils permettent de mieux comprendre le mécanisme des marchés et de révéler d'éventuels dysfonctionnements. Lorsque la mise en œuvre des règles de concurrence est impropre à résoudre ces difficultés par elle-même, les autorités de concurrence n'hésitent alors pas à envisager des solutions relevant du domaine de la régulation bancaire, à l'adresse du législateur et de l'exécutif.

909. L'enquête sectorielle menée entre 2005 et 2007 par la DG concurrence sur la banque de détail illustre cette démarche : la Commission européenne met en exergue divers dysfonctionnements, tenant en particulier à la faible mobilité des clients ainsi qu'à l'asymétrie d'information, et envisage plusieurs voies d'évolution du droit bancaire pour y remédier. Dans la même veine, l'avis n° 05-A-08 du 31 mars 2005 rendu par le Conseil de la concurrence offre au législateur différentes solutions envisageables quant à l'introduction d'un service bancaire universel en France. Le produit de ces analyses et les suggestions qui les accompagnent ne sont jamais

---

1541 C. mon. fin., art. R 312-4-3, III.
1542 C. com., art. L 462-2 al. 3.
1543 C. com., art. L 462-1 al. 1er.
1544 C. com., art. L 462-1 al. 2.

liants pour le législateur ou l'exécutif. Ils ne constituent qu'une source d'information et renferment des pistes de réflexion à leur disposition.

910. À l'instar des marchés bancaires traditionnels, certains marchés émergents, tels que ceux de la *fintech*, associés notamment aux technologies de la *blockchain,* ont fait l'objet d'études sectorielles menées par plusieurs autorités de concurrence. Une analyse prospective de ces marchés émergents réalisée au prisme des règles de concurrence permet ainsi d'identifier un certain nombre de difficultés potentielles et de relever des points de vigilance pour l'avenir. En toute hypothèse, les autorités bancaires pourront y trouver un éclairage bienvenu quant au fonctionnement de ces marchés émergents.

Section 2
Contribution à la compréhension des marchés émergents

911. **Définition des *fintechs*.** Plusieurs autorités de concurrence se sont intéressées à l'essor des *technologies financières* – plus communément désignées sous l'expression *fintechs*[1545] – et leur ont consacré une étude sectorielle. Ainsi tout particulièrement de l'Autorité de la concurrence, ayant récemment rendu après autosaisine, un avis sur le sujet[1546]. Tel est encore notamment le cas des autorités néerlandaise[1547], espagnole[1548] et portugaise[1549]. Les *fintechs* soulèvent en effet, diverses questions de concurrence.

912. Quoique d'apparition récente[1550], le phénomène est bien connu[1551]. Révolutionnaire pour certains[1552], disruptive pour d'autres[1553], la *fintech* ne fait pour autant pas

---

1545 Issue de la contraction des termes anglais *financial* et *technology.*

1546 Aut. conc., avis n° 21-A-05 du 29 avril 2021 *portant sur le secteur des nouvelles technologies appliquées aux activités de paiement.*

1547 ACM, *Fintechs in the payment system – The risk of foreclosure*, 19 décembre 2017.

1548 CNMC, *Market Study on the impact on competition of technological innovation in the financial sector [FINTECH],* E/CNMC/001/18, 13 septembre 2018.

1549 ADC, *Technological Innovation and Competition in the Financial Sector in Portugal, Issues Paper*, avril 2018.

1550 L'AMF situe leur émergence au début des années 2010 (AMF, *Cartographie des risques 2017*, Risques et tendances, juillet 2017, p. 48).

1551 V. parmi les nombreuses références en doctrine : A.-Cl. Rouaud et G. Parleani, « Digitalisation des banques – Impact de la digitalisation sur la relation contractuelle – L'entrée en relation », *RD bancaire et fin.* n° 6, novembre 2019, doss. 51 ; S. Tandeau de Marsac, « Comment réguler les fintechs ? », *Banque et droit* n° 181, septembre-octobre 2018, p. 12 ; A.-Cl. Rouaud, « Propos introductifs », *in La technologie blockchain et son utilisation en matière bancaire et financière, RISF* n° 2017/4, p. 5 ; N. Mathey et G. Bourdeaux, « Vers une régulation des FinTechs ? », *RD bancaire et fin.* n° 2, mars 2017, doss. 15 ; N. Martial-Braz, « L'apport du numérique au droit bancaire : l'émergence des FinTechs », *RD bancaire et fin.* n° 1, janvier 2017, doss. 2 ; P. Storrer, « L'apport des FinTechs au droit des services de paiement », *RD bancaire et fin.* n° 1, janvier 2017, doss. 6 ; Th. Bonneau et Th. Verbiest, *Fintech et droit. Quelle régulation pour les nouveaux entrants du secteur bancaire et financier ?,* Revue Banque, coll. Les essentiels de la banque et de la finance, Droit, 2017 ; H. de Vauplane, « Quelle réglementation pour les FinTech ? », *Banque* n° 799, septembre 2016, p. 22 ; J. Ragunénès, « Banques et FinTech face à la réglementation », *Banque* n° 799, septembre 2016, p. 42 ; R. Bouyala, *La révolution FinTech*, Revue Banque, coll. Les essentiels de la banque et de la finance, 2016.

1552 N. Martial-Braz, art. préc., pt. 1.

1553 H. de Vauplane, « Quelle réglementation pour les FinTech ? », *Banque* n° 799, septembre 2016, p. 22.

l'objet d'une définition consensuelle. Tout au plus pouvons-nous l'identifier de manière générale autour de l'idée d'une technologie numérique innovante, permettant de proposer des services dans le domaine financier – ainsi d'ailleurs plus globalement, qu'en matière bancaire et assurantielle.

913. Selon la Commission européenne, reprenant la définition proposée par le Conseil de stabilité financière[1554], la *fintech* doit être ainsi appréhendée à travers l'*innovation* elle-même, rendue possible grâce aux nouvelles technologies numériques[1555]. Pour l'AMF et l'ACPR, la *fintech* renvoie avant tout aux *technologies* sur lesquelles elle repose. Ainsi la définissent-elles comme une « technologie financière innovante » qui sera utilisée par un acteur financier innovant[1556]. Par extension, certains auteurs désignent également sous l'expression *fintech*, les *prestataires* de services ayant recours à ces technologies[1557]. Il en va pareillement de l'Autorité de la concurrence[1558]. Cette approche risque toutefois d'être source de confusion. En effet, ce type de service peut être proposé par des entreprises aux statuts divers, y compris par des prestataires de services bancaires traditionnels, tels que des établissements de crédit dont l'activité ne repose qu'à titre accessoire sur lesdites technologies. Pour cette raison, d'autres préfèrent désigner sous ce vocable uniquement les *services* offerts par le biais des technologies numériques[1559]. Le domaine des *fintechs*, largement évolutif, ne peut donc être circonscrit de manière précise et définitive. Il ne fait toutefois aucun doute que son périmètre s'étend à un grand nombre de segments d'activités, comprenant au premier chef les monnaies virtuelles, la gestion d'actifs, les produits d'assurance, ainsi que les opérations de crédit, de dépôt et de paiement[1560]. S'y rattachent en particulier les services d'initiation de paiement, d'information sur les comptes[1561] et de financement

---

1554 CSF, *Financial Stability Implications from FinTech. Supervisory and Regulatory Issues that Merit Authorities' Attention*, 27 juin 2017, p. 7.

1555 « Le terme FinTech désigne les innovations en matière de services financiers permises par les technologies et susceptibles de donner naissance à des modèles d'entreprise, des applications, des processus ou des produits nouveaux et ainsi influer fortement sur les marchés et les établissements financiers et sur les modalités de fourniture des services financiers. » (Comm. eur., communication du 8 mars 2018 – Plan d'action pour les technologies financières : Pour un secteur financier européen plus compétitif et plus innovant, COM[2018] 109 final, p. 2).

1556 V. l'accord de coopération entre l'Autorité de contrôle prudentiel et de résolution (« ACPR ») et l'Autorité monétaire de Singapour (« MAS ») aux fins de favoriser la coopération en faveur de l'innovation dans le secteur financier, *JORF* n° 0198 du 25 août 2017, p. 56 (art. 1, sous e]) ; ainsi que l'accord de coopération entre l'Autorité des marchés financiers (l'« AMF ») et l'Autorité monétaire de Singapour (la « MAS ») concernant la coopération dans le domaine des services financiers innovants, *JORF* n° 0089 du 14 avril 2019, p. 52 (art. 1, sous e]). Notons que la définition retenue par l'ACPR et l'AMF est relativement circulaire, puisque la *fintech* désigne ainsi toute technologie innovante utilisée par une « entreprise innovante du secteur financier » ou un « acteur financier innovant », ces derniers correspondant à des entités fournissant des « services financiers innovant », eux-mêmes définis, au sens de ces accords, comme des services « fournis au moyen d'une fintech ». Autrement dit, une *fintech* serait donc une technologie utilisée par des prestataires afin de fournir des services reposant sur une *fintech*.

1557 N. Martial-Braz, art. préc., pt. 1.

1558 Aut. conc., avis n° 21-A-05 du 29 avril 2021 préc., pt. 5.

1559 A. Fraile Carmona, A. González-Quel Lombardo, R. Rivera Pastor, *et al.*, *Competition issues in the Area of Financial Technology (FinTech)*, Parlement européen, DG des politiques internes, IP/A/ECON/2017-20, PE 619.027, juillet 2018, p. 47.

1560 *Ibid.*

1561 V. *supra* n° 154 s.

participatif[1562] évoqués *supra*. Ces activités ne sont pas sans soulever certaines difficultés, y compris d'ordre concurrentiel ; ce dont les législateurs français et de l'Union ont parfaitement conscience.

914. **La *blockchain*, une *fintech*.** À part est le cas de la *blockchain*, technologie complexe d'apparition plus récente encore. Selon la définition proposée par l'Office parlementaire d'évaluation des choix scientifiques et technologiques (OPECST)[1563], ce que l'on désigne par métonymie sous l'expression *chaîne de blocs* (*blockchain* en anglais) désigne des « technologies de stockage et de transmission d'informations, permettant la constitution de registres répliqués et distribués, sans organe central de contrôle, sécurisées grâce à la cryptographie, et structurées par des blocs liés les uns aux autres, à intervalles de temps réguliers »[1564].

915. La *blockchain* est une technologie susceptible d'un grand nombre d'applications dans divers domaines. Mais elle manifeste un tropisme tout particulier à l'égard du secteur bancaire et financier. Elle constitue en ce sens l'une des principales *fintechs*[1565]. Aussi, les développements qui suivent seront prioritairement consacrés aux usages actuels ou potentiels de la *blockchain* dans le domaine des activités bancaires.

916. **Rareté des analyses menées au prisme du droit de la concurrence.** Bien que récente, la *blockchain* a déjà fait l'objet de réflexions d'ordre économique[1566] et juridique[1567]. Toutefois, les études relatives aux *marchés* de la *blockchain* sont

---

1562 V. *supra* n° 166.

1563 Institué par la loi n° 83-609 du 8 juillet 1983 (portant création d'une délégation parlementaire dénommée office parlementaire d'évaluation des choix scientifiques et technologique, *JORF* du 9 juillet 1983, p. 2125), l'OPECST est un organe commun à l'Assemblée nationale et au Sénat, chargé d'éclairer la prise de décision du Parlement, relativement aux conséquences des choix à caractère scientifique et technologique.

1564 V. Faure-Muntian, Cl. de Ganay et R. Le Gleut, *Rapport au nom de l'OPECST sur les enjeux technologiques des blockchains (chaînes de blocs)*, Assemblée nationale, rapport n° 1092, Sénat, rapport n° 584, 20 juin 2018, p. 11 ; définition reprise par L. de la Raudière et J.-M. Mis, *Les chaînes de blocs (blockchains)*, rapport n° 1501 déposé par la mission d'information commune, Assemblée nationale, 12 décembre 2018, p. 11.

1565 D. Legeais, « Blockchain », *in Encyclopédie du JurisClasseur : Commercial*, LexisNexis, 2020, Fasc. 534, spéc. Pt. 27.

1566 V. parmi les nombreuses références : B. Chouli, F. Goujon et Y-M. Leporcher, *Les blockchains : de la théorie à la pratique, de l'idée à l'implémentation*, éditions ENI, coll. Epsilon 2e éd., 2019 ; P. de Filippi, *Blockchain et crypto-monnaies*, PUF, coll. Que sais-je ?, 2019 ; M. Della Chiesa, F. Hiault et C. Téqui, *Blockchain, vers de nouvelles chaînes de valeurs*, Prospectives Accuracy, 2019 ; P. Waelbroeck, « Les enjeux économiques de la blockchain », *Annales des mines – Réalités industrielles* 2017/3, août 2017, p. 10 ; J. Favier et A. Takkal Bataille, *Bitcoin, La monnaie acéphale*, éd. CNRS, coll. Économie/Droit, 2017 ; Ph. Rodriguez, *La révolution blockchain*, Dunod, 2017.

1567 V. entre autres : H. de Vauplane, « Les défis juridiques du Libra et plus généralement des cryptomonnaies », *RD bancaire et fin.* n° 1, janvier 2020, étude 2 ; D. Legeais, « Blockchain », fasc. préc. ; P. de Filippi et A. Wright, *Blockchain & droit. Le règne du code*, Dicoland, 2019 ; F. Mermoz (dir.), *Blockchain et droit*, Dalloz, coll. Thèmes et commentaires, 2019 ; V. Magnier et P. Barban (dir.), *Blockchain et droit des sociétés*, Dalloz, coll. Thèmes et commentaires, 2019 ; G. Cattalano, « Smart contracts et droit des contrats », *AJ Contrat* 2019, p. 321 ; A.-Cl. Rouaud, « Blockchain and transferable securities in French Law », *in German-French Symposium on Company Law and Capital Markets Law*, Hambourg, 6 juillet 2018, *RTDF* n° 2/3 – 2018, p. 57 ; Br. Ancel, « Les smart contracts : révolution sociétale ou nouvelle boîte de Pandore ? Regards comparatistes », *CCE* n° 7-8, juillet 2018, étude 13 ; B.-T. David et J.-L. Girot, « La blockchain expliquée autrement », *JCP N* n° 21-22, 25 mai 2018, act. 480 ; M. Malaurie-Vignal, « Enjeux et défis de la blockchain dans ses relations avec la propriété intellectuelle », *Dalloz IP/IT* 2018, p. 531 ; G. Kolifrath

encore peu nombreuses[1568]. La raison tient à l'évolutivité de ces nouveaux marchés, accélérant ainsi la péremption des données afférentes à leur structure[1569]. Ceci ne facilite pas la compréhension du problème au prisme du droit de la concurrence. Il n'est dès lors pas surprenant que « l'analyse n'en [soit] qu'à ses prémisses »[1570], pour ne pas dire « à la traîne »[1571], bien que puissent être recensées quelques études consacrées à l'appréhension de la *blockchain* par le droit de la concurrence[1572].

917. À notre connaissance, la pratique décisionnelle des autorités de concurrence française et européenne est par ailleurs inexistante[1573]. En revanche, l'avis précité de l'Autorité de la concurrence consacré à la *fintech*[1574] réserve d'importants développements relatifs au fonctionnement des marchés de la *blockchain,* ce qui est particulièrement bienvenu. Les autorités bancaires, entre autres, pourront ainsi y trouver une source d'informations contribuant à leur compréhension des mécanismes complexes inhérents à ces marchés émergents.

918. Partant de l'avis rendu par l'Autorité de la concurrence, le présent ouvrage se propose ainsi d'approfondir certains élements qui y sont abordés afin de décrire le fonctionnement de la *blockchain* et de ses fonctions multiples (§ 1), dont ressortent un certain nombre de difficultés au regard du droit de la concurrence (§ 2).

---

et M. Goupy, « Blockchain : les enjeux en droit français », *RISF* n° 2017/4, p. 19 ; S. de Charantenay, « Blockchain et droit : *Code is deeply Law* », *Gaz. pal.* n° 39, 14 novembre 2017, p. 15 ; P.-J. Benghozi, « Blockchain : objet à réguler ou outil pour réguler ? », *JCP E* n° 36, 7 septembre 2017, 1470 ; Th. Bonneau et Th. Verbiest, *op. cit.* ; A.-Cl., Rouaud, « L'application de la technologie des registres distribués dans le domaine du post-marché : évolution ou révolution ? », *in* P. Pailler, A.-Cl. Rouaud et M. Roussille (dir.), *Autour du droit bancaire et financier et au-delà, Mélanges en l'honneur de Jean-Jacques Daigre*, Joly éditions, 2017, p. 635 ; M. Mekki, « Les mystères de la blockchain », *D.* 2017, p. 2160 ; M. Bali, « Les crypto-monnaies, une application des blockchains technologies à la monnaie », *RD bancaire et fin.* n° 2, mars 2016, étude 8.

1568 V. L. Pawczuk, R. Massey et J. Holdowsky, *Deloitte's 2019 Global Blockchain Survey. Blockchain gets down to business*, Deloitte. Insights, 2019 ; G. Hileman et M. Rauchs, *Global blockchain benchmarking study*, Cambridge Centre for Alternative Finance, 2017 ; H. Halaburda et M. Sarvary, *Beyond Bitcoin : The Economics of Digital Currencies*, Palgrave Macmillan, 2015 ; L. White, « The Market for Cryptocurrencies », *Cato Journal* vol. 35, 2015, issue 2, p. 383 ; R. Ali, J. Barrdear, R. Clews *et al.,* « The economics of digital currencies », *Bank of England Quarterly Bulletin* 54(3), 2014, p. 276.

1569 P. Ostbye, « The Adequacy of Competition Policy for Cryptocurrency Markets », *SSRN Electronic journal*, working paper, 24 août 2017, p. 8.

1570 D. Bosco, « Blockchain et droit de la concurrence », *CCC* n° 6, juin 2018, repère 6.

1571 L. Bettoni, « Problématiques soulevées par la blockchain en droit de la concurrence », *CCC* n° 2, février 2020, étude 3, pt. 4.

1572 V. en particulier : Th. Schrepel, *Blockchain + Antitrust. The Decentralization Formula.* Edward Elgar Publishing, 2021 ; « Collusion by blockchain and smart contracts », *Harvard Journal of Law & Technology* vol. 33, n° 1, Fall 2019, p. 118 ; « Is blockchain the death of antitrust law ? the blockchain antitrust paradox », *Georgetown Law Technology Review* vol. 3.2, 2019, p. 281 ; A. Brunelle, « Éloge de la confiance : la Blockchain, l'entreprise et le droit de la concurrence », *RLC* 2019/89, n° 3695, p. 31 ; F. Schöning et M. Tagara, « Blockchain : Mind the gap ! Lessons learnt from the net neutrality debate and competition law related aspects », *Concurrences* n° 3-2018, septembre 2018, art. n° 87246, p. 1 ; D. Bosco, « Blockchain et droit de la concurrence », art. préc. ; P. Ostbye, art. préc. ; R. Nazzini, K. Balisagar, G. Duquesne *et al., The implications of Bitcoin for competition, antitrust, and regulation in the banking industry*, On-Topic, *Concurrences* n° 1-2019, février 2019, art. n° 88670.

1573 Mais elle pourrait bientôt apparaître (V. *infra* n° 987).

1574 Aut. conc., avis n° 21-A-05 du 29 avril 2021 préc.

§ 1. Identification et compréhension de la *blockchain*

919. **Fonctionnement et fonctions de la *blockchain*.** La *blockchain* constitue une base de données numérique décentralisée, accessible à un grand nombre d'utilisateurs. Elle représente en ce sens, une variété de dispositif d'enregistrement électronique partagé (A). Ses fonctions potentielles sont multiples : elle est à la fois un registre authentifiant et un vecteur de transaction. La *blockchain* permet également l'exécution de *smart contracts*. Outre les entreprises, les autorités de concurrence pourraient y avoir recours (B).

Diagramme de la *blockchain*

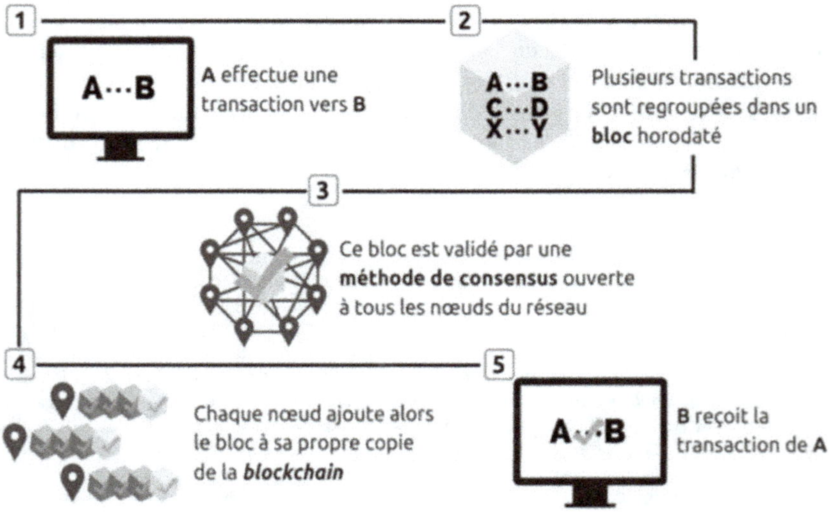

Source : V. Faure-Muntian, Cl. de Ganay, R. Le Gleut, « Comprendre les *blockchains* (chaines de blocs) », Office parlementaire d'évaluation des choix scientifiques et technologiques, Assemblée nationale, Sénat, *Les notes scientifiques de l'office*, note n° 4, avril 2018.

A. Le fonctionnement de la *blockchain*[1575]

920. **Une base de données décentralisée.** La *Blockchain* est une technologie de stockage et de transmission d'informations. Sa particularité est de permettre la constitution d'une base de données décentralisée, c'est-à-dire partagée par tous ses utilisateurs. En principe, la *blockchain* ne suppose la présence d'aucun organe central destiné à jouer le rôle d'un tiers de confiance – tel qu'une banque, une chambre de compensation, un notaire ou l'État – qui serait habilité à assurer la sécurisation des transactions. En lieu

---

1575 Sur le fonctionnement de la *blockchain*, outre l'avis du 29 avril 2021 de l'Autorité de la concurrence précité, V. L. de la Raudière et J.-M. Mis, rapport préc., p. 15 à 28 ; A. Fraile Carmona, A. González-Quel Lombardo, R. Rivera Pastor, *et al.*, rapport préc., p. 63 à 65 ; A.-Cl. Rouaud, « Propos introductifs », *in La technologie blockchain et son utilisation en matière bancaire et financière, RISF* n° 2017/4, p. 5 et 6.

et place d'un visa accordé par l'organe central, la transmission des informations est soumise à l'approbation de la communauté des utilisateurs. Les transactions doivent être ainsi validées par le biais d'un logiciel s'exécutant sur différents ordinateurs, appelés « nœuds », tous reliés au réseau en tant que participants[1576].

921. Les nœuds collectent et regroupent les données, enregistrées sur des blocs numériques contenant une quantité d'information limitée. Ces blocs sont validés et scellés une fois seulement que les informations qu'ils contiennent sont authentifiées par la communauté d'utilisateurs, selon un processus dit de « consensus ». Ce processus permet de vérifier que les nœuds disposent bien d'une information identique. Chaque protocole *blockchain* définit les conditions de certification d'une transaction. À titre d'exemple, le protocole bitcoin prévoit qu'une transaction ne peut être inscrite dans un bloc et définitivement certifiée que si elle est validée par au moins 51 % des nœuds[1577].

922. **Le « hachage » des transactions.** Au sein des blocs, chaque transaction est identifiée par recours à la technique du « hachage » (*hash*)[1578], qui permet de crypter les données : le *hash* constitue donc l'empreinte numérique du message et se présente sous la forme d'une séquence de caractères alphanumériques. Ainsi cryptées, les informations enregistrées ne peuvent être désormais falsifiées sans que la modification soit révélée à l'ensemble des autres participants.

923. Une fois validés, les blocs de données sont horodatés et irréversiblement reliés les uns aux autres par un chaînage cryptographique matérialisant l'historique des transactions. Les blocs nouvellement scellés sont alors visibles par l'ensemble des membres du réseau.

924. **Pseudonymat.** Dans la *blockchain*, les transactions ne sont pas anonymes mais pseudonymes[1579], ce qui permet la traçabilité des données, tout en protégeant l'identité des participants. Chacun d'entre eux dispose en effet d'une paire de clés : une clé privée, qui permet de réaliser et signer des opérations propres à l'utilisateur (acheter, vendre, etc.), dont seul ce dernier peut avoir connaissance ; une clé publique, lui servant d'identifiant, qui apparaîtra (publiquement) dans le(s) bloc(s) chaque fois qu'il sera partie à une transaction.

925. **La *blockchain*, une variété de dispositif d'enregistrement électronique partagé.** En ce sens, la *blockchain* constitue une variété de « dispositif d'enregistrement électronique partagé » (DEEP) – ou *Distributed Ledger Technology* (DLT) –, caractérisé par la constitution d'un registre de données accessible à un ensemble d'utilisateurs. Les dispositifs d'enregistrement électronique partagés ont été récemment consacrés en droit français par l'ordonnance n° 2016-520 du 28 avril 2016[1580].

1576 Aut. conc., avis n° 21-A-05 du 29 avril 2021 préc., pt. 96 et 97.

1577 D. LEGEAIS, « Blockchain », fasc. préc., pt. 8.

1578 Aut. conc., avis n° 21-A-05 du 29 avril 2021 préc., pt. 98.

1579 Sur ce point, V. A. BRUNELLE, art. préc.

1580 Ordonnance n° 2016-520 du 28 avril 2016 relative aux bons de caisse, *JORF* n° 0101 du 29 avril 2016, p. 16. Le texte introduit un article L 223-12 au sein du Code monétaire et financier, admettant que l'émission ou la cession de minibons soient inscrites dans un dispositif d'enregistrement électronique partagé, dans les conditions définies à l'article R 211-9-7 du même Code (issu du décret n° 2018-1226 du 24 décembre 2018 relatif à l'utilisation d'un dispositif d'enregistrement électronique partagé pour la représentation et la transmission de titres financiers et pour l'émission et la cession de minibons, *JORF* n° 0298 du 26 décembre 2018, p. 33 [art. 6]).

926. En toute rigueur, le système DEEP ne doit pas être confondu avec celui de la chaîne de blocs. La qualification de *blockchain* doit être réservée aux cas dans lesquels la base de données distribuée comporte une structure en chaîne de blocs, ce qui n'est pas toujours le cas[1581].

927. **Distinction entre les *blockchains* publiques et privées.** La *blockchain* originelle, telle que décrite *supra,* est dite « ouverte » ou « publique » dès lors que chacun peut être admis à y participer soit en tant que partie à une transaction, soit en tant que nœud du réseau. La décentralisation y est complète ; aucun organe central de certification n'est requis. Ce type de *blockchain* constitue essentiellement le support de cryptomonnaies, telles que le Bitcoin, et est utilisée à des fins de transaction[1582].

928. Plus récemment sont apparues des *blockchains* « fermées » ou « privées »[1583]. Celles-ci ne font en réalité que reprendre certaines fonctionnalités de la *blockchain* publique, relatives à la gestion de l'information et de l'archivage : une fois certifiées, les données sont horodatées puis enregistrées sur des blocs reliés les uns aux autres par un chaînage cryptographique. Néanmoins, tout le monde ne peut être autorisé à y participer. L'admission des utilisateurs à la *blockchain* privée est soumise au respect de certaines conditions. Celles-ci sont fixées par une autorité plus ou moins centralisée : l'administration du système, de même que la certification des informations, reposent sur un acteur unique ou sur un petit nombre d'acteurs – dans cette dernière hypothèse, la *blockchain* est alors dite « de consortium ». La plateforme Hyperledger, lancée en 2015 par la fondation Linux, en est l'exemple. Ses participants sont actifs dans divers domaines d'activités, y compris celui de la finance[1584]. Publique ou privée, la *blockchain* comporte un grand nombre de fonctions, à l'usage tant des entreprises que des autorités de concurrence éventuellement.

B. Les fonctions de la *blockchain*

929. **La *blockchain*, un registre authentifiant.** La *blockchain* comporte plusieurs fonctions[1585]. L'une est de permettre le stockage et la certification des données. En d'autres termes, la *blockchain* constitue un registre authentifiant. Plus avant, elle renforce la traçabilité des opérations et renseigne sur l'origine des informations avec un haut degré de fiabilité. En matière bancaire, l'utilité d'un tel instrument est donc manifeste dans un contexte de lutte contre le blanchiment, ou dans une perspective de connaissance du client (*know your customer* – KYC)[1586].

930. **La *blockchain*, un vecteur de transactions.** Par ailleurs, la *blockchain* est une plateforme de transmission. Elle peut abriter l'exécution de transactions numériques

---

1581 D. Legeais, « Blockchain », fasc. préc., pt. 11.

1582 L. de la Raudière et J.-M. Mis, rapport préc., p. 20.

1583 Aut. conc., avis n° 21-A-05 du 29 avril 2021 préc., pt. 102 et 103.

1584 D. Legeais, « Enjeux de la blockchain et des crypto-monnaies », *RD bancaire et fin.* n° 6, novembre 2019, doss. 54, pt. 19.

1585 A.-Cl. Rouaud, « Propos introductifs », *in La technologie blockchain et son utilisation en matière bancaire et financière, RISF* n° 2017/4, p. 6.

1586 L. de la Raudière et J.-M. Mis, rapport préc., p. 65.

et constituer ainsi un vecteur de paiement. Des monnaies ayant cours légal, telles que l'euro ou le dollar, peuvent y être échangées. Cette technologie intéresse donc les services de paiement et de monnaie électronique[1587].

931. Mais la *blockchain* peut aussi et surtout être le lieu d'échange de monnaies virtuelles[1588]. Schématiquement, ces dernières constituent des représentations numériques de valeur, fonctionnant de pair-à-pair (*peer-to-peer*), non émises par une autorité centrale, et pouvant être utilisées comme un moyen d'échange. Le fameux bitcoin[1589] en est l'exemple le plus topique : il s'agit d'une monnaie virtuelle utilisant sa propre *blockchain*, créée à la fin des années 2000 par un groupe de développeurs sous le pseudonyme de Satoshi Nakamoto. Les bitcoins sont émis régulièrement par le système afin de rémunérer les opérateurs – appelés « mineurs » – pour leur travail de certification, chaque fois qu'une transaction est inscrite dans un nouveau bloc.

932. Le législateur de l'Union a consacré l'existence des monnaies virtuelles qu'il définit comme des « représentations numériques d'une valeur qui ne sont émises ou garanties ni par une banque centrale ni par une autorité publique, qui ne sont pas nécessairement liées non plus à une monnaie établie légalement et qui ne possèdent pas le statut juridique de monnaie ou d'argent, mais qui sont acceptées comme moyen d'échange par des personnes physiques ou morales et qui peuvent être transférées, stockées et échangées par voie électronique »[1590]. Sans la nommer, le droit français adopte une définition analogue de la monnaie virtuelle, qu'il qualifie « d'actif numérique »[1591] aux côtés des jetons. Conformément au droit de l'UE[1592], le droit français impose aux prestataires de services sur actifs numériques – parmi lesquels, la conservation, l'échange, l'achat ou la vente de tels actifs –, de s'enregistrer auprès de l'AMF[1593].

933. ***Smart contracts.*** Une autre fonction caractéristique de la *blockchain* est de pouvoir constituer le support de ce qu'il est maladroitement convenu d'appeler un

---

1587 V. sur ce point, l'éclairage apporté par l'ABE (*Report with advice for the European Commission on crypto-assets*, 9 janvier 2019, p. 12 et 13). Le projet Libra, initié par Facebook, est l'exemple d'un service de monnaie électronique reposant sur une *blockchain* (H. de VAUPLANE, « Les défis juridiques du Libra et plus généralement des cryptomonnaies », art. préc., pt. 5).

1588 Aut. conc., avis n° 21-A-05 du 29 avril 2021 préc., pt. 96. La notion de « monnaie virtuelle » retenue par le législateur européen (Directive [UE] 2018/843 du Parlement européen et du Conseil du 30 mai 2018 modifiant la directive [UE] 2015/849 relative à la prévention de l'utilisation du système financier aux fins du blanchiment de capitaux ou du financement du terrorisme ainsi que les directives 2009/138/CE et 2013/36/UE, *JOUE* n° L 156 du 19 juin 2018, p. 43) est ici préférée aux expressions « monnaie digitale » ou « crypto-monnaie », parfois indifféremment employées pour désigner le même objet (D. LEGEAIS, « Blockchain », fasc. préc., pt. 37).

1589 V. D. LEGEAIS, « Actifs numériques et prestataires sur actifs numériques », *in Encyclopédie du JurisClasseur : Commercial,* LexisNexis, 2019, Fasc. 535, pt. 43.

1590 Directive (UE) 2015/849 du Parlement Européen et du Conseil du 20 mai 2015 relative à la prévention de l'utilisation du système financier aux fins du blanchiment de capitaux ou du financement du terrorisme, modifiant le règlement (UE) n° 648/2012 du Parlement européen et du Conseil et abrogeant la directive 2005/60/CE du Parlement européen et du Conseil et la directive 2006/70/CE de la Commission, *JOUE* n° L 141, du 5 juin 2015, p. 73, art. 3, sous 18), telle que modifiée par la directive (UE) 2018/843, préc., art. 1, sous 2).

1591 C. mon. fin., art. L 54-10-1, sous 2°, issu de la loi n° 2019-486 du 22 mai 2019 relative à la croissance et la transformation des entreprises, (dite « PACTE »), *JORF* n° 0119 du 23 mai 2019, p. 2, art. 86, V.

1592 Directive (UE) 2015/849 préc., art. 47 § 1.

1593 C. mon. fin., art. L 54-10-3. Sur les actifs numériques et services associés, V. D. LEGEAIS, « Actifs numériques et prestataires sur actifs numériques », fasc. préc.

« contrat intelligent » (*smart contract*)[1594]. Celui-ci n'est pas un contrat mais plutôt un protocole informatique programmé pour exécuter les termes d'un contrat dans des conditions prédéfinies. Une fois ces dernières réunies, l'exécution est alors automatique sans qu'une intervention humaine supplémentaire soit requise. L'utilité d'une telle fonction est notamment palpable en matière de crédit documentaire[1595], dont la réalisation pourrait de la sorte être automatisée.

934. **La *blockchain*, un outil au service de (l'Autorité de) la concurrence ?** Les fonctions associées à la *blockchain* sont donc multiples. Son potentiel innovant est significatif. D'un point de vue concurrentiel, les apports d'une telle technologie pourraient être également appréciables. En tant qu'elle constitue un registre distribué, la *blockchain* rend les données accessibles à tous les participants. En ce sens, elle est un facteur considérable de transparence[1596] ; ce qui se révèle particulièrement estimable dans le secteur bancaire, au sein duquel les asymétries d'information sont tenaces[1597].

935. Au surplus, le caractère décentralisé de la *blockchain*, visant précisément à se départir d'une administration de tête, devrait *a priori* affaiblir le risque de domination. La dilution de la gestion du réseau, voire de sa propriété, entre une foule d'utilisateurs limite la concentration du pouvoir de marché entre les mains d'un unique opérateur du système.

936. À l'avenir, la *blockchain* pourrait même constituer un outil au service de la mise en œuvre du droit de la concurrence. Un auteur suggère ainsi de recourir aux *smart contracts* pour faciliter l'exécution d'engagements adoptés par une entreprise à l'issue d'une procédure négociée. En effet, il n'est pas impensable de programmer un *smart contract* de sorte que l'Autorité ou le mandataire de contrôle soient automatiquement informés chaque fois qu'une transaction est opérée en violation des engagements[1598].

937. Mais en dépit de tous les avantages qu'elle représente, cette technologie pourrait être également source de dérives et susciter certaines préoccupations de concurrence.

§ 2. Difficultés soulevées en droit de la concurrence par la *blockchain*

938. **Analyse prospective.** Les différents marchés de la *blockchain* (A) pourraient être le théâtre de pratiques anticoncurrentielles (B). Cette technologie risque en tout cas de mettre à l'épreuve les grilles d'analyse auxquelles les autorités de concurrence ont traditionnellement recours.

1594 G. Cattalano, « Smart contracts et droit des contrats », art. préc. ; Br. Ancel, « Les smart contracts : révolution sociétale ou nouvelle boîte de Pandore ? Regards comparatistes », art. préc. ; J.-Chr. Roda, « Smart contracts, dumb contracts ? », *Dalloz IP/IT* 2018, p. 397 ; C. Zolynski, « *Blockchain* et smart contracts : premiers regards sur une technologie disruptive », *RD bancaire et fin.* n° 1, janvier 2017, doss. 4.

1595 A.-Cl. Rouaud, « Propos introductifs », *in La technologie blockchain et son utilisation en matière bancaire et financière, RISF* n° 2017/4, p. 6.

1596 L. Bettoni, art. préc., pt. 6.

1597 V. *supra* n° 855.

1598 L. Bettoni, art. préc., pt. 23.

A. Circonscription des marchés de la *blockchain*

939. **Marchés amont et aval.** Afin d'envisager les risques concurrentiels soulevés par la *blockchain*, il convient au préalable de pouvoir identifier les marchés pertinents. Or les différents réseaux de *blockchain* présentent chacun des caractéristiques très diversifiées. Les services afférents – en particulier ceux associés aux monnaies virtuelles – peuvent eux-mêmes être proposés selon des modalités variées. La substituabilité des services n'est pas évidente ; la segmentation des marchés s'en trouve obscurcie. L'on pourrait toutefois distinguer les marchés amont de la fourniture de réseaux de *blockchain* (1) des marchés de services aval (2).

1. Les marchés amont

940. **Fourniture d'un réseau de *blockchain* privé ou de consortium.** Peut tout d'abord être envisagée l'existence d'un marché amont de la fourniture d'un réseau de *blockchain*[1599]. Un ou plusieurs développeurs peuvent ainsi créer un réseau de *blockchain* et ouvrir son accès à des entreprises actives en aval, proposant des services de paiement, de monnaie électronique ou de monnaie virtuelle échangeables sur la *blockchain*.

941. *A priori*, la fourniture (et gestion) d'un réseau de *blockhain* privée ou de consortium, peut parfaitement constituer une activité économique de marché : il est loisible pour un opérateur (ou petit groupe d'opérateurs) de tête, jouissant de la propriété du réseau, d'accorder un accès à celui-ci en l'échange du paiement d'un prix. L'opérateur peut éventuellement sous-traiter certaines opérations de maintenance ou de certification des transactions.

942. **Difficultés relatives à la fourniture d'un réseau de *blockchain* public.** La situation des réseaux de *blockchain* publique est plus délicate. Leurs modalités de fonctionnement rendent difficile l'identification d'une véritable activité économique de marché[1600], comparable à celle de la fourniture d'un réseau de *blockchain* privée. Bien qu'à l'origine, un tel réseau puisse avoir été créé par un unique développeur, son administration, de même que sa propriété, sont en effet décentralisées. Il fonctionne en code source ouvert (*open source*), ce qui permet à chacun de pouvoir y développer librement des applications[1601]. Quant à sa gestion, elle repose dans une plus ou moins large mesure sur les propres utilisateurs du système[1602]. En principe, aucun frais d'accès au réseau n'est donc perçu par un opérateur de tête. En règle générale, les utilisateurs d'un réseau de *blockchain* publique sont seulement invités à payer une commission à d'autres utilisateurs du réseau, chargés de la certification des opérations[1603] – ce qui correspond à un service distinct.

1599 Th. Schrepel, « Is blockchain the death of antitrust law ? the blockchain antitrust paradox », *Georgetown Law Technology Review* vol. 3.2, 2019, p. 317.

1600 V. A. Brunelle, art. préc.

1601 P. Waelbroeck, art. préc., p. 13.

1602 D. Legeais, « Blockchain », fasc. préc., pt. 9.

1603 P. Ostbye, art. préc., p. 6.

943. **Équipe de développeurs rattachée au réseau de *blockchain* public.** Cette situation n'empêche toutefois pas l'existence d'une équipe *marketing*, chargée de la promotion du réseau, mais aussi et surtout d'une équipe de développeurs, disposant de certaines prérogatives quant à son administration[1604]. Celle-ci se compose bien souvent des développeurs d'origine, ayant mis sur pied la *blockchain* et fourni aux certificateurs le logiciel initial. Leur pouvoir de gestion est plus limité que celui des propriétaires d'un réseau de *blockchain* privée mais il n'est pas négligeable. Ils peuvent ainsi communiquer avec les différents nœuds du système et leur soumettre des changements de protocole. Ces modifications serviront notamment à l'ajout de nouvelles fonctionnalités sur la *blockchain* ou à inverser les effets d'un piratage. Dans bien des cas, ces entités sont constituées sous forme associative et ne poursuivent pas de but lucratif[1605] – sans qu'aucune de ces circonstances ne fasse obstacle à la qualification d'*entreprise,* au sens du droit de la concurrence[1606].

944. L'emprise, encore que relative, des développeurs initiaux sur le fonctionnement de la *blockchain* publique, ne rend ainsi pas inconcevable leur qualification d'*entreprise* pour une activité économique de fourniture du réseau[1607].

945. **Sous-segmentations possibles.** Un segment de marché correspondant à la fourniture d'un réseau de *blockchain* publique devra certainement être distingué de celui relatif à la fourniture d'un réseau de *blockchain* privée ou de consortium. Pour les entreprises actives en aval, les modalités d'accès au réseau seront en effet bien différentes : totalement libres dans le premier cas, restreintes et conditionnées dans le second.

946. D'autres critères de segmentation devront vraisemblablement être envisagés, selon l'éventail des opérations réalisables sur la *blockchain* (échange de monnaie ayant cours légal, électronique ou virtuelle, type de *smart contract* exécutable, degré de confidentialité etc.). S'ajoutent à ces divers segments de marché amont, un grand nombre de segments en aval.

2. Les marchés aval

947. **Marché de l'émission de monnaie virtuelle et marchés annexes.** Divers services sont susceptibles d'être proposés en aval. Grand nombre d'entre eux sont associés aux monnaies virtuelles qui circulent sur la *blockchain.* L'émission même de

---

1604 Tel est le cas de l'Ethereum Foundation et de la Bitcoin Foundation, respectivement en charge des réseaux Ethereum et Bitcoin (Th. Schrepel, « Collusion by blockchain and smart contracts », *Harvard Journal of Law & Technology* vol. 33, nº 1, Fall 2019, p. 139).

1605 Néanmoins, les développeurs peuvent rechercher un gain à travers la prise de valeur à plus ou moins long terme, des unités de monnaie virtuelle en leur possession, acquis depuis la création de la monnaie (P. Ostbye, art. préc., p. 13 et 15).

1606 Le droit de la concurrence de l'Union est parfaitement applicable aux associations (CJCE, 15 mai 1975, *Frubo c. Commission CE,* aff. 71-74, ECLI : EU : C : 1975:61, pt. 30) ; ainsi que le droit français (Aut. conc., décision nº 13-D-06 du 28 février 2013 *relative à des pratiques mises en oeuvre dans le marché de la télétransmission de données fiscales et comptables sous format EDI à l'administration fiscale*). Par ailleurs, l'offre de services effectuée sans but lucratif ne s'oppose pas à ce que l'entité prestataire soit considérée comme une entreprise, dès lors que ladite offre se trouve en concurrence avec celles d'autres opérateurs qui poursuivent eux-mêmes un but lucratif (CJCE, 10 janvier 2006, *Ministero dell'Economia c. Cassa di Risparmio di Firenze et al.,* aff. C-222/04, ECLI : EU : C : 2006:8, pt. 122).

1607 Th. Schrepel, « Is blockchain the death of antitrust law ? the blockchain antitrust paradox », art. préc., p. 305.

monnaie virtuelle pourrait être alors considérée comme une activité économique. Existerait donc un marché afférent au sein duquel les différentes monnaies virtuelles se feraient concurrence (a). Plusieurs autres services sont proposés sur des marchés annexes (b).

a. Les segments de l'émission de monnaie virtuelle

948. **Distinction entre l'émission de monnaie virtuelle et l'émission de monnaie électronique.** L'émission d'unités de valeur par une entité centrale, permettant aux consommateurs d'en acquérir auprès d'elle contre la remise de fonds, constitue sous toute vraisemblance, un service caractéristique d'une activité économique de marché. Mais dans une telle hypothèse, ladite activité devrait alors certainement revêtir la qualification d'émission de *monnaie électronique*, plutôt que d'une véritable *monnaie virtuelle*. En effet, la première se distingue précisément de la seconde par l'émission d'une valeur monétaire contre la remise de fonds, représentant ainsi une créance à l'encontre de l'émetteur[1608].

949. Bien différente est l'opération menant à la création d'unités de monnaie virtuelle, telles que les bitcoins. Au sens strict, une monnaie virtuelle fonctionne indépendamment de toute autorité centrale régulatrice agissant comme tiers de confiance. Elle est généralement émise par le système en récompense du travail de certification de certains utilisateurs, mais ne peut être achetée auprès d'un organe d'émission central. Elle est ensuite échangée de pair-à-pair[1609]. Dans ces circonstances, l'émission d'unités de monnaie virtuelle constitue certainement encore un *service* profitant aux consommateurs, qui y trouvent un moyen d'échange alternatif aux monnaies ayant cours légal.

950. **Les mineurs, émetteurs de monnaie virtuelle ?** Mais le bât blesse lorsqu'il s'agit d'identifier une entreprise offrant ledit service, et exerçant ainsi une activité économique de marché. *Quid* à cet égard des mineurs ? La création des unités monétaires étant le produit de leurs efforts, les mineurs ne pourraient-ils être considérés comme des émetteurs de monnaie virtuelle ? Cela est douteux : la production de nouvelles unités ne correspond pas à l'offre d'un service d'émission en contrepartie du paiement d'un prix. Au contraire, la création d'unités de monnaie virtuelle intervient en récompense de l'accomplissement d'un service de certification bien distinct.

951. **Équipe de développeurs rattachée à la monnaie virtuelle.** D'ordinaire, il existe également des équipes de développeurs en charge de l'administration de la monnaie

---

1608 En droit de l'Union, la monnaie électronique se définit ainsi comme « une valeur monétaire qui est stockée sous une forme électronique, y compris magnétique, représentant une créance sur l'émetteur, qui est émise contre la remise de fonds aux fins d'opérations de paiement telles que définies à l'article 4, point 5), de la directive 2007/64/CE et qui est acceptée par une personne physique ou morale autre que l'émetteur de monnaie électronique » (directive 2009/110/CE du Parlement européen et du Conseil du 16 septembre 2009 concernant l'accès à l'activité des établissements de monnaie électronique et son exercice ainsi que la surveillance prudentielle de ces établissements, modifiant les directives 2005/60/CE et 2006/48/CE et abrogeant la directive 2000/46/CE, *JOUE* n° L 267 du 10 octobre 2009, p. 7, art. 2, sous 2]). Le droit français adopte une définition similaire (C. mon. fin., art. L315-1, I). Sur la distinction entre monnaie électronique et monnaie virtuelle, V. H. de VAUPLANE, « Les défis juridiques du Libra et plus généralement des cryptomonnaies », art. préc., pt. 5.

1609 A. FRAILE CARMONA, A. GONZÁLEZ-QUEL LOMBARDO, R. RIVERA PASTOR, *et al.*, rapport préc., p. 64.

virtuelle. Ces équipes se confondent habituellement avec celles en charge du réseau de *blockchain* auquel la monnaie se rattache – comme ce peut être le cas pour l'Ethereum Foundation et la Bitcoin Foundation évoquées *supra*[1610]. Il est alors loisible aux développeurs de communiquer avec les mineurs relativement aux changements de protocoles ; ce qui confère aux développeurs une influence non négligeable sur les modalités d'émission de la monnaie virtuelle. Il ne serait donc pas déraisonnable de considérer les développeurs comme des entreprises exerçant une activité économique d'émission de monnaie virtuelle[1611]. D'autres services annexes gravitent ensuite autour de la monnaie virtuelle.

b. Les segments de services annexes

952. **Situation des mineurs au sein des réseaux de *blockchain* privés ou de consortium.** Parmi les activités associées aux monnaies virtuelles, la certification des opérations (ou *minage*) est peut-être celle qui soulève le plus de difficultés. L'office des *mineurs* consiste à certifier les transactions effectuées sur la *blockchain* en procédant à leur hachage. Cette opération de minage est complexe, très dispendieuse en énergie et requiert une grande puissance d'ordinateur[1612].

953. Au sein des réseaux de *blockchain* privée ou de consortium, il n'existe qu'un seul, ou nombre restreint d'opérateurs chargés de la certification. Ce rôle peut même être joué directement par le fournisseur du réseau, ou être sous-traité à un opérateur distinct. La certification des transactions constitue certainement une activité économique de marché[1613].

954. **Situation des mineurs au sein des réseaux de *blockchain* publics.** Au sein d'un réseau de *blockchain* publique, la certification des transactions repose sur certains de ses utilisateurs. L'activité de minage est ouverte à quiconque souhaite l'exercer. Chaque fois qu'une transaction est initiée, l'ensemble des mineurs sont invités à procéder à sa validation. Mais seul le premier d'entre eux parvenant à hacher la transaction sera rémunéré pour ce service. La récompense est de deux ordres : il perçoit tout d'abord, une commission de la part des parties à la transaction ; il reçoit ensuite une certaine quantité de bitcoins (ou autre unité de monnaie virtuelle) calculée et générée par le système à cette occasion. L'opération de minage constitue donc un service nécessaire au bon fonctionnement du système et les différents mineurs sont manifestement en concurrence les uns avec les autres pour fournir ledit service[1614].

955. Dans ces conditions, l'identification d'une véritable activité économique de marché ne va toutefois pas sans heurts. Si l'on considère les parties à la transaction comme les bénéficiaires, sinon les consommateurs du service de certification, celui-ci peut difficilement être considéré comme une véritable activité économique de marché.

1610 Th. SCHREPEL, « Collusion by blockchain and smart contracts », art. préc., p. 139.

1611 P. OSTBYE, art. préc., p. 26.

1612 Fr. R. VELDE, « Bitcoin pour remplacer les devises ? », *Revue d'économie financière* 2015/4, n° 120, p. 105.

1613 G. HILEMAN et M. RAUCHS, *Global cryptocurrency benchmarking study*, Cambridge Centre for Alternative Finance, 2017, p. 89 : « Alors qu'il constituait à l'origine une activité de loisir, le minage de monnaie virtuelle est aujourd'hui devenu une activité professionnelle » (traduction libre).

1614 P. VIGNA et M. J. CASEY, *The Truth Machine : The Blockchain and the Future of Everything*, St. Martin's Press, 2018, p. 32.

Les parties à la transaction ne peuvent en effet choisir parmi les mineurs celui qui certifiera l'opération : une majorité d'entre eux doit systématiquement procéder à la certification de chaque transaction, mais seul le plus rapide sera rémunéré. Il est impossible pour les parties de discriminer entre les différentes offres proposées[1615]. Les frais de transaction versés aux mineurs ne constituent donc pas un prix de marché résultant de la libre confrontation de l'offre et de la demande[1616].

956. Mais la difficulté pourrait être dépassée si l'on retient que la certification des transactions participe du bon fonctionnement du système et profite donc au fournisseur du réseau ainsi qu'à l'émetteur de monnaie virtuelle. Ces derniers, ne formant souvent qu'un à l'instar de la Bitcoin foundation, sont en mesure de prévoir une rémunération des mineurs *via* l'émission de nouvelles unités monétaires et par la redirection des frais de transaction à leur destination. En tant que bénéficiaires du service, ils peuvent programmer le système pour choisir parmi les différents mineurs en concurrence selon un critère de rapidité, celui qui sera rémunéré. Dans ces conditions, il n'est pas exclu de pouvoir considérer le minage au sein d'un réseau public comme une véritable activité de marché. Un segment de marché spécifique pourrait donc lui être associé.

957. **Autres prestataires de services annexes.** Le droit de l'Union recense plusieurs autres prestataires de services sur actifs numériques[1617], au premier rang desquels figurent notamment ceux qui proposent un service « d'échange entre monnaies virtuelles et monnaies légales »[1618]. Sont également visés les « prestataires de services de portefeuille de conservation » (parfois désignés sous l'expression anglaise *wallet*[1619]), définis comme des « entité[s] fournissant des services de conservation de clés cryptographiques privées pour le compte de ses clients à des fins de détention, de stockage et de transfert de monnaies virtuelles. »[1620] Le droit français identifie notablement encore le service d'« exploitation d'une plateforme de négociation d'actifs numériques »[1621], parmi d'autres activités afférentes aux monnaies virtuelles.

958. Il fait peu de doute que ces divers prestataires exercent de véritables activités économiques au sens du droit de la concurrence. *A priori*, ces services sont en effet proposés par différents offreurs concurrents, entre lesquels les utilisateurs pourront librement choisir. Ce choix pourra se fonder sur l'examen des caractéristiques propres à chaque produit, notamment son prix, qui devra être payé au prestataire[1622]. L'identification de segments de marché correspondant à chacune de ces différentes activités sera donc certainement possible. Les principaux segments de marché de la *blockchain* ayant été identifiés, il est possible d'envisager la commission de diverses pratiques anticoncurrentielles en leur sein.

1615 P. Ostbye, art. préc., p. 26.

1616 A. Fraile Carmona, A. González-Quel Lombardo, R. Rivera Pastor, *et al.*, rapport préc., p. 67.

1617 V. *supra* n° 932.

1618 Directive (UE) 2015/849 préc., art. 2, § 1, sous 3), sous g). Ce service correspond en droit français à la « vente d'actifs numériques en monnaie ayant cours légal » (C. mon. fin., art. L 54-10-2, sous 2°).

1619 V. D. Legeais, « Actifs numériques et prestataires sur actifs numériques », fasc. préc., pt. 54.

1620 Directive (UE) 2015/849 préc., art. 3, sous 19) ; également visés en droit français (C. mon. fin., art. L 54-10-2, sous 1°).

1621 C. mon. fin., art. L 54-10-2, sous 4°. V. D. Legeais, « Actifs numériques et prestataires sur actifs numériques », fasc. préc., pt. 53.

1622 P. Ostbye, art. préc., p. 26.

B. Les pratiques anticoncurrentielles envisageables sur les marchés de la *blockchain*

959. **Circonscription de l'analyse au droit des ententes et abus de position dominante.** À première vue, l'usage de la *blockchain* pour les besoins de l'activité bancaire ne soulève pas de problématique particulière en ce qui concerne le droit des aides d'État et des concentrations[1623]. Le recours à cette technologie pourrait néanmoins s'accompagner d'un certain nombre de questions au regard des règles de prohibition des abus de position dominante (1), et des ententes (2).

1. Des abus de position dominante concevables

960. **Des marchés concentrés exposés au risque d'abus.** Divers segments de marché associés à la *blockchain* semblent propices à la concentration et risquent de voir se développer en leur sein une ou plusieurs entreprises en position dominante (a). Dès lors, la mise en œuvre de pratiques abusives est à craindre (b).

a. Des marchés exposés à la domination

961. **Effets de réseau induits par le fonctionnement de la *blockchain*.** Plusieurs marchés se révèlent déjà relativement concentrés. Certaines entreprises en position dominante pourraient apparaître. Celles-ci pourront notamment s'appuyer sur l'effet de réseau inhérent au fonctionnement de la *blockchain*[1624]. Pour rappel, ce phénomène renvoie à la situation dans laquelle l'utilité d'un produit ou d'un service dépend de la quantité de ses utilisateurs[1625]. L'effet de réseau peut être ainsi *direct*, et se rattacher à la *blockchain* elle-même, ou *indirect*, profitant aux divers services qui reposent sur la *blockchain* (portefeuille, paiement etc.)[1626]. Cette caractéristique agit comme une barrière, croissant avec le développement de l'entreprise dominante et freinant d'autant la compétitivité des concurrents.

962. **Concentration du marché des monnaies virtuelles.** Le marché des monnaies virtuelles apparaît ainsi relativement exposé au risque de domination. Nonobstant la croissance exponentielle et constante du nombre de monnaies virtuelles

---

[1623] Un auteur (D. Bosco, « Blockchain et droit de la concurrence », art. préc.) relève avec pertinence, que la technologie des *smart contracts* pourrait mettre à l'épreuve les critères traditionnels de la notion de *contrôle*. Il est vrai que le contrôle d'une entreprise par une autre peut reposer sur l'existence de relations contractuelles indépendamment de tout lien capitalistique. Pour ce faire, le contrat doit alors conduire à une maîtrise de la gestion et des ressources de l'entreprise cible équivalente à celle obtenue par l'acquisition d'actions ou d'actifs, à l'exemple d'une convention de location-gérance (Comm. eur., communication consolidée sur la compétence de la Commission en vertu du règlement [CE] nº 139/2004 du Conseil relatif au contrôle des opérations de concentration entre entreprises, *JOUE* nº C 43/10 du 21 février 2009, p. 18). Or l'automaticité de l'exécution contractuelle induite par la mise en œuvre d'un *smart contract* est effectivement susceptible de conférer au créancier une « emprise particulièrement énergique » sur son débiteur. Le recours à cette technologie pourrait ainsi faciliter une prise de contrôle. Pour intéressante qu'elle soit, cette question excède le périmètre des activités bancaires, et ne sera dès lors pas étudiée plus avant en ces pages. Pour un examen des difficultés soulevées de manière générale par la *blockchain* en droit du contrôle des concentrations, V. Th. Schrepel, *op. cit.*, p. 213 s.

[1624] P. Waelbroeck, art. préc., p. 13 et 14.

[1625] A. Silem et A. Gentier, *Lexique d'économie*, Dalloz, coll. Lexiques, 15e éd., 2018, p. 339.

[1626] P. Ostbye, art. préc., p. 16.

existantes – l'on en recensait moins d'une centaine en 2013, mais plus de 2200 à travers le monde, fin 2019[1627] –, le marché semble très concentré : en 2017, deux monnaies virtuelles, le bitcoin et l'ether, représentaient respectivement 72 % et 16 % du marché en valeur marchande[1628], soit 88 % à elles deux[1629]. D'autant que le marché pourrait être aisément sous-segmenté[1630] au regard des propriétés de chaque monnaie virtuelle – selon le type et le nombre de personnes qui l'accepte, selon qu'elle est ou non adossée à des monnaies ayant cours légal, etc. –, ayant pour effet d'accentuer la concentration.

963. **Concentration des marchés du minage.** Les marchés du minage se révèlent être également sujets à la concentration et donc à la domination. Celle-ci découle d'un phénomène croissant de regroupement des mineurs (*mining pools*), en particulier au sein du réseau bitcoin[1631]. Ces groupements visent à mettre en commun les ressources informatiques d'un grand nombre de mineurs afin d'accroître leur capacité de hachage et la fréquence à laquelle ils peuvent certifier des transactions. Les rémunérations sont ensuite redistribuées parmi les membres. En 2016, les parts de marché des deux principaux groupements mondiaux de mineurs du réseau bitcoin[1632], évaluées à partir du nombre d'opérations certifiées, oscillaient ainsi entre 20 % et 26 % pour chacun d'entre eux. Les parts respectives des troisième et quatrième groupements de mineurs[1633] fluctuaient ensuite entre 10 % et 15 %[1634]. Le rapprochement de deux ou trois de ces groupements pourrait incontestablement donner prise à l'apparition d'une position dominante.

964. **Données structurelles de quelques autres marchés.** Dans une moindre mesure, les marchés de « l'achat ou vente d'actifs numériques en monnaie ayant cours légal » et d'« échange d'actifs numériques contre d'autres actifs numériques », selon la terminologie française, pourraient aussi souffrir d'une relative concentration : malgré l'existence de plusieurs centaines de prestataires au monde proposant ce type de services, l'extrême majorité des transactions sont opérées par une dizaine d'entreprises seulement. En 2017, trois d'entre elles[1635] possédaient plus de 10 % de parts du marché de l'achat/vente ou échange de bitcoins, eu égard au volume de transaction[1636]. Ainsi exposés au risque de concentration, ces divers segments de marché pourraient voir se développer en leur sein des entreprises en position dominante. Partant, des pratiques abusives sont à redouter.

[1627] Tr. Gaudiaut, « Facebook lance sa monnaie virtuelle. Nouvel emballement en vue pour les cryptomonnaies ? », *Statista*, 19 juin 2019.

[1628] La valeur des monnaies virtuelles est extrêmement volatile. Le recours à d'autres critères (nombre d'utilisateurs, nombre de transactions) pour mesurer leurs parts de marché n'est pas à exclure (Th. Schrepel, « Is blockchain the death of antitrust law ? the blockchain antitrust paradox », art. préc., p. 303).

[1629] A. Fraile Carmona, A. González-Quel Lombardo, R. Rivera Pastor, *et al.*, rapport préc., p. 66.

[1630] P. Ostbye, art. préc., p. 8.

[1631] V. P. Ostbye, art. préc., spec. p. 26 et 27.

[1632] AntPool et F2Pool.

[1633] BTCC Pool et BitFury

[1634] G. Hileman et M. Rauchs, *Global cryptocurrency benchmarking study*, Cambridge Centre for Alternative Finance, 2017, p. 92.

[1635] Kraken, Bitfinex et Bitflyer.

[1636] G. Hileman et M. Rauchs, *Global cryptocurrency benchmarking study*, Cambridge Centre for Alternative Finance, 2017, p. 30 et 31.

b. Des marchés exposés aux abus

965. **Risque prépondérant en présence de réseaux privés ou de consortium.** Différents types d'abus sont envisageables sur les marchés de la *blockchain*. Toutefois, ces comportements seront davantage concevables en présence de réseaux privés ou de consortium. Leur administration est en effet centralisée, ce qui facilite la prise de décisions stratégiques, éventuellement de nature anticoncurrentielle ; à l'inverse des réseaux publics, dont la gestion repose sur le consensus des utilisateurs.

966. Au surplus, la transparence des informations contenues dans les réseaux publics ne favorise pas la commission de pratiques abusives en toute discrétion, et aura certainement pour effet de les dissuader plus encore[1637].

967. **Risques faibles d'abus d'exploitation.** Un distinguo est traditionnellement opéré entre les abus d'éviction et les abus d'exploitation. Les premiers renvoient aux pratiques susceptibles de conduire les concurrents de leurs auteurs à quitter un marché ou renoncer à le pénétrer ; par la mise en œuvre des seconds, les entreprises en position dominante cherchent à obtenir une contrepartie excessive ou injustifiée de leurs clients[1638]. Cette dernière variété d'abus peut elle-même revêtir différentes formes et consister en l'imposition d'un prix excessif ou de tout autres conditions de transaction inéquitables[1639].

968. S'il n'est pas inexistant en théorie, le risque d'abus d'exploitation demeure relatif sur des marchés aussi récents que ceux de la *blockchain*. Contrairement aux stratégies d'exclusion, ce type de pratique constitue une exploitation statique de la domination[1640] et repose ainsi sur une hégémonie bien ancrée. Or les marchés de la *blockchain* sont à ce jour, loin d'être matures. Ils demeurent extrêmement évolutifs et innovants. Dans ce contexte, toute domination ne saurait être que précaire, faisant ainsi obstacle à la mise en œuvre (efficace) d'un abus d'exploitation[1641].

969. **Risques non négligeables d'un refus de contracter.** Les réseaux de *blockchain*, publics comme privés, sont ensuite susceptibles d'abriter certains types d'abus d'éviction en particulier. Mais le risque est prépondérant au sein des réseaux privés : en sus des raisons évoquées *supra*, leur accessibilité restreinte devrait en effet favoriser l'exclusion d'opérateurs souhaitant les utiliser, au contraire des réseaux publics, accessibles à tous par définition[1642].

970. Le fonctionnement de la *blockchain* pourrait tout d'abord prêter le flanc à un refus de contracter[1643]. Le droit de la concurrence appréhende au prisme de la doctrine dite « des infrastructures essentielles », la situation d'un opérateur ayant la maîtrise d'une infrastructure, corporelle ou incorporelle, dont l'accès est incontournable pour l'exercice d'une activité en aval. Le refus d'accès, opposé à une entreprise

---

1637 Th. Schrepel, « Is blockchain the death of antitrust law ? the blockchain antitrust paradox », art. préc., p. 308.

1638 Pour une typologie des abus de position dominante, V. A. Decocq et G. Decocq, *op. cit.*, p. 354 à 377 ; C. Prieto et D. Bosco, *op. cit.*, p. 908 à 1052.

1639 V. en droit de l'UE : CJCE, 14 février 1978, *United Brands Company et United Brands Continentaal BV c. Commission CE* préc. ; et en droit français : CA Paris, 14 novembre 2019, *Sanicorse et al.*, n° 18-23992.

1640 C. Prieto et D. Bosco, *op. cit.*, pt. 1239, p. 910.

1641 Th. Schrepel, « Is blockchain the death of antitrust law ? the blockchain antitrust paradox », art. préc., p. 320.

1642 *Ibid.*, p. 310.

1643 Aut. conc., avis n° 21-A-05 du 29 avril 2021 préc., pt. 400 à 403 ; Th. Schrepel, *op. cit.*, p. 193 et 194.

souhaitant pénétrer le marché aval, est abusif à condition qu'il porte sur un bien ou service indispensable (i), et entraîne une élimination radicale de la concurrence sur un marché dérivé (ii), sans justification objective (iii)[1644].

971. Il n'est ainsi pas inconcevable que le fournisseur d'un réseau de *blockchain* en ferme l'accès à un opérateur souhaitant offrir un service en aval (par exemple un service de paiement reposant sur la *blockchain*). Or si la réunion des deuxième et troisième conditions de qualification d'un abus ne devrait pas soulever de difficulté particulière, le caractère indispensable du réseau de *blockchain* semble *prima facie* difficile à établir. Ce critère suppose en effet que le réseau soit non reproductible, qu'il n'admette aucun substitut réel ou potentiel, et constitue par conséquent l'unique alternative pour les entreprises désireuses d'y accéder. Au regard de la multiplication des réseaux de *blockchain*, aucun d'eux ne devrait donc *a priori* pouvoir être considéré comme indispensable, en dépit de leurs singularités[1645].

972. **Risques non négligeables d'une compression de marges.** Un autre type d'abus, proche mais distinct du refus de fourniture, est encore envisageable : celui de la compression de marge (ou ciseau tarifaire)[1646]. Cette pratique consiste pour une entreprise verticalement intégrée – c'est-à-dire présente sur un marché amont et sur un marché aval – à fixer en amont un prix qui, comparé à celui qu'elle fixe en aval, comprime la marge des concurrents, de sorte qu'ils ne peuvent plus exercer une concurrence effective en aval. En d'autres termes, l'accès au service est ouvert en amont, mais à des conditions rendant impossible l'offre de services compétitifs en aval[1647].

973. Tel pourrait être la situation d'un fournisseur de réseau de *blockchain*, également actif sur le marché aval de l'émission de monnaie virtuelle, et n'autorisant l'accès à son réseau qu'à des conditions rendant impossible pour l'émetteur d'une autre monnaie virtuelle, de le concurrencer efficacement en aval sur son propre réseau[1648].

974. **Des obligations d'exclusivité envisageables.** La mise en œuvre d'obligations d'exclusivité n'est ensuite pas à exclure. De telles stipulations engagent l'une des parties à exécuter une ou plusieurs prestations au bénéfice de leur seul contractant. Les obligations d'exclusivité sont jugées abusives lorsqu'elles ont un effet cloisonnant et aboutissent à la création de barrières artificielles[1649].

1644 V. en droit de l'UE, CJCE, 26 novembre 1998, *Oscar Bronner GmbH & Co. KG c. Mediaprint Zeitungs et al.*, aff. C-7/97, ECLI : EU : C : 1998:569, pt. 41 ; et pour une application dans le domaine des activités financières, TPICE, 9 septembre 2009, *Clearstream Banking AG et al. c. Commission CE*, aff. T-301/04, ECLI : EU : T : 2009:317, pt. 147. En droit français : Aut. conc., décision n° 14-D-06 du 8 juillet 2014 *relative à des pratiques mises en œuvre par la société Cegedim dans le secteur des bases de données d'informations médicales*, pt. 165 à 191.

1645 F. Schöning et M. Tagara, art. préc., pt. 26, p. 5. Comp. L. Bettoni, « Problématiques soulevées par la blockchain en droit de la concurrence », *CCC* n° 2, février 2020, étude 3, pt. 15.

1646 Th. Schrepel, *op. cit.*, p. 199.

1647 Cette pratique est sanctionnée tant par le juge de l'UE (CJUE, 17 février 2011, *Konkurrensverket c. TeliaSonera Sverige AB* préc.), que par le juge français (Cass. com., 3 mars 2009, n° 08-14435).

1648 Sur cette question, V. Th. Schrepel, « Is blockchain the death of antitrust law ? the blockchain antitrust paradox », art. préc., p. 316 et 317.

1649 V. en droit de l'Union, CJUE, 19 avril 2012, *Tomra Systems ASA et al. c. Commission eur.*, aff. C-549/10 P, ECLI : EU : C : 2012:221 ; et en droit français, Aut. conc., décision n° 10-D-17 du 25 mai 2010 *relative à des pratiques mises en œuvre sur le marché de la boule de pétanque de compétition.*

975. Il se pourrait ainsi qu'un émetteur de monnaie virtuelle dominant ne permette aux commerçants d'accepter les paiements libellés dans ladite monnaie virtuelle, et ne leur en fournisse les moyens qu'à la condition qu'ils n'en acceptent aucune autre[1650].

976. **Possibilités de ventes liées.** Des pratiques de ventes liées ne sont enfin pas impensables sur les marchés de la *blockchain*[1651]. Cette variété d'abus consiste, au sens de l'article 102, sous d) TFUE, à « subordonner la conclusion de contrats à l'acceptation, par les partenaires, de prestations supplémentaires qui, par leur nature ou selon les usages commerciaux, n'ont pas de lien avec l'objet de ces contrats. »[1652]

977. L'on pourrait notamment concevoir un comportement de ce type sur les segments annexes à ceux de l'émission de monnaie virtuelle : un prestataire de service d'achat/vente ou d'échange d'actifs numériques pourrait ainsi subordonner sa prestation à l'ouverture, voire à la gestion d'un portefeuille[1653]. En somme, différents types d'abus de position dominante sont envisageables sur les marchés de la *blockchain*. Mais des ententes anticoncurrentielles pourraient également se nouer en leur sein.

2. Des ententes concevables

978. **La *blockchain*, terreau de l'entente.** En raison de la transparence d'information qu'elle induit, la *blockchain* pourrait constituer un instrument facilitant la collusion (a). Des ententes horizontales et verticales sont donc à redouter sur les marchés de la *blockchain* (b).

a. Des ententes facilitées par la technologie blockchain

979. **Transparence et fiabilité des informations.** La *blockchain* peut constituer un outil facilitant la conclusion puis l'exécution d'une entente. En effet, cette technologie offre un haut degré de transparence : les données contenues dans le réseau sont accessibles à tous les utilisateurs, ce qui favorise la collusion[1654].

980. Mais la *blockchain* garantit de surcroît la fiabilité des informations. Une fois certifiées, celles-ci sont quasiment inviolables. La *blockchain* pourrait donc permettre aux membres d'une entente de contrôler que chacun d'entre eux respecte bien les termes de l'accord, en ce qu'elle fournit l'assurance qu'aucun participant ne dissimule des informations. Dans ces conditions, il apparaît difficile par exemple, de dissimuler l'irrespect d'une entente portant fixation des prix, car chaque transaction (et son montant) sont irréversiblement inscrits dans la chaine. Tout comportement déviant est ainsi visible de tous[1655].

981. **Collusion simplifiée par un *smart contract*.** Mais la mise en œuvre d'une entente anticoncurrentielle pourrait être aussi et surtout simplifiée par le recours aux *smart*

1650 P. Ostbye, art. préc., p. 28.

1651 Aut. conc., avis n° 21-A-05 du 29 avril 2021 préc., pt. 404.

1652 Les ventes liées sont également sanctionnées en droit français à l'article L 420-2, alinéa 1er du Code de commerce.

1653 Th. Schrepel, « Is blockchain the death of antitrust law ? the blockchain antitrust paradox », p. 313.

1654 Aut. conc., avis n° 21-A-05 du 29 avril 2021 préc., pt. 410.

1655 F. Schöning et M. Tagara, art. préc., p. 3.

contracts. Il serait ainsi possible de programmer l'infliction automatique d'une sanction dès lors que la *blockchain* révélerait une transaction ne respectant pas les conditions fixées par l'entente[1656].

982. Plus encore, les *smart contracts* permettraient d'automatiser l'exécution d'un accord. Il serait par exemple tout à fait concevable qu'un *smart contract* applique (automatiquement), pour la vente de chaque bien faisant l'objet d'une entente, un prix conforme à la stratégie tarifaire convenue. En ce sens, la violation d'une entente n'est pas seulement rendue plus complexe à dissimuler, elle devient aussi plus difficile à réaliser techniquement[1657]. Les marchés de la *blockchain* pourraient donc être le terrain d'ententes.

b. Des ententes nouées sur les marchés de la blockchain

983. **Risque d'ententes horizontales.** En théorie, des ententes horizontales – c'est-à-dire conclues par des entreprises concurrentes – sont parfaitement envisageables sur chaque segment de marché de la *blockchain*. Néanmoins, une coordination est peut-être à craindre sur un segment plus que sur d'autres, à savoir celui du minage[1658]. L'on connaît la forte tendance au regroupement des mineurs. Ces rapprochements visent en premier lieu à mettre en commun des moyens de production[1659]. Selon les circonstances, chacun de ces groupements pourrait être appréhendé en tant qu'entité autonome ou sous l'angle d'une association d'entreprises[1660].

984. Une entente entre mineurs risquerait d'induire des conséquences particulièrement délétères eu égard au fonctionnement de la *blockchain*. Pour rappel, l'administration des *blockchains* publiques, telles que le réseau bitcoin, est décentralisée. Elle repose sur ses utilisateurs, et notamment les mineurs. À l'instar de la certification des transactions, chaque décision doit, pour être adoptée, faire l'objet d'un consensus, c'est-à-dire être validée par au moins 51 % des mineurs. Par conséquent, la coordination entre des groupements représentant plus de 51 % des mineurs leur permettrait de prendre le contrôle du réseau. Dès lors, ils pourraient à leur guise falsifier des transactions ou modifier le fonctionnement de la *blockchain*, y compris en ce qui concerne leurs rémunérations[1661].

985. **Risque d'ententes verticales.** Sont également tout à fait concevables, des ententes verticales – i.e. des ententes entre prestataires non concurrents, opérant à différents niveaux de la chaine de production. Un fournisseur de réseau de *blockchain* pourrait ainsi par exemple s'entendre avec des prestataires de service de paiement ou de monnaie électronique utilisant le réseau. Est encore envisageable, la coordination

---

1656 K. Balisagar, G. Duquesne et M. de la Mano, « Blockchain, fintech and competition : Is blockchain the next coordination device in the banking sector ? », *in The implications of Bitcoin for competition, antitrust, and regulation in the banking industry*, On-Topic, *Concurrences* n° 1-2019, février 2019, art. n° 88670, pt. 17, p. 41.

1657 D. Bosco, « Blockchain et droit de la concurrence », art. préc. ; A. Deng, « Smart Contracts and Blockchains : Steroid for Collusion ? », *SSRN Electronic journal*, working paper, juin 2018, p. 5.

1658 Aut. conc., avis n° 21-A-05 du 29 avril 2021 préc., pt. 412 à 414. Ce risque a pareillement été identifié par l'autorité de concurrence espagnole (CNMC, *Market Study on the impact on competition of technological innovation in the financial sector [FINTECH]*, E/CNMC/001/18, 13 septembre 2018, p. 38).

1659 V. *supra* n° 963.

1660 Au sens des articles 101 TFUE et L 420-1 du Code de commerce.

1661 P. Ostbye, art. préc., p. 21 et 26.

d'un émetteur de monnaie virtuelle avec des prestataires de service de portefeuille permettant de stocker ou transférer les actifs numériques. Dans chacun des cas, l'entente pourrait alors conduire, par conjecture, à l'élaboration d'un système d'exclusivité, de même qu'à une fixation des prix ou à une répartition territoriale en aval.

986. Il n'est à cet égard pas inconcevable qu'une coordination de ce type soit abritée, sous la forme d'une association d'entreprises, par des entités chargées de la promotion du réseau de *blockchain* ou d'une monnaie virtuelle en particulier[1662]. En effet, celles-ci sont souvent composées, en sus des développeurs, de prestataires de services associés à la *blockchain,* qui sont à ce titre intéressés à l'essor du réseau et de la monnaie qui circule en son sein[1663].

987. **Enquête ouverte à l'encontre de la Libra association.** Une enquête serait ouverte au sein de la DG concurrence à l'encontre de la Libra Association[1664]. Ce consortium d'entreprises, fondé par Facebook en 2019, a pour projet l'élaboration de ce qui s'apparente, sous la dénomination « libra », à une monnaie électronique reposant sur un réseau de *blockchain*[1665]. Le projet soulèverait des préoccupations de concurrence à double titre : en considération tout d'abord, des échanges d'information entre les participants ; au regard ensuite des risques d'exclusion d'entreprises souhaitant y prendre part. Quelle que soit son issue, l'enquête confirme que la *blockchain* est susceptible de soulever certaines difficultés au regard du droit de la concurrence.

988. **Conclusion de la Section 2.** Parmi ce grand ensemble d'activités innovantes désigné sous l'expression générique *fintech*, la *blockchain* se réserve une place prépondérante. Cette technologie est en voie de modifier en profondeur le fonctionnement des activités bancaires. En tant que dispositif d'enregistrement électronique partagé, la *blockchain* est un vecteur de transaction et constitue un lieu d'échange de monnaies virtuelles ou ayant cours légal, ainsi susceptible d'intéresser les services de paiement et de monnaie électronique. Sa fonction de registre authentifiant permet en outre de renforcer la traçabilité des transactions et présente une grande utilité dans un contexte de lutte contre le blanchiment ou dans une perspective de connaissance du client (KYC).

989. L'étude prospective des marchés de la *blockchain,* telle que menée par l'Autorité de la concurrence en particulier, révèle néanmoins l'existence de nombreuses préoccupations de concurrence : des pratiques d'entente ou d'abus de position dominante y sont parfaitement concevables, justifiant une vigilance accrue à cet égard pour l'avenir.

990. **Conclusion du Chapitre II.** L'Autorité de la concurrence et la Commission européenne jouissent respectivement de pouvoirs consultatifs et d'enquête sectorielle étendus. L'une et l'autre y ont recours dans une perspective d'articulation et de

---

1662 Th. SCHREPEL, « Collusion by blockchain and smart contracts », art. préc., p. 139.

1663 P. OSTBYE, art. préc., p. 26 et 27.

1664 L'information, révélée par le journal Bloomberg (L. BEYOUD et A. WHITE, « Facebook's Libra Currency Gets European Union Antitrust Scrutiny », 20 août 2019), n'a pas été officiellement confirmée par la Commission européenne.

1665 H. de VAUPLANE, « Les défis juridiques du Libra et plus généralement des cryptomonnaies », art. préc.

complémentarité entre le droit de la concurrence et la régulation bancaire. Ces instruments contribuent ainsi à la compréhension des dynamiques propres aux marchés étudiés et permettent de révéler d'éventuels dysfonctionnements. Si la seule application des règles de concurrence se révèle insuffisante à leur résolution, les autorités de concurrence pourront alors suggérer certains aménagements du droit bancaire pour y remédier.

991. L'enquête sectorielle menée entre 2005 et 2007 par la DG concurrence sur la banque de détail de même que l'avis n° 05-A-08 du 31 mars 2005 rendu par le Conseil de la concurrence sur l'instauration d'un service bancaire universel illustrent parfaitement cette approche : les autorités de concurrence ont ainsi mis à disposition du législateur et de l'exécutif, sans pour autant les lier, une source d'information relative au fonctionnement des marchés, ainsi que des pistes d'évolution du droit bancaire.

992. À l'instar des marchés bancaires traditionnels, certains marchés émergents, tels que ceux de la *fintech*, associés notamment aux technologies de la *blockchain,* ont également fait l'objet d'études sectorielles. L'avis rendu par l'Autorité de la concurrence en date du 29 avril 2021 est à cet égard tout à fait notable. Une analyse prospective de ces marchés émergents a ainsi permis d'identifier un certain nombre de difficultés potentielles.

993. Pour autant, les marchés de la *blockchain* ne sont pas matures ; ils demeurent extrêmement évolutifs. Comme le relève l'Autorité de la concurrence, « il convient, dans un secteur où l'innovation est aussi importante et dynamique, de favoriser une saine concurrence pour le marché, et, à ce titre, veiller à préserver l'incitation des entreprises à innover. »[1666] Or une régulation *ex ante* trop stricte et prématurée risquerait ainsi de freiner l'innovation[1667]. Dans ce contexte, les autorités de concurrence sont en mesure d'aider à comprendre la spécificité des marchés et d'identifier les difficultés soulevées par ces nouvelles technologies. Par leur pratique décisionnelle, mais surtout à travers leurs études sectorielles, les autorités de concurrence peuvent ainsi accompagner l'essor des *fintechs* en s'assurant que leur développement repose sur une concurrence par les mérites plutôt que sur des comportements restrictifs[1668]. Aussi, l'enquête sectorielle de l'Autorité consacrée aux *fintechs* apparaît indubitablement enrichissante. Elle permet d'alerter les acteurs sur l'éventuelle nocivité de leurs comportements, tout en offrant aux autorités de régulation sectorielle de précieuses informations sur le fonctionnement des marchés.

1666 Aut. conc., avis n° 21-A-05 du 29 avril 2021 préc., p. 120 et 121.

1667 P. Ostbye, art. préc., p. 31.

1668 R. Nazzini, art. préc., p. 33.

CONCLUSION DU TITRE I

994. **Intervention combinée du droit de la concurrence et de la régulation bancaire.** La mise en œuvre des règles de concurrence constitue une source d'inspiration de la régulation bancaire. À travers leurs pouvoirs consultatifs ou d'enquête sectorielle autant que par la voie de leur pratique décisionnelle, les autorités de concurrence sont en mesure d'offrir un éclairage sur les mécanismes du marché bancaire et de révéler le cas échéant, certaines atteintes à son bon fonctionnement. Lorsque l'application du droit de la concurrence est insuffisante à elle seule pour en venir à bout, la régulation bancaire pourra compléter cette action en adoptant par la voie législative ou réglementaire, une solution suggérée et/ou expérimentée par les autorités de concurrence.

995. Le traitement réservé aux pratiques de fixation des commissions d'interchange à un niveau excessif, par l'intervention combinée du droit de la concurrence et de la régulation bancaire, en constitue la plus topique des illustrations. L'abondante pratique décisionnelle afférente des autorités européenne et française de concurrence a ainsi permis de révéler un dysfonctionnement du marché des services de paiement et d'expérimenter des solutions pour y faire face. Mais ces affaires ont également révélé les limites de l'approche répressive individuelle propre au droit des pratiques anticoncurrentielles pour lutter efficacement contre des comportements à ce point répandus. La régulation bancaire a donc pris le relais en généralisant à la faveur du règlement (UE) n° 2015/751 les réponses élaborées par les autorités de concurrence.

996. **Comparaison avec la relation existant entre le droit de la concurrence et les règles de régulation financière.** Cette relation de complémentarité n'est pas réservée à la régulation *bancaire*. Une comparaison éloquente peut être ainsi opérée à l'examen des règles de régulation *financière*, avec lesquelles le droit de la concurrence entretient une relation de complémentarité similaire. Celle-ci s'est notamment exprimée à l'occasion d'une série d'affaires portant sur des manipulations d'indices de référence de taux d'intérêt. Dans plusieurs décisions rendues entre 2013 et 2016[1669], la DG concurrence a ainsi mis en lumière diverses ententes commises sur le marché des produits dérivés de taux d'intérêt, et révélé par la

---

1669 Comm. eur., décision du 4 décembre 2013, *Euro Interest Rate Derivatives*, aff. AT.39914 ; Comm. eur., décision du 7 décembre 2016, *Produits dérivés de taux d'intérêt en euro (EIRD)*, aff. AT.39914 (et sur pourvoi : Trib. UE, 24 septembre 2019, *HSBC Holdings plc et al. c. Commission eur.*, aff. T-105/17, ECLI : EU : T : 2019:675) ; Comm. eur., décision du 4 décembre 2013, *Yen Interest Rate Derivatives*, aff. AT.39861 ; Comm. eur., décision du 4 février 2015, *Yen Interest Rate Derivatives*, aff. AT.39861, note L. Bernardeau, *Concurrences* n° 2-2015, mai 2015, chroniques, p. 84 (et sur pourvoi : Trib. UE, 10 novembre 2017, *Icap plc et al. c. Commission eur.*, aff. T-180/15, ECLI : EU : T : 2017:795 ; CJUE, 10 juillet 2019, *Comm. eur. c. Icap et al.*, aff. C-39/18 P, ECLI : EU : C : 2019:584) ; Comm. eur., decision du 21 octobre 2014, *Swiss Franc Interest Rate Derivatives [CHF LIBOR]*, aff. AT.39924).

même occasion, l'existence de certaines lacunes dans la régulation financière européenne. Les pratiques sanctionnées portaient toutes sur les indices de type Ibor (*Interbank offered rate* – taux interbancaire offert), mesurant le taux d'intérêt bancaire moyen, c'est-à-dire le taux d'intérêt moyen auquel les banques s'accordent des prêts entre elles[1670]. Au moment des faits, les indices Libor et Euribor étaient respectivement établis par la British Banking Association (BBA) et la Fédération bancaire de l'Union européenne (FBE) selon une méthode analogue : il était demandé à chaque membre d'un panel de plusieurs grandes banques internationales d'évaluer le niveau du taux d'intérêt auquel elles estimaient pouvoir emprunter auprès d'une autre banque pour une devise et une échéance données. Le niveau de chaque indice était ainsi fixé à partir de la moyenne des estimations soumises quotidiennement par l'ensemble des banques interrogées. En tant qu'indice de référence, les indices Ibor sont utilisés comme valeur de référence de certains contrats financiers, en particulier les contrats d'échange sur taux d'intérêt (*interest rate swaps*)[1671].

997. Or plusieurs banques membres des panels de contributeurs de données nécessaires au calcul de ces indices sont également parties à des contrats financiers indexés sur le Libor ou l'Euribor, et sont donc intéressées à l'évolution du niveau de ces indices. Cette situation de conflit d'intérêts, découlant de la méthode d'élaboration des indices, n'était pourtant aucunement prise en compte par leurs administrateurs. Les pratiques relevées ont ainsi consisté pour certaines banques à s'entendre sur les évaluations des taux d'intérêt devant être soumises aux administrateurs du Libor et de l'Euribor, afin d'orienter le niveau de ces indices dans un sens favorable à leurs positions relativement à certains contrats financiers. Ces ententes ont été sévèrement sanctionnées[1672]. Mais une approche répressive *ex post* apparaissait insuffisante à elle seule. En dépit du caractère dissuasif inhérent à ses décisions de condamnation, la DG concurrence est globalement dépourvue de moyens d'action préventifs. Or ce type de pratique est réplicable sur quantité d'autres indices administrés dans des conditions similaires à celles régissant le calcul des Ibor[1673]. D'autant que ces manipulations étaient rendues possibles, du moins facilitées, par les conditions d'administration de ces indices, sur lesquelles la DG concurrence n'avait aucune emprise dès lors que les administrateurs n'étaient pas eux-mêmes membres de l'entente.

998. Seule une approche réglementaire *ex ante* était en mesure de traiter le problème à la source. Ces questions étaient pourtant jusqu'alors ignorées de la régulation sectorielle. L'administration des indices de référence, dont l'incidence est capitale

---

1670 Ces indices sont exprimés pour une échéance de prêt donnée (une semaine, un mois, un an etc.) et pour une devise donnée (par exemple l'euro pour l'Euribor – *Euro interbank offered rate* ; la livre sterling, le yen ou le franc suisse pour le Libor – *London interbank offered rate*).

1671 En substance, ces contrats permettent à deux parties d'échanger (de se verser réciproquement) un taux d'intérêt fixe en l'échange d'un taux d'intérêt variable, ce dernier étant éventuellement indexé sur un indice Ibor.

1672 Plus de 2,5 milliards d'euros d'amende ont été infligés aux auteurs des pratiques sur l'ensemble des affaires.

1673 V. l'analyse d'impact du règlement (UE) n° 2016/1011 : Comm. eur., Commission staff working document – Impact assessment accompanying the document Proposal for a Regulation of the European Parliament and of the Council on indices used as benchmarks in financial instruments and financial contracts, SWD/2013/0336 final, p. 128 s.

sur le fonctionnement des marchés[1674], échappait pour l'essentiel, à tout contrôle externe[1675]. Le législateur de l'Union s'est donc empressé de combler les lacunes ainsi mises à jour de la régulation financière. La directive n° 2014/57[1676] et le règlement n° 596/2014[1677], relatifs aux abus de marché, alors tous deux en projet, ont été modifiés afin que les manipulations spécifiques d'indices de référence soient incluses dans leurs domaines de répression. Mais l'opération de prévention a véritablement pris corps avec le règlement n° 2016/1011[1678], à travers lequel le législateur de l'Union s'est attaché à garantir l'intégrité des indices de référence dès leur élaboration[1679].

999. En somme, ces affaires témoignent de ce qu'il existe entre les règles de régulation financière et le droit de la concurrence une complémentarité tout à fait comparable à celle qu'entretient ce dernier avec les règles de régulation bancaire. La mise en œuvre de l'article 101 a ainsi permis de mettre à jour un profond dysfonctionnement de marché. L'approche strictement *ex post* de la DG concurrence s'avère toutefois insuffisante pour se saisir du problème à la racine. Sa pratique décisionnelle a cependant ouvert la voie à la régulation sectorielle, dont elle a par la même occasion, révélé les lacunes. Une approche réglementaire *ex ante* a dès lors pu prendre le relais afin d'agir préventivement[1680]. De la sorte, « l'application des règles de concurrence et la régulation évoluent main dans la main. »[1681]

1000. La combinaison du droit de la concurrence avec la régulation financière est donc tout aussi féconde qu'avec la régulation bancaire ; elle permet de venir à bout de difficultés insolubles par la seule application des règles de concurrence. Réciproquement, la mise en œuvre de ces dernières pourra combler d'éventuelles lacunes de la régulation bancaire. À ce titre, le droit de la concurrence se porte garant des impératifs de régulation bancaire.

1674 Comm. eur., Communiqué de presse : « De nouvelles mesures pour restaurer la confiance dans les indices de référence, à la suite des scandales du LIBOR et de l'Euribor », 18 septembre 2013, IP/13/841.

1675 Pour une revue des rares textes régissant (de loin) les indices de référence, V. règlement (UE) n° 2016/1011 du Parlement européen et du Conseil du 8 juin 2016 concernant les indices utilisés comme indices de référence dans le cadre d'instruments et de contrats financiers ou pour mesurer la performance de fonds d'investissement et modifiant les directives 2008/48/CE et 2014/17/UE et le règlement [UE] n° 596/2014, *JOUE* n° L171, du 29 juin 2016, p. 1, cons. 2.

1676 Directive 2014/57/UE du Parlement européen et du Conseil du 16 avril 2014 relative aux sanctions pénales applicables aux abus de marché, *JOUE* n° L173, du 12 juin 2014, p. 179, transposée par anticipation en droit français par loi n° 2013-672 du 26 juillet 2013 préc.

1677 Règlement (UE) n° 596/2014 du Parlement européen et du Conseil du 16 avril 2014 sur les abus de marché et abrogeant la directive 2003/6/CE du Parlement européen et du Conseil et les directives 2003/124/CE, 2003/125/CE et 2004/72/CE de la Commission, *JOUE* n° L173, du 12 juin 2014, p. 1.

1678 Règlement (UE) n° 2016/1011 du 8 juin 2016 préc.

1679 Les administrateurs font désormais l'objet d'un agrément et d'une surveillance continue de la part des régulateurs sectoriels domestiques, avec le soutien de l'AEMF (règlement [UE] n° 2016/1011 du 8 juin 2016 préc., art. 34 et 35). Ils ont la charge d'établir un code de conduite, auquel doivent adhérer les contributeurs de données pour l'établissement d'un indice de référence, et précisant les obligations pesant sur ces derniers, y compris en matière de gestion des conflits d'intérêts (art. 15). La méthode d'élaboration des indices doit être transparente et respecter des critères de fiabilité et de traçabilité précisément définis (art. 12 et 13).

1680 V. sur cette question, M. VESTAGER, « Statement by Commissioner Vestager on decision to fine Crédit Agricole, HSBC and JPMorgan Chase € 485 million for euro interest rate derivatives cartel », Commission européenne, Bruxelles, 7 décembre 2016, STATEMENT/16/4307.

1681 Traduction libre d'une déclaration de la commissaire européenne à la concurrence Margrethe Vestager, à l'occasion de l'affaire du cartel de l'Euribor : « competition rules and regulation go hand-in-hand » (*Ibid.*).

Titre II

LE DROIT DE LA CONCURRENCE, GARANT DES IMPÉRATIFS DE RÉGULATION BANCAIRE

1001. **Le droit de la concurrence, adjuvant de l'accomplissement des objectifs de régulation bancaire.** Les développements précédents ont permis d'établir que le droit de la concurrence constituait une source d'inspiration de la régulation bancaire, mais aussi qu'en certaines circonstances, celle-ci pouvait opportunément compenser les limites de celui-là. Inversement, la mise en œuvre des règles de concurrence est parfois en mesure de combler les lacunes de la régulation bancaire. Le droit de la concurrence est ainsi lui-même garant des objectifs de régulation bancaire ; l'application de ses règles est un adjuvant de leur accomplissement.

1002. La crise financière de 2008 a révélé les lacunes de la régulation bancaire, française comme européenne, jusqu'alors dépourvue de véritable dispositif de résolution bancaire. L'application du droit des aides d'État aux banques en difficulté a donc permis de pallier cette absence et d'apporter une réponse homogène à la crise, afin de rétablir la stabilité financière, objectif prioritaire explicitement auto-assigné à la DG concurrence (Chapitre I).

1003. À travers la mise en œuvre du contrôle des concentrations, les autorités de concurrence s'efforcent pareillement de préserver les impératifs de régulation bancaire et pourront même à certains égards, participer à la vérification du respect des règles prudentielles par les banques (Chapitre II).

Chapitre I
La mise en œuvre du contrôle des aides d'état supplétive de la régulation bancaire

Section 1 L'adaptation du droit des aides d'état en considération de la crise financière
§ 1. Souplesse du régime spécial au début de la crise
A. Application de l'article 107 § 3, sous b) antérieurement à la crise financière
B. Application de l'article 107 § 3, sous b) au commencement de la crise financière
§ 2. Durcissement du régime spécial au sortir de la crise
A. Prévention et traitement de la défaillance par l'application du droit des aides d'État
1. Prévention de la défaillance par l'application du droit des aides d'État
a. Régime des aides à la solvabilité
b. Régime des aides à la liquidité
2. Traitement de la défaillance par l'application du droit des aides d'État
B. Harmonisation de la réponse européenne à la crise par l'application du droit des aides d'État
1. Un régime spécial de droit des aides d'État approuvé par la Cour de justice
2. Un régime spécial de droit des aides d'État à défaut de dispositifs résolutoires

Section 2 L'adaptation de la régulation bancaire en considération de la crise financière
§ 1. Un dispositif de régulation bancaire comparable au droit des aides d'État
§ 2. Un dispositif de régulation bancaire en cohabitation avec le droit des aides d'État
A. Compatibilité du régime spécial de droit des aides d'État avec le dispositif de régulation bancaire
1. Conformité des mesures d'aide aux règles de résolution, contrôlée par la DG concurrence
2. Conformité des mesures de résolution au droit des aides d'État, contrôlée par la DG concurrence
B. (In)compatibilité du régime spécial de droit des aides d'État avec l'objectif de réduction de l'aléa moral ?

1004. **Application générale aux banques du droit commun des aides d'État.** L'existence d'une aide d'État emporte l'applicabilité des articles 107 et 108 TFUE[1682]. L'application de ces textes vise alors à vérifier la compatibilité de la mesure avec le marché intérieur. Le contrôle est de nature tout à la fois *ex post* et *ex ante :* il porte tant sur les aides existantes[1683] que sur les aides nouvelles, dont le projet doit être notifié et avalisé par la Commission avant sa mise en œuvre[1684]. Par principe, les aides d'État sont prohibées sur le fondement de l'article 107 § 1. Par exception, certaines mesures sont ou peuvent être considérées comme compatibles avec le marché intérieur dans différents cas prévus à l'article 107 § 2 et § 3, ou lorsqu'elles visent à compenser un SIEG au sens de l'article 106 § 2 TFUE.

1005. Depuis la soumission des banques au droit des aides, le contrôle de compatibilité des mesures dont elles sont bénéficiaires est globalement effectué sur le fondement du droit commun. Les aides d'État accordées aux banques sont en principe interdites. Cette règle s'applique aux aides nouvelles, interdites pour l'avenir[1685], comme aux aides existantes, dont le montant devra être récupéré[1686]. Mais la Commission vérifie si les aides accordées aux banques, comme à tout autre bénéficiaire, peuvent être justifiées par la compensation d'un SIEG[1687] visé à l'article 106 § 2 TFUE, ou sur le fondement d'une exception prévue à l'article 107 § 2 et § 3 – ainsi des aides à caractère social[1688] ou destinées à favoriser le développement économique de certaines régions[1689].

1682 Sur les critères d'applicabilité du droit des aides aux banques, V. *supra* n° 515 s.

1683 Art. 108 § 1 TFUE.

1684 Art. 108 § 3 TFUE.

1685 Comm. CE, décision du 30 septembre 2009, *on the State aid n° C2/2009 (ex N 221/2008 and N 413/2008) which Germany intends to grant to modernise the general conditions for capital investments*, *JOCE* n° L6 du 9 janvier 2010, p. 32, à propos d'une loi allemande accordant des avantages fiscaux à des entreprises de capital risque.

1686 Comm. CE, décision du 11 décembre 2001, *relative au régime d'aides d'État mis en œuvre par l'Italie en faveur des banques*, aff. SA.3955, *JOCE* n° L 184 du 13 juillet 2002, p. 27, à propos d'avantages fiscaux profitant à certaines fusions interbancaires en Italie ; Comm. CE, décision du 20 octobre 2004, *concernant une aide de l'Allemagne en faveur de l'entreprise Westdeutsche Landesbank – Girozentrale, devenue WestLB AG*, aff. C64/1997, *JOUE* n° L 307 du 7 novembre 2006, p. 22, jugeant incompatible une mesure législative allemande prévoyant un transfert d'actifs au profit de banques publiques afin de préserver leur ratio de solvabilité.

1687 Comm. eur., décision du 23 janvier 2013, *SIEG d'accessibilité bancaire du Livret A de La Banque Postale* préc. et Comm. eur., décision du 24 octobre 2017, *Mise à exécution par la France en faveur de La Banque Postale*, aff. SA.41147 (2017/NN), *JOUE* n° C/422/2017 du 8 décembre 2017, p. 1, jugeant les mesures compatibles avec le marché intérieur en ce qu'elles visent à compenser le SIEG d'accessibilité bancaire confié à la Banque Postale *via* le livret A. V. également : Comm. CE, décision du 22 novembre 2006, *Compensation to Posten AB for providing basic payment and cash facilities services*, aff. N642/05, *JOUE* n° C/291/2007 du 5 décembre 2007, p. 1 ; Comm. CE, décision du 11 décembre 2007, *Aid to Posten AB – prolongation 2008*, aff. N515/2007, *JOUE* n° C/54/2008 du 27 février 2008, p. 1, jugeant compatibles avec le marché intérieur des mesures compensant un SIEG de fourniture de services bancaires de base.

1688 Sur le fondement de l'article 107 § 2, sous a) TFUE : Comm. CE, décision du 20 avril 2009, *UK Homeowners Mortgage Support Scheme*, aff. N 179/2009, *JOCE* n° C/209/2009 du 4 septembre 2009, p. 1 ; Comm. eur., décision du 9 juin 2011, *Hungary – Further prolongation of the support scheme for housing loans*, aff. SA.32993 (2011/N), *JOCE* n° C/344/2011 du 24 novembre 2011, p. 1. Dans ces affaires toutefois, les banques ne constituent que le vecteur des aides, celles-ci profitant avant tout à certains types d'emprunteurs, véritables bénéficiaires des mesures.

1689 En vertu de l'article 107 § 3, sous a) TFUE : Comm. eur., décision du 23 août 2012, *State Street Services Poland Limited Sp. z o.o. – Poland*, aff. SA.35030 (2012/N), *JOUE* n° C/285/2012 du 21 septembre 2012, p. 2, pour une mesure d'aide en faveur d'une entreprise polonaise offrant des services de diverses natures, y compris de *fintechs*, visant à favoriser la création d'emplois dans la région de Cracovie.

1006. **Élaboration d'un régime spécial réservé aux banques en difficulté.** Pendant un temps, les aides octroyées aux banques en difficulté étaient également appréciées au regard du droit commun, c'est-à-dire au prisme des lignes directrices successives « pour les aides d'État au sauvetage et à la restructuration des entreprises en difficulté »[1690], adoptées conformément à l'article 107 § 3, sous c) TFUE[1691]. La compatibilité des mesures était ainsi soumise au respect d'un certain nombre de conditions prévues par les lignes directrices : en particulier, l'élaboration d'un plan de restructuration destiné à rétablir la viabilité de l'établissement, l'apport de contreparties suffisantes pour prévenir les distorsions concurrentielles, la limitation du montant de l'aide au minimum. Mais par-dessus tout, il devait être démontré que l'aide répondait à un intérêt commun : la mesure pouvait être ainsi justifiée si la faillite de la banque risquait de se traduire par une situation de monopole[1692], d'entraîner une destruction massive d'emplois[1693], ou d'avoir des effets indésirables sur les marchés financiers[1694].

1007. En revanche, les aides répondant aux difficultés rencontrées par une banque seule, ne pouvaient en aucun cas être admises sur le fondement de l'article 107 § 3, sous b) TFUE. Cette disposition, admettant la compatibilité des mesures permettant de « remédier à une perturbation grave de l'économie d'un État membre », ne pouvait donc être appliquée qu'au profit de régimes d'aides visant à soutenir l'ensemble des entreprises d'un secteur, et non pas une entité unique[1695].

1008. À compter toutefois de la crise financière de 2008, la Commission a élaboré un régime de contrôle spécial réservé aux banques en difficulté, sur le fondement de l'article 107 § 3, sous b) TFUE. Toute mesure d'aide *ad hoc* ou générale, répondant aux difficultés d'une seule ou plusieurs banques, doit être désormais appréciée exclusivement au regard de ce texte. Les aides octroyées aux banques échappent donc à l'emprise des lignes directrices actuelles de droit commun, relatives aux aides accordées aux entreprises en difficultés[1696].

1009. Ce régime spécial réservé aux banques a été conçu pour répondre à un objectif prioritaire de stabilité financière. Faute d'un dispositif de résolution véritablement unifié, l'application du droit des aides d'État aux banques a permis d'harmoniser

---

1690 Les premières lignes directrices ont été publiées en 1994 (*JOCE* n° C 368 du 23 décembre 1994, p. 12). Elles ont été modifiées à plusieurs reprises, puis remplacées par une nouvelle version (*JOCE* n° C 244 du 1er octobre 2004, p. 2), elle-même amendée puis prorogée (*JOUE* n° C 296 du 2 octobre 2012, p. 3).

1691 Jugeant possiblement compatibles avec le marché intérieur, « les aides destinées à faciliter le développement de certaines activités ou de certaines régions économiques, quand elles n'altèrent pas les conditions des échanges dans une mesure contraire à l'intérêt commun ».

1692 Comm. CE, décision du 27 juin 2007, *Concernant l'aide d'État C 50/2006 accordée par l'Autriche à BAWAG-PSK*, aff. C50/2006, *JOCE* n° L 83 du 26 mars 2008, p. 7, pt. 209 ; Comm. CE, décision du 18 février 2004, *relative à une aide à la restructuration accordée par l'Allemagne à Bankgesellschaft Berlin AG*, aff. NN53/2001, *JOCE* n° C/130/2002 du 1er juin 2002, p. 4, pt. 160.

1693 Comm. CE, décision du 18 février 2004, *relative à une aide à la restructuration accordée par l'Allemagne à Bankgesellschaft Berlin AG* préc., pt. 161 et 162.

1694 Comm. CE, décision du 26 juillet 1995, *portant approbation conditionnée de l'aide accordée par la France à la banque Crédit Lyonnais*, préc., pt. 3.1 et 7.1 ; Comm. CE, décision du 18 juillet 2007, *concernant l'aide d'État C 27/2004 mise à exécution par la République tchèque en faveur des sociétés GE Capital Bank a.s. et GE Capital International Holdings Corporation, USA*, aff. SA.17006, *JOCE* n° L/67/2008 du 11 mars 2008, p. 3, pt. 124.

1695 V. *infra* n° 1015 s.

1696 *JOUE* n° C 249 du 31 juillet 2014, p. 1, pt. 18.

la réponse européenne face à la crise (Section 1). Ce régime spécial de droit des aides a évolué, mais demeure à ce jour en vigueur. Il s'articule désormais avec les différents dispositifs de résolution, dont le droit bancaire s'est finalement doté en réaction à la crise (Section 2).

Section 1
L'adaptation du droit des aides d'état en considération de la crise financière

1010. **Application temporaire de l'article 107 § 3, sous b) à l'ensemble des secteurs d'activité.** À l'occasion de la crise financière de 2008, un grand nombre d'aides d'État ont été admises sur le fondement de l'article 107 § 3, sous b) TFUE. Eu égard à la détérioration budgétaire de l'ensemble des États membres, à la contraction sévère de l'économie réelle, et au risque d'accroissement généralisé du chômage, l'application générale de cette disposition était ainsi justifiée au profit de l'ensemble des secteurs d'activité. Le régime des aides accordées dans ce contexte à des bénéficiaires non bancaires avait été exposé dans deux communications successives, dont la validité est désormais expirée[1697].

1011. **Application pérennisée de l'article 107 § 3, sous b) au secteur bancaire.** La mise en œuvre de l'article 107 § 3, sous b) a aussi et surtout été admise au profit du secteur bancaire. Le régime spécial de compatibilité des aides accordées aux banques a été exposé dans une série de communications. La première, en date du 25 octobre 2008, explicitait les principes généraux initialement applicables aux différents types de mesures d'aides[1698]. Elle a été complétée par trois communications adoptées en 2009, visant à préciser certains aspects particuliers du régime ; à savoir d'une part, les conditions propres aux mesures de recapitalisation[1699], celles d'autre part, relatives au traitement des actifs dépréciés[1700], ainsi enfin, que les modalités de restructuration des banques bénéficiaires, exigées en contrepartie des aides[1701]. Le contenu de ces textes a par la suite été modifié et

---

[1697] Comm. CE, communication du 22 janvier 2009, Cadre communautaire temporaire pour les aides d'État destinées à favoriser l'accès au financement dans le contexte de la crise économique et financière actuelle, *JOUE* n° C 16 du 22 janvier 2009, p. 1 ; Comm. eur., communication du 1er décembre 2010, sur un cadre temporaire de l'Union pour les aides d'État destinées à favoriser l'accès au financement dans le contexte de la crise économique et financière actuelle, *JOUE* n° C 6 du 11 janvier 2011, p. 5.

[1698] Comm. CE, communication du 25 octobre 2008, Application des règles en matière d'aides d'État aux mesures prises en rapport avec les institutions financières dans le contexte de la crise financière mondiale, *JOUE* n° C 270 du 25 octobre 2008, p. 8.

[1699] Comm. CE, communication du 15 janvier 2009, Recapitalisation des établissements financiers dans le contexte de la crise financière actuelle : limitation de l'aide au minimum nécessaire et garde-fous contre les distorsions indues de concurrence, *JOUE* n° C 10/03 du 15 janvier 2009, p. 2.

[1700] Comm. CE, communication de la Commission du 26 mars 2009 concernant le traitement des actifs dépréciés dans le secteur bancaire de la Communauté préc.

[1701] Comm. CE, communication de la Commission du 19 août 2009 sur le retour à la viabilité et l'appréciation des mesures de restructuration prises dans le secteur financier dans le contexte de la crise actuelle, conformément aux règles relatives aux aides d'État préc.

leur validité prolongée par deux communications de prorogation successives[1702]. En dernier lieu, une communication du 30 juillet 2013, dite « communication concernant le secteur bancaire »[1703], abroge et remplace celle du 25 octobre 2008, en établissant les principes généraux d'un nouveau régime adapté aux évolutions conjoncturelles. À ce jour, la communication du 30 juillet 2013 est toujours applicable aux côtés de celles de 2009, dont elle a prolongé la validité et modifié la substance.

1012. À compter de la crise financière, la stabilité financière est explicitement devenue un « objectif prioritaire »[1704] de la DG concurrence. Prenant toute la mesure du risque systémique, elle a reconnu la nécessité d'apporter un soutien public à de nombreuses banques. Son approche a toutefois évolué : durant les cinq premières années ayant suivi le début de la crise (2008 – 2013), la Commission européenne était très conciliante à l'égard des aides (§ 1). Depuis 2013, sa démarche est plus exigeante et les conditions de conformité de l'aide au traité ont été resserrées (§ 2).

§ 1. Souplesse du régime spécial au début de la crise

1013. **Chronique du recours à l'article 107 § 3, sous b).** L'application de l'article 107 § 3, sous b) TFUE, d'interprétation stricte, suppose la vérification de conditions exigeantes. Antérieurement à la crise de 2008, sa mise en œuvre était rarissime (A). Mais la crise financière a justifié son application généralisée au sein de l'Union. Afin de préserver la stabilité, la DG concurrence a autorisé sur ce fondement un grand nombre d'aides accordées aux banques. De prime abord, sa démarche était extrêmement bienveillante (B).

A. Application de l'article 107 § 3, sous b) antérieurement à la crise financière

1014. **Interprétation stricte de l'article 107 § 3, sous b).** L'article 107 § 3, sous b) TFUE prévoit une exception au principe de prohibition des aides. Un soutien public peut être ainsi jugé compatible avec le marché intérieur, en tant qu'il permet de « remédier à une perturbation grave de l'économie d'un État membre ». Cette

---

1702 Comm. eur., communication du 7 décembre 2010, concernant l'application, à partir du 1er janvier 2011, des règles en matière d'aides d'État aux aides accordées aux banques dans le contexte de la crise financière, *JOUE* n° C 329/7 du 7 décembre 2010, p. 7 ; Comm. eur., communication du 6 décembre 2011, concernant l'application, à partir du 1er janvier 2012, des règles en matière d'aides d'État aux aides accordées aux banques dans le contexte de la crise financière, *JOUE* n° C 356/7 du 6 décembre 2011, p. 7.

1703 Comm. eur., communication concernant le secteur bancaire du 30 juillet 2013 préc.

1704 Comm. CE, communication de la Commission du 19 août 2009 sur le retour à la viabilité et l'appréciation des mesures de restructuration prises dans le secteur financier dans le contexte de la crise actuelle, conformément aux règles relatives aux aides d'État préc., pt. 7 ; Comm. eur., communication concernant le secteur bancaire du 30 juillet 2013 préc. pt. 7. Plus généralement, sur l'assimilation de l'objectif de stabilité par la DG concurrence, V. *supra* n° 257 s.

disposition est d'interprétation stricte[1705]. Historiquement, elle n'avait été mise en œuvre qu'à trois reprises[1706], outre son application lors de la crise financière de 2008[1707] et, plus récemment, à l'occasion de la crise sanitaire de la Covid-19[1708].

1015. **Conditions d'application de l'article 107 § 3, sous b).** Les exigences présidant à sa mise en œuvre peuvent se décomposer en trois conditions. Il convient premièrement, d'établir l'existence d'une « perturbation grave de l'économie ». Plus qu'une conjoncture délicate, la perturbation s'apparente à une véritable crise, dont l'ampleur doit être exceptionnelle. Ainsi de la récession subie par les États membres suite au choc pétrolier de 1973, considérée comme l'une des pires depuis la seconde guerre mondiale[1709], ou de la crise économique grecque de la fin des années 1980, jugée « sans précédent » par la DG concurrence[1710]. En revanche, l'exception a par exemple pu être refusée en considération des « simples répercussions défavorables » de la réunification en Allemagne sur l'économie du pays[1711].

1016. La deuxième condition tient à l'ampleur de la crise : il s'agit de démontrer que la perturbation touche un « État membre » dans sa totalité, et non pas seulement au sein de l'une de ses régions[1712]. L'exception sera écartée à plus forte raison, lorsqu'une unique entreprise est concernée par les difficultés économiques. Ainsi l'application de l'article 107 § 3, sous b) était-elle constamment refusée à des banques excipant de difficultés purement individuelles[1713].

1017. La troisième exigence renvoie aux principes de nécessité et proportionnalité de l'aide, eu égard à l'objectif de résolution de la crise[1714]. En toute logique, les conditions d'application de cette disposition ont été jugées réunies lors de l'éclatement de la crise financière de 2008.

1705 CJCE, 30 septembre 2003, *Freistaat Sachsen c. Commission CE,* aff. C-57/00 P, ECLI : EU : C : 2003:510, pt. 98 ; Trib. UE, 12 décembre 2014, *Banco Privado Português SA et al. c. Commission eur.* préc., pt. 83.

1706 En premier lieu, plusieurs régimes d'aides visant à relancer l'emploi, avaient été admis sur ce fondement dans divers États membres au cours la crise économique induite par le choc pétrolier de 1973 (Comm. CE, *Rapport sur la politique de concurrence 1975*, pt. 130 à 134). En deuxième et troisième lieux, cette disposition avait été appliquée à l'occasion de crises économiques affectant la Grèce en 1987 et 1991 : ont ainsi été autorisées, d'une part, des aides à la restructuration d'entreprises en difficulté (Comm. CE, *Rapport sur la politique de concurrence 1987,* pt. 185 à 187), et d'autre part, des mesures de soutien à des entreprises publiques, dans le contexte d'un vaste plan de privatisation (Comm. CE, *Rapport sur la politique de concurrence 1991,* pt. 251 à 252).

1707 V. *infra* n° 1018 s.

1708 V. *infra* n° 1106 s.

1709 Comm. CE, *Rapport sur la politique de concurrence 1975*, pt. 130 : « [T]he worst recession to be experienced by Community countries since the Second World War » (traduction libre).

1710 Comm. CE, *Rapport sur la politique de concurrence 1987*, pt. 186.

1711 À propos d'aides accordées à des entreprises du secteur automobile (TPICE, 15 décembre 1999, *Freistaat Sachsen et al. c. Commission CE*, aff. jointes T-132/96 et T-143/96, ECLI : ECLI : EU : T : 1999:326, pt. 170).

1712 CJCE, 30 septembre 2003, *Freistaat Sachsen c. Commission CE,* préc., pt. 97.

1713 Comm. CE, décision du 4 juin 2008, *state aid implemented by Germany for Sachsen LB*, aff. C9/2008, *JOUE* n° L/104/2009 du 24 avril 2009, p. 34, pt. 94 ; Comm. CE, décision du 30 avril 2008, *WestLB riskshield, Germany*, aff. NN25/2008, *JOUE* n° C/189/2008 du 26 juillet 2008, p. 1, pt. 41 ; Comm. CE, décision du 5 décembre 2007, *Northern Rock* préc., pt. 38 ; Comm. CE, décision du 27 juin 2007, *Concernant l'aide d'État C 50/2006 accordée par l'Autriche à BAWAG-PSK* préc., pt. 169 ; Comm. CE, décision du 18 février 2004, *relative à une aide à la restructuration accordée par l'Allemagne à Bankgesellschaft Berlin AG* préc., pt. 153 s. ; Comm. CE, décision du 20 mai 1998 *concernant les aides accordées par la France au groupe Crédit Lyonnais* préc., pt. 7.1.

1714 Trib. UE, 9 février 2018, *Arcofin SCRL et al. c. Commission eur.*, aff. T-711/14, ECLI : EU : T : 2018:80, pt. 141.

B. Application de l'article 107 § 3, sous b) au commencement de la crise financière

1018. **Perturbations de l'économie mondiale à l'occasion de la crise financière de 2008.** À compter de 2008, l'économie mondiale a été frappée d'une grave crise financière, déclenchée par l'éclatement d'une bulle de prix sur le marché immobilier américain. L'effondrement de la valeur des titres de créance adossés aux *subprimes* (prêts immobiliers à haut risque) a entraîné une crise de liquidité, et parfois de solvabilité, pour de nombreuses banques détentrices des titres. Par l'effet de contagion, les difficultés se sont propagées à l'ensemble du secteur financier européen, engendrant de graves répercussions sur l'économie réelle des États[1715].

1019. Les conditions d'application de l'article 107 § 3, sous b) ont donc été jugées réunies au profit non seulement des banques[1716], mais aussi des autres secteurs d'activités, en considération de l'exceptionnelle gravité de la crise et de son ampleur internationale[1717].

1020. **Procédure accélérée.** L'approche initiale de la Commission européenne, exposée dans la communication précitée du 25 octobre 2008, était très accommodante. Afin d'apporter en urgence toute la sécurité juridique nécessaire au prompt rétablissement de la confiance sur les marchés, la Commission européenne s'engageait ainsi à « l'adoption rapide des décisions dès réception d'une notification complète, si nécessaire dans les 24 heures et au cours d'un weekend »[1718], contre deux mois en temps normal[1719].

1021. **Nécessité et proportionnalité de l'aide.** Les mesures d'aide n'ont pour autant pas été autorisées inconditionnellement. Quelle que fût sa nature – recapitalisation, rachat d'actifs dépréciés, garantie, soutien de trésorerie –, l'aide devait respecter un certain nombre d'exigences générales[1720]. La mesure devait tout d'abord, être nécessaire et proportionnée au regard des difficultés rencontrées. Cela supposait notamment que sa durée demeure limitée. En effet, les aides n'étaient admises qu'à titre temporaire, pour une période généralement située entre six mois et deux ans[1721].

1022. Le montant du soutien ne devait pas non plus excéder le minimum requis[1722]. À ce titre, la DG concurrence exigeait des bénéficiaires qu'ils apportent « une

---

1715 Pour une description des origines de la crise et des réformes juridiques qui se sont ensuivies, V. M. Sève, *La régulation financière face à la crise*, Bruylant, coll. Droit et économie, 2013.

1716 Comm. CE, communication du 25 octobre 2008, Application des règles en matière d'aides d'État aux mesures prises en rapport avec les institutions financières dans le contexte de la crise financière mondiale préc., pt. 1 à 9.

1717 Comm. CE, communication du 22 janvier 2009, Cadre communautaire temporaire pour les aides d'État destinées à favoriser l'accès au financement dans le contexte de la crise économique et financière actuelle préc., pt. 1.1.

1718 Comm. CE, communication du 25 octobre 2008, Application des règles en matière d'aides d'État aux mesures prises en rapport avec les institutions financières dans le contexte de la crise financière mondiale préc., pt. 53.

1719 Règlement (UE) 2015/1589 du Conseil du 13 juillet 2015 portant modalités d'application de l'article 108 du traité sur le fonctionnement de l'Union européenne, *JOUE* n° L 248 du 24 septembre 2015, p. 9, art. 4 § 5.

1720 Comm. CE, communication du 25 octobre 2008, Application des règles en matière d'aides d'État aux mesures prises en rapport avec les institutions financières dans le contexte de la crise financière mondiale préc., pt. 15 et 35.

1721 *Ibid.*, pt. 24, 35 et 37.

1722 *Ibid.*, pt. 25 et 38.

contribution aussi importante que possible sur leurs propres ressources »[1723]. Il ne s'agissait pour autant pas là d'un véritable principe de « répartition des charges », appliqué aussi strictement qu'il pourra l'être à partir de 2013[1724]. Au début de la crise, la contribution du bénéficiaire est essentiellement envisagée à travers la rémunération de l'aide[1725].

1023. **Limitation des distorsions concurrentielles.** Les mesures devaient ensuite être conçues de manière à éviter les distorsions concurrentielles. Ne pouvaient être ainsi admises à profiter d'un régime d'aide, que les banques sélectionnées sur la base de critères objectifs et non discriminatoires[1726]. Chaque mesure individuelle devait par ailleurs être assortie de garde-fous, empêchant le bénéficiaire de s'appuyer sur l'aide pour entreprendre des comportements anticoncurrentiels. Ainsi devait-il en particulier, s'abstenir d'utiliser (présenter) le soutien de l'État comme un avantage concurrentiel lors de la commercialisation de ses offres ; il ne devait pas en faire la publicité[1727]. Une rémunération appropriée de la mesure, proche des conditions de marché, contribuait également à limiter son effet restrictif[1728].

1024. **Appréciation ultérieure du plan de restructuration.** La mesure de soutien devait par ailleurs s'accompagner d'une restructuration du bénéficiaire, ce qui constituait la contrepartie la plus exigeante de l'aide. Néanmoins, et c'est là que s'apprécie toute la souplesse et l'originalité de ce régime dérogatoire, le plan de restructuration était évalué séparément des mesures de soutien, et sa notification pouvait intervenir dans les six mois suivant la décision d'autorisation temporaire[1729]. En d'autres termes, une aide pouvait être acceptée à titre temporaire en urgence, sans contrepartie de restructuration ; le plan de restructuration ne devait être notifié que six mois plus tard, et conditionnait alors l'éventuelle prolongation de validité du soutien. Cette possibilité admise en droit commun à titre exceptionnel[1730] s'appliquait ainsi par principe aux banques en difficultés.

1025. À ce titre, la Commission opérait un distinguo entre, d'une part, les banques fondamentalement saines, confrontées à des difficultés exogènes, imputables à la situation critique générale subie par les marchés financiers et, d'autre part, les banques rencontrant des difficultés endogènes, affectées par des pertes découlant d'un manque d'efficacité, d'une mauvaise gestion actif-passif, ou d'une prise de risques excessive. En tant qu'une aide publique apportée aux secondes était jugée

---

1723 *Ibid.*, pt. 38.

1724 V. *infra* n° 1038 et 1063.

1725 V. par ex. Comm. CE, décision du 12 mai 2009, *Recapitalisation of Allied Irish Bank by the Irish State*, aff. N241/2009, *JOUE* n° C/223/2009 du 16 septembre 2009, p. 1, pt. 62 à 82.

1726 Comm. CE, communication du 25 octobre 2008, Application des règles en matière d'aides d'État aux mesures prises en rapport avec les institutions financières dans le contexte de la crise financière mondiale préc., pt. 18.

1727 Comm. CE, décision du 12 mai 2009, *Recapitalisation of Allied Irish Bank by the Irish State* préc., pt. 80.

1728 Comm. CE, décision du 8 mai 2009, *Renforcement des fonds propres de l'entité qui sera issue du rapprochement des organes centraux des groupes Caisse d'Épargne et Banque Populaire*, aff. N249/2009, *JOUE* n° C/186/2009 du 8 août 2009, p. 2, pt. 55.

1729 Comm. CE, communication du 25 octobre 2008, Application des règles en matière d'aides d'État aux mesures prises en rapport avec les institutions financières dans le contexte de la crise financière mondiale préc., pt. 30 et 41.

1730 Comm. eur., Lignes directrices concernant les aides d'État au sauvetage et à la restructuration d'entreprises en difficulté autres que les établissements financiers préc., pt. 115.

beaucoup plus attentatoire à la concurrence, les mesures de restructuration requises à leur égard, étaient plus exigeantes que celles imposées aux premières[1731].

1026. **Bilan positif de la pratique décisionnelle.** Entre fin 2008 et fin 2012, la DG concurrence a statué sur le cas de 90 banques individuellement bénéficiaires d'aides et sur plus d'une cinquantaine de régimes généraux, adoptés dans la plupart des États membres[1732]. Au cours de cette période, elle a rendu plus de 350 décisions relatives à des aides accordées aux banques. La totalité des mesures ont été autorisées sur le fondement de l'article 107 § 3, sous b), à l'exception d'une seule et unique décision négative[1733].

1027. À court terme, la Commission a manifestement fait prévaloir la stabilité sur la concurrence, sans pour autant négliger cette dernière. Dans un document de travail du 5 octobre 2011[1734], elle évalue, à la demande du Parlement européen, l'effet des aides accordées temporairement dans le contexte de crise. Bien qu'il soit difficile d'isoler l'impact des aides de celui des autres mesures (notamment mises en œuvre par les banques centrales), la DG concurrence constate un regain de confiance générale et de stabilité financière. La demande de crédit qui avait chuté depuis le début de la crise, repart à la hausse à compter du premier trimestre de 2009 ; à la même période, le rendement moyen des capitaux propres des banques aidées augmente progressivement, pour franchir à nouveau le seuil de rentabilité début 2010[1735].

1028. La Commission rappelle ensuite que le contrôle des aides d'État constituait le seul et véritable moyen d'imposer à l'échelle de l'Union, une restructuration des banques bénéficiaires[1736]. L'application uniforme de ces règles a certainement contribué à l'intégration du marché et préservé la concurrence interbancaire[1737]. La Commission relève en ce sens, que les banques n'ayant pas perçu d'aide publique sont globalement restées plus profitables que les banques bénéficiaires, accréditant ainsi l'hypothèse que ces dernières n'ont pas tiré des aides un avantage concurrentiel[1738]. Quant à la concentration du secteur bancaire européen, elle s'est accrue sensiblement entre 2007 et 2008 mais s'atténuait déjà en 2009[1739].

1731 Comm. CE, communication du 25 octobre 2008, Application des règles en matière d'aides d'État aux mesures prises en rapport avec les institutions financières dans le contexte de la crise financière mondiale préc., pt. 14, 33 et 35.

1732 Comm. eur., Commission staff working document du 21 décembre 2012 – Facts and figures on State aid in the EU Member States - 2012 Update – Accompanying the document State aid Scoreboard 2012 – Update Report on State aid granted by the EU Member States, SWD(2012) 443 final, p. 28.

1733 À propos d'une mesure d'aide sous forme de garantie d'un prêt à hauteur de 450 millions d'euros accordée par l'État portugais à Banco Privado Português (BPP), jugée illégale à défaut de notification d'un plan de restructuration dans les six mois suivant l'autorisation temporaire de la mesure (Comm. eur., décision du 20 juillet 2010, *on the State Aid n° C 33/2009 [ex NN 57/2009, CP 191/2009] implemented by Portugal in the form of a State guarantee to BPP*, aff. SA.28787, *JOUE* n° L/159/2011 du 17 juin 2011, p. 95).

1734 Comm. eur., Commission staff working paper du 5 octobre 2011, The effects of temporary State aid rules adopted in the context of the financial and economic crisis, SEC(2011) 1126 final.

1735 *Ibid.*, p. 8 et 9.

1736 *Ibid.*, p. 8.

1737 *Ibid.*, p. 10 et 11.

1738 *Ibid.*, p. 14.

1739 L'HHI du marché bancaire européen est passé de 596 en 2007, à 665 en 2008, avant de redescendre à 632 en 2009 (*ibid.*, p.14).

1029. À compter de 2013, l'application de l'article 107 § 3, sous b) se justifiait toujours au regard de la persistance des tensions et de la mutation de la crise financière en crise des dettes souveraines. Mais l'urgence étant passée et la conjoncture ayant tout de même embelli, la Commission a durci son approche afin de restaurer un équilibre à plus long terme, entre concurrence et stabilité.

§ 2. Durcissement du régime spécial au sortir de la crise

1030. **Approche à long terme.** La communication concernant le secteur bancaire de 2013, toujours en vigueur, marque une rupture avec le régime appliqué au début de la crise. Jusqu'alors, la DG concurrence s'était efforcée d'éviter la panique et de préserver la stabilité à court terme. Dans cette perspective, l'admission des aides a donc été quasi-systématique bien qu'à titre temporaire, et l'examen des plans de restructuration renvoyé à plus tard. Mais avec l'atténuation de la crise, la Commission a pu s'orienter vers une démarche à plus long terme. Les critères de compatibilité de l'aide se sont durcis. Le changement majeur tient à l'obligation de notifier un plan de restructuration du bénéficiaire en même temps que l'aide, et non plus postérieurement à son autorisation temporaire. La viabilité future de l'établissement est impérative[1740] (A). Cette approche a permis une transition du secteur en douceur vers les nouveaux dispositifs de régulation bancaire, auxquels elle se conforme parfaitement. Mais en attente de mécanismes de résolution véritablement unifiés en Europe, l'application d'un régime spécial de droit des aides a aussi permis d'harmoniser les modalités du soutien public, limitant par là même, les risques de fragmentation (B).

A. Prévention et traitement de la défaillance par l'application du droit des aides d'État

1031. **Aide à la liquidité, aide à la solvabilité, aide à la liquidation.** La DG concurrence admet l'octroi d'aides à visée préventive, destinées à empêcher la défaillance de la banque, en renforçant sa solvabilité ou sa liquidité (1). Mais lorsque la défaillance ne peut être évitée, la Commission juge inutile, voire délétère, le maintien artificiel d'une banque à flot. Pour autant, sa sortie brutale du marché peut s'avérer inopportune, eu égard notamment, à l'objectif de stabilité. Des aides à la liquidation sont alors admissibles (2).

[1740] « [L]a situation sur le marché a évolué et les mesures de sauvetage structurelles accordées sur la seule base d'une évaluation préliminaire reposant sur le postulat que pratiquement toutes les banques doivent être sauvées et remettant à plus tard l'évaluation approfondie des plans de restructuration ne se justifient plus. Bien que cette méthode ait permis d'éviter l'effondrement irrémédiable du secteur financier dans son ensemble, les efforts de restructuration des bénéficiaires individuels s'en sont souvent trouvés retardés. […] La présente communication instaure le principe selon lequel les mesures de recapitalisation et de sauvetage d'actifs dépréciés ne seront autorisées qu'une fois le plan de restructuration de la banque approuvé. Grâce à cette ligne de conduite, il sera possible de calibrer plus précisément le montant de l'aide, de déterminer plus tôt l'origine des problèmes des banques pour y remédier plus rapidement et de préserver la stabilité financière. » (Comm. eur., communication concernant le secteur bancaire du 30 juillet 2013 préc., pt. 23).

1. Prévention de la défaillance par l'application du droit des aides d'État

1032. **Régime des aides à la solvabilité distinct de celui des aides à la liquidité.** Deux catégories générales de mesures peuvent contribuer à prévenir la défaillance : d'une part, les aides visant à renforcer la solvabilité de la banque, sous forme de recapitalisation ou de sauvetage d'actifs dépréciés, et d'autre part, les aides destinées à préserver sa liquidité, par le biais d'une garantie ou d'un support direct de trésorerie. En raison du caractère irréversible des mesures d'aide à la solvabilité, leur régime est sensiblement plus exigeant (a) que celui afférent aux aides à la liquidité (b).

a. Régime des aides à la solvabilité

1033. **Recapitalisation et sauvetage d'actifs dépréciés.** Certaines aides ont pour objectif principal de combler un déficit de fonds propres[1741] et d'assurer par là même, la solvabilité de la banque bénéficiaire. Elles se déclinent en deux sous-catégories faisant l'objet de communications distinctes, mais partageant un régime globalement similaire : les mesures de recapitalisation[1742] et les mesures de sauvetage d'actifs dépréciés[1743].

1034. Les mesures de recapitalisation consistent en la souscription par l'État de titres de capital de diverses natures[1744]. Ce type d'aide présente l'intérêt de conférer à l'État un rôle de premier plan dans la gouvernance des banques et lui permet de mieux surveiller leurs activités[1745]. Entre 2008 et 2017, la Commission européenne a autorisé plusieurs mesures de recapitalisation, d'un montant cumulé de 855 milliards d'euros[1746].

1035. Les mesures de sauvetage d'actifs dépréciés visent à assainir le bilan des banques et rétablir la confiance du marché à leur égard[1747]. Sont ainsi concernés différents types d'actifs « dépréciés », entendus largement comme étant devenus non liquides ou ayant connu d'importantes corrections de valeur à la baisse au cours de la crise. Les titres adossés aux *subprimes*, communément qualifiés de « toxiques », de même que les contrats financiers associés, en constituent le meilleur exemple[1748]. Mais de nombreuses autres variétés d'actifs pourront faire l'objet de telles

---

1741 *Ibid.*, pt. 28.

1742 Comm. CE, communication du 15 janvier 2009, Recapitalisation des établissements financiers dans le contexte de la crise financière actuelle : limitation de l'aide au minimum nécessaire et garde-fous contre les distorsions indues de concurrence préc.

1743 Comm. CE, communication de la Commission du 26 mars 2009 concernant le traitement des actifs dépréciés dans le secteur bancaire de la Communauté préc.

1744 V. en particulier l'annexe de la communication du 15 janvier 2009 sur la recapitalisation des établissements financiers dans le contexte de la crise financière actuelle précitée.

1745 V. Fr.-Ch. Laprévote et Fl. Coupé, « The States' toolkit for rescuing bank in difficulty », *in* Fr.-Ch. Laprévote, J. Gray, et F. De Cecco, (dir.), *Research Handbook on State Aid in the Banking Sector*, Edward Elgar, coll. Research Handbooks in Financial Law series, 2017, p. 129 à 131.

1746 Comm. eur., State Aid Scoreboard 2018 : Results, trends and observations regarding EU28 State Aid expenditure reports for 2017, 7 janvier 2019, p. 34.

1747 V. Fr.-Ch. Laprévote et Fl. Coupé, art. préc., p. 142.

1748 Comm. CE, communication de la Commission du 26 mars 2009 concernant le traitement des actifs dépréciés dans le secteur bancaire de la Communauté préc., cons. 32.

mesures[1749]. Les aides peuvent prendre la forme d'un rachat d'actifs, par le biais généralement d'une société véhicule détenue par l'État, ou bien consister en une garantie d'indemnisation des pertes associées aux actifs demeurant dans le bilan du bénéficiaire[1750]. Entre 2008 et 2017, la Commission a autorisé diverses mesures de sauvetage d'actifs dépréciés, d'un montant total de 604 milliards d'euros[1751].

1036. **Plan de mobilisation des capitaux.** La recapitalisation ou le sauvetage d'actifs dépréciés ne pourront en principe être autorisés que s'il est établi que toutes les mesures visant à limiter l'aide au minimum ont été exploitées. À cette fin, les États doivent présenter un « plan de mobilisation des capitaux », recensant toutes les voies alternatives au soutien public envisageables, permettant de reconstituer les capitaux, sans compromettre la viabilité de la banque. Ainsi par exemple, de la vente d'actifs générant des fonds propres, de l'émission de droits, et de l'incorporation de bénéfices[1752].

1037. Le plan doit également prévoir des mesures destinées à empêcher la sortie des capitaux. Afin de conserver ses fonds propres, la banque devra notamment s'abstenir de racheter une partie de ses actions, verser des dividendes, ou encore payer des coupons sur des instruments hybrides lorsque tel versement est discrétionnaire[1753]. Plus généralement, le plan doit comporter des dispositions limitant certaines dépenses pour l'avenir. Cela suppose en particulier, l'adoption d'une stricte politique de rémunération[1754], prévoyant un plafonnement des composantes fixes et variables de la rémunération de l'ensemble du personnel, y compris des dirigeants[1755]. S'il est par ailleurs établi qu'un recours au soutien public aurait pu être évité par la mise en œuvre en temps utile de mesures appropriées à l'occasion d'une conjoncture plus favorable, l'autorisation de l'aide peut être conditionnée au remplacement du PDG ainsi éventuellement, que d'autres membres du conseil d'administration[1756].

1038. **Répartition des charges.** En outre, le plan de mobilisation des capitaux doit se conformer au principe de « répartition des charges », mettant ainsi à contribution les actionnaires et les créanciers subordonnés. La répartition des charges pourra notamment prendre la forme d'une réduction de valeur au principal des instruments, ou de leur conversion en actions. Cette exigence est explicitement présentée par la Commission comme un moyen de limiter l'aléa moral et de renforcer la discipline de marché[1757].

1749 Différentes catégories d'actifs éligibles sont exposées à l'annexe III de la communication de la Commission du 26 mars 2009 concernant le traitement des actifs dépréciés dans le secteur bancaire de la Communauté précitée.

1750 *Ibid.*, cons. 11.

1751 Comm. eur., State Aid Scoreboard 2018 : Results, trends and observations regarding EU28 State Aid expenditure reports for 2017, 7 janvier 2019, p. 34.

1752 Comm. eur., communication concernant le secteur bancaire du 30 juillet 2013 préc., pt. 32 et 35.

1753 *Ibid.*, pt. 47.

1754 Applicable au moins jusqu'à la fin de la période de restructuration (*ibid.*, pt. 38).

1755 Conformément aux articles 93 et 94 de la directive 2013/36/UE précitée.

1756 La banque devra alors s'abstenir de verser des indemnités de licenciement supérieures à celles légalement ou contractuellement prévues (Comm. eur., communication concernant le secteur bancaire du 30 juillet 2013 préc., pt. 37 et 39).

1757 *Ibid.*, pt. 40 à 46.

1039. **Pallier un déficit de fonds propres.** Si malgré ces diverses mesures de mobilisation des capitaux, un déficit de fonds propres[1758] subsiste, celui-ci peut alors être couvert par une aide d'État. L'identification précise du montant effectif de l'aide est fondamentale, car de cet élément dépend en grande partie la nature et l'importance des restructurations exigées en contrepartie[1759]. En cas de recapitalisation, la Commission assimile généralement le montant de l'aide à la valeur nominale de la recapitalisation, estimant qu'en toute hypothèse, aucun investisseur privé n'aurait entrepris ce type d'opération en faveur d'une banque en difficulté[1760]. S'il s'agit d'une mesure de sauvetage d'actifs dépréciés, le montant de l'aide correspond en principe, à la différence entre la valeur de cession des actifs et le prix de marché[1761].

1040. **Garde-fous visant à limiter les distorsions concurrentielles.** La conformité de l'aide au traité suppose la présence de garde-fous limitant les distorsions concurrentielles. Sur ce point, le régime actuel n'opère aucun changement par rapport à la communication de 2008[1762]. Il convient en substance, de se rapprocher autant que possible de la situation de marché qui aurait existé en l'absence d'un soutien public[1763]. Une rémunération de l'aide est à cet égard déterminante[1764], de même que son remboursement dans la mesure du possible.

1041. Mais contrairement aux soutiens de liquidité, pour lesquels un remboursement est tout à fait envisageable[1765], les sauvetages d'actifs dépréciés et les mesures de recapitalisation sont pratiquement irréversibles[1766]. Pour ces dernières, il est en revanche possible de prévoir des mécanismes d'incitation « à la sortie », tels qu'une progressivité de la rémunération des titres souscrits par l'État, encou-

---

1758 Le « déficit de fonds propres » est ici compris comme « une insuffisance de fonds propres établie lors d'un exercice de recapitalisation, d'une simulation de crise, d'un examen de la qualité des actifs ou d'un exercice équivalent mené au niveau de l'Union ou de la zone euro ou au niveau national, confirmée si nécessaire par l'autorité de surveillance compétente » (*ibid.*, pt. 28).

1759 Comm. CE, communication de la Commission du 19 août 2009 sur le retour à la viabilité et l'appréciation des mesures de restructuration prises dans le secteur financier dans le contexte de la crise actuelle, conformément aux règles relatives aux aides d'État préc., pt. 30.

1760 Sur ce point, V. Fr.-Ch. Laprévote et Fl. Coupé, art. préc., p. 138 et 139.

1761 Comm. CE, communication de la Commission du 26 mars 2009 concernant le traitement des actifs dépréciés dans le secteur bancaire de la Communauté préc., pt. 20.

1762 V. *supra* n° 1023.

1763 Comm. eur., communication concernant le secteur bancaire du 30 juillet 2013 préc., pt. 20.

1764 *Ibid.*, pt. 16. Pour les mesures de recapitalisation, la rémunération est attachée aux titres souscrits par l'État (Comm. CE, communication du 15 janvier 2009, Recapitalisation des établissements financiers dans le contexte de la crise financière actuelle : limitation de l'aide au minimum nécessaire et garde-fous contre les distorsions indues de concurrence préc., pt. 10, 18 et 21) ; en cas de sauvetage d'actifs dépréciés, elle peut être assurée en fixant le prix de cession à un niveau inférieur à sa valeur économique réelle, quoique supérieur au prix de marché (Comm. CE, communication de la Commission du 26 mars 2009 concernant le traitement des actifs dépréciés dans le secteur bancaire de la Communauté préc., annexe IV).

1765 Un prêt est par définition remboursable (V. pour une série de prêts accordés à la Banco Português de Negócios : Comm. eur., décision du 27 mars 2012, *on the measures SA. 26909 [2011/C] implemented by Portugal for the restructuring of Banco Português de Negócios [BPN]*, aff. SA.26909, *JOUE* n° L/301/2012 du 30 octobre 2012, p. 1). De même lorsqu'une garantie étatique a été appelée (Comm. CE, décision du 21 avril 2009, *UK asset backed securities Scheme*, aff. N232/2009, *JOUE* n° C/147/2009 du 27 juin 2009, p. 1).

1766 Comm. eur., communication concernant le secteur bancaire du 30 juillet 2013 préc., pt. 29.

rageant les banques à remplacer *in fine*, les capitaux publics par des capitaux privés[1767].

1042. **Restructuration du bénéficiaire destinée à rétablir sa viabilité.** L'autorisation de l'aide implique aussi et surtout la présentation d'un plan de restructuration du bénéficiaire. Sa finalité est double : rétablir la viabilité de la banque[1768] et limiter les restrictions concurrentielles[1769]. Le plan doit établir l'origine des difficultés éprouvées par l'entreprise ainsi que ses faiblesses, et exposer les mesures de restructuration à même d'y faire face. Il doit être ainsi démontré que l'entreprise recouvrera une viabilité à long terme, c'est-à-dire qu'elle sera en capacité de couvrir, sans aide d'État, la totalité de ses coûts et d'obtenir un rendement approprié des fonds propres[1770] ; et ce, dans les plus brefs délais – les mesures de restructuration ne devront pas s'étendre sur plus de cinq ans[1771]. Leurs modalités dépendront de deux critères généraux : le montant (l'ampleur) de l'aide et la nature des marchés affectés[1772].

1043. **Mesures structurelles.** Les mesures de type structurel occuperont en toute hypothèse une place prépondérante. Celles-ci consistent pour l'essentiel, en des cessions ou réductions d'activités ; les banques bénéficiaires peuvent donc être tenues de céder des filiales, succursales, ou des portefeuilles de clients[1773]. Dans la perspective d'une protection de la concurrence et du marché unique, le choix de l'acquéreur n'est pas indifférent. Seront ainsi privilégiées, les cessions favorisant l'entrée de nouveaux concurrents et l'activité transfrontalière[1774].

1044. L'admission de ces opérations sur le fondement du droit des aides d'État est absolument sans préjudice des règles relatives au contrôle des concentrations lorsqu'elles sont applicables[1775], et réciproquement[1776]. Partant, une opération relevant du champ d'application tant du droit des aides, que des règles gouvernant le contrôle des concentrations, doit faire l'objet de notifications distinctes sur chacun de ces deux fondements. Ladite opération ne peut alors être légalement mise en œuvre qu'à la condition d'être autorisée au regard non seulement du droit des aides, mais également du droit des concentrations. Qu'elle soit jugée incompatible avec le marché intérieur sur l'un des deux fondements, et l'acquisition devra être abandonnée.

[1767] Comm. CE, communication du 15 janvier 2009, Recapitalisation des établissements financiers dans le contexte de la crise financière actuelle : limitation de l'aide au minimum nécessaire et garde-fous contre les distorsions indues de concurrence préc., pt. 20 et 31 à 34.

[1768] Comm. CE, communication de la Commission du 19 août 2009 sur le retour à la viabilité et l'appréciation des mesures de restructuration prises dans le secteur financier dans le contexte de la crise actuelle, conformément aux règles relatives aux aides d'État préc., pt. 9 à 21.

[1769] *Ibid.*, pt. 28 à 45.

[1770] *Ibid.*, pt. 13.

[1771] *Ibid.*, pt. 15.

[1772] *Ibid.*, pt. 30.

[1773] Comm. CE, décision du 21 octobre 2008, *concernant l'aide d'État C 10/08 (ex NN 7/08) accordée par l'Allemagne en vue de la restructuration d'IKB Deutsche Industriebank AG,* aff. C10/2008, *JOUE* n° L/278/2009 du 23 octobre 2009, p. 32, pt. 46 et 47 ; Comm. CE, décision du 7 mai 2009, *Commerzbank – Germany,* aff. N244/2009, *JOUE* n° C/147/2009 du 27 juin 2009, p. 1, pt. 76.

[1774] Comm. CE, communication de la Commission du 19 août 2009 sur le retour à la viabilité et l'appréciation des mesures de restructuration prises dans le secteur financier dans le contexte de la crise actuelle, conformément aux règles relatives aux aides d'État préc., pt. 35.

[1775] *Ibid.*, pt. 19.

[1776] Comm. CE, décision du 3 décembre 2008, *BNP Paribas / Fortis*, aff. M.5384, *JOCE* n° C 7 du 13 janvier 2009, p. 4, pt. 142.

1045. **Mesures comportementales.** Les mesures peuvent également revêtir une dimension comportementale. Il s'agit ici d'empêcher que les aides servent à financer des pratiques restrictives. Le soutien public ne saurait être ainsi utilisé par son bénéficiaire pour offrir des conditions (notamment tarifaires), que ses concurrents ne pourraient égaler en l'absence de soutien similaire. En ce sens, lorsqu'il n'apparaît pas inopportun de limiter sa liberté tarifaire, une banque pourrait par exemple se voir interdire de proposer aux épargnants les taux d'intérêt les plus élevés du marché[1777].

1046. En principe, les aides ne devraient pas non plus servir à l'acquisition d'entreprises concurrentes. Cette prohibition doit être maintenue pendant au moins trois ans, et peut s'étendre jusqu'à la fin de la période de restructuration, compte tenu de l'ampleur du soutien[1778]. Mais une telle acquisition peut être admise exceptionnellement, après notification individuelle de l'opération, dès lors qu'elle relève d'un processus de consolidation contribuant à la stabilité financière[1779].

1047. **Notifications concomitantes de l'aide et du plan de restructuration.** La distinction auparavant effectuée entre les banques fondamentalement saines et celles rencontrant des difficultés endogènes a été abandonnée à l'occasion de la première communication de prorogation[1780]. Depuis lors, toute banque faisant appel à des mesures de recapitalisation ou de sauvetage d'actifs dépréciés doit soumettre un plan de restructuration.

1048. Mais surtout, la véritable rupture avec le régime antérieur réside en l'obligation pour l'État de notifier le plan de restructuration en même temps que la mesure d'aide. En principe, celle-ci ne peut donc plus être admise à titre temporaire en contrepartie d'une restructuration ultérieurement examinée. Désormais, « les mesures de recapitalisation et de sauvetage d'actifs dépréciés ne seront autorisées qu'une fois le plan de restructuration de la banque approuvé. » Cette approche doit ainsi permettre de déterminer plus tôt l'origine des difficultés puis d'y remédier, afin de rétablir la viabilité de la banque au plus vite et préserver *in fine* la stabilité financière[1781]. Il s'agit là de la principale différence entre le régime des aides à la solvabilité et celui des aides à la liquidité.

b. Régime des aides à la liquidité

1049. **Garantie et support direct de liquidité.** Certaines aides ont vocation, non pas à préserver la solvabilité de la banque, mais à lui apporter un soutien de liquidité. Leurs modalités sont très variables. Le support de liquidité peut parfaitement

---

1777 Comm. CE, communication de la Commission du 19 août 2009 sur le retour à la viabilité et l'appréciation des mesures de restructuration prises dans le secteur financier dans le contexte de la crise actuelle, conformément aux règles relatives aux aides d'État préc., pt. 39 et 44.

1778 *Ibid.*, pt. 40.

1779 *Ibid.*, pt. 41.

1780 Cette distinction cherchait à éviter que des banques saines ayant un besoin de capitaux mais rencontrant des difficultés à en lever sur le marché, préfèrent réduire leur volume de crédit destiné à l'économie réelle plutôt que de recourir à une aide d'État impliquant une profonde restructuration. En 2010, la Commission a estimé que les difficultés du refinancement par le marché s'étaient suffisamment dissipées pour abandonner ce distinguo (Comm. eur., communication du 7 décembre 2010, concernant l'application, à partir du 1er janvier 2011, des règles en matière d'aides d'État aux aides accordées aux banques dans le contexte de la crise financière préc., pt. 13).

1781 Comm. eur., communication concernant le secteur bancaire du 30 juillet 2013 préc., pt. 23.

n'être qu'indirect et consister en une garantie de l'État aux fins d'obtention d'un financement sur le marché. Dès lors que l'État se porte ainsi garant de la banque, celle-ci se trouve en meilleure posture pour obtenir un refinancement (auprès d'un tiers) à des conditions plus favorables[1782].

1050. L'État peut aussi bien accorder un soutien de liquidité direct, par la voie de prêts ou de lignes de crédit[1783] ; mais aussi par l'intermédiaire d'une banque centrale, sous la forme d'une mesure de fourniture de liquidité d'urgence[1784].

1051. **Limitation des distorsions concurrentielles.** La réversibilité de ce type de mesures légitime un régime de compatibilité moins contraignant que celui des aides sous forme de recapitalisation ou de sauvetage d'actifs dépréciés évoquées *supra*. Mais en tout état de cause, et à l'instar de ces dernières, la conformité des supports de liquidité (directs ou indirects) reste soumise au principe général de limitation des distorsions concurrentielles. En particulier, l'aide doit être rémunérée[1785] et ne peut servir à financer une stratégie commerciale agressive[1786].

1052. **Supports de liquidité exclus en cas de déficit de fonds propres.** En outre, les régimes de garantie et de soutien de trésorerie doivent demeurer inapplicables aux banques souffrant d'un déficit de fonds propres – pour lesquelles seules des mesures de recapitalisation ou de sauvetage d'actifs seraient appropriées –, et leur mise en œuvre doit faire l'objet de rapports périodiques remis à la Commission tous les trois mois[1787].

1053. **Notification d'un plan de restructuration postérieure à l'autorisation temporaire de l'aide.** L'admission d'une mesure d'aide individuelle à la liquidité est également conditionnée à la notification d'un plan de restructuration. Mais contrairement à ce qui prévaut pour les mesures d'aide à la solvabilité, le plan devra être soumis, non pas en même temps que la notification de l'aide, mais dans les deux mois suivant l'autorisation temporaire de celle-ci ; à moins que l'aide n'ait été intégralement remboursée avant l'issu de ce délai[1788].

1054. Les mesures d'aide à la solvabilité et à la liquidité ont donc une dimension préventive, visant à empêcher la défaillance. Tout autre est l'objectif des aides à la liquidation, conçues pour accompagner la sortie du marché d'une banque défaillante.

1782 Comm. CE, décision du 9 décembre 2008, *Urgent measures to guarantee the stability of the Italian banking system*, aff. N 520a /2008, *JOUE* n° C/29/2009 du 5 février 2009, p. 1 ; Comm. CE, décision du 13 octobre 2008, *Guarantee scheme for banks in Ireland*, aff. NN48/2008, *JOUE* n° C/312/2008 du 6 décembre 2008, p. 1.

1783 Comm. CE, décision du 20 mars 2009, *Liquidity scheme for the Slovenian financial sector*, aff. N 637/2008, *JOUE* n° C/143/2009 du 24 juin 2009, p. 1 ; Comm. CE, décision du 2 avril 2008, *Restructuring aid to Northern Rock*, aff. NN1/2008, *JOUE* n° C/135/2008 du 3 juin 2008, p. 21.

1784 Sur les conditions d'applicabilité du droit des aides aux mesures de fourniture de liquidité d'urgence, V. *supra* n° 535 s.

1785 La rémunération d'un support de liquidité direct, à l'exemple d'un crédit, correspond au taux d'intérêt (Comm. eur., décision du 29 juin 2014, *Liquidity support to Bulgarian banks – Bulgaria*, aff. SA.38994, *JOUE* n° C/301/2014 du 5 septembre 2014, p. 1). Quant aux garanties, une méthode de calcul de la prime est fournie en annexe de la seconde communication de prorogation (Comm. eur., communication du 6 décembre 2011, concernant l'application, à partir du 1er janvier 2012, des règles en matière d'aides d'État aux aides accordées aux banques dans le contexte de la crise financière préc.).

1786 Comm. eur., communication concernant le secteur bancaire du 30 juillet 2013 préc., pt. 59.

1787 *Ibid.*, pt. 60.

1788 *Ibid.*, pt. 56.

2. Traitement de la défaillance par l'application du droit des aides d'État

1055. **Retrait des banques non viables du marché.** Lorsque le retour à la viabilité d'un opérateur est inenvisageable, la Commission juge préférable de recourir à sa liquidation. Le retrait des banques non viables devrait même être encouragé[1789]. C'est là reconnaître l'inopportunité d'un acharnement thérapeutique, visant à maintenir artificiellement une banque à flot. En principe, le jeu de la concurrence doit donc se poursuivre jusqu'à ce que mort s'ensuive, pour les banques comme pour toute autre entreprise.

Néanmoins, la DG concurrence estime qu'au regard de la spécificité des activités bancaires et de l'objectif de stabilité, le recours à une procédure d'insolvabilité ordinaire peut s'avérer inapproprié. Dès lors, un soutien public accompagnant la liquidation de l'établissement défaillant pourrait être admissible[1790].

1056. **Plan de liquidation ordonnée.** « L'aide à la liquidation » est soumise à l'approbation par la Commission, d'un plan organisant la liquidation ordonnée de la banque. Ce dernier doit satisfaire à certains principes, notamment celui de la limitation des coûts et du maintien de l'activité au minimum nécessaire[1791]. Afin d'éviter les distorsions de concurrence, l'entité défaillante ne peut s'engager dans de nouvelles activités ; ses opérations doivent se cantonner à la poursuite et l'achèvement d'activités en attente avec des clients existants.

1057. En toute hypothèse, elle ne peut « exercer une concurrence active sur le marché ». Cela implique en particulier, l'adoption d'une politique de tarification encourageant les clients à chercher une solution alternative plus intéressante. Autrement dit, la banque en liquidation doit elle-même orienter sa propre clientèle vers ses concurrents[1792]. La liquidation est également soumise au principe de répartition des charges ; ce qui suppose en conséquence, que les créances des actionnaires et détenteurs de titres de créance subordonnée ne soient pas transférées vers une activité économique toujours en cours[1793].

1058. **Cession d'actifs ou d'une entité à part entière.** La liquidation doit aussi viser, dans la mesure du possible, à permettre la vente d'actifs, voire d'une entité à part entière ou certains de ses éléments[1794]. Telle opération est en effet de nature à restaurer la confiance sur le marché. Une issue de ce type doit donc être recherchée, pourvu que l'entité cédée puisse recouvrer sa viabilité à long terme[1795], et que l'acquéreur soit lui-même viable[1796].

1789 *Ibid.*, pt. 65.

1790 *Ibid.*, pt. 66.

1791 *Ibid.*, pt. 72.

1792 *Ibid.*, pt. 74 et 75.

1793 *Ibid.*, pt. 77.

1794 *Ibid.*, pt. 67.

1795 Comm. eur., décision du 25 juin 2017, *Orderly liquidation of Banca Popolare di Vicenza and Veneto Banca – Liquidation aid,* aff. SA.45664 (2017/N), *JOUE* n° C/236/2018 du 6 juillet 2018, p. 1, pt. 123 à 127.

1796 Comm. CE, communication de la Commission du 19 août 2009 sur le retour à la viabilité et l'appréciation des mesures de restructuration prises dans le secteur financier dans le contexte de la crise actuelle, conformément aux règles relatives aux aides d'État préc., pt. 17.

1059. À cette occasion, il n'est pas exclu qu'une aide soit accordée à l'acquéreur. Tel ne sera toutefois pas le cas, si la vente est opérée par le biais d'une procédure d'adjudication ouverte, inconditionnelle, non discriminatoire et que les actifs sont cédés au plus offrant[1797]. Le cas échéant, une aide octroyée à l'acquéreur fera l'objet d'un examen de compatibilité distinct de celui réservé à l'aide éventuellement accordée au cédant[1798].

1060. La Commission a donc durci son régime de compatibilité des aides au secteur bancaire. Leur admission est désormais soumise au strict respect du principe de répartition des charges, ainsi qu'à la restructuration profonde des banques bénéficiaires. Approuvée par la Cour de justice, cette approche a permis d'assurer la transition du secteur vers les nouvelles exigences de régulation bancaire.

B. Harmonisation de la réponse européenne à la crise par l'application du droit des aides d'État

1061. **Le droit des aides d'État, substitut de régulation bancaire.** Certains ont cru voir en l'affermissement des critères de compatibilité des aides accordées aux banques, une démarche punitive menée par la DG concurrence[1799]. Mais il convient surtout de lui reconnaître une dimension prophylactique, le but étant de dissuader une prise de risque excessif, d'assainir durablement le bénéficiaire d'un soutien public, et de préserver le marché d'une distorsion concurrentielle. Dans l'arrêt *Tadej Kotnik,* la Cour de justice souscrit à cette approche (1). Faute de mécanismes de résolution véritablement unifiés dans l'Union, l'application du droit des aides a également permis d'harmoniser la réponse européenne à la crise, et facilité la transition du secteur vers les nouvelles exigences de régulation bancaire (2).

1. Un régime spécial de droit des aides d'État approuvé par la Cour de justice

1062. **Légitimité du recours à l'article 107 § 3, sous b).** À l'occasion de l'affaire *Tadej Kotnik*[1800], la Cour de justice a validé *in globo* la démarche de la DG concurrence, à tout le moins en ce qui concerne le principe de répartition des charges. Elle avait été saisie par la Cour constitutionnelle slovène d'une série de questions préjudicielles relatives à l'interprétation et la validité de la communication concernant le secteur bancaire du 30 juillet 2013. Entre autres questions, il lui était demandé si, en subordonnant l'autorisation d'une aide au respect du principe de répartition des charges, tel que cela ressort des points 40 à 46 de ladite communication, la Commission européenne n'avait pas excédé sa compétence, définie aux articles 107 à 109 TFUE. La Cour de justice répond par la négative. Elle juge

---

1797 Comm. CE, décision du 5 novembre 2008, *Aid for liquidation of Roskilde Bank,* aff. NN39/2008, *JOUE* n° C/12/2009 du 17 janvier 2009, p. 1, pt. 64 et 65.

1798 Comm. eur., communication concernant le secteur bancaire du 30 juillet 2013 préc., pt. 79 à 82.

1799 S. Shamsi, P. Solomon et N. Robins, « Compensatory measures in the banking sector », *in* Fr.-Ch. Laprévote, J. Gray, et F. De Cecco, (dir.), *Research Handbook on State Aid in the Banking Sector*, Edward Elgar, coll. Research Handbooks in Financial Law series, 2017, p. 175 et 182.

1800 CJUE, 19 juillet 2016, *Tadej Kotnik et al. c. Državni zbor Republike Slovenije* préc.

légitime l'admission d'une aide aux banques sur le fondement de l'article 107 § 3, sous b) en cas de crise financière. Dans ce contexte, le soutien des banques en difficulté peut se justifier eu égard à leur rôle d'intermédiation et au risque de propagation systémique de la crise[1801].

1063. **Légitimité du principe de répartition des charges.** Il appartient à la Commission de fixer les conditions de compatibilité de l'aide avec le marché intérieur et les critères en considération desquels la mesure peut être jugée nécessaire pour remédier à une perturbation grave de l'économie. Or le principe de répartition des charges permet précisément de cantonner l'aide au minimum et de faire obstacle à ce qu'une partie de son montant soit employée autrement que pour soutenir la liquidité ou la solvabilité de la banque. Cette contrepartie contribue ainsi à contenir l'aléa moral – la prise de risque n'étant pas sans conséquence pour les actionnaires et les créanciers de la banque –, ainsi qu'à limiter l'effet restrictif de l'aide – dès lors que le bénéficiaire ne peut pas en tirer un avantage concurrentiel. En d'autres mots, le principe de répartition des charges constitue le point de conciliation entre stabilité et concurrence[1802].

1064. **Légitimité de l'affermissement du régime.** En réponse à une autre question, la Cour estime par ailleurs, que le durcissement des critères d'admission de l'aide ne porte pas atteinte au principe de confiance légitime. L'absence de mention, au sein de la communication du 25 octobre 2008, d'un principe de répartition des charges « ne saurait être considérée comme une assurance précise, inconditionnelle et concordante susceptible de faire naître la confiance légitime des actionnaires et des créanciers subordonnés de ne pas être soumis à des mesures de répartition des charges dans l'avenir. »[1803] La conjoncture économique a évolué ; les conditions d'admission des aides également.

2. Un régime spécial de droit des aides d'État à défaut de dispositifs résolutoires

1065. **Orientation des États membres dans une direction commune.** « *De facto*, la Commission est devenue une autorité centrale de gestion de crise et de résolution », selon les termes de l'ancien commissaire à la concurrence Joaquín Almunia[1804]. En l'absence d'un régime de résolution suffisamment élaboré et uniforme, la Commission s'est efforcée de limiter la fragmentation et d'harmoniser la réponse européenne à la crise, par l'application du droit des aides[1805]. Au moyen de son abondante pratique décisionnelle et d'un corpus de communications, la DG concurrence a orienté les États dans une direction homogène quant aux modalités de l'aide apportée aux banques et aux conditions de leur restructuration.

1801 *Ibid.*, pt. 47 à 51.

1802 *Ibid.*, pt. 46 à 60.

1803 *Ibid.*, pt. 66.

1804 J. Almunia, *Competition among financial markets operators*, ECMI Annual Conference, Banque nationale de Belgique, Bruxelles, 17 octobre 2013, SPEECH/13/834 : « the Commission became de facto a central crisis management and resolution authority » (traduction libre).

1805 V. Iftinchi, « State aid and the financial sector : the evolution of the legal framework of State aid law », *in* Fr.-Ch. Laprévote, J. Gray, et F. De Cecco, (dir.), *Research Handbook on State Aid in the Banking Sector*, Edward Elgar, coll. Research Handbooks in Financial Law series, 2017, p. 54.

1066. **L'article 107 TFUE, instrument d'harmonisation imparfait.** Pour autant, l'application de l'article 107 TFUE n'est qu'un instrument d'harmonisation imparfait des régimes de résolution[1806]. Seules les mesures comportant une aide notifiable sont soumises à l'examen de la DG concurrence. Toute autre mesure résolutoire échappe à son analyse. La Commission ne dispose d'ailleurs que d'un pouvoir de contrôle, sans avoir la possibilité d'élaborer elle-même le plan de résolution.

1067. Certes, les communications relatives à l'application du droit des aides aux banques contribuent à orienter les États dans une même direction. Mais ainsi que l'a rappelé la Cour de justice dans l'arrêt *Tadej Kotnik*[1807], ces textes ne constituent que des instruments de droit souple, dépourvus d'effet contraignant à l'égard des États, et ne liant en définitive, que la Commission elle-même.

1068. **Transition du secteur vers les nouvelles exigences de régulation bancaire.** Plusieurs dispositifs sont depuis lors venus combler ces lacunes, parmi lesquels, le mécanisme européen de stabilité (MES), la directive BRRD, ainsi que les mécanismes de surveillance et de résolution uniques (MSU et MRU). Au moment de l'adoption de la communication concernant le secteur bancaire de 2013, ces dispositifs, alors en préparation ou fraîchement en vigueur, n'étaient pas ignorés de la DG concurrence :

> *Ces mesures ne peuvent inévitablement être mises en œuvre que de façon progressive*, afin de permettre, par exemple, l'entrée en vigueur de la législation et la constitution des fonds de résolution. [...] Dans l'intervalle, la façon de plus en plus inégale dont la reprise économique se manifeste au sein de l'Union, la nécessité de réduire et d'assainir l'endettement public et privé et l'existence de poches de vulnérabilité dans le secteur financier ont engendré des tensions persistantes sur les marchés financiers et accru la *fragmentation et les distorsions dans le marché unique. L'intégrité de ce dernier doit donc être protégée notamment au moyen de règles renforcées en matière d'aides d'État.* L'adaptation des communications liées à la crise peut contribuer à *garantir un passage sans heurts vers le futur régime* que prévoit la proposition de directive de la Commission relative au redressement et à la résolution des défaillances d'établissements de crédit en clarifiant les règles à l'intention des marchés.[1808]

1069. La DG concurrence exprime ici très clairement l'articulation entre le droit des aides d'État et la régulation bancaire. En attente de son évolution progressive, l'application du droit des aides demeurait primordiale pour préserver l'intégrité du marché unique. En somme, la DG concurrence a permis une transition en douceur vers les nouveaux dispositifs de régulation bancaire.

1070. **Conclusion de la Section 1.** À l'origine, le contrôle des aides octroyées aux banques était réalisé en application des règles de droit commun. À l'occasion de la crise financière de 2008, la DG concurrence a élaboré un régime de contrôle spécial réservé aux aides accordées aux banques en difficulté, fondé sur l'article 107 § 3, sous b) TFUE. Depuis lors, le maintien de la stabilité financière

---

1806 Fr.-Ch. Laprévote et Fl. Coupé, art. préc., p. 149 et 150.

1807 CJUE, 19 juillet 2016, *Tadej Kotnik et al. c. Državni zbor Republike Slovenije* préc., pt. 35 à 45.

1808 Comm. eur., communication concernant le secteur bancaire du 30 juillet 2013 préc., pt. 12 et 13, mis en italique par nos soins.

constitue l'une des priorités de l'autorité européenne de concurrence. Pleinement consciente du risque systémique, elle a admis la nécessité d'accorder un soutien public à de nombreuses banques.

1071. Mais son approche a évolué. Au cours des cinq premières années suivant la survenance de la crise, la Commission était très conciliante : l'aide était admise en urgence indépendamment du plan de restructuration du bénéficiaire, dont la notification et l'évaluation pouvaient intervenir dans les six mois. Puis avec l'atténuation de la crise, la DG concurrence a raffermi son approche, exposée dans la communication de 2013. La démarche est orientée à plus long terme : la viabilité future de la banque bénéficiaire devient impérative. Désormais, le plan de restructuration doit être impérativement notifié en même temps que l'aide, et non plus postérieurement à son autorisation temporaire.

1072. L'application de ce régime spécial de droit des aides a permis d'assurer l'intérim en attendant l'adoption des dispositifs de régulation bancaire *ad hoc*. Faute de mécanismes résolutoires véritablement unifiés dans l'Union, la mise en œuvre du contrôle des aides d'État a permis d'harmoniser les modalités du soutien public, limitant par là même, les risques de fragmentation.

Section 2
L'adaptation de la régulation bancaire en considération de la crise financière

1073. **Dispositifs de régulation bancaire, en complément du droit des aides d'État.** En réaction à la crise, la régulation bancaire s'est dotée de nouveaux dispositifs de résolution, en particulier la directive BRRD et le règlement MRU, qui admettent la possibilité d'un soutien public exceptionnellement octroyé aux banques. Ces dispositifs comportent de nombreux points communs avec le régime de droit des aides d'État, établi dans la communication concernant le secteur bancaire de 2013. L'inspiration a sans doute été mutuelle (§ 1). Le régime spécial de droit des aides accordées aux banques « dans le contexte de la crise financière » n'a pour autant pas été abandonné. Il demeure à ce jour en vigueur et cohabite donc avec les nouvelles règles de régulation bancaire. La DG concurrence est en charge d'assurer leur compatibilité (§ 2).

§ 1. Un dispositif de régulation bancaire comparable au droit des aides d'État

1074. **La directive dite « BRRD ».** En premier lieu, la directive n° 2014/59/UE (dite « BRRD », pour *Bank Recovery and Resolution Directive*)[1809] a fixé des règles et procédures communes régissant le redressement ainsi que la résolution des

---

[1809] Directive 2014/59/UE du Parlement européen et du Conseil du 15 mai 2014 établissant un cadre pour le redressement et la résolution des établissements de crédit et des entreprises d'investissement et modifiant la directive 82/891/

banques européennes[1810]. Dans le même esprit que celui du régime de contrôle des aides élaboré par la DG concurrence, la directive envisage tout à la fois des mesures préventives, privilégiant le redressement de la banque, et des mécanismes de résolution en cas de défaillance.

1075. Le texte fait ainsi tout d'abord obligation aux établissements rencontrant une détérioration significative de leur situation financière, de concevoir et mettre à jour périodiquement un plan de redressement[1811]. Ce dernier pourra prévoir, à l'initiative de l'entreprise ou sur injonction de l'autorité nationale compétente, différentes mesures destinées à remédier aux difficultés, et visant notamment à réduire son profil de risque, permettre sa recapitalisation, modifier sa stratégie, sa structure, ou sa gouvernance[1812].

1076. Si la banque ne peut toutefois pas éviter la défaillance, une procédure de résolution doit s'ouvrir[1813], suivant les mesures établies dans un plan de résolution[1814]. La BRRD met à disposition des autorités de résolution divers instruments[1815], dont la cession des activités de l'établissement[1816], le recours à un établissement-relais[1817], la séparation des actifs[1818] et le renflouement interne[1819]. La résolution doit en toute hypothèse, respecter plusieurs principes cardinaux, dont ceux de la mise à contribution prioritaire des actionnaires puis des créanciers, et de la destitution des organes dirigeants[1820] ; ceci afin de concourir à la réalisation d'un certain nombre d'objectifs, à savoir la continuité des fonctions critiques[1821], la préservation de la stabilité financière, en évitant la contagion des difficultés, ainsi que la protection des déposants, des clients, mais aussi des ressources d'État, par une « réduction maximale du recours aux aides financières publiques exceptionnelles »[1822].

1077. **Mécanisme de résolution unique.** Le législateur de l'Union a fait un pas supplémentaire en instaurant un système de résolution centralisé, incarné par le mécanisme

---

CEE du Conseil ainsi que les directives du Parlement européen et du Conseil 2001/24/CE, 2002/47/CE, 2004/25/CE, 2005/56/CE, 2007/36/CE, 2011/35/UE, 2012/30/UE et 2013/36/UE et les règlements du Parlement européen et du Conseil (UE) n° 1093/2010 et (UE) n° 648/2012, *JOUE* n° L 173 du 12 juin 2014, p. 190, modifiée à plusieurs reprises (en dernier lieu par la directive [UE] 2019/2162 du Parlement Européen et du Conseil du 27 novembre 2019 concernant l'émission d'obligations garanties et la surveillance publique des obligations garanties et modifiant les directives 2009/65/CE et 2014/59/UE, *JOUE* n° L 328 du 18 décembre 2019, p. 29) ; transposée en droit français par l'ordonnance n° 2015-1024 du 20 août 2015 portant diverses dispositions d'adaptation de la législation au droit de l'Union européenne en matière financière, *JORF* n° 0192 du 21 août 2015, p. 19.

1810 Directive 2014/59/UE préc., art. 1.

1811 *Ibid.*, art. 5.

1812 *Ibid.*, art. 6 § 6.

1813 *Ibid.*, art. 32.

1814 *Ibid.*, art. 10.

1815 *Ibid.*, art. 37 § 3.

1816 *Ibid.*, art. 38 et 39.

1817 *Ibid.*, art. 40 et 41.

1818 *Ibid.*, art. 42.

1819 *Ibid.*, art. 43 et 44.

1820 *Ibid.*, art. 34 § 1.

1821 C'est-à-dire les « les activités, services ou opérations dont l'interruption est susceptible, dans un ou plusieurs États membres, d'entraîner des perturbations des services indispensables à l'économie réelle ou de perturber la stabilité financière en raison de la taille ou de la part de marché de l'établissement ou du groupe, de son interdépendance interne et externe, de sa complexité ou des activités transfrontières qu'il exerce » (*ibid.*, art. 1 § 1, sous 35).

1822 *Ibid.*, art. 31 § 2.

de résolution unique (MRU)[1823], deuxième pilier de l'Union bancaire aux côtés du MSU[1824]. Une agence de l'Union nouvellement créée, le Conseil de résolution unique (CRU), est ainsi chargée de l'élaboration des plans de résolution des entités considérées comme « importantes » au sens du règlement n° 1024/2013[1825] ; les autorités nationales demeurent compétentes à l'égard des autres établissements[1826].

1078. Le recours au mécanisme de résolution doit demeurer exceptionnel ; il ne sera ouvert qu'à la réunion de trois conditions cumulatives[1827] : la défaillance de l'entité doit tout d'abord être avérée ou prévisible ; il ne doit ensuite exister aucune perspective raisonnable que la défaillance puisse être empêchée par une autre action que la résolution ; cette dernière doit enfin apparaître comme une nécessité au regard de l'intérêt public[1828]. Ces conditions étant réunies, un plan de résolution pourra être adopté, en faisant usage des mêmes instruments[1829], et dans le respect des mêmes principes[1830] et objectifs[1831], que ceux définis dans la BRRD[1832].

1079. Exceptionnellement, le financement de ces mesures prendra appui sur le Fonds de résolution unique (FRU), géré par le CRU[1833] et alimenté par les banques[1834]. Le FRU ne peut en aucun cas être utilisé pour absorber les pertes d'une entité, ou servir à sa recapitalisation[1835]. Mais l'on peut y recourir afin notamment, de financer l'acquisition d'actifs, ainsi que l'octroi d'un prêt ou d'une garantie en faveur de la banque[1836].

1080. **Mécanisme européen de stabilité.** Le MRU ne doit pas être confondu avec le mécanisme européen de stabilité (MES). Ce dernier est une « institution financière internationale », issue d'un traité signé le 2 février 2012[1837] par les États membres de la zone euro. Ainsi que le FMI, le MES a pour rôle de soutenir la stabilité des « États qui ne peuvent plus, ou risquent de ne plus pouvoir, accéder normalement à un financement par le marché »[1838]. Dans cette perspective, il peut accorder un prêt à un État[1839], y compris dans le but spécifique de recapitaliser une banque

---

1823 Règlement (UE) n° 806/2014 préc. V. A.-Cl. Rouaud, « Redressement et résolution des établissements de crédit – adoption du mécanisme de résolution unique », *RISF* n° 2014/4, p. 75.

1824 Sur le MSU, V. *infra* n° 1155.

1825 Règlement (UE) n° 1024/2013, préc., art. 6 § 4.

1826 V. règlement (UE) n° 806/2014 préc., art. 7, sur la répartition des compétences au sein du MRU. Par ailleurs, la BCE peut être à l'initiative du déclenchement du mécanisme à l'endroit d'une entité sous sa surveillance. La procédure d'adoption de la décision de résolution fait en outre intervenir la Commission européenne et le Conseil (règlement [UE] n° 806/2014 préc., art. 18).

1827 Règlement (UE) n° 806/2014 préc., art. 18.

1828 Autrement dit, le recours au mécanisme de résolution doit concourir à la réalisation d'un certain nombre d'objectifs impérieux visés à l'article 14, plus efficacement que ne le permettrait un recours aux procédures normales d'insolvabilité.

1829 Règlement (UE) n° 806/2014 préc., art. 22 § 2.

1830 *Ibid.*, art. 15 § 1.

1831 *Ibid.*, art. 14 § 2.

1832 V. *supra* n° 1074 s.

1833 Règlement (UE) n° 806/2014 préc., art. 75.

1834 *Ibid.*, art. 70.

1835 *Ibid.*, art. 76 § 3.

1836 *Ibid.*, art. 76 § 1.

1837 Traité MES, art. 1.

1838 *Ibid.*, cons. 13.

1839 *Ibid.*, art. 16.

qui en est issue[1840], ou acquérir des titres de créance émis par un État, tant sur les marchés primaire[1841] que secondaire[1842].

1081. **Système de garantie des dépôts.** Il est en outre fait obligation aux banques d'adhérer et de contribuer à un système de garantie des dépôts (SGD). Ces systèmes doivent permettre de rembourser les déposants à concurrence de 100 000 euros en cas de défaillance de leur banque et d'indisponibilité des dépôts. Plus que la gestion de la crise elle-même, il s'agit ici d'en prévenir les conséquences immédiates pour le consommateur. Mais l'instauration des SGD vise également par accessoire, à renforcer la confiance des clients en leur banque et de consolider ainsi la stabilité du système[1843].

1082. **Points communs entre le droit des aides et les dispositifs de régulation bancaire.** Les ressemblances entre les régimes de régulation bancaire et du contrôle des aides sont frappantes. Elles peuvent s'expliquer par la volonté de la DG concurrence de « garantir un passage sans heurts »[1844] vers les nouveaux dispositifs de régulation bancaire, en soumettant les banques à un régime de contrôle des aides qui s'en rapproche. Elles s'expliquent peut-être aussi par une inspiration de la régulation bancaire puisée dans la pratique du droit des aides[1845]. L'influence a certainement été réciproque.

1083. Quoi qu'il en soit, les points communs sont multiples : les mécanismes de renflouement interne et de mise à contribution prioritaire des actionnaires et créanciers, prévus tant par la BRRD que par le MRU, ne sont ainsi pas sans rappeler le principe de répartition des charges imposé par la DG concurrence. De nombreux instruments de restructuration se retrouvent ensuite dans chacun de ces dispositifs ; à l'exemple de la cession d'actifs, du recours à un établissement-relais ou de la destitution des organes dirigeants. Mais cela n'est pas pour surprendre en considération de leurs objectifs communs de réduction des aides publiques au minimum et de préservation de la stabilité financière. Du reste, les analogies entre le droit des aides et la régulation bancaire facilitent l'articulation de l'un avec l'autre, assurée en grande partie par la DG concurrence.

§ 2. Un dispositif de régulation bancaire en cohabitation avec le droit des aides d'État

1084. **Un rôle prépondérant conservé par la DG concurrence.** L'adoption de ces nouveaux dispositifs de régulation bancaire n'a pas pour effet de déposséder la DG concurrence de tout rôle en matière de prévention et traitement de la défaillance

---

1840 *Ibid.*, art. 15.

1841 *Ibid.*, art. 17.

1842 *Ibid.*, art. 18.

1843 Directive 2014/49/UE du Parlement européen et du Conseil du 16 avril 2014 relative aux systèmes de garantie des dépôts, *JOUE* n° L 173 du 12 juin 2014, p. 149, transposée en droit français par l'ordonnance n° 2015-1024 du 20 août 2015 portant diverses dispositions d'adaptation de la législation au droit de l'Union européenne en matière financière préc. Le fonds de garantie des dépôts et de résolution est régi par les articles L 312-4 à L 312-18 du Code monétaire et financier.

1844 Comm. eur., communication concernant le secteur bancaire du 30 juillet 2013 préc., pt. 13.

1845 De cet avis : J. Gray et Fr. De Cecco, art. préc., p. 50 ; V. Iftinchi, art. préc., p. 75 ; S. Shamsi, P. Solomon et N. Robins, art. préc., p. 179.

bancaire ; bien au contraire. La DG concurrence est ainsi chargée d'assurer la compatibilité des mécanismes de résolution avec le droit des aides. Ainsi, non contente d'appréhender les mesures au regard de l'article 107 TFUE, elle vérifie également leur conformité aux textes de régulation bancaire (A). Le maintien à ce jour d'un régime spécial de droit des aides élaboré dans un contexte de crise financière, n'est toutefois pas sans soulever quelques difficultés, eu égard notamment, à la nécessaire limitation de l'aléa moral (B).

A. Compatibilité du régime spécial de droit des aides d'État avec le dispositif de régulation bancaire

1085. **Double contrôle de compatibilité.** Les nouveaux dispositifs de régulation bancaire réservent à la DG concurrence un rôle de premier plan concernant leur mise en œuvre. Elle doit ainsi veiller au maintien de la compatibilité entre le droit des aides et les mécanismes de résolution. À ce titre, la DG concurrence opère un double contrôle : elle vérifie d'une part, que les aides aux banques ont été octroyées dans le respect des textes de régulation bancaire (1) ; elle s'assure d'autre part, que les mesures adoptées dans le cadre des mécanismes de résolution sont bien conformes au droit des aides (2).

1. Conformité des mesures d'aide aux règles de résolution contrôlée par la DG concurrence

1086. **La DG concurrence, tenue de contrôler le respect de la directive BRRD et du règlement MRU.** La DG concurrence est en charge du contrôle de conformité des mesures de soutien public à l'égard du règlement MRU et de la directive BRRD. Cette dernière l'y invite d'ailleurs très explicitement : « Lorsque la Commission entreprend d'examiner l'aide d'État au titre de l'article 107 du traité sur le fonctionnement de l'Union européenne pour les instruments de stabilisation de l'État visés dans la présente directive, elle devrait examiner séparément si les instruments de stabilisation de l'État notifiés n'enfreignent pas les dispositions du droit de l'Union intrinsèquement liées, y compris celles qui ont trait à l'obligation minimale d'absorption des pertes de 8 % prévue par la présente directive, et s'il existe une situation hautement exceptionnelle de crise systémique justifiant le recours à ces instruments au titre de la présente directive, tout en garantissant le maintien de conditions de concurrence équitables au sein du marché intérieur »[1846]. Cela ne doit pas surprendre : le juge de l'Union considère de longue date que la Commission est tenue de s'assurer, dans le cadre de son contrôle au titre des articles 107 et 108 TFUE, que la procédure n'aboutisse pas à un résultat contraire à d'autres dispositions du droit de l'UE, notamment lorsque les modalités d'une aide pouvant contrevenir à ces dispositions sont à ce point indissolublement liées à l'objet de l'aide qu'il serait impossible de les apprécier isolément[1847].

[1846] Directive 2014/59/UE préc., cons. 57.

[1847] CJCE, 15 juin 1993, *Matra SA c. Commission CE.*, aff. C-225/91, ECLI : ECLI : EU : C : 1993:239, pt. 41 ; CJCE, 22 mars 1977, *Iannelli & Volpi SpA c. Ditta Paolo Meroni,* aff. 74/76, ECLI : ECLI : EU : C : 1977:51,

1087. **Distinction entre les aides préventives et les aides résolutoires.** À ce titre, la DG concurrence vérifie tout particulièrement qu'une aide d'État n'est pas accordée dans des conditions imposant le déclenchement d'une procédure de résolution, au sens de l'article 32 de la directive BRRD et de l'article 18 du règlement MRU[1848]. En substance, les conditions d'ouverture d'une procédure de résolution sont identiques dans les deux textes. L'article 18 du règlement MRU est ainsi libellé[1849] :

> Article 18
>
> Procédure de résolution
>
> 1. Le CRU n'adopte, en vertu du paragraphe 6, un dispositif de résolution [...] que s'il estime [...], que les conditions suivantes sont remplies :
>
> a) *la défaillance de l'entité est avérée ou prévisible* ;
>
> b) compte tenu des délais requis et d'autres circonstances pertinentes, il n'existe aucune perspective raisonnable que d'autres mesures de nature privée, y compris des mesures prévues par un système de protection institutionnel, ou des mesures prudentielles, y compris des mesures d'intervention précoce ou la dépréciation ou la conversion d'instruments de fonds propres pertinents conformément à l'article 21, prises à l'égard de l'entité, empêchent sa défaillance dans un délai raisonnable ;
>
> c) une mesure de résolution est nécessaire dans l'intérêt public en vertu du paragraphe 5.
>
> [...]
>
> 4. *Aux fins du paragraphe 1, point a), la défaillance d'une entité est réputée avérée ou prévisible si celle-ci se trouve dans l'une ou plusieurs des situations suivantes* :
>
> a) l'entité enfreint les exigences qui conditionnent le maintien de l'agrément, ou des éléments objectifs permettent de conclure qu'elle les enfreindra dans un proche avenir, dans des proportions justifiant un retrait de

---

pt. 14 ; TPICE, 12 février 2008, *British United Provident Association Ltd et al. c. Commission CE*, aff. T-289/03, ECLI : EU : T : 2008:29, pt. 314.

1848 Comm. eur., décision du 4 juillet 2017, *New aid and amended restructuring plan of Banca Monte dei Paschi di Siena*, aff. SA.47677 (2017/N), *JOUE* n° C/40/2018 du 2 février 2018, p. 1, pt. 120 à 137 ; Comm. eur., décision du 17 février 2017, *Fifteenth Extension of the Portuguese Guarantee Scheme*, aff. SA.47168 (2016/N), *JOUE* n° C/110/2017 du 7 avril 2017, p. 1, pt. 45 à 48 ; Comm. eur., décision du 18 janvier 2017, *Liquidity support to Banca Popolare di Vicenza*, aff. SA.47149 (2016/N), *JOUE* n° C/140/2018 du 24 avril 2018, p. 1, pt. 41 à 45 ; Comm. eur., décision du 29 décembre 2016, *Liquidity support to MPS bank*, aff. SA.47081 (2016/N), *JOUE* n° C/121/2018 du 6 avril 2018, p. 1, pt. 42 à 46 ; Comm. eur., décision du 29 juillet 2016, *Fourteenth Prolongation of the Portuguese Guarantee Scheme*, aff. SA.45761 (2016/N), *JOUE* n° C/274/2017 du 18 août 2017, p. 1, pt. 45 à 49 ; Comm. eur., décision du 1er juillet 2016, *Fourteenth prolongation of the Polish bank guarantee scheme – H2 2016*, aff. SA.45575 (2016/N), *JOUE* n° C/406/2016 du 4 novembre 2016, p. 1, pt. 27 à 30. La DG concurrence opérait déjà ce contrôle à titre préventif, avant même la transposition de la directive BRRD par l'État notifiant : Comm. eur., décision du 13 juillet 2015, *Sixth Prolongation of Cypriot guarantee scheme for banks H2 2015*, aff. SA.42080 (2015/N), *JOUE* n° C/277/2015 du 21 août 2015, p. 1, pt. 28 à 31 ; Comm. eur., décision du 16 avril 2015, *Resolution of Panellinia Bank through a transfer order to Piraeus Bank*, aff. SA.41503 (2015/N), *JOUE* n° C/325/2015 du 2 octobre 2015, p. 1, pt. 29 à 32.

1849 Mis en italique par nos soins.

l'agrément par la BCE, notamment mais pas exclusivement du fait que l'établissement a subi ou est susceptible de subir des pertes qui absorberont la totalité ou une partie substantielle de ses fonds propres ;

b) l'actif de l'entité est inférieur à son passif, ou il existe des éléments objectifs permettant de conclure que cela se produira dans un proche avenir ;

c) l'entité n'est pas en mesure de s'acquitter de ses dettes ou autres engagements à l'échéance, ou il existe des éléments objectifs permettant de conclure que cela se produira dans un proche avenir ;

d) *un soutien financier public exceptionnel est requis, à l'exception des cas dans lesquels, afin de remédier à une perturbation grave de l'économie d'un État membre et de préserver la stabilité financière, ce soutien prend l'une des formes suivantes* :

i) une garantie de l'État à l'appui des facilités de trésorerie accordées par les banques centrales conformément aux conditions des banques centrales ;

ii) une garantie de l'État pour des éléments de passif nouvellement émis ; ou

iii) une injection de fonds propres ou un achat d'instruments de fonds propres à des prix et à des conditions qui ne confèrent pas un avantage à l'entité, lorsque ni les situations visées aux points a), b) et c), du présent paragraphe ni les situations visées à l'article 21, paragraphe 1, ne s'appliquent au moment de l'octroi dudit soutien.

Dans chacun des cas visés au premier alinéa, point d) i), ii) et iii), les mesures de garantie ou les mesures équivalentes qui y sont visées ne concernent que des entités solvables et elles sont subordonnées à une approbation finale au regard du cadre des aides d'État de l'Union. Ces mesures sont prises à titre de précaution et à titre temporaire et sont proportionnées afin de remédier aux conséquences de la perturbation grave et elles ne sont pas utilisées pour compenser des pertes que l'entité a subies ou pourrait subir dans un proche avenir.

Les mesures de soutien prévues au premier alinéa, point d) iii), sont limitées aux injections nécessaires pour combler les insuffisances de fonds propres constatées dans les tests de résistance à l'échelle nationale, de l'Union ou du MSU, les examens de qualité des actifs ou les études équivalentes effectués par la BCE, l'ABE ou les autorités nationales, confirmées, le cas échéant, par l'autorité compétente.

1088. L'article 18 du règlement MRU, tout comme l'article 32 de la directive BRRD, distingue ainsi deux catégories générales de « soutien financier public exceptionnel » (c'est-à-dire une « aide d'État » au sens de l'article 107 TFUE[1850]) : d'une part, les mesures requises en cas de défaillance avérée ou prévisible de leur bénéficiaire, impliquant donc le déclenchement d'une procédure de résolution et,

[1850] Règlement (UE) n° 806/2014 préc., art. 3 § 1, sous 29) ; directive 2014/59/UE préc., art. 2 § 1, sous 28).

d'autre part, celles accordées afin de prévenir la défaillance, ne justifiant pas en elles-mêmes, l'ouverture d'une résolution.

1089. **Conditions relatives aux aides résolutoires.** Les mesures appartenant à la première catégorie de « soutien financier public exceptionnel » correspondent aux « aides à la liquidation », réservées selon la DG concurrence, aux établissements « défaillants ». Leur régime de compatibilité avec le droit des aides est établi aux points 65 à 88 de la communication concernant le secteur bancaire de 2013[1851]. En cas de mesure *ad hoc* d'aide à la liquidation, l'ouverture d'une procédure de résolution s'impose.

1090. La directive BRRD et le règlement MRU soumettent leur octroi à certaines conditions. En particulier, ce type de mesure ne peut être accordé que si les mécanismes de renflouement interne ont déjà permis d'absorber des pertes à hauteur de 8 % du total des passifs, et que la contribution du dispositif de financement n'excède pas 5 % du total des passifs[1852]. À l'occasion de son contrôle, la DG concurrence en vérifie le respect sans difficulté[1853] : cette exigence est tout à fait compatible avec le principe de répartition des charges imposé sur le terrain du droit des aides[1854].

1091. **Conditions relatives aux aides préventives.** Les mesures préventives, relevant de la seconde catégorie de « soutien financier public exceptionnel », correspondent à tout autre type d'aide envisagée par la DG concurrence dans la communication de 2013. Celles visées aux points d), i) et ii) de l'article 18 § 4 du règlement MRU, renvoient aux soutiens de liquidité[1855], et celles prévues au point d), iii) s'apparentent aux soutiens de solvabilité – recapitalisation et sauvetage d'actifs dépréciés[1856]. La directive BRRD et le règlement MRU énoncent un certain nombre de conditions générales à l'admission de ces mesures préventives, globalement conformes aux exigences de la DG concurrence.

1092. L'aide doit tout d'abord être accordée « à titre de précaution », ce qui renvoie simplement à sa dimension préventive et permet de la distinguer des mesures d'aide « à la liquidation », déclenchant l'ouverture d'une résolution.

1093. Par ailleurs, son octroi ne peut profiter qu'à des « établissements solvables ». Il s'agit là encore de distinguer l'aide préventive de celle accordée dans le cadre d'une procédure de résolution. Ce critère apparaît toutefois superflu, dans la mesure où l'insolvabilité de la banque permet en soi, le déclenchement de la résolution,

---

[1851] V. *supra* n° 1055 s.

[1852] Règlement (UE) n° 806/2014 préc., art. 27 § 7 ; directive 2014/59/UE préc., art. 44 § 5.

[1853] À propos de régimes d'aide à la liquidation : Comm. eur., décision du 29 avril 2020, *Poland – Fourth prolongation of the resolution scheme for cooperative banks and small commercial banks,* aff. SA.56141 (2020/N), *JOUE* n° C/260/2020 du 7 août 2020, p. 1, pt. 53 à 56 ; Comm. eur., décision du 23 août 2019, *Denmark – Prolongation of the winding-up scheme for small banks,* aff. SA.54807 (2019/N), *JOUE* n° C/354/2019 du 18 octobre 2019, p. 1, pt. 45 à 47 ; Comm. eur., décision du 2 août 2017, *Poland – Prolongation of the resolution scheme for cooperative banks and small commercial banks,* aff. SA.48302 (2017/N), *JOUE* n° C/336/2017 du 6 octobre 2017, p. 1, pt. 38 à 40 ; Comm. eur., décision du 2 août 2017, *Denmark – Winding-up scheme for small banks,* aff. SA.44031 (2015/N), *JOUE* n° C/336/2017 du 6 octobre 2017, p. 1, pt. 77 à 79.

[1854] Comm. eur., communication concernant le secteur bancaire du 30 juillet 2013 préc., pt. 72 et 84.

[1855] *Ibid.,* pt. 56 à 64.

[1856] *Ibid.,* pt. 32 à 55.

au titre des points a), b) ou c) de l'article 18 § 4 du règlement MRU[1857], indépendamment de toute mesure d'aide.

1094. La mesure devrait ensuite être adoptée « à titre temporaire ». L'exigence est parfaitement conforme à l'esprit de la communication de 2013, visant à rétablir la viabilité des banques à long terme, sans qu'elles n'aient besoin à l'avenir de recourir au soutien public. Mais contrairement aux aides à la liquidité, les mesures de recapitalisation et de sauvetage d'actifs dépréciés sont irréversibles, en dépit des mécanismes d'incitation « à la sortie »[1858] ; elles ne peuvent donc véritablement être accordées « à titre temporaire ». Ce critère, à la formulation malheureuse et source de confusion, n'était pas indispensable.

1095. Au surplus, les aides ne doivent pas servir à « compenser des pertes que l'établissement a subies ou est susceptible de subir ». Pareille interdiction se retrouve dans la communication concernant le secteur bancaire de 2013[1859].

1096. De surcroît, les injections et les achats d'instruments de fonds propres visés au point iii) ne doivent servir qu'à « combler les insuffisances de fonds propres constatées dans les tests de résistance à l'échelle nationale, de l'Union ou du MSU, les examens de qualité des actifs ou les études équivalentes effectués par la BCE, l'ABE ou les autorités nationales ». Cette condition correspond très exactement à celle imposée par la DG concurrence à l'égard des mesures de recapitalisation et de sauvetage d'actifs dépréciés[1860].

1097. **Condition commune : la conformité au droit des aides d'État.** À l'instar des aides résolutoires[1861], les mesures de soutien préventif doivent être enfin conformes au droit des aides d'État, afin de « préserver la stabilité financière », objectif prioritaire de la DG concurrence[1862], et « de remédier à une perturbation grave de l'économie d'un État membre » ; cette dernière formulation reprenant *ad litteram*, celle de l'article 107 § 3, sous b) TFUE.

1098. En toute logique, la DG concurrence ne vérifie donc pas seulement la compatibilité de la mesure avec les textes de régulation bancaire, elle s'assure aussi qu'un soutien public accordé dans le cadre d'un mécanisme de résolution est conforme au droit des aides.

2. Conformité des mesures de résolution au droit des aides d'État, contrôlée par la DG concurrence

1099. **Compatibilité au droit des aides d'État d'un soutien accordé par le biais du MES ou d'un SGD.** L'octroi d'une aide dans le cadre de l'un des dispositifs de régulation bancaire énumérés *supra* demeure soumis au respect des articles 107 et 108 TFUE. Ainsi d'un soutien accordé à une banque par le biais du MES[1863] ;

1857 Au titre également de l'article 32 § 4 de la directive 2014/59/UE préc.

1858 V. *supra* n° 1041.

1859 Comm. eur., communication concernant le secteur bancaire du 30 juillet 2013 préc., pt. 16 et 44.

1860 *Ibid.*, pt. 28.

1861 Règlement (UE) n° 806/2014 préc., art. 19 ; directive 2014/59/UE préc., art. 37 § 10, sous b).

1862 V. *supra* n° 1011.

1863 Traité MES, art. 15 § 3 ; Comm. eur., communication de la Commission relative à la notion d'« aide d'État » préc., pt. 59.

la DG concurrence s'en assure[1864]. Tel est encore le cas d'une aide octroyée par l'intermédiaire d'un SGD[1865], sous son contrôle également[1866].

1100. **Compatibilité au droit des aides d'État d'un soutien accordé en application de la directive BRRD.** Il en va de même lorsqu'une aide est octroyée à l'occasion de la résolution d'une entité en application de la BRRD. La directive insiste abondamment sur ce point. Le respect du droit des aides est énoncé de manière générale[1867], puis décliné à différents types de mesures – octroi d'une garantie[1868], cession d'activité[1869], recours à un établissement-relais[1870] – et réitéré à propos du plan de réorganisation des activités en particulier[1871]. Diverses mesures de résolution, adoptées conformément à la directive BRRD, ont ainsi été contrôlées par la DG concurrence et jugées compatibles au droit des aides[1872].

1101. **Compatibilité au droit des aides d'État d'un soutien accordé dans le cadre du MRU.** Sont pareillement soumises au respect des articles 107 et 108 TFUE, les aides d'État adoptées dans le cadre du MRU[1873]. Mais la compétence de la DG concurrence s'étend également aux aides issues du FRU, alors même qu'elles ne constituent pas *stricto sensu* des aides d'*État*, faute d'une origine étatique[1874]. Dans cette dernière hypothèse, le CRU devra lui-même notifier la mesure à la Commission. Cette dernière conduit son enquête et procède à l'évaluation de

---

1864 Pour une série de décisions autorisant la recapitalisation de plusieurs banques espagnoles par le biais du MES, en contrepartie de l'approbation de leurs plans de restructuration : Comm. eur., décision du 20 décembre 2012, *Restructuring of Liberbank S.A.*, aff. SA.35490 (2012/N), *JOUE* n° C/96/2013 du 4 avril 2013, p. 6 ; Comm. eur., décision du 20 décembre 2012, *Restructuring of Banco Grupo Cajatres S.A.*, aff. SA.35489 (2012/N), *JOUE* n° C/138/2013 du 17 mai 2013, p. 1 ; Comm. eur., décision du 20 décembre 2012, *Restructuring of Banco Mare Nostrum S.A.*, aff. SA.35488 (2012/N), *JOUE* n° C/96/2013 du 4 avril 2013, p. 6 et Comm. eur., décision du 20 décembre 2012, *Restructuring and recapitalisation of Banco CEISS*, aff. SA.34536 (2012/N), *JOUE* n° C/96/2013 du 4 avril 2013, p. 1. V. également : Comm. eur., Communiqué de presse : « Commission approves restructuring plans of Spanish banks Liberbank, Caja3, Banco Mare Nostrum and Banco CEISS », 20 décembre 2012, IP/12/1432.

1865 Directive 2014/59/UE préc., cons. 3 ; Comm. eur., communication concernant le secteur bancaire du 30 juillet 2013 préc.

1866 Comm. eur., décision du 23 décembre 2015, *On the State aid SA.39451 (2015/C) (ex 2015/NN) implemented by Italy for Banca Tercas*, aff. SA.39451, *JOUE* n° L/203/2016 du 28 juillet 2016, p. 1 ; Comm. eur., décision du 20 décembre 2016, *Poland – Resolution scheme for cooperative banks and small commercial banks*, aff. SA.46575 (2016/N), *JOUE* n° C/354/2017 du 20 octobre 2017, p. 1 ; Comm. eur., décision du 2 juillet 2015, *Resolution (via liquidation) of Banca Romagna Cooperativa – Credito Cooperativo Romagna Centro e Macerone – Società Cooperativa*, aff. SA.41924 (2015/N) (ex 2015/PN), *JOUE* n° C/369/2015 du 6 novembre 2015, p. 1.

1867 « Lorsqu'ils appliquent les instruments de résolution et exercent les pouvoirs de résolution, les États membres s'assurent, le cas échéant, de leur conformité avec le cadre des aides d'État de l'Union. » (Directive 2014/59/UE préc., art. 34 § 3 et cons. 47).

1868 *Ibid.*, cons. 41.

1869 *Ibid.*, art. 38 § 2.

1870 *Ibid.*, art. 41 § 1, sous g).

1871 *Ibid.*, art. 52 et cons. 69.

1872 Tel a notamment été le cas, à propos d'une série de résolutions bancaires menées en Italie : Comm. eur., décision du 22 novembre 2015, *Aid for the resolution of Banca Marche*, aff. SA.39543 (2015/N), *JOUE* n° C/40/2018 du 2 février 2018, p. 1 ; Comm. eur., décision du 22 novembre 2015, *Aid for the resolution of Banca Etruria*, aff. SA.41134 (2015/N), *JOUE* n° C/40/2018 du 2 février 2018, p. 1 ; Comm. eur., décision du 22 novembre 2015, *Aid for the resolution of Carife*, aff. SA.41925 (2015/N), *JOUE* n° C/40/2018 du 2 février 2018, p. 1 ; Comm. eur., décision du 22 novembre 2015, *Aid for the resolution of Carichieti*, aff. SA.43547 (2015/N), *JOUE* n° C/40/2018 du 2 février 2018, p. 1.

1873 Règlement (UE) n° 806/2014 préc., art. 19 § 1.

1874 V. *supra* n° 525 s.

la compatibilité de la mesure avec le marché intérieur, en s'inspirant de l'ensemble du corpus textuel régissant le droit des aides. Ces dispositions sont appliquées *mutatis mutandis* « comme si les références à l'État membre responsable de la notification de l'aide étaient des références au CRU »[1875]. Le dispositif de résolution ne peut être mis en œuvre avant que la Commission ait adopté une décision positive ou conditionnelle quant à la compatibilité de l'aide avec le marché intérieur[1876].

1102. À notre connaissance, la seule procédure de résolution menée dans le cadre du MRU est celle de Banco Popular Español, conformément à la décision du CRU en date du 7 juin 2017[1877], et approuvée par la DG FISMA[1878]. À cette occasion, l'entité défaillante a été cédée à Banco Santander, sans recourir à une aide d'État ou à une aide du FRU[1879].

1103. En définitive, la DG concurrence s'assure de la conformité aux articles 107 et 108 TFUE des aides accordées dans le cadre d'un mécanisme de résolution. Ce contrôle est opéré au regard du régime spécial de droit des aides réservé aux banques, élaboré dans un contexte de crise financière, mais aujourd'hui toujours en vigueur.

B. (In)compatibilité du régime spécial de droit des aides d'État avec l'objectif de réduction de l'aléa moral ?

1104. **Perpétuation du régime spécial de droit des aides d'État.** À ce jour, les différentes communications de la DG concurrence relatives au contrôle des aides apportées aux banques[1880], sont toujours en vigueur. Ces textes n'avaient pourtant qu'une vocation temporaire[1881] ; tout comme d'ailleurs le cadre général destiné à soutenir le financement de l'économie réelle dans le contexte de la crise de 2008[1882], expiré quant à lui de longue date.

1105. Dans la communication concernant le secteur bancaire de 2013, dont le véritable intitulé rappelle le « contexte de crise financière », ayant justifié son adoption,

---

1875 Règlement (UE) n° 806/2014 préc., art. 19 § 3.

1876 *Ibid.*, art. 19 § 1.

1877 CRU, décision du 7 juin 2017, *concerning the adoption of a resolution scheme in respect of Banco Popular Español SA*, SRB/EES/2017/08.

1878 Comm. eur., décision du 7 juin 2017, *approuvant le dispositif de résolution à l'égard de Banco Popular Español SA*, aff. C(2017) 4038, *JOUE* n° L 178/15 du 11 juillet 2017, p. 15.

1879 Comm. eur., Communiqué de presse : « La Commission européenne approuve la résolution de Banco Popular Español, S.A. », 7 juin 2017, IP/17/1556.

1880 Comm. eur., communication concernant le secteur bancaire du 30 juillet 2013 préc. ; Comm. CE, communication de la Commission du 19 août 2009 sur le retour à la viabilité et l'appréciation des mesures de restructuration prises dans le secteur financier dans le contexte de la crise actuelle, conformément aux règles relatives aux aides d'État préc. ; Comm. CE, communication de la Commission du 26 mars 2009 concernant le traitement des actifs dépréciés dans le secteur bancaire de la Communauté préc. ; Comm. CE, communication du 15 janvier 2009, Recapitalisation des établissements financiers dans le contexte de la crise financière actuelle : limitation de l'aide au minimum nécessaire et garde-fous contre les distorsions indues de concurrence préc.

1881 Comm. eur., Communiqué de presse : « State aid : Commission adapts crisis rules for banks », 10 juillet 2013, IP/13/672.

1882 Comm. eur., communication du 1er décembre 2010, sur un cadre temporaire de l'Union pour les aides d'État destinées à favoriser l'accès au financement dans le contexte de la crise économique et financière actuelle préc.

la Commission affirme se réserver la possibilité d'en modifier le contenu afin de « tenir compte des changements des conditions du marché »[1883]. Aucune modification n'est cependant intervenue depuis son adoption. Le régime (provisoire) de compatibilité avec le marché intérieur des aides apportées aux banques en difficulté s'est donc pérennisé.

1106. **Incidence marginale de la crise relative à la Covid-19.** Que l'on ne s'y trompe pas, la crise sanitaire et économique actuelle, liée à la pandémie de Covid-19 n'est à cet égard, pas déterminante. La communication concernant le secteur bancaire de 2013 était encore en vigueur à la veille de la crise de la Covid-19[1884], et l'est toujours depuis sa survenance. Les tensions économiques actuelles liées à la pandémie de Covid-19 ont offert une raison supplémentaire d'appliquer l'article 107 § 3, sous b) aux banques en difficulté[1885]. Mais celles-ci demeurent soumises au régime spécial inchangé issu de la communication de 2013, étanche et distinct du régime temporaire élaboré au profit des autres secteurs d'activité, dans le contexte de crise liée à la Covid-19.

1107. Afin de soutenir l'économie européenne, la DG concurrence a conçu un régime d'autorisation d'aides exceptionnel, fondé sur l'article 107 § 3, sous b) TFUE, exposé dans une communication du 20 mars 2020 (ci-après « la communication relative à la pandémie de Covid-19 »)[1886]. Pour autant, n'en bénéficient que des entreprises non bancaires. La communication relative à la pandémie de Covid-19 indique en effet, que toute aide profitant à une banque directement doit être appréciée au regard de la communication concernant le secteur bancaire de 2013. Elle précise toutefois que si la mesure est destinée à résoudre une difficulté survenue en raison de la pandémie, l'aide sera réputée relever du point 45 de la communication de 2013 – prévoyant une exception au principe de répartition des charges lorsque cela risque de mettre en péril la stabilité financière ou d'entraîner des résultats disproportionnés. Le texte ajoute également que l'aide accordée à une banque demeure soumise aux articles 32 de la directive BRRD et 18 du règlement MRU et pourra donc le cas échéant, déclencher une procédure de résolution[1887].

1108. À travers leur fonction d'intermédiation financière, les banques sont néanmoins appelées à jouer un rôle capital dans la perspective d'un soutien aux entreprises. Parmi les mesures envisageables dans le contexte de crise liée à la Covid-19, la Commission autorise notamment les aides sous forme de garanties et de prêts

---

1883 Comm. eur., communication concernant le secteur bancaire du 30 juillet 2013 préc., pt. 93.

1884 V. pour une décision récente, adoptée avant la crise de la Covid-19, confirmant l'application de l'article 107 § 3, sous b), et donc de la communication concernant le secteur bancaire : Comm. eur., décision du 29 octobre 2019, *Poland – Third prolongation of the resolution scheme for cooperative banks and small commercial banks,* aff. SA.54463 (2019/N), *JOUE* n° C/411/2019 du 6 décembre 2019, p. 1.

1885 Comm. eur., décision du 25 janvier 2022, *COVID-19 – Prolongation of the Italian orderly liquidation scheme for small banks,* aff. SA.100262 (2021/N) – Italy, pt. 26 à 27 ; Comm. eur., décision du 16 juin 2020, *Prolongation of the Greek State Guarantee Scheme for banks,* aff. SA.57262 (2020/N), *JOUE* n° C/277/2020 du 21 août 2020, p. 1, pt. 17 à 24.

1886 Comm. eur., communication de la Commission – Encadrement temporaire des mesures d'aide d'État visant à soutenir l'économie dans le contexte actuel de la flambée de COVID-19, *JOUE* n° C 91I du 20 mars 2020, p. 1. Maintes fois amendée, la communication fait l'objet d'une version consolidée, à laquelle nous nous référons au sein de cette étude.

1887 *Ibid.,* pt. 6 et 7.

aux entreprises (non bancaires) acheminées par les établissements de crédit. À ce titre, ces derniers ne sont que les vecteurs du soutien ; mais l'aide leur profite indirectement. Afin que les banques ne puissent tirer un avantage concurrentiel de ces aides, la communication relative à la pandémie de Covid-19 impose l'instauration de garde-fous : l'aide doit être totalement répercutée sur les bénéficiaires finals, sous la forme par exemple, de volumes de financement plus importants, ou de taux d'intérêt moins élevés[1888]. Ne profitant pas directement aux banques, ces mesures ne relèvent ni de la directive BRRD ou du règlement MRU, ni de la communication concernant le secteur bancaire de 2013[1889]. Le dispositif temporaire relatif à la pandémie de Covid-19 et les règles spéciales réservées aux banques en difficulté, constituent donc deux régimes parallèles et distincts, tous deux fondés sur l'article 107 § 3, sous b), mais justifiés par des considérations différentes.

1109. **Application préventive de l'article 107 § 3 sous b).** Peu de temps avant l'éclatement de la crise relative à la Covid-19, la DG concurrence relèvait la persistance de difficultés « pour certaines banques de quelques États membres », dont la rentabilité était toujours sous pression en raison de la faiblesse des taux d'intérêt[1890] ; mais elle considèrait pourtant que « le secteur financier de l'UE a[vait] largement surmonté la crise [des *subprimes*] »[1891] et concèdait sa « stabilisation générale »[1892]. Certes, comme le relevait la DG concurrence en janvier 2022, la crise relative à la Covid-19 peut avoir un « impact négatif sur les banques »[1893], en particulier celles ayant accordé des crédits dans une mesure significative à des entreprises issues de secteurs durement touchés par la crise, tels que le tourisme, l'hôtellerie, la restauration ou les transports[1894]. La DG concurrence reconnaît toutefois que les conséquences de la crise relative à la Covid-19 sur le secteur bancaire restent « incertaines » et que « l'impact de la pandémie sur l'activité économique s'est considérablement affaibli »[1895]. *Prima facie*, l'actuel maintien d'un régime de contrôle des aides conçu dans le contexte de la crise financière des *subprimes* pourrait dès lors surprendre.

1110. Mais en toute hypothèse, la pérennisation du régime issu de la communication de 2013 peut se comprendre en considération d'une politique de prévention des crises futures, et non seulement de leur traitement actuel. La directive BRRD et le règlement MRU attribuent eux-mêmes une dimension préventive aux aides accordées en dehors des procédures de résolution[1896]. En opportunité, il est parfaitement

---

[1888] *Ibid.*, pt. 30 et 31.

[1889] *Ibid.*, pt. 29.

[1890] Comm. eur., document de travail du 14 octobre 2019 accompagnant le document : Rapport sur la politique de concurrence 2018, SWD(2019) 297 final, p. 75.

[1891] Comm. eur., Commission staff working paper du 9 juillet 2020, accompanying the document : Report on Competition Policy 2019, SWD(2020) 126 final, p. 64 : « The EU financial sector has largely overcome the financial crisis and overall, EU banks are in a more stable situation today » (traduction libre).

[1892] Comm. CE, *Rapport sur la politique de concurrence 2018*, COM(2019) 339 final, p. 24.

[1893] Comm. eur., décision du 25 janvier 2022, *COVID-19 – Prolongation of the Italian orderly liquidation scheme for small banks,* préc., pt. 26 (traduction libre).

[1894] V. BCE, Communiqué de presse, « COVID-19 and vulnerable sectors : more work to be done », 19 mai 2021.

[1895] Comm. eur., décision du 25 janvier 2022, *COVID-19 – Prolongation of the Italian orderly liquidation scheme for small banks,* préc., pt. 26 (traduction libre).

[1896] « Ces mesures sont prises à titre de précaution » (règlement [UE] n° 806/2014 préc., art. 18 § 4 ; directive 2014/59/UE préc., art. 32 § 4, sous b]).

légitime de conserver un dispositif, prévoyant d'admettre des aides accordées aux banques, lorsqu'elles permettent de prévenir leur défaillance et d'éviter ainsi une crise systémique. C'est là très logiquement tirer les conséquences de la crise de 2008 afin d'éviter qu'elle ne se reproduise.

1111. **Base juridique inappropriée.** Ainsi que l'a récemment rappelé la Cour de justice, la compatibilité des aides au regard de l'article 107 § 3, sous b) relève de la compétence exclusive de la Commission, qui bénéficie à cet égard d'un large pouvoir d'appréciation, dont l'exercice implique des évaluations complexes d'ordre économique et social[1897]. En tout état de cause, notre étude juridique n'est pas le lieu d'une discussion autour de la réunion des critères *économiques* d'application de l'article 107 § 3, sous b).

1112. Mais si la Commission devait considérer, au regard de la conjoncture économique, que la crise financière des *subprimes*, de même que celle relative à la Covid-19, sont désormais derrière nous, cette disposition ne serait peut-être pas le fondement adéquat au maintien d'un régime spécial purement préventif. Pour rappel, l'article 107 § 3, sous b) admet une exception au principe de prohibition, en tant que l'aide permet de « remédier à une perturbation grave de l'économie d'un État membre ». L'interprétation stricte de ce texte imposée par le juge[1898] ne semble admettre son application qu'en présence d'une crise actuelle, et non pas éventuelle. Y recourir à des fins préventives reviendrait certainement à l'interpréter (trop) largement.

1113. L'article 107 § 3, sous c) TFUE, sur lequel repose le régime de droit commun des aides aux entreprises en difficulté, pourrait constituer une base juridique plus appropriée à un régime préventif permanent réservé au secteur bancaire. Cette disposition permet ainsi de juger compatibles, les aides « destinées à faciliter le développement de certaines activités […], quand elles n'altèrent pas les conditions des échanges dans une mesure contraire à l'intérêt commun ». Sur ce fondement, il ne serait alors pas interdit à la DG concurrence, d'admettre des aides destinées à préserver la stabilité financière en tant qu' « intérêt commun ». Les lignes directrices de droit commun autorisent d'ailleurs elles-mêmes les aides visant à « éviter la sortie du marché d'une entreprise jouant un rôle systémique essentiel dans une région ou un secteur particulier »[1899].

1114. **Justification automatique des aides accordées aux banques en difficulté.** En dehors de ces considérations textuelles, un élément de construction du régime spécial de droit des aides aux banques pourrait avoir des conséquences plus fâcheuses encore. Cette difficulté se conçoit par comparaison du régime spécial réservé au secteur bancaire avec le régime de droit commun des aides aux entreprises en difficulté.

1115. Pour l'essentiel, la communication concernant le secteur bancaire n'est qu'une déclinaison sectorielle, quoique plus détaillée, du régime général. Le régime spécial

---

1897 CJUE, 19 juillet 2016, *Tadej Kotnik et al. c. Državni zbor Republike Slovenije* préc., pt. 37 et 38.

1898 CJCE, 30 septembre 2003, *Freistaat Sachsen c. Commission CE,* préc., pt. 98 ; Trib. UE, 12 décembre 2014, *Banco Privado Português SA et al. c. Commission eur.* préc., pt. 83.

1899 Comm. eur., Lignes directrices concernant les aides d'État au sauvetage et à la restructuration d'entreprises en difficulté autres que les établissements financiers préc., pt. 44.

comporte en effet, de nombreuses ressemblances avec le régime de droit commun. L'un comme l'autre soumet l'octroi d'une aide à diverses conditions analogues, tenant à la limitation de son montant au minimum nécessaire, dans le respect notamment du principe de répartition des charges[1900], à la mise en œuvre d'un plan de restructuration[1901], ainsi qu'à l'instauration de garde-fous destinés à limiter les distorsions concurrentielles[1902].

1116. Ces points communs ne sauraient pour autant masquer une différence de taille, à l'avantage des banques : afin de justifier une aide sur le terrain du droit commun, il doit être établi qu'elle contribue à la réalisation d'un « objectif d'intérêt commun », étroitement entendu comme permettant « d'éviter des difficultés sociales ou de remédier à la défaillance du marché »[1903]. En théorie, la communication concernant le secteur bancaire exige pareillement que l'aide remédie à une perturbation grave de l'économie. Mais cette exigence est préalablement acquise par principe, sans que la banque bénéficiaire n'ait à l'établir *in concreto*. La Commission considère en effet, que « les établissements de crédit [sans distinction de taille ou de profil] présentent un degré élevé d'interconnexion et d'interdépendance, de sorte que la défaillance désordonnée d'un seul établissement de crédit peut avoir un effet très négatif sur le système financier dans son ensemble. »[1904] Partant de ce postulat, toute aide en faveur d'une banque en difficulté, quelle qu'elle soit, est considérée comme remédiant à une perturbation grave de l'économie d'un État et sera donc appréhendée (autorisée) au regard de la communication de 2013, elle-même fondée sur l'article 107 § 3, sous b)[1905]. Dans sa pratique décisionnelle la plus récente, la DG concurrence réaffirme avec constance le bénéfice de l'exception prévue à l'article 107 § 3, sous b) pour l'ensemble du secteur bancaire[1906]. La démonstration d'une difficulté (de liquidité ou de solvabilité) encourue par la banque est suffisante pour justifier *ipso facto* l'octroi d'une aide.

1117. **Régime similaire prévu dans l'accord de commerce et de coopération conclu entre l'Union européenne et le Royaume-Uni suivant le *Brexit*.** Il est notable qu'un tel régime spécial est également prévu dans l'accord de commerce et de coopération conclu entre l'Union européenne et le Royaume-Uni à la suite du

---

1900 *Ibid.*, pt. 60 à 69.

1901 *Ibid.*, pt. 45 à 52.

1902 *Ibid.*, pt. 76 à 93.

1903 Ainsi par exemple, d'un taux de chômage régional particulièrement élevé, de la sortie du marché d'une entreprise jouant un rôle systémique ou d'un risque d'interruption de la continuité d'un SIEG (*ibid.*, pt. 43 et 44).

1904 Comm. eur., communication concernant le secteur bancaire du 30 juillet 2013 préc., pt. 25. Sur l'absence de distinction opérée par la Commission, selon l'importance de l'établissement, V. J. Gray et Fr. De Cecco, art. préc., p. 31 à 33.

1905 Comm. eur., communication concernant le secteur bancaire du 30 juillet 2013 préc., pt. 27.

1906 « The Commission continues to base its assessment of State aid measures in the banking sector on Article 107(3)(b) TFEU » (Comm. eur., décision du 6 mai 2021, *13th prolongation of the Credit Union restructuring and stabilization scheme*, aff. SA.62303[2021/N] – Ireland, pt. 26 ; Comm. eur., décision du 16 juin 2020, *Prolongation of the Greek State Guarantee Scheme for banks*, préc., pt. 21 ; Comm. eur., décision du 29 avril 2020, *Poland – Fourth prolongation of the resolution scheme for cooperative banks and small commercial banks* préc. pt. 28 ; Comm. eur., décision du 25 octobre 2017, *Ireland – Sixth prolongation of the Credit Union restructuring and stabilisation scheme*, aff. SA.49194 [2017/N], *JOUE* n° C/40/2018 du 2 février 2018, p. 1, pt. 28 ; Comm. eur., décision du 18 janvier 2017, *Liquidity support to Banca Popolare di Vicenza*, préc., pt. 25).

Brexit[1907]. L'accord comporte en effet un chapitre consacré au « contrôle des subventions » (articles 363 à 375), c'est-à-dire des aides financières accordées aux entreprises par les Parties à l'accord[1908]. Dans l'ensemble, les principes régissant le contrôle des subventions sont similaires *mutatis mutandis* à celles du contrôle des aides d'État prévues en droit de l'UE. En particulier, sont autorisées les subventions accordées aux entreprises en difficulté à condition notamment que le soutien public s'accompagne d'un plan de restructuration du bénéficiaire et pourvu que soit respecté le principe de répartition des charges (article 367 § 3). En outre, les subventions accordées aux entreprises en difficulté ne peuvent être autorisées que si elles contribuent à un « objectif d'intérêt public », c'est-à-dire « en évitant les difficultés sociales ou en prévenant une grave défaillance du marché, en particulier en ce qui concerne les pertes d'emplois ou la perturbation d'un service important difficile à reproduire » (article 367 § 4). Ces dispositions s'apparentent à un régime de droit commun, applicable à toutes les entreprises quel que soit le secteur d'activité concerné, hormis le secteur bancaire ne relevant pas du champ d'application de ces dispositions (article 367 § 5).

1118. Mais l'accord comporte également des dispositions spéciales consacrées aux subventions octroyées aux banques en difficulté. Il est prévu que ces mesures de soutien puissent être autorisées à condition que la mesure s'accompagne d'un plan de restructuration du bénéficiaire et pourvu que soit respecté le principe de répartition des charges, conformément aux règles de droit commun (articles 367 § 6 et 7). En revanche, il n'est nullement prévu que la subvention accordée à une banque en difficulté doive contribuer à un quelconque « objectif d'intérêt public » (comme cela s'impose pour les subventions octroyées aux entreprises non bancaires), ou permette de remédier à une perturbation de l'économie d'un État. La différence entre le régime de droit commun et le régime spécial réservé aux banques est ainsi manifeste : les subventions accordées aux entreprises non bancaires sont explicitement soumises à une condition supplémentaire de taille, celle de devoir contribuer à un « objectif d'intérêt public », condition qui ne s'impose pas lorsque la subvention est accordée à une banque en difficulté.

1119. **Effets sur l'aléa moral.** Une telle approche pourrait avoir des effets potentiellement délétères en considération de l'aléa moral que la Commission entend limiter. L'affirmation d'une application générale de l'article 107 § 3, sous b) au secteur bancaire revient à poser le principe de compatibilité avec le marché intérieur de toute aide accordée aux banques en difficulté. La Commission a donc inversé le mécanisme de l'article 107 § 3, sous b) : théoriquement exceptionnelle, l'admission d'une aide sur ce fondement est érigée en principe.

1120. L'autorisation de la mesure n'est certes pas inconditionnelle. Elle n'en demeure pas moins systématique : de fait, depuis l'éclatement de la crise de 2008, la Commission a autorisé la totalité des aides notifiées au profit des banques en difficulté,

---

[1907] Accord de commerce et de coopération entre l'Union européenne et la Communauté européenne de l'énergie atomique, d'une part, et le Royaume-Uni de Grande-Bretagne et d'Irlande du Nord, d'autre part, *JOUE* n° L 149/10 du 30 avril 2021.

[1908] Sur la définition d'une « subvention » au sens de l'accord, V. article 363.

à l'exception d'une seule et unique décision négative[1909]. La nécessité de l'aide pour préserver la stabilité étant acquise par principe, le débat ne porte désormais plus que sur la proportionnalité de son montant et l'adéquation des contreparties.

1121. **Pour une approche plus individualisée.** L'incidence exacte d'une telle démarche sur l'aléa moral est très incertaine[1910]. Depuis le début de la crise de 2008, l'approche de la DG concurrence s'est durcie. La Cour de justice approuve le principe de répartition des charges imposées par la DG concurrence en contrepartie de l'aide[1911]. Mais il n'est pas assuré que cela puisse suffire[1912].

1122. L'incitation à entreprendre des activités risquées serait peut-être plus limitée encore si la Commission revenait, ne serait-ce que formellement, à une application exceptionnelle de l'article 107 § 3, sous b) ou c). La prohibition des aides apportées redeviendrait le principe ; leur autorisation sur le fondement de cette disposition en serait l'exception. Plutôt que d'affirmer préalablement le bénéfice général d'une exception à l'ensemble du secteur, la DG concurrence pourrait ainsi revenir à une approche plus individualisée, modulant son régime selon le profil de la banque bénéficiaire – en s'inspirant par exemple, de la distinction opérée en droit bancaire entre les établissements importants et moins importants[1913].

1123. **Conclusion de la Section 2.** La régulation bancaire s'est dotée de nouveaux dispositifs de résolution en réaction à la crise, notablement la directive BRRD ainsi que le règlement MRU. Ces textes admettent l'octroi d'un soutien public aux banques en difficulté dans des conditions similaires à celles prévues par le régime spécial de droit des aides, établi dans la communication concernant le secteur bancaire de 2013. Droit de la concurrence et régulation bancaire ont certainement fait l'objet d'une inspiration réciproque.

1124. À ce jour, le régime spécial de droit des aides est toujours en vigueur et coexiste avec les nouveaux dispositifs de résolution bancaire. La DG concurrence conserve un rôle de premier plan dans la prévention et le traitement de la défaillance bancaire. Elle est en charge d'assurer l'articulation du droit des aides avec les dispositifs de résolution bancaire et vérifie la conformité des mesures de soutien à la directive BRRD ainsi qu'au règlement MRU.

1125. **Conclusion du Chapitre I.** Originellement, le contrôle des aides accordées aux banques était opéré en application des règles de droit commun. Depuis la crise financière de 2008, la Commission européenne a élaboré un régime de contrôle spécial réservé aux mesures d'aides octroyées aux banques en difficulté, fondé

1909 Comm. eur., décision du 20 juillet 2010, *on the State Aid nº C 33/2009 (ex NN 57/2009, CP 191/2009) implemented by Portugal in the form of a State guarantee to BPP*, préc.

1910 J. Gray et Fr. De Cecco, art. préc., p. 25.

1911 CJUE, 19 juillet 2016, *Tadej Kotnik et al. c. Državni zbor Republike Slovenije* préc., pt. 58.

1912 Plusieurs travaux de recherche économique remettent en cause l'effet limitatif des contreparties sur l'aléa moral, dès lors que l'aide est autorisée (Br. Lyons et M. Zhu, « Compensating Competitors or Restoring Competition ? EU Regulation of State Aid for Banks During the Financial Crisis », *Journal of Industry, Competition and Trade*, 2013, vol. 13, issue 1, p. 39 ; Al. Heimler et Fr. Jenny, « The limitations of European Union control of state aid », *Oxford Review of Economic Policy*, vol. 28, nº 2, 2012, p. 347).

1913 Règlement (UE) nº 468/2014 de la Banque centrale européenne du 16 avril 2014 établissant le cadre de la coopération au sein du mécanisme de surveillance unique entre la Banque centrale européenne, les autorités compétentes nationales et les autorités désignées nationales (le « règlement-cadre MSU »), BCE/2014/17, *JOUE* nº L 141 du 14 mai 2014, p. 1, art. 50 à 66.

sur l'article 107 § 3, sous b) TFUE. La préservation de la stabilité financière était alors devenue sa priorité. Son approche initiale, orientée à court terme, était extrêmement bienveillante à l'égard des aides aux banques en difficulté. Mais la Commission n'a pour autant pas sacrifié la concurrence sur l'autel de la stabilité. Une fois éteints les premiers feux de la crise, la DG concurrence a durci son approche, exposée dans la communication de 2013, pour n'admettre les aides qu'en contrepartie d'engagements rigoureux visant à limiter les distorsions concurrentielles. La capacité d'adaptation de la DG concurrence est à cet égard remarquable.

1126. Durant les premières années de la crise, la régulation bancaire a véritablement été suppléée par les règles de concurrence. Faute de règles de résolution unifiées dans l'Union, l'application du droit des aides aux banques a ainsi permis d'harmoniser la réponse européenne face à la crise et de rétablir la stabilité. La régulation bancaire européenne s'est finalement dotée de dispositifs *ad hoc*, à savoir, entre autres, la directive BRRD et le règlement MRU. Ces textes reprennent dans une très large mesure les conditions d'octroi d'un soutien financier exceptionnel aux banques en difficulté, tel qu'envisagées par la Commission européenne en application du droit des aides. À ce jour, le régime spécial réservé aux aides accordées aux banques en difficulté cohabite donc avec les dispositifs de résolution bancaire. La DG concurrence est en charge d'assurer leur articulation.

1127. La pérennisation du régime issu de la communication de 2013 n'est pas pour étonner. Elle se comprend dans une perspective de prévention des crises futures, et non seulement de leur traitement actuel. Néanmoins, l'article 107 § 3, sous b), dont l'interprétation stricte ne permet d'admettre une aide qu'afin de remédier à une perturbation *actuelle*, ne constitue peut-être plus le fondement textuel approprié d'un régime prophylactique. Il serait préférable de recourir à l'article 107 § 3, sous c), sur lequel prend appui le régime de droit commun des aides aux entreprises en difficulté, dont le régime réservé au secteur bancaire ne constitue en définitive, qu'une déclinaison sectorielle. Il conviendrait au surplus de revenir à une logique d'admission exceptionnelle et non plus systématique des aides aux banques en difficulté, en considération de l'aléa moral, et donc de l'instabilité financière, que la DG concurrence entend prévenir.

1128. À travers la mise en œuvre du contrôle des concentrations, les autorités de concurrence s'efforcent pareillement de préserver les impératifs de régulation bancaire, en particulier le maintien de la stabilité financière.

Chapitre II
La mise en œuvre du contrôle des concentrations, auxiliaire de la régulation bancaire

Section 1 Le contrôle concurrentiel des concentrations bancaires opéré en application des règles de droit commun

§ 1. La spécificité des activités bancaires sans incidence sur la mise en œuvre procédurale du contrôle

§ 2. La spécificité des activités bancaires sans incidence sur l'analyse au fond de l'opération

A. La spécificité des activités bancaires sans incidence sur la segmentation des marchés pertinents

B. La spécificité des activités bancaires sans incidence sur la recherche d'une entrave concurrentielle significative

Section 2 La préservation des impératifs de régulation bancaire assurée par les autorités de concurrence en application des règles de droit commun

§ 1. Le respect des impératifs prudentiels par le droit commun de la concurrence

A. Le contrôle prudentiel sans préjudice du contrôle concurrentiel

B. Le contrôle concurrentiel sans préjudice du contrôle prudentiel

§ 2. Le respect des impératifs résolutoires par le droit commun de la concurrence

A. Préservation de la stabilité par l'octroi d'une dérogation à l'effet suspensif de la notification

B. Préservation de la stabilité par l'identification d'effets positifs inhérents à l'opération

1129. **Suffisance des règles de droit commun.** Une fois établie l'*applicabilité* des règles (européennes ou françaises) du contrôle des concentrations, au regard de la dimension et de la nature concentrative de l'opération, l'*application* desdites règles doit permettre de vérifier que le rapprochement d'entreprises n'est pas porteur d'une entrave significative à la concurrence[1914]. À ce titre, l'analyse concurrentielle ne sera généralement pas gênée par la singularité des activités bancaires. Sa mise en œuvre s'effectue dans le respect des règles de fond et de procédure communes (Section 1).

1130. Mais la concentration n'est pas seulement soumise au droit de la concurrence, elle peut être également saisie par les règles de régulation bancaire. Survient alors un risque de contradiction entre les solutions respectivement adoptées par l'autorité de concurrence et l'autorité de contrôle prudentiel ou de résolution : une opération pourrait soulever des préoccupations de concurrence mais être jugée sans risque, voire opportune, dans une perspective prudentielle ou résolutoire ; et inversement. Pour autant – contrairement au droit des aides, contraint de s'adapter aux spécificités bancaires par l'élaboration d'un régime spécial – les règles communes du contrôle des concentrations comportent *a priori* toute la souplesse nécessaire pour permettre l'articulation des examens dans le respect des impératifs de régulation bancaire. Plus encore, la DG concurrence est en mesure, à l'occasion de son contrôle, de vérifier le respect des règles prudentielles par les banques. Le contrôle des concentrations agit comme un auxiliaire de régulation bancaire (Section 2).

Section 1
Le contrôle concurrentiel des concentrations bancaires opéré en application des règles de droit commun

1131. **Application des règles de fond et de procédure commune.** Les règles de droit commun sont parfaitement adaptées à la mise en œuvre du contrôle concurrentiel des concentrations bancaires, sans soulever de difficulté particulière. L'examen est ainsi opéré en application des règles procédurales communes. Le droit français comporte une légère dérogation qui n'a toutefois jamais trouvé à s'appliquer (§ 1). L'analyse au fond de l'opération est pareillement opérée en application des critères de droit commun (§ 2).

1914 Règlement CE sur les concentrations, cons. 5 ; Aut. conc., Lignes directrices relatives au contrôle des concentrations, 2020, pt. 2.

§ 1. La spécificité des activités bancaires sans incidence sur la mise en œuvre procédurale du contrôle

1132. **Respect des étapes procédurales communes.** La mise en œuvre du contrôle des concentrations bancaires s'effectue dans le respect des règles procédurales communes. Soumises à l'obligation de notification préalable[1915], les concentrations bancaires sont ainsi examinées, selon leur dimension, par la Commission européenne ou l'Autorité de la concurrence[1916], sous le contrôle respectif de la Cour de justice de l'UE[1917] et du Conseil d'État[1918].

1133. Le contrôle peut alors être opéré suivant une procédure simplifiée, lorsque le rapprochement ne soulève *a priori* pas de problème de concurrence[1919], ou selon la procédure normale dans les autres cas.

1134. Si à l'issue d'un premier contrôle dit « de phase I »[1920], subsiste un doute sérieux d'atteinte à la concurrence, l'opération fera l'objet d'un contrôle approfondi (« phase II »)[1921].

1135. **Procédure consultative dérogatoire en droit français.** Le droit français prévoit une légère dérogation au droit commun : l'article L 612-22 du Code monétaire et financier fait obligation à l'Autorité de la concurrence de recueillir l'avis de l'ACPR préalablement à l'adoption de sa décision, en cas d'examen approfondi d'un rapprochement entre personnes soumises au contrôle de celle-ci. À cet effet, l'Autorité de la concurrence communique toute saisine relative à de telles opérations à l'ACPR, qui rendra son avis simple dans un délai d'un mois suivant sa réception.

1915 Règlement CE sur les concentrations, art. 4 ; C. com., art L 430-3.

1916 Cette compétence appartenant originellement au ministre de l'Économie a été transférée à l'Autorité de la concurrence par l'effet de la loi LME (loi du 4 août 2008 n° 2008-776 préc.). Mais le ministre conserve toujours le pouvoir d'évoquer l'affaire pour des motifs d'intérêt général autres que le maintien de la concurrence (V. *infra* n° 1188).

1917 Règlement CE sur les concentrations, art. 21 § 2.

1918 Ce qui se déduit de la lecture combinée de l'article L 464-8 du Code de commerce et de l'article R 311-1, sous 4° du Code de justice administrative.

1919 Comm. eur., communication du 14 décembre 2013, relative à une procédure simplifiée du traitement de certains opérations de concentration en application du règlement (CE) n° 139/2004 du Conseil, *JOUE* n° C 366 du 14 décembre 2013, p. 5, pt. 1 ; Comm. eur., décision du 15 mai 2020, *BNP Paribas / Bank of Baroda*, aff. M.9780, *JOUE* n° C 180 du 29 mai 2020, p. 3, pt. 5 ; Aut. conc., Lignes directrices relatives au contrôle des concentrations, 2020, pt. 636 ; Aut. conc., décision n° 20-DCC-48 du 20 mars 2020 *relative à la prise de contrôle exclusif de la société LBP IARD par la société La Banque Postale.*

1920 Règlement CE sur les concentrations, art. 6 § 1, sous b) (Comm. eur., decision du 23 octobre 2019, *Allied Irish Banks / First Data Corporation / Semeral*, aff. M.9387, *JOUE* n° C 410 du 6 décembre 2019, p. 7) ; C. com., art. L 430-5 (Aut. conc., décision n° 16-DCC-151 du 14 octobre 2016 préc.).

1921 Règlement CE sur les concentrations, art. 6 § 1, sous c) ; C. com., art. L 430-5, III. À notre connaissance, aucune opération de concentration entre des entités exclusivement actives sur les marchés de la banque commerciale ou de détail n'a fait l'objet d'un examen approfondi devant la Commission européenne ou l'Autorité de la concurrence ; pour un examen de phase II portant sur une concentration d'entreprises exerçant des activités financières, V. Comm. eur., décision du 29 mars 2017, *Deutsche Börse / London Stock Exchange Group*, aff. M.7995, *JOUE* n° C 240 du 25 juillet 2017, p. 7.

1136. À l'instar de la procédure consultative prévue en application du droit français des pratiques anticoncurrentielles[1922], cette dérogation est bienvenue en ce qu'elle permet d'offrir un éclairage à l'Autorité de la concurrence sur le fonctionnement spécifique du secteur bancaire, sans pour autant la lier[1923]. Cette disposition n'a toutefois jamais été mise en œuvre, aucune opération concernant des entités soumises au contrôle de l'ACPR n'ayant, à ce jour, fait l'objet d'un examen approfondi devant l'Autorité de la concurrence.

1137. **Prépondérance des décisions d'autorisation.** Au terme de l'examen, les autorités de concurrence pourront autoriser l'opération, éventuellement sous condition d'engagements permettant de remédier à ses effets anticoncurrentiels[1924], ou bien l'interdire lorsqu'aucun remède satisfaisant ne peut être trouvé[1925]. L'extrême majorité des concentrations bancaires fait néanmoins l'objet d'une autorisation simple. À ce jour, aucune concentration bancaire n'a été interdite et seul un nombre marginal d'opérations ont été admises sous condition d'engagements, en application des règles de contrôle européennes[1926] et françaises[1927].

1138. Cette situation s'explique notamment au regard de la structuration des marchés bancaires, les préservant généralement du risque de domination[1928].

§ 2. La spécificité des activités bancaires sans incidence sur l'analyse au fond de l'opération

1139. **Recherche d'une entrave concurrentielle significative sur un marché pertinent.** L'analyse au fond de la concentration bancaire est effectuée suivant la démarche traditionnellement menée par les autorités de concurrence, consistant à délimiter les différents segments de marché pertinents (A), avant d'examiner si l'un ou plusieurs d'entre eux ne souffrent pas d'une entrave concurrentielle significative (B).

1922 V. *supra* n° 359 s.

1923 Aut. conc., Lignes directrices relatives au contrôle des concentrations, 2020, pt. 259.

1924 Règlement CE sur les concentrations, art. 8 § 1 et 2 ; C. com., art. L 430-5, III et L 430-7, IV.

1925 Règlement CE sur les concentrations, art. 8 § 3 ; C. com., art. L 430-7, III.

1926 Comm. CE, décision du 3 octobre 2007, *Fortis/ABN AMRO Assets*, aff. M.4844, *JOCE* n° C 265 du 7 novembre 2007, p. 2 ; Comm. CE, décision du 3 décembre 2008, *BNP Paribas / Fortis*, aff. M.5384, *JOCE* n° C 7 du 13 janvier 2009, p. 4 ; Comm. eur., décision du 14 mars 2017, *Worldline / Equens / Paysquare*, aff. M.7873, *JOCE* n° C 279 du 23 août 2017, p. 1 ; Comm. eur., décision du 19 décembre 2017, *Nordic Capital / Intrum Justitia AB*, aff. M.8287, *JOCE* n° C 350 du 18 octobre 2017, p. 1.

1927 Aut. conc., décision n° 09-DCC-16 du 22 juin 2009 *relative à la fusion entre les groupes Caisse d'Épargne et Banque Populaire,* note J. Philippe, et A. Guyon, *Concurrences* n° 3-2009, septembre 2009, art. n° 27821.

1928 V. *infra* n° 1148. La situation du secteur financier est différente : il est manifeste que certains segments de marché sont beaucoup plus concentrés et davantage sujets à la domination : ainsi la DG concurrence s'est-elle déjà opposée à plusieurs opérations de concentration entre entreprises actives sur les marchés financiers (Comm. eur., décision du 29 mars 2017, *Deutsche Börse / London Stock Exchange Group*, préc. ; Comm. eur., décision du 1er février 2012, *Deutsche Börse / NYSE Euronext*, aff. M.6166, *JOUE* n° C254 du 5 août 2014, p. 8).

A. La spécificité des activités bancaires sans incidence sur la segmentation des marchés pertinents

1140. **Principales segmentations des marchés de produits.** Comme pour tout autre marché pertinent[1929], la définition du marché bancaire comporte deux dimensions : l'identification des différents services qui y sont offerts, d'une part, et sa circonscription géographique, d'autre part. En ce qui concerne les marchés de produits, les critères généraux de définition, en particulier celui de la substituabilité[1930], sont transposables aux marchés bancaires[1931]. Pendant un temps, le marché bancaire européen est resté fortement atomisé. Les risques d'atteinte à la concurrence s'en trouvaient donc réduits et la définition précise de chaque segment pouvait être laissée ouverte[1932].

1141. À partir des années 1990, le marché a connu un mouvement de consolidation, conduisant les autorités de concurrence à délimiter plus précisément chacun de ses segments[1933]. Cette délimitation est évidemment mouvante et évolutive. Néanmoins, la pratique décisionnelle européenne et française[1934] distingue traditionnellement et avec constance, trois catégories principales de produits : les segments de la banque de détail (*retail banking*) regroupant les services destinés aux particuliers et aux ménages, comprenant entre autres, les services de compte courant, de dépôt et d'épargne, les crédits, ainsi que les services de paiement proposés aux particuliers (i) ; les segments de la banque commerciale (*wholesale banking*), incluant les services bancaires aux entreprises, tels que les divers services de compte et de crédit professionnel mais aussi ceux de l'affacturage, de la conservation et de l'administration de fonds, outre les services de paiement à finalité professionnelle (ii) ; les segments de la banque de financement et d'investissement (*financial market services*), i.e. les opérations sur les marchés financiers, en particulier les services de gestion d'actifs, de conseil en fusion et acquisition, de placement et de prise ferme relatifs à l'émission de titres, ainsi que les activités sur les marchés monétaires (iii)[1935].

1929 Règlement (CE) n° 802/2004 de la Commission du 7 avril 2004 concernant la mise en œuvre du règlement (CE) n° 139/2004 du Conseil relatif au contrôle des concentrations entre entreprises, *JOUE* n° L 133, du 30 avril 2004, p. 1, annexe I, section 6.

1930 Le marché de produits pertinent « comprend tous les produits et/ou services que le consommateur considère comme interchangeables ou substituables en raison de leurs caractéristiques, de leur prix et de l'usage auquel ils sont destinés. » (Règlement [CE] n° 802/2004 préc., annexe I, section 6 § I).

1931 V. Gr. Damy, « Application du droit de la concurrence aux banques. – Cas particulier des concentrations en droit français et communautaire », fasc. préc., pt. 83 s.

1932 D. Schkolnic, *op. cit.*, pt. 339, p. 285.

1933 Gr. Damy, « Application du droit de la concurrence aux banques. – Cas particulier des concentrations en droit français et communautaire », fasc. préc., pt. 95.

1934 Comm. CE, décision du 3 octobre 2007, *Fortis/ ABN AMRO Assets* préc. ; Comm. CE, décision du 8 novembre 2001, *Nordbanken/ Postgirot*, aff. M.2567, *JOCE* n° C 347 du 8 décembre 2001, p. 5 ; Comm. CE, décision du 11 mars 1997, *Bank Austria/ Creditanstalt,* aff. M.873, *JOCE* n° C 160 du 27 mai 1997, p. 4 ; Aut. conc. décision n° 16-DCC-151 du 14 octobre 2016 *relative à la fusion de la société Rothschild & Co SCA et la Compagnie Financière Martin Maurel SA* ; Min. éco., décision C2006-45, Lettre en date du 10 août 2006, *aux conseils de la Caisse Nationale des Caisses d'Épargne et de la Banque Fédérale des Banques Populaires, relative à une concentration dans le secteur des services bancaires, BOCCRF* n° 7 bis du 15 septembre 2006.

1935 Les services offerts sur les marchés « de la banque de financement et d'investissement » correspondent ainsi non pas à des *activités bancaires*, au sens de cette étude, mais à des activités financières (sur la distinction entre ces deux notions et leurs définitions respectives, V. *supra* n° 17).

1142. **Principales délimitations des marchés géographiques.** La délimitation géographique des marchés bancaires n'est également pas immuable. Il est néanmoins possible de dégager certains de ses linéaments constants[1936]. Les segments de la banque de détail sont ainsi généralement considérés comme étant de dimension nationale et parfois locale[1937], bien que cette situation puisse évoluer dans le sens d'une internationalisation par l'effet des nouvelles technologies. Cette approche repose notamment sur des facteurs tels que les barrières linguistiques, l'importance du réseau d'agences et les coûts de transaction[1938].

1143. En revanche, la circonscription géographique des segments de la banque commerciale s'avère plus délicate et l'analyse des autorités est nuancée : de manière schématique, la pratique décisionnelle considère que le marché est de dimension internationale en ce qui concerne les services offerts aux grandes entreprises et de dimension nationale pour ce qui est des services proposés aux PME, l'offre se faisant alors souvent au niveau des agences nationales à des clients locaux[1939]. Quant aux opérations sur les marchés financiers, la dimension internationale – à tout le moins européenne – est clairement établie[1940].

1144. En ce qui concerne tant la délimitation géographique que celle du produit, l'identification d'une offre de services bancaires sur un marché donné ne soulève ainsi pas de complications particulières et les critères d'analyse employés pour la segmentation d'autres activités sectorielles sont transposables aux activités bancaires. Il en va de même en ce qui concerne l'analyse au fond de la concentration bancaire.

B. La spécificité des activités bancaires sans incidence sur la recherche d'une entrave concurrentielle significative

1145. **Risques concurrentiels généralement limités.** Une fois établis les différents segments de marchés bancaires, les autorités européenne[1941] et française[1942] de concurrence s'attachent à vérifier que l'opération notifiée n'induit pas une entrave significative à la concurrence sur l'un d'entre eux.

1936 D. Schkolnic, *op. cit.*, pt. 346 à 354, p. 290 à 296.

1937 Aut. conc., décision n° 09-DCC-16 du 22 juin 2009 préc., pt. 137 à 155. V. O. Billard et K.-A. Jouvensal, « L'analyse de la concurrence au plan local dans le cadre du contrôle des concentrations bancaires », *Banque et droit* n° 128, novembre-décembre 2009, p. 9.

1938 Comm. eur., 7 juin 2017, décision *Banco Santander S.A./ Banco Popular Group S.A.*, aff. M.8553 ; Comm. CE, décision du 24 juin 1998, *Fortis AG / Generale Bank.*, aff. M.1172, *JOCE* n° C 164 du 25 mai 1998, p. 3 ; Aut. conc. Décision n° 15-DCC-105 du 12 août 2015 *relative à la prise de contrôle conjoint de la société Primonial Holding par les sociétés Crédit Mutuel Arkéa, Primonial Management, Blackfin et Latour Capital.*

1939 Comm. eur., 7 juin 2017, décision *Banco Santander S.A./ Banco Popular Group S.A.* préc. Exceptionnellement, l'analyse pourra être effectuée au niveau local (Aut. conc., décision n° 09-DCC-16 du 22 juin 2009 préc., pt. 156 à 160).

1940 Comm. CE, décision du 22 avril 1999, *Deutsche Bank/Bankers Trust,* aff. M.1384, *JOCE* n° C 303 du 14 septembre 2017, p. 7 ; Aut. conc., décision n° 16-DCC-151 du 14 octobre 2016 préc.

1941 Règlement CE sur les concentrations, art. 2 § 3.

1942 Aut. conc., Lignes directrices relatives au contrôle des concentrations, 2020, pt. 2.

1146. Qu'il s'agisse d'une concentration bancaire de type horizontal, vertical ou congloméral[1943], l'analyse porte tant sur les effets non coordonnés – c'est-à-dire unilatéraux – de l'opération[1944], que sur ses effets coordonnés – entre la nouvelle entité et d'autres entreprises actives sur les marchés pertinents[1945] –, sans que la spécificité du secteur ne soulève à cet égard, de difficulté particulière.

1147. Du reste, les concentrations bancaires n'induisent en règle générale que des risques concurrentiels très limités, ainsi que l'atteste la rareté des décisions d'engagements ou d'interdiction des opérations[1946]. Un facteur d'explication tient certainement à la structuration des marchés bancaires généralement peu propice à la domination.

1148. **Éléments d'analyse générale de la structure des marchés bancaires.** Le marché bancaire européen comporte un grand nombre d'entreprises en concurrence. En novembre 2020, le nombre d'établissements de crédit s'élevait à 5455 sur l'ensemble des États membres de l'UE, et 4361 pour la seule zone euro[1947]. Le marché français est lui-même très dense : à la fin de l'année 2019, il comptait 354 établissements de crédit, auxquels s'ajoutaient 163 sociétés de financement, 44 établissements de paiement et 14 établissements de monnaie électronique[1948].

1149. Les marchés bancaires ne sont toutefois pas aussi atomisés qu'ils paraissent l'être *prima facie*. À l'échelle européenne, les 50 plus grandes banques se partagent 61 % des parts de marché, ce qui représente 28,6 billions d'euros d'actifs[1949]. En France, au terme de l'année 2019, les six principaux groupes[1950] réalisaient à eux seuls 89,4 % du produit net bancaire total français, soit 138,1 milliards d'euros[1951]. Le niveau de concentration des marchés bancaires (français et européen) s'avère donc relativement élevé. Mais la répartition du pouvoir de marché entre les principales entreprises demeure équilibrée. En l'état, les marchés bancaires semblent ainsi structurés de telle sorte que les risques de domination – individuelle tout du moins – demeurent minimes.

1150. **Conclusion de la Section 1.** D'un point de vue strictement concurrentiel, les concentrations bancaires ne soulèvent aucune difficulté particulière. Le contrôle est opéré en application des règles de droit commun ; mise à part une dérogation mineure en droit français, tenant au pouvoir consultatif de l'ACPR en cas

---

1943 Pour une décision comportant des éléments d'analyse tout à la fois horizontale, verticale, et conglomérale, V. Aut. conc., décision n° 09-DCC-16 du 22 juin 2009 préc.

1944 Comm. eur., decision du 23 octobre 2019, *Allied Irish Banks / First Data Corporation / Semeral* préc. ; Aut. conc., décision n° 09-DCC-16 du 22 juin 2009 préc., pt. 219 à 229.

1945 Comm. CE, décision du 3 octobre 2007, *Fortis/ ABN AMRO Assets* préc., pt. 127 et 128 ; Aut. conc., décision n° 15-DCC-105 du 12 août 2015 préc., pt. 87 à 91.

1946 V. *supra* n° 1137.

1947 Ces chiffres sont actualisés mensuellement sur le site internet de la BCE : https://www.ecb.europa.eu/stats/financial_corporations/list_of_financial_institutions/html/index.en.html

1948 ACPR, *rapport annuel 2019*, p. 21.

1949 Situation du marché à la fin de l'année 2018 : Zeb Consulting, *European Banking Study. Weathering the perfect storm 2019*, p. 7.

1950 BNP Paribas, Société Générale, Groupe Crédit Agricole, Groupe BPCE, Groupe Crédit Mutuel et La Banque Postale.

1951 ACPR, *Les chiffres du marché français de la banque et de l'assurance 2019,* 13 octobre 2020, p. 12.

d'examen approfondi de l'opération, qui n'a du reste, jamais été mise en œuvre. Les autorités de concurrence distinguent trois segments de marché principaux, à savoir ceux de la banque de détail, de la banque commerciale, et de la banque d'investissement, dont la structuration globale tend généralement à les préserver de tout risque concurrentiel.

1151. Néanmoins, les rapprochements bancaires ne sont pas seulement appréhendés par le droit de la concurrence. Ces opérations font également l'objet d'un examen au regard des règles prudentielles et résolutoires. L'articulation de ces différents contrôles n'est pas chose aisée. Mais les règles du contrôle des concentrations offrent aux autorités de concurrence les moyens d'assurer cette conciliation conformément aux impératifs de régulation bancaire, voire de contribuer à en assurer le respect par les entreprises.

Section 2
La préservation des impératifs de régulation bancaire assurée par les autorités de concurrence en application des règles de droit commun

1152. **Articulation des analyses concurrentielle, prudentielle et résolutoire.** Le contrôle prudentiel et le contrôle concurrentiel des concentrations comportent tous deux une dimension préventive : le premier vise à empêcher la défaillance des entités dans une perspective plus générale de stabilité, le second s'attache à prévenir les distorsions de concurrence. En toute logique, les deux contrôles sont sans préjudice l'un de l'autre : pour être mise en œuvre, l'opération doit être avalisée tant par l'autorité de concurrence que par l'autorité de contrôle prudentiel. Que l'une d'entre elles s'y oppose et l'opération doit être abandonnée, sans que cela porte atteinte aux intérêts protégés par l'autre autorité, y compris si cette dernière avait elle-même autorisé le rapprochement. Dès lors en effet, que ces contrôles ont pour seul but de prévenir les conséquences éventuellement néfastes de l'opération, son abandon sera en toute hypothèse sans incidence sur les impératifs prudentiels ou concurrentiels (§ 1).

1153. En revanche, les rapprochements bancaires ne sont pas appréhendés de la même manière par les autorités de résolution. À cette occasion, la prise de contrôle de l'entité défaillante ne constitue pas l'objet même du contrôle ; elle ne représente qu'un instrument parmi d'autres permettant de traiter la défaillance et de limiter les risques d'instabilité. Le rachat de la banque en difficulté peut alors s'avérer nécessaire afin de préserver la stabilité financière. L'interdiction de l'opération par une autorité de concurrence peut donc se révéler problématique. Les règles européennes et françaises de concurrence sont néanmoins dotées de la flexibilité suffisante pour permettre cette conciliation (§ 2).

§ 1. Le respect des impératifs prudentiels par le droit commun de la concurrence

1154. **Double autorisation requise.** Le contrôle prudentiel des rapprochements bancaires est sans préjudice du contrôle concurrentiel (A) ; et réciproquement (B). Autrement dit, l'opération doit être autorisée tant par l'autorité de concurrence que par l'autorité prudentielle. Quand bien même l'une d'entre elles avaliserait le projet, celui-ci ne peut être poursuivi dès lors que l'autre autorité s'y oppose. La DG concurrence vérifie toutefois que les États membres ne font pas un usage impropre et détourné des règles prudentielles afin de s'opposer à une concentration gênant leurs intérêts domestiques ; contribuant ainsi à l'application harmonisée des règles bancaires au sein de l'Union.

A. Le contrôle prudentiel sans préjudice du contrôle concurrentiel

1155. **Mécanisme de surveillance unique.** Depuis la crise financière de 2008, les règles prudentielles ont été considérablement harmonisées à l'échelle européenne. À la faveur du règlement n° 1024/2013 du Conseil du 15 octobre 2013 précité, la supervision européenne des établissements de crédit est dévolue à la BCE, agissant en étroite collaboration avec les autorités nationales de supervision, dans le cadre du mécanisme de surveillance unique (MSU)[1952]. La surveillance comporte plusieurs dimensions : délivrance des agréments, examen des prises de participation qualifiée, contrôle permanent du respect des exigences prudentielles.

1156. Sur ce dernier aspect, la BCE est seule compétente en matière de surveillance des établissements importants[1953]. À ce titre, elle pourra seule, mais avec l'assistance des autorités nationales[1954], veiller au respect par ces établissements des différentes exigences prudentielles en matière de fonds propres, de titrisation, de liquidité[1955], de gouvernance et de politique de rémunération[1956]. Elle peut imposer des tests de résistance[1957] et dispose par ailleurs, d'un pouvoir d'enquête et de sanctions[1958]. La surveillance directe des établissements de crédit moins

---

1952 M. Françon, S. Combeaud et Chr. Bruyelle, « Le mécanismes de surveillance unique. – Missions et prérogatives de la BCE », *in Encyclopédie du JurisClasseur : Banque – Crédit – Bourse*, LexisNexis, 2016, Fasc. 45 ; A.-Cl. Rouaud, « Première étape dans la mise en place de l'union bancaire européenne : adoption du mécanisme de surveillance unique (MSU) », *RISF* n° 2014/1, p. 118.

1953 Le règlement (UE) n° 468/2014 précité distingue en effet les établissements importants et moins importants selon deux principaux critères parmi d'autres. Le premier est un critère de taille, et permet de conclure à l'importance d'un établissement lorsque la valeur totale de ses actifs est supérieure à 30 milliards d'euros (article 50). Le second est un critère d'intérêt pour l'économie de l'Union ou un État membre, selon lequel un établissement est jugé important lorsque la valeur totale de ses actifs dépasse 20 % du PIB national, sauf si cette valeur est inférieure à 5 milliards d'euros (article 56).

1954 Règlement (UE) n° 1024/2013, préc., art. 6 § 2.

1955 *Ibid.*, art. 4 § 1, sous d).

1956 *Ibid.*, art. 4 § 1, sous e).

1957 *Ibid.*, art. 4 § 1, sous f).

1958 *Ibid.*, art. 11 et 18.

importants est confiée aux autorités nationales – en France, l'ACPR[1959] –, sous le contrôle de la BCE[1960].

1157. **Délivrance des agréments.** Désormais, la BCE est également seule compétente pour délivrer les agréments bancaires : toute demande en ce sens doit être notifiée à l'autorité nationale compétente – en France, l'ACPR[1961] – laquelle avisera la BCE de la réception de la demande et lui transmettra un projet de décision comportant son évaluation et ses recommandations[1962]. La décision finale d'approbation ou de refus appartient à la Banque centrale européenne[1963]. Cette dernière est également seule compétente pour retirer l'agrément après consultation des autorités nationales compétentes[1964].

1158. **Contrôle des prises de participation qualifiée.** Les prérogatives de la BCE s'étendent encore à l'autorisation (ou au refus) des projets de modification de l'actionnariat des établissements de crédit de la zone euro[1965]. Selon une procédure comparable à celle des demandes d'agréments, le projet d'acquisition est notifié à l'autorité nationale – en France, l'ACPR[1966] –, qui soumettra son projet de décision à la BCE[1967], sous le contrôle de la Cour de justice[1968]. La notification s'impose en cas de projets d'acquisition de participation qualifiée, i.e. 10 % du capital ou des droits de vote ou toute autre possibilité d'exercer une influence notable

---

1959 En application des articles L 511-41 et suivants du Code monétaire et financier. L'ACPR est également seule compétente pour assurer la surveillance des entités exclues du MSU, en particulier les établissements de paiement (C. mon. fin., art. L 522-14 s.) et les établissements de monnaie électronique (C. mon. fin., art. L 526-27).

1960 La BCE conserve un pouvoir de contrôle indirect : les superviseurs nationaux sont en effet tenus à des obligations d'information relatives au contrôle des établissements moins importants à destination de la BCE (règlement [UE] n° 468/2014 préc., art. 97) ; cette dernière peut émettre des règlements et des recommandations destinées à renforcer la cohérence du contrôle (règlement [UE] n° 1024/2013 préc., art. 6 § 5, sous a]).

1961 En application des articles L 511-10 et suivants du Code monétaire et financier. L'ACPR est en outre seule compétente pour délivrer les agréments des entités exclues du MSU, en particulier les établissements de paiement (C. mon. fin., art. L 522-6 s.) et les établissements de monnaie électronique (C. mon. fin., art. L 526-7s.).

1962 Les conditions d'agrément reposent notamment sur des exigences de fonds propres *minima*, l'honorabilité et les compétences des dirigeants, l'adéquation de la structure d'organisation de l'établissement avec son programme d'activité, la composition de l'actionnariat, ainsi que l'affiliation à un système de garantie des dépôts (directive 2013/36/UE préc., art. 8 à 14).

1963 Règlement (UE) n° 1024/2013 préc., art. 14.

1964 *Ibid.*, art. 14 § 5.

1965 *Ibid.*, art. 4 § 1, sous c).

1966 En application des articles L 511-12-1 et suivants du Code monétaire et financier ; complétés par le règlement CRBF n° 96-16 du 20 décembre 1996 relatif aux modifications de situation des établissements de crédit, des sociétés de financement et des entreprises d'investissement autres que les sociétés de gestion de portefeuille. L'ACPR est en revanche seule compétente pour effectuer le contrôle des prises de participation qualifiée dans des entités exclues du MSU, en particulier les établissements de paiement (C. mon. fin., art. L 522-10-1 s.) et les établissements de monnaie électronique (C. mon. fin., art. L 526-13).

1967 Règlement (UE) n° 1024/2013 préc., art. 15.

1968 La Cour de justice jouit à cet égard, d'une compétence exclusive pour contrôler la légalité tant de la décision de la BCE elle-même, que de celle des actes préparatoires des autorités nationales (CJUE, 19 décembre 2018, *Silvio Berlusconi et Fininvest c. IVASS*, aff. C-219/17, ECLI : EU : C : 2018:1023, note A.-Cl. Rouaud, *RISF* n° 2019/1, p.64 ; D. Simon, *Europe* n° 2 février 2019, comm. 68, à propos d'une décision de la BCE, rendue sur proposition de la Banque d'Italie, de s'opposer à l'acquisition d'une participation qualifiée de M. Silvio Berlusconi et de sa société Fininvest dans la Banca Mediolanum, en raison de ce que les candidats acquéreurs ne remplissaient pas les conditions d'honorabilité requises et que des doutes sérieux existaient quant à leur capacité à assurer une gestion saine de la cible).

sur la gestion de l'entreprise[1969], ainsi que les projets d'augmentation de cette participation au-delà des seuils de 20 %, 30 %, 50 % ou de prise de contrôle[1970].

1159. Une telle acquisition peut alors être refusée par les autorités si la solidité financière ou la qualité du candidat acquéreur ne leur semble pas garantir une gestion saine et prudente de l'établissement. Les critères d'appréciation sont l'honorabilité et les compétences des dirigeants de l'établissement de crédit à la suite de l'opération ; la solidité financière du candidat acquéreur ; la capacité de l'établissement à continuer de respecter ses exigences prudentielles ; l'existence de motifs raisonnables de penser qu'une opération de blanchiment de capitaux ou de financement du terrorisme est envisagée ou en cours[1971].

1160. **Les missions prudentielles de la BCE exercées dans le respect des règles de concurrence.** Le contrôle des prises de participation qualifiée est sans préjudice du contrôle (concurrentiel) des concentrations : le règlement nº 1024/2013[1972] et la directive nº 2013/36[1973] prévoient ainsi tous deux en des termes identiques que la BCE exerce ses missions (prudentielles) sous « réserve et dans le respect du droit primaire et dérivé pertinent de l'Union, des décisions de la Commission dans les domaines d'aides d'État, des règles en matière de concurrence et de contrôle des opérations de concentration et du corpus réglementaire unique applicable à tous les États membres. » En d'autres termes, une opération relevant des champs d'application respectifs tant du droit de la concurrence, que des règles du contrôle des prises de participation qualifiée, doit être notifiée à la fois devant l'autorité de concurrence et l'autorité de contrôle prudentiel. Pour être mis en œuvre, le projet doit obtenir l'aval de chacune d'entre elles. Quand bien même une opération serait autorisée sur le terrain prudentiel, elle doit être abandonnée si la DG concurrence s'y oppose.

1161. **Solution analogue en droit français ?** Le contrôle des prises de participation qualifiée est vraisemblablement de même sans préjudice du contrôle opéré par l'autorité française de concurrence. Le droit français n'exprime pas cette règle de manière aussi explicite. Elle pourrait néanmoins se déduire de l'article L 612-22 du Code monétaire et financier, prévoyant une procédure consultative de l'ACPR dans l'hypothèse d'une phase de contrôle approfondi d'une opération de concentration bancaire devant l'Autorité de la concurrence[1974]. Cette consultation est certes indépendante d'un éventuel contrôle parallèle de l'opération par l'ACPR sur le terrain prudentiel. Mais l'esprit de ce texte semble être de faciliter l'articulation des deux contrôles[1975], sans pour autant que l'Autorité de la concurrence soit liée par l'avis simple de l'ACPR. Le législateur français n'a manifestement pas souhaité soumettre l'Autorité de la concurrence à la décision de l'ACPR, mais simplement lui offrir la possibilité d'obtenir un éclairage avisé. Inversement, les décisions adoptées par les autorités de concurrence sont sans préjudice du contrôle des prises de participation qualifiée, à condition que celui-ci ne soit pas détourné au profit d'intérêts purement nationaux.

1969 Règlement (UE) nº 575/2013 préc., art 4 § 1, sous 36).

1970 Directive 2013/36/UE préc., art. 22 § 1.

1971 *Ibid.*, art. 23 § 1.

1972 Règlement (UE) nº 1024/2013 préc., cons. 32.

1973 Directive 2013/36/UE préc., cons. 10.

1974 V. *supra* nº 1135.

1975 Aut. conc., Lignes directrices relatives au contrôle des concentrations, 2020, pt. 259.

B. Le contrôle concurrentiel sans préjudice du contrôle prudentiel

1162. **La dérogation prévue à l'article 21 § 4 du règlement nº 139/2004.** Le contrôle concurrentiel des concentrations bancaires est sans préjudice du contrôle (prudentiel) des prises de participation qualifiée. L'article 21 § 4 du règlement nº 139/2004 sur les concentrations admet ainsi des États membres qu'ils adoptent les mesures nécessaires à la préservation d'intérêts légitimes extra-concurrentiels, y compris ceux du contrôle prudentiel :

> 4. Nonobstant les paragraphes 2 et 3 [relatifs à la répartition des compétences entre la Commission et les États selon que la concentration est de dimension nationale ou communautaire], les États membres peuvent prendre les mesures appropriées pour assurer la protection d'intérêts légitimes autres que ceux qui sont pris en considération par le présent règlement et compatibles avec les principes généraux et les autres dispositions du droit communautaire.
> Sont considérés comme intérêts légitimes, au sens du premier alinéa, la sécurité publique, la pluralité des médias et les règles prudentielles.
> Tout autre intérêt public doit être communiqué par l'État membre concerné à la Commission et reconnu par celle-ci après examen de sa compatibilité avec les principes généraux et les autres dispositions du droit communautaire avant que les mesures visées ci-dessus puissent être prises. La Commission notifie sa décision à l'État membre concerné dans un délai de vingt-cinq jours ouvrables à dater de ladite communication.

1163. L'article 21 § 3 du règlement nº 4064/89 comportait déjà une disposition identique. Tel que cela ressort d'une note explicative de la Commission publiée en 1998[1976], cet article ne permet en aucun cas aux États membres d'aller à l'encontre d'une décision négative de la DG concurrence en forçant l'autorisation de l'opération. Mais les États peuvent au contraire s'opposer à une concentration autorisée par la Commission, ou imposer des conditions supplémentaires à sa mise en œuvre, pour des raisons prudentielles.

1164. Lors de l'adoption du règlement nº 4064/89 puis du règlement nº 139/2004, le contrôle prudentiel était exclusivement dévolu aux États membres et les régimes nationaux demeuraient fragmentés, en dépit d'une harmonisation partielle[1977]. La note explicative précitée indique sommairement que les « règles prudentielles » visées par cette disposition concernent par exemple l'honorabilité des dirigeants, l'intégrité des transactions et les ratios de solvabilité. La Commission précise également que les mesures entreprises par l'État membre doivent être adéquates et limitées au minimum nécessaire pour assurer la protection de l'intérêt légitime

---

1976 Comm. CE, « Notes on Council Regulation (EEC) 4064/89 », *in Merger control law in the European Union : Situation in March 1998*, 1998, CV-15-98-899-EN-C.

1977 Directive 93/6/CEE du Conseil, du 15 mars 1993, sur l'adéquation des fonds propres des entreprises d'investissement et des établissements de crédit, *JOCE* nº L 141 du 11 juin 1993, p. 1 ; directive 93/22/CEE du Conseil, du 10 mai 1993, concernant les services d'investissement dans le domaine des valeurs mobilières, *JOCE* nº L 141 du 11 juin 1993, p. 27 ; directive 2000/12/CE du Parlement européen et du Conseil du 20 mars 2000 concernant l'accès à l'activité des établissements de crédit et son exercice, *JOCE* nº L 126 du 26 mai 2000, p. 1.

concerné, conformément aux principes de nécessité et proportionnalité. Elle ajoute enfin que les mesures ne sauraient être discriminatoires ou constituer une restriction déguisée du commerce entre les États membres. Or les rares cas d'application de cet article révèlent que les États y ont eu recours bien souvent dans le but de favoriser une entreprise nationale au détriment d'un concurrent étranger, plutôt qu'à des fins prudentielles.

1165. **L'affaire *BSCH / Champalimaud*.** Le rapprochement ayant eu lieu en 1999 entre la banque espagnole Banco Santander Central Hispano (« BSCH ») et le groupe portugais Champalimaud illustre l'usage dévoyé de l'article 21 § 3 du règlement n° 4064/89 par certains États. En substance, l'opération consistait en l'acquisition par BSCH de 40 % du capital de deux sociétés appartenant au groupe Champalimaud, actives sur les marchés bancaires et assurantiels. Ayant eu connaissance du projet, le ministre portugais des Finances s'y était opposé par une décision du 18 juin 1999, avant même sa notification à la Commission CE le 30 juin de la même année.

1166. Dans une décision du 20 juillet 1999[1978], la Commission estime que les différents motifs invoqués par le Portugal sont impropres à constituer un « intérêt légitime » au sens de l'article 21 § 3, alinéa 2 du règlement n° 4064/89. L'un d'entre eux tenait au risque d'atteinte aux intérêts stratégiques nationaux, en raison de la prise de contrôle de l'une des principales banques portugaises par un groupe étranger ; ce que le ministre jugeait incompatible avec les besoins de restructuration du secteur financier portugais[1979]. La Commission juge ce motif illégitime, car manifestement discriminatoire et contraire à la liberté d'établissement[1980].

1167. La décision du ministre se fondait également sur des motifs prudentiels. Était ainsi notamment invoqué le fait que certaines décisions stratégiques des sociétés cibles seraient prises à l'issue de l'opération par le conseil d'administration de la holding, ce qui risquait de nuire à la transparence de la structure du groupe[1981]. La Commission écarte l'argument en relevant que le projet prévoit simplement une concertation des dirigeants de la holding préalablement à l'adoption de certaines décisions des filiales, les administrateurs de ces dernières conservant à ce titre leur pleine compétence. La Commission ajoute que l'acquéreur est en toute hypothèse, une entité mondialement réputée remplissant toutes les garanties d'intégrité et de compétence pour animer le groupe dans son intérêt[1982]. L'État portugais évoquait également un processus de résolution inefficace des désaccords entre administrateurs, induisant un délai de prise de décision trop long, générateur d'incertitudes[1983]. La Commission balaye le motif en notant l'existence d'un mécanisme d'arbitrage interne enfermé dans des délais suffisamment courts pour adopter une décision urgente, éventuellement dictée par des impératifs prudentiels[1984]. La DG concurrence conclut donc à la violation de l'article 21 § 3 du règlement

1978 Comm. CE, décision du 20 juillet 1999, *BSCH/A. Champalimaud*, aff. M.1724.
1979 *Ibid.*, pt. 18 et 21.
1980 *Ibid.*, pt. 26 à 28.
1981 *Ibid.*, pt. 43.
1982 *Ibid.*, pt. 53 à 56.
1983 *Ibid.*, pt. 44.
1984 *Ibid.*, pt. 59 à 62.

n° 4064/89 par la décision du ministre et fait injonction à l'État portugais d'en suspendre l'exécution[1985]. Puis par une décision du 3 août 1999, la Commission déclare la concentration compatible avec le marché intérieur en l'absence de tout risque concurrentiel[1986].

1168. **Les affaires *BBVA/BNL* et *ABN AMRO/ Banca Antonveneta*.** Dans la même veine, la Commission avait autorisé le 27 avril 2005, deux opérations de concentration réalisées par voie d'OPA sur des banques italiennes, l'une sur Banca Nazionale del Lavoro (BNL) par l'espagnole Banco Bilbao Vizcaya Argentaria (BBVA)[1987] et l'autre sur Banca Antonveneta par la néerlandaise ABN AMRO[1988]. La Banque d'Italie s'était toutefois opposée aux deux opérations en application des règles prudentielles italiennes ; ce qui constituait *a priori* un « intérêt légitime » au sens de l'article 21 § 3 du règlement n° 4064/89. Il est néanmoins apparu que sous couvert d'impératif prudentiel, ce refus avait peut-être été motivé par la préservation d'intérêts stratégiques purement nationaux ; en particulier dans la seconde affaire, l'autorité italienne ayant potentiellement favorisé un autre acquéreur national, la Banca Popolare Italiana (BPI) au détriment d'ABN AMRO. Une action en manquement contre l'Italie avait donc été engagée par la Commission[1989]. Celle-ci craignait que les règles prudentielles italiennes ne pèchent par insuffisance, s'accompagnant d'une surveillance non transparente et potentiellement source d'insécurité juridique. Cette situation risquait de dissuader les banques étrangères d'investir en Italie, en violation des principes de libre circulation. Les règles italiennes ayant alors été modifiées en conséquence[1990], la Commission a finalement classé la procédure d'infraction[1991].

1169. **La possibilité pour la DG concurrence de contrôler l'application harmonisée des règles prudentielles.** Ces affaires ont donc révélé la tendance de certains États à détourner l'usage de l'article 21 § 3 du règlement n° 4064/89 à des fins nationales, éventuellement incompatibles avec le marché unique. Elles ont surtout mis en lumière la fragmentation des régimes prudentiels domestiques[1992]. Ainsi que l'a révélé la DG concurrence dans l'affaire *BSCH/Champalimaud,* « tout intérêt jugé comme étant d'ordre prudentiel par un État membre ne saurait être considéré comme tel en droit communautaire et relever à ce titre, de l'article 21 § 3. »[1993] Or certains États ont exploité ces différences afin de préserver un intérêt purement national.

1985 *Ibid.*, pt. 68 à 70.

1986 Comm. CE, décision du 3 août 1999, *Deutsche Bank/Bankers Trust,* aff. M.1616, *JOCE* n° C 306 du 23 octobre 1999, p. 37.

1987 Comm. CE, décision du 27 avril 2005, *BBVA / BNL,* aff. M.3768, *JOCE* n° C135 du 2 juin 2005, p. 2.

1988 Comm. CE, décision du 27 avril 2005, *ABN AMRO / Banca Antonveneta,* aff. M.3780.

1989 Comm. eur., Communiqué de presse : « Libre circulation des capitaux : la Commission lance une procédure d'infraction à l'encontre de l'Italie concernant la prise de participations dans des banques italiennes », 14 décembre 2005, IP/05/1595.

1990 Circolare n° 263 del 27 dicembre 2006, Nuove disposizioni di vigilanza prudenziale per le banche.

1991 Comm. eur., Communiqué de presse : « Libre circulation des capitaux : la Commission classe une procédure d'infraction à l'encontre de l'Italie concernant la prise de participations dans des banques italiennes », 24 janvier 2007, IP/07/83.

1992 E. Carletti et X. Vives, art. préc., p. 20.

1993 Comm. CE, décision du 20 juillet 1999, *BSCH/A. Champalimaud* préc., p. 35 : « Not every interest that a Member State would consider as being prudential should be considered as such by Community Law and, therefore, covered by Article 21.3 » (traduction libre).

1170. Cette disposition ne confère ainsi pas à la Commission européenne une compétence pour effectuer un examen prudentiel des concentrations. Mais elle lui offre *a minima*, la possibilité de vérifier l'application harmonisée des règles prudentielles par les États, en conformité avec le marché unique. Cette fonction apparaît aujourd'hui partiellement caduque, ainsi qu'en témoigne l'absence, depuis plus d'une dizaine d'années, de tout recours à l'article 21 § 4 du règlement n° 139/2004 à l'occasion d'une opération de concentration bancaire. Désormais, les règles prudentielles sont en effet largement harmonisées à l'échelle européenne[1994]. La BCE, en charge de la supervision des établissements de crédit, est à l'évidence mieux placée pour assurer l'application homogène des règles prudentielles dans l'Union. En tous les cas, il se déduit par analogie de l'article 21 § 4, que le contrôle concurrentiel des concentrations est sans préjudice du contrôle prudentiel des prises de participation qualifiée opéré non seulement par les autorités nationales, mais aussi et surtout par la BCE, désormais compétente à l'égard des établissements de crédit.

1171. **Solution identique à l'égard des concentrations impliquant des entités ne relevant pas du MSU.** Le contrôle des prises de participation qualifiée dans certaines entités ne relevant pas du MSU, en particulier les établissements de paiement et les établissements de monnaie électronique, relève encore de la compétence exclusive des autorités nationales – en France, l'ACPR[1995]. En vertu de l'article 21 § 4, le contrôle opéré par la DG concurrence des concentrations impliquant ce type d'entité demeure sans préjudice du contrôle effectué par l'ACPR. Cette dernière peut donc interdire ou imposer des conditions supplémentaires dans l'hypothèse d'une opération autorisée par la DG concurrence. Elle ne pourra cependant pas forcer l'autorisation d'une concentration jugée incompatible par la Commission européenne.

1172. En application de l'article 21 § 4, la Commission européenne pourrait être alors amenée à statuer sur la conformité du contrôle prudentiel ainsi opéré par une autorité nationale relative à une opération de concentration, que la Commission aurait elle-même avalisée sur le terrain concurrentiel. Le risque de contradiction entre les règles prudentielles européennes et domestiques, éventuellement exploitée à des fins stratégiques nationales demeure toutefois limité : bien que leur application ressorte aux autorités nationales, les règles du contrôle des prises de participation qualifiée dans les établissements de paiement[1996] et de monnaie électronique[1997] ont fait l'objet d'une harmonisation poussée au sein de l'UE.

1173. **Solution analogue pour les décisions de l'Autorité de la concurrence ?** Aucune disposition du droit français n'indique aussi explicitement que les décisions de l'Autorité de la concurrence relatives aux concentrations bancaires sont sans préjudice d'un examen prudentiel de l'opération opéré par la BCE ou même l'ACPR. Les lignes directrices de l'Autorité de la concurrence relatives au

---

1994 V. *supra* n° 1155 s.

1995 C. mon. fin., art. L 522-10-1 s. et L 526-13.

1996 Directive (UE) 2015/2366 préc., art. 6.

1997 Directive 2009/110/CE préc., art. 3 § 3.

contrôle des concentrations évoquent la règle posée à l'article 21 § 4 du règlement n° 139/2004[1998], sans pour autant affirmer que ses décisions sont soumises à un régime identique.

1174. Une telle solution doit toutefois s'imposer en opportunité. Il serait en effet malvenu qu'une concentration autorisée par l'Autorité de la concurrence puisse être effectivement mise en œuvre, alors que l'ACPR ou la BCE s'y sont opposées en raison de l'atteinte portée par l'opération à la stabilité financière. Les décisions relatives au contrôle des concentrations bancaires adoptées par l'autorité française de concurrence doivent donc être, à l'instar de celles de la Commission européenne, sans préjudice des éventuelles décisions de contrôle prudentiel adoptées par la BCE ou l'ACPR. En ce sens, ces dernières devraient donc pouvoir interdire ou imposer des conditions supplémentaires lorsqu'une opération a été autorisée par l'Autorité de la concurrence ; sans pouvoir à l'inverse, forcer l'autorisation d'une concentration prohibée pour un motif concurrentiel.

1175. En somme, les contrôles prudentiel et concurrentiel des concentrations bancaires sont donc *a priori* sans préjudice l'un de l'autre, sans que cela ne soulève de difficulté particulière depuis l'harmonisation des régimes prudentiels dans le cadre du MSU. Que l'opération soit admise sur le terrain concurrentiel, mais incompatible pour des raisons prudentielles, ou inversement, et le projet doit être abandonné. Une telle situation n'est pas dommageable dès lors que chacun des deux contrôles vise uniquement à prévenir ou limiter les effets néfastes de l'opération. Tel n'est en revanche pas le cas d'une procédure de résolution bancaire, dans le cadre de laquelle la cession d'une entité peut s'avérer *nécessaire* aux fins de l'accomplissement des objectifs de la résolution. L'interdiction de la concentration par l'autorité de concurrence pourrait ainsi constituer un obstacle au maintien par exemple, de la stabilité financière.

§ 2. Le respect des impératifs résolutoires par le droit commun de la concurrence

1176. **Inopportunité d'un blocage de l'opération par l'autorité de concurrence.** Les conditions harmonisées de la résolution bancaire sont notamment régies par la directive BRRD, et sa mise en œuvre relève du MRU[1999]. Parmi les instruments de résolution, figure la cession d'activités de l'établissement défaillant[2000]. Celle-ci peut en effet s'avérer nécessaire à la réalisation des objectifs de la résolution, dont la continuité des fonctions critiques, la préservation de la stabilité financière, ou la protection des clients[2001]. Un blocage de l'opération par l'autorité de concurrence pourrait ainsi nuire à la réalisation de tels objectifs. Cette situation inopportune doit être évitée dès lors en particulier, que la stabilité financière est considérée comme un objectif prioritaire sur celui du maintien de la concurrence[2002].

1998 Aut. conc., Lignes directrices relatives au contrôle des concentrations, 2020, pt. 157 à 59.

1999 V. *supra* n° 1077.

2000 Directive 2014/59/UE préc., art. 38 et 39 ; règlement (UE) n° 806/2014 préc., art. 24.

2001 Directive 2014/59/UE préc., art. 31 ; règlement (UE) n° 806/2014 préc., art. 14.

2002 Ainsi que le conçoivent les autorités de concurrence et de régulation bancaire (V. *supra* n° 172 s.).

1177. Néanmoins, les règles françaises et européennes de concurrence comportent des mécanismes relativement satisfaisants rendant possible cette conciliation. Au plan procédural, les parties peuvent bénéficier d'une dérogation à l'effet suspensif de la notification du projet de concentration (A). Mais à l'occasion de son examen au fond, l'autorité de concurrence peut aussi et surtout recenser divers effets positifs induits par la concentration, de nature à compenser d'éventuels effets restrictifs, et permettant ainsi d'autoriser sa mise en œuvre (B).

A. Préservation de la stabilité par l'octroi d'une dérogation à l'effet suspensif de la notification

1178. **Exception admise tant en droit français qu'en droit de l'UE.** Les parties peuvent tout d'abord bénéficier d'une dérogation à l'effet suspensif de la notification du projet de concentration. Une fois notifiée, la réalisation de l'opération est en principe suspendue, jusqu'à ce que l'autorité française[2003] ou européenne[2004] de concurrence adopte une décision favorable, éventuellement tacite. Mais par exception, une dérogation peut être accordée afin de permettre la mise en œuvre (d'une partie) du projet sans attendre l'analyse de compatibilité concurrentielle. L'octroi d'une telle dérogation ne préjuge en rien de la décision finale, laquelle pourra toujours se révéler négative. Cette possibilité pourrait être particulièrement appréciable dans le contexte d'urgence inhérent aux procédures de résolution bancaire.

1179. L'article L 430-4 du Code de commerce admet cette dérogation « en cas de nécessité particulière dûment motivée ». Parmi les circonstances pouvant en justifier l'octroi, l'Autorité de la concurrence retient notamment « le risque de disparition imminente de l'entreprise cible »[2005]. À l'évidence, la situation de « défaillance avérée ou prévisible »[2006] de la banque placée en procédure de résolution correspond à cette hypothèse et pourrait légitimer le bénéfice de cette dérogation.

1180. L'article 7 § 3 du règlement n° 139/2004 confère pareillement à la Commission européenne, la possibilité d'accorder cette exception en considération des « effets que la suspension peut produire sur une ou plusieurs entreprises concernées par la concentration ». À l'éclatement de la crise financière de 2008, la commissaire européenne à la concurrence Neelie Kroes estimait d'ailleurs qu'une dérogation à l'effet suspensif pouvait se justifier dans le contexte d'un sauvetage en urgence d'une banque défaillante[2007].

1181. **Exemple : la concentration entre Banco Popular Español et Banco Santander.** Telle dérogation a été admise par la DG concurrence à l'occasion du rachat de Banco Popular Español (BPE) par Banco Santander en juin 2017[2008]. BPE ayant été reconnue en situation de défaillance avérée ou prévisible, une procédure de

---

2003 C. com., art. L 430-4 al. 1er.

2004 Règlement CE sur les concentrations, art. 7 § 1.

2005 Aut. conc., Lignes directrices relatives au contrôle des concentrations, 2020, pt. 127.

2006 Règlement (UE) n° 806/2014 préc., art. 18 § 1, sous a).

2007 N. Kroes, *Dealing with the current financial crisis*, Parlement européen, Bruxelles, 6 octobre 2008, SPEECH/08/498.

2008 Comm. eur., 7 juin 2017, décision *Banco Santander S.A./ Banco Popular Group S.A.* préc.

résolution a été ouverte le 6 juin 2017. Dans ce contexte, le CRU a estimé que le rachat de BPE par une banque saine et solide en capacité d'adopter les mesures appropriées pour redresser la situation, telle que Banco Santander, était nécessaire afin de préserver la stabilité financière[2009]. Or celle-ci affirmait que l'effet suspensif de la notification l'empêchait de prendre les mesures de redressement d'urgence dans les temps, et risquait donc de mettre en péril la stabilité financière[2010]. La Commission approuve cette analyse. Elle juge *a priori* limités les risques concurrentiels accompagnant l'opération[2011] et accorde à Banco Santander une dérogation à l'effet suspensif. Elle l'autorise ainsi par anticipation, mais sous réserve d'une autorisation définitive ultérieure de l'opération, à adopter un certain nombre de mesures : en particulier la nomination des administrateurs de BPE, prioritairement chargés de guider la banque vers le respect des exigences prudentielles[2012]. Par une décision du 8 août 2017, la concentration est jugée compatible avec le marché intérieur et définitivement autorisée[2013].

1182. L'octroi d'une dérogation à l'effet suspensif permet ainsi de pallier la difficulté de l'urgence inhérente à la procédure de résolution. Une telle faveur ne préjuge en rien pour autant de la décision finale de l'autorité, laquelle pourra se révéler négative. Dans son examen au fond de la concentration notifiée, l'autorité de concurrence peut néanmoins recenser divers effets positifs outrepassant le caractère restrictif de l'opération, justifiant ainsi son autorisation.

B. Préservation de la stabilité par l'identification d'effets positifs inhérents à l'opération

1183. **L'argument de l'entreprise défaillante invocable en principe.** *Prima facie*, il apparaît concevable que la prise de contrôle d'une banque en procédure de résolution soit autorisée par l'autorité européenne[2014] ou française[2015] de concurrence en application de « la théorie (ou argument) de l'entreprise défaillante ». Dans une telle hypothèse, l'opération peut être ainsi avalisée en tant que la diminution de concurrence résultant du rachat de l'entité défaillante se serait de toute façon produite par sa disparition inéluctable. En d'autres termes, la concentration est admissible dès lors que la détérioration de la structure concurrentielle induite par sa non-réalisation serait au moins aussi préjudiciable que celle résultant de sa réalisation. Les conditions du recours à cette exception ont été posées par la Cour de justice de l'UE[2016] et reprise par le Conseil d'État[2017]. Elles sont au nombre de

---

2009 *Ibid.*, pt. 20.

2010 *Ibid.*, pt. 9.

2011 *Ibid.*, pt. 24 à 29.

2012 *Ibid.*, pt. 10.

2013 Comm. eur., décision du 8 août 2017, *Banco Santander S.A./ Banco Popular Group S.A.*, aff. M.8553, *JOUE* n° C 303 du 14 septembre 2017, p. 1.

2014 Comm. CE, Lignes directrices sur l'appréciation des concentrations horizontales au regard du règlement du Conseil relatif au contrôle des concentrations entre entreprises préc., pt. 89 à 91.

2015 Aut. conc., Lignes directrices relatives au contrôle des concentrations, 2020, pt. 561 à 568.

2016 CJCE, 31 mars 1998, *République française et al. c. Commission CE*, aff. jointes C-68/94 et C-30/95, ECLI : ECLI : EU : C : 1998:148.

2017 CE, 6 février 2004, *SEB / Moulinex*, n° 249267.

trois : la défaillance de l'entreprise doit conduire à sa sortie du marché à court terme (i) ; il n'existe aucune offre de reprise alternative moins dommageable pour la concurrence (ii) ; la disparition de l'entreprise défaillante ne serait pas moins dommageable pour la concurrence et les consommateurs que la reprise projetée (iii)[2018].

1184. À notre connaissance, cette exception n'a jamais été retenue ni même examinée par la Commission européenne ou l'Autorité de la concurrence, au profit d'une banque défaillante. Mais la Commission en admet parfaitement l'éventualité : une banque, comme toute autre entreprise, peut bénéficier de cette exception dès lors que les exigences propres à sa mise en œuvre sont vérifiées[2019]. La réunion des deuxième et troisième conditions relève d'une analyse au cas par cas. Quant à la première condition, il fait peu de doute que la défaillance avérée ou prévisible d'une banque en procédure de résolution permette de conclure à sa sortie du marché à court terme. La Commission semble partager cet avis, en considérant d'ailleurs que les difficultés d'une banque peuvent suffire à vérifier la première exigence, avant même son placement en liquidation ou résolution[2020].

1185. **L'argument de l'entreprise défaillante inenvisageable en pratique.** Une réserve de taille ne doit cependant pas être omise : la banque défaillante ne saurait vraisemblablement pas être considérée comme devant quitter le marché à court terme dès lors qu'elle bénéficie d'une aide d'État[2021]. Or l'on sait que la position de la Commission demeure très favorable à l'égard des mesures d'aide aux banques en difficulté, lesdites mesures étant admissibles par principe bien que sous conditions d'engagements[2022]. Parfaitement envisageable théoriquement, l'argument de l'entreprise défaillante semble donc difficilement concevable en pratique, tant que la banque en difficulté peut bénéficier d'un soutien public.

1186. La Commission envisage d'ailleurs elle-même l'aide d'État comme une alternative (préférable) au sauvetage d'une banque par voie de concentration, ce qui semble

---

2018 La troisième exigence est en d'autres termes celle de la neutralité de l'opération sur la concurrence et les consommateurs : afin d'admettre l'exception, il s'agit ainsi de vérifier l'absence de tout lien de causalité entre la diminution de concurrence et la concentration. Cette analyse dépend de la structure du marché : en cas de duopole, la neutralité est établie s'il est démontré que les parts de marché de l'entreprise défaillante quittant le marché seraient inévitablement captées par son concurrent, même en l'absence de concentration ; dans l'hypothèse d'un oligopole, elle sera vérifiée si la répartition de ses parts de marché entre les oligopoleurs restants risquerait dans tous les cas d'aboutir à une position dominante collective ; en présence d'un marché plus atomisé, la neutralité s'apprécie en considération de ce que les actifs de l'entreprise défaillante disparaitraient définitivement du marché en l'absence de reprise (V. D. Théophile et É. Camous, « La prise en compte des difficultés économiques des entreprises en période de crise par le droit de la concurrence », *RDA* nº 9, janvier 2011, 17).

2019 OCDE, *The Failing Firm Defence,* Policy Roundtables, DAF/COMP(2009)38, 10 août 2010 (contribution de la Commission européenne, p. 183 à 192).

2020 « En ce qui concerne la première condition relative aux difficultés financières, il s'agit de démontrer que l'entreprise est insusceptible de remplir ses obligations financières dans un proche avenir. [...] Il n'est à cet égard, pas nécessaire qu'une procédure de faillite ou de restructuration similaire ait été engagée pour que ce critère soit vérifié, mais plutôt qu'il soit probable qu'en l'absence de concentration, l'entreprise soit soumise à ce type de procédure. [...] Dans le secteur bancaire par exemple, la preuve de sérieux problèmes de solvabilité confirmée par une banque centrale peut suffire à indiquer clairement l'existence et la matérialité de difficultés financières. » (OCDE, *The Failing Firm Defence,* rapport préc., p. 183 et 184, traduction libre).

2021 Du même avis : M. Kneepkens, *Competition Law and Public Interests : Principles for resolving conflicts and an application to the banking sector*, Eleven International Publishing, 2019, p. 357.

2022 V. *supra* nº 1114.

exclure l'application de la théorie de l'entreprise défaillante en cas de soutien public[2023]. Pour autant, le sauvetage d'une banque en difficulté par le biais d'une aide n'évacue pas totalement le risque de blocage sur le terrain concurrentiel. En effet, la compatibilité de l'aide est en principe conditionnée à la restructuration de la banque bénéficiaire, laquelle peut s'accompagner d'une cession d'activités voire d'une entité à part entière. Or dans cette hypothèse, la cession demeure soumise aux règles du contrôle des concentrations opéré par les autorités de concurrence[2024] : une opération relevant du champ d'application tant du droit des aides, que des règles gouvernant le contrôle des concentrations, doit alors faire l'objet de notifications distinctes sur chacun de ces deux fondements, et s'expose ainsi à une décision négative éventuellement préjudiciable à l'impératif de stabilité.

1187. **Inadéquation de la dérogation prévue à l'article 21 § 4 du règlement n° 139/2004.** La dérogation prévue à l'article 21 § 4 du règlement n° 139/2004 est inenvisageable aux fins d'autorisation d'une concentration présentant un risque concurrentiel. Cette disposition est très ouverte quant au « motif d'intérêt légitime » invocable par les États souhaitant en assurer la protection. Il est ainsi tout à fait concevable que la Commission puisse reconnaître la stabilité financière comme un « intérêt légitime », y compris dans un contexte résolutoire, plutôt qu'à des fins prudentielles. Mais l'article 21 § 4 permet seulement aux États membres de s'opposer à une décision d'autorisation de la DG concurrence ou d'imposer des conditions supplémentaires à sa mise en œuvre ; en aucun cas ne leur confère-t-elle la possibilité d'aller à l'encontre d'une décision négative de la Commission en imposant l'autorisation de la concentration[2025].

1188. **L'éventuel recours au pouvoir d'évocation du ministre français de l'Économie.** Le droit français comporte un dispositif plus adéquat : le pouvoir d'évocation du ministre chargé de l'Économie. En cas d'examen approfondi d'un projet de concentration mené par l'Autorité de la concurrence, l'article L 430-7-1 II, alinéa 1er du Code de commerce confère au ministre la possibilité d'évoquer l'affaire et « statuer sur l'opération en cause pour des motifs d'intérêt général autres que le maintien de la concurrence et, le cas échéant, compensant l'atteinte portée à cette dernière par l'opération. » Le deuxième alinéa précise que lesdits motifs d'intérêt général « sont, notamment, le développement industriel, la compétitivité des entreprises en cause au regard de la concurrence internationale ou la création ou le maintien de l'emploi. » L'adverbe « notamment » révèle sans l'ombre d'un doute le caractère non limitatif des motifs invocables[2026].

1189. Le ministre n'a jusqu'à présent fait usage de cette prérogative qu'avec parcimonie ; jamais sur le fondement d'un motif tiré de la stabilité financière[2027]. *A priori*,

---

2023 OCDE, *The Failing Firm Defence,* rapport préc., p. 188 ; N. Kroes, *Dealing with the current financial crisis*, Parlement européen, Bruxelles, 6 octobre 2008, SPEECH/08/498.

2024 V. *supra* n° 1043.

2025 V. *supra* n° 1162.

2026 A. Perrot, V. Blonde, A. Ropars *et al., La politique de la concurrence et les intérêts stratégiques de l'UE,* IGF n° 2018-M-105-03, avril 2019, p. 36.

2027 Pour un cas d'évocation fondée sur un motif tiré du maintien de l'emploi : Aut. conc., décision n° 18-DCC-95 du 14 juin 2018 *relative à la prise de contrôle exclusif d'une partie du pôle plats cuisinés ambiants du groupe Agripole par la société Financière Cofigeo* ; Min. éco., décision du 19 juillet 2018 *statuant sur la prise de*

rien ne s'oppose toutefois à ce qu'un tel motif justifie à l'avenir, l'évocation d'une affaire par le ministre. Cette éventualité est d'autant plus envisageable en considération de la pratique étrangère[2028]. S'il apparaît donc vraisemblable que cette disposition puisse permettre de résoudre une éventuelle contradiction entre l'analyse de l'Autorité de la concurrence et l'autorité de résolution bancaire, le pouvoir d'évocation du ministre ne permet pourtant en aucun cas de passer outre une décision négative de la Commission européenne.

1190. **Gains d'efficacité.** Demeure enfin la possibilité d'autoriser une concentration génératrice de gains d'efficacité compensant la distorsion de concurrence[2029]. Ces derniers peuvent revêtir différentes natures mais doivent en toute hypothèse, profiter aux consommateurs, *via* par exemple une baisse des prix, un choix accru ou une amélioration de la qualité des services offerts[2030]. Il n'est pas exclu qu'une concentration réalisée dans un contexte de résolution bancaire soit génératrice de tels gains d'efficacité. Il est toutefois douteux que le sauvetage d'une banque défaillante suffise en soi à constituer un gain d'efficacité au sens traditionnel de l'analyse opérée par les autorités de concurrence, *a fortiori* si l'entité sauvée s'est révélée inefficace, quoique cela profite à ses clients dont les créances seront protégées.

1191. En revanche, un gain d'efficacité à plus long terme peut être identifié lorsque la prise de contrôle d'une banque défaillante est jugée nécessaire au maintien de la stabilité financière du secteur, dès lors que la stabilité est elle-même appréhendée non pas comme une alternative ou un obstacle, mais comme une condition de l'efficacité : par ricochet, la faillite d'une banque risque d'avoir des répercussions sur d'autres établissements et toucher l'économie réelle. Parmi les nombreux effets indésirables de l'instabilité, celle-ci peut être notamment génératrice d'une crise de confiance mutuelle entre banques et clients, nuisible à la fonction d'intermédiation financière et donc à l'allocation des ressources[2031]. En ce sens, la prise de contrôle d'une banque défaillante pourrait être jugée nécessaire au maintien de la stabilité financière et partant, se révéler indispensable au maintien de l'efficacité

---

contrôle exclusif d'une partie du pôle plats cuisinés ambiants du groupe Agripole par Financière Cofigeo, *BOCCRF* n° 7 du 7 août 2018, note D. Bosco *CCC* n° 2, février 2019, chron. 2.

2028 Le ministre anglais des Affaires (Secretary of State for Business) jouit d'un pouvoir d'évocation comparable, fondé sur différents motifs extra-concurrentiels, au premier rang desquels figure explicitement la stabilité financière (Enterprise Act 2002, Schedule 8, 20B). En janvier 2009, la banque Lloyds souhaitait prendre le contrôle d'Halifax-Bank of Scotland (HBOS) en difficulté. L'autorité de concurrence anglaise (*Office of Fair Trading*) avait alors fait état de sérieuses préoccupations de concurrence induites par le projet (OFT, *Report to the Secretary of State for Business Enterprise and Regulatory Reform on the Anticipated Acquisition by Lloyds TSB plc of HBOS plc,* 24 October 2008, pt. 141, 173, 203). Le ministre avait évoqué l'affaire et autorisé l'opération, qu'il jugeait nécessaire au maintien de la stabilité financière (Decision by Lord Mandelson, the Secretary of State for Business, not to refer to the Competition Commission the merger between Lloyds TSB Group plc and HBOS plc under Section 45 of the Enterprise Act 2002, 31 october 2008).

2029 En droit de l'Union, cette possibilité est évoquée au considérant 29 du règlement CE sur les concentrations ; en droit français, les gains d'efficacité sont appréciés sous l'angle de la « contribution au progrès économique » (C. com., art. L 430-6).

2030 Comm. CE, Lignes directrices sur l'appréciation des concentrations horizontales au regard du règlement du Conseil relatif au contrôle des concentrations entre entreprises préc., pt. 80 et 81 ; Aut. conc., Lignes directrices relatives au contrôle des concentrations, 2020, pt. 549.

2031 V. *supra* n° 22 et 90.

du secteur. Le gain s'apprécierait alors de manière négative (ou préventive) : la concentration n'est pas porteuse d'un surplus d'efficacité, mais elle est impérative à son maintien en l'état.

1192. **Conclusion de la Section 2.** L'articulation du contrôle concurrentiel d'un rapprochement bancaire avec l'examen prudentiel de l'opération ne revêt pas les mêmes enjeux que sa conciliation avec une procédure de résolution. Les examens prudentiel et concurrentiel sont tous deux de nature prophylactique, en ce qu'ils visent respectivement à empêcher la défaillance des entités et les distorsions de concurrence. Les deux contrôles sont naturellement sans préjudice l'un de l'autre. Que l'autorité prudentielle ou l'autorité de concurrence s'oppose au rapprochement, et l'opération doit être abandonnée, sans que cela porte atteinte aux intérêts protégés par l'autorité ayant donné son aval. En effet, à l'issue de chacun de ces deux types de contrôle, l'opération peut être autorisée non pas en raison de ce qu'elle serait *nécessaire* au maintien de la concurrence ou de la stabilité, mais parce qu'elle ne soulève pas de préoccupation concurrentielle ou prudentielle. L'abandon de l'opération ne sera donc pas problématique au regard des impératifs concurrentiels ou prudentiels.

1193. Toutefois, à la faveur de l'article 21 § 4 du règlement n° 139/2004, la DG concurrence est en mesure de vérifier que les États s'opposant à une concentration bancaire font une application correcte des règles prudentielles et non pas détournée afin de préserver des intérêts stratégiques nationaux. De la sorte, la DG concurrence ne se substitue pas aux autorités bancaires pour effectuer le contrôle prudentiel de l'opération, mais contribue à assurer le respect des règles prudentielles uniformément au sein de l'Union.

1194. À l'occasion d'une procédure de résolution, la prise de contrôle de l'entité défaillante peut en revanche s'avérer nécessaire afin de traiter la défaillance et préserver la stabilité financière. À cet égard, l'interdiction de l'opération pour des raisons concurrentielles pourrait se révéler inopportune. Les règles européennes et françaises de concurrence sont néanmoins dotées de la flexibilité suffisante pour faire prévaloir l'impératif de stabilité et autoriser une telle opération nonobstant les préoccupations concurrentielles suscitées.

1195. **Conclusion du Chapitre II.** En règle générale, les concentrations bancaires ne soulèvent pas de réelles préoccupations de concurrence. Les décisions d'interdiction ou d'engagements sont rares en la matière. Un facteur d'explication tient certainement à la structure des marchés bancaires, peu propice au risque de domination. En tout état de cause, l'analyse concurrentielle ne se heurte à aucun obstacle particulier tenant à la spécificité des activités bancaires. Sa mise en œuvre est opérée en application des règles de fond et de procédure communes ; exception faite du pouvoir consultatif reconnu par l'article L 612-22 du Code monétaire et financier à l'ACPR en cas d'examen approfondi d'un rapprochement entre personnes soumises à son contrôle – disposition qui n'a pour l'heure, jamais trouvé à s'appliquer.

1196. En outre, le contrôle opéré par les autorités de concurrence semble pouvoir se concilier sans trop de difficultés avec celui mené par les autorités prudentielles et de résolution. Les droits de la concurrence français et de l'Union sont ainsi pourvus de mécanismes permettant la prise de contrôle d'une banque défaillante lorsqu'elle se révèle nécessaire dans le cadre d'une procédure de résolution bancaire. L'opération pourrait être notamment jugée porteuse de gains d'efficacité compensant les éventuelles distorsions concurrentielles dès lors qu'elle permet de préserver la stabilité financière, elle-même considérée comme une condition de l'efficacité. Au surplus, le pouvoir d'évocation conféré au ministre de l'Économie par le droit français pourrait éventuellement le conduire à autoriser une opération dans une perspective de stabilité, en tant que « motif d'intérêt général autre que le maintien de la concurrence ».

1197. Quant aux contrôles concurrentiel et prudentiel, ils sont sans préjudice l'un de l'autre : en toute opportunité, l'opération doit être autorisée sur chacun des deux terrains afin de pouvoir être effectivement mise en œuvre. Sur le fondement de l'article 21 § 4 du règlement n° 139/2004, la DG concurrence s'attachera cependant à vérifier que les États ne détournent pas les règles prudentielles afin de s'opposer à une concentration bancaire nuisant à leurs intérêts stratégiques nationaux. La DG concurrence ne supplante ainsi pas les autorités bancaires dans leur office, celles-ci demeurant seules compétentes pour opérer le contrôle prudentiel ; elle agit seulement comme auxiliaire de régulation bancaire, en s'assurant que les règles prudentielles ne sont pas dévoyées et font l'objet d'une application uniforme dans l'UE.

CONCLUSION DU TITRE II

1198. **Application des règles communes du contrôle des aides et des concentrations.** De manière générale, la mise en œuvre du droit de la concurrence ne rencontre aucune difficulté particulière tenant à la singularité des activités bancaires. Ainsi du contrôle des concentrations bancaires : sa mise en œuvre est opérée en application des règles de droit commun – mis à part la procédure dérogatoire de consultation de l'ACPR en droit français, qui n'a d'ailleurs jamais été appliquée. Les critères d'analyse employés pour tout autre type d'activités sont transposables aux activités bancaires. Au demeurant, les rapprochements bancaires ne soulèvent généralement pas de préoccupation concurrentielle, comme en témoigne la rareté des décisions d'engagements ou d'interdiction. Cette situation s'explique sans doute en partie au regard de la structure relativement dense des marchés bancaires, peu propice au risque de domination. De même en ce qui concerne le contrôle des aides d'État, globalement mené en application des critères de droit commun : les mesures de soutien public accordées aux banques sont en principe interdites en vertu de l'article 107 § 1 TFUE, mais pourront être exceptionnellement jugées compatibles avec le marché intérieur dans différentes situations envisagées aux paragraphes 2 et 3 du même article.

1199. **La préservation des impératifs de régulation bancaire par application des règles de concurrence.** En certaines circonstances toutefois, un contrôle trop rigoureux des concentrations bancaires ou des aides octroyées aux banques, cherchant à préserver la concurrence à tout prix, risquerait de se heurter aux impératifs de régulation bancaire, en particulier la stabilité financière. Le droit de la concurrence est pourtant doté de mécanismes dérogatoires permettant de concilier stabilité et concurrence, voire de faire prévaloir la première sur la seconde en cas d'incompatibilité ponctuelle.

1200. Mais les autorités de concurrence ne se contentent pas de limiter les atteintes aux objectifs de régulation bancaire. À l'occasion de leur contrôle, elles s'efforcent de contribuer positivement à leur réalisation. Lors de la crise financière de 2008, la DG concurrence a ainsi élaboré un régime spécial de contrôle des aides aux banques en difficulté, avec pour principale ambition de rétablir la stabilité financière, érigée en objectif prioritaire. Faute de mécanismes résolutoires harmonisés, la mise en œuvre du droit des aides a permis d'apporter une réponse homogène à la crise et de rétablir la confiance ainsi que la stabilité au sein de l'Union. La régulation bancaire a donc été opportunément suppléée par le droit de la concurrence.

1201. Dans le cadre du contrôle des concentrations, la DG concurrence agit en outre comme un véritable auxiliaire de régulation bancaire : elle s'attache à vérifier que les États membres ne font pas un usage détourné des règles prudentielles, et contribue ainsi à l'application harmonisée desdites règles au sein de l'Union. En ce sens, le droit de la concurrence se veut garant des impératifs de régulation bancaire.

CONCLUSION DE LA PARTIE II

1202. **Flexibilité du droit de la concurrence.** La mise en œuvre du droit commun de la concurrence (français comme de l'Union) ne se heurte généralement à aucun obstacle particulier tenant à la spécificité des activités bancaires. Qu'il s'agisse du contrôle des structures ou des comportements adoptés par les banques, l'examen concurrentiel peut être mené en application des grilles d'analyse communes.

1203. En certaines situations, le maintien de la concurrence porté par les règles de concurrence risque d'entrer en tension avec les impératifs de régulation bancaire. Mais le droit de la concurrence comporte toute la souplesse nécessaire pour permettre une application de ses règles respectueuse desdits objectifs. Ainsi du droit des pratiques anticoncurrentielles. Le fonctionnement efficace de différents segments d'activité, en particulier ceux des services de paiement, requiert une certaine forme de coordination interbancaire pouvant s'apparenter à une entente anticoncurrentielle. Mais ces pratiques pourront être admises dès lors qu'elles contribuent à promouvoir l'efficacité économique, objectif partagé par la régulation bancaire et le droit des pratiques anticoncurrentielles. L'exemption des pratiques génératrices de gains d'efficacité, prévue aux articles 101 § 3 TFUE et L 420-4, I, sous 2° du Code de commerce, constitue ainsi la clé de répartition entre les coordinations interbancaires nécessaires au bon fonctionnement du marché et les ententes préjudiciables.

1204. Les règles relatives au contrôle des aides et des concentrations sont pareillement dotées de mécanismes permettant de concilier concurrence et stabilité financière, voire, au besoin, de faire prévaloir celle-ci sur celle-là. Prohibées par principe, les aides accordées aux banques en difficulté seront ainsi autorisées sur le fondement de l'article 107 § 3, sous b) TFUE en tant qu'elles permettent de remédier à une perturbation grave de l'économie. Le titre III du livre IV du Code de commerce comporte également, à l'instar du règlement n° 139/2004, divers dispositifs permettant d'opérer un contrôle des concentrations bancaires respectueux des principes prudentiels et résolutoires. De la sorte, la mise en œuvre des règles de concurrence ne heurte pas les impératifs de régulation bancaire.

1205. **Le droit de la concurrence en communion avec la régulation bancaire.** Non seulement le droit de la concurrence ne constitue pas un obstacle aux objectifs de régulation bancaire, mais son application contribue même activement à leur réalisation. Une complémentarité entre le droit de la concurrence et la régulation bancaire se fait ainsi jour. Leur combinaison est féconde ; elle permet de venir à bout de difficultés insolubles par l'un ou l'autre isolément envisagés.

1206. L'abondante pratique décisionnelle des autorités européenne et française de concurrence relative aux ententes sur les commissions interbancaires a ainsi permis de révéler un dysfonctionnement du marché des services de paiement et d'expérimenter des solutions pour y faire face. Mais ces affaires ont également révélé les limites de l'approche répressive individuelle propre au droit des pratiques anticoncurrentielles pour lutter efficacement contre des comportements à ce point répandus. La régulation bancaire a complété l'action des autorités de concurrence en généralisant par la voie réglementaire les réponses élaborées dans leur pratique décisionnelle. Les autorités de concurrence s'efforcent d'approfondir cette relation de complémentarité plus avant, à travers leurs pouvoirs consultatifs et d'enquête sectorielle. Elles y trouvent en effet, un moyen de s'adresser au législateur ou à l'exécutif dans une perspective d'évolution de la régulation bancaire, en suggérant certains éléments de réforme lorsque les règles de concurrence sont insuffisantes à elles seules pour remédier aux difficultés recensées. La régulation bancaire s'inspire et complète donc opportunément le droit de la concurrence.

1207. Réciproquement, l'application du droit de la concurrence complète opportunément celle des règles de régulation bancaire. Ainsi du droit des aides : durant les premières années de la crise financière de 2008, la régulation bancaire a été suppléée par le droit de la concurrence. Faute de règles de résolution unifiées, la mise en œuvre du contrôle des aides accordées aux banques en difficulté a permis d'apporter une réponse européenne homogène face à la crise et de rétablir en urgence la confiance ainsi que la stabilité. À l'occasion du contrôle des concentrations bancaires, la DG concurrence est encore en mesure de vérifier que les États font une application correcte et non pas dévoyée des règles prudentielles afin de privilégier leurs intérêts stratégiques nationaux. La DG concurrence contribue de la sorte à assurer le respect des règles prudentielles uniformément au sein de l'Union, sans pour autant se substituer aux autorités bancaires, seules compétentes pour effectuer le contrôle prudentiel de l'opération. L'application du droit de la concurrence agit ainsi comme un auxiliaire de régulation bancaire. Les règles de concurrence sont garantes des objectifs de régulation bancaire.

CONCLUSION GÉNÉRALE

1208. **Singularité des activités bancaires.** Les activités bancaires présentent un certain nombre de spécificités d'ordre économique qui les distinguent des autres activités de marché. Ainsi constituent-elles le moteur des mécanismes d'intermédiation bancaire : les fonds collectés auprès des déposants sont ensuite redistribués par la voie du crédit aux entreprises les plus prometteuses. Les prestataires de services de paiement constituent en outre les intermédiaires quasi-incontournables des échanges économiques. Mais le secteur bancaire se singularise également par sa vulnérabilité : les banques sont exposées à de multiples risques pouvant déstabiliser l'ensemble du secteur par l'effet de contagion. Ces spécificités économiques ont justifié l'élaboration d'un corps de règles spéciales relativement dense : celui de la régulation bancaire. Cette dernière est guidée par plusieurs objectifs, parmi lesquels le maintien de la stabilité financière occupe une place prépondérante. Les banquiers ont excipé de cette singularité, tant économique que juridique, pour échapper au droit de la concurrence. Celui-ci serait ainsi inadapté aux spécificités des activités bancaires et sa mise en œuvre à leur endroit porterait atteinte aux impératifs propres à la régulation bancaire.

1209. **Le droit de la concurrence au service des objectifs de régulation bancaire.** À l'examen, cet argument est fallacieux. Il existe en effet, une convergence d'objectifs entre la régulation bancaire et le droit de la concurrence, en raison notamment de ce que celui-ci s'est imprégné des objectifs de celle-là afin de mieux les respecter. Le droit de la concurrence ne constitue donc pas un obstacle aux objectifs de régulation bancaire. La soumission pleine et entière des activités bancaires au droit de la concurrence – ce qui n'est pas encore totalement acquis –, s'en trouve justifiée. Le droit commun de la concurrence comporte la souplesse nécessaire pour s'adapter à la singularité des activités bancaires ; l'élaboration de règles spéciales qui leur seraient réservées doit demeurer exceptionnelle (§ 1).

1210. Le droit de la concurrence ne s'oppose pas aux objectifs de régulation bancaire. Au contraire, il contribue activement à leur accomplissement. La mise en œuvre des règles de concurrence constitue une source d'information, une source d'inspiration de la régulation bancaire. Le droit de la concurrence est au service de la régulation bancaire. Il l'éclaire, l'assiste et la complète. Des plus opportunes, cette approche mise en musique par les autorités de concurrence est à certains égards toutefois mal ajustée et mériterait quelques adaptations. Au surplus, le pouvoir exécutif français ne semble pas prendre toute la mesure de ce dialogue fécond, et pourrait en tirer parti plus avant (§ 2).

§ 1. Absence de contradiction entre le droit de la concurrence et les objectifs de régulation bancaire

1211. **Les règles de concurrence imprégnées des impératifs de régulation bancaire.** Il existe une profonde convergence entre les objectifs de la régulation bancaire et ceux du droit de la concurrence, au regard tant de leur contenu que de leur articulation. La régulation bancaire s'intéresse ainsi au maintien de la concurrence entre établissements. Mais il ne s'agit là que d'une préoccupation secondaire, la concurrence n'étant pas considérée comme une fin en soi, mais comme un moyen devant contribuer à l'accomplissement des objectifs prioritaires de la régulation bancaire, à savoir l'efficacité économique, la stabilité financière, la confiance, la protection de la clientèle, et plus particulièrement pour la régulation européenne, l'approfondissement du marché bancaire unique.

1212. Le droit de la concurrence s'intéresse également à l'ensemble de ces objectifs. Certains d'entre eux ne constituent que la déclinaison sectorielle d'objectifs poursuivis de manière globale et transversale, mais spécifiquement déclinés au secteur bancaire. La mise en œuvre des règles de concurrence doit ainsi contribuer à protéger les consommateurs de services bancaires, à l'instar des consommateurs de tout autre type de services, promouvoir l'efficacité du marché bancaire unique et concourir à son approfondissement ; avec une vigilance toute particulière à l'égard du segment des services de paiement, en réprimant les comportements pouvant nuire à l'épanouissement du SEPA.

1213. Le maintien de la confiance et de la stabilité financière intéresse aussi le droit de la concurrence. Celui-ci n'est en effet pas hermétique et insensible aux objectifs propres à la régulation bancaire. Bien que discrète sur ce point, l'Autorité de la concurrence semble ainsi tout à fait consciente des impératifs de régulation bancaire. La DG concurrence les a quant à elle profondément assimilés et intégrés dans ses grilles d'analyse, à l'occasion particulièrement du contrôle des aides d'État. En ce qui concerne à tout le moins le droit de la concurrence de l'UE, cette situation s'inscrit dans une démarche plus générale, considérant le droit de la concurrence non pas comme une finalité, mais comme un instrument au soutien des autres politiques sectorielles, destiné à participer à l'accomplissement de leurs objectifs, pour atteindre une finalité supérieure : le bien-être dans l'Union.

1214. **Conciliation des impératifs du droit de la concurrence avec ceux de la régulation bancaire en cas de tension ponctuelle.** Les interactions entre les objectifs respectifs du droit de la concurrence et de la régulation bancaire ne sont pas conflictuelles. La jurisprudence et la pratique décisionnelle révèlent d'ailleurs qu'en règle générale, l'application du droit commun de la concurrence rencontre peu de difficultés tenant à la spécificité des activités bancaires. Les critères et grilles d'analyse communément employés en présence de tout autre type de services sont parfaitement transposables aux activités bancaires.

1215. Il est vrai qu'en certaines situations marginales, la préservation du fonctionnement concurrentiel des marchés peut néanmoins se heurter aux impératifs de la régulation sectorielle. Mais le droit de la concurrence est doté d'une grande flexibilité facilitant son adaptation à la singularité des activités bancaires et la conciliation de ses propres impératifs avec ceux de la régulation sectorielle lorsqu'une tension ponctuelle risque de survenir. Tel est le cas du droit des aides d'État : prohibées par principe, les aides accordées aux banques en difficulté pourront être autorisées sur le fondement de l'article 107 § 3, sous b) TFUE en tant qu'elles permettent de remédier à une perturbation grave de l'économie.

1216. Les règles françaises et européennes relatives au contrôle des concentrations sont également pourvues de mécanismes permettant d'autoriser un rapprochement bancaire lorsque l'opération s'avère nécessaire dans un contexte de résolution bancaire. Le rachat d'une banque en difficulté contribuant au maintien de la stabilité financière pourrait en ce sens être jugé porteur de gains d'efficacité compensant les distorsions concurrentielles, dès lors que la stabilité du marché est considérée comme une condition même de son efficacité. En outre, le pouvoir d'évocation reconnu au ministre français de l'Économie par l'article L 430-7-1 II, alinéa 1er du Code de commerce pourrait éventuellement le conduire à autoriser une opération dans une perspective de stabilité, en tant que « motif d'intérêt général autre que le maintien de la concurrence ».

1217. Il en va de même du droit des pratiques anticoncurrentielles. La coordination interbancaire est inhérente au bon fonctionnement de certaines activités, en particulier les services de paiement ; mais la promotion de l'efficacité, objectif poursuivi tant par la régulation bancaire que par le droit de la concurrence, permet d'exempter certaines pratiques collusives induisant une restriction de concurrence. Le dispositif d'exemption prévu aux articles 101 § 3 TFUE et L 420-4 du Code de commerce permet ainsi de bien distinguer l'entente interbancaire illicite, de la coopération légitime indispensable au fonctionnement efficace des services.

1218. **Soumission des activités bancaires au droit commun de la concurrence.** Le droit de la concurrence ne constitue donc en aucun cas un obstacle aux impératifs de régulation bancaire. Les ayant parfaitement assimilés, il en tient compte et les respecte. En conséquence, tout argument tenant à la spécificité des activités bancaires ou à la préservation des objectifs de la régulation sectorielle, notamment mobilisé par les banquiers afin d'échapper aux lois de la concurrence ne saurait être admis. La pleine applicabilité du droit commun de la concurrence aux activités bancaires est tout à fait justifiée.

1219. Les pouvoirs législatifs et exécutifs, français comme de l'Union, n'ont pourtant pas toujours été insensibles aux revendications des banquiers. Longtemps, ces derniers ont joui d'une inapplicabilité de droit et/ou de fait des règles de concurrence à leur égard. *De jure*, les activités bancaires ont toujours été soumises au droit commun de la concurrence de l'Union. Elles y ont pourtant échappé *de facto* durant plusieurs années en raison des hésitations de la Commission européenne quant à l'opportunité de soumettre le secteur bancaire au droit de la concurrence. Les décisions d'application sont donc demeurées rarissimes. La Cour de justice n'a mis un terme à cette période de flottement qu'à la faveur de l'arrêt *Züchner* rendu le 14 juillet 1981[2032]. Depuis lors, l'applicabilité du droit de la concurrence de l'Union a pu s'épanouir de droit comme de fait à l'égard des activités bancaires.

2032 CJCE, 14 juillet 1981, *Gerhard Züchner c. Bayerische Vereinsbank AG*, préc.

1220. Le droit français de la concurrence a de même longtemps souffert d'une inapplicabilité *de facto,* alors pourtant que l'ordonnance du 30 juin 1945 relative aux prix[2033] ne comportait aucune dérogation quant aux activités bancaires. Ces dernières n'ont été effectivement soumises au droit des pratiques anticoncurrentielles et du contrôle des concentrations qu'à compter respectivement de la loi bancaire du 24 janvier 1984[2034] et de la loi de sécurité financière du 1er août 2003[2035], textes par lesquels le législateur français a explicitement (ré)affirmé l'applicabilité du droit de la concurrence aux activités bancaires.

1221. Néanmoins, certaines règles spéciales leur sont encore réservées. Celles-ci se révèlent injustifiées. Elles ne sont que les vestiges d'une approche dérogatoire révolue et mériteraient d'être abandonnées.

1222. **Inopportunité des critères dérogatoires d'applicabilité des règles européennes du contrôle des concentrations.** Tel est notamment le cas des critères d'applicabilité des règles européennes du contrôle des concentrations. L'article 3 § 5, sous a) du règlement n° 139/2004 écarte ainsi la nature concentrative des prises de participation temporaires des établissements de crédit. Cette disposition inusitée apparaît superfétatoire et pourrait être supprimée dès lors que l'article 3 § 1 du même texte associe déjà à la notion de concentration un critère de *durabilité* du changement de contrôle. De même, l'exception prévue à l'article 3 § 5, sous c) du règlement n° 139/2004, prévoyant qu'une concentration n'est pas réputée réalisée en cas de passivité de l'acquéreur, est injustement réservée aux sociétés de participation financière et devrait être amendée afin d'étendre son domaine à tout acquéreur demeurant passif au sein de la cible.

1223. L'article 5 § 3, sous a) du règlement n° 139/2004 retient encore un critère spécifique d'évaluation de la dimension communautaire de la concentration, tiré du produit d'exploitation des banques dont il liste les différents postes à prendre en compte. Au regard des seuils généraux exprimés en chiffre d'affaires à l'article 1 du même texte, cette dérogation n'est que d'ordre terminologique et semble superflue. Cette disposition comporte une vertu explicative en renseignant sur la manière de calculer le chiffre d'affaires des banques, mais alourdit inutilement le règlement. Sa place se situe certainement davantage dans un texte de droit souple.

1224. **Inapplicabilité injustifiée du droit des pratiques restrictives de concurrence aux activités bancaires.** Plus fondamentalement, l'article L 511-4 du Code monétaire et financier a pour effet de faire échapper les banques à grand nombre de dispositions du droit français de la concurrence, notamment l'article L 442-1 du Code de commerce prohibant les pratiques restrictives de concurrence. Le nécessaire maintien de la confiance entre le banquier et son client, parfois mobilisé au soutien de cette dérogation, est impropre à la justifier. Les comportements visés par ce texte – rupture brutale des relations commerciales établies, soumission de son partenaire à un déséquilibre significatif ou à un avantage sans contrepartie – ne sont que l'expression d'un abus tiré d'un rapport de force déséquilibré.

2033 Ordonnance n° 45-1483 du 30 juin 1945 relative aux prix, *JORF* du 8 juillet 1945, p. 4150.

2034 Loi n° 84-46 du 24 janvier 1984 relative à l'activité et au contrôle des établissements de crédit, *JORF* du 25 janvier 1984, p. 390.

2035 Loi de sécurité financière du 1er août 2003, *JORF* n° 177 du 2 août 2003, p. 13220.

La commission de ce type de pratiques par une banque est tout à fait concevable et n'en serait pas plus légitime ni moins dommageable que si elle était commise par une entreprise issue d'un autre secteur. La seule qualité de banque n'est pas de nature à supprimer la nocivité des pratiques restrictives[2036]. Il serait dès lors bienvenu que le législateur étende aux activités bancaires le domaine du droit des pratiques restrictives de concurrence.

1225. La soumission des activités bancaires au droit de la concurrence s'impose donc dans la mesure où ce dernier ne contredit pas les objectifs de la régulation bancaire. *A fortiori* s'impose-t-elle dès lors que le droit de la concurrence contribue activement à leur accomplissement.

§ 2. Contribution du droit de la concurrence à l'accomplissement des objectifs de régulation bancaire

1226. **Le droit de la concurrence, source d'information et de perfectionnement de la régulation bancaire.** Une relation de complémentarité unit la régulation bancaire et le droit de la concurrence. La mise en œuvre du droit des pratiques anticoncurrentielles éclaire et oriente la régulation bancaire. Au fil de leur pratique décisionnelle, les autorités de concurrence se familiarisent ainsi avec les mécanismes propres aux marchés bancaires, sont en mesure de révéler des dysfonctionnements, voire des défaillances, et peuvent expérimenter des remèdes pour y faire face. Le droit de la concurrence n'est pour autant pas sans limites : son approche au cas par cas s'avère parfois insuffisante pour apporter une réponse véritablement homogène à l'échelle européenne. La régulation bancaire peut alors compléter l'action des autorités de concurrence en généralisant par la voie législative ou réglementaire les réponses appliquées à titre individuel dans leur pratique décisionnelle.

1227. Le traitement, par l'application combinée du droit de la concurrence et de la régulation bancaire, des pratiques portant fixation des commissions d'interchange à un niveau excessif en constitue l'illustration la plus topique. Longtemps méconnus de la régulation bancaire, ces comportements ont été mis à jour dans la pratique décisionnelle des autorités de concurrence. Ces dernières ont ainsi révélé l'existence d'un dysfonctionnement généralisé à l'ensemble du marché européen. Elles ont alors envisagé diverses solutions pour y remédier et ont désormais recours au test du commerçant indifférent élaboré par l'économiste français Jean Tirole, permettant d'établir le niveau optimal des commissions. Mais ces affaires ont aussi révélé les limites d'une approche strictement *ex post*. La répression individuelle par application des règles de concurrence est impropre à offrir une réponse uniforme dans le temps et dans l'espace à des pratiques aussi répandues sur les marchés de l'Union. La régulation bancaire a donc opportunément complété l'action des autorités de concurrence suivant une approche *ex ante :* le législateur de l'UE

2036 R. Routier, note sous T. com. Paris, 24 janvier 2013, n° 2010-060778, *JCP E* n° 48, 28 novembre 2013, 1662, p. 46.

s'est inspiré de leurs solutions et les a généralisées par la voie réglementaire[2037], instaurant ainsi un régime unifié dans l'Union.

1228. **Relation de complémentarité similaire entre le droit de la concurrence et la régulation financière : un futur terrain de recherche ?** Cette relation de complémentarité n'est pas réservée à la régulation bancaire. Une dynamique similaire peut être observée entre le droit de la concurrence et la régulation financière. Par une série de décisions rendues entre 2013 et 2016, la DG concurrence a mis en lumière des pratiques de manipulation d'indices de référence de taux d'intérêt, rendues possibles par les modalités d'administration desdits indices. Or la DG concurrence n'avait aucune emprise sur celles-ci, dès lors que les administrateurs n'étaient pas eux-mêmes membres de l'entente. Seule une approche réglementaire *ex ante* ressortant à la régulation financière était en mesure de traiter le problème à la source. Ce fut chose faite à la faveur du règlement n° 2016/1011[2038], visant à garantir l'intégrité des indices de référence dès leur élaboration. Sensibilisée à cette question par la pratique décisionnelle de la DG concurrence, la régulation financière a opportunément complété son action par la voie réglementaire. Les interactions existant entre le droit de la concurrence et la régulation financière pourraient ainsi constituer un intéressant sujet de recherche juridique plus approfondi ; les études consacrées au sujet sont rares et désormais anciennes[2039].

1229. **Approfondissement de la complémentarité par le biais des pouvoirs consultatifs et d'enquête sectorielle.** Les autorités de concurrence ont l'opportunité d'approfondir cette relation de complémentarité avec la régulation sectorielle par le biais de leurs pouvoirs consultatifs et d'enquête sectorielle. Elles y trouvent un outil de compréhension des marchés bancaires autant qu'un vecteur de communication avec le législateur ou l'exécutif. Lorsque des dysfonctionnements de marché ont pu être décelés et que le droit de la concurrence s'avère à cet égard, insuffisant pour y remédier, les autorités de concurrence peuvent leur suggérer par cette voie, des éléments de perfectionnement de la régulation bancaire afin de faire face aux difficultés recensées.

1230. Au terme de son enquête sectorielle menée entre 2005 et 2007 sur la banque de détail[2040], la DG concurrence a ainsi mis en lumière une asymétrie d'information délétère et envisagé différents moyens de renforcer la transparence. En partie repris par la directive n° 2014/92/UE, ces remèdes sont particulièrement bienvenus : en effet, l'élaboration d'une terminologie uniforme utilisée par chacun des établissements permet aux clients d'identifier les différents services comparables proposés par les prestataires. L'indication, tant avant qu'après la signature de la convention, du détail des coûts unitaires et agrégés des services met ensuite le client en possession de l'un des principaux éléments nécessaires à la comparaison : le prix. Devant le constat d'une faible mobilité des clients, la DG concurrence a

[2037] Règlement (UE) n° 2015/751 préc.

[2038] Règlement (UE) n° 2016/1011 du 8 juin 2016 préc.

[2039] M. Tomasi, *La concurrence sur les marchés financiers. Aspects juridiques*, LGDJ, coll. Bibliothèque de droit privé, n° 375, 2002.

[2040] Comm. CE, communication du 31 janvier 2007, Enquête par secteur menée en vertu de l'article 17 du règlement (CE) n° 1/2003 sur la banque de détail, préc.

pareillement suggéré un certain nombre de solutions envisageables, partiellement reprises par le législateur de l'UE : l'instauration d'un service de changement de compte par l'effet de la directive n° 2014/92/UE apparaît à ce titre satisfaisant, à tout le moins en France.

1231. Dans une démarche comparable à celle menée par la DG concurrence *via* son pouvoir d'enquête sectorielle, l'autorité française de concurrence fait usage de son pouvoir consultatif afin de concourir à l'évolution de la régulation bancaire. L'avis n° 05-A-08[2041] rendu par le Conseil de la concurrence en offre l'illustration la plus éclatante. Consulté par une association de consommateurs sur les conditions dans lesquelles pourrait être envisagée la mise en place d'un service bancaire de base, le Conseil saisit cette occasion pour adresser au législateur un exposé détaillé des différentes étapes à suivre afin d'instaurer un service bancaire universel, effectivement introduit en droit positif par la suite. Le droit de la concurrence représente donc une source tant d'information que d'inspiration pour la régulation bancaire, et concourt de la sorte à son perfectionnement.

1232. **Manque de considération du législateur et du Gouvernement français pour l'avis de l'Autorité de la concurrence ?** Le législateur et le Gouvernement français ne semblent pour autant pas en avoir pris toute la mesure. L'Autorité de la concurrence peut faire l'objet d'une consultation facultative par divers organes et personnes[2042] ou rendre un avis de sa propre initiative[2043] sur « toute question concernant la concurrence ». Mais en outre, l'Autorité doit être obligatoirement consultée par le Gouvernement dans certaines situations, notamment lorsqu'il envisage de réglementer les prix par décret[2044], ou d'imposer des pratiques uniformes en matière de prix ou de conditions de vente[2045]. Ainsi l'Autorité a-t-elle été consultée[2046] par le Gouvernement lorsqu'il envisageait d'interdire aux commerçants d'appliquer des frais supplémentaires pour l'usage d'instruments de paiement – règle admise par la DSP I. L'Autorité s'est montrée défavorable à une telle interdiction. Néanmoins, le Gouvernement s'est écarté de son avis et a instauré cette prohibition en droit français[2047]. Ce choix est malheureux. Certes, l'avis de l'Autorité est non liant, mais il convenait de souscrire à son analyse : la liberté laissée aux commerçants d'appliquer des frais supplémentaires pour l'usage d'instruments de paiement coûteux est un facteur de concurrence et d'efficacité. Elle permet d'envoyer un signal aux payeurs et de les orienter vers des instruments plus efficaces. Elle exerce alors une pression sur les prestataires de services de paiement et les incite finalement à réduire leurs prix. Partant, cette liberté devrait être introduite en droit français.

2041 Cons. conc., avis n° 05-A-08 du 31 mars 2005 *relatif à une demande d'avis de la Confédération de la Consommation, du Logement et du Cadre de Vie portant sur les conditions dans lesquelles pourrait être envisagée la mise en place d'un service bancaire de base.*

2042 C. com., art. L 462-1.

2043 C. com., art. L 462-4.

2044 C. com., art. L 410-2, al. 2.

2045 C. com., art. L 462-2, sous 3°.

2046 Aut. conc., avis n° 09-A-35 du 26 juin 2009 *portant sur le projet d'ordonnance relatif aux conditions régissant la fourniture de services de paiement et portant création des établissements de paiement.*

2047 Désormais prévue à l'article L 112-12, alinéa 2 du Code monétaire et financier.

1233. Il est par ailleurs surprenant de constater que le législateur et/ou le Gouvernement français n'ont pas consulté l'Autorité de la concurrence lorsqu'il s'est agi de plafonner le prix de l'offre spécifique et les commissions pour incident de paiement, à la faveur de la loi du 26 juillet 2013 de séparation et de régulation des activités bancaires[2048] et des décrets d'application du 30 juin 2014[2049] et 17 octobre 2013[2050]. À l'évidence, ces dispositifs risquent pourtant d'imposer des pratiques uniformes en matière de prix et d'induire une distorsion concurrentielle. Il est ainsi regrettable que le législateur ou le Gouvernement n'aient pas procédé à une consultation (facultative) de l'Autorité de la concurrence préalablement à l'adoption de ces dispositifs. Cette procédure permet à l'Autorité de les assister dans leur office normatif et de contribuer à l'évolution du droit bancaire. Il ne peut qu'être recommandé au législateur et au Gouvernement de renforcer à l'avenir le dialogue avec l'Autorité de la concurrence. Sa consultation peut leur offrir un précieux éclairage, dont ils ne sauraient faire l'économie.

1234. **La DG concurrence, auxiliaire de régulation bancaire par le biais du contrôle des concentrations.** Si l'intervention de la régulation bancaire peut opportunément compléter le droit de la concurrence, ce dernier se porte lui-même garant des objectifs de la régulation bancaire et pourra réciproquement la compléter. À travers la mise en œuvre du contrôle des concentrations, la DG concurrence agit ainsi comme auxiliaire de régulation bancaire. L'article 21 § 4 du règlement n° 139/2004 admet en substance des États qu'ils s'opposent à une opération relevant de la compétence de la Commission, pour assurer la protection d'intérêts légitimes autres que le maintien de la concurrence, tel le respect des règles prudentielles. La DG concurrence s'attache cependant à vérifier que les États ne font pas un usage détourné des règles prudentielles afin d'empêcher une concentration bancaire nuisant à leurs intérêts stratégiques nationaux. Ce faisant, la DG concurrence ne se substitue pas aux autorités bancaires, celles-ci demeurant seules compétentes pour effectuer le contrôle prudentiel de l'opération ; elle agit seulement comme adjuvant de régulation bancaire, en s'assurant que les règles prudentielles ne sont pas dévoyées et font l'objet d'une application uniforme dans l'UE.

1235. **La régulation bancaire suppléée par le droit des aides d'État.** Plus encore, à l'occasion de la crise financière de 2008, l'application du droit des aides d'État a véritablement permis de suppléer la régulation bancaire. La crise a révélé les lacunes de cette dernière, alors dépourvue de réels mécanismes de résolution. La DG concurrence a donc assuré l'intérim, en attendant que la régulation bancaire se dote de mécanismes *ad hoc*, à savoir, entre autres, la directive BRRD[2051] et le règlement MRU[2052]. À cette occasion, la DG concurrence s'est auto-assignée pour objectif prioritaire, le retour puis le maintien de la stabilité financière. Dans cette

---

2048 Loi n° 2013-672 du 26 juillet 2013 de séparation et de régulation des activités bancaires, *JORF* n° 0173 du 27 juillet 2013, p. 1.

2049 Décret n° 2014-738 du 30 juin 2014 relatif à l'offre spécifique de nature à limiter les frais en cas d'incident, *JORF* n° 0150 du 1 juillet 2014 p. 10847.

2050 Décret n° 2013-931 du 17 octobre 2013 relatif au plafonnement des commissions d'intervention, *JORF* n° 0244 du 19 octobre 2013 p. 172.

2051 Directive 2014/59/UE préc.

2052 Règlement (UE) n° 806/2014 préc.

perspective, elle a élaboré un régime spécial de contrôle des aides d'État octroyées aux banques en difficulté, toujours en vigueur. La Commission se fonde sur l'article 107 § 3, sous b) TFUE accordant une exception au principe de prohibition des aides permettant de « remédier à une perturbation grave de l'économie ». Elle retient en substance le principe de compatibilité avec le marché intérieur de toute aide accordée aux banques en difficulté, sous condition de restructuration du bénéficiaire, parmi d'autres contreparties. Faute de règles de résolution unifiées dans l'Union, l'application du droit des aides aux banques a ainsi permis d'harmoniser la réponse européenne face à la crise et contribué au retour de la stabilité financière.

1236. **Réajustements nécessaires du régime spécial de droit des aides d'État.** La pérennisation du régime spécial de droit des aides élaboré dans un contexte de crise ne doit pas étonner. Elle se comprend dans une perspective de prévention des crises futures, et non seulement de leur traitement actuel. Toutefois, l'article 107 § 3, sous b) TFUE, dont l'interprétation stricte imposée par la Cour de justice ne permet d'admettre une aide qu'afin de remédier à une perturbation *actuelle*, ne constitue sans doute plus le fondement textuel approprié d'un régime prophylactique. Il serait préférable de recourir à l'article 107 § 3, sous c) TFUE, sur lequel prend appui le régime de droit commun des aides aux entreprises en difficulté, dont le régime réservé au secteur bancaire ne constitue pour l'essentiel, qu'une déclinaison sectorielle.

1237. Il conviendrait aussi et surtout de revenir à une logique d'admission exceptionnelle et non plus systématique des aides aux banques en difficulté, à l'instar du régime de droit commun. Leur autorisation n'est pas inconditionnelle mais demeure quasi-automatique. La nécessité de la mesure étant acquise par principe, le débat ne porte plus que sur la proportionnalité de son montant et l'adéquation des contreparties. L'effet d'une telle approche risque d'être délétère en considération de l'aléa moral, et donc de l'instabilité financière, que la DG concurrence entend pourtant prévenir.

1238. **La *blockchain*, une technologie encore méconnue du droit de la concurrence.** Quoi qu'il en soit, « le secteur bancaire ne constitue plus une *terra incognita* du droit de la concurrence »[2053]. Les autorités de concurrence ont su s'adapter à la singularité des activités bancaires et comprendre la dynamique des marchés, au point d'ailleurs, d'éclairer la régulation bancaire sur certains aspects de leur fonctionnement.

1239. Pour autant, un terrain demeure encore partiellement méconnu du droit de la concurrence : celui des *fintechs* et plus spécifiquement de la *blockchain*. Cette technologie émergente constitue une forme de dispositif d'enregistrement électronique partagé, renfermant des fonctions variées : elle est avant tout un registre authentifiant permettant la traçabilité des informations avec un haut degré de fiabilité. La *blockchain* est aussi un vecteur de transactions, réalisées en monnaie ayant cours légal ou en monnaie virtuelle. Elle peut enfin constituer le support de

---

2053 Ph.-E. Partsch, « Financial services and competition law : An overview of EU and national case law », *e-Competitions Financial services*, 20 février 2020, art. nº 92135, p. 1 : « The banking and financial sector is no longer terra incognita for competition law enforcement » (traduction libre).

smart contracts, protocoles informatiques programmés pour exécuter les termes d'un contrat dans des conditions prédéfinies, et auxquels les autorités de concurrence pourraient avoir recours, notamment dans le cadre du suivi des engagements.

1240. Néanmoins, comme le révèle le récent avis de l'Autorité de la concurrence consacré à ce sujet[2054], les préoccupations de concurrence soulevées par la *blockchain* sont nombreuses. Plusieurs segments de marchés associés à cette technologie semblent propices à la concentration et risquent donc d'être exposés à la domination d'une entreprise. Des comportements abusifs ne sont alors pas à exclure. Un opérateur dominant sur le marché amont de la fourniture de réseau pourrait tout particulièrement commettre des pratiques de compression de marges ou de refus de contracter aux dépens d'entreprises souhaitant pénétrer les marchés aval. Des ententes anticoncurrentielles, facilitées par la transparence de l'information contenue dans la *blockchain* et l'automaticité des *smart contracts,* sont également à craindre. Cette question est aussi globalement méconnue de la recherche juridique. À l'avenir, le chercheur en droit pourrait s'y intéresser plus avant[2055]. Car à n'en pas douter, la *blockchain* affectera les mécanismes du droit bancaire en profondeur, autant peut-être que ceux du droit de la concurrence.

1241. **Pour une meilleure acceptabilité sociale du droit de la concurrence.** Cette thèse entend contribuer à une meilleure acceptabilité sociale du droit de la concurrence. Ses règles ont une portée universelle, à tout le moins transversale : elles sont applicables à toutes les entreprises, quel que soit leur secteur d'activité. Le droit de la concurrence régit l'ensemble des marchés de biens et de services. Son application se superpose donc avec celle des dispositifs de régulation sectorielle encadrant certaines activités économiques en particulier. Aussi, le droit de la concurrence a pu susciter des réserves parmi ses sujets. Des doutes ont été émis quant à sa capacité à saisir toute la singularité de certaines activités, ayant précisément justifié l'élaboration d'une régulation sectorielle *ad hoc*. Des craintes ont plus fondamentalement porté sur le risque de contradiction entre les objectifs d'un droit de la concurrence *transversal* et ceux d'une régulation *sectorielle*. Les banquiers, à l'instar des opérateurs issus d'autres secteurs, ont donc revendiqué un régime dérogatoire, les faisant échapper en tout ou partie aux lois de la concurrence.

1242. Pourtant, le droit de la concurrence a été conçu *ab ovo* comme l'instrument (parmi d'autres) d'une politique plus globale ; non pas une fin en soi, il est un moyen de contribuer à l'accomplissement d'une finalité supérieure, celle du bien-être. Le droit de la concurrence ne saurait ainsi frapper les activités économiques de ses règles aveugles et insensibles à leur singularité sectorielle. Il embrasse bien au contraire les objectifs propres aux dispositifs de régulations spéciales afin de les

---

2054 Aut. conc., avis n° 21-A-05 du 29 avril 2021 *portant sur le secteur des nouvelles technologies appliquées aux activités de paiement*.

2055 Il est heureux que certains auteurs montrent néanmoins la voie (V. en particulier : Th. Schrepel, *Blockchain + Antitrust. The Decentralization Formula*. Edward Elgar Publishing, 2021 ; L. Bettoni, « Problématiques soulevées par la blockchain en droit de la concurrence », *CCC* n° 2, février 2020, étude 3 ; A. Brunelle, « Éloge de la confiance : la Blockchain, l'entreprise et le droit de la concurrence », *RLC* 2019/89, n° 3695, p. 31 ; D. Bosco, « Blockchain et droit de la concurrence », *CCC* n° 6, juin 2018, repère 6 ; F. Schöning et M. Tagara, « Blockchain : Mind the gap ! Lessons learnt from the net neutrality debate and competition law related aspects », *Concurrences* n° 3-2018, septembre 2018, art. n° 87246).

respecter et concourir à leur accomplissement, dans une perspective de bien-être déclinée au sein de chaque secteur. La prise en compte des spécificités sectorielles est en effet consubstantielle à l'instrumentalisation du droit de la concurrence. La prise en compte des spécificités sectorielles relève de l'essence même du droit de la concurrence. Ce dernier n'entend pas instaurer à tout prix une concurrence féroce dans les moindres recoins du marché. Il sait moduler l'effet de ses règles selon les circonstances. La soumission des activités bancaires au droit de la concurrence est légitime ; mieux, elle est opportune.

ANNEXES

Annexe I – Diagramme d'un schéma de cartes de paiement quadripartite
Annexe II – Diagramme d'un schéma de cartes de paiement tripartite
Annexe III – Diagramme de la *blockchain*
Annexe IV – Liste des principales propositions

Annexe I

Diagramme d'un schéma de cartes de paiement quadripartite

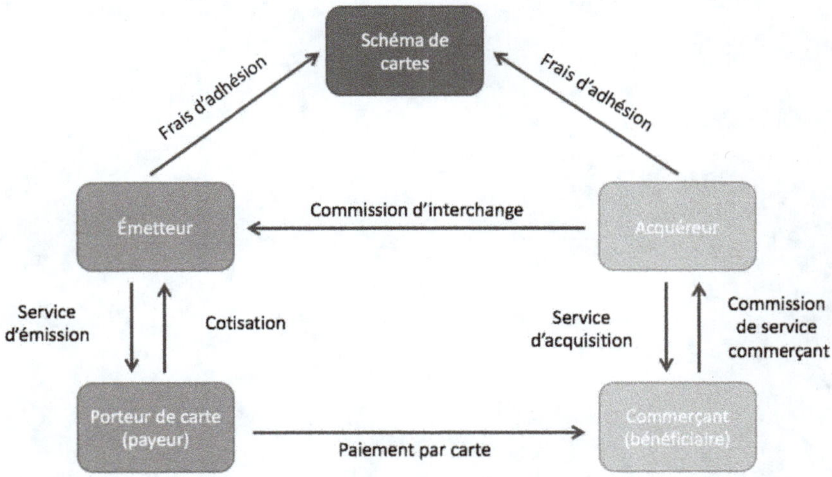

Annexe II

Diagramme d'un schéma de cartes de paiement tripartite

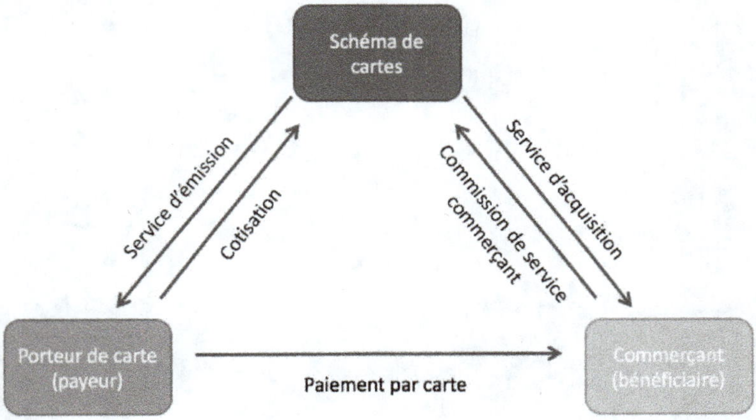

Annexe III

Diagramme de la *blockchain*

Source : V. Faure-Muntian, Cl. de Ganay, R. Le Gleut, « Comprendre les *blockchains* (chaines de blocs) », Office parlementaire d'évaluation des choix scientifiques et technologiques, Assemblée nationale, Sénat, *Les notes scientifiques de l'office*, note n° 4, avril 2018.

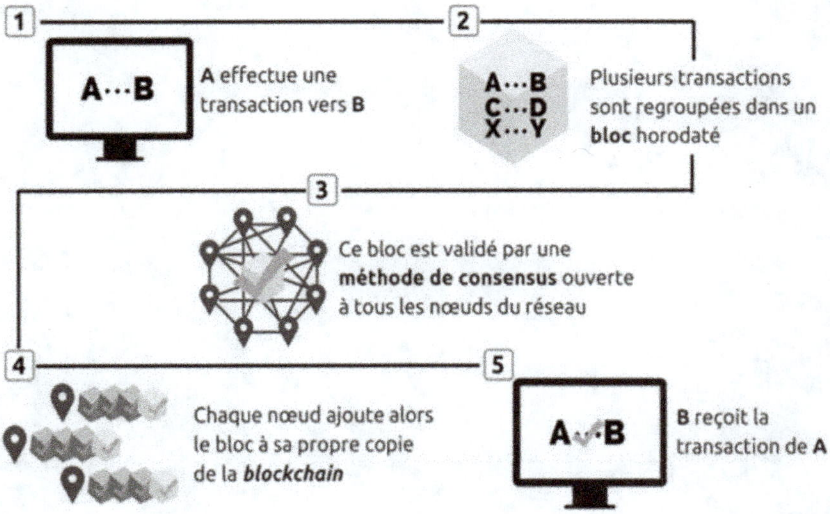

Annexe IV

Liste des principales propositions

Proposition n° 1 :

Modification de l'article L 511-4 du Code monétaire et financier, afin d'étendre aux activités bancaires l'applicabilité du droit des pratiques restrictives de concurrence et de certaines dispositions relatives au droit des pratiques anticoncurrentielles (V. n° 186).

Proposition n° 2 :

Modification du point 62 de la communication de la Commission concernant le secteur bancaire du 30 juillet 2013[2056]*, relatif aux critères permettant d'écarter la qualification d'aide d'État aux mesures de fourniture de liquidité d'urgence, conformément au principe cumulatif des conditions communes de qualification d'une aide d'État* (V. n° 250).

Proposition n° 3 :

Suppression de l'article 3 § 5, sous a) du règlement CE sur les concentrations[2057]*, relatif aux prises de participations temporaires des établissements de crédit* (V. n° 267).

Proposition n° 4 :

Modification de l'article 3 § 5, sous c) du règlement CE sur les concentrations, afin d'étendre son domaine, injustement limité aux « sociétés de participation financière », au profit de tout cessionnaire demeurant passif au sein de l'entreprise cible (V. n° 270).

Proposition n° 5 :

Suppression de l'article 5 § 3, sous a) du règlement CE sur les concentrations, relatif au calcul du chiffre d'affaires des établissements de crédit (V. n° 283).

2056 Communication de la Commission concernant l'application, à partir du 1er août 2013, des règles en matière d'aides d'État aux aides accordées aux banques dans le contexte de la crise financière (« Communication concernant le secteur bancaire »), *JOUE* n° C 216, du 30 juillet 2013, p. 1.

2057 Règlement (CE) n° 139/2004 du Conseil du 20 janvier 2004 relatif au contrôle des concentrations entre entreprises (« le règlement CE sur les concentrations »), *JOCE* n° L 24, du 29 janvier 2004, p. 1.

Proposition n° 6 :

Modification de l'article L 112-12 du Code monétaire et financier, afin d'introduire la liberté pour le bénéficiaire d'appliquer des frais pour l'utilisation de certains instruments de paiement (V. n° 370).

Proposition n° 7 :

Retour à un régime d'autorisation exceptionnelle, et non plus systématique, des aides d'État accordées aux banques en difficultés (V. n° 554).

BIBLIOGRAPHIE

I – Ouvrages généraux, traités et manuels
II – Ouvrages spéciaux, thèses, monographies et ouvrages collectifs
III – Encyclopédies et dictionnaires
IV – Articles et chroniques
V – Colloques, conférences, séminaires et journées d'étude
VI – Études et rapports officiels
VII – Notes et commentaires
VIII – Communiqués de presse et allocutions

I – Ouvrages généraux, traités et manuels

Albortchire, A. et Cibert-Goton, V.,
– *Pratique du droit de la concurrence et de la consommation*, Eska, 2007.

Arcelin-Lécuyer, L.,
– *Droit de la concurrence : les pratiques anticoncurrentielles en droit interne et européen*, Presses Universitaires de Rennes, coll. Didact, 2e éd., 2013.

Armour, J., Awrey, D., Davies, P., Enriques, L., Gordon, J., Mayer, C. et Payne, J.,
– *Principles of Financial Regulation*, Oxford University Press, 2016.

Azéma, J.,
– *Le droit français de la concurrence*, Presses universitaires de France, coll. Thémis Droit, 2e éd., 1989.

Barraud, B.,
– *La recherche juridique – Sciences et pensées du droit*, L'Harmattan, coll. Logiques juridiques, 2016.

Bazex, M., Le Berre, C., Eckert, G., Du Marais, B., Lanneau, R. et Sée, A. (dir.),
– *Dictionnaire des régulations 2016*, LexisNexis, coll. Les guides, 2015.

Béguin, J.-M. et Bernard, A.,
– *L'essentiel des techniques bancaires*, Éditions d'Organisation, coll. Livres Outils, 2008.

Beignier, B. et Ben Hadj Yahia, S.,
– *Droit des assurances,* LGDJ, coll. Précis Domat, 3e éd., 2018.

Bellis, J.-F.,
– *Droit européen de la concurrence*, Bruylant, coll. Competition law, 2e éd., 2017.

Bernard, S.,
– *Droit public économique*, LexisNexis, coll. Objectif droit, 2e éd., 2013.

Berranger, de, T. et Villiers (de), M.,
– *Droit public général*, LexisNexis, coll. Manuels, 8e éd., 2020.

BLAISE, J.-B. et DESGORCES, R.,
– *Droit des affaires – Commerçants, concurrence, distribution*, LGDJ, coll. Manuels, 10e éd., 2019.

BLASSELLE, R.,
– *Traité de droit européen de la concurrence*, Publisud, coll. Manuels 2000, 2008.

BOITEAU, Cl., LACHAUME, J.-F., PAULIAT, H. et DEFFIGIER, C.,
– *Droit des services publics*, LexisNexis, coll. Manuels, 3e éd., 2018.

BONHOMME, R.,
– *Instruments de crédit et de paiement. Introduction au droit bancaire*, LGDJ, coll. Manuels, 10e éd., 2017.

BONNEAU, Th.,
– *Droit bancaire*, LGDJ, coll. Précis Domat, 13e éd., 2019 ;
– *Régulation bancaire et financière européenne et internationale*, Bruylant, coll. Droit de l'Union européenne, 5e éd., 2020.

BONNEAU, Th., PAILLER, P., ROUAUD, A.-Cl., TEHRANI A. et R., VABRES,
– *Droit financier*, LGDJ, coll. Précis Domat, 2e éd., 2019.

BORNET, J.-P. et VAUPLANE (de), H.,
– *Droit des marchés financiers*, LexisNexis, coll. Traités, 3e éd., 2001.

BOUCHETEMBLE, H. et SANBAR, W.,
– *Droit des opérations bancaires et financières transfrontalières – Aspects juridiques et pratiques de l'accès au marché français*, Revue Banque, coll. Droit, 2013.

BOUDGHENE, Y. et DE KEULENEER, E.,
– *Pratiques et techniques bancaires*, Larcier, coll. Cahiers financiers, 2e éd., 2016.

BOUTARD-LABARDE, M.-C. et CANIVET, G.,
– *Droit français de la concurrence*, LGDJ, coll. Droit des affaires, 1994.

BRACONNIER, S.,
– *Droit public de l'économie*, Presses Universitaires de France, coll. Thémis, 2e éd., 2017.

BRAULT, D.,
– *Politique et pratique du droit de la concurrence en France*, LGDJ, coll. Droit des affaires, 2004 ;
– *Droit et politique de la concurrence*, Economica, 1997.

BRUNET, F. et CANIVET G. (dir.),
– *Le nouveau droit communautaire de la concurrence*, LGDJ, coll. Droit des affaires, 2008.

BUY, Fr., et FERRIER, N. (dir.),
– *Grands arrêts du droit de la concurrence, vol. III, Pratiques commerciales déloyales, distribution*, Concurrences, 2019.

BUYLE J.-P., GRÉGOIRE M., PROESMANS P. et RAES D.,
– *Le droit bancaire et financier en mouvement*, Bruylant, coll. U.B.3, 2013.

CADEAU, E., LINOTTE, D. et ROMI, R.,
– *Droit du service public*, LexisNexis, coll. Objectif droit, 2e éd., 2014.

CARLTON, D., et PERLOFF, J.,
– *Économie industrielle*, trad. Mazerolle F., De Boeck, 2015.

CAUSSE, H.,
– *Droit bancaire et financier*, Mare & Martin, coll. Droit privé & sciences criminelles, 2016.

CHAGNY, M. et PERDRIX, L.,
– *Droit des assurances*, LGDJ, coll. Manuels, Droit privé, 4e éd., 2018.

CHÉROT, J.-Y.,
– *Droit public économique*, Economica, coll. Corpus, 2e éd., 2007.

CHIFFLOT, N., CHRÉTIEN, P. et TOURBE, M.,
– *Droit administratif*, Sirey, coll. Sirey université, 17e éd., 2020.

CLAVIÈRE-BONNAMOUR (de), B. et NOURISSAT, C.,
– *Droit de la concurrence – Libertés de circulation : Droit de l'Union, droit interne*, Dalloz, coll. HyperCours, 6e éd., 2020.

COLIN, F.,
– *Droit public économique*, Gualino, coll. Master, 6e éd., 2017.

COLIN, F. et DEBBASCH, C.,
– *Droit administratif*, Economica, 12e éd., 2018.

COLSON, J.-Ph. et IDOUX, P.,
– *Droit public économique*, LGDJ, coll. Manuels, 9e éd., 2018.

COLLET, M.,
– *Finances publiques*, LGDJ, coll. Précis Domat, Public, 5e éd., 2020.

COMBE, E.,
– *Économie et politique de la concurrence*, Dalloz, coll. Précis, 2e éd., 2020 ;
– *La politique de la concurrence*, La Découverte, coll. Repères, 3e éd., 2016.

CONDOMINES, A.,
– *Guide pratique du droit français de la concurrence,* Gualino, coll. Guides Pro, 2014 ;
– *Le nouveau droit français de la concurrence*, Jurismanager, coll. Manuel pratique, 2e éd., 2009.

CONTAMINE-RAYNAUD, M. et RIVES-LANGE, J.-L.,
– *Droit bancaire*, Dalloz, coll. Précis, 6e éd., 1995.

COURET, A., LE NABASQUE, H., COQUELET, M.-L., GRANIER, Th., PORACCHIA, D., RAYNOUARD, A., REYGROBELLET, A., et ROBINE, D.,
– *Droit financier*, Dalloz, coll. Précis, 3e éd., 2019.

COT, J.-M. et LAURENCIE (de la), J.-P.,
– *Le contrôle français des concentrations*, LGDJ, coll. Droit des affaires, 2e éd., 2003.

DECOCQ, A. et DECOCQ, G.,
– *Droit de la concurrence : droit interne et droit de l'Union européenne*, LGDJ, coll. Manuels, 8e éd., 2018.

DECOCQ, G., GÉRARD, Y. et MOREL-MAROGER, J.,
– *Droit bancaire*, Revue Banque, coll. Master, 2e éd., 2014.

DEGOFFE, M.,
– *Droit administratif*, Ellipses, coll. Cours magistral, 4e éd., 2020.

DEKEUWER-DÉFOSSEZ, F. et MOREIL, S.,
– *Droit bancaire*, Dalloz, coll. Mémentos, 11e éd., 2016.

DELAUNAY, B.,
– *Droit public de la concurrence*, LGDJ., coll. Manuels, Droit public, 2e 2018.

DELZANGLES, H. et MARTUCCI, Fr. (dir.),
– *Grands arrêts du droit de la concurrence, vol. IV, Régulations,* Concurrences, 2019.

DEPINCÉ, M. et MAINGUY, D.,
– *Droit de la concurrence*, LexisNexis, coll. Manuels, 3e éd., 2019.

DUBOUIS, L. et PEISER, G.,
– *Droit public*, Dalloz, coll. Mémentos, 22e éd., 2017.

DUGUIT, L.,
– *Traité de droit constitutionnel, t. I : La règle de droit, le problème de l'État*, De Boccard, 3e éd., 1927.

DUMONT, G., LOMBARD, M. et SIRINELLI, J.,
– *Droit administratif*, Dalloz, coll. HyperCours, 13e éd., 2019.

ECKERT, G.,
– *Droit public des affaires*, LGDJ, coll. Focus droit, 2e éd., 2013.

ETIEN, R.,
– *Droit public général*, Foucher, coll. LMD Parcours juridiques, 6e éd., 2015.

FOILLARD, P.,
– *Droit administratif*, Larcier, coll. Paradigme, 4e éd., 2015.

FRIER, P.-L. et PETIT, J.,
– *Droit administratif*, LGDJ, coll. Précis Domat, 14e éd., 2020.

FRISON-ROCHE, M.-A. et PAYET, M.-St.,
– *Droit de la concurrence*, Dalloz, coll. Précis, Droit privé, 2e éd. 2020.

GAUDEMET, Y.,
– *Droit administratif*, LGDJ, coll. Manuels, 23e éd., 2020.

GAUDRON, P. et LECARPENTIER-MOYAL, S.,
– *Économie monétaire et financière*, Economica, 6e éd., 2011.

GAVALDA, Chr. et STOUFFLET, J.,
– *Droit bancaire*, LexisNexis, coll. Manuels, 9e éd., 2015.

GERBER, D. J.,
– Law and Competition in Twentieth Century Europe : Protecting Prometheus, Oxford University Press, 2001.

GODIVEAU, Gr. et LECLERC, St.,
– *Droit du marché intérieur de l'Union européenne – Les libertés de circulation et de concurrence*, Gualino, coll. Master, 2016.

GROVE-VALDEYRON (de), N.,
– *Droit du marché intérieur européen*, LGDJ, coll. Systèmes, 5e éd., 2017.

GRYNFOGEL, C.,
– *Droit européen de la concurrence*, LGDJ, coll. Systèmes, 4e éd., 2016.

GRYNFOGEL, C. et MARTHAN, J.,
– *L'essentiel du droit de la concurrence*, Gualino, coll. Carrés Rouge, 2010.

GUEDJ, A. et PICARD, M.,
– *Pratique du droit de la concurrence national et communautaire*, Litec, coll. affaires, finances, 2006.

GUGLIELMI, G., KOUBI, G. et LONG, M.,
– *Droit du service public*, LGDJ, coll. Précis Domat, 4e éd., 2016.

GUYOMAR, M. et SEILLER, B.,
– *Contentieux administratif*, Dalloz, coll. HyperCours, 5e éd., 2019.

IDOT, L. (dir.),
– *Grands arrêts du droit de la concurrence, vol. II, Concentrations et aides d'État*, Concurrences, 2016 ;
– *Grands arrêts du droit de la concurrence, vol. 1, Pratiques anticoncurrentielles*, Concurrences, 2016.

JAN, P.,
– *Institutions administratives*, LexisNexis, coll. Objectif droit, 5e éd., 2015.

KOVAR, J.-Ph. et LASSERRE CAPDEVILLE, J.,
– *Droit de la régulation bancaire*, Revue Banque, coll. Droit, 2012.

KRUGMAN, P. et WELLS, R.,
– *Macroéconomie*, trad. L. Baechler, De Boeck supérieur, coll. Ouvertures économiques, 4e éd., 2019.

LAMBERT-FAIVRE, Y. et LEVENEUR, L.,
– *Droit des assurances,* Dalloz, coll. Précis, 14e éd., 2017.

LASSERRE CAPDEVILLE, J., STORCK, M., ROUTIER, R., MIGNOT, M., KOVAR, J.-Ph. et ERÉSÉO, N.,
– *Droit bancaire*, Dalloz, coll. Précis, 2e éd., 2019.

LEBRETON, G.,
– *Droit administratif général*, Dalloz, coll. Cours, 10e éd., 2019.

LECOURT, A.,
– *La concurrence déloyale*, L'Harmattan, coll. La Justice au quotidien, 2e éd., 2009.

LÉVÊQUE, F. et SHELANSKI, H. (dir.),
– *Antitrust and Regulation in the EU and US*, Edward Elgar Publishing, coll. New Horizons in Competition Law and Economics series, 2009.

LOUVARIS, A.,
– *Droit administratif*, Presses universitaires de France, coll. Licence, 1e éd., 2011.

LUCAS de LEYSSAC, Cl. et PARLEANI, G.,
– *Droit du marché*, PUF, coll. Themis Droit, 2002.

MALAURIE-VIGNAL, M.,
– *Droit de la concurrence interne et européen*, Sirey, coll. Sirey Université, 8e éd., 2019.

DU MARAIS, B.,
– *Droit public de la régulation économique*, Dalloz, coll. Amphi, 2e éd., 2017.

MATTOUT, J.-P.,
– *Droit bancaire international*, Revue Banque, coll. Droit-Fiscalité, 4e éd., 2009.

MAURIN, A.,
– *Droit administratif*, Sirey, coll. Aide-mémoire, 12e éd., 2020.

MERVILLE, A.-D.,
– *Droit financier*, Gualino, coll. Master, 4e éd., 2018 ;
– *L'essentiel du droit financier : le cadre juridique et réglementaire des marchés financiers*, Gualino, coll. Carrés Rouge, 6e éd., 2018.

NEAU-LEDUC, Ph., NEAU-LEDUC, Chr. et PÉRIN-DUREAU, A.,
– *Droit bancaire*, Dalloz, coll. Cours, 6e éd., 2018.

NEUVILLE, S.,
– *Droit de la banque et des marchés financiers*, Presses universitaires de France, Paris, 2005.

NICINSKI, S.,
– *Droit public des affaires*, LGDJ, coll. Précis Domat, 7e éd., 2019 ;
– *Droit public de la concurrence*, LGDJ, coll. Systèmes, 2005.

NICOLAS-VULLIERME, L.,
– *Droit de la concurrence*, Vuibert, coll. Dyna'Sup, 2e éd., 2011.

PARTSCH, Ph.-E.,
– *Droit bancaire et financier européen.* t. I : *Cadre général – Les établissements de crédit,* Larcier, coll. Europe(s), 2e éd., 2016.

PETIT, N.,
– *Droit européen de la concurrence*, LGDJ, coll. Précis Domat, *3*e éd., 2020.

PICOD, Y. (dir.),
– *Le nouveau droit des pratiques restrictives de concurrence*, Dalloz, coll. Thèmes & commentaires, 2006.

PIEDELIÈVRE, S. et PUTMAN, E.,
– *Droit bancaire*, Economica, coll. Corpus, 2011.

PLESSIX, B.,
– *Droit administratif général*, LexisNexis, coll. Manuels, 3e 2020.

POSNER, R.,
– *Economic analysis of law,* Wolters Kluwer Law & Business, coll. Aspen casebook series, 9e éd., 2014.

PRIETO, C. et BOSCO, D.,
– *Droit européen de la concurrence. Ententes et abus de position dominante*, Bruylant, coll. Droit de l'Union européenne, 2013.

RENDERS, D.,
– *Droit administratif général*, Bruylant, coll. Centre Montesquieu d'études de l'action publique, 2e éd., 2016.

ROUAULT, M.-Chr.,
– *Droit administratif et institutions administratives*, Bruylant, coll. Paradigme – Manuels, 6e éd., 2020 ;
– *Droit administratif*, Gualino, coll. Mémentos LMD, 16e éd., 2020.

SERRAND, P.,
– *Droit administratif, Les actions administratives*, t. I, Presses Universitaires de France, coll. Droit fondamental, 2015.

SOUSI-ROUBI, Bl.,
– *Droit bancaire européen,* Dalloz, coll. Précis droit privé, 1995.

TERRÉ, Fr. et MOLFESSIS, N.,
– *Introduction générale au droit*, Dalloz, coll. Précis, 12e éd., 2020.

TIFINE, P.,
– *Droit administratif français*, Éditions juridiques franco-allemandes, 4e éd., 2019.

TOPORKOFF, M.,
– *Droit de la concurrence déloyale*, Gualino, coll. Droit en Action, 2010.

TRUCHET, D.,
– *Droit administratif*, Presses Universitaires de France, coll. Thémis, 8e éd., 2020.

VALETTE, J.-P.,
– *Régulation financière internationale, européenne et française,* Ellipses 2020 ;
– *Droit public économique*, Hachette Supérieur, coll. Les Fondamentaux, 4e éd., 2016 ;
– *Droit de la régulation des marchés financiers*, Gualino, coll. Mémentos LMD, 2005.

VELLEY, S.,
– *Droit administratif*, Vuibert, coll. Vuibert droit, 16e éd., 2020.

VOGEL, L.,
– *Traité de droit économique.* t. I : *Droit de la concurrence : droit européen,* Bruylant, Lawlex, 3e éd., 2020 ;
– *Traité de droit économique.* t. I : *Droit de la concurrence : droit français,* Bruylant, Lawlex, 3e éd., 2020 ;
– *Du droit commercial au droit économique,* t. I, LGDJ, coll. Traités, Traités de droit des affaires, 21e éd., 2020 ;
– *Code de la concurrence, Droits européen et français,* Bruylant, Lawlex, 3e éd., 2020 ;
– *Droit du marché intérieur,* Bruylant, Lawlex, coll. Les fondamentaux, 2020 ;
– *Traité de droit économique,* t. IV : *Droit européen des affaires,* Bruylant, coll. Lawlex, 2e éd. 2017.

VOGEL, J. et VOGEL, L.,
– *Traité de droit économique.* t. II : *Droit de la distribution,* Bruylant, Lawlex, 2e éd. 2017 ;
– *Le droit européen des affaires,* Dalloz, coll. Connaissance du droit, 3e éd., 2011.

WAELBROECK, M. et FRIGNANI, A.,
– *Commentaire Mégret, vol. IV : Concurrence,* Ed. de l'Université de Bruxelles, 2e éd., 1997.

WALINE, J.,
– *Droit administratif,* Dalloz, coll. Précis, 28e éd., 2020.

II – Ouvrages spéciaux, thèses, monographies et ouvrages collectifs

ADALID, S.,
– *La banque centrale européenne et l'Eurosystème. Recherches sur le renouvellement d'une méthode d'intégration.* Bruylant, coll. Droit de l'union européenne, 2015.

ALLEN, F., et GALE, D.,
– Comparing financial systems, MIT press., 2001.

AMARO, R.,
– *Le contentieux privé des pratiques anticoncurrentielles – Étude des contentieux privés autonome et complémentaire devant les juridictions judiciaires,* Bruylant, coll. Competition Law/ Droit de la concurrence, 2013.

ANADON, C., ARMAILLÉ (d'), I., BELLULO, L., DESCOUBES, S.-A., FAESSEL-KAHN, M., GUIN, V., PERROT, A., ZIVY, S.,
– *25 ans pour construire la concurrence,* 2011.

ANTAKI, N., BÉGUIN, J., BOULOC, B., FOYER, J., GHESTIN, J., LAGARDE, P., LE CANNU, P., MÉAU-LAUTOUR, H., RANDOUX, D., URBAIN-PARLEANI, I. (dir.),
– *Mélanges en l'honneur de Yves Guyon : Aspects actuels du droit des affaires,* Dalloz, coll. Études, mélanges, travaux, 2003.

BABLED, H.,
– *De la cura annonae chez les romains. Les syndicats de producteurs et détenteurs de marchandises du double point de vue économique et pénal,* thèse de doctorat en Droit, Université de Paris, 1892.

BALAT, N.,
– *Essai sur le droit commun,* thèse de doctorat en Droit, Université Paris II, 2014.

BAUBY, P. (dir.),
– *Service public, services publics,* La documentation française, coll. Les études de la documentation Française, 2e éd., 2016.

Baudier, G. et Teyssier (de), F.,
– *La construction de l'Europe*, Presses universitaires de France, coll. Que sais-je ?, 6e éd., 2016.

Behar-Touchais, M.,
– *Le décès du contractant*, Economica, coll. Droit civil, Série Études et recherches, 1988.

Behar-Touchais, M., Bosco, D. et Prieto, C. (dir.),
– *L'intensification de la réparation des dommages issus des pratiques concurrentielles*, IRJS Éditions, coll. Bibliothèque de l'Institut de Recherche Juridique de la Sorbonne – André Tunc, Tome 80, 2016.

Behar-Touchais, M., Charbit, N. et Amaro, R. (dir.),
– *À quoi sert la concurrence ?*, Concurrences, 2014.

Bentham, J.,
– *Fragment sur le gouvernement. Manuel de sophismes politiques*, trad. J.-P. Cléro, Bruylant, LGDJ, coll. La pensée juridique, 1996.

Bernardeau, L. et Christienne, J.-Ph.,
– *Les amendes en droit de la concurrence – Pratique décisionnelle et contrôle juridictionnel du droit de l'Union*, Larcier, coll. Europe(s), 2013.

Bismuth, R.,
– *La coopération internationale des autorités de régulation du secteur financier et le droit international public*, Bruylant, coll. Mondialisation et droit international, 2011.

Blanc, Fr.,
– *Les engagements dans le droit français des concentrations*, LGDJ, coll. Thèses, Bibliothèque de droit public, 2015.

Blottin, B.,
– *Concurrence, régulation et énergie, Rôle des autorités de concurrence et des autorités de régulation sectorielle*, Bruylant, coll. Droit de l'Union européenne, 2016.

Boiteau, Cl., Kirat, Th. et Morel-Maroger, J. (dir.),
– *Droit et crise financière. Régulation et règlement des conflits en matière bancaire et financière*, Bruylant, 2015.

Bollée, S., Laithier, Y.-M. et Pérès, C. (dir.),
– *L'efficacité économique en droit*, Economica, coll. Études Juridiques, 2010.

Bonneau, Th. et Verbiest, Th.,
– *Fintech et droit. Quelle régulation pour les nouveaux entrants du secteur bancaire et financier ?*, Revue Banque, coll. Les essentiels de la banque et de la finance, Droit, 2017.

Bouaiche-Zekkouti, N.,
– *Droit financier et concurrence : contribution à l'étude d'une spécificité concurrentielle en matière financière*, thèse de doctorat en Droit, Université Lyon III, 2014.

Bourguinat, H.,
– *Les vertiges de la finance internationale*, Economica, 1987.

Boustany, P.,
– *La notion de marché en droit européen de la concurrence*, thèse de doctorat en Droit, Université Paris II, 2004.

Bouyala, R.,
– *La révolution FinTech*, Revue Banque, coll. Les essentiels de la banque et de la finance, 2016.

Bosco, D.,
– *L'obligation d'exclusivité*, Bruylant, 2009.

BRANA, S. et CAZALS, M.,
– *La monnaie*, Dunod, coll. Les topos, 3e éd. 2014.

BRIDOUX, V.,
– *Droit de la commande publique et droit de la concurrence de l'Union européenne. Étude d'une dynamique commune*, Concurrences, 2021.

CALANDRI, L.,
– *Recherche sur la notion de régulation en droit administratif français*, LGDJ, coll. Bibliothèque de droit public, no 259, 2009.

CANIVET, G. (dir.),
– *Vingtième anniversaire de l'ordonnance du 1er décembre 1986 : Évolutions et perspectives*, LexisNexis, coll. Colloques & débats, 2008.

Cartwright, P.,
– *Banks, Consumers and Regulation*, Hart Publishing, Oxford, 2004.

CHAGNY, M.,
– *Droit de la concurrence et droit commun des obligations*, Dalloz, coll. Nouvelle Bibliothèque de Thèses, vol. 32, 2004.

CHAGNY, M. et DEFFAINS, B.,
– *La Réparation des dommages concurrentiels*, Dalloz, 2015.

CHAMPAUD, Cl.,
– *Le pouvoir de concentration de la société par actions*, Sirey, coll. Bibliothèque de droit commercial, 1962.

CHARBIT, N.,
– *Secteur public et droit de la concurrence*, Joly éditions, coll. Pratique des affaires, 1999.

CHAREYRE, BEAUMONT (de), A.,
– *Droit de la concurrence et globalisation*, thèse de doctorat en Droit, Université Paris II, 2006.

CHOULI, B., GOUJON F. et LEPORCHER, Y-M.,
– *Les blockchains : de la théorie à la pratique, de l'idée à l'implémentation*, Éditions ENI, coll. Epsilon 2e éd., 2019.

CLAMOUR, G.,
– *Intérêt général et concurrence*, Dalloz, coll. Nouvelle Bibliothèque de Thèses, vol. 51, 2006.

CLAUDEL, E.,
– *Ententes anticoncurrentielles et droit des contrats*, thèse de doctorat en droit, Université Paris X, 1994.

CLAUDEL, E, BOUTARD-LABARDE, M.-C., CANIVET, G. et VIALENS, J.,
– *L'application en France du droit des pratiques anticoncurrentielles*, LGDJ, coll. Droit des affaires, 2008.

COUPPEY-SOUBEYRAN, J. et DE BOISSIEU, Chr. (dir.),
– *Les systèmes financiers : Mutations, crises et régulation*, Economica, 4e éd., 2013.

COURET, A. et MALECKI, C. (dir.),
– *Les défis actuels du droit financier*, Joly éditions, coll. Pratique des affaires, 2010.

COURTY, G. et DEVIN, G.,
– *La construction européenne*, La Découverte, coll. Repères, Sciences politiques – Droit, 3e éd., 2010.

DAMY, Gr.,
– *Les aspects juridiques des fusions et acquisitions bancaires nationales et européennes*, LexisNexis, coll. Fédération Nationale pour le Droit de l'Entreprise, Bibliothèque de droit de l'entreprise, 2005.

DASSESSE, M., BOELENS, M., BUYLE, J.-P., DUMONT, Fr., LANOYE, L. et Chr. STEYAERT (dir.),
– *Le secteur bancaire et la concurrence, Bruylant,* coll. Cahiers AEDBF, 1997.

DELION, A. et VIDAL, L. (dir.),
– *Annales de la Régulation, vol.* 3, *Les réformes des régulations financières,* IRJS Éditions, 2013.

DELLA CHIESA, M., HIAULT, F. et TÉQUI, C.,
– *Blockchain, vers de nouvelles chaînes de valeurs,* Prospectives Accuracy, 2019.

DESTOURS, S.,
– *La soumission des personnes publiques au droit interne de la concurrence,* LexisNexis, coll. Fédération Nationale pour le Droit de l'Entreprise, Bibliothèque de droit de l'entreprise, 2000.

DEUNGOUE, S.,
– *Alice au pays des monnaies : ou la course sans fin vers de nouveaux moyens de paiement*, thèse de doctorat en Sciences économiques, Université Lyon II, 2010.

DERENNE, J., MEROLA, M. et RIVAS, J. (dir.),
– *Competition law in times of economic Crisis : in need of adjustment ?,* Bruylant, 2013.

DREXL, J. et DI PORTO, F. (dir.),
– *Competition Law as Regulation*, Edward Elgar Publishing, coll. ASCOLA Competition Law Series, 2015.

DRIGUEZ, L.,
– *Droit social et droit de la concurrence*, Bruylant, coll. FEDUCI, 2006.

DUPERON, O.,
– *Les services publics locaux et la concurrence : Entre intérêt général et marché*, L'Harmattan, coll. GRALE – Observatoire national de la décentralisation, Les Cahiers du CeFap, 2011.

ECKERT, G. et KOVAR, J.-Ph. (dir.),
– *L'interrégulation*, L'Harmattan, coll. Logiques juridiques, 2015 ;
– *Les objectifs de la régulation économique et financière*, L'Harmattan, coll. Logiques juridiques, 2017.

EVANS, D.,
– *Interchange Fees : The Economics and Regulation of What Merchants Pay for Cards* (dir.), Competition Policy International, 2011 ;
– *Essays on the Economics of Two-Sided Markets : Economics, Antitrust and Strategy*, Global Economics Group, University College London, 2010.

FAVIER, J. et TAKKAL BATAILLE, A.,
– *Bitcoin, La monnaie acéphale*, Éd. CNRS, coll. Économie/Droit, 2017.

FERRANDON, B. (dir.),
– *Concurrence et régulation des marchés*, La Documentation française, coll. Les Cahiers français, n° 313, mars-avril 2003.

FEUNTEUN, C.,
– *Régulation des instruments financiers hybrides par les accords de Bâle,* Bruylant, coll. Droit et Économie, 2022.

FILIPPI (de), P.,
– *Blockchain et crypto-monnaies*, PUF, coll. Que sais-je ?, 2019.

FILIPPI (de), P. et WRIGHT, A.,
– *Blockchain & droit. Le règne du code*, Dicoland, 2019.

FLEURBAEY, M. et MANIQUET, Fr.,
– A Theory of Fairness and Social Welfare, Cambridge University Press, 2011.

FOUEJIEU AZANGUE, A.,
– *Financial Stability and Inflation Stabilization*, thèse de doctorat en Sciences économiques, Université d'Orléans, 2015.

FRAVALO, A.,
– *La régulation juridique dans le domaine économique*, Thèse de doctorat en Droit, Université Paris XII, 2003.

FRISON-ROCHE, M.-A. (dir.),
– *La régulation des secteurs de la santé*, Dalloz / Presses de Sciences Po, coll. Droit et économie de la régulation vol. 6, 2011 ;
– *Les engagements dans les systèmes de régulation économique*, Presses de Sciences Po / Dalloz, coll. Droit et économie de la régulation vol. 4, 2006 ;
– *Les banques entre droit et économie*, LGDJ, coll. Droit et Économie, 2006 ;
– *Les régulations économiques : efficacité et légitimité*, Presses de Sciences Po / Dalloz, coll. Droit et économie de la régulation vol. 1, 2004 ;

FROMENT, M., FRISON-ROCHE, M.-A., MORAIS DA COSTA, Th., VIREIRA DA COSTA CERQUEIRA, G., GRAEFF, B., et MARTINI VILARINO, T. (dir.),
– Droit français et droit brésilien. Perspectives nationales et comparées, Bruylant, 2012.

GLAIS, M.,
– *Concentration des entreprises et droit de la concurrence*, Economica, 2010.

GOURIO, A. et DAIGRE, J.-J. (dir.),
– *Droit bancaire et financier*, Revue Banque, coll. Mélanges AEDBF France, vol. VI, 2013.

GRARD, L. et KAUFFMANN, P.,
– *L'Europe des banques : approches juridique et économique*, Pedone, 2010.

GRIFFIN, P.-B.,
– *L'application du principe de la reconnaissance mutuelle en droit financier européen*, ANRT coll. Thèse à la carte, 2003.

GSTALTER, J.,
– *Droit de la concurrence et droits de propriété intellectuelle*, Bruylant, coll. Competition Law, 2012.

GUÉ, Fr.,
– *L'influence du droit de la concurrence sur le droit et l'économie bancaire*, thèse de doctorat en Droit, Université Paris XII, 2013.

GUYOMAR, M.,
– *Les sanctions administratives*, LGDJ, coll. Systèmes, 2014.

HALABURDA, H. et SARVARY, M.,
– *Beyond Bitcoin : The Economics of Digital Currencies*, Palgrave Macmillan, 2015.

HEUZÉ, V. et HUET, J. (dir.),
– *Construction européenne et État de droit*, Panthéon-Assas Paris II, coll. Colloques, 2012.

IDOT, L.,
– *Droit communautaire de la concurrence : Le nouveau système communautaire de mise en œuvre des articles 81 et 82 CE*, Bruylant, coll. Fondation pour l'étude du droit et des usages du commerce international, 2004 ;
– *Le contrôle des pratiques restrictives de concurrence dans les échanges internationaux*, thèse de doctorat en Droit, Université Paris II, 1981.

JALABERT-DOURY, N.,
– *Les inspections de concurrence*, Bruylant, coll. FEDUCI, 2e éd., 2013.

JUDE, J.-M. (dir.),
– *La clémence et le droit*, Economica, coll. Études juridiques, 2011.

KEUFFI, D.,
– *La régulation des marchés financiers dans l'espace OHADA*, L'Harmattan, coll. Études africaines, Les Cahiers du CeFap, 2011.

KNEEPKENS, M.,
– *Competition Law and Public Interests : Principles for resolving conflicts and an application to the banking sector*, Eleven International Publishing, 2019.

KOKKORIS, I. et OLIVARES-CAMINAL, R.,
– *Antitrust Law amidst financial crisis*, Cambridge University Press, 2010.

KOUYATÉ, H.,
– *L'encadrement juridique international du secteur bancaire. Entre recherche du réalisme et confrontation à la réalité*, thèse de doctorat en Droit, Université Paris I, 2010.

KRUGMAN, P.,
– Pourquoi les crises reviennent toujours, Seuil, coll. H.C. Essais, 2000.

LADOUCE, Fl.,
– *Les entreprises industrielles et commerciales exerçant une activité bancaire. Contribution à l'étude juridique des entreprises pluriactives*, thèse de doctorat en Droit, Université de Nice, 2003.

LAPRÉVOTE, Fr.-Ch., GRAY, J. et DE CECCO, F. (dir.),
– *Research Handbook on State Aid in the Banking Sector*, Edward Elgar, coll. Research Handbooks in Financial Law series, 2017.

LEBEAU, M.,
– *De l'interprétation stricte des lois – Essai de méthodologie*, thèse de doctorat en Droit, Université Paris II, 2007.

LELIEUR-FISCHER, J.,
– *La règle* ne bis in idem *: du principe de l'autorité de la chose jugée au principe d'unicité d'action répressive : étude à la lumière des droits français, allemand et européen*, thèse de doctorat en Droit, Université Paris I, 2005.

LEMAIRE, Chr.,
– *Énergie et concurrence : recherches sur les mutations juridiques induites par la libéralisation des secteurs de l'électricité et du gaz naturel*, Presses universitaires d'Aix-Marseille, 2009.

LEROY, A.,
– *Analyse des effets de la concurrence bancaire sur la stabilité et l'efficience : une perspective européenne*, thèse de doctorat en Sciences économiques, Université d'Orléans, 2016.

LIANOS, I.,
– La transformation du droit de la concurrence par le recours à l'analyse économique : l'exemple du traitement des restrictions verticales par le droit communautaire et américain de la concurrence, Bruylant, 2007.

LOMBARD, M. (dir.),
– *Régulation économique et démocratie*, Dalloz, coll. Thèmes & commentaires, 2006.

LORENZI, J.-H. (dir.),
– *Qui capture l'État ?,* PUF coll. Cahiers du Cercle des économistes, 2012.

MAGNIER, V. et BARBAN, P. (dir.),
– *Blockchain et droit des sociétés*, Dalloz, coll. Thèmes et commentaires, 2019.

MARCOU, G. et MASING, J.,
– *Le modèle des autorités de régulation indépendantes en France et en Allemagne*, Société de législation comparée, coll. Unité mixte de recherche de droit comparé de Paris (Université de Paris I / CNRS UMR 8103), vol. 25, 2011.

MARCOU, G. et MODERNE, F.,
– *Droit de la régulation, service public et intégration régionale, Comparaisons et commentaires, Tome 1,* L'Harmattan, coll. Logiques Juridiques, 2005 ;
– *Droit de la régulation, service public et intégration régionale, Expériences européennes, Tome 2,* L'Harmattan, coll. Logiques Juridiques, 2005.

MARGOT, S.,
– *La régulation financière face à la crise*, Bruylant, coll. Économie et droit, 2013.

MARTUCCI, Fr.,
– *L'ordre économique et monétaire de l'Union européenne*, Bruylant, coll. Droit de l'Union européenne, 2015.

MEDDEB, M.,
– *L'application du droit communautaire de la concurrence au secteur bancaire*, thèse de doctorat en Droit, Université Toulouse I, 2003.

MEDJNAH, M.,
– *Les rapports entre autorités de régulation en matière de concurrence*, L'Harmattan, coll. Master études juridiques, 2013.

MÉLIN, F.,
– *Les programmes de clémence en droit de la concurrence. Droit français et droit communautaire*, Joly éditions, coll. Pratique des affaires, 2010.

MERMOZ, F. (dir.),
– *Blockchain et droit*, Dalloz, coll. Thèmes et commentaires, 2019.

MISTRAL, J. (dir.),
– *Le G20 et la nouvelle gouvernance économique mondiale*, Presses universitaires de France, coll. Les cahiers du cercle des économistes, 2011.

MONGOUACHON, C.,
– *Abus de position dominante et secteur public*, Bruylant, coll. Competition Law, 2012.

MOSCHETTO, B. et ROUSSILLON, J.,
– *La banque et ses fonctions*, Presses universitaires de France, coll. Que sais-je ?, 2003.

MULLER, A.-C.,
– *Droit des marchés financiers et droit des contrats*, Economica, coll. Recherches Juridiques, 2007.

NARASSIGUIN, P.,
– *Monnaie – Banques et banques centrales dans la zone euro*, De Boeck Supérieur, coll. Questions d'économie et de gestion, 2004.

OGUS, A. et FAURE, M.,
– *Économie du droit : le cas français*, Éd. Panthéon-Assas, 2002.

PAILLER, P.,
– *Le contrat financier, un instrument financier à terme*, IRJS éditions, coll. Bibliothèque de l'Institut de Recherche Juridique de la Sorbonne – André Tunc, Tome 28, 2010.

PAILLER, P., ROUAUD, A.-Cl. et ROUSSILLE, M. (dir.),
– *Autour du droit bancaire et financier et au-delà, Mélanges en l'honneur de Jean-Jacques Daigre*, Joly éditions, 2017.

PAULIAT, H.,
– *Services publics, concurrence, régulation : le grand bouleversement en Europe ?,* Presses Universitaires de Limoges, coll. Entretiens Universitaires Réguliers pour l'Administration en Europe – Europa, 2008.

PAYET, M.-S.,
– *Droit de la concurrence et droit de la consommation*, Dalloz, coll. Nouvelle Bibliothèque de Thèses, vol. 7, 2001.

PERROUD, Th.,
– *La fonction contentieuse des autorités de régulation en France et au Royaume-Uni,* Dalloz, coll. Nouvelle Bibliothèque de Thèses, vol. 127, 2013.

PIETRANCOSTA, A.,
– *La loi « Sapin II » prise aux mots, Transparence – anticorruption – modernisation*, Fauves éditions, 2017.

PIETRINI, S.,
– *L'action collective en droit des pratiques anticoncurrentielles, Perspectives nationale, européenne et internationale*, Bruylant, 2012.

POITRINAL, Fr.-D.,
– *Le capital-investissement, guide juridique et fiscal*, Revue Banque, 5e éd., 2015.

PORTUESE, A.,
– *Le Principe d'efficience économique dans la jurisprudence européenne*, Publibook, coll. Droit & sciences politiques. Droit international, 2014.

PREBISSY-SCHNALL, C., GUGLIELMI, G. et KOUBI, G. (dir.),
– *Droit et économie. Interférences et interactions. Études en l'honneur du professeur Michel Bazex*, LexisNexis coll. Mélanges, 2009.

PRIETO, C.,
– *La société contractante*, Presses universitaires d'Aix-Marseille, coll. Institut de Droit des Affaires, 1994.

PROVO, E.,
– *Le coût en droit européen de la concurrence : essai sur la réception d'une notion économique*, thèse de doctorat en Droit, Université Paris II, 2014.

PUÉCHAVY M. (dir.),
– *Le principe* ne bis in idem, Anthemis, coll. Droit & Justice, 2012.

RACINE J.-B. (dir.),
– *Le droit économique au XXIe siècle, Notions et enjeux*, LGDJ, coll. Droit et économie, 2020, p. 9 à 11.

RAMBAUD, R.,
– *L'institution juridique de régulation – Recherches sur les rapports entre droit administratif et théorie économique*, L'Harmattan, coll. Logiques Juridiques, Les Cahiers du CeFap, 2012.

REYMOND, D.,
– *Action antidumping et droit de la concurrence dans l'union européenne*, Bruylant, 2015.

RIACHY, Z.,
– *La gestion des crises financières et budgétaires des États membres par le droit de l'Union Européenne*, Thèse de doctorat en Droit, Université Côte d'Azur, 2017.

RIPERT, G.,
– *Aspects juridiques du capitalisme moderne*, 2e éd., LGDJ, 1951.

RIVOIRE, J.,
– *Histoire de la banque,* Presses universitaires de France, coll. Que sais-je ?, 1984.

RODA, J.-Chr.,
– *La clémence en droit de la concurrence : étude comparative des droits américains et européens*, Presses universitaires d'Aix-Marseille, coll. Institut de Droit des Affaires, 2008.

RODRIGUE, L.,
– *Les aspects juridiques de la régulation européenne des réseaux*, Bruylant, coll. Droit administratif, 2012.

RODRIGUEZ, Ph.,
– *La révolution blockchain*, Dunod, 2017.

SCHKOLNIC, D.,
– *Le contrôle des concentrations bancaires*, thèse de doctorat en Droit, Université Paris XIII, 2009.

SCHMIDT, D.,
– *Les droits de la minorité dans la société anonyme*, Sirey, coll. Bibliothèque de droit commercial, 1970.

SCHREPEL, Th.,
– *Blockchain + Antitrust. The Decentralization Formula*. Edward Elgar Publishing, 2021.

SÉE, A.,
– *La régulation du marché en droit administratif – Étude critique*, Mare & Martin, coll. Bibliothèque des thèses, 2017.

SEN, A.,
– *Repenser l'inégalité*, trad. Chemla P., Éd. du Seuil, 2012.

SERVAIS, D. (dir.),
– *Intégration des marchés financiers*, Éditions de l'Université de Bruxelles I.E.E., coll. Commentaire J. Mégret, 3e éd., 2007.

SÈVE, M.,
– *La régulation financière face à la crise*, Bruylant, coll. Droit et économie, 2013.

SIBONY, A.-L.,
– *Le juge et le raisonnement économique en droit de la concurrence*, LGDJ, coll. Droit et Économie, 2008.

SIMPSON, L.,
– *Crimes et délits financiers*, Infini Découverte, 2016.

SMITS, R.,
– *The European Central Bank in the European constitutional order*, Eleven international publishing, 2003.

STERN, G. H. et FELDMAN, R. J,
– *Too big to fail : The hazards of bank bailouts*, Brookings Institution Press, 2009.

STIGLITZ, J. E.,
– *Le triomphe de la cupidité*, Les liens qui libèrent, 2010.

THIRION, N. (dir.),
– *Libéralisations, privatisations, régulations. Aspects juridiques et économiques des régulations sectorielles : Marchés financiers – Télécoms – Médias – Santé,* Larcier, coll. Droit – Économie – International, 2006.

TIROLE, J.,
– *Économie du bien commun*, Presses universitaires de France, 2016.

TOMASI, M.,
– *La concurrence sur les marchés financiers. Aspects juridiques*, LGDJ, coll. Bibliothèque de droit privé, n° 375, 2002.

VABRES, R.,
– *Comitologie et services financiers, Réflexions sur les sources européennes du droit bancaire et financier*, Dalloz, coll. Nouvelle Bibliothèque de Thèses, 2009.

VARNAV, M.,
– *La gestion des risques juridiques bancaires : étude appliquée aux obligations d'information, de mise en garde et de conseil*, thèse de doctorat en Droit, Université Paris I, 2014.

VALLENS, J.-L. (dir.),
– *Crise du crédit et entreprises : Les réponses du droit*, Lamy, coll. Axe Droit, 2010.

VIGNA, P. et CASEY, M. J.,
– *The Truth Machine : The Blockchain and the Future of Everything*, St. Martin's Press, 2018.

VOGEL, L.,
– *Droit de la concurrence et concentration économique, étude comparative*, Paris, Economica, coll. Droit des affaires et de l'entreprise, 1988.

VOGEL, L. (dir.),
– *Les actions civiles de concurrence – Union européenne, France, Allemagne, Royaume-Uni, Italie, Suisse, États-Unis,* Panthéon-Assas Paris II, coll. Droit global / Law, 2013 ;
– *La globalisation du droit des affaires : mythe ou réalité ?,* Panthéon-Assas Paris II, coll. Droit Global/Global Law, Droit comparé, 2002.

VOGEL, J. et VOGEL, L.,
– *L'enquête de concurrence*, Bruylant, coll. Lawlex, 2016 ;
– *La rupture brutale de relations commerciales établies*, Bruylant, coll. Lawlex, 2016 ;
– *L'action civile de concurrence*, Bruylant, coll. Lawlex, 2016 ;
– *La négociation commerciale depuis la loi Hamon*, Bruylant, coll. Lawlex, 2015.

III – Encyclopédies et dictionnaires

ARCELIN, L.,
– « Notion d'entreprise en droit interne et européen de la concurrence », *in Encyclopédie du JurisClasseur : Concurrence – Consommation,* LexisNexis, 2016.

ARNAUD, A.-J. (dir.),
– *Dictionnaire encyclopédique de théorie et de sociologie du droit,* LGDJ, coll. Anthologie du droit, 2018.

BARTHE, D.,
– « Faits justificatifs des pratiques anticoncurrentielles (C. com., art. L. 420-4) », *in Encyclopédie du JurisClasseur : Concurrence – Consommation,* LexisNexis, 2014, Fasc. 320.

BÉGUIER, J.,
– « Biens professionnels. – Parts et actions de sociétés. – Dispositions particulières », *in Encyclopédie du JurisClasseur : JurisClasseur Impôt sur la fortune*, LexisNexis, 2017, fasc. 38.

BEITONE, A., CAZORLA, A. et HEMDANE, E.,
– *Dictionnaire de science économique*, Armand Colin, coll. Dictionnaire, 6e éd., 2019.

BERROD, Fr.,
– « Aides : notion », *in Rép. eur. Dalloz,* 2020.

BOSCO, D.,
– « Abus de position dominante », *in Rép. eur. Dalloz,* 2019.

BOUCARD, Fr.,
– « Les devoirs généraux du banquier », *in Encyclopédie du JurisClasseur : Commercial,* LexisNexis, 2002, Fasc. 343.

CHAMPAUD, Cl.,
– « Caractères du droit de la concurrence », *in Encyclopédie du JurisClasseur : Concurrence – consommation,* LexisNexis, 1991, Fasc. 30.

CORNU, G. (dir.),
– *Vocabulaire juridique de l'Association Henri Capitant*, Presses universitaires de France, coll. Quadrige, Dicos poche, 13e éd., 2020.

DAMY, Gr.,
– « Application du droit de la concurrence aux banques. – Cas particulier des concentrations en droit français et communautaire », *in Encyclopédie du JurisClasseur : Concurrence – consommation*, LexisNexis, 2011, Fasc. 130.

GRARD, L.,
– « Aides d'État. – Notion », *in Encyclopédie du JurisClasseur : Europe Traité,* LexisNexis, 2011, Fasc. 1530.

GRUA, Fr.,
– « Banquier. – Responsabilité en matière de services. – Service du crédit », *in Encyclopédie du JurisClasseur : Civil Code,* LexisNexis, 2011, Fasc. 335-20.

KOVAR, R. et POILLOT-PERUZZETTO, S.,
– « Politique de concurrence », *in Rép. eur. Dalloz,* 2005.

LE CALVEZ, J.,
– « Droit constitutionnel répressif », *in Encyclopédie du JurisClasseur : Administratif* LexisNexis, 2020, fasc. 1458.

CLAUDEL, E.,
– « Droit de la concurrence », titre 53 *in* Fenouillet D. (dir.), *Droit de la consommation. Droit interne et européen,* Dalloz, coll. Dalloz Action, 2020, p. 1418 ;
– « Pratiques anticoncurrentielles : Les ententes. », *in* Bazex, M., Eckert, G., Lanneau, *et al., Dictionnaire des régulations*, Lexis Nexis, coll. Les guides, 2016, fiche 51, p. 474.

LEGEAIS, D.,
– « Actifs numériques et prestataires sur actifs numériques », *in Encyclopédie du JurisClasseur : Commercial,* LexisNexis, 2019, Fasc. 535 ;
– « Blockchain », *in Encyclopédie du JurisClasseur : Commercial,* LexisNexis, 2020, Fasc. 534 ;
– « Responsabilité du banquier fournisseur de crédit », *in Encyclopédie du JurisClasseur : Banque – Crédit – Bourse,* LexisNexis, 2019, fasc. 500.

LUCAS, Fr.-X.,
– « Conventions de portage », *in Encyclopédie du JurisClasseur : Banque – Crédit – Bourse,* LexisNexis, 2017, fasc. 2128.

MAETZ, Cl.-Alb.,
– « Rupture brutale de relations commerciales établies », *in Encyclopédie du JurisClasseur : Concurrence – Consommation,* LexisNexis, 2019, fasc. 300.

Marcheteau, D.,
– « Capital-risque. – Création », *in Encyclopédie du JurisClasseur : Banque – Crédit – Bourse,* LexisNexis, 2019, fasc. 2300.

Martucci, Fr.,
– « Système européen de banques centrales. – Banque centrale européenne et Eurosystème. – Pouvoirs », *in Encyclopédie du JurisClasseur : Europe Traité,* LexisNexis, 2017, Fasc. 244.

Moreau, Fr.,
– « Restrictions horizontales de concurrence », *in Rép. eur. Dalloz,* 2020.

Ormesson (d'), O. et Wachsmann, A.,
– « Contrôle des concentrations », *in Encyclopédie du JurisClasseur : Europe,* LexisNexis, 1998, Fasc. 1440.

Plaidy, C.,
– « Internationalisation du droit de la concurrence », *in Encyclopédie du JurisClasseur : Concurrence – Consommation,* LexisNexis, 2016, Fasc. 52.

Prieto, C.,
– « Mise en œuvre des articles 101 et 102 TFUE dans la sphère publique. – décisions et recours », *in Encyclopédie du JurisClasseur : Europe Traité,* LexisNexis, 2020, Fasc. 1450 ;
– « Mise en œuvre des articles 101 et 102 TFUE dans la sphère publique. – Compétences et procédures », *in Encyclopédie du JurisClasseur : Europe Traité,* LexisNexis, 2020, Fasc. 1445 ;
– « Abus de position dominante. – Abus », *in Encyclopédie du JurisClasseur : Europe Traité,* LexisNexis, 2018, Fasc. 1440 ;
– « Abus de position dominante. – Position dominante », *in Encyclopédie du JurisClasseur : Europe Traité,* LexisNexis, 2018, Fasc. 1435 ;
– « Article 101 TFUE et les restrictions horizontales », *in Encyclopédie du JurisClasseur : Europe Traité,* LexisNexis, 2017, Fasc. 1425 ;
– « Ententes : Règlement d'exemption relatif aux restrictions verticales », *in Encyclopédie du JurisClasseur : Europe Traité,* LexisNexis, 2017, Fasc. 1420 ;
– « Ententes : exemption », *in Encyclopédie du JurisClasseur : Europe Traité,* LexisNexis, 2017, Fasc. 1415 ;
– « Ententes : restriction de concurrence », *in Encyclopédie du JurisClasseur : Europe Traité,* LexisNexis, 2017, Fasc. 1410 ;
– « Ententes : concours de volontés », *in Encyclopédie du JurisClasseur : Europe Traité,* LexisNexis, 2017, Fasc. 1405 ;
– « Mise en œuvre des articles 101 et 102 TFUE dans la sphère privée », *in Encyclopédie du JurisClasseur : Europe Traité,* LexisNexis, 2015, Fasc. 1455 ;
– « Droit européen de la concurrence : champ d'application », *in Encyclopédie du JurisClasseur : Europe Traité,* LexisNexis, 2014, Fasc. 1400 ;
– « Politique européenne de concurrence », *in Encyclopédie du JurisClasseur : Europe Traité,* LexisNexis, 2014, Fasc. 1390.

Sirinelli, J.,
– « Règles de concurrence applicables au secteur public. – Règles de concurrence et autorités publiques », *in Encyclopédie du JurisClasseur : Europe Traité,* LexisNexis, 2014, fasc. 1500.

Storck, M.,
– « Sociétés de gestion de portefeuille. – Statut. Gestion collective [OPCVM-FIA] », *in Encyclopédie du JurisClasseur : Banque – Crédit – Bourse,* LexisNexis, 2019, fasc. 2210.

Stoufflet, J.,
– « Organisation et statut bancaire », *in Encyclopédie du JurisClasseur : Banque – Crédit – Bourse,* LexisNexis, 2019, synthèse 10.

IV – *Articles et chroniques*

ABADIE, L.,

– « La directive SEPA du 13 novembre 2007 et sa transposition au sein des états membres », *RD bancaire et fin.* nº 1, janvier 2011, dossier 2, p. 1.

ABRANTES-METZ, R.,

– « Why and How Should the Libor Be Reformed ? », *CPI Journal*, juin 2012, Antitrust Chronicle, vol. 8, p. 1 ;

– « Libor Litigation and the Role of Screening : The Need for Enhanced Compliance Programs », *CPI Journal,* juillet 2011, Antitrust Chronicle, vol. 2, p. 1.

ABRANTES-METZ, R. et SOKOL, D.,

– « The Lessons from Libor for Detection and Deterrence of Cartel Wrongdoing », *HBLR Online*, vol. 3, octobre 2012, Minnesota Legal Studies Research Paper nº 13-01, p. 10.

ADALID, S.,

– « Conflits d'objectifs et régulation bancaire », *in* Eckert G. et Kovar J.-Ph. (dir.), *Les objectifs de la régulation économique et financière*, L'Harmattan, coll. Logiques Juridiques, 2017, p. 189.

ALI, R., BARRDEAR, J., CLEWS, R. et SOUTHGATE, J.,

– « The economics of digital currencies », *Bank of England Quarterly Bulletin* 54(3), 2014, p. 276.

ALLAIN, M-L, BOYER, M. et PONSSARD, J-P,

– « The determination of optimal fines in cartel cases : theory and practice », *Concurrences* nº 4-2011, décembre 2011, art. nº 63260, p. 32.

ALLEN, F. et GALE, D.,

– « Optimal Financial Crises », *Journal of Finance* nº 47, 1998, p. 1245.

ALMUNIA, J.,

– « État de l'Union : l'antitrust en Europe en 2013-2014 – Concurrence et croissance pour l'après crise », Colloque : New Frontiers of Antitrust, Paris, Ministère de l'économie, 21 février 2014, *Concurrences* nº 2-2014, mai 2014, art. nº 66155, p. 4 ;

– « La concurrence au service de l'achèvement du marché unique », Colloque : New Frontiers of Antitrust, Paris, Assemblée nationale, 22 février 2013, *Concurrences* nº 2-2013, mai 2013, art. nº 51583, p. 2.

ANCEL, Br.,

– « Les smart contracts : révolution sociétale ou nouvelle boîte de Pandore ? Regards comparatistes », *CCE* nº 7-8, juillet 2018, étude 13.

ARBAULT, F.,

– « Procédures alternatives : les apports des nouveaux textes », *RLC* 2008/15, nº 1120, p. 152.

ARCELIN, L.,

– « Le droit de la concurrence mis à l'épreuve par le numérique », *JCP E* nº 45, 7 novembre 2019, 1493.

ARHEL, P.,

– « Activités des juridictions de l'Union européenne en droit de la concurrence », *LPA* nº 90, 2015, p. 8 ;

– « Activité des juridictions de l'Union européenne en droit de la concurrence (octobre-novembre 2012) », *LPA* nº 51, 2013, p. 4 ;

– « Adaptation du droit national au droit communautaire de la concurrence », *JCP E* nº 51, 16 décembre 2004, 1857.

Auby, J.-B.,
– « Régulation et droit administratif », *in Études en l'honneur de G. Timsit*, Bruylant, 2004, p. 209.

Bali, M.,
– « Les crypto-monnaies, une application des blockchains technologies à la monnaie », *RD bancaire et fin.* n° 2, mars 2016, étude 8.

Balisagar, K., Duquesne, G. et Mano (de la), M.,
– « Blockchain, fintech and competition : Is blockchain the next coordination device in the banking sector ? », *in The implications of Bitcoin for competition, antitrust, and regulation in the banking industry*, On-Topic, *Concurrences* n° 1-2019, février 2019, art. n° 88670, p. 39.

Baranès, W., Frison-Roche, M.-A. et Robert, J.-H.,
– « Pour le droit processuel », *D.* 1993, p. 9.

Barbier de la Serre, E.,
– « Le dispositif communautaire en matière de transactions », *RLC* 2008/17, n° 1227, p. 95.

Barbou des Places, S.,
– « Contribution(s) du modèle de concurrence régulatrice à l'analyse des modes et niveaux de régulation », *RFAP* n° 109, 2004/1, p. 37.

Baubeau, P.,
– « Fragments d'une histoire monétaire : réalités et faux-semblants des particularismes français », *Annales des mines – Réalités industrielles* 2017/4, novembre 2017, p. 17.

Baxter, W.,
– « Bank Exchange of Transactional Paper : Legal and Economic Perspectives », *Journal of Law and Economics*, vol. 26, n° 3, octobre 1983, p. 541.

Beck, Th., Carletti, E. et Golstein, I.,
– « Financial Regulation in Europe : Foundations and Challenges », *in* Matyas L., Blundell R., Cantillon E., Chizzolini B., Ivaldi M., Leininger W., Marimon R. et Steen, Fr. (dir.), *Economics without Borders : Economic Research for European Policy Challenges*, Cambridge University Press, 2017.

Behar-Touchais, M.,
– « L'injonction structurelle sans faute ou les excès de la régulation », *RDC* n° 3, 2015, p. 536 ;
– « L'action de groupe à la française, voie prometteuse ou (trop) limitée ? », *in La réparation des dommages concurrentiels en France et en Europe : État des lieux et changements à venir*, Paris, 13 mai 2014, *Concurrences* n° 3-2014, septembre 2014, art. n° 67550 ;
– « Instrument de paiement et concurrence – À propos des commissions multilatérales d'interchange », *in Mélanges en l'honneur du Professeur Paul Le Cannu*, Dalloz, LGDJ, IRJS, coll. Les Mélanges, 2014, p. 443.

Behre, K. et Briggerman, L.,
– « DOJ Treatment Of UBS Undermines Leniency Program », *Law360, 1*0 juin 2015.

Bellis, J.-Fr.,
– « La banque et le droit communautaire de la concurrence », *in Mélanges Jean Pardon*, Bruylant, Bruxelles 1996, p. 1.

Benayoun, A.,
– « L'obligation d'information ou de conseil de la banque », *LEGICOM* 1999/3, n° 19, p. 67.

Benghozi, P.-J.,
– « Blockchain : objet à réguler ou outil pour réguler ? », *JCP E* n° 36, 7 septembre 2017, 1470.

Benzoni, L.,
– « Le maniement par les autorités de régulation du mécanisme de responsabilité des opérateurs. Un point de vue économique », *in* Frison-Roche M.-A. (dir.), *Droit et économie de la régulation 5*, Presses de Sciences Po, 2007, p. 43.

BÉRARD, P-Y.,
– « Les moyens de paiement à l'épreuve du droit de la concurrence », *in Droit bancaire et financier*, Revue Banque édition, coll. Mélanges AEDBF France, vol. VI, 2013, p. 111.

BERÈS, P.,
– « Banque, Finance et Concurrence : À propos de l'action du Parlement européen » (Conclusions du colloque Banque, Finance, Concurrence, organisé par les revues Concurrences et RTDF, Paris, 30 novembre 2006), *Concurrences* n° 1-2007, février 2007, art. n° 13190, p. 68.

BERGER, A. N., HUMPHREY, D. B. et SMITH, F. W.,
– « Économies d'échelle, fusions, concentration et efficacité : L'expérience dans la banque américaine », *Revue d'économie financière* n° 27, 1993, p. 123.

BERKANI, É. et GUIBERT, P.,
– « Prolongation conditionnée des aides accordées aux banques dans le contexte de la crise financière – Rappels de contexte », *RLC* 2011/26, n° 1736, p. 42.

BERTRAND, C. et RAGUENES, J.,
– « La carte bancaire dans la construction du marché européen des paiements », *Gaz. pal.* n° 266, 2012, p. 16.

BETTONI, L.,
– « Problématiques soulevées par la blockchain en droit de la concurrence », *CCC* n° 2, février 2020, étude 3.

BEYOUD, L. et WHITE, A.,
– « Facebook's Libra Currency Gets European Union Antitrust Scrutiny », *Bloomberg*, 20 août 2019.

BIANCARELLI, J.,
– « L'application du droit communautaire de la concurrence au secteur financier (banque et assurance) », *Gaz. pal.* 8 juin 1991, doctobre p. 247.

BILLARD, O. et JOUVENSAL, K.-A.,
– « L'analyse de la concurrence au plan local dans le cadre du contrôle des concentrations bancaires », *Banque et droit* n° 128, novembre-décembre 2009, p. 9.

BOECKX, J., ILBAS, P., KASONGO KASHAMA, M., SOLA PEREA (de), M. et NIEUWENHUYZE (van), Ch.,
– « Interactions entre la politique monétaire et la politique macroprudentielle », *BNB Revue économique,* septembre 2015.

BOISSIEU (de), Chr.,
– « L'articulation entre régulation et crise dans le secteur bancaire et financier » *in* Frison-Roche M.-A. (dir.), *Droit et économie de la régulation. 3*, Presses de Sciences Po, 2005, p. 17.

BOLT, W., JONKER, N. et PLOOIJ, M.,
– « Tourist Test or Tourist Trap ? Unintended Consequences of Debit Card Interchange Fee Regulation », *De Nederlandsche Bank,* Working Paper n° 405, 19 décembre 2013.

BONASSIES, P.,
– « Les fondements du droit communautaire de la concurrence : la théorie de la concurrence-moyen » *in Études dédiées à Alex Weill*, Dalloz et Litec, 1983, *p. 51*.

BONNEAU, Th.,
– « La réforme 2015 du régime applicable aux succursales d'établissements de crédit non européens », *JCP E* n° 24, 11 juin 2015, 1284 ;
– « La norme prudentielle », *RD bancaire et fin.* n° 3, mai 2015, dossier 36 ;
– « Extraterritorialité, ouverture des marchés et démocratie », *RD bancaire et fin.* n° 1, janvier 2015, repère 1 ;

– « Abus de marché », *RD bancaire et fin.* n° 4, juillet 2014, comm. 160 ;
– « Crise financière – Remède ou cancer ? », *RD bancaire et fin.* n° 3, mai 2013, repère 3 ;
– « La réforme de la MIF dans les projets de textes du 20 octobre 2011 », *RTDF* n° 1/2012, p. 12 ;
– « Les projets européens relatifs à la lutte contre les abus de marché », *RD bancaire et fin.* n° 6, novembre 2011, étude n° 34 ;
– « La réforme de la supervision financière européenne », *RLDA* n° 56, janvier 2011, p. 31 ;
– « Efficacité et avenir de la régulation financière », *RD bancaire et fin.* n° 6, novembre 2010, étude n° 35, p. 67.

BORDES, Chr.,
– « Les banques et le filet de sécurité contre le risque systémique », *in* Frison-Roche M.-A. (dir.), *Les banques entre droit et économie*, LGDJ, coll. Droit et Économie, 2006, p. 177 ;
– « Banque et risque systémique », *in Droit, économie et justice dans le secteur bancaire*, actes du colloque organisé à la Cour de cassation le 6 juin 2005.

BOSCO, D.,
– « Blockchain et droit de la concurrence », *CCC* n° 6, juin 2018, repère 6 ; « Directive Damages : il reste tant à faire… », *CCC* n° 5, mai 2015, repère 5 ;
– « Des interactions entre la procédure d'engagements devant l'Autorité et les actions privées en indemnisation devant le juge judiciaire », *CCC* n° 10, octobre 2011, comm. 221 ;
– « La spécialisation judiciaire française en matière de concurrence dans l'impasse », *Concurrences* n° 1-2011, février 2011, art. 33864, p. 236.

BOUCHEZ, R.,
– « Le Conseil d'État et le contrôle de la régulation économique », *in Le droit de la régulation économique*, actes du colloque organisé par l'Association des Conseils d'État et des juridictions administratives suprêmes de l'Union européenne (ACA-Europe) à Paris les 15, 16 et 17 juin 2014.

BOUJEKA, A.,
– « Esprit et méthode des réformes de la régulation financière dans l'Union européenne après la crise », *BJB* n° 8, juillet 2015, p. 338.

BOURETZ, E.,
– « La défaillance de la régulation financière », *RD bancaire et fin.* n° 5, septembre 2009, dossier 26.

BOUTHINON-DUMAS, H.,
– « La directive sur les services de paiement et la concurrence entre les établissements de paiement et les banques », *RTD com.* 2009, p. 59.

BOY, L.,
– « *Le droit de la concurrence : Régulation et/ou contrôle des restrictions à la concurrence* », *EUI LAW,* Working paper n° 2004/9 ;
– « Réflexions sur » le droit de la régulation (à propos du texte de M.-A. Frison-Roche) », *D.* 2001, p. 3031.

BOYD, J. H. et NICOLÓ (de), G.,
– « The theory of bank risk taking and competition revisited », *The Journal of Finance*, 2005 vol. 60(3), p. 1329.

BREU, St.,
– « Blockchains and cybercurrencies challenging antitrust and competition law », *SSRN Electronic journal*, working paper, 1er décembre 2017.

BRIAND-MELEDO, D.,
– « Autorités sectorielles et autorités de concurrence : acteurs de la régulation », *RIDE* 2007/3, t. XXI, 3, p. 345.

BROWN, Th. P.,

– « Of Bitcoin and banks », *in The implications of Bitcoin for competition, antitrust, and regulation in the banking industry*, On-Topic, *Concurrences* n° 1-2019, février 2019, art. n° 88670, p. 34.

BRUNELLE, A.,

– « Éloge de la confiance : la Blockchain, l'entreprise et le droit de la concurrence », *RLC* 2019/89, n° 3695, p. 31.

BRUNET, Fr.,

– « L'action de groupe : l'indemnisation des consommateurs favorisée au détriment de la détection des cartels », *D.* 2014, p. 1600.

BRUSCO, S. et CASTIGLIONESI, F.,

– « Liquidity Coinsurance, Moral Hazard and Financial Contagion », *Journal of Finance* n° 62, 2007, p. 2275.

BUIGUES, P. et CABALLERO, F.,

– « Politique de concurrence et innovation », *Rev. conc. consom.* 1995, p. 44.

BURG, P.,

– « La profonde mutation de l'industrie des moyens de paiement. » *RB* n° 841 bis, 2 novembre 2011, p. 6.

CALVINO, N. et MERLIN, M.,

– « Stabilité financière et concurrence dans le marché unique », *Concurrences* n° 1-2011, janvier 2011, art. n° 33957, p. 1.

CANIVET, G.,

– « Les effets économiques de la jurisprudence bancaire », *in* Frison-Roche M.-A. (dir.), *Les banques entre droit et économie,* LGDJ, coll. Droit et Économie, 2006, p. 7.

– « Propos généraux sur les régulateurs et les juges », *in* Frison-Roche M.-A. (dir.), *Droit et économie de la régulation. 1*, Presses de Sciences Po, 2004, p. 184.

CARLETTI, E. et VIVES, X.,

– « Regulation and Competition Policy in the Banking Sector », *in Competition Policy in Europe, Fifty Years of the Treaty of Rome*, Oxford University Press, 2009, p. 260.

CARUANA, J. et COHEN, B. H.,

– « Cinq questions et six réponses sur la politique macroprudentielle », *Rev. de la stabilité financière* n° 18, avril 2014, p. 15.

CARVAL, S.,

– « La réparation du dommage concurrentiel dans le droit français de la responsabilité : le point de vue d'un civiliste », *Concurrences* n° 2-2014, mai 2014, art. n° 65206, p. 52.

CASSOU, P.-H.,

– « Objectifs et principes de la réglementation financière européenne », *in Rapport moral sur l'argent dans le monde*, Association d'économie financière, 2014, p. 85 ;

– « Quel champ pour la régulation bancaire et financière ? », *Revue d'économie financière* n° 101, 2011, p. 19.

CATTALANO, G.,

– « Smart contracts et droit des contrats », *AJ Contrat* 2019, p. 321.

CAZENAVE, T., MARTIMORT, D. et POUYET, J.,

– « Crise de régulation », *in* Frison-Roche M.-A. (dir.), *Droit et économie de la régulation. 3*, Presses de Sciences Po, 2005, p. 1.

CELLUPICA, N. et OUDIN, C.-J.,
– « Le pouvoir de composition de l'Autorité des marchés financiers. Vers une contractualisation de la répression en matière boursière », *in* Frison-Roche M.-A. (dir.), *Droit et économie de la régulation. 5*, Presses de Sciences Po, 2007, p. 157.

CHAMPAUD, Cl.,
– « Régulation et droit économique », *RIDE* 2002/1, t. XVI, 1, p. 23 ;
– « Contribution à la définition du droit économique », *D.* 1967, Chr. XXIV, p. 215.

CHAGNY, M.,
– « L'intermédiaire, les plateformes numériques et le droit de la concurrence », *Cah. dr. entr.* n° 3, mai 2017, doss. 17 ;
– « Rétrospectives 2012 et prospectives : pratiques anticoncurrentielles et pratiques restrictives », *CCC* n° 5, mai 2013, p. 2 ;
– « Faut-il désespérer du contentieux indemnitaire des pratiques anticoncurrentielles ? », *CCE* n° 1, janvier 2013, comm. 6.

CHAMPARNAUD, Fr.,
– « Le statut comparé de l'information en droit de la concurrence et en droit boursier : la transparence », *in Droit boursier et droit de la concurrence*, Colloque DGCCRF, *LPA* n° 144, 21 juillet 1999, p. 24.

CHANG, H., EVANS, D. et GARCIA-SWARTZ, D.,
– « The Effect of Regulatory Intervention in Two-Sided Markets : An Assessment of Interchange-Fee Capping in Australia », *Review of Network Economics*, décembre 2005, vol. 4, Issue 4, p. 328.

CHAPTAL, S.,
– « Apple Pay : Le Paiement NFC à La Sauce Apple », *RB* n° 876, 2014, p. 46.

CHARANTENAY (de), S.,
– « Blockchain et droit : *Code is deeply Law* », *Gaz. pal.* n° 39, 14 novembre 2017, p. 15.

CHARBIT N.,
– « Les objectifs du régulateur. Entre recherche d'efficacité et rappel de légalité », *in* Frison-Roche M.-A. (dir.), *Droit et économie de la régulation. 2*, Presses de Sciences Po, 2004, p. 54.

CHARLETY, P.,
– « Peut-on concevoir abus de position dominante et ententes dans le système boursier ? » *in Droit boursier et droit de la concurrence*, Colloque DGCCRF, *LPA* n° 144, 21 juillet 1999, p. 40.

CHÉROT, J.-Y.,
– « Les techniques juridiques de cohérence entre régulations nationales et communautaires. L'articulation des autorités nationales et de la Commission dans la mise en œuvre des politiques communes », *in* Frison-Roche M.-A. (dir.), *Droit et économie de la régulation. 2*, Presses de Sciences Po, 2004, p. 144.

CHEVALLIER, J.,
– « L'État régulateur », *RFAP* n° 111, 2004/3, p. 473.

CHEYNEL, B. et NOURISSAT, C.,
– « Adaptation du droit français au droit communautaire : commentaire de l'ordonnance n° 2004-237 du 4 novembre 2004 », *RLC* 2005/2, n° 149, p. 63.

CHIAPPORI, P.-A. et YANELLE, P.-A.,
– « Le risque bancaire : un aperçu théorique », *Revue d'économie financière* n° 37, 1996, p. 97.

CHOLET, S.,
– « Achèvement des travaux de l'Autorité tendant à la régulation concurrentielle du secteur bancaire », *RLC* 2014/1, n° 38.

CHONÉ, P.,
– « L'articulation des politiques de concurrence et de régulation sectorielle », *in* Frison-Roche M.-A. (dir.), *Droit et économie de la régulation. 4*, Presses de Sciences Po, 2006, p. 49.

CHONÉ-GRIMALDI, A.-S., BEAUMEUNIER, V., FRISON-ROCHE, M.-A. et BRAC DE LA PERRIÈRE, D.,
– « L'ouverture à la concurrence du notariat », *Concurrences* n° 4-2016, novembre 2016, art. n° 81863, p. 18.

CLAUDEL, E.,
– « Quelles nouveautés procédurales à la suite de la directive ECN+ ? Le droit français à repenser à la suite de l'invalidation partielle de la loi Pacte », *CCC* n° 7, juillet 2019, dossier 9 ;
– « La temporalité du droit de la concurrence est-elle adaptée au numérique ? », *Cah. dr. entr.* n° 3, mai 2019, doss. 21 ;
– « La décision d'une autorité de concurrence comme preuve », *in Les actions indemnitaires des pratiques anticoncurrentielles après la loi sur l'action de groupe et la directive européenne* (Acte du colloque ADPC/EFB, septembre 2014), *RLC* 2015/42, p. 177 ;
– « Les conséquences de la QPC du 18 mars 2015 (principe du non cumul des sanctions) », *in* Calmette J.-F., *Sanctions en droit de la concurrence et concurrence des sanctions*, Mare & Martin 2017, p. 147 ;
– « Action de groupe et autres dispositions concurrence de la loi consommation : un dispositif singulier », *RTD com.* 2014, p. 339 ;
– « La procédure d'*amicus curiae :* bilan en demi-teinte de la pratique européenne et française », *Concurrences* n° 4-2012, art. n° 49314, p. 38 ;
– « Les propositions du Livre blanc : Faciliter l'établissement des conditions de la responsabilité », *Concurrences* n° 4-2008, art. n° 22092 ;
– « Ordonnance n° 2004-1173 du 4 novembre 2004 portant adaptation de certaines dispositions du Code de commerce au droit communautaire de la concurrence », *RTD com.* 2005, p. 60 ;
– « Les concentrations inter-bancaires rejoignent le giron du droit commun », *RTD com.* 2003, p. 718.

CLERC, L. et RAYMOND, R.,
– « Les banques centrales et la stabilité financière : nouveau rôle, nouveau mandat, nouveaux défis ? », *Revue d'économie financière* n° 113, 2014/1, p. 193.

CLOT, A.,
– « Quel avenir pour la FinTech française », *Banque et stratégie*, n° 339.

COASE, R.,
– « The Problem of Social Cost », *Journal of Law and Economics* vol. 3, 1960, p. 1.

COHEN, E.,
– « Risque systémique et droit de la concurrence », *Concurrences* n° 1-2009, février 2009, art. n° 23269, p. 1.

COHEN-TANUGI, L.,
– « O.P.A. et contrôle des concentrations : la quadrature du cercle », *in Droit boursier et droit de la concurrence*, Colloque DGCCRF, *LPA* n° 144, 21 juillet 1999, p. 31.

COMBE, E., MONNIER, C. et LEGALE, R.,
– « Cartels : the probability of getting caught in the European Union », *College of Europe*, BEER working paper n° 12-2008.

CONAC, P.,
– « La loi du 21 juin 2016 réformant le système de répression des abus de marché », *BJB*, 2015, n° 8-8, p. 323.

CONNOR, J-M.,
– « About cartel overcharges : Kroes is correct », *Concurrences* n° 1-2010, février 2010, art. n° 30040.

CONTE, Ph.,
– « "Effectivité", "inefficacité", "sous-effectivité", "surefficacité"... : variations pour un droit pénal », *in Le droit privé français à la fin du XXe siècle, Études offertes à Pierre Catala,* Litec, coll. Mélanges, 2001, p. 125.

COT, J.-M.,
– « La banque doit-elle faire l'objet d'un traitement atypique en droit de la concurrence ? », *in Le secteur bancaire,* Les actes des ateliers de la concurrence de la DGCCRF du 20 octobre 2009, p. 14.

CROISSANT, Y. et VORNETTI, P.,
– « État, marché et concurrence – Les motifs de l'intervention publique », *Cahiers français* n° 313, p. 3.

DAHAN, Th.,
– « De la régulation concurrentielle (II) », *Concurrences* n° 4-2009, décembre 2009, art. n° 29369 ;
– « De la régulation concurrentielle (I) », *Concurrences* n° 3-2009, septembre 2009, art. n° 26547.

DAMMANN, R.,
– « Banque et banquiers responsables », *in* Frison-Roche M.-A. (dir.), *Droit et économie de la régulation. 5*, Presses de Sciences Po, 2007, p. 83.

DAMY, Gr.,
– « Concentrations bancaires : la compétence controversée des autorités », *D.* 2003, p. 1828.

DASSESSE, M.,
– « Aides d'État et activités bancaires : l'impact du droit de la Communauté européenne », *in* Dassesse M., Boelens M., Buyle J.-P., Dumont Fr., Lanoye L. et Chr. Steyaert (dir.), *Le secteur bancaire et la concurrence, Bruylant,* coll. Cahiers AEDBF, 1997, p. 63.

DAVID, E.,
– « L'incidence des procédures "alternatives" sur l'établissement des pratiques anticoncurrentielles devant l'Autorité de la concurrence et la Commission européenne », *Concurrences* n° 1-2011, février 2011, art. n° 33858, p. 67.

DECOCQ, G.,
– « Les enseignements tirés du droit de la concurrence », *in L'effectivité du droit de la consommation*, actes du colloque organisé par le Centre Jean Bodin à l'Université d'Angers le 26 mars 2015, *RDLA* n° 105, juin 2015, p. 67 ;
– « Les sanctions prononcées par les Autorités de concurrence », *in* Boiteau Cl., Kirat Th. et Morel-Maroger J. (dir.), *Droit et crise financière. Régulation et règlement des conflits en matière bancaire et financière*, Bruylant, 2015, p. 205 ;
– « Les conditions d'exercice de l'activité bancaire », *in* Decocq, G., Gérard, Y., et Morel-Maroger, J., *Droit bancaire*, Revue Banque, coll. Master, 2e éd., 2014, p. 85 ;
– « Le jeu de la concurrence », *CCC* n° 5, mai 2013, repère 5 ;
– « La non-contestation des griefs limite l'objet du débat », *CCC* n° 6, juin 2011, comm. 145 ;
– « La concurrence par les mérites », *in* Le Dolley E. (dir.), *Les concepts émergents en droit des affaires*, LGDJ, coll. Droit et Économie, 2010, p. 239 ;

– « La sécurité financière et les aides d'État », *CCC* n° 8, juillet 2009, repère 8 ;
– « Chronique : Droit de la concurrence interne – Aides d'État et crise économique et financière », *RJ com.* n° 2, mars-avril 2009, p. 123.

DEFFAINS, Br.,
– « La responsabilité du banquier : une lecture économique », in Frison-Roche M.-A. (dir.), Les banques entre droit et économie, LGDJ, coll. Droit et Économie, 2006, p. 97.

DEGOFFE, M.,
– « Constitution et compétences normatives économiques des "autorités de régulation" », *LPA* n° 16, 22 janvier 2009, p. 18 ;
– « Les autorités publiques indépendantes », *AJDA* 2008 p. 622.

DEGRYSE, H. et ONGENA, S.,
– « The impact of competition on bank orientation », *Journal of Financial Intermediation*, vol. 16, 2007, issue 3, p. 399.

DELION, A.,
– « Notion de régulation et droit de l'économie » *in Annales de la régulation,* vol. 1, LGDJ 2006, p. 3.

DELPECH, X.,
– « Vers une meilleure indemnisation des victimes des pratiques anticoncurrentielles », *AJCA* 2014, p. 100.

DELPLA, J.,
– « Un marché capable de distribuer les sanctions », *in Le secteur bancaire,* Les actes des ateliers de la concurrence de la DGCCRF du 20 octobre 2009, p. 9.

DEMARIGNY, F.,
– « Régulateurs et régulés dans la construction des normes financières européennes », *in* Frison-Roche M.-A. (dir.), *Droit et économie de la régulation. 1*, Presses de Sciences Po, 2004, p. 22.

DENG, A.,
– « Smart Contracts and Blockchains : Steroid for Collusion ? », *SSRN Electronic journal*, working paper, juin 2018.

DERENNE, J.,
– « Le contrôle des aides d'État dans la crise financière : après le sauvetage, la restructuration », *in Le secteur bancaire,* Les actes des ateliers de la concurrence de la DGCCRF du 20 octobre 2009, p. 18.

DESCOINGS, R.,
– « La nécessité d'une réflexion générale et croisée sur la régulation », *in* Frison-Roche M.-A. (dir.), *Droit et économie de la régulation. 1*, Presses de Sciences Po, 2004, p. 1.

DEWOST, J.-L.,
– « Les autorités indépendantes de régulation, le droit de la concurrence et le contrôle du juge », *in* Frison-Roche M.-A. (dir.), *Droit et économie de la régulation. 2*, Presses de Sciences Po, 2004, p. 42.

DEZEUZE, E.,
– « Les techniques de manipulation de cours au prisme redessiné de la répression des abus de marché – L'avis technique de l'Autorité européenne des marchés financiers du 3 février 2015 », *BJB*, n° 9, septembre 2015, p. 398 ;
– « Abus de marché : de la coexistence à la coordination des procédures répressives administrative et pénale ? », *RD bancaire et fin.* n° 2, mars 2013, dossier 18.

DHAEYER, B. et THILMANY, J.,
– « La protection du consommateur en droit antitrust européen », *RTD eur.* 1978, p. 223.

DIETSCH, M.,
– « La place de la concurrence dans l'organisation et le fonctionnement du secteur bancaire », *in Droit, économie, justice et secteur bancaire*, actes du colloque organisé par M.-A. Frison-Roche dans le cadre du cycle de conférences de la Chaire Régulation de l'IEP de Paris (Science Po), à la Cour de cassation (Paris), le 4 avril 2005.

DIRICQ, N.,
– « Banque et concurrence : la crise a-t-elle renouvelé la problématique ? », *in Le secteur bancaire,* Les actes des ateliers de la concurrence de la DGCCRF du 20 octobre 2009, p. 5.

DONNEDIEU de VABRES-TRANIÉ, L. et MONTET, Chr.,
– « Un droit de la concurrence : pour quoi faire ? », *CCC* n° 12, décembre 2006, étude 22.

DONY, M.,
– « Le contrôle des aides d'État face à la crise financière », *JDE* n° 161, septembre 2009, p. 203.

DUPUIS-TOUBOL, F.,
– « Le juge en complémentarité du régulateur », *in* Frison-Roche M.-A. (dir.), *Droit et économie de la régulation. 1*, Paris, Presses de Sciences Po, 2004, p. 132.

EHLERMANN, Cl.,
– « L'huile et le sel : le secteur bancaire et le droit européen de la concurrence », *RTD eur.* 1993, p. 457.

ELIET, G. et HOIR (d'), J.,
– « Les moyens de la réalisation des objectifs de la régulation : l'exemple de l'Autorité des marchés financiers », *in* Eckert G. et Kovar J.-Ph. (dir.), *Les objectifs de la régulation économique et financière*, L'Harmattan, coll. Logiques Juridiques, 2017, p. 211.

ELLIS, J. J. A.,
– « L'interprétation du mot "affecter" dans l'article 85, paragraphe 1 du traité de la Communauté économique européenne par rapport aux mots "empêcher", "restreindre" ou "fausser le jeu de la concurrence" », *D.* 1963, chron. p. 221.

ÉRÉSÉO, N.,
– « Les clauses abusives dans les contrats conclus entre les banques et la clientèle professionnelle », *RD bancaire et fin.* n° 3, mai 2016, dossier 21 ;
– « Banque et concurrence : deux années particulièrement mouvementées », *LPA* n° 225, 2012, p. 25.

ÉRÉSÉO, N. et LASSERRE CAPDEVILLE, J.,
– « La rémunération de la banque par les frais et commissions », *RD bancaire et fin.* n° 2, mars 2015, dossier 17.

EVANS, D.,
– « How the Proposed Payments Legislation Will Restrain Competition Among Payment Card Schemes and Harm Consumers in the European Union », *CPI Journal,* 2014, vol. 10, n° 2.

EVANS, D., CHANG, H. et JOYCE, S.,
– « The Impact of the U.S. Debit Card Interchange Fee Caps on Consumer Welfare : An Event Study Analysis », *University of Chicago, Coase-Sandor Institute for Law & Economics,* octobre 2013, Research Paper n° 658.

FAMA, E.,
– « Efficient Capital Markets : A Review of Theory and Empirical Work », *The Journal of Finance,* vol. 25, n° 2, mai 1970, p. 383.

FARJAT, G.,

– « La notion de droit économique », *Arch. phil. droit* 1992, p. 27.

FAVRE, C.,

– « Restructuration des marchés boursiers : point de vue du juriste » *in Bourse et concurrence. Restructuration des marchés boursiers : opportunités et risques*, Cycle « Droit et économie de la concurrence », Cour de cassation, Paris, 25 octobre 2007, *RLC* 2008/16, n° 1183, p. 131.

FERNANDEZ-BOLLO, E.,

– « L'articulation de la régulation ex ante et ex post dans le domaine bancaire », *in* Frison-Roche M.-A. (dir.), *Droit et économie de la régulation. 4*, Presses de Sciences Po, 2006, p. 109.

FERNÁNDEZ-MARTIN, J.-M.,

– « The Competition Rules of the E.C. Treaty and the European System of Central Banks », *ECLR* 2001, vol. 22, Issue 2, p. 51.

FIGUET, J.-M.,

– « La sécurisation de la liquidité intrajournalière dans un système à règlement brut. Une analyse du comportement des banques commerciales », *Revue économique* 2000 n° 51-4, p. 867.

FIGUET, J.-M. et PINOS, F.,

– « L'exclusion financière en France : une lecture en filigrane des modèles économiques bancaires », *Revue d'économie financière* n° 115, 2014, p. 289.

FLANNERY, M. J. et NIKOLOVA, S.,

– « Market Discipline of U.S. Financial Firms : Recent Evidence and Research Issues. » *in* Borio C., Hunter W. C., Kaufman G. et Tsatsaronis K., *Market Discipline across Countries and Industries*, *MIT Press*, 2004, p. 87.

FOURGOUX, J-L.,

– « L'essor des sanctions en droit de la concurrence : Quelle efficacité ? Quelles garanties ? », *CCC* n° 6, juin 2014, dossier 14 ;

– « La place du droit pénal dans l'administration de l'économie libérale : la loi Galland du 1er juillet 1996 », *RSC 1*997, p. 653.

FRÉNEAUX, L.,

– « L'efficacité du recours aux engagements en matière de contrôle des concentrations », *RIDE*, 2007/1, t. XXI, 1, p. 43.

FRISON-ROCHE, M.-A.,

– « *Compliance* et confiance », *in* Pailler, P., Rouaud A.-Cl. et Roussille, M. (dir.), *Autour du droit bancaire et financier et au-delà, Mélanges en l'honneur de Jean-Jacques Daigre*, Joly éditions, 2017, p. 279 ;

– « Ambition et efficacité de la régulation économique », *RD bancaire et fin.* n° 6, novembre 2010, étude 34 ;

– « Régulation bancaire, régulation financière », *in Études de droit privé, Mélanges offerts à Paul Didier*, Economica, Paris, 2009, p. 173 ;

– « Dialectique entre concurrence et régulation », *RLC* 2007/11, n° 809, p. 168 ;

– « Le couple ex ante-ex post, justification d'un droit propre et spécifique de la régulation », *in* Frison-Roche M.-A. (dir.), *Droit et économie de la régulation. 4*, Presses de Sciences Po, 2006, p. 33 ;

– « La convergence du droit et de l'économie sur le secteur bancaire », *in* Frison-Roche M.-A. (dir.), *Les banques entre droit et économie*, LGDJ, coll. Droit et Économie, 2006, p. 23 ;

– « Définition du droit de la régulation économique », *D.* 2004 p. 126 ;

– « La régulation, objet d'une branche du droit », *LPA* n° 110, 3 juin 2002, p. 3 ;
– « Le droit de la régulation », *D.* 2001, p. 610 ;
– « Débat : le rôle de l'information », *in Droit boursier et droit de la concurrence*, Colloque DGCCRF, *LPA* n° 144, 21 juillet 1999, p. 27 ;
– « Peut-on établir des analogies opératoires entre droit de la concurrence et droit boursier ? », *in Droit boursier et droit de la concurrence*, Colloque DGCCRF, *LPA* n° 144, 21 juillet 1999, p. 9 ;
– « Les différentes définitions de la régulation », *LPA* n° 82, 10 juillet 1998, p. 5 ;
– « Le modèle du marché », *in Droit et esthétique*, *APD*, 1996, Sirey, t. 40, p. 287.

FUCINI, S.,
– « Principe *non bis in idem* et cumul de poursuites administratives et pénales pour les mêmes faits. », *in Les nouveaux problèmes actuels de sciences criminelles n° 25,* PUAM, coll. Laboratoire de droit privé & de sciences criminelles, 2014, p. 147.

GAFFARD, J.-L.,
– « Innovation et concurrence : retour sur les fondements des politiques anti-trust », *Rev. conc. consom.* 1995, p. 18.

GAI, Pr., KAPADIA, S., MILLARD, St. et PEREZ-ORIVE, A.,
– « Financial Innovation, Macroeconomic Stability and Systemic Crises », *Bank of England,* Working Paper n° 340, février 2008.

GALLOT, J.,
– « Qu'est-ce que la régulation ? Contribution pour une définition », *Rev. conc. consom.* 2001, p. 5 ;
– « Conclusion », *in Droit boursier et droit de la concurrence*, Colloque DGCCRF, *LPA* n° 144, 21 juillet 1999, p. 46.

GALLOT, J. et FRISON-ROCHE, M.-A.,
– « Ouverture », *in Droit boursier et droit de la concurrence*, Colloque DGCCRF, *LPA* n° 144, 21 juillet 1999, p. 3.

GALOKHO, C.,
– « Existe-t-il des ententes anticoncurrentielles entre les agences de notation ? » *RD bancaire et fin.* n° 4, juillet 2012, étude 22.

GASPERMENT, G.,
– « Banque à domicile : la dimension utilisateur », *Banque*, octobre 1993, 44, n° 541.

GASSIN, R.,
– « Lois spéciales et droit commun », *D.* 1961, chron., p. 91.

GAUDEMET, Y.,
– « La concurrence des modes et des niveaux de régulation – Introduction », *RFAP* n° 109, 2004/1, p. 13.

GAUDIAUT, Tr.,
– « Facebook lance sa monnaie virtuelle. Nouvel emballement en vue pour les crypto-monnaies ? », *Statista*, 19 juin 2019.

GAVALDA, Chr.,
– « La soumission des ententes interbancaires à la Commission de la concurrence (loi n° 85-695 du 11 juillet 1985) », *D.* 1985, chron., p. 265.

GAVALDA, Chr. et LUCAS de LEYSSAC, Cl.,
– « Droit français de la concurrence », *D.* 1985, IR, p. 215.

GAWEL, A.,
– « L'agence du futur : le libre-service bancaire en toute sécurité », *Bancatique*, septembre 1991, 472, n° 74.

GEORGES, A.,
– « Bruxelles préfère la réglementation administrative à la régulation concurrentielle », *RB* n° 873, 2014, p. 64.

GÉRARD, Y.,
– « Les comptes en banque – dispositions communes », *in* Decocq, G., Gérard, Y., et Morel-Maroger, J., *Droit bancaire*, Revue Banque, coll. Master, 2e éd., 2014.

GIACOBBO-PEYRONNEL, V. et SINGER, Ph.,
– « Quelques réflexions et interrogations au sujet de l'effet dissuasif des amendes en droit communautaire de la concurrence », *Concurrences* n° 4-2009, décembre 2009, art. n° 28991.

GILES (de) G.,
– « Le droit pénal de la concurrence en Europe : Premier bilan et perspectives en France », *JCP E* n° 1, 2 janvier 2003, 34.

GLAIS, M. et LAURENT, Ph.,
– « De la théorie économique à la protection juridique de la concurrence », *Gaz. pal.* 1978, 1, doctobre p. 209.

GOLDIE-GENICON, Ch.,
– « Droit commun et droit spécial », *RDA* n° 7, février 2013, p. 29.

GONDOUIN, F.,
– « Le nouveau service d'aide à la mobilité bancaire », *Banque et droit* n° 169, 2016, p. 7.

GORTON, G.,
– « Banking panics and business cycles », *Documents économiques d'Oxford* n° 40, 1988, p. 851.

GOSSET-GRAINVILLE, A.,
– « Le droit de la concurrence peut-il jouer un rôle d'interrégulateur ? », *in* Frison-Roche M.-A. (dir.), *Droit et économie de la régulation. 3*, Presses de Sciences Po, 2005, p. 151.

GUIBET LAFAYE, C.,
– « Bien-être », *in* Marzano M. (dir.), *Dictionnaire du corps*, PUF, coll. Quadrige, 2007, p. 127.

GUNTHER, J.-Ph.,
– « Ententes et accords interbancaire », *RLC 2*006/7, n° 536.

GRAC-AUBERT, V. et BROUSSEAU, J.,
– « L'action de groupe et la réparation des dommages de consommation : bilan d'étape et préconisations », *D.* n° 28, 30 juillet 2015, p. 1607.

GRANDVUILLEMIN, S.,
– « Les procédures négociées en droit français des pratiques anticoncurrentielles », *JCP E* n° 18, mai 2011, n° 1344, p. 19.

GRAY, J. et DE CECCO, Fr.,
– « Competition, stability and moral hazard : the tension between financial regulation and State aid control », *in* Laprévote, Fr.-Ch., Gray, J. et De Cecco, F. (dir.), *Research Handbook on State Aid in the Banking Sector*, Edward Elgar, coll. Research Handbooks in Financial Law series, 2017, p. 20.

GRÉGOIRE, M.,
– « Libres marchés et droit masqué. Pourquoi des instruments juridiques non contraignants en matière bancaire et financière ? », *RD bancaire et fin.* n° 1, janvier 2012, dossier 2, p. 1.

GROEBEN (Von der), H.,
– « La politique de concurrence, partie intégrante de la politique économique dans le Marché commun », *RTD eur.* 1965, p. 399.

GUINCHARD, A.,
– « Matière pénale et cumul de sanctions. Vers un meilleur respect du principe *non bis in idem* ? », *in Mélanges en l'honneur de Serge Guinchard. Justice et droit du procès : du légalisme procédural à l'humanisme processuel*, Dalloz, 2010, p. 517.

HAERI, K., MUNOZ-PONS, V. et BORREL-PRAT, L.,
– « Développement des poursuites pénales en matière de pratiques anticoncurrentielles. Enjeux et risques pour les entreprises », *Revue Internationale de la Compliance et de l'Éthique des Affaires* n° 3, juin 2020, étude 110.

HEIMLER, Al. et JENNY, Fr.,
– « The limitations of European Union control of state aid », *Oxford Review of Economic Policy,* vol. 28, n° 2, 2012, p. 347.

HELLSTERN, M. et KOENING, C.,
– « The European Commission's decision-making on state-aid for financial institutions – good regulation on the absence of good governance ? », *ECLR* 2013, vol. 34, Issue 4, p. 207.

HOU, D. et SKEIE, D.,
– « LIBOR : Origins, Economics, Crisis, Scandal, and Reform », *Federal Reserve Bank of New York*, mars 2014, Staff Report n° 667.

HOUIN-BRESSAN, C.,
– « Le banquier et la gratuité », *RD bancaire et fin.* n° 1, janvier 2019, dossier 7.

HOWARD, A.,
– « Credit payment cards : ensuring effective competition », *Concurrences* n° 1-2007, février 2007, art. n° 13175, p. 9.

HUFFEL (Van), M.,
– « La politique européenne concernant les moyens de paiement à distance », *Gaz. pal.* n° 266, 2012, p. 9.

HURSTEL, D.,
– « The role of the lawyer in the restoration of market confidence », *in* Frison-Roche M.-A. (dir.), *Droit et économie de la régulation. 1*, Presses de Sciences Po, 2004, p. 25.

IBÁÑEZ COLOMO, P.,
– « Restrictions by Object after Generics and Budapest Bank : A Road Map », *SSRN,* avril 2020.

IBÁÑEZ COLOMO, P., BERLIN, D., COLSON, J.-L., BARETS, P.-B. et MEROLA, M.,
– « L'application des règles en matière d'aides d'État au secteur bancaire et financier », *Concurrences* n° 1-2007, février 2007, art. n° 13174, p. 68.

IDOT, L.,
– « Procédures quasi-répressives en droit de la concurrence », *RSC* 2016, p. 145 ;
– « Reprise d'entreprises en difficulté et droit de la concurrence », *Rev. proc. coll.* n° 6, novembre 2015, doss. 57 ;
– « Restriction par objet et analyse par les effets : où en est-on en matière d'ententes ? », *RTD eur.* 2014, p. 935 ;
– « Propos introductifs : la distinction droit public-droit privé a-t-elle une pertinence en droit de la concurrence ? », *in Les dimensions de la sphère publique en droit de la concurrence*, Colloque Université de Caen Basse-Normandie, CRDFED et CRDP, 3 octobre 2014, *RJ com.* n° 6, novembre-décembre 2014, p. 443 ;
– « Vers de nouvelles règles applicables aux services de paiement », *Europe* n° 8, août 2013, alerte 43 ;
– « Secteur bancaire, concurrence intrasystème, et restriction par objet », *Europe* n° 8, janvier 2013, comm. 32 ;

– « Secteur bancaire et commissions multilatérales d'interchange », *Europe* n° 8, juillet 2012, comm. 281 ;
– « La réparation du préjudice économique lié aux pratiques anticoncurrentielles », *in Études à la mémoire de Fernand Charles Jeantet*, Paris, LexisNexis 2010, p. 389 ;
– « Le retour de l'objet anticoncurrentiel… », *Concurrences* n° 4-2009, décembre 2009, art. n° 29202, p. 1 ;
– « Conclusions », *in Banque, Finance et Concurrence*, Colloque organisé par les revues Concurrences et RTDF, Paris, 30 novembre 2006, *Concurrences* n° 1-2007, février 2007, art. n° 40175, p. 78 ;
– « Europe et concurrence : le grand malentendu », *Europe* n° 8, 2005, p. 3 ;
– « Le contrôle des concentrations », *RIDE* 2002/2, t. XVI, p. 175.

IDOT L., KOVACIC, W. E. et FONTEIJN, Chr.,
– « Détection des pratiques anticoncurrentielles : Faut-il réformer les outils existants ou introduire de nouveaux outils ? Clémence, observation des marchés, récompenses financières… » *in New Frontiers of Antitrust* (5e édition), 21 février 2014, Ministère de l'économie, Paris, *Revue Concurrences* n° 2-2014, mai 2014, art. n° 66158, p. 10.

IDOT, L. et MOMÈGE, C.,
– « Le rôle clef des engagements en matière de contrôle des concentrations : réflexions sur l'évolution de la pratique », *RLDA* 2001, suppl. n° 37, p. 10.

IFTINCHI, V.,
– « State aid and the financial sector : the evolution of the legal framework of State aid law », *in* Laprévote, Fr.-Ch., Gray, J. et De Cecco, F. (dir.), *Research Handbook on State Aid in the Banking Sector*, Edward Elgar, coll. Research Handbooks in Financial Law series, 2017, p. 54.

INDIG, T. et GAL, M. S.,
– « New Powers – New Vulnerabilities ? A Critical Analysis of Market Inquiries Performed by Competition Authorities », *in* Drexl J. et di Porto F. (dir.), *Competition Law as Regulation*, Edward Elgar, coll. ASCOLA Competition Law series, 2015, p. 89.

ISAAC, G.,
– « L'effet direct et la primauté du droit communautaire », *in L'influence du droit communautaire sur le droit des affaires en France dans la perspective de 1992*, Colloque Association Droit et commerce, Deauville, 13 et 14 juin 1987, *RJ com.* novembre 1987, p. 15.

ISRAËL, J.-J.,
– « La complémentarité face à la diversité des régulateurs et des juges », *in* Frison-Roche M.-A. (dir.), *Droit et économie de la régulation. 1*, Paris, Presses de Sciences Po, 2004, p. 145.

JACQUEMIN, A.,
– « Le droit économique, serviteur de l'économie ? », *RTD* Com., 1972, p. 283

JALABERT-DOURY, N.,
– « Le nouveau contrôle français des concentrations : entre convergence et maintien d'une exception française », *RD aff. int.* 5/2002, p. 583.

JAMIN, Chr.,
– « Théorie générale du contrat et droit des secteurs régulés », *in* Frison-Roche M.-A. (dir.), *Droit et économie de la régulation. 4*, Presses de Sciences, 2006, p. 183.

JAPPONT, F.,
– « L'encadrement juridique de la coopération entre les autorités de régulation », *D.* n° 13, 2005, p. 893.

JEAMMAUD, A.,
– « Introduction à la sémantique de la régulation juridique. Des concepts en jeu », *in* Martin G. et Clam J. (dir.), *Les transformations de la régulation juridique*, Paris, LGDJ, coll. Droit et Société. Recherches et Travaux, 1998, p. 47.

JEANNENEY, P.-A.,
– « Le régulateur producteur de droit », *in* Frison-Roche M.-A. (dir.), *Droit et économie de la régulation. 2*, Presses de Sciences Po, 2004, p. 44.

JEANTET, F.-Ch.,
– « Aspects du droit économique », *in Dix ans de conférences d'agrégation. Études de droit commercial offertes à Joseph Hamel*, Dalloz, 1961, p. 33.

JENNY, Fr.,
– « La crise économique et financière, la régulation et la concurrence », *Concurrences* n° 2-2009, mai 2009, art. n° 25873, p. 59 ;
– « Existe-t-il un régime de sanction idéal aux infractions aux règles de concurrence ?, Rencontres mondiales de la concurrence », *Rev. conc. consom.* 1995, p. 21 ;
– « Competition and Efficiency », *in* Hawk B. (dir.), *Antitrust in a global economy : annual proceedings of the Fordham Corporate Law Institute,* Transnational Juris Kluwer, 1986.

JOERGES, C.,
– « La constitution économique européenne en processus et en procès », *RIDE* 2006-3, t. XX, 3, p. 245.

JOUYET, J.-P.,
– « Articulation ou désarticulation des régulations nationales et internationales ? », *in* Frison-Roche M.-A. (dir.), *Droit et économie de la régulation. 3*, Presses de Sciences Po, 2005, p. 115.

KAR, N. et BUCKLAND, J.,
– « Antitrust risk in financial services : Lessons from recent regulatory developments in the EU, UK and beyond », *Concurrences* n° 4-2019, décembre 2019, art. n° 91844.

KEELEY, M. C.,
– « Deposit insurance, risk, and market power in banking », *The American Economic Review*, 1990, vol. 80(5), p. 1183.

KLEINER, C.,
– « La protection des clients fragiles », *RD bancaire et fin.* n° 1, janvier 2019, dossier 4.

KOKKORIS, I.,
– « The special nature of banks and its challenges for competition policy » *in* Laprévote Fr.-Ch., Gray J. et De Cecco F. (dir.), *Research Handbook on State Aid in the Banking Sector*, Edward Elgar, coll. Research Handbooks in Financial Law series, 2017, p. 3.

KOLIFRATH, G. et GOUPY, M.,
– « Blockchain : les enjeux en droit français », *RISF* n° 2017/4, p. 19.

KOMNINOS, A., JENNY, Fr., CARPAGNANO, M., FOURNIER, K. et KARPETAS, A.,
– « La réparation des dommages concurrentiels dans les systèmes juridiques étrangers », *in La réparation des dommages concurrentiels en France et en Europe : état des lieux et changements à venir*, Paris, 13 mai 2014, *Concurrences* n° 3-2014, septembre 2014, art. n° 67930.

KONCHAR, S.,
– « The 2012 Libor Scandal : An Analysis of the Lack of Institutional Oversight and Incentives to Deter Manipulation of the World's Most "Important Number" », *TLCP,* mars 2014, vol. 23, Issue 1, p. 173.

KOOPMAN, G.-J.,
– « Stability and competition in EU banking during the financial crisis : the role of State aid control », *CPI,* décembre 2011, vol. 8, n° 2.

KORSGAARD, S.,
– « Paying for Payments : Free Payments and Optimal Interchange Fees », *ECB*, juin 2014, Working Paper n° 1682.

KOVAR, J.-Ph.,
– « Les autorités européennes de surveillance : organes des régulateurs nationaux, agences européennes de régulation ou autorités européennes de régulation ? », *RD bancaire et fin.* n° 4, juillet 2011, dossier 24, p. 81.

LAGUNOFF, R. et SCHREFT, S.,
– « A Model of Financial Fragility », *Journal of Economic Theory* n° 99, 2001, p. 220.

LAPRADE, F.-M.,
– « La contractualisation de la répression exercée par le régulateur », *in* Frison-Roche M.-A. (dir.), *Droit et économie de la régulation. 4*, Presses de Sciences Po, 2006, p. 197.

LAPREVOTE, Fr.-Ch. et FRISCH, S.,
– « Preserving cross-border banking in the face of the crisis : State aid policy under the financial trilemma », *in* Laprévote Fr.-Ch., Gray J. et De Cecco F. (dir.), *Research Handbook on State Aid in the Banking Sector*, Edward Elgar, coll. Research Handbooks in Financial Law series, 2017, p. 189 ;
– « The States' toolkit for rescuing bank in difficulty », *in* Laprévote, Fr.-Ch., Gray, J. et De Cecco, F. (dir.), *Research Handbook on State Aid in the Banking Sector*, Edward Elgar, coll. Research Handbooks in Financial Law series, 2017, p. 107.

LARCHER, G.,
– « Quelles relations entre pouvoirs publics et régulateurs ? », *in* Frison-Roche M.-A. (dir.), *Droit et économie de la régulation. 1*, Paris, Presses de Sciences Po, 2004, p. 17.

LASSERRE, Br.,
– « Le contrat, entre la régulation sectorielle et le droit commun de la concurrence », *in* Frison-Roche M.-A. (dir.), *Droit et économie de la régulation. 4*, Presses de Sciences Po, 2006, p. 239.

LASSERRE, Br., VOGEL, L., ITALIANER, A. et JAEGER, M.,
– « Échange d'informations confidentielles dans le cadre de l'application privée du droit de la concurrence », *in* 10 *ans d'application du règlement 1/2003 et de la loi luxembourgeoise relative à la concurrence : un état des lieux sur l'application décentralisée du droit de la concurrence de l'Union européenne*, Chambre de Commerce, Luxembourg-Kirchberg, 6 juin 2014, *Concurrences* n° 4-2014, décembre 2014, p. 9.

LASSERRE CAPDEVILLE, J.,
– « Nouvelles évolutions du droit au compte », *LPA* n° 186, 2017, p. 7 ;
– « Présentation succincte de la réforme du droit pénal financier », *AJ Pénal*, 2016, p. 424 ;
– « Renforcement de l'encadrement légal des succursales d'établissements de crédit de pays tiers », *JCP E* n° 22, 1er juin 2015, 620 ;
– « Comptes bancaires – L'encadrement juridique de la mobilité bancaire », *RD bancaire et fin.* n° 3, mai 2015, étude 9 ;
– « Vers une amélioration de la protection du droit au compte », *LPA* n° 211, 2015, p. 4 ;
– « Accord politique sur la proposition de directive sur les sanctions pénales applicables aux abus de marché », *BJB* n° 2, 28 février 2014, p. 69 ;
– « Proposition de directive relative aux sanctions pénales applicables aux opérations d'initiés et aux manipulations de marché » : *BJB* n° 5, janvier 2012, p. 9 ;
– « Existe-t-il un droit de payer par carte bancaire ou par chèque ? », *JCP E* n° 30-33, 29 juillet 2010, 1690.

Lasserre capdeville, J., Mascala, C. et Neuville, S.,
– « Propositions doctrinales pour lutter contre l'atteinte au principe *non bis in idem* en matière financière », *D.* 2012, p. 693.

Laugier, D.,
– « Banques et entreprises : mécanismes de la non concurrence, trop de bonus ou trop peu de concurrence ? », *in Le secteur bancaire,* Les actes des ateliers de la concurrence de la DGCCRF du 20 octobre 2009, p. 6.

Ledoux, V. et Roda, J.-Chr.,
– « Adoption par la Commission européenne d'une procédure de transaction », *CCC* n° 8-9, août 2008, Étude 10, p. 8.

Legal, H.,
– « Simplification et qualité du droit de l'Union européenne », *in* Conseil d'État, *Étude annuelle 2016 : simplification et qualité du droit,* La Documentation française, coll. Les rapports du Conseil d'État, 2016, p. 207.

Legeais, D.,
– « Enjeux de la blockchain et des crypto-monnaies », *RD bancaire et fin.* n° 6, novembre 2019, doss. 54.
– « Les métamorphoses du droit bancaire contemporain », *in* Pailler, P., Rouaud, A.-Cl. et Roussille M. (dir.), *Autour du droit bancaire et financier et au-delà, Mélanges en l'honneur de Jean-Jacques Daigre,* Joly éditions, 2017, p. 433.

Legendre, P.,
– « Domat, théoricien de l'État gendarme », *in Études à la mémoire d'Émile Giraud,* Annales de la faculté de droit et des sciences économiques de Lille, 1966, p. 247.

Le Héron, E.,
– « Politique monétaire versus stabilisation financière à la BCE », *L'Économie politique* n° 66, 2015/2, p. 56.

Lehmann, M.,
– « Le législateur allemand face au Brexit », *RD bancaire et fin.* n° 5, septembre 2019, doss. 45.

Lehmann, M. et Zetzsche, D.,
– « How Does It Feel to Be a Third Country ? The Consequences of Brexit for Financial Market Law », *in* CIGI & BIICL, *Brexit : The International Legal Implications,* paper n° 14, 2018.

Lemaire, Chr.,
– « Une illustration des effets bénéfiques de la Soft Law : l'expérience de L'Autorité de la concurrence », *in Corriger, équilibrer, orienter : une vision renouvelée de la régulation économique. Hommage à Marie-Dominique Hagelsteen,* Un colloque organisé par le Conseil d'État et l'Autorité de la concurrence le 24 septembre 2013 à l'École nationale d'administration, La documentation française, coll. Droits et Débats, 2014, p. 62.

Le Nabasque, H.,
– « La règle *non bis in idem* et les abus de marché », *RD bancaire et fin.* n° 6, novembre 2010, repère 6.

Lenhof, J.-B.,
– « L'ordonnance du 12 avril 2007 : nouvelle articulation des marchés financiers », *Lexbase, la lettre juridique* n° 259, 10 mai 2007.

Lenoir, N., Roskis, D. et Tran-Thiet, J.-P.,
– « La transaction en droit de la concurrence, une idée neuve en Europe », *Échanges internationaux* n° 105, avril 2016, p. 8.

LESGUILLONS, H. et JALABERT, N.,
– « Applications des règles communautaires de concurrence au secteur bancaire », *in Mélanges Jean Pardon*, Bruylant, Bruxelles 1996, p. 361.

LEUCHT, B. et SEIDEL, K.,
– « Du traité de Paris au règlement 17/1962 : rupture et continuités dans la politique européenne de concurrence, 1950-1962 », *in La Politique de la concurrence communautaire, Origines et développements (années 1930-années 1990)*, Histoire, économie & société 2008/1, p. 35.

LOHÉAC, F.,
– « À propos du Marché unique de l'assurance et de quelques questions connexes », *RMCUE* n° 362, novembre 92, p. 881.

LOMBARD, M.,
– « La régulation dans un État de droit », *in* Frison-Roche M.-A. (dir.), *Droit et économie de la régulation. 2*, Presses de Sciences Po, 2004, p. 26.

LORRAIN, R.,
– « Quelques oublis dans la loi de séparation et de régulation des activités bancaires du 26 juillet 2013 », *BJB* n° 11, 2 novembre 2013, p. 560 ;
– « Une répression plus large des abus de marché », *LesEchos.fr*, 8 octobre 2013 ;
– « Les manipulations des indices visées par Michel Barnier », *LesEchos.fr*, 23 juillet 2012.

LOUIS, J.-V.,
– « Monetary Policy and Central Banking in the Constitution », *in Legal Aspects of the European System of Central Banks : Liber Amicorum Paolo Zamboni Garavelli*, BCE, Francfort, 2005, p. 27.

LUCAS, Fr.-X.,
– « Les actionnaires ont-ils tous la qualité d'associé ? Brefs propos discursifs autour du thème de l'associé et de l'investisseur », *RD bancaire et fin.* n° 4, juillet 2002, étude 100035.

LUCAS, J.,
– « Les paiements par carte à l'épreuve du droit de la concurrence », *CCC* n° 11, novembre 2012, p. 2 ;
– « Vers la fin des commissions interbancaires applicables aux prélèvements, TIP, télérèglement et virements ? » *CCC* n° 10, octobre 2012, p. 3 ;
– « Paiements transfrontaliers par carte : du souci pour les systèmes de paiement par carte ? » *CCC* n° 8-9, août-septembre 2012, p. 2 ;
– « Paiement par carte et droit de la concurrence : en 2012, bientôt une réglementation européenne ? » *RD bancaire et fin.* n° 6, novembre 2011, prat. 8.

LUCAS DE LEYSSAC, Cl.,
– « Les intérêts des concurrents », *in* Schmidt D. (dir.), *La prise de contrôle*, *RJ com.* 1998, p. 134.

LYONS, Br. et ZHU, M.,
– « Compensating Competitors or Restoring Competition ? EU Regulation of State Aid for Banks During the Financial Crisis », *Journal of Industry, Competition and Trade*, 2013, vol. 13, issue 1, p. 39.

MAGGIOLINO, M.,
– « The Regulatory Breakthrough of Competition Law : Definitions and Worries », *in* Drexl J. et di Porto F. (dir.), *Competition Law as Regulation*, Edward Elgar, coll. ASCOLA Competition Law series, 2015, p. 3.

MALAGUTI, M.-C. et GUERRIERI, A.,
– « Multilateral Interchange Fees : Competition and Regulation in Light of Recent Legislative Developments », *ECRI*, janvier 2014, Research Report n° 14.

Malaurie-Vignal, M.,
– « Droit, économie et politique de concurrence – Réflexions à partir de la notion de bien-être du consommateur », *JCP E* n° 15-16, 12 avril 2018, 1187 ;
– « Enjeux et défis de la blockchain dans ses relations avec la propriété intellectuelle », *Dalloz IP/IT* 2018, p. 531 ;
– « Le bien-être du consommateur », *CCC* n° 6, juin 2013, repère 6.

Mann, R.,
– « Anticompetitive Regulation in the Payment of Card Industry », *CPI Journal*, 2011, vol. 8, n° 2.

Marcou, G.,
– « La notion juridique de régulation », *AJDA* 2006, p. 347.

Marcus, A. J.,
– « Deregulation and bank financial policy », *Journal of Banking & Finance*, 1984, vol. 8, issue 4, p. 557.

Marois, B.,
– « L'avenir du secteur bancaire européen », *Banque magazine*, 1999, n° 608, p. 60.

Martenet, V.,
– « Les moyens de paiement face au droit suisse de la concurrence », *Concurrences* n° 1-2007, février 2007, art. n° 13175, p. 14.

Martial-Braz, N.,
– « L'apport du numérique au droit bancaire : l'émergence des FinTechs », *RD bancaire et fin.* n° 1, janvier 2017, doss. 2.

Martin, D.,
– « 3 questions 2012 : Le renforcement du droit financier européen », *JCP E* n° 49, 8 décembre 2011, 653.

Martin, St.,
– « Contrôle des concentrations : la fin d'une exception française », *JCP E* n° 5, 29 janvier 2009, 1117.

Martucci, Fr.,
– « La BCE, une autorité monétaire suprême ? », *RD bancaire et fin.* n° 4, juillet 2018, doss. 22 ;
– « La BCE et l'ordolibéralisme : étude des discours », *in* Bertrand Br., Picod F. et Roland S. (dir.), *L'identité du droit de l'Union européenne. Mélanges en l'honneur de Claude Blumann*, Bruylant, coll. ELSB. MÉLANGES, 2015, p. 709 ;
– « Stabilité financière et banques centrales : de l'interégulation masquée à la supervision assumée », in Eckert, G. et Kovar, J.-Ph. (dir.), *L'interrégulation*, L'Harmattan, coll. Logiques juridiques, 2015, p. 195 ;
– « Constitution économique et concurrence : en quête d'une matrice constitutionnelle du droit de la concurrence », *in Les dimensions de la sphère publique en droit de la concurrence*, Colloque Université de Caen Basse-Normandie, CRDFED et CRDP, 3 octobre 2014, *RJ com.* n° 6, novembre-décembre 2014, p. 444 ;
– « Modernisation des aides d'État : une réforme en demi-teinte », *CCC* n° 6, juin 2014, doss. 17 ;
– « Banques centrales et stabilité financière dans l'Union européenne », *in* Delion A. et Vidal L. (dir.), *Annales de la Régulation,* vol. 3, *Les réformes des régulations financières,* IRJS Éditions, 2013, p. 81 ;
– « Régulation financière dans l'Union européenne : les instruments de convergence », *RD bancaire et fin.* n° 4, juillet 2011, doss. 23 ;
– « Le système européen de surveillance financière », *Europe* n° 6, juin 2011, étude 6.

Marty, Fr.,
– « Concurrence et politique industrielle : analyse de logiques distinctes », *in* de Beaufort V. (dir.), *Entreprises stratégiques nationales et modèles économiques européens*, Bruylant, 2012, p. 131.

Mathey, N. et Bourdeaux, G.,
– « Vers une régulation des FinTechs ? », *RD bancaire et fin.* n° 2, mars 2017, doss. 15.

Matsopoulou, H.,
– « La règle *ne bis in idem* et le droit de la concurrence », *in* H. Matsopoulou (dir.), *La règle ne bis in idem. Concordances et discordances entre les jurisprudences européenne et constitutionnelle*, Mare & Martin, Presses Universitaires de Sceaux, 2019, p. 91.

Mekki, M.,
– « La singularité du devoir de mise en garde du banquier dispensateur de crédit », *RD bancaire et fin.* n° 6, novembre 2007, dossier 27.

Mennesson, N.,
– « Abus de marché : vers une refonte du régime communautaire ? », *JCP E* n° 49, 8 décembre 2011, 1881.

Mestmäcker, E.-J.,
– « The Development of German and European Competition Law with special reference to the EU Commission's Article 82 Guidance of 2008 », *in European Competition Law : The Impact of the Commission's Guidance on Article 102*, L.F. Page ed., Cheltenham, Edward Elgar Publishing, 2011, p. 25.

Mills, Sh. et Falconi, F.,
– « Data and competitive dynamics in UK financial services », *in Banking and big data*, On-Topic, *Concurrences* n° 4-2019, p. 22.

Mishkin, Fr. S.,
– « Systemic risk and the international lender of last resort », *in Tenth Annual International Banking Conference*, Federal Reserve Bank of Chicago, Chicago, 28 Septembre 2007, *BIS Review*, 109/2007.

Mollenkamp, C. et Norman, L.,
– « British Bankers Group Steps Up Review of Widely Used Libor », *Wall St. J.,* 17 avril 2008, C7.

Mollenkamp, C. et Whitehouse, M.,
– « Study Casts Doubt on Key Rate », *Wall St. J.,* 29 mai 2008, A1.

Moneger, J.,
– « De l'ordonnance de Colbert de 1673 sur le commerce au Code de commerce français de septembre 2000 », *R.I.D.E,* 2/2004, t. XVIII, 2, p. 171.

Muller, A.-C.,
– « La sécurisation du système bancaire et financier », *RD bancaire et fin.* n° 6, novembre 2014, dossier 46 ;
– « La réforme du système européen de surveillance financière : organisation et fonctionnement des autorités européennes de surveillance », *RD bancaire et fin.* n° 2, mars-avril 2011, étude 11, p. 17.

Nasse, Ph.,
– « Concurrence et moyens de paiement », *Concurrences* n° 1-2007, février 2007, art. n° 13175, p. 3.

Nazzini, R.,
– « The blockchain (r)evolution and the role of antitrust », *in The implications of Bitcoin for competition, antitrust, and regulation in the banking industry*, On-Topic, *Concurrences* n° 1-2019, février 2019, art. n° 88670, p. 27.

NICOLAIDES, P.,
– « State aid to banking : application of the market economy investor principle », *in* Laprévote, Fr.-Ch., Gray, J. et De Cecco, F. (dir.), *Research Handbook on State Aid in the Banking Sector*, Edward Elgar, coll. Research Handbooks in Financial Law series, 2017, p. 87.

NIJENHUIS, A.,
– « Le contrôle des activités boursières par les autorités communautaires de la concurrence », *in Droit boursier et droit de la concurrence*, Colloque DGCCRF, *LPA* n° 144, 21 juillet 1999, p. 44.

NOYER, Chr.,
– « Régulation et confiance », *Revue d'économie financière* n° *1*00, 2010, p. 111.

NUSSENBAUM, M.,
– « Le statut compare de l'information en droit de la concurrence et en droit boursier : rappel théorique », *in Droit boursier et droit de la concurrence*, Colloque DGCCRF, *LPA* n° 144, 21 juillet 1999, p. 18.

OSTBYE, P.,
– « The Adequacy of Competition Policy for Cryptocurrency Markets », *SSRN Electronic journal*, working paper, 24 août 2017.

PACLOT, Y.,
– « La "dépénalisation de la vie des affaires" et le droit financier », *RD bancaire et fin.* n° 6, novembre 2007, repère 10.

PAILLER, P.,
– « Les projets européens de révision de la directive sur les marchés d'instruments financiers », *RD bancaire et fin.* n° 2, 2012, études 4, p. 9.

PAPPALARDO, A.,
– « L'approche de la Commission et la jurisprudence communautaire », *in* Dassesse M., Boelens M., Buyle J.-P., Dumont Fr., Lanoye L. et Chr. Steyaert (dir.), *Le secteur bancaire et la concurrence, Bruylant,* coll. Cahiers AEDBF, 1997, p. 77 ;
– « Les relations entre le droit communautaire et les droits nationaux de la concurrence », *RIDE* 1995/1, vol 9, p. 123.

PARDON, J.,
– « Liberté d'établissement et libre prestation de services dans le domaine bancaire », *Rev. dr. Bancaire et bourse*, novembre/décembre 1991, p. 219 ;
– « Application du droit européen de la concurrence en matière bancaire et financière », *RDAI* n° 1, 1990, p. 115 ;
– « Quelques normes propres au secteur bancaire », *in Le droit des normes professionnelles et techniques : 36e séminaire organisé à Spa-Balmoral les 16 et 17 novembre 1983*, Commission Droit et Vie des Affaires de la faculté de droit de l'Université de Liège, Bruylant, 1985, p. 4.

PARLÉANI, G.,
– « Le règlement 139/2004 et les concentrations bancaires », *RD bancaire et fin.* n° 2, 2004, 103, p. 129 ;
– « L'affaire Crédit agricole-Crédit Lyonnais : vers la fin de l'"exception bancaire" française », *RD bancaire et fin.* n° 4, juillet 2003, étude 1040, p. 239.

PARLEANI, G. et PARLEANI, I.,
– « Accepter d'un "clic", sans lire et sans comprendre, pour se rétracter ensuite ou les services financiers à l'heure d'Internet », *in* Pailler, P., Rouaud A.-Cl. et Roussille, M. (dir.), *Autour du droit bancaire et financier et au-delà, Mélanges en l'honneur de Jean-Jacques Daigre*, Joly éditions, 2017, p. 605.

PARTSCH, Ph.-E. et ZEAITER, J.,

– « Opérateurs bancaires et financiers face au Brexit », *in* Bahurel, Ch., Bernard, E., Ho-Dac M. (dir.), *Le Brexit – Enjeux régionaux, nationaux et internationaux d'un retrait annoncé*, Bruylant, 2017, p. 307.

PASTRE, O.,

– « Quelques réflexions de circonstance sur la concurrence bancaire », *Revue d'économie industrielle* n° 106, 2e trim. 2004, p. 93.

PELTIER, F.,

– « Vers une cohérence des sanctions administratives ou pénales des abus de marché », *JCP E* n° 50, *1*5 décembre 2011, comm. 1905.

PÉRÈS, C.,

– « Rapport introductif » *in* Bollée S., Laithier Y.-M. et Pérès C. (dir.), *L'efficacité économique en droit*, Economica, coll. Études Juridiques, 2010, p. 1.

PERROT, A.,

– « Le modèle du contrat dans les nouvelles conceptions des régulations économiques », *in* Frison-Roche M.-A. (dir.), *Droit et économie de la régulation. 4*, Presses de Sciences Po, 2006, p. 151 ;

– « Les frontières entre régulation sectorielle et politique de la concurrence », *Revue française d'économie* n° 4, volume 16, 2002. p. 81.

PEZ, Th.,

– « Régulateurs sectoriels et Autorité de la concurrence », *RDP* n° 2, 1er mars 2014, p. 358 ;

– « L'ordre public économique », *N3C* n° 49, 1er octobre 2015, p. 44.

PHILIPPE, J.,

– « La prise en compte de la nature biface des marchés dans le droit de la concurrence » *in Les marchés « biface »*, Séminaire Philippe Nasse, Paris, 13 décembre 2012, *RLC* 2013/35, p. 171.

PICOT, Th. et MUIZON (de), G.,

– « Le pouvoir d'injonctions structurelles », *Revue Lamy de la Concurrence*, n° 43, 1er avril 2015.

PIETRANCOSTA, A.,

– « Concurrence et marchés financiers : Croisons les droits ! », *Concurrences* n° 1-2007, février 2007, art. n° 13172, p. 68.

PLANKENSTEINER, M.,

– « Les contraintes concurrentielles pesant sur les moyens de paiement », *Dr. et patr.* n° 235, 2014, p. 32.

POLLAUD-DULIAN, Fr.,

– « Du droit commun au droit spécial – et retour », *in* Antaki, N., Béguin, J., Bouloc, B. *et al.* (dir.) *Mélanges en l'honneur de Yves Guyon : Aspects actuels du droit des affaires*, Dalloz, coll. Études, mélanges, travaux, 2003, p. 925.

POULLE, J.-B.,

– « La régulation par l'information en droit des marchés financiers », *LPA* n° 15, 21 janvier 2009, p. 6.

PRADA, M.,

– « Des régulations territoriales à une régulation mondiale », *in* Frison-Roche M.-A. (dir.), *Droit et économie de la régulation. 2*, Presses de Sciences Po, 2004, p. 181.

PRIETO, C.,

– « Incitations aux réparations spontanées dans le cadre du *public enforcement* », *Concurrences* n° 2-2016, mai 2016, art. n° 88881 ;

– « La cession de créance, palliatif à l'absence d'action de groupe pour les entreprises victimes de surenchérissements résultant d'un cartel », *RDC* n° 3, 2015, p. 568 ;
– « Commissions interbancaires de paiement et captation au détriment des commerçants et du consommateur final », *RDC* n° 1, 2014, p. 102 ;
– « Influence du droit communautaire et originalité du droit français de la concurrence », *RRJ*, 1998, p. 51.

PRÜM, A., NASSE, Ph., HOWARD, A. et MARTENET, V.,
– « Moyens de paiement : Vers l'harmonisation des conditions de moyens de paiement en Europe ? », *Concurrences* n° 1-2007, février 2007, art. n° 13175, p. 68.

QUINNEY, J., TAFFET, R. S., RODRIGUEZ, N., PALUMBO, K. A. et HUNTER, R. C.,
– « The emerging competitive payments marketplace », *Concurrences* n° 3-2016, septembre 2016, art. n° 80107, p. 10.

RACINE, J.-B. et SIIRIAINEN, F.,
– « Retour sur l'analyse substantielle en droit économique », *RIDE* 2007/3, t. XXI, 3, p. 259

RAGUNÉNÈS, J.,
– « Banques et FinTech face à la réglementation », *Banque* n° 799, septembre 2016, p. 42.

RAMEIX, G.,
– « Vers une culture de régulation financière commune », *in* Frison-Roche M.-A. (dir.), *Droit et économie de la régulation. 3*, Presses de Sciences Po, 2005, p. 145.

REIGNÉ, Ph. et DELORME, Th.,
– « Réflexions sur la distinction de l'associé et de l'actionnaire », *D.* 2002, p. 1330.

REMY, B.,
– « Efficacité économique et droit bancaire », *in* Bollée S., Laithier Y.-M. et Pérès C. (dir.), *L'efficacité économique en droit*, Economica, coll. Études Juridiques, 2010, p. 89.

REY, P.,
– « L'approche économique des marchés bifaces », *RLC* 2013/35, p. 169 ;
– « Rôle et place des engagements dans les systèmes de régulation », *in* Frison-Roche M.-A. (dir.), *Droit et économie de la régulation. 4*, Presses de Sciences Po, 2006, p. 17.

REYNIER, H.,
– « Le cas de l'autorité de régulation des marchés financiers », *RFAP* n° 109, 2004/1, p. 93.

RICHARD, P.,
– « L'évaluation de la régulation. L'expérience de l'Organisation internationale des commissions de valeurs », *in* Frison-Roche M.-A. (dir.), *Droit et économie de la régulation. 1*, Paris, Presses de Sciences Po, 2004, p. 94.

RIEU-FOUCAULT, A.-M.,
– « Politique monétaire et stabilité financière », *EconomiX Working Papers* 2018-13.

ROBINE, D.,
– « Succursales en France d'établissements de crédit ayant leur siège dans un État tiers », *RD bancaire et fin.* n° 5, septembre 2015, comm. 169.

ROCHET, J.-Ch. et WRIGHT, J.,
– « Credit Card Interchange Fees », *ECB*, décembre 2009, Working Paper n° 1138

ROCHET, J.-Ch. et TIROLE, J.,
– « Must-Take Cards : Merchant Discounts And Avoided Costs », *Journal of the European Economic Association*, 2011, vol. 9(3), p. 462 ;
– « Cooperation among Competitors : Some Economics of Payment Card Associations », *Rand Journal of Economics*, 2002, 33(4), p. 549.

Roda, J.-Chr.,
– « Smart contracts, dumb contracts ? », *Dalloz IP/IT* 2018, p. 397 ;
– « Réflexions sur les objectifs du droit français de la concurrence », *D.* 2018, p. 1504.

Rontchevsky, N.,
– « Renforcement de la répression des abus de marché et des pouvoirs de l'Autorité des marchés financiers par la loi n° 2013-672 du 26 juillet 2013 de séparation et de régulation des activités bancaires », *RTDF* n° 4/2013 – n° 1/2014, p. 212 ;
– « Pour en finir avec une acrobatie intellectuelle française : retour sur le cumul des procédures administratives et pénales en matière d'abus de marché », *BJB* n° 12, décembre 2012, p. 610 ;
– « Vers une pénalisation impérative des abus de marché intentionnels dans l'Union européenne », *RTD com.* 2012, p. 150 ;
– « L'harmonisation des sanctions pénales : vers un renforcement et une rationalisation de la répression des abus de marché », *BJB* n° 3, mars 2012, p. 139.

Rontchevsky, N. et Storck, M.,
– « Encadrement des marchés, renforcement de la répression des abus de marché et des pouvoirs de l'Autorité des marchés financiers par la loi de séparation et de régulation des activités bancaires », *RTD com.* 2013, p. 869 ;
– « Une tentative de réponse française à la crise financière : commentaire de la loi de régulation bancaire et financière du 22 octobre 2010 », *RTD com.* 2011., p. 140.

Rossi, P. et Sansonetti, V.,
– « Survey of State Aid in the Lending Sector : A Comprehensive Review of Main State Aid Cases », *European Business Law Review*, vol. 18, n° 6, décembre 2007.

Rouaud, A.-Cl.,
– « The provision of investment services in the EU by third-country firms under MiFID II and the PACTE Law », Colloque : German-French Symposium on Company Law and Capital Markets Law, *RTDF* n° 3, 2019, p. 24 ;
– « Blockchain and transferable securities in French Law », *in German-French Symposium on Company Law and Capital Markets Law*, Hambourg, 6 juillet 2018, *RTDF* n° 2/3, 2018, p. 57 ;
– « L'application de la technologie des registres distribués dans le domaine du post-marché : évolution ou révolution ? », *in* Pailler, P., Rouaud A.-Cl. et Roussille, M. (dir.), *Autour du droit bancaire et financier et au-delà, Mélanges en l'honneur de Jean-Jacques Daigre*, Joly éditions, 2017, p. 635 ;
– « Propos introductifs », *in La technologie blockchain et son utilisation en matière bancaire et financière, RISF* n° 2017/4, p. 5 ;
– « Le livre vert sur les services financiers de détail », *RISF* n° 2016/2, p. 62 ;
– « Trop ou trop peu : le difficile accord sur la réforme structurelle du secteur bancaire de l'Union européenne », *RISF* n° 2016/1, p. 108 ;
– « La nouvelle règlementation européenne relative aux systèmes de cartes de paiement et aux commissions interbancaires », *RISF* n° 2015/4, p. 69 ;
– « Redressement et résolution des établissements de crédit – adoption du mécanisme de résolution unique », *RISF* n° 2014/4, p. 75 ;
– « Première étape dans la mise en place de l'union bancaire européenne : adoption du mécanisme de surveillance unique (MSU) », *RISF* n° 2014/1, p. 118 ;
– « L'intégrité morale du banquier à l'égard de son client », *RD bancaire et fin.* n° 3, mai 2014, dossier 17.

Rouaud, A.-Cl. et Parleani, G.,
– « Digitalisation des banques – Impact de la digitalisation sur la relation contractuelle – L'entrée en relation », *RD bancaire et fin.* n° 6, novembre 2019, doss. 51.

ROUSSILLE, M., BRÉHIER, B., PAILLER, P., ROUAUD, A.-Cl. et BOUCHETA, H.,
– « MIF II : ce que pourrait couter une transparence à tout prix, Réflexions sur les enjeux de l'obligation de transparence », *BJB* n° 11, novembre 2012, p. 496.

ROUYÈRE, A.,
– « Responsabilité civile et régulation. Éléments d'une rencontre », *in* Frison-Roche M.-A. (dir.), *Droit et économie de la régulation. 5*, Presses de Sciences Po, 2007, p. 19.

SAURON, J.-L.,
– « Comitologie : comment sortir de la confusion ? », *RMUE, 1*999, n° 1.

SAUVÉ, J.-M.,
– « Allocation d'ouverture », *in Le droit de la régulation économique*, actes du colloque organisé par l'Association des Conseils d'État et des juridictions administratives suprêmes de l'Union européenne (ACA-Europe) à Paris les 15, 16 et 17 juin 2014, p. 1 ;
– « Séance d'ouverture », *in Corriger, équilibrer, orienter : une vision renouvelée de la régulation économique. Hommage à Marie-Dominique Hagelsteen,* Un colloque organisé par le Conseil d'État et l'Autorité de la concurrence le 24 septembre 2013 à l'École nationale d'administration, La documentation française, coll. Droits et Débats, 2014, p. 8.

SAVY, R.,
– « La notion de droit économique en droit français », *AJDA*, 1971, p. 132.

SCHMALENSEE, R. et EVANS, D.,
– « The Economics of Interchange Fees and their Regulation : An Overview », *MIT Sloan Management Review,* mai 2005, NBR working paper n° 4548-05.

SCHMIDT, D.,
– « Transparence et marchés financiers et boursiers », *in* Lucas de Leyssas C. (dir.), *La transparence*, *RJ com.* 1993, p. 168.

SCHÖNING, F. et TAGARA, M.,
– « Blockchain : Mind the gap ! Lessons learnt from the net neutrality debate and competition law related aspects », *Concurrences* n° 3-2018, septembre 2018, art. n° 87246, p. 1.

SCHREPEL, Th.,
– « Libra : A Concentrate of "Blockchain Antitrust" », *Michigan Law Review Online,* 118, 2020, 160 ;
– « Collusion by blockchain and smart contracts », *Harvard Journal of Law & Technology* vol. 33, n° 1, Fall 2019, p. 118 ;
– « Is blockchain the death of antitrust law ? the blockchain antitrust paradox », *Georgetown Law Technology Review* vol. 3.2, 2019, p. 281.

SCHWARTZ, A.,
– « Why financial stability depends on price stability ? », *Economic Affairs* n° 4, vol. 15, 1995.

SCHWERER, Fr.,
– « Les virements transfrontières : un marché ou un système ? », *RDAI* 1996, p. 435.

SEMERARO, S.,
– « Assessing the Costs and Benefits of Credit Card Rewards : A Response to "Who Gains and Who Loses From Credit Card Payments ? Theory and Calibrations" », *CLR,* 2012, vol. 25, p. 30 ;
– « Credit Card Interchange Fees : Debunking Six Myths », *Banking & Financial Services Policy Report,* 2008, vol. 27, n° 2, p. 1.

SERGAKIS, K.,
– « Le renforcement des pouvoirs des autorités compétentes », *BJB* n° 51, 2012, p. 118.

SEVY, D. et CHONÉ, P.,
– « Régulation et Concurrence », *Concurrences,* n° 1-2011, janvier 2011, art. n° 34185.

SEVY, D. et JUTS, J.,
– « Concurrence et services financiers : Le cadre économique de fixation des montants des commissions multilatérales d'interchange », *Concurrences* n° 2-2014, mai 2014, art. n° 65210, p. 30.

SHAFFER, S.,
– « Competition in the U.S. banking industry », *Economics Letters*, vol. 259 (4), 1998, p. 321.

SHAMSI, S., SOLOMON, P., et ROBINS, N.,
– « Compensatory measures in the banking sector », *in* Laprévote, Fr.-Ch., Gray, J. et De Cecco, F. (dir.), *Research Handbook on State Aid in the Banking Sector*, Edward Elgar, coll. Research Handbooks in Financial Law series, 2017, p. 151.

SIBONY, A.-L. et BARBIER de la SERRE, E.,
– « Charge de la preuve et théorie du contrôle en droit communautaire de la concurrence : pour un changement de perspective », *RTD eur.* 2007, p. 205.

SITRUK, H.,
– « Quel avenir pour les interchanges ? », *RB* n° 829, 2 novembre 2010, p. 37.

SOUSI-ROUBI, Bl.,
– « Être ou ne pas être un établissement relevant d'un pays tiers à l'Union européenne », *in* Pailler, P., Rouaud A.-Cl. et Roussille, M. (dir.), *Autour du droit bancaire et financier et au-delà, Mélanges en l'honneur de Jean-Jacques Daigre*, Joly éditions, 2017, p. 779 ;
– « Les systèmes de paiement. Réflexions sur la notion de marché dans le secteur bancaire », *in* Dassesse M., Boelens M., Buyle J.-P., Dumont Fr., Lanoye L. et Chr. Steyaert (dir.), *Le secteur bancaire et la concurrence, Bruylant,* coll. Cahiers AEDBF, 1997, p. 133.

SOUSI-ROUBI, Bl., WALLE DE GHELCKE (Van de), B., MARTÍNEZ-RIVERO, E. et ALLIX, J.,
– « Les accords dans le secteur bancaire : De la standardisation à l'entente », *Concurrences* n° 1-2007, février 2007, art. n° 13186, p. 68.

SOUSI-ROUBI, Bl. et ZACHMANN, J.,
– « Le contrôle communautaire des concentrations bancaires. La spécificité de la question », *RDBB* n° 36, mars/avril 1993, p. 77.

SPECTOR, D.,
– « L'économiste appelé à la barre : la régulation économique et juridique de la concurrence », *in À quoi servent les sciences humaines (III), Tracés. Revue de Sciences humaines* n° 11/2011, p. 237.

STASIAK, F.,
– « Les cumuls de sanctions en droit boursier », *BJB* n° 20, 1997, p. 181.

STEENBERGEN, J.,
– « Les règles de concurrence et le secteur bancaire », *in* Dassesse M., Boelens M., Buyle J.-P., Dumont Fr., Lanoye L. et Chr. Steyaert (dir.), *Le secteur bancaire et la concurrence, Bruylant,* coll. Cahiers AEDBF, 1997, p. 107.

STIGLER, G.,
– « The Theory of Economic Regulation », *Bell Journal of Economics and Management Science* 1971, vol. 2, issue 1, p. 3.

STORRER, P.,
– « L'apport des FinTechs au droit des services de paiement », *RD bancaire et fin.* n° 1, janvier 2017, doss. 6 ;
– « Le Règlement CMI ou la renaissance d'un régime légal des paiements par carte », *RB* n° 884, 2015, p. 89.

STOUFFLET, J.,
– « Le service bancaire de base », *RD bancaire et fin.* n° 2, mars 2001, étude 100013 ;
– « La loi bancaire du 24 janvier 1984 (suite) », *JCP G* n° 4, 23 janvier 1985, doctr. 3176.

SUEUR, J.-J.,
– « La "main invisible" ou le droit économique – Retour sur Adam Smith et certaines de ses institutions », *RIDE* 2013/4, p. 491.

SYKES, A.,
– « Antitrust Issues in Two-Sided Network Markets : Lessons from in Re Payment Card Interchange Fee and Merchant Discount Antitrust Litigation », *CPI Journal*, 2014, vol. 10, n° 2.

TABAU DAUGÉ L.,
– « Repenser l'offre paiement : une nécessité pour les banques », *RB* n° 873, 2014, p. 80.

TAILLE (de la), B.,
– « La pluralité des producteurs de droit entre l'Europe et les États », *in* Frison-Roche M.-A. (dir.), *Droit et économie de la régulation. 2*, Presses de Sciences Po, 2004, p. 52.

TANDEAU de MARSAC, S.,
– « Comment réguler les fintechs ? », *Banque et droit* n° 181, septembre-octobre 2018, p. 12.

TAYLOR, J. B.,
– « The Financial Crisis and the Policy Responses : An Empirical Analysis of What Went Wrong », *Rock Center for Corporate Governance,* Working Paper n° 30, jan. 2009.

THATCHER, M.,
– « Concurrence ou complémentarité ? À propos de la délégation des pouvoirs », *RFAP* n° 109, 2004/1, p. 49.

THÉBAULT, L.,
– « L'extension du régime français des établissements de crédit aux succursales de banques étrangères », *Banque* n° 786, juillet-août 2015.

THESMAR, D. et BAUDRY, S.,
– « Comment limiter le risque bancaire systémique en Europe ? », *Regards croisés sur l'économie*, n° 11, 2012/1, p. 176.

THÉOPHILE, D.,
– « Les excès de la régulation concurrentielle », *JCP G* n° 23, 8 juin 2015, doctr. 674, p. 1132.

THÉOPHILE, D. et CAMOUS, E.,
– « La prise en compte des difficultés économiques des entreprises en période de crise par le droit de la concurrence », *RDA* n° 9, janvier 2011, 17.

THEOPHILE, D. et RENAUDEAU, É.,
– « Les relations entre le Conseil de la concurrence, l'ARCEP, la CRE et le CSA : Coopération ou concurrence ? », *Concurrences* n° 3-2008, septembre 2008, art. n° 20367, p. 67.

THEOPHILE, D., SCHWIMANN, I., PELLET, J. et ARNAUD, C.,
– « Bourses, OPA et concurrence », *Concurrences* n° 1-2007, février 2007, art. n° 13173, p. 68.

THÉOPHILE, D. et THAUVIN, E.,
– « Le droit des ententes en 2015 », *CCC* n° 6, juillet 2016, dossier 13, p. 22.

THIVEAUD, J.-M.,
– « Les évolutions du système bancaire français de l'entre-deux-guerres à nos jours : Spécialisation, déspécialisation, concentration, concurrence », *Revue d'économie financière* n° 39, 1997, p. 27.

TIEU, O.-T.,
– « Sur les propositions de règlement et de directive sur les opérations d'initiés et les manipulations de marché », *D.* 2011, p. 2809.

TIMSIT, G.,
– « La régulation. La notion et le phénomène », *RFAP* n° 109, 2004/1, p. 5 ;
– « Les deux corps du droit : essai sur la notion de régulation », *RFAP* n° 88, 1996, p. 375.

TIROLE, J.,
– « Réglementation des cartes de paiement : une application de l'analyse économique à la politique de la concurrence », *Banque & Stratégie* n° 298, novembre 2011 ;
– « Payment Card Regulation and the Use of Economic Analysis in Antitrust », *CPI,* 2011, vol. 8, n° 1, p. 137.

TORCK, S.,
– « L'extension de la répression des opérations d'initiés aux marchés dérivés de matières premières : faut-il privilégier une approche sectorielle ? », *Dr. sociétés* n° 8-9, août 2013, comm. 143.

TRAINAR, Ph.,
– « Les assurances et les banques : fin de partie ? », *Revue d'économie financière* n° 88, 2005, p. 207.

TRICHET, J.-Cl.,
– « Avant-propos », *Revue de la stabilité financière*, n° 1, novembre 2002, p. 5.

TUOT, Th.,
– « La sauvegarde et l'adaptation de la hiérarchie des normes en matière de régulation », *in* Frison-Roche M.-A. (dir.), *Droit et économie de la régulation. 2*, Presses de Sciences Po, 2004, p. 84.

VABRES, R.,
– « La réforme du système européen de surveillance financière : les pouvoirs des autorités européennes de surveillance » *RD bancaire et fin.* n° 2, mars 2011, étude 12, p. 19.

VALETTE, J.-P.,
– « La régulation des marchés financiers », *RDP* n° 1, 1er janvier 2005, p. 183.

VANDENBORRE, I., LEVI, St. D. et JANSSENS, C.,
– « Fintech and access to data », *in Banking and big data*, On-Topic, *Concurrences* n° 4-2019, p. 37.

VANEL, M.-J.,
– « Les rapports et coopérations entre autorités de régulation concurrentielle et financière », *in Droit boursier et droit de la concurrence*, Colloque DGCCRF, *LPA* n° 144, 21 juillet 1999, p. 35.

VAUPLANE (de), H.,
– « Les défis juridiques du Libra et plus généralement des cryptomonnaies », *RD bancaire et fin.* n° 1, janvier 2020, étude 2 ;
– « Quelle réglementation pour les FinTech ? », *Banque* n° 799, septembre 2016, p. 22 ;
– « Changer les paradigmes de la régulation financière », *in Rapport moral sur l'argent dans le monde*, Association d'économie financière, 2014, p. 25 ;
– « Marchés financiers : régulation, réglementation ou autoréglementaiton ? », *in Le Code de commerce 1807-2007, Livre du bicentenaire,* Dalloz 2007, p. 373.

VAUPLANE (de), H., DAIGRE, J.-J., SAINT-MARS, B. et BORNET, J.-P.,
– « Directive marchés d'instruments dérivés – Révision – Proposition de la commission européenne », *Banque et droit* n° 140, 2011, p. 37.

VELDE, Fr. R.,
– « Bitcoin pour remplacer les devises ? », *Revue d'économie financière* 2015/4, n° 120, p. 105.

VER LOREN VAN THEMAAT, P.,
– « L'économie à travers le prisme du juriste », *RIDE* 1989/2, p. 133.

VIENNOIS, J.-P.,
– « La constitution européenne et le droit de la concurrence », *RLC* 2005/1, p. 118.

VILLARET, L.,
– « Comment appliquer aux activités bancaires les règles de concurrence du traité CEE ? », *Banque* 1962, p. 511.

VILMART, Chr.,
– « Naissance de l'Autorité de la concurrence : une réforme fondamentale mais inachevée », *JCP E* n° 4, 22 janvier 2009, 1077.

VISNOVSKY, F.,
– « La réglementation des conglomérats financiers », *Revue d'économie financière* n° 60, 2000, p. 161.

VOGEL, L.,
– « Une nouvelle venue sur la scène du droit de la concurrence : la restriction par objet », *CCC* n° 5, mai 2015, dossier 2, p. 8 ;
– « L'économie, serviteur ou maître du droit », *in Une certaine idée du droit : mélanges André Decocq*, Litec, 2004, p. 605 ;
– « L'influence du droit communautaire sur le droit français de la concurrence », *JCP G* n° 3550, 1992, I, p. 33.

WAELBROECK, D.,
– « Le secteur bancaire au regard du droit de la concurrence – principes juridiques de base », *in* Dassesse M., Boelens M., Buyle J.-P., Dumont Fr., Lanoye L. et Chr. Steyaert (dir.), *Le secteur bancaire et la concurrence, Bruylant,* coll. Cahiers AEDBF, 1997, p. 9.

WAELBROECK, P.,
– « Les enjeux économiques de la blockchain », *Annales des mines – Réalités industrielles* 2017/3, août 2017, p. 10.

WHITE, A.,
– « Les rapports et coopérations entre autorités de régulation concurrentielle et financière : l'expérience anglaise », *in Droit boursier et droit de la concurrence*, Colloque DGCCRF, *LPA* n° 144, 21 juillet 1999, p. 38.

WHITE, L. H.,
– « The Market for Cryptocurrencies », *Cato Journal* vol. 35, 2015, issue 2, p. 383.

WHITE, L. J.,
– « Antitrust and the Financial Sector – with Special Attention to "Too Big to Fail" », *New York University, Leonard N. Stern School of Business, Department of Economics*, 27 mars 2014, Working Paper n° 14-10.

WHITE, W. R.,
– « Is price stability enough ? », *BIS Working Papers*, n° 205, avril 2006.

WOLFRAM, R.,
– « In Re Libor : More Light, Please ! -- Questions and Observations as the Decision Dismissing Antitrust Claims for Lack of Antitrust Injury Now Faces Appellate Review », *CPI Journal*, janvier 2015, vol. 11.

WYMEERSCH, E.,
– « Third-country equivalence and access to the EU financial markets including in case of Brexit », *Journal of Financial Regulation* 2018, p. 209 ;
– « The single supervisory mechanism or "SSM", part one of the banking Union », *ECGI*, février 2014, Law working paper n° 240/2014.

ZABALA, Br.,
– « La protection de la clientèle par les organismes de régulation financière », *in* Delion A. et Vidal L. (dir.), *Les réformes des régulations financières, Annales de la régulation*, vol. 3, 2013, p. 101.

ZACHMANN, J.,
– « Principes économiques de base et leur application aux marchés bancaires », *in* Dassesse M., Boelens M., Buyle J.-P., Dumont Fr., Lanoye L. et Chr. Steyaert (dir.), *Le secteur bancaire et la concurrence, Bruylant,* coll. Cahiers AEDBF, 1997, p. 31.

ZILLER, J.,
– « La régulation comme prévention des crises », *in* Frison-Roche M.-A. (dir.), *Droit et économie de la régulation. 3*, Presses de Sciences Po, 2005, p. 51 ;
– « L'interrégulation dans le contexte de l'intégration européenne et de la mondialisation », *RFAP* n° 109, 2004/1, p. 17.

ZIVY, F.,
– « Réguler la concurrence : un principe particulièrement nécessaire à notre temps. Réflexions sur les fondements constitutionnels d'un droit très politique », *RLC* 2015/42.

ZOLYNSKI, C.,
– « *Blockchain* et smart contracts : premiers regards sur une technologie disruptive », *RD bancaire et fin.* n° 1, janvier 2017, doss. 4.

ZYWICKI, T., MANNE, G. et MORRIS, J.,
– « Price Controls on Payment Card Interchange Fees : The U.S. Experience », *ICLE Financial Regulatory Research Program*, juin 2014, white paper n° 2014-2.

V – Colloques, conférences, séminaires et journées d'étude

10 ans d'application du règlement 1/2003 et de la loi luxembourgeoise relative à la concurrence : un état des lieux sur l'application décentralisée du droit de la concurrence de l'Union européenne, Chambre de Commerce, Luxembourg-Kirchberg, 6 juin 2014, *Concurrences* n° 4-2014, décembre 2014.

Antitrust in the Financial Sector : Hot Issues & Global Perspectives, Colloque organisé par la revue Concurrences et le cabinet Morgan Lewis, New York, 23 mai 2017, *Concurrences.*

Banque, Finance et Concurrence, Colloque organisé par les revues Concurrences et RTDF, Paris, 30 novembre 2006, *Concurrences* n° 1-2007, février 2007.

Bourse et concurrence. Restructuration des marchés boursiers : opportunités et risques, Cycle « Droit et économie de la concurrence », Cour de cassation, Paris, 25 octobre 2007, *RLC* 2008/16, n° 1183.

Corriger, équilibrer, orienter : une vision renouvelée de la régulation économique. Hommage à Marie-Dominique Hagelsteen, Un colloque organisé par le Conseil d'État et l'Autorité de la concurrence le 24 septembre 2013 à l'École nationale d'administration, La documentation française, coll. Droits et Débats, 2014.

Droit boursier et droit de la concurrence, Colloque DGCCRF, *LPA* n° 144, 21 juillet 1999.

Droit de la concurrence et droit privé, Colloque organisé par l'Université Lyon III le 15 octobre 1999, *Cah. dr. entr.* n° 3, mai 2003.

Droit, économie, justice et secteur bancaire, Colloque organisé par M.-A. Frison-Roche dans le cadre du cycle de conférences de la Chaire Régulation de l'IEP de Paris (Science Po), à la Cour de cassation (Paris), le 4 avril 2005.

Journée des docteurs en droit public économique – Seconde édition, Colloque organisé par le GRDPE à la Faculté de droit de Grenoble le 8 février 2013, *RGD*, 2014.

L'économie des marchés « biface », Séminaire DGTPE-Concurrence, Paris, 15 décembre 2005, *RLC* 2006/9.

L'effectivité du droit de la consommation, colloque organisé par le Centre Jean Bodin

à l'Université d'Angers le 26 mars 2015, *RDLA* n° 105, juin 2015, p. 49.

L'influence du droit communautaire sur le droit des affaires en France dans la perspective de 1992, Colloque Association Droit et commerce, Deauville, 13 et 14 juin 1987, *RJ com.* novembre 1987.

L'interrégulation, Actes du colloque organisé dans le cadre des 5e Journées européennes de la régulation, par G. Eckert et J.-Ph. Kovar à l'École nationale d'administration, Strasbourg, les 31 janvier et 1er février 2013, L'Harmattan, coll. Logiques juridiques, 2015.

La réécriture du titre IV du livre IV du code de commerce, Colloque organisé par A.-S. Choné-Grimaldi, Université Paris-Nanterre, 4 avril 2019, *Concurrences* n° 3-2019, septembre 2019.

La réparation des dommages concurrentiels en France et en Europe : état des lieux et changements à venir, Paris, 13 mai 2014, *Concurrences* n° 3-2014, septembre 2014.

Le Code de commerce : son histoire et l'évolution parallèle du droit de la concurrence déloyale, Congrès régional des Tribunaux de Commerce de la 2e Délégation Bicentenaire du Code du Commerce, 22 juin 2007, sous la direction de Y. Picod, Palais Consulaire de Perpignan, Presses Universitaires de Perpignan, 2009.

Le droit de la régulation économique, Colloque organisé par l'Association des Conseils d'État et des juridictions administratives suprêmes de l'Union européenne (ACA-Europe) à Paris les 15, 16 et 17 juin 2014, Actes disponibles sur le site du Conseil d'État.

Le fonctionnement concurrentiel du marché de la publicité, Séminaire Philippe Nasse, organisé par la direction générale du Trésor et l'Autorité de la concurrence, Paris, 5 mai 2011, *RLC* 2011/28.

Le secteur bancaire, Les actes des ateliers de la concurrence de la DGCCRF du 20 octobre 2009.

Le secteur bancaire et la concurrence, journée d'étude organisée par l'Association européenne pour le droit bancaire et financier (AEDBF) – Belgium, sous la direction de M. Dassesse, M. Boelens, J.-P. Buyle, Fr. Dumont, L. Lanoye et Chr. Steyaert, à Bruxelles, le 6 juin 1996.

Les dimensions de la sphère publique en droit de la concurrence, Colloque Université de Caen Basse-Normandie, CRDFED et CRDP, 3 octobre 2014, *RJ com.* n° 6, novembre-décembre 2014.

Les marchés « biface », Séminaire Philippe Nasse, organisé par la direction générale du Trésor et l'Autorité de la concurrence, Paris, 13 décembre 2012, *RLC* 2013/35.

Les nouveaux enjeux concurrentiels dans les secteurs de la banque et de l'assurance », Séminaire Philippe Nasse, organisé par la direction générale du Trésor et l'Autorité de la concurrence, Paris, 5 septembre 2018.

New Frontiers of Antitrust (5e édition), 21 février 2014, Ministère de l'économie, Paris, *Concurrences* n° 2-2014, mai 2014.

Régulation et règlement des conflits en matière bancaire et financière à l'épreuve de la crise, colloque organisé par Cl. Boiteau, Th. Kirat et J. Morel-Maroger à l'Université Paris Dauphine dans le cadre d'un projet de recherche du CR2D et l'IRISSO, les 9 et 10 octobre 2014.

Régulations, Colloque organisé par le Centre de Recherches sur le Droit Public de l'Université Paris Ouest Nanterre La Défense, sous la direction de A. Sée, La Mémoire du droit, 2013.

VI – Études et rapports officiels

(Cette section ne recense que les études et rapports cités dans la thèse, à l'exclusion de ceux qui n'ont fait l'objet que d'une consultation)

Ahrend, R., Arnold, J. et Murtin, F.,
– *Prudential Regulation and Competition in Financial Markets*, Éditions de l'OCDE, Economics Department, Working Paper nº 735, ECO/WKP(2009)76, 2009.

Authority for Consumers and Markets (ACM),
– *Fintechs in the payment system – The risk of foreclosure*, 19 décembre 2017.

Autoridade da Concorrência (ADC),
– *Technological Innovation and Competition in the Financial Sector in Portugal, Issues Paper*, avril 2018.

Autorité bancaire européenne (ABE),
– *Report with advice for the European Commission on crypto-assets*, 9 janvier 2019.

Autorité de contrôle prudentiel et de résolution (ACPR),
– *Les chiffres du marché français de la banque et de l'assurance 2019, 1*3 octobre 2020 ;
– *Rapport annuel 2019.*

Autorité de la concurrence,
– *Rapport annuel 2017 ;*
– *Rapport annuel 2012* ;
– *Rapport annuel 2010.*

Autorité des marchés financiers (AMF),
– *Cartographie des risques 2017*, Risques et tendances, juillet 2017.

Banque centrale européenne (BCE),
– *Virtual currency schemes – a further analysis*, QB-04-15-134-EN-N, février 2015 ;
– *La politique monétaire de la BCE 2001 ;*
– *Rapport annuel 2011 ;*
– *Rapport annuel 1999.*

Banque Nationale de Belgique,
– *Coûts, avantages et inconvénients des différents moyens de paiement,* décembre 2005.

Bergman, M., Guibourg, G. et Segendorf, B.,
– *The Costs of Paying – Private and Social Costs of Cash and Card Payments,* Riksbank Research Paper Series nº 112, 2007.

Biggar, D. et Heimler, A.,
– *An Increasing Role for Competition in the Regulation of Banks – Antitrust Enforcement in Regulated sectors*, International Competition Network, Subgroup 1, Bonn, juin 2005.

Bordes, Chr. et Clerc, L.,
– *Stabilité des prix et stratégie de politique monétaire unique*, Banque de France, Note d'étude et de recherche nº 109, mars 2004.

BRITS, H. et WINDER, C.,
– *Payments are no free lunch,* De Nederlandsche Bank Occasional Studies Vol. 3, n° 2, 2005.

CARLETTI, E. et SMOLENSKA, A.,
– *10 ans après la crise financière : la coopération entre les autorités de règlementation et celles de la concurrence dans le secteur financier,* Groupe de travail n° 2 sur la concurrence et la réglementation (OCDE), Note de référence, DAF/COMP/WP2(2017)8, 23 novembre 2017.

COHEN, E. et LORENZI, J.-H.,
– *Politiques industrielles pour l'Europe*, La Documentation française, coll. Les Rapports du Conseil d'analyse économique, décembre 2000.

COMISIÓN NACIONAL DE LOS MERCADOS Y LA COMPETENCIA (CNMC),
– *Market Study on the impact on competition of technological innovation in the financial sector (FINTECH),* E/CNMC/001/18, 13 septembre 2018.

COMITÉ CONSULTATIF DU SECTEUR FINANCIER (CCSF),
– *Réforme de la mobilité bancaire : Le Bilan*, juin 2018.

COMITÉ DES ÉTABLISSEMENTS DE CRÉDIT ET DES ENTREPRISES D'INVESTISSEMENT (CECEI),
– *Rapport annuel 1999.*

COMITÉ EUROPÉEN DES RÉGULATEURS DE MARCHÉS DE VALEURS MOBILIÈRES (CERVM),
– *Rapport sur les mesures et sanctions administratives ainsi que sur les sanctions pénales en vigueur dans les États membres en vertu de la directive abus de marché*, CESR/07-693 ; CESR/08-099, novembre 2007.

COMMISSION DES COMMUNAUTÉS EUROPÉENNES,
– *Rapport sur la politique de concurrence 2004*, SEC(2005) 805 final ;
– *Rapport sur la politique de concurrence 1998 ;*
– *Rapport sur la politique de concurrence 1996 ;*
– *Rapport sur la politique de concurrence 1995 ;*
– *Rapport sur la politique de concurrence 1994 ;*
– *Rapport sur la politique de concurrence 1993 ;*
– *Rapport sur la politique de concurrence 1992 ;*
– *Rapport sur la politique de concurrence 1991 ;*
– *Rapport sur la politique de concurrence 1987 ;*
– *Rapport sur la politique de concurrence 1984 ;*
– *Rapport sur la politique de concurrence 1981 ;*
– *Rapport sur la politique de concurrence 1980 ;*
– *Rapport sur la politique de concurrence 1978 ;*
– *Rapport sur la politique de concurrence 1975 ;*
– *Rapport sur la politique de concurrence 1974 ;*
– *Rapport sur la politique de concurrence 1972 ;*
– *Rapport sur la politique de concurrence 1971.*

COMMISSION EUROPÉENNE,
– *Rapport sur la politique de concurrence 2018*, COM(2019) 339 final ;
– *Rapport sur la politique de concurrence 2016*, COM(2017) 285 final ;
– *Rapport sur la politique de concurrence 2011*, COM(2011) 328 final ;
– *Rapport sur la politique de concurrence 2010*, COM(2011) 328 final ;
– *Rapport sur la politique de concurrence 2009*, COM(2010) 282 final.

CONFÉRENCE DES NATIONS UNIES SUR LE COMMERCE ET LE DÉVELOPPEMENT (CNUCED),
– *Relations entre politique de concurrence et politique industrielle dans le cadre de la promotion du développement économique*, TD/B/C. I/CLP/3, 27 avril 2009.

Conseil de la concurrence,
– *Rapport annuel 2006.*

Conseil de stabilité financière (CSF),
– *Financial Stability Implications from FinTech. Supervisory and Regulatory Issues that Merit Authorities' Attention*, 27 juin 2017.

Cour de cassation,
– *Rapport annuel 2005.*

Dawkins, R., Drury, D. (Europe Economics), Bretz, O., Leppard, M., Bardell, H. (Euclid Law),
– *EU loan syndication and its impact on competition in credit markets, Final report*, European Commission, DG Competition, 20 mai 2019.

Deletré, B.,
– *Rapport de la mission de réflexion et de propositions sur l'organisation et le fonctionnement de la supervision des activités financières en France*, n° 2008-M-069-02, janvier 2009.

De Nederlandsche Bank,
– *The cost of payments,* DNB Quarterly Bulletin, mars 2004.

Encaoua, D. et Guesnerie, R.,
– *Politiques de la Concurrence*, La Documentation française, coll. Les Rapports du Conseil d'analyse économique, 2006.

European Competition Network (ECN),
– *Information paper on competition enforcement in the payment sector*, subgroup Banking and Payment, mars 2012.

European Money Markets Institute (EMMI),
– *Consultative position paper on the evolution of Euribor*, 30 octobre 2015.

European Securities and Markets Authority (ESMA) et European Banking Authority (EBA),
– Principles for Benchmark-Setting Processes in the EU, Final Report, 2013/658, 5 juin 2013.

Faure-Muntian, V., Ganay (de), Cl. et Le Gleut, R.,
– *Rapport au nom de l'OPECST sur les enjeux technologiques des blockchains (chaînes de blocs)*, Assemblée nationale, rapport n° 1092, Sénat, rapport n° 584, 20 juin 2018.

Folz, J.-M., Raysseguier, C., Schaub, A., Chantrel, E. et Navacelle (de), C.,
– *Rapport sur l'appréciation de la sanction en matière de pratiques anticoncurrentielles*, Ministère de l'économie de l'industrie et de l'emploi, septembre 2010.

Fraile Carmona, A., González-Quel Lombardo, A., Rivera Pastor, R., Tarín Quirós, C., Villar García, J.-P., Ramos Muñoz, D. et Castejón Martín, L.,
– *Competition issues in the Area of Financial Technology (FinTech),* Parlement européen, Direction générale des politiques internes de l'Union, Study IP/A/ECON/2017-20, juillet 2018.

Gallon, S., Pinçon, M.-A. et Vasseur, D.,
– *Politique industrielle et politique de la concurrence*, Direction Générale du Trésor et de la Politique Économique, Document de travail, Juillet 2005.

Hileman, G. et Rauchs, M.,
– *Global blockchain benchmarking study*, Cambridge Centre for Alternative Finance, 2017 ;
– *Global cryptocurrency benchmarking study*, Cambridge Centre for Alternative Finance, 2017.

International Competition Network (ICN),
– *Limits and constraints facing antitrust authorities intervening in regulated sectors – Report to the Third ICN Annual Conference*, Antitrust Enforcement in Regulated Sectors Working group, Subgroup 1, Séoul, avril 2004 ;

– *Enforcement experience in regulated sectors – Report to the Third ICN Annual Conference*, Antitrust Enforcement in Regulated Sectors Working groups, Subgroup 2, Séoul, avril 2004 ;
– *Interrelations between antitrust and regulatory authorities – Report to the Third ICN Annual Conference*, Antitrust Enforcement in Regulated Sectors Working Group, Subgroup 3, Séoul, avril 2004.

Kerjean, S.,
– *The legal implications of the prudential supervisory assessment of bank mergers and acquisitions under EU law*, ECB, Legal working papers series, n° 6, juin 2008.

Lamfalussy, A. (dir.),
– *Rapport final du Comité des sages sur la régulation des marchés européens des valeurs mobilières*, Bruxelles, 15 février 2001.

Larosière (de), J. (dir.),
– *Rapport, High-level group on financial supervision in the EU*, Bruxelles, 25 février 2009.

Marini, Ph.,
– *Rapport d'information sur la crise financière et la régulation des marchés*, Doc. Sénat n° 59, session ordinaire de 2009-2010, octobre 2009, p. 21.

Mercereau, I.,
– *Portabilité du compte bancaire,* Cour des comptes, décembre 2014.

Ministry of Finance (Royaume-Uni),
– *The Wheatley Review of Libor : Final Report*, H.M. Treasury, Londres, septembre 2012.

Monti, M.,
– *Une nouvelle stratégie pour le marché unique au service de l'économie et de la société européennes*, Rapport au Président de la Commission européenne José Manuel Barroso, 9 mai 2010.

Organisation de coopération et de développement économiques (OCDE),
– *Le rôle de la concurrence dans la protection financière des consommateurs.* Note de réflexion du Secrétariat, DAF/COMP(2014)6, 3 novembre 2014 ;
– *Competition and payment system*, Policy roundtables, DAF/COMP(2012)24, 28 juin 2013 ;
– *Competition and regulation in retail banking*, OECD journal : competition law and policy, vol. 11/3, 2011, p. 101 ;
– *Competition and efficient usage of payment cards*, OECD journal : competition law and policy, vol. 11/3, 2011, p. 7 ;
– *Bank competition and financial stability,* Éditions de l'OCDE, 2011 ;
– *Exit strategies,* Policy Roundtables, DAF/COMP(2010)32, 30 novembre 2010 ;
– *Competition, Concentration and Stability in the Banking Sector*, Policy Roundtables, DAF/COMP(2010)9, 3 septembre 2010 ;
– *The Failing Firm Defence,* Policy Roundtables, DAF/COMP(2009)38, 10 août 2010 ;
– *Réglementation prudentielle et concurrence dans le secteur bancaire*, Réformes économiques : Objectif croissance, Éditions de l'OCDE, 3 mai 2010, p. 209 ;
– *Concurrence et marchés financiers – Messages clés*, DAF/COMP (2009) 11, 2009 ;
– *Competition and Regulation in Retail Banking*, Policy Roundtables, DAF/COMP(2006)33, 27 octobre 2008 ;
– *Dynamic Efficiencies in Merger Analysis*, Policy roundtables, DAF/COMP(2007)41, 15 mai 2008 ;
– *Mergers in Financial Services*, Policy Roundtables, DAFFE/CLP(2000)17, 20 septembre 2000 ;
– *Enhancing the role of competition in the regulation of banks,* Policy roundtables, DAFFE/CLP(1998)16, 11 septembre 1998.

PAWCZUK, L., MASSEY, R. et HOLDOWSKY, J.,
– *Deloitte's 2019 Global Blockchain Survey. Blockchain gets down to business*, Deloitte. Insights, 2019.

PERROT, A., BLONDE, V., ROPARS, A., CATOIRE, S. et MARITON, H.,
– *La politique de la concurrence et les intérêts stratégiques de l'UE,* IGF n° 2018-M-105-03, avril 2019.

RAUDIÈRE (de la), L. et MIS, J.-M.,
– *Les chaînes de blocs (blockchains),* rapport n° 1501 déposé par la mission d'information commune, Assemblée nationale, 12 décembre 2018.

SEGRÉ, Cl. (dir.),
– *Le développement d'un marché européen des capitaux,* Rapport d'un groupe d'experts constitué par la Commission de la CEE, Bruxelles, novembre 1966.

VII – Notes et commentaires

BARBIER, H.,
– CA Paris, 27 septembre 2017, n° 16-00671, *RTD civ.* 2018, p. 114.

BAZEX, M.,
– Aut. conc., avis n° 11-A-02 du 20 janvier 2011, *relatif au secteur des jeux d'argent et de hasard en ligne*, *CCC* n° 3, mars 2011, comm. 86, p. 35.

BAZEX, M. et BLAZY, S.,
– Cons. conc., avis n° 05-A-08 du 31 mars 2005, *relatif à une demande d'avis de la Confédération de la consommation, du logement et du cadre de vie (CLCV) portant sur les conditions dans lesquelles pourrait être envisagée la mise en place d'un service bancaire de base*, *Dr. Adm.* n° 6, juin 2005, comm. 93.

BEHAR-TOUCHAIS, M.,
– Cass. com., 15 janvier 2020, n° 18-10512, *JCP E* n° 21-22, 21 mai 2020, 1212 ;
– Cass. com., 14 avril 2015, n° 12-15971, *RDC* n° 3, 2015, p. 563 ;
– CJUE, 11 septembre 2014, *Groupement des Cartes bancaires c. Commission,* aff. C-67/13 P, ECLI : EU : C : 2014:2204, *Concurrences* n° 4-2014, décembre 2014, chroniques, p. 110 ;
– CJUE, 11 septembre 2014, *Groupement des Cartes bancaires c. Commission,* aff. C-67/13 P, ECLI : EU : C : 2014:2204, *RDC* n° 1, 2015, p. 100.

BERLIN, D.,
– CJUE, 7 février 2018, *American Express Company c. The Lords Commissioners of Her Majesty's Treasury*, aff. C-304/16, ECLI : EU : C : 2018:66, *JCP G* n° 8, 19 février 2018, 219.

BERNARDEAU, L.,
– Comm. eur., 4 fév. 2015, décision *Yen Interest Rate Derivatives (ICAP)*, aff. COMP/39861, *Concurrences* n° 2-2015, mai 2015, chroniques, p. 84.

BILLARD, O. et FABRE, G.,
– CE, 21 mars 2016, *Société NC Numericable*, n° 390023, *Concurrences*, n° 2-2016, mai 2016, art. n° 89461, p. 143.

BLAISE, J-B.,
– Trib. UE, 24 mai 2012, *MasterCard et al. c. Commission*, aff. T-111/08, ECLI : EU : T : 2012:260, *RTD eur.* 2012, p. 914 ;
– TPICE, 9 septembre 2009, *Clearstream Banking AG et al. c. Commission,* aff. T-301/04, ECLI : EU : T : 2009:317, *RTD eur.* 2010, p. 647.

BONNEAU, Th.,
– Cass. com., 25 octobre 2017, nº 16-16839, *Banque et droit* nº 177, 2018, p. 21.

BOSCO, D.,
– CA Paris, 2 décembre 2021, n° 20-04626, pt. 148, *CCC* n° 1, janvier 2022, comm. 13 ;
– CJUE, 2 avril 2020, *Gazdasági Versenyhivatal c. Budapest Bank Nyrt. et al.*, aff. C-228/18, ECLI : EU : C : 2020:265, *CCC* nº 6, juin 2020, comm. 103 ;
– CJUE, 30 janvier 2020, *Generics (UK) Ltd et al. c. Competition and Markets Authority,* aff. C-307/18, ECLI : EU : C : 2020:52, *CCC* nº 4, avril 2020, comm. 71 ;
– Cass. com., 29 janvier 2020, nº 18-10.967 et 18-11.001, *CCC* nº 3, mars 2020, comm. 49 ;
– Concl. Av. gén. M. Bobek, 5 septembre 2019, CJUE, *Gazdasági Versenyhivatal c. Budapest Bank Nyrt. et al.,* aff. C-228/18, ECLI : EU : C : 2019:678, *CCC* nº 11, novembre 2019, comm. 183 ;
– *Ohio v. American Express Co.*, 585 U.S. (2018), *CCC* n° 8-9, Août 2018, comm. 159 ;
– Aut. conc., décision nº 18-DCC-95 du 14 juin 2018 *relative à la prise de contrôle exclusif d'une partie du pôle plats cuisinés ambiants du groupe Agripole par la société Financière Cofigeo* ; Min. Économie et Finances, décision du 19 juillet 2018 *statuant sur la prise de contrôle exclusif d'une partie du pôle plats cuisinés ambiants du groupe Agripole par Financière Cofigeo, BOCCRF* nº 7 du 7 août 2018, *CCC* nº 2, février 2019, chron. 2 ;
– CJUE, 11 septembre 2014, *Groupement des Cartes bancaires c. Commission eur.,* aff. C-67/13 P, ECLI : EU : C : 2014:2204, *CCC* nº 11, novembre 2014, comm. 250, p. 22 ;
– CA Paris, 23 février 2012, nº 2010-20555, *CCC* nº 4, avril 2012, comm. 104, p. 29.

BOURDEAUX, G.,
– CE, 16 mai 2003, nº 255482, *Fédération des employés et cadres (CGT-FO) et autres, JCP A* nº 30, 21 juillet 2003, 1691, p. 1007.

BROSSE (de la), J.,
– Aut. conc., décision nº 10-D-28 du 20 septembre 2010 *relative aux tarifs et aux conditions liées appliquées par les banques et les établissements financiers pour le traitement des chèques remis aux fins d'encaissement, L'express – entreprise*, 20 septembre 2010.

BUY, Fr.,
– Cass. com., 15 janvier 2020, nº 18-10512, *JCP G* nº 11, 16 mars 2020, 306.

BUY, Fr. et RODA, J.-Chr.,
– T. com. Paris, 2 septembre 2019, nº 2017050625, *AJ Contrat* 2019, p. 433.

CABRILLAC, M.,
– CA Paris, 27 novembre 2001, nº 2010-20555, *RTD com.* 2002, p. 141.

CALLEY, G.,
– Comm. CE., 10 mai 2007, communiqué nº IP/09/1482, *LPA* nº 216, 29 octobre 2007, p. 4.

CARDONNEL, P.,
– Trib. UE, 9 septembre 2014, *MasterCard et al. c. Commission*, aff. T-516/11, ECLI : EU : T : 2014:759, *Concurrences* nº 4-2014, décembre 2014, Chroniques, p. 206.

CAZET, S.,
– CJUE, 7 février 2018, *American Express Company c. The Lords Commissioners of Her Majesty's Treasury,* aff. C-304/16, ECLI : EU : C : 2018:66, *Europe* nº 4, avril 2018, comm. 141.

CHAGNY, M.,
– Cass. com., 15 janvier 2020, nº 18-10512, *RTD* com. 2020, p. 320 ;
– CA Paris, 27 septembre 2017, nº 16-00671, *RTD com.* 2018, p. 633.

CHAIEHLOUDJ, W.,
– *Ohio v. American Express Co.*, 585 U.S. (2018), *Concurrences* nº 4-2018, décembre 2018, chron. p. 209.

CHAN, S.,
– CJUE, 22 octobre 2015, *AC-Treuhand c. Commission*, aff. C-194/14 P, ECLI : EU : C : 2015:717, *ECLR* 2016, vol. 37, Issue 4, p. 133.

CHANTEPIE, G.,
– Cass. com., 15 janvier 2020, n° 18-10512, *AJ contrat* 2020, p. 153.

CHOLET, S.,
– Aut. conc., décision n° 12-D-17 du 5 juillet 2012, *relative à des pratiques relevées dans le secteur des moyens de paiements scripturaux (prélèvement, titre interbancaire de paiement, télé-règlement, virement et lettre de change), RLC* 2011/29, n° 1895, *p. 26* ;
– Aut. conc., décision n° 11-D-11 du 8 juillet 2011, *relative à des pratiques mises en œuvre par le groupement des cartes bancaires, RLC* 2011/29, n° 1895, *p. 16*.

CHONÉ-GRIMALDI, A.-S.,
– Comm. eur., décision du 29 avril 2019, *MasterCard II*, aff. AT.40049, *Concurrences* n° 3-2019, septembre 2019, art. n° 91098, p. 81.

CRÉDOT, Fr. J., et GÉRARD, Y.,
– Cass. 1re civ., 11 octobre 1994, n° 92-13947, *Rev. dr. Bancaire et bourse*, novembre/décembre 1994, n° 46, p. 259.

CRÉDOT, Fr. J., et SAMIN, Th.,
– T. com. Paris, 24 janvier 2013, n° 2010-060778 ; T. com. Paris, 24 janvier 2013, n° 2010-055661, *RD bancaire et fin.* n° 3, mai 2013, comm. 78.

DASSESSE, M.,
– CJCE, 14 juillet 1981, *Gerhard Züchner c. Bayerische Vereinsbank AG*, aff. 172/80, ECLI : EU : C : 1981:178, *Cah. dr. eur. 1*982, p. 299.

DEBROUX, M.,
– Concl. Av. gén. M. Bobek, 5 septembre 2019, CJUE, *Gazdasági Versenyhivatal c. Budapest Bank Nyrt. et al.*, aff. C-228/18, ECLI : EU : C : 2019:678, *Concurrences* n° 4-2019, décembre 2019, art. n° 92206, p. 87 ;
– Comm. eur., décision du 22 janvier 2019, *MasterCard II*, aff. AT.40049, *JOUE* n° C144 du 14 mai 2011, p. 28, *Concurrences* n° 2-2019, mai 2019, art. n° 90132, p. 71 ;
– CJUE, 11 septembre 2014, *MasterCard et. al. c. Commission*, aff. C-382/12P, ECLI : EU : C : 2014:2201, *Concurrences* n° 4-2014, décembre 2014, Chroniques, p. 118 ;
– Trib. UE, 29 novembre 2012, *Groupement des cartes bancaires c. Commission*, aff. T-491/07, ECLI : EU : T : 2012:633, *Concurrences* n° 1-2013, février 2013, art. n° 50443, p. 68 ;
– Trib. UE, 24 mai 2012, *MasterCard et al. c. Commission*, aff. T-111/08, ECLI : EU : T : 2012:260, *Concurrences* n° 3-2012, septembre 2012, art. n° 48294, p. 90.

DECOCQ, G.,
– CJUE, 22 octobre 2015, *AC-Treuhand c. Commission*, aff. C-194/14 P, ECLI : EU : C : 2015:717, *CCC* n° 1, janvier 2016, comm. 16 ;
– CJUE, 11 septembre 2014, *MasterCard et. al. c. Commission*, aff. C-382/12P, ECLI : EU : C : 2014:2201, *CCC* n° 11, novembre 2014, comm. 251 ;
– Trib. UE, 24 mai 2012, *MasterCard et al. c. Commission*, aff. T-111/08, ECLI : EU : T : 2012:260, *CCC*, n° 7 juillet 2012, comm. 180 ;
– Trib. UE, 15 décembre 2011, *CDC Hydrogene Peroxide Cartel Damage Claims (CDC Hydrogene Peroxide) c. Commission*, aff. T-437/08, ECLI : EU : T : 2011:752, *CCC* n° 3, mars 2012, comm. 83 ;
– Trib. UE, 14 avril 2011, *Visa Europe et al. c. Commission*, aff. T-461/07, ECLI : EU : T : 2011:181, *CCC* n° 6, juin 2011, p. 49 ;

– Aut. conc., décision nº 10-D-28, 20 septembre 2010 *relative aux tarifs et aux conditions liées appliquées par les banques et les établissements financiers pour le traitement des chèques remis aux fins d'encaissement, CCC* nº 12, décembre 2010, p. 25 ;
– TPICE, 9 septembre 2009, *Clearstream Banking AG et al. c. Commission,* aff. T-301/04, ECLI : EU : T : 2009:317, *CCC* nº 11, novembre 2009, comm. 270 ;
– Aut. conc., avis nº 09-A-35 du 26 juin 2009 *portant sur le projet d'ordonnance relatif aux conditions régissant la fourniture de services de paiement et portant création des établissements de paiement, CCC* nº 10, octobre 2009, comm. 248 ;
– TPICE, 8 juillet 2008, *AC Treuhand AG c. Commission,* aff. T-99/04, ECLI : EU : T : 2008:256, *CCC* nº 10, octobre 2008, comm. 235.

DERENNE, J.,
– CJUE, 19 juillet 2016, *Tadej Kotnik et al. c. Državni,* aff. C-526/14, ECLI : EU : C : 2016:570, *Concurrences* nº 4-2016, décembre 2016, art. nº 82080, p. 144.

DERRIDA, F.,
– Cass. com., 18 avril 1958, nº 58-04997, *D.* 1959, jurispr., p. 87.

DIAWARA, K.,
– Trib. conc., 23 juillet 2013, *Commissaire de la concurrence c. Visa Canada et MasterCard International, Concurrences,* aff. CT-2010-10, *Concurrences* nº 4-2013, décembre 2013, art. nº 59411, p. 187.

DISSAUX, N.,
– Cass. com., 25 octobre 2017, nº 16-16839, *JCP E* nº 49, 7 décembre 2017, 1665, p. 35.

ECKERT, G.,
– T. confl., 2 mai 2011, *Sté. Europe Finance Industrie c. AMF*, C3766, *Droit Adm.* nº 10, octobre 2011, p. 52.

ÉRÉSÉO, N.
– CA Paris, 27 septembre 2017, nº 16-00671, *AJ Contrat 2017*, p. 535 ;
– Comm. eur., 4 décembre 2013, communiqué de presse nº IP/13/1208, *LEDB* nº 2, 2014, p. 8 ;
– Trib. UE, 24 mai 2012, *MasterCard et al. c. Commission*, aff. T-111/08, ECLI : EU : T : 2012:260, *LEDB* nº 8, 2012, p. 1.

ETAIN, P.,
– Cass. com., 21 janvier 1997, nº 94-19.016, *LPA* nº 30, 1999, p. 15.

FRISON-ROCHE, M.-A.,
– Aut. conc., décision nº 10-D-28 du 20 septembre 2010 *relative aux tarifs et aux conditions liées appliquées par les banques et les établissements financiers pour le traitement des chèques remis aux fins d'encaissement, Banque & Droit*, décembre 2010, p. 6.

GAUDEMET, A.,
– Comm. eur., 4 décembre 2013, communiqué de presse nº IP/13/1208, *RD bancaire et fin.* nº 1, janvier 2014, comm. 28.

GAVALDA, Chr.,
– CJCE, 14 juillet 1981, *Gerhard Züchner c. Bayerische Vereinsbank AG*, aff. 172/80, ECLI : EU : C : 1981:178, *RTD eur.* 1982, p. 745.

GIRAUD, A.,
– CJUE, 11 septembre 2014, *Groupement des Cartes bancaires c. Commission,* aff. C-67/13 P, ECLI : EU : C : 2014:2204, *RLDA* nº 98, 1er novembre 2014.

GOSSET-GRAINVILLE, A.,
– Comm. CE, 21 décembre 2005, décision *Création de la banque postale*, aff. N 531/2005, *Concurrences* nº 1-2006, mars 2006, art. nº 1006, p. 203.

HAYES, N., et MAHAN, C.,
– *Ohio v. American Express Co.*, 585 U.S. (2018), *Concurrences* n° 4-2018, décembre 2018, chron. p. 209 *e-Competitions* juin 2018, art. n° 88732 ;

IBÁÑEZ COLOMO, P., et LAMADRID DE PABLO, A.,
– CJUE, 11 septembre 2014, *Groupement des Cartes bancaires c. Commission,* aff. C-67/13 P, ECLI : EU : C : 2014:2204, *e-Competitions News Issue*, septembre 2014.

IDOT, L.,
– CA Paris, 2 décembre 2021, n° 20-04626, pt. 148, *Europe* n° 1, janvier 2022, comm. 27.
– CJUE, 22 octobre 2015, *AC-Treuhand c. Commission*, aff. C-194/14 P, ECLI : EU : C : 2015:717, *RDC* n° 1, 2016, p. 106 ;
– Comm. eur., 21 octobre 2014, décision *Swiss Franc Interest Rate Derivatives (Bid ask spread infringement)*, aff. AT.39924 (résumé), *JOUE* n° C72 du 28 février 2015, *Europe* n° 4, avril 2015, comm. 169 ;
– Comm. eur., 21 octobre 2014, décision *Swiss Franc Interest Rate Derivatives (CHF LIBOR)*, aff. AT.39924 (résumé), *JOUE* n° C72, 28 février 2015, *Europe* n° 4, avril 2015, comm. 169 ;
– CJUE, 11 septembre 2014, *MasterCard et. al. c. Commission*, aff. C-382/12P, ECLI : EU : C : 2014:2201, *Europe* n° 11, novembre 2014, comm. 465 ;
– Comm. eur., 4 décembre 2013, communiqué de presse n° IP/13/1208 04/12/2013, *Europe* n° 1, janvier 2014, alerte 1 ;
– Trib. UE, 24 mai 2012, *MasterCard et al. c. Commission*, aff. T-111/08, ECLI : EU : T : 2012:260, *Europe* n° 7, juillet 2012, comm. 281 ;
– TPICE, 9 septembre 2009, *Clearstream Banking AG et al. c. Commission,* aff. T-301/04, ECLI : EU : T : 2009:317, *RTD eur.* 2010, p. 647 ;
– Comm. CE, décision du 11 juin 2002, *Austrian banks – « Lombard Club »*, aff. COMP/36.571/D-1, *JOCE* n° L 56/1 du 24 février 2004, p. 1, *Europe* n° 4, avril 2004, comm. 106.

JALABERT-DOURY, N.,
– Aut. conc., décision n° 12-D-17 du 5 juillet 2012 *relative à des pratiques mises en œuvre dans le secteur des moyens de paiement, télérèglement, virement et lettre de change, Concurrences* n° 4-2012, décembre 2012, art. n° 49495, p. 69 ;
– CA Paris, 23 février 2012, n° 2010-20555, *Concurrences* n° 2-2012, février 2012, art. n° 45847, p. 52.

KHAN, L.,
– *Ohio v. American Express Co.*, 585 U.S. (2018), *Vox*, 3 juillet 2018.

KOVAR, J.-Ph.,
– Aut. conc., avis n° 15-A-09 du 9 juillet 2015 *relatif aux conditions de concurrence dans le secteur du cautionnement bancaire immobilier*, *Concurrences* n° 4-2015, novembre 2015, art. n° 86523, p. 209.

LASSERRE CAPDEVILLE, J.,
– Cass. com., 25 octobre 2017, n° 16-16839, *AJ Contrat*, 2017, p. 530 ;
– Comm. eur., 25 juillet 2012, communiqué de presse n° IP12/846, *BJB* n° 10, octobre 2012, p. 396.

LEGEAIS, D.,
– Cass. com., 25 octobre 2017, n° 16-16839, *RTD com.* 2017, p. 972.

LEMAIRE, Chr.,
– Aut. conc., décision n° 16-D-13 du 13 juin 2016 *relative à la demande de révision des engagements de MasterCard rendus obligatoires par la décision n° 13-D-17 du 20 septembre 2013, Concurrences* n° 4-2016, novembre 2016, art. n° 82131, p. 167 ;

– Aut. conc., décision n° 13-D-17 du 20 septembre 2013 *relative à des pratiques de MasterCard relevées dans le secteur des cartes de paiement, Concurrences* n° 4-2013, décembre 2013, art. n° 59379, p. 149 ;
– Aut. conc., décision n° 13-D-18 du 20 septembre 2013 *relative à des pratiques de Visa relevées dans le secteur des cartes de paiement, Concurrences* n° 4-2013, décembre 2013, art. n° 59379, p. 149 ;
– Cass. crim., 16 novembre 2011, n° 10-85270, *Concurrences* n° 1-2012, février 2012, art. n° 42322, p. 195 ;
– Aut. conc., décision n° 10-D-28 du 20 septembre 2010 *relative aux tarifs et aux conditions liées appliquées par les banques et les établissements financiers pour le traitement des chèques remis aux fins d'encaissement, Concurrences* n° 4-2010, décembre 2010, art. n° 33177, p. 208.

Le More, P.,
– Aut. conc., décision n° 13-D-17 du 20 septembre 2013 *relative à des pratiques de MasterCard relevées dans le secteur des cartes de paiement, Lexbase Hebdo édition affaires* n° 352, 26 septembre 2013, p. 1 ;
– Aut. conc., décision n° 13-D-18 du 20 septembre 2013 *relative à des pratiques de Visa relevées dans le secteur des cartes de paiement, Lexbase Hebdo édition affaires* n°352, 26 septembre 2013, p. 1.

Lenoir, N. et Roskis, D.,
– Comm. CE, 10 mai 2007, communiqué de presse n° IP/07/641, *JCP E* n° 22, 31 mai 2007, act. 260.

Lucas, J.,
– Trib. UE, 24 mai 2012, *MasterCard et al. c. Commission*, aff. T-111/08, ECLI : EU : T : 2012:260, *RD bancaire et fin.* n° 4, juillet 2012, étude 17.

Martucci, Fr.,
– CJUE, 30 septembre 2016, *Tadej Kotnik e. al. c. Državni zbor Republike Slovenije*, aff. C-526/14, ECLI : EU : C : 2016:570, *in* Picod F. (dir.), *Jurisprudence de la CJUE 2016. Décisions et commentaires*, Bruylant, coll. Droit de l'Union européenne, 2017, p. 849 ;
– CJUE, 10 mars 2016, *Safe Interenvíos*, aff. C-235/14, ECLI : EU : C : 2016:154, *Concurrences* n° 2-2016, mai 2016, art. n° 89063, p. 199 ;
– Comm. eur., avril 2015, Commission Staff Working Document : *European Financial Stability and Integration Review*, SWD(2015) 98 final, *Concurrences* n° 3-2015, septembre 2015, art. n° 85239, p. 175.

Marty, Fr.,
– Comm. eur., 14 mai 2011, décision *EFAMA et al. c. Standard & Poor's*, aff. COMP/39592, *JOUE* n° C144 du 14 mai 2011, p. 28, *Concurrences* n° 3-2011, septembre 2011, art. n° 37359, p. 108.

Mathey, N.,
– Cass. com., 15 janvier 2020, n° 18-10512, *CCC* n° 3, mars 2020, comm. 43 ;
– T. com. Paris, 2 septembre 2019, n° 2017050625, *CCC* n° 11, novembre 2019, comm. 177.

Montet, C.,
– Cons. conc., avis n° 05-A-22 du 2 décembre 2005, *relatif à une demande d'avis de l'Association pour le maintien de la concurrence sur le réseau autoroutier (AMCRA) sur les problèmes de concurrence pouvant résulter de la privatisation annoncée des sociétés d'économie mixte concessionnaires d'autoroutes, RLC* 2006/6, n° 219, p. 95.

Netter, E.,
– Cass. com., 25 octobre 2017, n° 16-16839, *Banque et droit* n° 176, 2017, p. 64.

NICOLAS-VULLIERME, L.,

– Aut. conc., décision n° 10-D-28 du 20 septembre 2010 *relative aux tarifs et aux conditions liées appliquées par les banques et les établissements financiers pour le traitement des chèques remis aux fi ns d'encaissement, Concurrences* n° 4-2010, décembre 2010, art. n° 32992, p. 108.

PARLÉANI, G.,

– Comm. CE, décision du 3 août 1999, *BSCH/Champalimaud,* aff. M.1616, *RD bancaire et fin.* mars 2000, p. 109.

PITRAS, A.,

– T. com. Paris, 2 septembre 2019, n° 2017050625, *LPA* n° 261, 2019, p. 5.

PHILIPPE, J.,

– Comm. eur., décision du 8 décembre 2010, *Visa MIF*, aff. COMP/D-1/39.398, *Gaz. pal.* n° 127, 8 mai 2011, p. 15.

PHILIPPE, J. et GUYON, A.,

– Aut. Conc. décision n° 09-DCC-16 du 22 juin 2009 *relative à la fusion entre les groupes Caisse d'Epargne et Banque Populaire*, septembre 2009, *Concurrences* n° 3-2009, septembre 2009, art. n° 27821.

PINAT, C.-S.,

– T. com. Paris, 2 septembre 2019, n° 2017050625, *Dalloz actualité*, 12 septembre 2019.

POILLOT-PERUZZETTO, S.,

– TPICE, 14 octobre 2004, *Bayerische Hypo- und Vereinsbank AG c. Commission*, aff. T-56/02, ECLI : EU : T : 2004:301, *CCC* n° 12, décembre 2004, p. 36.

PRIETO, C.,

– CA Paris, 23 février 2012, n° 2010-20555, *RDC* n° 3, 2012, p. 858 ;

– Aut. conc., décision n° 11-D-11 du 8 juillet 2011, *relative à des pratiques mises en œuvre par le GIE Cartes bancaires, RDC* n° 4, 2011, p. 1214.

ROBIN, C.,

– CJUE, 8 février 2013, *Slovenská sporiteľňa,* aff. C-68/12, ECLI : EU : C : 2013:71, *RLC,* 2013/35, p. 29.

RONZANO, A.,

– Concl. Av. gén. M. Bobek, 5 septembre 2019, CJUE, *Gazdasági Versenyhivatal c. Budapest Bank Nyrt. et al.,* aff. C-228/18, ECLI : EU : C : 2019:678, *Concurrences* n° 4-2019, décembre 2019, art. n° 91681 ;

– Aut. conc., décision n° 12-D-17 du 5 juillet 2012 *relative à des pratiques mises en œuvre dans le secteur des moyens de paiement, télérèglement, virement et lettre de change, Concurrences* n° 4-2012, décembre 2012, art. n° 51693 ;

– Cass. crim., 19 octobre 2011, n° 10-85.269, *Concurrences* n° 1-2012, février 2011, art. n° 54445 ;

– Aut. conc., décision n° 11-D-11 du 8 juillet 2011, *relative à des pratiques mises en œuvre par le GIE Cartes bancaires, Concurrences* n° 4-2011, décembre 2011, art. n° 51574 ;

– Trib. UE, 14 avril 2011, *Visa Europe et al. c. Commission,* aff. T-461/07, ECLI : EU : T : 2011:181, *Concurrences* n° 3-2011, septembre 2011, art. n° 54157 ;

– TPICE, 9 septembre 2009, *Clearstream Banking AG et al. c. Commission,* aff. T-301/04, ECLI : EU : T : 2009:317, *Concurrences* n° 4-2009, décembre 2009, art. n° 55748.

ROUAUD, A.-Cl.,

– CJUE, 19 décembre 2018, *Silvio Berlusconi et Fininvest c. IVASS*, aff. C-219/17, ECLI : EU : C : 2018:1023, *RISF* n° 2019/1, p.64 ;

– Cass. crim., 20 mai 2015, n° 13-83489, *Banque et droit* n° 162, juillet-août 2015, p. 35.

ROUTIER, R.,
– T. com. Paris, 24 janvier 2013, n° 2010-060778 ; T. com. Paris, 24 janvier 2013, n° 2010-055661, *JCP E* n° 48, 28 novembre 2013, 1662, p. 45.

SAMIN, Th. et TORCK, St.,
– Cass. com., 25 octobre 2017, n° 16-16839, *RD bancaire et fin.* n° 2, mars 2018, comm. 26.

SARRAZIN, C.,
– Trib. UE, 14 avril 2011, *Visa Europe et al. c. Commission,* aff. T-461/07, ECLI : EU : T : 2011:181, *Concurrences* n° 3-2011, septembre 2011, art. n° 37315, p. 96.

SCHER, I.,
– *Ohio v. American Express Co.*, 585 U.S. (2018), e-*Competitions,* juin 2018, art. n° 96404.

SCHREPEL, T.,
– Com. eur., 4 décembre 2013, communiqué de presse n° IP/13/1208, *Concurrences* n° 1-2014, février 2014, Chroniques, p. 61.

SÉLINSKY, V.,
– Aut. conc., décision n° 10-D-28 du 20 septembre 2010, *relative aux tarifs et aux conditions liées appliquées par les banques et les établissements financiers pour le traitement des chèques remis aux fins d'encaissement, RLC* 2011/26, p. 26.

SIMON, D.,
– CJUE, 19 décembre 2018, *Silvio Berlusconi et Fininvest c. IVASS*, aff. C-219/17, ECLI : EU : C : 2018:1023, *Europe* n° 2 février 2019, comm. 68.

STEFANO (de), G.,
– CJUE, 22 octobre 2015, *AC-Treuhand c. Commission*, aff. C-194/14 P, ECLI : EU : C : 2015:717, *JECLAP* n° 10, 2015, vol. 6, p. 689.

WU, T.,
– *Ohio v. American Express Co.*, 585 U.S. (2018), *New York Times*, 26 juin 2018.

VIII – Communiqués de presse et allocutions

ALMUNIA, J.,
– « Competition among financial markets operators », ECMI Annual Conference, Banque nationale de Belgique, Bruxelles, 17 octobre 2013, SPEECH/13/834 ;
– « Introductory remarks on proposal for regulation on interchange fees for cards, Internet and mobile payments, », conférence de presse, Commission européenne, Bruxelles, 24 juillet 2013, SPEECH/13/660 ;
– « La concurrence au service de l'achèvement du marché unique », 4e Conférence Internationale Concurrences, Paris, 22 février 2013, SPEECH/13/151 ;
– « Europe 2020 : for competitive and sustainable industries », Bonn, 16 avril 2010, SPEECH/10/165.

AUTORITÉ DE LA CONCURRENCE,
– Communiqué de presse : « Enquête sectorielle “fintechs” : l'Autorité lance une consultation publique », 20 mai 2020 ;
– Communiqué de presse : « Feuille de route 2020. L'Autorité de la concurrence annonce ses priorités pour l'année 2020 », 9 janvier 2020 ;
– Communiqué de presse, « Le collège de l'Autorité de la concurrence vient d'être nommé », 28 février 2009.

Banque centrale européenne (BCE),
– Communiqué de presse, « COVID-19 and vulnerable sectors : more work to be done », 19 mai 2021 ;
– Communiqué de presse, « ECB announces further details of the targeted longer-term refinancing operations », 3 juillet 2014 ;
– Communiqué de presse, « ECB announces details of refinancing operations with settlement in the period from 12 October 2011 to 17 January 2012 », 4 août 2011 ;
– Communiqué de presse, « Longer-term refinancing operations », 7 mai 2009 ;
– Communiqué de presse, « La stratégie de politique monétaire de la BCE », 8 mai 2003 ;
– Communiqué de presse, « Une stratégie de politique monétaire générale pour le SEBC axée sur la stabilité », 15 octobre 1998.

Commission des communautés européennes,
– Communiqué de presse : « Antitrust : le Groupement des Cartes Bancaires restreint la concurrence en empêchant l'émission de cartes à des prix compétitifs », 17 octobre 2007, IP/07/1522 ;
– Communiqué de presse : « Libre circulation des capitaux : la Commission classe une procédure d'infraction à l'encontre de l'Italie concernant la prise de participations dans des banques italiennes », 24 janvier 2007, IP/07/83 ;
– Communiqué de presse : « Libre circulation des capitaux : la Commission lance une procédure d'infraction à l'encontre de l'Italie concernant la prise de participations dans des banques italiennes », 14 décembre 2005, IP/05/1595 ;
– Communiqué de presse : « La Commission approuve le sauvetage de Banesto », 15 décembre 1994, IP/94/1226 ;
– Communiqué de presse : « Comment assurer une concurrence effective dans le secteur bancaire », 5 juin 1991, IP/91/520 ;
– Communiqué de presse : « La Commission de la CE réclame l'abandon des accords entre banques sur les taux d'intérêt », 16 novembre 1989, IP/89/869.

Commission européenne,
– Communiqué de presse : « Antitrust : Commission confirms unannounced inspections concerning access to bank account information by competing services », 6 octobre 2017, MEMO/17/3761 ;
– Communiqué de presse : « La Commission européenne approuve la résolution de Banco Popular Español, S.A. », 7 juin 2017, IP/17/1556 ;
– Communiqué de presse : « De nouvelles mesures pour restaurer la confiance dans les indices de référence, à la suite des scandales du LIBOR et de l'Euribor », 18 septembre 2013, IP/13/841 ;
– Communiqué de presse : « State aid : Commission adapts crisis rules for banks », 10 juillet 2013, IP/13/672 ;
– Communiqué de presse : « Commission approves restructuring plans of Spanish banks Liberbank, Caja3, Banco Mare Nostrum and Banco CEISS », 20 décembre 2012, IP/12/1432.

Kroes, N.,
– « The interface between regulation and competition law », in Dominant Companies – The Thin Line between Regulation and Competition Law, Conférence Bundeskartellamt, Hambourg, 28 avril 2009, SPEECH/09/202 ;
– « Dealing with the current financial crisis », conférence de presse, Commission européenne, Bruxelles, 6 octobre 2008, SPEECH/08/498 ;
– « Commission launches sector inquiry into pharmaceuticals », Remarques introductives lors de la conférence de presse du 16 janvier 2008, Commission européenne, Bruxelles, 16 janvier 2008, SPEECH/08/18 ;
– « Effective Competition Policy – a Key Tool for Delivering the Lisbon Strategy », Introductory statement at EMAC Open Meeting of Coordinators, Bruxelles, 3 février 2005, SPEECH/05/73.

Wezenbeek, R.,
– « Consumers and competition policy ; the Commission's perspective and the example of transport », Speech, University of Groningen, 17 septembre 2004.

INDEX TERMINOLOGIQUE

(Les chiffres renvoient aux numéros de paragraphe)

A

Abus de dépendance économique,
V. « Dépendance économique ».

Abus de position dominante : 47 s., 152, 960 s.

– Abus d'exclusion : 974 s.

– Abus d'exploitation : 233, 967

– Position dominante : 638, 961 s.

Accord : 486 s., 711 s.,

– Accord de recherche-développement : 232

– Accord de transfert de technologie : 211

Action de groupe : 821 s.

Activités bancaires (notion) : 15 s.

Activités financière (notion) : 16 s.

Affectation du commerce entre les États membres : 245, 430 s., 515

Agrément : 19, 37, 91, 168 s., 184 s., 413 s., 1157 s.

Aide : 209 s., 235, 250 s., 322, 325 s., 514 s., 1004 s.

– Aides à caractère social : 1005

– Aides à la restructuration : 1006, 1024 s.

– Aides au sauvetage : 1033 s.

– Aides destinées à faciliter le développement de certaines activités : 1006, 1111 s.

– Aides destinées à financer un service d'intérêt économique général : 1004 et 1005

– Aides destinées à remédier à une perturbation grave de l'économie d'un état membre : 265, 337, 1014 s.

– Aides existantes : 338, 1004 et 1005

– Aides nouvelles : 1004 et 1005

– Prohibition (principe) : 1004

Aléa moral : 28, 260 s., 1038, 1063, 1104 s., 1237

Altmark (critères) : 516

Amende : 358, 373 s., 802 s.

Applicabilité : 57 s., 72 et 73, 283 s., 777, 805, 1004, 1218 s.

– Droit de l'Union : 288 s.

– Droit des aides d'État : 330 s., 514 s.

– Droit des pratiques anticoncurrentielles : 298 s., 347 s., 430 s.

– Droit des pratiques restrictives : 388 s.

– Droit du contrôle des concentrations : 327 s., 408 s., 552 s.

– Droit français : 343 s.

Association d'entreprises : 474, 677 s., 721, 983, 986

Assurance : 16 s., 299, 567, 568, 913,

Autorité bancaire européenne (ABE) : 40, 84, 92, 104, 113, 147, 1096

Autorité de contrôle prudentiel et de résolution (ACPR) : 40, 92, 113, 116, 147, 269, 360, 365, 406, 418, 913, 1035, 1036, 1156 s.

Autorité de la concurrence : 46, 195, 207, 238, 251, 269, 360, 381 s., 593, 615, 672, 695, 701, 711, 723 s., 751, 758 s., 790, 804 s., 870, 892, 905 s., 911, 917, 989 s., 1132 s.

Autorité européenne des marchés financiers (AEMF) : 40, 168, 998

Autorités européennes de surveillance (AES) : 40, 116

B

Banque :
- Banque (notion) : 21
- Banque centrale européenne (BCE) : 40, 97, 101, 105, 140, 163, 447 s., 456 s., 474 s., 482, 508, 511, 547 s., 1087, 1096, 1155 s.
- Banque de France : 33, 34, 105, 458, 484 s.,
- Banque centrale nationale (BCN) : 481, 487, 531 s., 550 s., 619

Barrière : 35, 59, 126 s., 149 s., 154 s., 689, 825, 839 s., 890, 961, 974, 1142

Bien-être : 189, 202 s., 224, 267, 268, 279, 746, 753, 1213, 1242

Blockchain **:** 914 s., 1238 s.

Brexit **:** 169, 1117

C

Cartel, V. « Entente ».

Ciseau tarifaire : 158, 972

Class action**,** V. « Action de groupe ».

Clémence (programme de) : 379

Client : 9, 24, 43, 79 s., 111 s., 119, 130, 145, 149 s., 160 s., 175 s., 206, 241, 304, 313, 394 s., 601, 646, 661 s., 695, 696, 703, 737, 750, 768, 839 s., 855 s., 909, 929, 967, 988, 1056, 1076, 1081, 1143, 1176, 1190, 1211, 1224

Comité de Bâle : 39

Comité des établissements de crédit et des entreprises d'investissement (CECEI) : 147, 413, 414 s.

Comité européen du risque systémique (CERS) : 40, 84, 90, 116, 140, 147, 173

Commission européenne : 40, 51, 57, 104, 128, 136, 168, 202, 210, 213, 238, 250 s., 262 s., 288 s., 294 s., 307 s., 322 s., 381, 463 s., 475, 488 s., 502 s., 527, 598, 619, 660, 672, 699, 702, 723, 736 s., 746, 760, 803, 852, 869, 913, 1012 s., 1132, 1170 s.

Commission interbancaire : 641 s.

Communication des griefs : 293, 360, 721

Concentration : 2, 4, 46 s., 64, 147, 195 s., 234 s., 244, 259, 266 s., 327 s., 351 s., 369, 408 s., 437, 552 s., 935, 962 s., 1028, 1044, 1129 s.
- Concentration bancaire (notion) : 64
- Concentration conglomérale : 1146
- Concentration des marchés bancaires : 1148
- Concentration des marchés de la *blockchain* : 961 s.
- Concentration horizontale : 1146
- Concentration verticale : 1146
- Seuils : 597 s., 1158, 1223

Concertation : 499, 680 s., 836, 1167

Concurrence :
- Concurrence (notion de) : 43
- Concurrence déloyale : 47, 52
- Concurrence potentielle : 890
- Politique de concurrence : 56 s., 220

Confiance : 26, 40, 75, 108, 116 s., 145, 250 s., 394 s., 402, 620, 629, 859, 920, 949, 1020, 1027, 1037, 1058, 1064, 1081, 1191, 1200

Conseil de résolution unique (CRU) : 526, 618, 1079, 187, 1101, 1181

Consommateur : 9, 112, 115, 126, 137, 150, 175 s., 202 s., 224, 234, 267, 268, 385, 391, 433, 651, 698, 702, 725, 747, 757, 768 s., 776 s., 817 s., 837, 849 s., 873 s., 955, 1081, 1190, 1212, 1231

Contrôle :
- Contrôle (notion) : 554
- Contrôle conjoint : 554, 589
- Contrôle exclusif : 554, 575

Cour européenne des droits de l'Homme (CEDH) : 802 s.

Crédit à la consommation : 90, 150, 153

Crédit syndiqué : 639

Création monétaire : 1, 23 s., 486

Crise financière : 38, 39, 55, 60, 146, 250 s., 263 s., 547, 635, 1002, 1010 s., 155, 1180, 1200, 1207, 1235

D

Décloisonnement : 38, 164

Dénigrement : 190

Dépendance économique : 47, 362, 370

Déséquilibre significatif : 389 s., 402, 1224

Désintermédiation : 36
Désorganisation : 190
Distribution : 90, 103, 233 s., 364, 405, 584
Droit au compte : 881 s.
Droit bancaire (définition) : 14, 31 s.
Droit de la concurrence :
- Champ d'application, V. « Applicabilité ».
- Définition : 43 s.
- Instrumentalisation : 172 s., 192 s.

Droit économique : 6 s.

E

Économie de marché ouverte : 174, 232, 447, 454, 479, 511
Effet anticoncurrentiel : 691 s.
Efficacité :
- Efficacité (gains d') : 107, 195, 214, 231 s., 273, 281, 641, 732, 737 s., 756, 853, 1190 s., 1203, 1216
- Efficacité allocative : 87, 90, 229, 234
- Efficacité des règles : 83
- Efficacité dynamique : 89, 92, 230
- Efficacité économique (notion) : 86 s.
- Efficacité productive : 88, 91, 229, 233

Engagements : 265, 339, 379, 416, 721, 757, 771 s., 815, 819, 822, 936, 1125, 1137, 1147, 1185
Enquête : 159, 160, 381, 452, 494, 634, 834 s., 987
Entente :
- Cartel : 45, 211, 322, 323
- Entente horizontale : 675 s., 983 s.
- Entente verticale : 245, 985
- Exemption : 195, 214, 233, 236, 242, 709, 719, 732 s., 1203, 1217

Entreprise (notion) : 437
Espace unique de paiement en euros : 137, 138, 248, 787, 1212.
Établissement de crédit (notion) : 20 s.
Établissements de monnaie électronique, V. « Monnaie électronique ».
Établissement de paiement : 37, 116, 390, 439, 1148
***European Competition Network* (ECN),** V. « Réseau européen de concurrence (REC) ».
Examen approfondi (Phase II) : 269, 418, 1134 s., 1188
Examen préalable (Phase I) : 1134
Exemption, V. « Entente ».

F

Facilités essentielles, V. « Infrastructures essentielles ».
***Failing company defense*,** V. « Théorie de l'entreprise défaillante ».
Financement participatif : 92, 166 s.
***Fintech* :** 37, 92, 911 s.
Fonds de résolution unique (FRU) : 525 s., 618, 526, 624, 1079
Fusion : 40, 553, 592, 1141

G

Gains d'efficacité. V. « Efficacité ».

H

Histoire
- de la régulation bancaire : 31 s.
- du droit de la concurrence : 44 s.

I

Indice de référence : 996 s.
Inflation : 3, 100 s., 604 s.
Infraction unique et complexe : 682
Infrastructures essentielles : 158, 970
Intérêt général : 47, 126, 145, 202, 207, 218 s., 442 s., 482 s., 496, 874 s., 1188, 1196, 1216
- Mission d'intérêt général : 442, 449, 452, 468, 482 s., 886, 888
- Service intérêt économique général (SIEG) : 56, 291, 312 s., 341, 1004

Intermédiation : 1, 22, 36, 90, 95, 241, 1062, 1108, 1191

Investisseur privé en économie de marché (critères) : 536 s.

J

Juridictions nationales : 51, 236, 384 s.

K

***Know your customer* (KYC) :** 929, 988

L

Libéralisation : 35, 36, 59, 144, 164, 179, 180, 519, 840

Libre circulation : 38, 79, 131 s., 165, 1168

***Lobby* :** 293

Loyauté : 51, 190

M

Marché :

– Marché amont : 658, 671 s., 940, 946, 972, 1240

– Marché aval : 658, 947 s., 970, 972 s.

– Marché bancaire (segmentation) : 658 s., 939, 945, 1140 s.

– Marché bancaire (structure du), V. « Concentration ».

– Marché biface : 224, 645, 651, 672, 709 s., 746, 768,

– Marché monétaire : 36, 457, 463, 468

– Marché unique : 38, 122 s., 163, 188, 243 s., 503, 837, 1043, 1068, 1069, 1169, 1170

Mécanisme de résolution unique (MRU) : 40, 104, 525, 1068, 1073, 1077 s., 1083 s., 1101 s., 1126, 1176, 1235

Mécanisme de surveillance unique (MSU) : 40, 1068, 1077, 1096, 1155 s.

Mécanisme européen de stabilité (MES) : 521 s., 1068, 1080

Mesures conventionnelles : 530, 548, 541

Mesures non conventionnelles : 530 s., 546 s., 619

Monnaie électronique : 37, 116, 361, 364, 390, 930, 940, 948, 985 s., 1148, 1171 s.

Monnaie virtuelle : 931 s., 947 s., 955, 962, 973 s., 985 s., 1239

Monopole : 819, 21, 37, 44, 45, 230, 231, 889, 1006

N

***Ne bis in idem* (principe) :** 799 s.

O

Objectif :

– de la régulation bancaire : 77 s.

– du droit de la concurrence : 189 s.

Objet anticoncurrentiel : 217, 705 s.

P

Parasitisme : 52

Participation qualifiée : 452, 1155 s.

Passeport : 91, 132, 135, 168 s., 825, 840

Politique monétaire : 24, 56, 100 s., 291, 312, 318, 341, 448 s., 456 s., 486 s., 531 s., 549 s., 619

Portefeuille (gestion de) : 566 s.

Position dominante, V. « Abus de position dominante »

Pouvoir d'évocation du ministre de l'Économie : 1188 s.

Pratiques anticoncurrentielles : 4, 46, 47, 160, 161, 195, 211, 248, 305, 312 s., 348 s., 424 s., 959 s.

Prédation : 371

Préjudice : 817 s.

Prérogatives de puissance publique : 441 s., 497

Prestataire de services d'information sur les comptes (PSIC) : 37, 154 s.

Prestataire de services d'initiation de paiement (PSIP) : 37, 154 s.

***Private enforcement* :** 47, 817 s.

***Public enforcement* :** 47, 675 s.

R

Refus de contracter : 158, 969, 970, 1241

Régulation :

- Régulation (notion) : 41
- Régulation bancaire : 42 (notion), 77 s. (objectifs), 765 s. (lien avec le droit des pratiques anticoncurrentielles) 1073 s. (lien avec le droit des aides d'État), 1152 s. (lien avec le droit des concentrations)
- Régulation financière : 1228 s.

Réseau européen de concurrence (REC) : 50, 772

Résolution : 40 s., 64, 97, 139, 147, 181, 298, 299, 361, 406 s., 525 s., 618, 624, 635, 893, 1065 s., 1167, 1176 s.

Rupture brutale de relations commerciales établies : 390 s.

S

Scénario contrefactuel : 689, 693, 697

SEPA, V. « Espace unique de paiement en euros ».

Service intérêt économique général, V. « Intérêt général ».

Service universel : 873 s.

***Smart contracts* :** 919, 933 s., 981, 982, 1239, 1240

***Specialia generalibus derogant* (principe) :** 365, 399

Stabilité :

- Stabilité monétaire : 100 s.
- Stabilité financière : 40, 94 s., 107 s., 262 s., 321 s., 337 s., 1085 s., 1152 s.

Système de garantie des dépôts (SGD) : 1081, 1099

Système européen de banques centrales (SEBC) : 101, 105, 174, 444, 447 s., 476 s.

T

TARGET (système) : 455 s.

Taux d'intérêt : 24, 27, 56, 102 s., 260, 291, 448, 449, 486 s., 503 s., 536, 545, 604, 685, 996 s., 1045, 1108, 1109, 1228

Test du commerçant indifférent : 752 s., 769, 771, 801, 1227

Théorie de l'entreprise défaillante : 1183 s.

Transaction (procédure de) : 385

Transparence : 149 s., 183, 276, 375, 779, 781, 857 s., 966, 978 s., 1167, 1240

V

Ventes liées : 976

INDEX DE LA JURISPRUDENCE ET DE LA PRATIQUE DÉCISIONNELLE

(Les chiffres renvoient aux numéros de paragraphe)

I – Jurisprudence et pratique décisionnelle en droit européen et droit de l'Union européenne

II – Jurisprudence et pratique décisionnelle en droit français

III – Jurisprudence et pratique décisionnelle en droit étranger

I – Jurisprudence et pratique décisionnelle en droit européen et droit de l'Union européenne

CEDH, 27 septembre 2011, *Menarini Diagnostics S.R.L. c. Italie,* n° 43509/08 — 804, 807

CEDH, 10 févr. 2009, *Zolotoukhine c. Russie,* n° 14939/03 — 810

CEDH, 27 août 2002, *Didier c. France,* n° 58188/00 — 806

CEDH, 23 septembre 1998, *Malige c. France,* n° 27812/95 — 807

CEDH, 23 octobre 1995, *Gradinger c. Autriche,* n° 15963/90 — 802

CEDH, 21 février 1984, *Öztürk c. Allemagne,* n° 8544/79 — 807

CEDH, 8 juin 1976, *Engel et autres c. Pays-Bas,* n° 5100/71 — 802

***

CJUE, 19 décembre 2018, *Silvio Berlusconi et Fininvest c. IVASS*, aff. C-219/17, ECLI : EU : C : 2018:1023 — 1158

CJUE, 2 avril 2020, *Gazdasági Versenyhivatal c. Budapest Bank Nyrt. et al.*, aff. C-228/18, ECLI : EU : C : 2020:265 — 642, 671, 711, 715

CJUE, 30 janvier 2020, *Generics (UK) Ltd et al. c. Competition and Markets Authority,* aff. C-307/18, ECLI : EU : C : 2020:52 — 707

CJUE, 10 juillet 2019, *Comm. eur. c. Icap et al.,* aff. C-39/18 P, ECLI : EU : C : 2019:584 — 996

CJUE, 7 février 2018, *American Express Company c. The Lords Commissioners of Her Majesty's Treasury*, aff. C-643/16, ECLI : EU : C : 2018:67 — 642, 778

CJUE, 23 novembre 2017, *Gasorba SL e.a. c. Repsol*, aff. C-547/16, ECLI : EU : C : 2017:891 — 819

CJUE, 19 juillet 2016, *Tadej Kotnik et al. c. Državni zbor Republike Slovenije*, aff. C-526/14, ECLI : EU : C : 2016 — 452, 1062, 1067, 1111, 1121

CJUE, 20 janvier 2016, *Toshiba Corporation c. Commission eur.*, aff. C-373/14 P, ECLI : EU : C : 2016:26 — 707, 812

CJUE, 26 novembre 2015, *SIA Maxima Latvija c. Konkurences padome*, aff. C-345/14, ECLI : EU : C : 2015:784 — 707

CJUE, 22 octobre 2015, *AC-Treuhand AG c. Commission eur.*, aff. C-194/14 P, ECLI : EU : C : 2015:717 — 474

CJUE, 19 mars 2015, *OTP Bank Nyrt c. Magyar Állam*, aff. C-672/13, ECLI : EU : C : 2015:185 — 517, 519

CJUE, 19 mars 2015, *Dole Food Company Inc. et al. c. Commission eur.*, aff. C-286/13 P, ECLI : EU : C : 2015:184 — 707

CJUE, 11 septembre 2014, *MasterCard et al. c. Commission eur.*, aff. C-382/12P, ECLI : EU : C : 2014:2201 — 63, 642,671, 678, 693, 697

CJUE, 11 septembre 2014, *Groupement des cartes bancaires (CB) c. Commission eur.*, aff. C-67/13 P, ECLI : EU : C : 2014:2204 — 707, 709

CJUE, 12 décembre 2013, *Ministero dello Sviluppo economico c. SOA Nazionale Costruttori*, aff. C 327/12, ECLI : EU : C : 2013:827 — 498

CJUE, 11 juillet 2013, *Team Relocations NV e.a. c. Commission eur.*, aff. C-444/11, ECLI : EU : C : 2013:464 — 682

CJUE, 26 février 2013, *Aklagaren c. Hans Akerberg Fransson*, aff. C-617/10, ECLI : EU : C : 2013:105 — 802

CJUE, 6 décembre 2012, *AstraZeneca c. Commission eur.*, aff. C-457-10, ECLI : EU : C : 2012:770 — 51, 190

CJUE, 12 juillet 2012, *Compass-Datenbank GmbH c. Republik Österreich*, aff. C-138/11, ECLI : EU : C : 2012:449 — 442

CJUE, 7 juin 2012, *VBV – Vorsorgekasse AG c. Finanzmarktaufsichtsbehörde (FMA)*, aff. C-39/11, ECLI : EU : C : 2012:327 — 452

CJUE, 19 avril 2012, *Tomra Systems ASA et al. c. Commission eur.*, aff. C-549/10 P, ECLI : EU : C : 2012:221 — 974

CJUE, 27 mars 2012, *Post Danmark A/S*, aff. C-209/10, ECLI : EU : C : 2012:172 — 233

CJUE, 14 février 2012, *Toshiba Corporation et al. c. Úřad pro ochranu hospodářské soutěže*, aff. C-17/10, ECLI : EU : C : 2012:72 — 707

CJUE, 21 décembre 2011, *Commission eur. c. République de Pologne*, aff. C-271/09, ECLI : EU : C : 2011:855 — 452

CJUE, 17 février 2011, *Konkurrensverket c. TeliaSonera Sverige AB*, aff. C-52/09, ECLI : EU : C : 2011:83 — 158, 202, 219, 973

CJUE, 1er juillet 2010, *Emanuela Sbarigia c. Azienda USL RM/A et al.*, aff. C-393/08., ECLI : EU : C : 2010:388 — 498

***

CJCE, 6 octobre 2009, *GlaxoSmithKline Services Unlimited c. Commission CE*, aff. jointes C-501/06 P, C-513/06 P, C-515/06 P et C-519/06 P., ECLI : EU : C : 2009:610 — 217

CJCE, 4 juin 2009, *T-Mobile Netherlands BV et al. c. Raad van bestuur van de Nederlandse Mededingingsautoriteit*, aff. C-8/08, ECLI : EU : C : 2009:343 — 217

CJCE, 2 avril 2009, *France Télécom SA c. Commission*, aff. C-202/07, ECLI : EU : C : 2009:214 — 216

CJCE, 11 décembre 2008, *Kanal 5 Ltd et al. c. STIM*, aff. C 52/07, ECLI : EU : C : 2008:703 — 190

CJCE, 20 novembre 2008, *Competition Authority c. Beef Industry Development Society Ltd et al.*, aff. C-209/07, ECLI : EU : C : 2008:643 — 688

CJCE, 1er juillet 2008, *MOTOE c. Elliniko Dimosio*, aff. C-49/07, ECLI : EU : C : 2008:376 — 443

CJCE, 23 novembre 2006, *Asnef-Equifax, c. Asociación de Usuarios de Servicios Bancarios*, aff. C-238/05, ECLI : EU : C : 2006:734 — 432, 433, 686, 689

CJCE, 9 mars 2006, *L. H. Van Esbroeck*, aff. C-436/04, ECLI : EU : C : 2006:165 — 810

CJCE, 10 janvier 2006, *Ministero dell'Economia c. Cassa di Risparmio di Firenze SpA*, aff. C-222/04, ECLI : EU : C : 2006:8 — 440, 442, 443

CJCE, 15 décembre 2005, *Unicredito Italiano SpA c. Agenzia delle Entrate*, aff. C-148/04, ECLI : EU : C : 2005:774 — 517, 519

CJCE, 15 décembre 2005, *République italienne c. Commission eur.*, aff. C-66/02, ECLI : EU : C : 2005:768 — 517, 519

CJCE ass. plén., 12 octobre 2004, *Peter Paul et al. c. Bundesrepublik Deutschland*, aff. C-222/02, ECLI : EU : C : 2004:606 — 452

CJCE, 5 octobre 2004, *CaixaBank France c. Ministère de l'Économie, des Finances et de l'Industrie*, aff. C-442/02, ECLI : EU : C : 2004:586 — 165

CJCE, 7 janvier 2004, *Aalborg Portland A.S. c. Commission CE,* aff. C-204/00 P, ECLI : EU : C : 2004:6 812

CJCE, 21 octobre 2003, *Belgische Staat c. Eugène van Calster et Felix Cleeren* et *Openbaar Slachthuis NV*, aff. jointes C-261/01 et C-262/01, ECLI : EU : C : 1996:285 51

CJCE, 30 septembre 2003, *Freistaat Sachsen c. Commission CE,* aff. C-57/00 P, ECLI : EU : C : 2003:510 1014, 1016

CJCE, 9 septembre 2003, *CIF c. Autorità Garante della Concorrenza e del Mercato*, aff. C-198/01, ECLI : EU : C : 2003:430 500, 501

CJCE, 24 juillet 2003, *Altmark Trans GmbH c. Nahverkehrsgesellschaft Altmark GmbH*, aff. C-280/00, ECLI : EU : C : 2003:415 516

CJCE, 3 juillet 2003, *Royaume de Belgique c. Commission CE*, aff. C-457/00, ECLI : EU : C : 2003:387 538

CJCE, 22 octobre 2002, *Roquette Frères SA c. Directeur général de la concurrence, de la consommation et de la répression des fraudes*, aff. C-94/00, ECLI : EU : C : 2002:603 202, 219

CJCE, 16 mai 2002, *Rép. française c. Commission CE*, aff. C-482/99, ECLI : EU : C : 2002:294 520

CJCE, 8 juillet 1999, *Commission CE c. Anic Partecipazioni SpA*, aff. C-49/92 P, ECLI : EU : C : 1999:356 682, 688

CJCE, 21 janvier 1999, *Carlo Bagnasco et al. c. BPN,* aff. C-215/96, *et CARIGE*, aff. C-216/96, ECLI : EU : C : 1999:12 434

CJCE, 17 décembre 1998, *Baustahlgewebe GmbH c. Commission CE,* aff. C-185/95, ECLI : EU : C : 1998:608 802

CJCE, 26 novembre 1998, *Oscar Bronner GmbH & Co. KG c. Mediaprint Zeitungs et al.,* aff. C-7/97, ECLI : EU : C : 1998:569 158, 970

CJCE, 28 mai 1998, *John Deere Ltd c. Commission CE*, aff. C-7/95, ECLI : EU : C : 1998:256 689

CJCE, 31 mars 1998, *République française et al. c. Commission CE,* aff. Jointes C-68/94 et C-30/95, ECLI : ECLI : EU : C : 1998:148 1183

CJCE, 9 décembre 1997, *Tiercé Ladbroke SA c. Commission CE*, aff. C-353/95 P, ECLI : EU : C : 1997:596 543

CJCE, 1er juillet 1996, *Syndicat français de l'Express international (SFEI) et al. c. La Poste et al.*, aff. C-39/94, ECLI : EU : C : 1996:285 51

CJCE, 5 mars 1996, *Brasserie du Pêcheur SA c. Bundesrepublik Deutschland*, aff. jointes C-46/93 et C-48/93, ECLI : EU : C : 1996:79 245

CJCE, 12 décembre 1995, *H. G. Oude Luttikhuis et al. c. Verenigde Coöperatieve Melkindustrie Coberco BA*, aff. C-399/93, ECLI : EU : C : 1995:434 689

CJCE, 10 mai 1995, *Alpine Investments BV c. Minister van Financiën*, aff. C-384/93, ECLI : EU : C : 1995:126 118

CJCE, 15 mars 1994, *Banco Exterior de España SA c. Ayuntamiento de Valencia*, aff. C-387/92, ECLI : EU : C : 1994:100 — 516

CJCE, 19 janvier 1994, *SAT c. Eurocontrol,* aff. C-364/92, ECLI : EU : C : 1994:7 — 442

CJCE, 15 juin 1993, *Matra SA c. Commission CE.*, aff. C-225/91, ECLI : ECLI : EU : C : 1993:239 — 1086

CJCE, 11 avril 1989, *Ahmed Saeed Flugreisen c. Zentrale zur Bekämpfung unlauteren Wettbewerbs e.V.*, aff. 66/86, ECLI : EU : C : 1989:140 — 499

CJCE, 21 septembre 1988, *Pascal Van Eycke c. ASPA.*, aff. 267/86, ECLI : EU : C : 1988:427 — 499

CJCE, 27 janvier 1987, *Verband der Sachversicherer e.V. c. Commission CE*, aff. 45/85, ECLI : EU : C : 1987:34 — 677

CJCE, 11 juillet 1985, *Remia BV et al. c. Commission CE,* aff. 42/84, ECLI : EU : C : 1985:327 — 692

CJCE, 3 juillet 1985, *SA Binon & Cie c. SA Agence et messageries de la presse*, aff. 243/83, ECLI : EU : C : 1985:284 — 680

CJCE, 20 mars 1985, *République italienne c. Commission CE,* aff. 41/83, ECLI : EU : C : 1985:120 — 440

CJCE, 5 mai 1982, *Gaston Schul Douane Expediteur BV c. Inspecteur des droits d'importation et des accises, de Roosendaal*, aff. 15/81, ECLI : EU : C : 1982:135 — 124

CJCE, 14 juillet 1981, *Gerhard Züchner c. Bayerische Vereinsbank AG*, aff. 172/80, ECLI : EU : C : 1981:178 — 58, 303, 313 s., 327, 433, 681, 1219

CJCE, 17 septembre 1980, *Philip Morris Holland BV c. Commission CE*, aff. 730/79, ECLI : ECLI : EU : C : 1980:209 — 328

CJCE, 20 février 1979, *Rewe-Zentral AG c. Bundesmonopolverwaltung für Branntwein*, aff. 120/78, ECLI : EU : C : 1979:42 — 126

CJCE, 13 février 1979, *Hoffmann-La Roche & Co. AG c. Commission CE*, aff. 85/76, ECLI : ECLI : EU : C : 1979:36 — 209, 210

CJCE, 14 février 1978, *United Brands Company et United Brands Continentaal BV c. Commission CE*, aff. 27/76, ECLI : ECLI : EU : C : 1978:22 — 190, 209, 210

CJCE, 24 janvier 1978, *Ministère public du Royaume des Pays-Bas c. Jacobus Philippus van Tiggele*, aff. 82/77, ECLI : EU : C : 1978:10 — 543

CJCE, 16 novembre 1977, *SA G.B.-INNO-B.M. c. Association des détaillants en tabac (ATAB)*, aff. 13-77, ECLI : EU : C : 1977:185 — 498

CJCE, 25 octobre 1977, *Metro SB-Großmärkte GmbH & Co. KG c. Commission CE*, aff. 26/76, ECLI : EU : C : 1977:167 — 210

CJCE, 22 mars 1977, *Iannelli & Volpi SpA c. Ditta Paolo Meroni*, aff. 74/76, ECLI : ECLI : EU : C : 1977:51 — 1086

CJCE, 13 novembre 1975, *General Motors Continental NV c. Commission CE*, aff. 26-75, ECLI : EU : C : 1975:150	233
CJCE, 21 février 1973, *Europemballage Corporation et Continental Can Company Inc. c. Commission CE*, aff. 6-72, ECLI : ECLI : EU : C : 1973:22	209, 216
CJCE, 14 juillet 1972, *Imperial Chemical Industries Ltd. c. Commission CE*, aff. 48-69, ECLI : EU : C : 1972:70	232, 681
CJCE, 15 juillet 1970, *ACF Chemiefarma NV c. Commission CE*, aff. 41/69, ECLI : EU : C : 1970:71	678
CJCE, 13 juillet 1966, *Établissements Consten S.à.R.L. et Grundig-Verkaufs-GmbH c. Commission CE*, aff. jointes 56 et 58-64, ECLI : EU : C : 1966:41	245, 688
CJCE, 15 juillet 1964, *Costa c. E.N.E.L.*, aff. 6/64, ECLI : EU : C : 1964:66	50
CJCE, 5 février 1963, *Van Gend en Loos*, aff. 26-62, ECLI : EU : C : 1963:1	50

***

Av. gén. M. Bobek, 5 septembre 2019, concl. précédant CJUE, 2 avril 2020, *Gazdasági Versenyhivatal c. Budapest Bank Nyrt. et al.*, aff. C-228/18, ECLI : EU : C : 2019:678	718, 721
Av. gén. Ph. Léger, 10 décembre 1996, concl. précédant CJCE, 13 mai 1997, *République fédérale d'Allemagne c. Parlement eur. et Conseil de l'UE*, aff. C-233/94, ECLI : EU : C : 1997:231	131

***

Trib. UE, 24 septembre 2019, *HSBC Holdings plc et al. c. Commission eur.*., aff. T-105/17, ECLI : EU : T : 2019:675	996
Trib. UE, 9 février 2018, *Arcofin SCRL et al. c. Commission eur.*, aff. T-711/14, ECLI : EU : T : 2018:80	1017
Trib. UE, 10 novembre 2017, *Icap plc et al. c. Commission eur.*, aff. T-180/15, ECLI : EU : T : 2017:795	996
Trib. UE, 16 décembre 2015, *Air France-KLM c. Commission eur.*, aff. T-62/11, ECLI : EU : T : 2015:996	803
Trib. UE, 4 mars 2015, *Royaume-Uni de Grande-Bretagne et d'Irlande du Nord c. BCE*, aff. T-496/11, ECLI : EU : T : 2015:133	456
Trib. UE, 12 décembre 2014, *Banco Privado Português, SA et al. c. Commission eur.*, aff. T-487/11, ECLI : EU : T : 2014:1077	516, 1014, 1112
Trib. UE, 17 juillet 2014, *Westfälisch-Lippischer Sparkassen- und Giroverband c. Commission eur.*, aff. T-457/09, ECLI : EU : T : 2014:683	519
Trib. UE, 11 juillet 2014, *Sasol et al. c. Commission eur.*, aff. T-541/08, ECLI : EU : T : 2014:628	803
Trib. UE, 29 novembre 2012, *Groupement des cartes bancaires (CB) c. Commission eur.*, aff. T-491/07, ECLI : EU : T : 2012:633	708

Trib. UE, 29 juin 2012, *E. ON Ruhrgas AG et al. c. Commission eur.*, aff. T-360/09, ECLI : EU : T : 2012:332 — 692

Trib. UE, 24 mai 2012, *MasterCard, Inc. e.a. c. Commission eur.*, aff. T-111/08, ECLI : EU : T : 2012:260 — 738

Trib. UE, 22 mars 2012, *Slovak Telekom a.s. c. Commission eur.*, aff. jointes T-458/09 et T-171/10, ECLI : EU : T : 2012:145 — 202

Trib. UE, 13 septembre 2010, *Éditions Odile Jacob SAS c. Commission eur.*, aff. T 279/04, ECLI : EU : T : 2010:384 — 564, 572

Trib. UE, 3 mars 2010, *Bundesverband deutscher Banken eV c. Commission eur.*, aff. T-163/05, ECLI : EU : T : 2010:59 — 516

***

TPICE, 9 septembre 2009, *Clearstream Banking AG et al. c. Commission*, aff. T-301/04, ECLI : EU : T : 2009:317 — 158, 970

TPICE, 12 février 2008, *British United Provident Association Ltd et al. c. Commission CE*, aff. T-289/03, ECLI : EU : T : 2008:29 — 1086

TPICE, 27 novembre 2007, *Athanasios Pitsiorlas c. Conseil de l'UE et BCE*, aff. jointes T-3/00 et T-337/04, ECLI : EU : T : 2007:357 — 449

TPICE 17 septembre 2007, *Microsoft Corp. c. Commission CE*, aff. T-201/04, ECLI : EU : T : 2007:289 — 210

TPICE, 14 décembre 2006, *Raiffeisen Zentralbank Österreich AG et al. c. Commission CE*, aff. jointes T-259/02 à T-264/02 et T-271/02, ECLI : EU : T : 2006:396 — 209, 215

TPICE, 7 juin 2006, *Österreichische Postsparkasse AG et al. c. Commission CE*, aff. jointes T-213/01 et T-214/01, ECLI : EU : T : 2006:151 — 215, 291, 321 s., 505

TPICE, 5 avril 2006, *Degussa AG c. Commission CE*, aff. T-279/02, ECLI : EU : T : 2006:103 — 803

TPICE, 9 juillet 2003, *Cheil Jedang c. Commission CE*, aff. T-220/00, ECLI : EU : T : 2003:193 — 803

TPICE, 6 mars 2003, *Westdeutsche Landesbank Girozentrale et Land Nordrhein-Westfalen c. Commission CE*, aff. jointes T-228/99 et T-233/99, ECLI : EU : T : 2003:57 — 516

TPICE, 18 septembre 2001, *M6 et al. c. Commission*, aff. T-112/99, ECLI : EU : T : 2001:215 — 692

TPICE, 15 décembre 1999, *Freistaat Sachsen et al. c. Commission CE*, aff. jointes T-132/96 et T-143/96, ECLI : ECLI : EU : T : 1999:326 — 1015

TPICE, 30 avril 1998, *City flyer Express Ltd,* aff. T-16/96, ECLI : EU : T : 1998:78 — 538

TPICE, 23 février 1994, *Groupement des cartes bancaires « CB » et al. c. Commission*, aff. jointes T-39/92 et 40/92, ECLI : EU : T : 1994:20 — 293, 642

***

Comm. eur., décision du 25 janvier 2022, *COVID-19 – Prolongation of the Italian orderly liquidation scheme for small banks,* aff. SA.100262 (2021/N) – Italy	539, 540
Comm. eur., décision du 6 mai 2021, *13th prolongation of the Credit Union restructuring and stabilization scheme*, aff. SA.62303(2021/N) – Ireland	542
Comm. eur., décision du 16 juin 2020, *Prolongation of the Greek State Guarantee Scheme for banks,* aff. SA.57262 (2020/N), *JOUE* n° C/277/2020 du 21 août 2020, p. 1	539, 542
Comm. eur., décision du 15 mai 2020, *BNP Paribas / Bank of Baroda*, aff. M.9780, *JOUE* n° C 180 du 29 mai 2020, p. 3	549
Comm. eur., décision du 29 avril 2020, *Poland – Fourth prolongation of the resolution scheme for cooperative banks and small commercial banks,* aff. SA.56141 (2020/N), *JOUE* n° C/260/2020 du 7 août 2020, p. 1	532, 542
Comm. eur., décision du 29 octobre 2019, *Poland – Third prolongation of the resolution scheme for cooperative banks and small commercial banks,* aff. SA.54463 (2019/N), *JOUE* n° C/411/2019 du 6 décembre 2019, p. 1	539
Comm. eur., decision du 23 octobre 2019, *Allied Irish Banks / First Data Corporation / Semeral*, aff. M.9387, *JOUE* n° C 410 du 6 décembre 2019, p. 7	549, 555
Comm. eur., décision du 23 août 2019, *Denmark – Prolongation of the winding-up scheme for small banks,* aff. SA.54807 (2019/N), *JOUE* n° C/354/2019 du 18 octobre 2019, p. 1	532
Comm. eur., décision du 29 avril 2019, *Visa MIF III*, aff. AT.39398	294, 312, 318, 321, 331, 347, 381
Comm. eur., décision du 29 avril 2019, *MasterCard II*, aff. AT.40049	294, 312, 318, 321, 331
Comm. eur., décision du 22 janvier 2019, *MasterCard II*, aff. AT.40049	294
Comm. eur., décision du 19 décembre 2017, *Nordic Capital / Intrum Justitia AB*, aff. M.8287, *JOCE* n° C 350 du 18 octobre 2017, p. 1	551
Comm. eur., décision du 25 octobre 2017, *Ireland – Sixth prolongation of the Credit Union restructuring and stabilisation scheme,* aff. SA.49194 [2017/N], *JOUE* n° C/40/2018 du 2 février 2018, p. 1	542
Comm. eur., décision du 24 octobre 2017, *Mise à exécution par la France en faveur de La Banque Postale*, aff. SA.41147 (2017/NN), *JOUE* n° C/422/2017 du 8 décembre 2017, p. 1	482
Comm. eur., décision du 8 août 2017, *Banco Santander S.A./ Banco Popular Group S.A.*, aff. M.8553, *JOUE* n° C 303 du 14 septembre 2017, p. 1	573
Comm. eur., décision du 2 août 2017, *Poland – Prolongation of the resolution scheme for cooperative banks and small*	532

commercial banks, aff. SA.48302, *JOUE* n° C/336/2017 du 6 octobre 2017, p. 1

Comm. eur., décision du 2 août 2017, *Denmark – Winding-up scheme for small banks,* aff. SA.44031 (2015/N), *JOUE* n° C/336/2017 du 6 octobre 2017, p. 1 — 532

Comm. eur., décision du 4 juillet 2017, *New aid and amended restructuring plan of Banca Monte dei Paschi di Siena,* aff. SA.47677 (2017/N), *JOUE* n° C/40/2018 du 2 février 2018, p. 1 — 531

Comm. eur., décision du 25 juin 2017, *Orderly liquidation of Banca Popolare di Vicenza and Veneto Banca – Liquidation aid,* aff. SA.45664 (2017/N), *JOUE* n° C/236/2018 du 6 juillet 2018, p. 1 — 513

Comm. eur., décision du 7 juin 2017, *approuvant le dispositif de résolution à l'égard de Banco Popular Español SA,* aff. C(2017) 4038, *JOUE* n° L 178/15 du 11 juillet 2017, p. 15 — 537

Comm. eur., décision du 29 mars 2017, *Deutsche Börse / London Stock Exchange Group*, aff. M.7995, *JOUE* n° C 240 du 25 juillet 2017, p. 7 — 549, 551

Comm. eur., décision du 14 mars 2017, *Worldline / Equens / Paysquare*, aff. M.7873, *JOCE* n° C 279 du 23 août 2017, p. 1 — 551

Comm. eur., décision du 17 février 2017, *Fifteenth Extension of the Portuguese Guarantee Scheme,* aff. SA.47168 (2016/N), *JOUE* n° C/110/2017 du 7 avril 2017, p. 1 — 531

Comm. eur., décision du 18 janvier 2017, *Liquidity support to Banca Popolare di Vicenza,* aff. SA.47149 (2016/N), *JOUE* n° C/140/2018 du 24 avril 2018, p. 1 — 531

Comm. eur., décision du 29 décembre 2016, *Liquidity support to MPS bank,* aff. SA.47081 (2016/N), *JOUE* n° C/121/2018 du 6 avril 2018, p. 1 — 531

Comm. eur., décision du 20 décembre 2016, *Poland – Resolution scheme for cooperative banks and small commercial banks,* aff. SA.46575 (2016/N), *JOUE* n° C/354/2017 du 20 octobre 2017, p. 1 — 535

Comm. eur., décision du 7 décembre 2016, *Produits dérivés de taux d'intérêt en euro (EIRD)*, aff. AT.39914 — 480

Comm. eur., décision du 29 juillet 2016, *Fourteenth Prolongation of the Portuguese Guarantee Scheme,* aff. SA.45761 (2016/N), *JOUE* n° C/274/2017 du 18 août 2017, p. 1 — 531

Comm. eur., décision du 1er juillet 2016, *Fourteenth prolongation of the Polish bank guarantee scheme – H2 2016,* aff. SA.45575 (2016/N), *JOUE* n° C/406/2016 du 4 novembre 2016, p. 1 — 531

Comm. eur., décision du 23 décembre 2015, *On the State aid SA.39451 (2015/C) (ex 2015/NN) implemented by Italy for Banca Tercas,* aff. SA.39451, *JOUE* n° L/203 du 28 juillet 2016, p. 1 — 535

Comm. eur., décision du 22 novembre 2015, *Aid for the resolution of Banca Marche,* aff. SA.39543 (2015/N), *JOUE* n° C/40/2018 du 2 février 2018, p. 1 — 536

Comm. eur., décision du 22 novembre 2015, *Aid for the resolution of Banca Etruria,* aff. SA.41134 (2015/N), *JOUE* n° C/40/2018 du 2 février 2018, p. 1 — 536

Comm. eur., décision du 22 novembre 2015, *Aid for the resolution of Carife,* aff. SA.41925 (2015/N), *JOUE* n° C/40/2018 du 2 février 2018, p. 1 — 536

Comm. eur., décision du 22 novembre 2015, *Aid for the resolution of Carichieti,* aff. SA.43547 (2015/N), *JOUE* n° C/40/2018 du 2 février 2018, p. 1 — 536

Comm. eur., décision du 13 juillet 2015, *Sixth Prolongation of Cypriot guarantee scheme for banks H2 2015,* aff. SA.42080 (2015/N), *JOUE* n° C/277/2015 du 21 août 2015, p. 1 — 531

Comm. eur., décision du 2 juillet 2015, *Resolution (via liquidation) of Banca Romagna Cooperativa – Credito Cooperativo Romagna Centro e Macerone – Società Cooperativa,* aff. SA.41924 (2015/N) (ex 2015/PN), *JOUE* n° C/369/2015 du 6 novembre 2015, p. 1 — 535

Comm. eur., décision du 16 avril 2015, *Resolution of Panellinia Bank through a transfer order to Piraeus Bank (Funding gap),* aff. SA.41503, *JOUE* n° C/325/2015 du 2 octobre 2015, p. 1 — 247

Comm. eur., décision du 4 février 2015, *Yen Interest Rate Derivatives*, aff. AT.39861 — 480

Comm. eur., decision du 21 octobre 2014, *Swiss Franc Interest Rate Derivatives [CHF LIBOR],* aff. AT.39924 — 480

Comm. eur., décision du 29 juin 2014, *Liquidity support to Bulgarian banks – Bulgaria,* aff. SA.38994, *JOUE* n° C/301/2014 du 5 septembre 2014, p. 1 — 508

Comm. eur., décision du 29 avril 2014, *HFSF Recapitalisation commitment to EFG Eurobank,* aff. SA.34825, SA.34825, SA.36006, *JOUE* n° L/357/2014 du 12 décembre 2014, p. 112 — 248

Comm. eur., décision du 26 février 2014, *Visa MIF II,* aff. AT.39.398 — 199, 294, 307

Comm. eur., décision du 4 décembre 2013, *Euro Interest Rate Derivatives*, aff. AT.39914 — 480

Comm. eur., décision du 4 décembre 2013, *Yen Interest Rate Derivatives*, aff. AT.39861 — 480

Comm. eur., décision du 23 janvier 2013, *SIEG d'accessibilité bancaire du Livret A de La Banque Postale,* aff. SA.29367 (2012/NN), *JOUE* n° C/81/2013 du 20 mars 2013 — 236, 482

Comm. eur., décision du 20 décembre 2012, *Restructuring of Banco Grupo Cajatres S.A.,* aff. SA.35489 (2012/N), *JOUE* n° C/138/2013 du 17 mai 2013, p. 1 — 535

Comm. eur., décision du 20 décembre 2012, *Restructuring of Banco Mare Nostrum S.A.,* aff. SA.35488 (2012/N), *JOUE* n° C/96/2013 du 4 avril 2013, p. 6 — 535

Comm. eur., décision du 20 décembre 2012, *Restructuring and recapitalisation of Banco CEISS,* aff. SA.34536 (2012/N), *JOUE* n° C/96/2013 du 4 avril 2013, p. 1 — 535

Comm. eur., décision du 20 décembre 2012, *Restructuring of Liberbank S.A.*, aff. SA.35490 (2012/N), *JOUE* n° C/96/2013 du 4 avril 2013, p. 6	535
Comm. eur., décision du 23 août 2012, *State Street Services Poland Limited Sp. z o.o. – Poland,* aff. SA.35030 (2012/N), *JOUE* n° C/285/2012 du 21 septembre 2012, p. 2	482
Comm. eur., décision du 27 mars 2012, *on the measures SA. 26909 [2011/C] implemented by Portugal for the restructuring of Banco Português de Negócios [BPN],* aff. SA.26909, *JOUE* n° L/301/2012 du 30 octobre 2012, p. 1	502
Comm. eur., décision du 1er février 2012, *Deutsche Börse / NYSE Euronext,* aff. M.6166, *JOUE* n° C254 du 5 août 2014, p. 8	551
Comm. eur., décision du 9 juin 2011, *Hungary – Further prolongation of the support scheme for housing loans,* aff. SA.32993 (2011/N), *JOCE* n° C/344/2011 du 24 novembre 2011, p. 1	482
Comm. eur., décision du 8 décembre 2010, *Visa MIF,* aff. COMP/D-1/39.398	199, 294, 307, 317, 318, 320, 322, 331, 347, 355, 381
Comm. eur., décision du 10 novembre 2010, *Crédit agricole / Cassa di Risparmio della Spezia / Agences Intesa Sanpaolo,* aff. M.5960, *JOUE* n° C 96 du 29 mars 2011, p. 4	282
Comm. eur., décision du 20 juillet 2010, *on the State Aid n° C 33/2009 [ex NN 57/2009, CP 191/2009] implemented by Portugal in the form of a State guarantee to BPP,* aff. SA.28787, *JOUE* n° L/159/2011 du 17 juin 2011, p. 95	494, 543
Comm. eur., décision du 26 février 2010, *Restructuring of Dexia,* aff. C 9/09, *JOUE* n° L 274 du 19 octobre 2010	239, 247, 248

***

Comm. CE, décision du 28 octobre 2009, *Restructuring aid to Northern Rock,* aff. C 14/2008, *JOUE* n° L/112/2010 du 5 mai 2010, p. 1	516
Comm. CE, décision du 30 septembre 2009, *on the State aid n° C2/2009 (ex N 221/2008 and N 413/2008) which Germany intends to grant to modernise the general conditions for capital investments, JOCE* n° L6 du 9 janvier 2010, p. 32	1005
Comm. CE, décision du 12 mai 2009, *Recapitalisation of Allied Irish Bank by the Irish State,* aff. N241/2009, *JOUE* n° C/223/2009 du 16 septembre 2009, p. 1	1022, 1023
Comm. CE, décision du 7 mai 2009, *Commerzbank – Germany,* aff. N244/2009, *JOUE* n° C/147/2009 du 27 juin 2009, p. 1	1043
Comm. CE, décision du 21 avril 2009, *UK asset backed securities Scheme,* aff. N232/2009, *JOUE* n° C/147/2009 du 27 juin 2009, p. 1	1041
Comm. CE, décision du 20 avril 2009, *UK Homeowners Mortgage Support Scheme,* aff. N 179/2009, *JOCE* n° C/209/2009 du 4 septembre 2009, p. 1	1005

Comm. CE, décision du 20 mars 2009, *Liquidity scheme for the Slovenian financial sector*, aff. N 637/2008, *JOUE* n° C/143/2009 du 24 juin 2009, p. 1	1050
Comm. CE, décision du 9 décembre 2008, *Urgent measures to guarantee the stability of the Italian banking system*, aff. N 520a /2008, *JOUE* n° C/29/2009 du 5 février 2009, p. 1	1049
Comm. CE, décision du 3 décembre 2008, *BNP Paribas / Fortis*, aff. M.5384, *JOCE* n° C 7 du 13 janvier 2009, p. 4	1044, 1137
Comm. CE, décision du 19 novembre 2008, *Aide d'urgence en faveur de Dexia en forme de garantie sur les obligations et liquidity assistance*, aff. NN49/2008	542, 550
Comm. CE, décision du 5 novembre 2008, *Aid for liquidation of Roskilde Bank*, aff. NN39/2008, *JOUE* n° C/12/2009 du 17 janvier 2009, p. 1	1059
Comm. CE, décision du 21 octobre 2008, *concernant l'aide d'État C 10/08 (ex NN 7/08) accordée par l'Allemagne en vue de la restructuration d'IKB Deutsche Industriebank AG*, aff. C10/2008, *JOUE* n° L/278/2009 du 23 octobre 2009, p. 32	1043
Comm. CE, décision du 13 octobre 2008, *Guarantee scheme for banks in Ireland*, aff. NN48/2008, *JOUE* n° C/312/2008 du 6 décembre 2008, p. 1	1049
Comm. CE, décision du 4 juin 2008, *state aid implemented by Germany for Sachsen LB*, aff. C9/2008, *JOUE* n° L/104/2009 du 24 avril 2009, p. 34	1016
Comm. CE, décision du 30 avril 2008, *WestLB riskshield, Germany*, aff. NN25/2008, *JOUE* n° C/189/2008 du 26 juillet 2008, p. 1	1016
Comm. CE, décision du 2 avril 2008, *Restructuring aid to Northern Rock*, aff. NN1/2008, *JOUE* n° C/135/2008 du 3 juin 2008, p. 21	1050
Comm. CE, décision du 19 décembre 2007, *MasterCard*, aff. COMP/34.579	433, 647, 653, 671, 693, 697, 701, 716, 722, 748, 749, 771, 776
Comm. CE, décision du 11 décembre 2007, *Aid to Posten AB – prolongation 2008*, aff. N515/2007, *JOUE* n° C/54/2008 du 27 février 2008, p. 1	1005
Comm. CE, décision du 5 décembre 2007, *Northern Rock*, aff. NN 70/2007, *JOUE* n° C/43/2008 du 16 février 2008, p. 1	537, 1016
Comm. CE, décision du 17 octobre 2007, *Groupement des cartes bancaires « CB »*, aff. COMP/D1/38606	248, 435
Comm. CE, décision du 3 octobre 2007, *Fortis/ ABN AMRO Assets*, aff. M.4844, *JOCE* n° C 265 du 7 novembre 2007, p. 2	1137, 1141, 1146
Comm. CE, décision du 3 octobre 2007, *Morgan Stanley c. Visa International*, aff. COMP/D1/37860	610
Comm. CE, décision du 6 août 2007, *Barclays / ABN AMRO*, aff. M.4692, *JOCE* n° C245, 19 octobre 2007	18

Comm. CE, décision du 18 juillet 2007, *concernant l'aide d'État C 27/2004 mise à exécution par la République tchèque en faveur des sociétés GE Capital Bank a.s. et GE Capital International Holdings Corporation, USA,* aff. SA.17006, *JOCE* n° L/67/2008 du 11 mars 2008, p. 3	1006
Comm. CE, décision du 27 juin 2007, *Concernant l'aide d'État C 50/2006 accordée par l'Autriche à BAWAG-PSK,* aff. C50/2006, *JOCE* n° L 83 du 26 mars 2008, p. 7	1006, 1016
Comm. CE, décision du 22 novembre 2006, *Compensation to Posten AB for providing basic payment and cash facilities services,* aff. N642/05, *JOUE* n° C/291/2007 du 5 décembre 2007, p. 1	1005
Comm. CE, décision du 27 avril 2005, *BBVA / BNL,* aff. M.3768, *JOCE* n° C135 du 2 juin 2005	1168
Comm. CE, décision du 27 avril 2005, *ABN AMRO / Banca Antonveneta,* aff. M.3780	1168
Comm. CE, décision du 20 octobre 2004, *concernant une aide de l'Allemagne en faveur de l'entreprise Westdeutsche Landesbank – Girozentrale, devenue WestLB AG,* aff. C64/1997, *JOUE* n° L 307 du 7 novembre 2006, p. 22	1005
Comm. CE, décision du 18 février 2004, *aide à la restructuration accordée par l'Allemagne à Bankgesellschaft Berlin AG,* aff. NN53/2001, *JOCE* n° C/130/2002 du 1er juin 2002, p. 4	1006, 1016
Comm. CE, décision du 7 janvier 2004, *Lagardère/Natexis/VUP*, aff. M.2978, *JOUE* n° L125 du 28 avril 2004, p. 54	572
Comm. CE, décision du 24 juillet 2002, *Visa international – CMI,* aff. COMP/29.373, *JOUE* n° L318/17 du 22 novembre 2002, p. 17	242, 433, 642, 671, 693, 694, 719, 720, 746
Comm. CE, décision du 11 juin 2002, *Austrian banks – « Lombard Club »*, aff. COMP/36.571/D-1, *JOCE* n° L 56/1 du 24 février 2004, p. 1	321 s., 685
Comm. CE, décision du 20 décembre 2001, *Shell / DEA,* aff. M.2389, *JOUE* n° L15 du 21 janvier 2003, p. 35	575
Comm. CE, décision du 11 décembre 2001, *relative au régime d'aides d'État mis en œuvre par l'Italie en faveur des banques,* aff. SA.3955, *JOCE* n° L 184 du 13 juillet 2002, p. 27	1005
Comm. CE, décision du 8 novembre 2001, *Nordbanken/ Postgirot*, aff. M.2567, *JOCE* n° C 347 du 8 décembre 2001, p. 5	1141
Comm. CE, décision du 10 août 2001, *Visa international,* aff. COMP/29.373, *JOCE* n° L 293 du 10 novembre 2001, p. 24	432, 760
Comm. CE, décision du 31 juillet 2001, *Identrus,* aff. COMP/37.462, *JOCE* n° L 249/12 du 19 septembre 2001, p. 1	686
Comm. CE, décision du 13 décembre 2000, *Fortis / ASR,* aff. M.2225, *JOCE* n° C54, 21 février 2001, p. 9	18

Comm. CE, décision du 8 septembre 1999, *Nederlandse Vereniging van Banken (accord GSA de 1991)*, aff. IV/34.010, *JOCE* n° L 271/28 du 21 octobre 1999, p. 1	320, 433, 642, 670, 694
Comm. CE, décision du 3 août 1999, *Deutsche Bank/Bankers Trust,* aff. M.1616, *JOCE* n° C 306 du 23 octobre 1999, p. 37	1167
Comm. CE, décision du 20 juillet 1999, *BSCH/A. Champalimaud,* aff. M.1724	1166, 1169
Comm. CE, décision du 22 avril 1999, *Deutsche Bank/Bankers Trust,* aff. M.1384, *JOCE* n° C 303 du 14 septembre 2017, p. 7	1143
Comm. CE, décision du 24 juin 1998, *Fortis AG / Generale Bank*, aff. M.1172, *JOCE* n° C253, 12 août 1998, p. 3	18, 1142
Comm. CE, décision du 20 mai 1998 *concernant les aides accordées par la France au groupe Crédit Lyonnais*, aff. 98/490/CE, *JOCE* n° L221 du 8 août 1998, p. 28	252, 263, 610, 1016
Comm. CE, décision du 11 mars 1997, *Bank Austria/ Creditanstalt,* aff. M.873, *JOCE* n° C 160 du 27 mai 1997, p. 4	1141
Comm. CE, décision du 28 juin 1996, *Crédit agricole / Banque Indosuez*, aff. M.756, *JOCE* n° C 227 du 6 août 1996, p. 1	607
Comm. CE, décision du 24 juin 1996, *Banque nationale de Paris – Dresdner Bank*, aff. IV/34607, *JOCE* n° L 188/37 du 27 juillet 1996, p. 1	320, 680
Comm. CE, décision du 11 décembre 1995, *Charterhouse / Porterbook*, aff. M.669, *JOCE* n° C 350 du 30 décembre 1995, p. 1	564
Comm. CE, décision du 23 octobre 1995, *CGER Banque / SNCI*, aff. M.643, *JOCE* n° C 293 du 8 novembre 1995, p. 1	607
Comm. CE, décision du 26 juillet 1995, *portant approbation conditionnée de l'aide accordée par la France à la banque Crédit Lyonnais*, aff. 95/547/CE, *JOCE* n° L308 du 21 décembre 1995, p. 92	252, 262, 338, 1006
Comm. CE, décision du 11 janvier 1993, *Crédit lyonnais / BFG Bank*, aff. M.296, *JOCE* n° C 39 du 13 février 1993, p. 1	607
Comm. CE, décision du 25 mars 1992, *Eurochèques III : accord d'Helsinki*, aff. IV/30.717-A, *JOCE* n° L 95/50 du 9 avril 1992, p. 1	293, 296, 320, 439
Comm. CE, décision du 26 août 1991, *BNP / Dresdner Bank – Czeho-Slovakia*, aff. M.124, *JOCE* n° C 266 du 31 août 1991, p. 1	329, 607
Comm. CE, décision du 20 août 1991, *Kelt / American Express*, aff. M.116, *JOCE* n° C 223 du 9 août 1991, p. 1	564
Comm. CE, décision du 7 mars 1991, *Kyowa / Saitama Banks*, aff. M069, *JOCE* n° C 66/13 du 14 mars 1991, p. 1	329
Comm. CE, décision du 4 février 1991, *BNP/Dresdner Bank*, aff. M021, *JOCE* n° C 34/20 du 9 février 1991, p. 1	329
Comm. CE, décision du 19 juillet 1989, *Banques néerlandaises*, aff. IV/31499, *JOCE* n° L 253/1 du 30 août 1989, p. 1	320, 493, 494

Comm. CE, décision du 19 décembre 1988, *Eurochèques uniformes II*, aff. IV/31291, *JOCE* n° L 36/16 du 8 février 1989, p. 1	320, 680, 685
Comm. CE, décision du 12 décembre 1986, *ABI*, aff. IV/31356, *JOCE* n° L 43/51 du 13 février 1987, p. 1	242, 320, 433
Comm. CE, décision du 11 décembre 1986, *Association belge des banques*, aff. IV/261-A, *JOCE* n° L 7/27 du 9 janvier 1987, p. 1	241, 304, 309, 320, 433, 642, 660, 673
Comm. CE, décision du 30 septembre 1986, *Irish Banks'Standing Committee*, aff. IV/31362, *JOCE* n° L 295/28 du 18 octobre 1986, p. 1	320, 493, 494, 680
Comm. CE, décision du 10 décembre 1984, *Eurochèques uniformes*, aff. IV/30/717, *JOCE* n° L 35/43 du 7 février 1985, p. 1	320, 642, 653, 694, 736, 738, 767

***

II – Jurisprudence et pratique décisionnelle en droit français

Cons. const., 1er juillet 2016, *M. Stéphane R. et al.*, n° 2016-550 QPC	812
Cons. const., 24 juin 2016, *M. Jérôme C.*, n° 2016-546 QPC	812
Cons. const., 18 mars 2015, *M. John L. et autres,* n° 2014-453/454 QPC et 2015-462 QPC	800
Cons. const., 13 mars 2014, *Loi relative à la consommation*, n° 2014-690 DC	808
Cons. const., 27 septembre 2013, *M. Smaïn Q. et al.*, n° 2013-341 QPC	805
Cons. const., 12 juillet 2013, *Mme Agnès B*, n° 2013-332 QPC	805
Cons. const., 28 juillet 1989, *Loi relative à la sécurité et à la transparence du marché financier*, n° 89-260 DC	805
Cons. const., 17 janvier 1989, *Loi modifiant la loi n° 86-1067 du 30 septembre 1986 relative à la liberté de communication*, n° 88-248 DC	805

***

CE, 20 juin 2016, *Fédération française des sociétés d'assurances*, n° 384297	42
CE, ass., 21 mars 2016, *Société Fairvesta*, n° 368082	42
CE, ass., 21 mars 2016, *Société Numéricable*, n° 390023	42
CE, 6 février 2004, *SEB / Moulinex*, n° 249267	1183
CE, ass., 16 décembre 1994, *société « Le Prêt »*, n° 99219	413

CE, avis, 23 avril 1985, n° 337578 351, 356
CE 27 juin 1979, *Manufacture française des pneumatiques Michelin*, n° 12450 365

***

Cass. ass. plén., 12 juillet 2000, n° 98-10160 365
Cass. com., 29 janvier 2020, n° 18-10967 728, 742
Cass. com., 15 janvier 2020, n° 18-10512 393
Cass. com., 13 février 2019, n° 17-14785 859
Cass. com., 25 octobre 2017, n° 16-16839 367
Cass. com., 1er mars 2016, n° 14-22582 859
Cass. com., 14 avril 2015, n° 12-15971 725, 742
Cass. com., 31 mars 2015, n° 14-12391 52
Cass. com., 3 mars 2009, n° 08-14435 158, 972
Cass. com., 23 juin 2004, n° 01-17.896, 02-10.066 506
Cass. com., 9 octobre 2001, n° 98-21987 804
Cass. com., 5 octobre 1999, n° 97-15617 804
Cass. com. 28 janvier 1992, n° 90-13706 365
Cass. com., 18 avril 1958, n° 58-04997 47
Cass. 1e civ., 26 septembre 2018, n° 17-20604 859
Cass. 1re civ., 11 octobre 1994, n° 92-13947 354
Cass. civ. 2e, 30 juin 1971, n° 70-12117 367
Cass. civ. 2e, 28 janvier 1965, n° 62-13485 367

***

CA Paris, 2 décembre 2021, n° 20-04626 729
CA Paris, 17 octobre 2019, n° 18-24456 688
CA Paris, 4 juillet 2019, n° 16-23609 236
CA Paris, 18 janvier 2018, n° 2017-01703 688, 692
CA Paris, 21 décembre 2017, n° 16-15499 236
CA Paris, 21 décembre 2017, n° 2015-17638 726
CA Paris, 27 septembre 2017, n° 16-00671 367
CA Paris, 23 février 2012, n° 2010-20555 485, 724
CA Paris, 28 janvier 2009, n° 2008-00255 680
CA Paris, 12 octobre 1999, *BOCCRF* n° 18, du 30 octobre 1999 210
CA Bordeaux, 31 janvier 2017, n° 1502631 390, 402

***

T. com. Paris, 2 septembre 2019, n° 2017050625 390
T. com. Paris, 24 janvier 2013, n° 2010-060778 367
T. com. Paris, 24 janvier 2013, n° 2010-055661 367

***

TGI Paris, 22 février 2018, n° 15/09129 — 819

***

Aut. conc., avis n° 21-A-05 du 29 avril 2021 *portant sur le secteur des nouvelles technologies appliquées aux activités de paiement* — 75, 911 s.

Aut. conc., décision n° 20-DCC-48 du 20 mars 2020 *relative à la prise de contrôle exclusif de la société LBP IARD par la société La Banque Postale* — 1133

Aut. conc., décision n° 19-D-19 du 30 septembre 2019 *relative à des pratiques mises en œuvre dans le secteur des prestations d'architecte* — 677

Aut. conc., décision n° 18-DCC-95 du 14 juin 2018 *relative à la prise de contrôle exclusif d'une partie du pôle plats cuisinés ambiants du groupe Agripole par la société Financière Cofigeo* — 1189

Aut. conc., décision n° 16-DCC-151 du 14 octobre 2016 *relative à la fusion de la société Rothschild & Co SCA et la Compagnie Financière Martin Maurel SA* — 18, 1134, 1141

Aut. conc., décision n° 16-D-18 du 8 septembre 2016 r*elative à des pratiques mises en œuvre dans le secteur de la protection sociale des étudiants* — 689

Aut. conc., décision n° 16-D-09 du 12 mai 2016*, relative à des pratiques mises en œuvre dans les secteurs des armatures métalliques et des treillis soudés sur l'île de la Réunion* — 682

Aut. conc., décision n° 15-DCC-105 du 12 août 2015 *relative à la prise de contrôle conjoint de la société Primonial Holding par les sociétés Crédit Mutuel Arkéa, Primonial Management, Blackfin et Latour Capital* — 18, 1142

Aut. conc., avis n° 15-A-06 du 31 mars 2015, *relatif au rapprochement des centrales d'achat et de référencement dans le secteur de la grande distribution* — 207

Aut. conc., décision n° 14-D-19 du 18 décembre 2014, *relative à des pratiques mises en œuvre dans le secteur des produits d'entretien et des insecticides et dans le secteur des produits d'hygiène et de soins pour le corps* — 681

Aut. conc., décision n° 14-D-06 du 8 juillet 2014 *relative à des pratiques mises en œuvre par la société Cegedim dans le secteur des bases de données d'informations médicales* — 158, 970

Aut. conc., décision n° 14-D-02, du 20 février 2014 *relative à des pratiques mises en œuvre dans le secteur de la presse d'information sportive* — 190

Aut. conc., avis n° 13-A-14 du 4 octobre 2013 *relatif au projet de loi portant réforme ferroviaire* — 195

Aut. conc., décision n° 13-D-18 du 20 septembre 2013 *relative à des pratiques de Visa relevées dans le secteur des cartes de paiement* — 439, 642, 672, 673, 701, 758, 776, 819

Aut. conc., décision n° 13-D-17 du 20 septembre 2013 *relative à des pratiques de MasterCard relevées dans le secteur des cartes de paiement*	63, 439, 642, 647, 672, 677, 694, 696, 698, 701, 733, 751, 758
Aut. conc., décision n° 13-D-11 14 mai 2013 *relative à des pratiques mises en œuvre dans le secteur pharmaceutique*	190
Aut. conc., décision n° 13-D-06 du 28 février 2013 *relative à des pratiques mises en oeuvre dans le marché de la télétransmission de données fiscales et comptables sous format EDI à l'administration fiscale*	943
Aut. conc., décision n° 12-D-17 du 5 juillet 2012 *relative à des pratiques relevées dans le secteur des moyens de paiements scripturaux (prélèvement, titre interbancaire de paiement, télérèglement, virement et lettre de change)*	433, 435, 485, 642, 643, 673, 680, 694, 733
Aut. conc., décision n° 11-D-11 du 7 juillet 2011 *relative à des pratiques mises en œuvre par le Groupement des Cartes Bancaires*	238, 433, 642, 672, 677, 694, 698, 733, 751, 758, 776
Aut. conc., décision Décision n° 11-D-03 du 15 février 2011 *relative à des pratiques mises en œuvre dans le secteur du commerce de gros des fruits et légumes et produits de la mer frais*	689
Aut. conc., décision n° 10-D-28 du 20 septembre 2010, *relative aux tarifs et aux conditions liées appliquées par les banques et les établissements financiers pour le traitement des chèques remis aux fins d'encaissement*	242, 360, 383, 432, 433, 435, 485, 642, 653, 672, 693, 694, 723, 724
Aut. conc., avis n° 09-A-35 du 26 juin 2009 *portant sur le projet d'ordonnance relatif aux conditions régissant la fourniture de services de paiement et portant création des établissements de paiement*	790, 793, 794, 795
Aut. conc., décision n° 09-DCC-16 du 22 juin 2009 *relative à la fusion entre les groupes Caisse d'Épargne et Banque Populaire*	18, 1137, 1142
Aut. conc. décision n° 19-DCC-14 du 30 janvier 2009 *relative au passage d'un contrôle conjoint par La Banque Postale et la Société Générale à un contrôle exclusif par La Banque Postale de La Banque Postale Financement*	610

***

Cons. conc., avis n° 07-A-13 du 19 octobre 2007 *relatif à un projet de décret relatif au plafonnement des frais bancaires applicables aux incidents de paiement*	903
Cons. conc., décision n° 07-D-03 du 24 janvier 2007 *relative à des pratiques relevées dans le secteur de la parfumerie de luxe par la société Clarins SA*	805
Cons. conc., avis n° 05-A-08 du 31 mars 2005 *relatif à une demande d'avis de la Confédération de la Consommation, du Logement et du Cadre de Vie portant sur les conditions dans lesquelles pourrait être envisagée la mise en place d'un service bancaire de base*	873 s., 1231
Cons. conc., décision n° 00-D-28 du 19 septembre 2000 *relative à la situation de la concurrence dans le secteur du crédit immobilier*	505

Cons. conc., avis n° 94-A-24 du 20 septembre 1994 *relatif au projet d'acquisition de la société Cedest par la société Holdercim (secteur du béton prêt à l'emploi)* 190

Cons. conc., décision n° 90-D-41 du 30 octobre 1990 *concernant l'exécution de la décision n° 88-D-37 du 11 oct. 1988 relative au Groupement d'intérêt économique des cartes bancaires « CB3 »* 358, 745

Cons. conc., décision n° 88-D-37 du 15 octobre 1988 *relative au Groupement des cartes bancaires « CB », BOCCRF* n° 21 du 15 octobre 1988 346, 357, 642, 694

***

Min. éco., décision du 19 juillet 2018 *statuant sur la prise de contrôle exclusif d'une partie du pôle plats cuisinés ambiants du groupe Agripole par Financière Cofigeo, BOCCRF* n° 7 du 7 août 2018 1189

Min. éco., décision C2006-45, Lettre en date du 10 août 2006, aux conseils de la Caisse Nationale des Caisses d'Épargne et de la Banque Fédérale des Banques Populaires, *relative à une concentration dans le secteur des services bancaires, BOCCRF* n° 7 bis du 15 septembre 2006 1141

Min. éco., décision C2003-219, Lettre en date du 28 novembre 2003 aux conseils de la société Crédit Foncier de France, *relative à une concentration dans le secteur bancaire* 418

Min. éco., décision C2003-139, Lettre en date du 7 novembre 2003, au directeur général de la BRED Banque Populaire, *relative à une opération dans le secteur bancaire, BOCCRF* n° 5 du 4 mai 2004 418

***

III – Jurisprudence et pratique décisionnelle en droit étranger

US Supreme Court, *Ohio v. American Express Co.* 585 U.S. (2018) 710

US Supreme Court, *United States v. Philadelphia National Bank*, 374 U.S. 321 (1963) 286

US Supreme Court, *United States v. First National Bank & Trust Co. of Lexington*, 376 U.S. 665 (1964) 286

New-York District Court, *In re Payment Card Interchange Fee and Merchant Discount Antitrust Litigation,* MDL 1720 (MKB) (JO) (2019) 823

***

UK Office of Fair Trading (OFT), 31 octobre 2008, *Lloyds/HBOS*, ME/3862/08 64

***

TABLE DES MATIÈRES

Sommaire I
Avant-propos III
Préface V
Remerciements VII
Table des abréviations VIII

Introduction 1
§ 1. Les activités bancaires, à la fois soumises aux règles du droit de la concurrence et de la régulation bancaire 6
A. Les activités bancaires, objets d'une régulation sectorielle 6
1. Identification des activités bancaires 6
2. Régulation des activités bancaires 13
B. Les activités bancaires soumises aux lois de la concurrence 21
§ 2. Dialectique entre droit de la concurrence et régulation bancaire 27
A. Droit de la concurrence et régulation bancaire : chronique d'une relation erratique 28
B. Droit de la concurrence et régulation bancaire : recherche sur les conditions d'une relation symbiotique 30

Partie I - L'applicabilité justifiée du droit de la concurrence aux activités bancaires 33
Titre I - Une convergence entre les objectifs du droit de la concurrence et de la régulation bancaire 35
Chapitre I : Des objectifs poursuivis par la régulation bancaire 37
Section 1 Des objectifs prioritaires 38
§ 1. Des objectifs poursuivis par la régulation bancaire française et européenne 39
A. La préservation d'un marché bancaire efficace et stable 39
1. La préservation de l'efficacité 40
2. La préservation de la stabilité 43
a. La stabilité financière, un objectif majeur de la régulation bancaire 43
b. La stabilité financière, un objectif en interaction avec d'autres impératifs 45
i. Interactions entre la stabilité financière et la stabilité monétaire 45
ii. Interactions entre la stabilité financière et l'efficacité économique 48

B. La protection d'une clientèle en confiance 49
1. La préservation des intérêts de la clientèle 49
2. La préservation de la confiance 51
§ 2. Un objectif propre à la régulation bancaire européenne.................... 53
A. Intégration globale.. 53
B. Intégration sectorielle... 56
Section 2 Un objectif subsidiaire.. 60
§ 1. La concurrence, un objectif poursuivi par la régulation bancaire 60
A. Une concurrence intensifiée par la transparence de l'information et l'abolition des barrières comportementales 62
1. L'intensification de la concurrence par une transparence de l'information accrue... 63
2. L'intensification de la concurrence par l'abolition des barrières comportementales.. 64
B. Une concurrence intensifiée par l'approfondissement du marché unique.. 66
§ 2. La concurrence, un instrument au service de la régulation bancaire....... 70
A. La concurrence, un moyen en vue de la réalisation d'objectifs prioritaires 71
B. La concurrence restreinte en considération d'objectifs prioritaires 72
Chapitre II : Des objectifs poursuivis par le droit de la concurrence............... 75
Section 1 Le droit de la concurrence, un moyen au service du bien-être du consommateur.. 76
§ 1. L'instrumentalisation du droit de la concurrence............................ 77
§ 2. Le bien-être du consommateur, finalité du droit de la concurrence 80
Section 2 Le droit de la concurrence, un moyen au soutien des objectifs de régulation bancaire 87
§ 1. Des objectifs de régulation bancaire partagés par le droit de la concurrence 88
A. La préservation de l'efficacité du marché bancaire 89
1. Objectif général d'efficacité économique 89
2. Objectif spécifique d'efficacité du marché bancaire 92
B. La préservation d'un marché bancaire unique.................................. 94
1. Objectif général de protection du marché unique 94
2. Objectif spécifique de protection du marché bancaire unique...... 95
§ 2. Des objectifs de régulation bancaire assimilés par le droit de la concurrence 96
A. Le maintien de la confiance 96
B. Le maintien de la stabilité... 98
1. Ambivalence du point de vue économique quant au rapport entre stabilité et concurrence 98
2. Ambivalence de l'approche de la Commission européenne quant au rapport entre stabilité et concurrence............................. 99
Conclusion du Titre I... 103

Titre II - Une convergence légitimant l'applicabilité du droit de la concurrence aux activités bancaires 105

Chapitre I : L'applicabilité du droit de la concurrence aux activités bancaires par principe 107

Section 1 L'applicabilité progressive du droit de la concurrence de l'union européenne 108

§ 1. Les activités bancaires anciennement exclues du champ d'application des règles européennes de concurrence 109

A. Le secteur bancaire traditionnellement hostile à l'égard du droit de la concurrence 109

B. Le secteur bancaire jouissant d'un régime dérogatoire de fait 111

§ 2. Les activités bancaires progressivement incluses dans le champ d'application des règles européennes de concurrence 116

A. Consécration de l'applicabilité du droit des pratiques anticoncurrentielles 116

1. L'arrêt *Züchner* : rejet des arguments relatifs aux SIEG et à la politique monétaire 116

2. La décision *Club Lombard* : rejet de l'argument tenant à l'impératif de stabilité 118

B. Consécration de l'applicabilité des règles relatives aux contrôles des concentrations et des aides d'État 120

1. Consécration de l'applicabilité des règles relatives au contrôle des concentrations 120

2. Consécration de l'applicabilité des règles relatives au contrôle des aides d'État 122

Section 2 L'applicabilité progressive du droit français de la concurrence 125

§ 1. L'applicabilité souhaitable du droit commun des pratiques anticoncurrentielles et restrictives de concurrence 126

A. L'applicabilité souhaitable du droit commun des pratiques anticoncurrentielles 126

1. Les activités bancaires temporairement soumises au droit commun des pratiques anticoncurrentielles 126

2. Les activités bancaires actuellement soumises au droit spécial des pratiques anticoncurrentielles 129

a. Lecture de l'article L 511-4 du Code monétaire et financier 131

b. Effets de l'article L 511-4 du Code monétaire et financier 134

B. L'applicabilité souhaitable du droit commun des pratiques restrictives de concurrence 139

1. Consécration de l'inapplicabilité du droit des pratiques restrictives 139

2. Inopportunité de l'inapplicabilité du droit des pratiques restrictives 141

§ 2. L'applicabilité établie du droit commun du contrôle des concentrations 144
A. L'applicabilité des règles du contrôle des concentrations initialement débattue 145
B. L'applicabilité des règles du contrôle des concentrations finalement établie 147
Chapitre II : L'inapplicabilité du droit de la concurrence aux activités bancaires par exception 151
Section 1 Recours aux critères communs d'applicabilité du droit des pratiques anticoncurrentielles 154
§ 1. Absence de difficulté générale tenant aux spécificités des activités bancaires 154
A. La singularité des activités bancaires globalement sans incidence sur l'identification d'une affectation sensible du commerce interétatique 154
B. La singularité des activités bancaires globalement sans incidence sur la qualification d'entreprise 156
§ 2. Existence d'une difficulté particulière tenant à l'identification de prérogatives de puissance publique 157
A. Situation des banques centrales 159
1. Situation de la Banque centrale européenne 159
a. Activités de la BCE exercées dans le cadre de prérogatives de puissance publique 159
b. Activités de la BCE non exercées dans le cadre de prérogatives de puissance publique 161
2. Situation des banques centrales nationales 167
a. Activités des BCN exercées dans le cadre de prérogatives de puissance publique 167
b. Activités des BCN non exercées dans le cadre de prérogatives de puissance publique 168
B. Situation des établissements de crédit 169
1. Position initiale de la Commission européenne : distinction selon que l'accord avait ou non été approuvé par l'autorité monétaire 170
a. Affirmation de la solution initiale 170
b. Critique de la solution initiale 173
2. Position actuelle de la Commission européenne : applicabilité entière du droit de la concurrence aux accords sur les taux d'intérêt 174
Section 2 Recours aux critères spéciaux d'applicabilité des règles du contrôle des aides d'état et des concentrations 177
§ 1. Difficultés relatives aux conditions d'applicabilité des règles du contrôle des aides d'État 177
A. (In)applicabilité de l'article 107 TFUE aux concours accordés par le Fonds de résolution unique 181

B. (In)applicabilité de l'article 107 TFUE aux concours accordés par les banques centrales 182
1. Inapplicabilité de l'article 107 TFUE aux mesures conventionnelles 182
2. Applicabilité de l'article 107 TFUE aux mesures non conventionnelles 182
a. Applicabilité de l'article 107 TFUE aux mesures de fourniture de liquidité d'urgence 183
b. Applicabilité de l'article 107 TFUE aux autres mesures non conventionnelles 187
§ 2. Difficultés relatives aux conditions d'applicabilité des règles du contrôle des concentrations 189
A. Inopportunité des règles dérogatoires relatives à l'appréciation de la nature concentrative des rapprochements bancaires 189
1. Un réaménagement souhaitable des exceptions 192
a. La suppression souhaitable de l'article 3 § 5, sous a) 192
b. La modification souhaitable de l'article 3 § 5, sous c) 197
2. Une clarification souhaitable de la notion de concentration 199
B. Inopportunité des règles dérogatoires relatives à l'appréciation de la dimension communautaire des rapprochements bancaires 201
1. Inadéquation de l'ancien critère dérogatoire 203
2. Inutilité du nouveau critère dérogatoire 205
Conclusion du Titre II 211
Conclusion de la Partie I 213

Partie II - L'application opportune du droit de la concurrence aux activités bancaires 215
Titre I - Le droit de la concurrence, source d'inspiration de la régulation bancaire 219
Chapitre I : La régulation bancaire inspirée de la mise en œuvre du droit des pratiques anticoncurrentielles 221
Section 1 Les commissions interbancaires saisies ex post par le droit de la concurrence 225
§ 3. Compréhension des marchés des services de paiement 225
A. Fonctionnement des marchés des services de paiement 225
B. Segmentation des marchés des services de paiement 230
§ 4. Nocivité des ententes sur les marchés des services de paiement 234
A. La caractérisation des ententes interbancaires 235
1. Le concours de volontés interbancaire 235
2. La restriction de concurrence interbancaire 237
a. L'indiscutable effet anticoncurrentiel des ententes sur les commissions interbancaires 238
i. Un effet restrictif non accessoire induit par la fixation collective des commissions interbancaires 239

ii. Un effet restrictif aggravé par l'application de certaines règles commerciales ... 241
b. Le discutable objet anticoncurrentiel des ententes sur les commissions interbancaires ... 243
i. Un débat opposant l'autorité et le juge européens de la concurrence ... 243
α. L'exigence générale d'une interprétation restrictive de la notion d'objet anticoncurrentiel ... 243
β. Une entente sur les commissions d'interchange dépourvue d'objet anticoncurrentiel ... 246
ii. Un débat opposant l'autorité et le juge français de la concurrence ... 250
B. L'exemption des ententes interbancaires ... 253
1. L'exemption envisageable des commissions interbancaires associées aux paiements par carte et par chèque ... 254
a. L'exemption envisageable des commissions interbancaires associées aux paiements par chèque ... 254
b. L'exemption envisageable des commissions interbancaires associées aux paiements par carte ... 257
i. Méthode initiale fondée sur les coûts ... 257
ii. Méthode actuelle fondée sur le test du commerçant indifférent ... 259
2. L'exemption inenvisageable des commissions interbancaires afférentes à d'autres types d'instruments ... 261
Section 2 Les commissions interbancaires saisies ex ante par la régulation bancaire ... 263
§ 5. Des difficultés résolues ... 264
A. Les limites d'une approche curative par le droit de la concurrence ... 264
B. Les apports d'une démarche préventive par la régulation bancaire ... 267
1. L'encadrement du niveau des commissions d'interchange ... 268
2. L'encadrement de certaines règles commerciales ... 269
a. Encadrement des modalités de tarification et de la règle faisant obligation d'accepter toutes les cartes ... 269
b. Encadrement des possibilités d'orienter le consommateur ... 270
§ 6. Des difficultés persistantes ... 275
A. Difficultés quant à l'application du principe *ne bis in idem* ... 275
1. Réunion certaine des conditions relatives au bis ... 276
2. Réunion incertaine des conditions relatives à l'*idem* ... 279
B. Difficultés quant à l'indemnisation des victimes ... 280
Chapitre II : La régulation bancaire inspirée des consultations et enquêtes sectorielles menées par les autorités de concurrence ... 285

Section 1 Contribution à la compréhension des marchés traditionnels 287
§ 1. Le concours de l'autorité européenne de concurrence à l'évolution de la régulation bancaire 288
A. Diagnostic et traitement de la faible mobilité des clients 289
1. Le constat d'une faible mobilité des clients 289
2. Les solutions pour renforcer la mobilité des clients 291
a. Le service de changement de compte retenu par le législateur de l'UE 291
b. Le système de portabilité bancaire écarté par le législateur de l'UE 293
B. Diagnostic et traitement de l'asymétrie d'information 294
1. Les solutions suggérées par la DG concurrence afin de réduire l'asymétrie d'information 294
2. Les solutions retenues par le législateur de l'UE afin de réduire l'asymétrie d'information 295
§ 2. Le concours de l'autorité française de concurrence à l'évolution de la régulation bancaire 298
A. La consultation du Conseil de la concurrence sur le service bancaire universel 298
1. Évaluation de la nécessité d'un service universel 299
a. Existence d'un besoin d'intérêt général 299
b. Insuffisance du marché pour satisfaire la demande 300
2. Détermination des modalités du service universel 301
a. Attribution du service universel 301
b. Financement du service universel 302
B. L'instauration en droit positif d'un service bancaire universel 303
1. Description des services 303
2. Tarification des services 305
Section 2 Contribution à la compréhension des marchés émergents 308
§ 1. Identification et compréhension de la *blockchain* 312
A. Le fonctionnement de la *blockchain* 312
B. Les fonctions de la *blockchain* 314
§ 2. Difficultés soulevées en droit de la concurrence par la *blockchain* 316
A. Circonscription des marchés de la *blockchain* 317
1. Les marchés amont 317
2. Les marchés aval 318
a. Les segments de l'émission de monnaie virtuelle 319
b. Les segments de services annexes 320
B. Les pratiques anticoncurrentielles envisageables sur les marchés de la *blockchain* 322
1. Des abus de position dominante concevables 322
a. Des marchés exposés à la domination 322
b. Des marchés exposés aux abus 324

2. Des ententes concevables 326
a. Des ententes facilitées par la technologie blockchain 326
b. Des ententes nouées sur les marchés de la blockchain 327
Conclusion du Titre I 331
Titre II - Le droit de la concurrence, garant des impératifs de régulation bancaire 335
Chapitre I : La mise en œuvre du contrôle des aides d'état supplétive de la régulation bancaire 337
Section 1 L'adaptation du droit des aides d'état en considération de la crise financière 340
§ 1. Souplesse du régime spécial au début de la crise 341
A. Application de l'article 107 § 3, sous b) antérieurement à la crise financière 341
B. Application de l'article 107 § 3, sous b) au commencement de la crise financière 343
§ 2. Durcissement du régime spécial au sortir de la crise 346
A. Prévention et traitement de la défaillance par l'application du droit des aides d'État 346
1. Prévention de la défaillance par l'application du droit des aides d'État 347
a. Régime des aides à la solvabilité 347
b. Régime des aides à la liquidité 351
2. Traitement de la défaillance par l'application du droit des aides d'État 353
B. Harmonisation de la réponse européenne à la crise par l'application du droit des aides d'État 354
1. Un régime spécial de droit des aides d'État approuvé par la Cour de justice 354
2. Un régime spécial de droit des aides d'État à défaut de dispositifs résolutoires 355
Section 2 L'adaptation de la régulation bancaire en considération de la crise financière 357
§ 1. Un dispositif de régulation bancaire comparable au droit des aides d'État 357
§ 2. Un dispositif de régulation bancaire en cohabitation avec le droit des aides d'État 360
A. Compatibilité du régime spécial de droit des aides d'État avec le dispositif de régulation bancaire 361
1. Conformité des mesures d'aide aux règles de résolution contrôlée par la DG concurrence 361
2. Conformité des mesures de résolution au droit des aides d'État, contrôlée par la DG concurrence 365
B. (In)compatibilité du régime spécial de droit des aides d'État avec l'objectif de réduction de l'aléa moral ? 367

Chapitre II : La mise en œuvre du contrôle des concentrations, auxiliaire de la régulation bancaire 375
Section 1 Le contrôle concurrentiel des concentrations bancaires opéré en application des règles de droit commun 376
§ 1. La spécificité des activités bancaires sans incidence sur la mise en œuvre procédurale du contrôle 377
§ 2. La spécificité des activités bancaires sans incidence sur l'analyse au fond de l'opération 378
A. La spécificité des activités bancaires sans incidence sur la segmentation des marchés pertinents 379
B. La spécificité des activités bancaires sans incidence sur la recherche d'une entrave concurrentielle significative 380
Section 2 La préservation des impératifs de régulation bancaire assurée par les autorités de concurrence en application des règles de droit commun 382
§ 1. Le respect des impératifs prudentiels par le droit commun de la concurrence 383
A. Le contrôle prudentiel sans préjudice du contrôle concurrentiel 383
B. Le contrôle concurrentiel sans préjudice du contrôle prudentiel 386
§ 2. Le respect des impératifs résolutoires par le droit commun de la concurrence 390
A. Préservation de la stabilité par l'octroi d'une dérogation à l'effet suspensif de la notification 391
B. Préservation de la stabilité par l'identification d'effets positifs inhérents à l'opération 392
Conclusion du Titre II 399
Conclusion de la Partie II 401

Conclusion générale 403
§ 1. Absence de contradiction entre le droit de la concurrence et les objectifs de régulation bancaire 404
§ 2. Contribution du droit de la concurrence à l'accomplissement des objectifs de régulation bancaire 407
Annexes 415
Bibliographie 425
Index terminologique 489
Index de la jurisprudence et de la pratique décisionnelle 495
I. Jurisprudence et pratique décisionnelle en droit européen et droit de l'Union européenne 495
II. Jurisprudence et pratique décisionnelle en droit français 509
III. Jurisprudence et pratique décisionnelle en droit étranger 513

Revue Concurrences

Revue trimestrielle dédiée aux droits interne et européen de la concurrence

Concurrences est une revue universitaire trimestrielle dédiée aux droits interne et européen de la concurrence. Créée en 2004 par Laurence Idot, Frédéric Jenny et Nicolas Charbit, la revue est un forum de discussions entre universitaires, magistrats et praticiens du droit de la concurrence. Son rayonnement en dehors du champ des spécialistes est tel que plusieurs personnalités publiques de premier plan ont publié des points de vue dans ses colonnes : Jacques Attali, Elie Cohen, François Hollande, Christine Lagarde, Emmanuel Macron, Nicolas Sarkozy, Margrethe Vestager…

Comité scientifique et comité international

Le Comité scientifique, présidé par Laurence Idot assure l'indépendance de la revue et sélectionne les articles soumis à la revue sur des critères de rigueur de la démonstration et d'objectivité. Le Comité international, présidé par Frédéric Jenny, contribue à la diffusion de la revue à l'international et à l'organisation des conférences hors de l'Europe.

Contributeurs

Plus de 2 500 contributeurs provenant de 30 pays ont publié dans la revue Concurrences. Ces contributeurs sont universitaires, magistrats ou représentants d'autorités de concurrence, avocats ou conseils juridiques, tous spécialisés en droit ou en économie de la concurrence.

Version électronique

Depuis 2004, Concurrences a publié plus de 13 500 articles (au 1er juillet 2022). La version électronique reprend l'intégralité des articles parus dans la version imprimée depuis 2004 ainsi qu'environ 30 % d'articles supplémentaires. Ce supplément électronique correspond à des contributions publiées exclusivement sur le site de la revue notamment en raison de leur ampleur : actes de colloques, articles de fond, contributions économiques...

INSTITUTE of Competition Law
Antitrust databases and resources

Institut de droit de la concurrence

L'Institut de droit de la concurrence est un groupe de réflexion créé en 2004 dédié au droit de la concurrence et de la régulation économique. L'objectif de l'Institut est de promouvoir la recherche en droit de la concurrence et de la régulation. L'Institut édite à cette fin des revues et bases de données en langues française et anglaise et organise des conférences en Europe et aux Etats Unis. Afin d'assurer indépendance, rigueur et objectivité, chacune de ces publications et conférences est placée sous la supervision d'un comité scientifique et/ou d'un comité éditorial. Grâce à ses travaux, l'Institut est devenu en quelques années un groupe de réflexion et un centre de recherches de référence en droit de la concurrence et de la régulation.

Domaines d'action

Droit de la concurrence, droit de la régulation économique, et, économie industrielle.

Comités scientifiques et éditoriaux

Eleanor Fox, Laurence Idot, Frédéric Jenny, Bill Kovacic, Bruno Lasserre, Benoit Cœuré, Damien Neven, Wouter Wils, Richard Whish...

Contributeurs

3 800 contributeurs dans 85 pays.

Partenaires

- Universités : IEJE Liège, King's College London, Paris Panthéon Assas/Sorbonne, Queen Mary College, University College London...
- Cabinets d'avocats : Baker McKenzie, Cleary Gottlieb, Jones Day, Skadden, Van Bael & Bellis, White & Case ...

Séminaires

Plus de 500 évènements et wébinaires depuis 2004 à Paris, Bruxelles, Londres, New York, Washington et Hong Kong.

www.ingramcontent.com/pod-product-compliance
Lightning Source LLC
LaVergne TN
LVHW010633051026
849532LV00001B/47
9791094201633